北大口才课

明 理 编著

北京联合出版公司
Beijing United Publishing Co.,Ltd.

图书在版编目（CIP）数据

北大口才课 / 明理编著.—北京：北京联合出版公司，2015.8
（2018.10 重印）
ISBN 978-7-5502-5211-0

Ⅰ.①北…　Ⅱ.①明…　Ⅲ.①口才学—通俗读物
Ⅳ.①H019-49

中国版本图书馆 CIP 数据核字（2015）第 087010 号

北大口才课

编　　著：明　理
责任编辑：王　巍
封面设计：韩立强
责任校对：胡宝林
图文制作：北京东方视点数据技术有限公司

北京联合出版公司出版
（北京市西城区德外大街 83 号楼 9 层　100088）
北京鑫海达印刷有限公司印刷　新华书店经销
字数 760 千字　720 毫米×1020 毫米　1/16　38 印张
2018 年 10 月第 2 版　2018 年 10 月第 2 次印刷
ISBN 978-7-5502-5211-0
定价：68.00 元

前 言

PREFACE

　　成功学大师卡耐基曾说："一个人的成功，15％取决于知识和经验，85％取决于沟通能力——发表自己意见的能力和激发他人热忱的能力。"可见，语言表达的力量是巨大的。在人际交往中，高超的口才技巧能够帮我们准确地表达思想、维护人际关系，甚至可以变危机为转机、化劣势为优势。它可以让我们在社交活动中如鱼得水，左右逢源；在职场中应付自如，游刃有余；在朋友面前口若悬河，谈笑风生；在恋人面前甜言蜜语，海誓山盟；在演讲台上慷慨激昂，意气风发；在论辩场上舌战群儒，雄智多辩。甚至可以毫不夸张地说，好命不好命，说话来决定。因此，好口才是人们闯荡社会的一项基本技能，是每个人都必备的社交能力。

　　"是人才未必有口才，而有口才者必定是人才，"这话虽然有点片面，却也颇有道理。在今天这样的信息时代，人们的文化视野、交际视野开阔了，有越来越多的场合需要公开地发表意见、用语言来打动别人。自我推荐、介绍产品、主持会议、商务谈判、交流经验、鼓励员工、化解矛盾、探讨学问、接洽事务、交换信息、传授技艺，还有交际应酬、传递情感和娱乐消遣都离不开说话。正因如此，人们常常根据一个人的讲话水平和风度来判断其学识、修养和实力。在或文雅或粗俗的措辞中，展现给人的是可亲近或要远避的印象，它可以决定一个人的成败。一个说话讲究艺术的人，常常是说理切、举事赅、择辞精、喻世明；轻重有度、褒贬有节、进退有余地、游刃有空间；可陶冶他人之情操，也可为济世之良药；可以体现个人的雄才大略，更能提高个人的社会地位。而口才拙劣、不善言谈，很容易给人留下能力低下和思维迟钝的印象。这样就不会得到足够的器重和赏识，从而给成功设置障碍。西方哲人有这样一个总结：世间有一种成就可以使人很快完成伟业，并获得世人认可，那就是说话时能给人以喜悦的能力。

　　说话看似简单，实则并不容易。即便是擅长辞令的外交家也会有说错话的时候。所以，如何说话、怎样把话说好，需要我们不断地学习和积累。为了帮助广大读者在名师的指点下快速提高说话能力，我们精心编写了这本《北大口才课》。本书站在现实的角度，运用百年北大沉淀下来的智慧，通过名家、名师的魅力口才、交流口才、幽默口才、对话口才、谦逊口才、赞美口才、批评口才、销售口才、恋爱口才、即兴口才、演讲口才等37个不同的情景口才告诉你，如何说话才有魅力、如何说话才有气场、如何才能获得他人的好感、如何才能一针见血地指出要害、如何与亲朋好友增进感情、如何与陌生人沟通、如何掌控全场、如何把握尺度等等，将理论与实践相结合，深入浅出地告诉大家如何提升说话能力，练就胜人一筹的说话本领。其中有北大副校长，国学大师季羡林所说的"真话里的智慧"；北大教授、当代著名语言学家、文学家林语堂提倡的"幽默的说话之道"；伟大的思想家、革命家、文学家鲁迅先生倡导的"真实的表达""谦以待人，虚以接物"等等，这些北大的卓越者，每一位对口才都有着独到而又特别的见解，他们无一不是成功的好口才拥有者。

杰出的说话能力不是天生的，而是可以通过后天培养训练的。读者通过本书可以轻松掌握各种场合下说话的方法和技巧，提高自己的说话能力，在错综复杂的人际关系中应付自如，轻松应对生活中的各种场景，赢得友谊、爱情和事业，从而踏上辉煌的成功之路。

目 录
CONTENTS

第一章

魅力口才：
修炼强大气场，领悟语言艺术的魅力

人是不能不说话的，但是，有的人说起话来，娓娓动听，使人听了全身的筋骨都感到舒服；有的人说起话来锋芒锐利，像一柄锐刃，令人感觉到十分恐怖；有的人说起话来，一开口就使人感觉到讨厌。所以人的面貌各个不同，而人的说话，获得的效果也正像面貌的各个不同一样。

——林语堂，曾任北京大学教授，当代著名学者、文学家、语言学家

说话绝对不只是动嘴那么简单

一个人，不管你生性多么聪颖，接受过多么高深的教育、穿着多么漂亮的衣服、拥有多么雄厚的资产，如果你无法流畅、恰当地表达自己的思想，只是简单地把语言无组织地表达出来，你仍旧无法真正实现自己的价值。早在春秋时期，孔子就意识到说话不只是简单的动动嘴皮子，为了让人们能更好地表达自己的思想、把话说好，他在学校开设了说话课，因此培养出了大批能言善辩的弟子。另外，春秋战国时期自由论辩、百家争鸣的盛行，策士为游说诸侯，扩大自己的思想影响，也都非常注重说话的艺术……

曾担任过北大讲师的鲁迅在《立论》中曾写到过这样一个故事：

有一家人的小孩满月，摆酒，请了许多人来祝贺。许多人来送礼，当然，也说了很多祝贺的话。这个说，这个小孩的面相真好，将来一定是个大官。那个说，这个小孩的眼睛很有灵气，将来一定是个大才子。诸如此类。主人听了非常高兴，一一答谢，还请他们就座吃饭。这时，突然冒出个人说了句，这个小孩以后肯定会死掉。主人听了大怒，让仆人把说这话的人赶了出去。

"这个小孩以后肯定会死掉。"这是谁都知道的千真万确的真理，可是没人愿意听别人这样说自己的孩子。或许这个孩子将来不一定会当官、成才，但在满月这个喜庆的日子里说些祝福的话，总能让人心情愉悦。尽管说孩子肯定会死掉的这个人本身并

没有说错，但在这样的场合里随心说出不合时宜的话，也就难怪主人生气将他赶走了。这就告诉我们，说话不只是简单的动动嘴把话说出来那么简单，在说话之前说话者还应考虑什么话该说、什么话不该说、该说的话要怎样说才能取得好的效果。其实故事中的这个人大可以这样说："啊呀！这孩子呵！您瞧！多么……阿唷！哈哈！"这样模糊的智慧回答，既不会惹怒主人，又不会违背自己说真话的意愿，可谓一举两得。

说话绝不是动嘴把自己想的说出来那么简单，同样一件事情，讲话者用不同的方式说出来，表达的效果却是截然不同的。

古巴比伦有一位国王，有一天晚上做了一个奇怪的梦，他梦到了自己满口的牙齿都掉光了，无法吃任何东西。醒来后国王的心情十分糟糕，他担心梦预示着会发生什么不祥的事。于是，便命人请来了两个解梦人解梦。

国王问他们："为什么我会梦见自己满口的牙全掉光了呢？这代表着什么？是不是会有什么不好的征兆？"

第一个解梦人听后解释道："国王陛下，这个梦的意思是，在你所有的亲人一个不剩地全部死去以后，你才能死。"国王听后，觉得这话十分晦气，本来已经糟糕的心情更加烦躁，他勃然大怒，命人将第一个解梦人杖责二百之后赶出王宫。

接着又问第二个人："你呢？你的解释也和他一样吗？"第二个解梦人机敏地说："当然不是，国王陛下，您这个梦的意思实际上预示着您将是您所有亲属当中最长寿的一位！"国王闻听此言，心情舒畅了很多，脸上也露出了笑容，直夸这位解梦人有学问，并命人赏了一百枚金币给他。

事实上，这两个解梦人要表达的是同一个意思，但结果却是，一个因为只会动嘴说，而不知道说话的艺术而被国王杖责赶出皇宫；另一个由于会说话，巧妙地把自己想要表达的说出来受到了嘉奖。

相传，父子俩冬天在镇上卖便壶（俗称"夜壶"。旧时男人夜间或病中卧床小便的用具）。父亲在南街卖，儿子在北街卖。不多久，儿子的地摊前有了看货的人，其中一个看了一会儿，说道："这便壶大了些。"那儿子马上接过话茬："大了好哇！装的尿多。"人们听了，觉得很不顺耳，便扭头离去。在南街的父亲也遇到了顾客说便壶大的情况。当听到一个老人自言自语说"这便壶大了些"后，马上笑着轻声接了一句："大是大了些，可您想想，冬天夜长啊！"好几个顾客听罢，都会意地点了点头，继而掏钱买走了便壶。

父子两人在一个镇上做同一种生意，结果却大不一样，出现这种差别的原因就在于他们两人不同的说话技巧上。尽管儿子的话说得也没错——便壶大装的尿多，但不可否认，他的话太粗俗，让人听了很不舒服。本来，买便壶不俗不丑，但毕竟还有些私密的因素在内。人们可以拿着脸盆、扁担等大大方方地在街上走，但拎着个便壶大摇大摆地在街上走，就多少有些不自在了。如此一来，儿子直通通的大实话怎么能不使买者感到几分别扭？而父亲的表达就不是动动嘴把话说出来那么简单了——他先赞同顾客的话（"大是大了些"），以认同的态度拉近与顾客的距离，然后，又以委婉的话语说"冬天夜长啊"，这句看似离题的话说得实在是好。它无丝毫强卖之嫌，却又富于启示性。其潜台词是：冬天天冷夜长，夜解次数多且又怕冷不愿意下床是自然的，便壶大正好派上用场。这设身处地的善意提醒，顾客不难明白。卖者说得在理，顾客买下来也就是很自然的了。儿子一句话砸了生意，父亲一句话盘活了生意，这正说明了说话绝不是动嘴那么简单。

现实生活中，我们经常听到别人这样说："我这个人，笨嘴笨舌，讲不好话。"人们通常都不会认为这是什么缺憾。其实，这是一个错误的观点。现在的社会是个信息大爆炸的社会，信息的作用越来越大。任何一项工作都需要进行信息的交流和传递，而语言是最普遍、最方便、最直接的信息传递方式。这时，语言能力强、会说话，双方就能顺利而准确地接受和理解信息，实现顺利交流；语言能力弱、只知道简单的动嘴，就不能很好地把信息传递给对方，交流会因此出现中断，甚至中止，进而导致失败……的确，许多人并不是败在能力上，而是败在了说话上。说话本身或许很容易，两片嘴唇碰一碰，语言便生成了。但若想把话说出水平，说得有意思、有创意，就不是那么容易的事情，而要做到口吐莲花、能言善辩、巧舌如簧、打动人心就更加困难了。

说话不只是动嘴把话说出来那么简单，要想将自己的思想和见解在别人面前很好地表达出来，不仅要说，还要会说。但每个人并非天生就具有良好的口才，对大多数人而言，想要把话说好，达到"开口是金"的效果并非易事。明白了这一点，我们就应该多在说话上下功夫，在说话的时候多动脑思考，认真想一想怎样才能更好地把自己想要表达的话说出来，为自己的说话添加上智慧的因子。只要方法得当，持之以恒地多加锻炼，任何人都能够提升自己的语言表达能力。

好口才是领导力的第一要务

有人曾经说过这样一句话：领导力就是赢得追随者的能力。而要引导和调动别人让他们成为自己的追随者，成功沟通和积极鼓动的语言是一种有效的手段。在当今这样的信息时代，领导者无论是开会讲话、上传下达，还是交际应酬、传递情感，都需要用语言交流。要实现有效的、成功的领导，就必须充分利用好领导环境，导之于言而施之于行，最大限度地引导和调动被领导者朝着既定的目标共同努力。也就是说，优秀的领导者要想将自己的领导力有效地传达给他人往往需要具备强大的口才说服力。

著名的教育家蔡元培先生在就任北京大学校长时的一番演说，充分体现出具备好口才对一名领导者的重要意义。

蔡元培上任北大校长后不久便发表了题为《就任北京大学校长之演说》的演说，在演讲中他满怀热忱，谆谆告诫青年学子，要他们提高认识、端正学风。他以沉痛的语气告诫青年学子："方今风俗日偷，道德沦丧，北京社会，尤为恶劣，败德毁行之事，触目皆是，非根基深固，鲜不为流俗所染……"

蔡元培校长的演讲掷地有声、慷慨激昂，他用自己精彩的演讲唤醒了当时的北大学子，让身处社会转换期道德失去规范的环境中的青年人不再沉沦，激励他们在洁身自好的同时，肩负起改造社会、匡正流俗的责任。由此可见，领导者只有拥有良好的口才才能将自己的心声有效地传达给他人，激励别人鼓足干劲。

卡耐基认为，"一个人成功只有15％是依靠专业技术，而85％却要依靠人际交往、有效说话等软科学本领"。这里的有效说话，其实说的就是好口才对一个领导者的重要性。好口才是领导力的第一要务。现实生活中很多著名的政治家，都是天才的演说家，他们利用语言这把利器，圆满地完成了各项政治使命。周恩来、陈毅在风云变幻的国际政治生涯中善于辞令，机智、雄辩，大大提高了新中国的国际地位和声望。"二战"时期，丘吉尔、戴高乐每一次铿锵有力地演说，都成为射向法西斯的利箭，极大地鼓舞了人们战胜法西斯的斗志。所有这些，都说明领导者具有语言表达艺术，能够创造巨大的精神财富和物质财富。

有"铁娘子"之称的英国首相撒切尔夫人，是20世纪中后期世界知名人物之一。1978年10月，她在接任英国保守党领袖后的第一次讲话，就表现出了她卓越的水平。她说："我是继伟人之后担任保守党领袖的。我们的领袖丘吉尔，把英国的名字推上了自由世界的历史顶峰；麦克米伦使很多凌云壮志变成了每个公民伸手可及的现实；霍姆赢得了我们大家的爱戴和敬佩；希思使我国于1973年加入了欧洲经济共同体。他们都完成了当时历史交给他们的使命。现在，我们的使命也已摆在了我们的面前，那就是：克服我们的财经困难，重新建立我们自己的信心。

"我认为，英国的光荣传统是人人都有劳动权力，有支配自己财产的权力，有拥有财产的权力，有做国家仆人而不是凌驾于其上的权力。这些是自由国家的本质。我们的一切自由，都是建立在国家享有这种自由的基础上的。"

撒切尔夫人的这次讲话，为其在1979年5月的竞选获胜奠定了良好基础。她首先以简练的语言，赞扬了前几届领袖的丰功伟绩，赢得了前几届领袖的拥护者的拥护。接着指出了当前的任务，并直接阐明了自己的政治观点，肯定了英国的历史、国家尊严，把自己的执政思想、治国方略全部展现在英国公民面前，从而振奋了民心，激励人民奋进。

由此看来，领导者的讲话水平，不仅体现其机构意志，而且一次高水平的讲话，能使讲话者的影响力更加强大。事实上，作为一个组织发展的引导者、指导者，领导者的一切具体工作最终都要通过语言来完成。主持会议、布置工作、接待来访、社交活动、发表演说等，都离不开口才，语言表达能力的高低，甚至会直接影响这些活动的效果。

美国人类行为研究者汤姆士指出："说话的能力是成名的捷径。它能使人显赫，鹤立鸡群。能言善辩的人，往往使人尊敬，受人爱戴，得人拥护。它使一个人的才学得到充分拓展，熠熠生辉，事半功倍，业绩卓著。"他甚至断言："发生在成功人物身上的奇迹，一半是由口才创造的。"因此领导者不能仅仅满足于一般的语言沟通，每一个领导者都应清醒地认识到语言表达能力的重要性，进而更好地掌握这个随身携带、行之有效、战无不胜、攻无不克的神奇武器。

最重要的五项能力之首

毕业于北大的新东方创始人俞敏洪说："运气不可能持续一辈子，能帮助你持续一辈子的东西只有你个人的能力。"是的，只有个人能力才是创造成功的保障，那么，一个人最重要的能力是什么呢？在一次私人聚会上，小布什、比尔·盖茨等众多的美国灵魂人物在一起讨论成功最重要的因素。最终他们得出的结论是口才等五项能力被认为是最不可或缺的，并且口才被列在第一位。换句话说，他们认为口才是一个人最需要具备的五项能力之首。这些成功人士都将口才作为最重要并不断加强训练的最关键的技能。在他们看来，无论是谈判、合作，还是激发员工、说服大众，口才都是唯一能最低成本且最容易实现目标的途径。哪怕你没财富，没人脉，没有美貌，只要有了口才，你就能登上财富和成功之巅。

一个具备好口才、会说话的人，常常能说理切、举事赅、择辞精、喻世明；轻重有度、褒贬有节、进退有余地、游刃有空间，并且他们能够通过口才将自己的能力展示出来，从而为自己获得成功添加砝码。有人曾说过这样的话：人才不一定有口才，但有口才的人一定是人才。从以上角度来看，口才的确是一个人最重要的五项能力之首，一个人能不能取得成功，很大程度上取决于会不会说话。

2003 年 10 月 15 日"神舟五号"升空飞行之后，中央电视台《东方时空》曾专门对杨利伟和他的领导进行采访，请他们回答"杨利伟怎样成为中国太空第一人"这一广受关注的问题。

被采访的航天局领导说了三个原因：一是杨利伟在 5 年多的集训期间，训练成绩一直名列前茅；二是杨利伟处理突发事件的能力特别强，在担任歼击机飞行员时，多次化解飞行险情；三是他的心理素质好，口头表达能力强，说话有条理、有分寸。凭借以上三个优势，杨利伟最终通过了 1600 人——300 人——14 人——3 人——1 人的淘汰考验。

第三点原因令收看此节目的观众感触颇深。节目中还介绍，在总结会上，杨利伟准备充分、积极发言，发言条理清晰，逻辑性强，再加上不慌不忙，故而给领导留下了深刻的印象。

所以，当口头表达能力作为选择的一个重要条件时，天平就偏向了杨利伟。

从杨利伟身上，我们可以看到出色的口才不但能帮你施展才华，更会让你赢得成功。工作能力差不多的两个人，语言表达能力不好的人升迁机会往往要比既会办事又会说话的人少得多。"干得好不如说得好"这句话难免过于偏颇，但是现实生活中，会做事再加上会说话，这样的人肯定能更快地受到他人的青睐和重用。

一次谈话就可以决定人事业的成败，这一点也不夸张，它可以使一个人的才学得到充分拓展，事业发展当然也就更加顺利，而且，发生在成功人物身上的奇迹，很多是由口才创造的。而古往今来的风云人物也都是擅长说话的高手，例如著名的英国首相撒切尔夫人。1983 年元旦，英国女王伊丽莎白二世为多年给首相撒切尔夫人担任顾问的戈登·里斯授爵位。其主要功绩是：有效地提高了撒切尔夫人的演说能力和应答记者提问的能力；为撒切尔夫人撰写了深得人心的演讲稿……一句话，为英国塑造了一位崭新的"风姿绰约、雍容而不过度华贵、谈吐优雅和待人亲切自然的女首相形象"。

不仅仅政治人物因能言善道而备受人尊崇，普通人也是如此。现如今，人们会把说话作为衡量优秀人才的重要尺度之一，比如，企业招聘人才时，口试是必需的。很多大型公司在招聘人才时，甚至专门就面试者的说话能力进行了规定，其规定内容还以条文的形式一一列举，其中包括以下诸条：应聘者声若蚊蝇者，不予录用；说话做不到抑扬顿挫者，不予录用；交谈时，说话浮想联翩毫无重点者，不予录用；答问时，拖泥带水者，不予录用；说话死气沉沉毫无生气者，不予录用；说话前后矛盾、颠三倒四，甚至不知所云者，不予录用等。或许，这些大公司这样做显得很苛刻，但是，这也反映了一个事实，那就是一个人会不会说话与他的事业之间有着密切的关系，是否会说话在某种程度上决定了他是否能够胜任本职工作。口才是一个人思维的体现。一个能言善道、善于清晰表达自我的人，他做起事情来一定是思路清晰、条分缕析，因此更容易出业绩，更容易被人发掘。

美国某研究所进行的一项专门调查显示，有 65% 以上的员工因为语言能力问题而迟迟得不到升迁，有的员工即使因为业务能力强而暂时得到升迁，但继续升迁的困难很大，究其原因就是语言表达能力不过关。事实上，语言的作用不仅是传达信息，它更是传达一种力量。"二战"期间美国人把"舌头"、原子弹和金钱称为获胜的三大战略武器，在这个比喻中，"舌头"（即说话、口才）被排在了第一位，也充分体现出人们对口才能力的重视。

现代社会是一个繁忙的社会，具有好口才的人，必然是现代社会中的活跃人物。

实际上，人们常常根据一个人的讲话水平来判断其学识、修养和实力。好的口才如同好的色彩，能够让他人更直接地感受到你的为人，从而促进有效交流。然而，社会中有很多人都不善于和他人沟通，甚至害怕和别人沟通。尽管他们也明白沟通很重要，但在工作中还是会不自觉地尽量避免与他人沟通，或者减少沟通的内容。这样的人即使具备很强的专业能力也很难取得大成就。因为任何活动都不是一个人的独角戏，不懂得说话沟通的人很难在团队合作中找到自己的位置，更不用说在客户开发、企业宣传等方面取得成绩了。好口才是人类生活中应用最普遍而最难能可贵的技术或艺术，在人生旅程中更是一个人获取资源的重要资本。一个人的说话能力可以代表一个人做事的力量，不会说话的人，就好比那些发不出声音的留声机一样，尽管是在那里转动，却不会使人感兴趣。因而，作为最重要的五项能力之首的口才，是现代人士的一门必修课。

出色的谈判高手、销售人员的秘密武器

我们常常羡慕那些能言善辩的谈判、销售专家，他们的说话技巧为大家所折服。曾任北京大学教授，著名哲学家冯友兰先生说过，"一个战士用他的武器，到最熟练的时候，也会觉得他的武器就成为像他的身体的一部分，就像他的手脚一样"。对于那些谈判高手、销售人员来说也是这样，他们的武器就是出色的口才，因为他们往往能通过各种说话技巧，轻松达成自己的心愿。对他们而言，语言是与客户沟通的媒介，一切谈判和销售活动都首先通过语言建立起最初的联系，从而促使活动不断进展，最终达到谈判或销售目的。

每个人的身体就蕴藏着巨大的能量，成功并不需要让自己彻底改头换面，你要做的只是恰如其分地将自己的优点与优势展示于人，将自己的潜能极大发挥。而要做到这一点，拥有好的口才很重要。通常，话说得恰到好处，很容易拉近与客户的距离，提高生意的成交几率。

身处销售第一线的业务或服务人员在推广产品时都明白绝不能问消费者需要什么，而是要问："A餐和B餐你想要哪一个呢？"

这种双击模式的问话，往往能提高五到六成的销售率。

另外，面对那种在卖场里走来走去选购西装，从外表看起来没有强烈购买意愿的顾客，出色的销售人员一般都会选择这样做。

销售员会微笑着靠近，轻声问：

"您的气质蛮适合蓝色系和绿色系的，您要找哪一种色系的？"

"喔！真的吗？那……看看蓝色系的好了！"

"这个款式是现在最流行的样式，保证物超所值，而且和你的气质也很相称。你

喜欢吗？"

销售人员采用这样的说话方式，要比问："您要怎样的款式？""您的预算有多少？"这样的表达有效得多。因为，通常来说，顾客对衣服的款式都没有明确的认识，而且直接问顾客的购物预算又显得没有礼貌。而给顾客提供选择题不仅能快速地了解顾客需求还能有效地激发顾客的兴趣，自然就有利于销售人员的推销活动了。一般来说，在这种情况下顾客通常都会不假思索地完成交易。每个人应该都有过原本并不打算买什么，却莫名其妙买了自己用不到东西的经验，出现这种情况很大程度上都归功于销售人员绝佳的口才。

口才不仅是销售人员的秘密武器，对于谈判高手来说，好口才对谈判的成功与否也起着决定性作用。谈判是一门艺术，在辩论、谈判等需决定胜负的交际场合中，拥有好口才的人总能抓住谈判的重点，使那些自己组织起来都很困难的说理性的攻击通过一种较为简便但又能慑服对手的方式传达出去。可以说巧妙的口才表达，对于整个谈判的顺利进行至关重要。

战国时，齐国的孟尝君主张合纵抗秦，他的门客公孙弘对孟尝君说："您不妨派人到西方观察一下秦王。如果秦王是个具有帝王之资的君主，您恐怕连做属臣都不可能，哪里顾得上跟秦国作对呢？如果秦王是个不肖的君主，那时您再合纵跟秦作对也不算晚。"孟尝君说："好，那就请您去一趟。"公孙弘便带着十辆车前往秦国去看动静。

秦昭王听说此事，想用言辞羞辱公孙弘。公孙弘拜见昭王，昭王问："薛这个地方有多大？"公孙弘回答说："方圆百里。"昭王笑道："我的国家土地纵横数千里，还不敢与人为敌。如今孟尝君就这么点地盘，居然想同我对抗，这能行吗？"公孙弘说："孟尝君喜欢贤人，而您却不喜欢贤人。"昭王问："孟尝君喜欢贤人，怎么讲？"公孙弘说："能坚持正义，在天子面前不屈服，不讨好诸侯，得志时不愧于为人主，不得志时不甘为人臣，像这样的贤士，孟尝君那里有三位。善于治国，可以做管仲、商鞅的老师，其主张如果被听从施行，就能使君主成就王霸之业，像这样的贤士，孟尝君那里有五位。充任使者，遭到对方拥有万辆兵车君主的侮辱，像我这样敢于用自己的鲜血溅洒对方衣服的，孟尝君那里有十个。"

秦国国君昭王笑着道歉说："您何必如此呢？我对孟尝君是很友好的，并准备以贵客之礼接待他，希望您一定要向他说明我的心意。"公孙弘答应后回国了。

语言交流是成功完成谈判和销售的开始，这个头开得好与否，直接关系到谈判和销售的成败。从这一角度来讲，可以说好口才是出色的谈判高手、销售人员的秘密武器。好口才具有特殊的魔力，因为出色的语言表达，能使亲情更亲、情谊更深、爱意更浓，能使陌生人成为朋友，也能使冤家化干戈为玉帛……

因此，我们应该重视对口才的培养。事实上，出色的谈判高手、销售人员也并非一开始就那么出色，他们多半是通过后天的努力而获得的说话能力，你只要努力也完全可以像他们一样出口成章。

好口才是获取资源的重要资本

在日常交往中，会说话的人能把平平常常的话题讲得引人入胜；嘴笨口拙者即使讲的内容非常好，听起来也会觉得索然无味。有些建议，会说话的人一说就通过了；而那些不会说话的人却连诉说的对象都没有。口才决定一切，我们可以根据一个人每天说话的内容来判定一个人的生活工作状态。一个人的喜怒哀乐，往往也是通过语言表现出来的。一个人事业成功的进程、对某种资源的获得，极有可能是因为某次谈话的影响。

可以说，好口才是打开成功大门的一把金钥匙，可以带来意想不到的效果，具备好口才的能力是一个人获取资源的重要资本。

某市房地产开发公司新竣工了一幢职工宿舍，按照刘某的级别和工龄，他是分不到新房子的，但他确实有许多具体困难：自己和爱人、小孩挤在一间 10 平方米的房里，倒也还凑合，可他乡下的父亲来了，就不方便了。于是刘某只好去找上司，一开口就对上司说："主任，如果您单位有人把年老体弱的父母丢在一边不管，您认为该不该？"

"当然不该！是谁这样做？"上司一脸的义愤。

"主任，这个人就是我。"刘某垂着头，无可奈何地说。

"你为什么这样做？平时我是怎么教育你们的？要你们尊老爱幼，你竟……"

刘某耐心地听爱啰嗦的领导数落完，才缓缓开口说道："常言说养儿防老，我父母就我们姐弟俩。姐姐出嫁了，条件也不好，况且，在我们乡下，有儿子的父母，没有理由要女儿女婿养老送终，这是会被人耻笑的，除非他的儿子是个白痴。可我不是白痴，我是大学生，又分在这样一个响当当的单位，在你这位能干、有威信的领导手下工作。一辈子含辛茹苦的农村父母，培养一个大学生多不容易呀，乡亲们都说我父母有福分，今后有享不尽的福。可是我现在，一家三口住一间平房，父母来了，连个睡觉的地方都没有。想把父母接到城里来，自己又没有条件；不接来，把两个年老体弱的老人丢弃在乡下，我心里时常像刀割般难受。我这心里，一想起我可怜的父母……"

刘某说到这里，落下了伤心的泪水。

"小刘，可你的条件不够……"主任犹豫着说。

"我知道我条件不够，我也不好强求主任分给我房子。如果主任体恤我那年老多病的父母，分给我一间半间的，我父母来了，有个遮风的地方就行了。"

主任沉默不语。几天后，刘某拿到了一套两居室的钥匙。

刘某将自己的实际情况通过自己的口才生动地诉说出来，成功地激起了领导对他的同情心，因而获得了领导的帮助，分配到了一套两居室，成功得到了自己想要的住房。由此可见，好口才对一个人获取资源来说十分重要。这一点不仅体现在求人办事方面。在人们获取有助于事业成功的资源方面，好口才也起着至关重要的作用。会说话的人总能利用自己的好口才获取更多有助于事业成功的资源，加速其事业成功的进程。优秀的推销人员利用他们的好口才争取了众多的客户资源就很好地说明了这一点。

有一次，美国的一位机电销售员与某公司的经理谈关于电机的贸易，这位经理拿起产品介绍书看了一下突然变了脸色，把介绍书顺手一扔还给了销售员，并勃然大怒地说："你们公司售出的这种牌子的电机太差了！上次差点儿把我的手烫坏了！"

推销员听了并没有与对方辩论，而是微笑着说："经理先生，如果真是这样，那我不仅应该向您道歉，还应该帮您退货。"

接着他开始提问："当然，任何电机工作时都有一定程度的发热，只是发热不应超过全国电工协会所规定的标准，您说是吗？"

"是的。"

推销员又问："按国家技术标准，电机温度可比室内温度高出 72°F（华氏），是这样吧？"

"是的，但你们的电机温度太高了，我当时摸了一下，差点儿把我的手烫坏了！"

推销员说："那太对不起了。不过我想请问一下，您车间里的温度是多少？"

"大约 75°F。"

推销员明白了，笑着说："这就对了，车间温度是 75°F，加上 72°F 的升温，共计 140°F 以上，请问，如果您把手放进 140°F 的水里，会不会被烫伤呢？"

"那……那……是完全有可能的。"

推销员说："那么经理先生对我们这种牌子的电机还有其他什么意见吗？"

"没有了，我们再订购两台吧。"

一个会说话的人，在前进的路途中能够轻而易举地克服一切成功的阻碍，使自己最终走向成功。而一个不会说话的人，经常会吃亏碰壁，毫无施展抱负的机会，甚至有时会因为一句话而切断其之路。所以，说话要注意，不要随口乱说，要做到"言出攻心"，只有这样，你的事业才会如同加了催化剂一样，有着惊人的速度与能量。事实上，案例中的推销员利用自己的好口才引诱对方自己把错误揪出来。即先不马上指出他的错误，而是旁敲侧击地提出一些经过构思的问题，诱使对方在回答中逐渐否定自己原有的观点。当对方的误解消除了，火气也就随之而去。最终，推销员成功地让这个经理成为自己的客户资源。

会说话的人是十分受人欢迎的。他们能通过自己的好口才使许多原先不相识的人携起手来一起做事；亦能使许多本来彼此不发生兴趣的人互相了解；能替人排解纠纷，消除人与人之间的隔阂并收获新的友谊。能医治他人的愁苦、忧闷，让他人愿意对你诉说……而这一切都说明了好口才是让一个人获取资源的重要资本。

知识深厚，才能妙语连珠

口才反映了一个人的道德修养、学识水平、思辨能力。要想使自己的语言具有艺术魅力，仅仅靠技巧是远远不够的，一味地追求技巧而忽略自身的素质培养只能是舍本逐末。因此，我们在学习语言技巧的同时，还应全面提高自身的学识修养。

好口才必须建立在丰富的知识基础上。一个人只有具有审时度势的能力、广博的知识，才能做到谈资丰富、妙言成趣，从而做出恰当的比喻，说出恰当的话。因此，要培养自己的口才，必须广泛涉猎，充实自我，丰富自己的内涵，提高自己的学识修养，不断从浩如烟海的书籍中收集智慧的浪花，从名人趣事的精华中撷取口才的宝石。如此才能够口吐莲花，妙语连珠，倾倒众人。

2005 年 6 月，人民网对央视著名主持人、毕业于北京大学的撒贝宁进行采访时，他充分表达了知识对自己主持工作重要性的看法。

记者在采访中问道："您的主持风格受到了观众的喜爱，特别是大学生们的喜爱。您的这种充满青春活力的主持风格和您的学习生活有关吗？"

撒贝宁回答道："当然有关系。其实主持人的专业知识不是怎么发声、使用什么样的表情，而是他对社会、生活、人有多深的了解。主持人有了自己的专业或者是渊博的知识、丰富的阅历作为支撑点，这样当他坐在主持人的位置上时才能沟通电视内外，沟通嘉宾和观众，通过不断的沟通把所有人的意见表达出来，形成有效的信息传播出去。

"在这一点上，我要感谢北大。北大的那种宽容和随意给了我一个环境，这个环境告诉我想怎么学习都可以，这 4 年里我凭着自己的兴趣和爱好做了一些事，这些事在无意识中锻造了我的一些能力。"

通过撒贝宁的回答我们可以看出，他已经将学习与生活自然地融为一体，正是这种对知识积累的重视和不断要求进步的执着让他成为法治节目主持人中的领跑者。

知识面不够宽广，就算口才方面的技巧掌握得再好也是无法说出有意义的话，更谈不上说服别人了。那些能说出准确、缜密的语言，清新、优美的语言，幽默、机智的语言的人一般都是知识渊博的人，他们口中的话都来源于自己头脑中的广博知识；而那些说话油腔滑调、不学无术的人根本不算具备好口才的人。不管怎样，只有那种以丰富的知识为坚强的后盾，能够给人以力量、愉悦之感的谈话，才是真正的好口才。

苏秦是我国战国时期一位有名的纵横家。什么是纵横家呢？纵横家就是战国时期一些依靠自己的口才来为各国君主出谋划策的人，换句话说，就是一些靠着嘴皮子吃饭的人，苏秦就是他们中一位杰出的代表。

但是，苏秦并不是一开始就是成功的。他是当时大名鼎鼎的鬼谷子的学生，从老师那里学成出师之后，曾经先后去游说过周王、秦王，但是都失败了。

随后，苏秦很落魄地回到了家里，受到了亲戚朋友，甚至包括自己父母的冷遇。于是他发愤图强，拼命地刻苦攻读，为了防止自己在学习时打瞌睡，他就用一把小锥子朝自己的大腿上狠狠地刺一下，使自己继续学习下去。

苏秦经过了一番刻苦的钻研，终于使自己的学识又上了一个新的高度。于是他再次出山，以自己苦心钻研出来的"合纵之道"游说各国君主，终于获得了巨大的成功，以致身佩六国相印，以三寸不烂之舌抵挡百万雄兵，成为了一个"前无古人、后无来者"的例子。

从苏秦的例子中，我们不难看出，拥有好的口才是建立在深厚的学识基础之上的，如果脱离了这个根本，那么口才就会成为"无源之水、无本之木"，像白开水一样的话又怎么可能说服别人呢？

人的才能是由知识转化而来的，是建立在知识的基础之上的。才，是知识的产物，是知识的结晶。一个人才能的大小，首先取决于他自身知识的多寡、深浅和完善程度。同样，一个人口才的好坏，也与他的学识是否广博有着密切的联系。要想让他人觉得言之有物、不空不泛，就要多加注意知识的积累，厚积薄发，才能智慧过人。否则，口才技巧就是空谈。

那么，如何在生活中积累说话的素材呢？

首先，可以通过不断学习来积累素材。

现代生活中，虽然网络已经非常普及，但还是有很多人每天都会看报纸、杂志，以及读书。其实，这也是一种积累说话素材的好方法。在读书看报时，准备一支笔和一个笔记本，把所见到的好文章或让自己心动的话语记下来。每天坚持做，哪怕一天只记一两句，也是很有意义的。日积月累，在谈话的时候，会不经意地用上曾经记下来的语句，也许它们会随时随地从你的头脑里冒出来，让你尽情地谈吐，给你一个意外的惊喜。

其次，可以通过交谈或倾听积累警句、谚语。

在听别人的演讲或谈话的时候，随时都可以听到表现人类智慧的警句、谚语。把这些话在心中重复一遍，记在本子上，久而久之，你谈话的题材、资料就会越来越多，你的口才也会越来越好。

总而言之，知识是口才智慧的基础，好口才源于对知识的学习和积累。在日常生活中，要随时计划、安排、改进生活，不能随意性太强，让机会白白流掉。

积极向上的生活态度催生好口才

一个人的生活态度对一个人的口才好坏有着重要的影响，拥有积极的生活态度的人，不会因为别人的冒失而抱怨，也不会被自己的曲折人生所吓倒。世界在他们的眼中是彩色的，是充满希望与美好的。他们的心中充满了积极的力量，从他们口中说出的话也充满了积极的力量，好口才也就不期而至了。

人常说，"生活不是缺少美，而是缺少发现美的眼睛"，生活态度积极向上的人有一双发现美的眼睛，享受美的嘴巴。他们的说话习惯，于己，让日子多些乐趣；于人，彼此多些轻松。

启功作为中国知名的书画家，他的前半生可以说是充满坎坷和艰辛，1岁丧父，母子二人便由祖父供养。10岁祖父过世，家道中落，一贫如洗，再无钱读书，由于得到祖父门生的极力相助，才勉强读到中学，但尚未毕业。由于个性坚强，不愿再拖累别人，便决心自谋生路。经祖父的门生傅增湘先生介绍，认识辅仁大学校长陈垣，经陈垣介绍，两次工作皆因没有学历而被炒。但他却没有绝望，一边靠卖字画为生，一边自学，最后终于在辅仁大学谋到一个教职。此后，在陈垣校长的耳提面命之下，取得长足进步。

经过无数人生历练的启功，不但在艺术上取得了非凡的成就，而且在心灵上步入了大彻大悟之境，生命中充满着一种"身心无挂碍，随处任方圆"的大气和洒脱。

启功成名之后，经常有人模仿他的笔墨在市面上出售。有一次，他和几个朋友走在大街上，路过一个专营名人字画的铺子，有人对启功说："不妨到里面看看有没有你的作品。"启功好奇，大家就一起走进了铺子，果然发现好几幅"启功"的字，字模仿得很到家，连他的朋友都难以辨认，就问道："启老，这是您写的吗？"启功微微一笑赞道："比我写得好，比我写得好！"众人一听，全都大笑起来。谁知说话之间，又有一人来铺里问："我有启功的真迹，有要的吗？"启功说："拿来我看看。"那人把字幅递给他。这时，随启功一起来的人问卖字幅的人："你认识启功吗？"那人很自信地说："认识，是我的老师。"问者转问启功："启老，您有这个学生吗？"作伪者一听，知道撞到枪口上了，刹那间陷于尴尬、恐慌、无地自容之境，哀求道："实在是因为生活困难才出此下策，还望老先生高抬贵手。"启功宽厚地笑道："既然是为生计所害，仿就仿吧，可不能模仿我的笔迹写反动标语啊！"那人低着头说："不敢！不敢！"启功听他说完便走出店门，同来的人说："启老，您怎么就这样走了？"启功幽默地说："不这样走，还准备送人家上公安局啊？人家用我的名字，是看得起我，再者，他一定是生活困难缺钱，他要是找我借，我不是也得借给他吗？当年的文微明、唐寅等人，听说有人仿造他们的书画，不但不加辩驳，甚至还在赝品上题字，使穷朋

13

友多卖几个钱。人家古人都那么大度，我何必那么小家子气呢？"

从故事中我们不难体会到启功积极向上的人生态度。尽管生活并不如意，但启功并没有因为曾经生活中的坎坷与曲折就否定了人生阳光的一面，他依旧用一颗宽容的乐观之心对待这个世界。从他口中说出的话也充满了一种积极的力量，让我们看到了一种积极的生活态度对一个人说话的影响。

一个具有积极向上的生活态度的人，说出的话总能给人积极的感觉。因为说话者自身就有积极向上的内心。内心的积极通常能让一个人的言谈中自然而然地充满睿智的因子。

一个老人应邀去一家电视台做节目嘉宾。他讲话的内容完全是毫无准备的，当然更没有预演过。但不管他什么时候说什么话，听起来总是特别贴切，毫不做作，观众听着他幽默而略带诙谐的话语都笑弯了腰。最后，台下一名观众禁不住好奇问他："您这么快乐，一定有什么特别的快乐秘诀吧？"

"没有，"老人回答道，"我没有什么了不起的秘诀。我快乐的原因非常简单，每天当我起床的时候我有两个选择——快乐和不快乐，不管快乐与否，时间仍然会不停地流逝，我当然会选择快乐。如果要秘诀的话，这就是我的快乐秘诀。"

积极向上的生活态度催生好口才，只有具备了积极向上的生活态度，我们才能在说话的时候自然不做作。

拥有积极向上生活态度的人说出的话通常也会带给倾听者积极向上的力量，让他人从中汲取积极的因子。这样一来，说话者就会受到听众的欢迎，也就相当于为自己赢得更大的说话舞台，从而增加自己的自信。因此，告诉自己："一切都进行顺利，生活过得很好，我选择快乐。"决定自己口才的人不是别人，正是你自己！而只有一个内心真正积极向上的人才可能具有好口才的素养、才可能无私地将快乐呈现给他人。

因此，想要具备好口才就要先做一个真正具备积极向上生活态度的人，努力培养自己诚实、善良、真实等美好的品质。随着口才的提高，你的生活也将丰富多彩，整个人的个性品质和各方面的能力都会提高。拥有积极向上生活态度的人更容易获得他人的信任，人们也更喜欢与这样的人交谈，只有这样我们才能体会更多的说话的乐趣。

好口才也能弥补工作上的失误

我们都明白这样一个道理，在职场中，一个人在具备良好的处理问题的能力的同时还能妙语连珠，这样的员工肯定能迅速受到领导的青睐和重用；在职场中，做事能力相差不多的两个人，语言表达能力不好的那一位，在工作的过程中遇到的问题肯定会比拥有一副好口才的人要多得多。

实际上，对于每一个人来说，说话的能力和工作的能力同样重要。对于说话能力而言，和领导沟通的能力是重中之重。据美国一家研究所进行的一项专门调查显示，有80％以上的企业管理者经常发出"员工语言表达能力每况愈下"这样的抱怨。这主要表现在两个方面：与同事沟通出现语言障碍，向领导汇报时表述不清。由此可见，语言表达能力不够强，的确会给一个人的工作带来诸多麻烦。

只有具备良好的语言表达能力，也就是好的口才，才能为你的工作加分，这早已成为职场人士的共识。实际上好口才不仅能为一个人的职业生涯带来帮助，更值得注意的是它所具备的安全网效果，即"弥补工作上失误"的作用——假如一个人在工作中出现了什么小失误，具备好口才的人，总能通过自己的争取获得弥补的机会，甚至让他人接受自己的小失误，化失误为创新。

亚慧在一家服装公司做市场宣传。在公司组织的一次新品发布会中，她负责邀请名单的发放工作，但在做这项工作的时候她犯了一个比较严重的错误：漏掉了一位非常重要的大客户。自知闯了大祸的亚慧经过激烈的思想斗争，决定承认自己的错误，并加班加点为这位客户办一次专场新品发布会。至于额外的费用，亚慧准备自己承担一半。带着这个方案，亚慧来到老板的办公室。她非常诚恳地告诉老板："我犯了一个非常严重的错误，真的非常抱歉，出现了这么大的疏忽，请您给我一个改正的机会。请相信，我一定会吸取教训，下次不会再犯了。"老板看到她诚恳地承认了错误，面色由愠怒转为平静，最终认同了亚慧的方案。

为了打消大客户对没有被邀请的疑虑，亚慧是这样对客户说的："由于跟您多年的生意往来，合作相当愉快，希望能进一步加强与您的交流，所以单独邀请您，以方便您订货。"听了亚慧的话，这个大客户不仅没有因为没被邀请而生气，还因为自己的特殊待遇感到非常高兴。

通过这一次专门的新品发布会，不仅弥补了没有邀请大客户的失误，而且这位大客户看到公司专门为自己准备了一个发布会，更加信赖和支持这家公司，双方建立了更加亲密的合作关系。老板因为亚慧勇于认错，并且想到了解决问题的方法，不但没有责怪她，反而更加信任她了。

拥有好口才的智慧型员工，会把错误当成是学习的机会，把失误变成机遇，并能够通过自己的好口才将这一切有效传达给上级，得到上级的认可。被誉为"经营之神"的松下幸之助说："偶尔犯错误无可厚非，但从处理错误的做法中，我们可以看清楚一个人。"老板所欣赏的是那种能够正确认识自己的错误，并及时加以补救的员工。

除此之外，在某些场合下，会说话可能成为挽救自己工作失误的救命稻草。爱听恭维话是人的天性。在自己出现失误的时候适当地说一些恭维话是博得人心的好方法，只要说到点子上，就能深入人心，弥补自己的失误，甚至挽救自己的性命。

窃国大盗袁世凯，日夜觊觎着蓄谋已久的皇位。有一次竟在白天进入梦中。一位丫环正好端来参汤，准备供袁世凯醒后进补，谁知不慎将玉碗打翻在地。丫环自知大祸临头，吓得脸色苍白、浑身打战。因为这只玉碗是袁世凯在朝鲜王宫获得的"心头肉"，过去连皇帝也不愿用来孝敬，现在化为碎片，这是杀身之祸；罪是无论如何也逃不脱的了。正当那位丫环惶惶不安时，袁世凯醒了，他一看见玉碗被打得粉碎，气得脸色发紫，大吼道："今天我非要你的命不可！"

丫环连忙哭诉着："不是小人之过，有下情不敢上达。"

袁世凯骂道："快说快说，看你编的什么鬼话！"

丫环道："小人端参汤进来，看见床上躺的不是大总统。"

"混账东西！床上不是我，能是啥？"

丫环下跪道："我说，床上……床上……床上躺着的是一条五爪大金龙！"袁世凯一听，以为自己是真龙转世，要登上梦寐以求的皇帝宝座了，顿时一股喜流从心中涌起，怒气全消，情不自禁地拿出五十两黄金为丫环压惊。

丫环在生死存亡关头，通过一句恭维妙语，不仅免了杀身之祸，还得到了对方的奖赏。正是情急之下的巧说，迎合了窃国大盗袁世凯的"皇帝梦"心理，才使这丫环由祸转福，变危为安；倘若她没有投其所好的好口才，只是听天由命的话，恐怕就只有死路一条了。

总而言之，说话能力已经成为当今社会职场人士必备的一项能力。会说话具备好口才的人，在工作中总能利用自己的语言能力与他人顺利地沟通，使工作顺利进行，即使在工作进行的过程中出现了问题，他们也能运用自己的好口才为自己争取到弥补失误的时间和机会，为自己获得更大的成功做好准备。

第二章

交流口才：
能让别人笑的人会被重视

你脑中若有积极的思想，可以用同样的方法，将注意力集中在那些使你快乐和希望的事情上，你就会快乐起来。

——林语堂，曾任北京大学教授，当代著名学者、文学家、语言学家

理解是所有交流的基础

人际交流是一种双向交流和相互影响的活动，表达者总是希望把自己的信息、意图、思想和感情传达给对方，并且希望对方能按照自己的要求作出反应，以达到信息共享和彼此沟通的目的。但是，任何一个交流对象的想法不可能完全和你一样，而交流过程是互动的，因此力求了解对方，才能确保交流顺利、有效地进行。

人们总是渴望得到他人的理解，理解就像一座桥梁，沟通彼此的心灵；理解就像一盏明灯，驱走我们心中的阴影。被人理解是一种幸福，理解别人是一种高尚。在人与人之间的对话交流中，我们要学会理解他人，只有做到这一点，彼此之间才会更好地接纳对方。

小马在一家公司做研发工作，最近她3岁的女儿染上肺炎住院了。虽然从老家请来了婆婆在医院照看，但是她仍然心急如焚、忧心忡忡，即使坐到办公室里做事也是心不在焉，没过一两个小时就要给婆婆打个电话问问孩子的病情如何。部门的经理看到她这个样子，很是生气，就把她叫到办公室询问。小马如实说了自己的情况，经理是个原则性很强、赏罚分明的人，他并没有对小马表示同情，仍然是用非常严肃地口气说："你既然领公司一天薪水就要做一天的事情，即使孩子生病也不能例外，必须要按工作的进度把当天的工作做完！"小马听完后，一下气被经理的态度激怒了，她反问道："你家没有孩子吗？如果你孩子生病了，你还能够如此镇静吗？"说完，就重重地摔门出去了。第二天，小马就向公司请假不来上班了。她是研发部门的业务骨

17

干，没了她，工作难以继续往下推行。不得已，经理只能让其他员工请小马回来。小马回来后，并没有马上投入工作，而是递交了辞职信。本来她主持的一个项目，也被迫停下来。

小马的部门经理对小马孩子生病的事情不仅没有安慰她、给她提供帮助，反而非常严厉地批评她。尽管从制度上看批评是没有错的，但是经理对小马情况的不理解让小马感觉到公司的冷漠、无情，加大了相互之间的隔阂、不信任，最终导致难以共处下去的结局。

当前的社会进入了一个快节奏的时代，人们几乎每天都在匆匆忙忙中度过，相互之间很难进行有效地沟通，这也使人们经常在人潮汹涌的都市，每天都与无数人擦肩而过，却仍然感到自己是孤独、无助的。如果我们学会在人际沟通中多多理解他人，我们的苦恼、困难能够在这里得到倾诉，人与人之间的沟通、交流就会变得简单、容易很多。学会设身处地地站在他人的角度来理解他人能够缩小人与人之间的距离，使人抛弃成见、狭隘的看法。尤其是当他人遇到困难的时候，能够设身处地地为理解他人更能表现出关心、友善的一面。

一个人最大的痛苦莫过于没人理解，中国有句古话叫"士为知己者死"，如果我们能够得到别人的理解、认同，就会对对方心存感激之情，这种知遇之恩能够换取对方的涌泉相报。抓住对方切身利益的得失，会使他的心弦受到颤动，促使他深入思考，从而做出改变。如果我们理解彼此的处境、立场，那对于交流的双方来说无疑是一种莫大的幸福。就像北大教授孔庆东所说："试着将你的孤独略微倾诉给别人，倘能获得理解，则不是真孤独。"也许有人会质疑："理解他人说来容易，实际要做的时候却很难。"没错，真正地理解一个人然后再来交谈确实不容易，立场不同、所处环境不同的人，很难理解对方的感受；但困难却不代表不可能，许多人都在努力做到这一点。因为若不如此做，谈话成功的希望就可能是很小的。会说话的人都善于揣摩对方的心理，尽量理解他人、从他人的角度来设想，并且乐此不疲。

理解是所有交流的基础。要想保证交流沟通的顺畅进行，交流双方对彼此的理解是关键。理解他人，设身处地为他人着想，不仅能使他人快乐，也能使自己快乐。理解了他人你就能从容应对各种交往。理解了交谈的对象，你就会发现，你跟他其实有很多共同语言，他的所思所想、所喜所恶，也会变得可以理解甚至显得可爱。因此，对别人的失意、挫折、伤痛，不宜幸灾乐祸，而应要有关怀、了解的心情。要做到这一点就需要我们放下自己的观念和角度，用心感受、设身处地的体会，然后，尽自己的能力去体会、应对、帮助。

笑容是缓解气氛的终极技巧

曾任北大校长的许智宏说过一句话："希望你们学会微笑，微笑面对生活中的困难，微笑迎接世界对中国有时是挑剔的目光。"这是一种生活态度，事实上，笑容是一种良性的脸部表情，反映出一个人的内心世界，是自信的标志、礼貌的象征、涵养的外化、情感的体现。在交流的时候面带笑容，不仅可以给人性格开朗与温和的印象，还能够建立融洽气氛，消除对方抵触情绪。笑是人类宝贵的财富，也是礼貌的象征，它具有震撼人心的力量，可以在瞬间助你打开对方的心扉。

有谚语说："一家无笑脸，不要忙开店。"人际交往中，笑容具有如此大的作用，尤其在服务行业，笑容更被夸张到了极致。钢铁大王安德鲁·卡耐基的高级助理查尔斯·史考伯这样形容卡耐基的笑容："卡耐基的笑容值 100 万美元。那种动人的笑，在人际交往中，具有极其强大的影响力。"相关人士认为，"微笑服务"能使顾客盈门、生意兴隆，而事实确实证明了这一点。

"服务员！你过来！你过来！"顾客高声喊，指着面前的杯子，满脸寒霜地说，"看看！你们的牛奶是坏的，把我一杯红茶都糟蹋了！"

"真对不起！"服务小姐赔不是地微笑道，"我立刻给您换一杯。"新红茶很快就准备好了，跟前一杯一样，放着新鲜的柠檬和牛乳。服务小姐轻轻放在顾客面前，又轻声地说："我是不是能建议您，如果放柠檬，就不要加牛奶，因为有时候柠檬酸会造成牛奶结块。"

她的嘴角自始至终都挂着微笑。

顾客的脸一下子红了，匆匆喝完茶离开了。

有人笑问服务小姐："明明是他土，你为什么不直说呢？他那么粗鲁地叫你，你为什么不还他点颜色？"

"正因为他粗鲁，所以我要用微笑对待；正因为道理一说就明白，所以用不着大声！"服务小姐说，"理不直的人，常用气壮来压人；理直的人，要用微笑来交朋友！"

大家都点头笑了，对这家餐馆增加了许多好感。往后的日子，这家店总是顾客盈门，顾客们每次见到这位服务小姐，都想起她"理直微笑"的理论，他们也用眼睛证明，这小姐的话有多么正确——他们常看到，那位曾经粗鲁的客人，和颜悦色、轻声细语地与服务小姐寒暄。

上面的故事中，服务员在说话的时候总是面带笑容，而正是她的笑容不仅缓解了顾客的愤怒，也使可能发生的冲突得到了化解。由此可见，笑容有着特殊的魅力。在说话的时候面带笑容，还可以缓解沟通中的紧张气氛，避免许多不必要的冲突。

某日，从上海飞往广州的班机上有两位金发女郎，长得很漂亮，可是一上飞机，她们的态度就极不友好，对飞机百般挑剔，说什么机舱里有怪味、香水不够档次、座位太脏，甚至还用英语说粗话。尽管如此，空姐还是面带微笑地为她们提供周到的服务。

飞机起飞后，空姐开始为乘客送饮料、点心。两位女郎点了可口可乐，没想到还没喝，两位就开始抱怨开了，说可口可乐味道有问题。几句话没说完，其中一位越说火气越大，竟将可口可乐泼到空姐的身上，溅得空姐满身满脸都是。空姐强忍着愤怒，最后还是面带笑容地将可口可乐的瓶子递给金发女郎看，说："小姐，你说得很对，这可口可乐可能是有问题。可是这可口可乐是贵国的原装产品，也许贵国这家公司的可口可乐都是有问题的，我很乐意效劳，将这瓶饮料连同你们的芳名及在贵国的地址一起寄到这家公司。我想他们肯定会登门道歉并将此事在贵国的报纸上大加渲染的。"

两位金发女郎目瞪口呆了。她们知道这事闹大了，说不定回国后这家公司会走向法庭，告她们诋毁公司名誉。在一阵沉默之后，她们只好赔礼道歉，说自己太苛刻、太过分，并夸奖中国空姐的微笑是世界一流、无可挑剔的。

面对两位金发女郎的无礼刁难和莫名怒火，这位空姐始终保持着优雅的微笑和得体的语言，并在一番笑声中点中了对方的要害之处，让对方不得不停下自己的无礼言行。这告诉我们，面对他人的怒气，在说话的时候保持笑容永远是缓解紧张气氛最温和并且也是最有力的武器。

笑容可以以柔克刚，以静制动，沟通情感，融洽气氛，缓解矛盾，消融"坚冰"，为好口才表达的成功打下良好的基础。笑能建立人与人之间的好感，它是疲倦者的休息室、沮丧者的兴奋剂、悲哀者的阳光。所以，假如你要获得别人的欢迎，请给人以真心的笑。笑是人们对美好事物表达预约情感的心灵外露。

一次，李先生和朋友搭出租车去一个不大熟悉的地方。一路上，他们和司机有说有笑。但不知为什么，开出不久就连续遇到五六个红灯。眼看快到了路口，又碰到一个红灯。朋友随口嘟囔着："真倒霉！一路都碰到红灯，就差那么一步。"听到朋友的话后，司机转过头，露出一个很豁达的笑容："不倒霉！世界很公平，等绿灯亮时，我们总是第一个走！"

故事中的这位司机在面对因为一直遇到红灯而焦躁不安的顾客时，一直面带笑容地跟他们说话，顾客的急躁也在司机的笑容中得到了缓解。司机的笑容和话语虽然简单但却道出了笑的真谛：快乐其实很简单，快乐就产生于我们看待同一件事情的不同角度中。学会以笑待人，我们将会在充满美好的世界中，遇见心想事成的自己。

笑容是一种修养，是一种风度，是一种气质，是一种奉献，是真情实意的流露，是文明进步的标志。在和他人交流的时候面带笑容是一种智慧的表现。因为你的笑容不费分文，但它却能给予你极大的帮助——处在紧张或尴尬气氛中的人，如果能够在说话甚至争执的时候面带笑容，那么紧张的气氛就可能被缓解。因为笑容可以净化心灵、传达关爱和善意。

真诚而热情的笑容，是人格成熟的象征，是心肠温暖的显示，是信心的喷射，是力量的流溢，是精神的表露，是智慧的外化。有笑容的人生，是乐观的人生，是顽强战胜一切艰难困苦和疾病的人生。生活中离不开笑容，人与人交流中更不能没有笑容。一个热爱生活、身心健康、充满自信的人，不应当缺少笑容。笑容是一种与生俱来的能力，不需要任何刻意的做作。发自内心的微笑是人们美好心灵的外现，是一个人的涵养，是心地善良、待人友好的表露，也是一个人有文化、有风度的具体体现。一个人想要具备好的口才，首先就应学会在说话的时候面带笑容。尤其是做说服人的工作，要参加辩论和谈判，首先要打动他人的心；而动其心者莫先乎情，表情中最能赢得人心的是微笑。恰当的微笑，会让你的气场不断扩大，会让他人更加轻易地接受你、喜欢你。

消极的语句会将大脑拖入消极思维

林语堂说："你脑中若有积极的思想，可以用同样的方法，将注意力集中在那些使你快乐和希望的事情上，你就会快乐起来。"同样的道理，如果你只在意生活中消极的事情，那么当然也不会高兴。很少有人会意识到消极的语句是一种消极暗示。一个经常说消极的语句的人，往往容易产生自卑心理，意志消沉，失去自信，甚至一事无成。这是因为消极的语句会将人的大脑拖入消极的思维方式之中。据美国托马斯杰斐逊大学急诊医学教授安德鲁·纽伯格博士的研究发现，任何形式的消极想法（例如担心自己的身体健康或忧虑人际关系），都会刺激大脑释放破坏性的神经化学物质，进而影响人的行为认知。假如一个人以十分忧虑的表情将自己的负面的心情说给他人听，就会使交谈双方的大脑都分泌大量压力激素，从而使交谈双方都感到焦虑和烦躁。

人们大都有过这样的经历：和消极的人在一起待久了，自己的思想也会渐渐变得消极，对其他的人或事就会有更多的偏见。的确，当你和一个说话充满消极语句的人进行长时间的消极对话之后，你就很难摆脱消极的想法。

在张明看来自己的老婆是一个"勤劳"的人，几乎每天一大早刚起床，她就开始收拾房间，边收拾还边说："家里怎么一直乱糟糟的，我是永远没办法把家弄干净了……"听着老婆这样说，张明早已经习惯了，也不怎么在意，但实际上张明已经被老婆说的消极的话语深深影响了，这不，他一整天的工作状态都不好。

来到办公室，看到一天的任务后，张明心里就想："天啊！自己今天根本干不完需要做的工作。"殊不知，张明在一大早就受到了消极语言的影响，自己的大脑也早已被拖入了消极思想中了。

消极的语句会对人的大脑产生一种消极的暗示，正是由于这些处处可见、到处可听的消极语言，使人们不知不觉地产生了消极心态，无论是说者还是听者，他们的思维都会被影响。

心理学家做过这样一个实验，在实验中把同一个老师介绍给不同的两个班，对甲班说："今后给你们班代课的就是这位老师，他是一个很有名的学识渊博的教授。"对乙班则平平淡淡地说："这是一个很普通的老师，今后的课由他来上。"不同的暗示语言，会得到不同的结果。甲班学生认为这个老师非常了不起，充满了崇敬之心。而乙班学生觉得这个老师太一般，从而对这个老师暴露出不屑一顾的心态。这个实验说明了积极的语言暗示，有着积极的作用和效果；消极的语言暗示，会起到消极的作用和后果。

消极的语言暗示会对一个人产生消极的影响。因此，我们应该改变常说消极词汇的自己，这样就不会陷入消极思维之中。在这方面，也有人做过类似的实验。例如，有一位科学家与美国某印第安部落经过一段时间的相处发现，在他们当中没有任何人有口吃的毛病，科学家对此很是好奇，于是他开始对这种现象进行了研究，他进一步研究美国所有印第安部落，结果仍然找不到一个口吃的人。后来他仔细钻研印第安语言才发现，在印第安语言中没有"口吃"这个词，所以印第安部落也就没有口吃的人。

相关研究表明，当我们看、听或想到一个字时，脑子里就会呈现相关的影像。比如，看到或听到"愚蠢"、"无知"或"傻瓜"时，脑子里就会出现"愚蠢"、"无知"、"傻瓜"的影像；当我们听到"蜂蜜"时脑子里就会出现"甜"的影像。因此，如果词汇中没有"口吃"这个词，脑子里就无法想象出"口吃"的情景，当然也就不会有人"口吃"。这一切都充分说明了语言对人的暗示和影响。按照此理，如果在我们的词汇、语汇中去掉消极的语言，或不说消极的语言，就可减少大脑或心态中消极影像的出现，也就减少了消极的行为。

现实生活中，有些人喜欢将"反正"、"总之"、"毕竟"之类的话当作自己的口头禅。比如："反正我认为自己做不到"、"毕竟自己的能力有限"、"总之，我已经尽力而为，现在我是无能为力了"、"我毕竟比不上他"等等。这些话都是一些消极的自我否定的话，而且还是对自己的全面否定，当人在说出这样的话时，心理就会被这样的话影响，即使自己本来能做好的一件事，也会因为自己给自己的消极暗示做不好了。因为，说出"反正"、"毕竟"、"没办法"或"不得已"之类的话，就表示自己失去信心、放弃努力，或停止思考的意思。所以，做不好，或不去做，也是理所当然，也就没有必要再努力了。

有人可能会有这样的疑问：既然消极语言危害如此之大，为什么人们还要说呢？这是因为我们在生活中总会碰到一些不如意的事情，这些不如意就容易产生消极的情绪。也就是说，我们生活的社会不可能没有消极信息，也会接触到消极的人物。例如，当生活、工作、学习不顺利的时候，有些人就容易对自己进行否定，对他人进行否定。消极的话也就脱口而出了。

出于这样的情况，我们就应该有意识地减少消极的话对自己的影响，为了阻断消极语句将我们的大脑拖入消极思维，法国著名心理学家纽伯格提出了如下建议：

（1）时常问自己："事情真的严重到无法解决甚至威胁到我的生命吗？"事实上我们明白，事情通常没有我们想象中的那么严重。

（2）负面的想法通常没有被你意识到，你把它找出来，转而关注积极的词语和场景，就能重新整理自己的想法，可降低焦虑和抑郁。积极、肯定的想法可以改善人与人的沟通，让我们变得淡定，还能增强自信。但是，大脑对积极的想法通常不会有快速反应，因为我们的生命没有受到威胁。

（3）用愉快的语言来描述你的感受。

一个人有什么样的感受，取决于这个人有什么样的心态。而一个人的语言与行为又影响着一个人的心态。因此，一个人保持积极的语言和行为（常常微笑，常说愉快的语言），心态自然就会变好，感受也会发生好的转变。例如，有人问你："最近怎么样？"你的回答如果是："很糟糕，一点都不好。"问你："你的身体还好吧？"你回答说："难受得要死。"这样的回答，不仅会让对方感觉极为不好（即使他原本的心情很好，也会变坏），还会让你感觉自己最近确实是这么糟糕的，进而陷入糟糕的循环。这其实就是消极的语言将你的大脑拖入了消极的思维之中了。因此，我们要学会用愉快的语言描述自己的感受。当有人问"你好吗"或"你近来身体好吗"，要回答"好极了"或"我近来身体很好"。这样回答，可使你感到快活。特别是在心情不好的情况下，这样回答，有利于改变你的心情。

一句睿智的话能让对方振作起来

正所谓"人有旦夕祸福，天有不测风云"。世事无常，人有时难免陷入失意之中。从心理学的角度来说，人出现失意的情况通常是因为人的自我意识没有被唤醒。人的自我意识有很多种，比如年龄意识、性别意识、社会角色意识等。拿年龄意识来说，一般情况下，人到了某个年龄阶段就会出现某种心理特征，但有的人却迟迟不出现。这时，只要你点拨他一下，他就会醒悟，从而发生心理上的飞跃。这一点同样适用于其他情况，例如，在别人难过的时候，你的某句话就会带给别人开心；在别人无助的时候，你的一句话有可能会给人安慰，给他启发；在一个人失意的时候，你的一句睿智的话能让这个人重新振作！可以说，有时一句话的力量很大。

小姜的一个同学因患黄疸型肝炎被学校劝退休学，整天愁眉苦脸，总认为自己的病没有好转的可能，因而产生了悲观情绪，丧失了信心。小姜放假时，到这位同学住的医院探视他。一见面他就做出一副欣喜状，对这位同学说："哥们儿，你的脸色比以前好多了！听医生说，你的黄疸指数已有所下降，这说明你的病情在好转啊！"

小姜的话客观实在，使朋友的精神为之振作。于是，他乐观地接受治疗，加速了康复进程，不久便病愈出院了。

人在遇到各种变故的时候，总会不由自主地心烦意乱，甚至悲观郁闷，有些人往往会因为自己的身心状况不佳而更加失落。这时，作为一个鼓励的人，你如果想给他们带来好心情的话，就应该抓住某些好的方面，适时予以积极的暗示，这个暗示可能只需要一句话，只要你说的足够睿智，就一定能唤醒他的自我意识，使其鼓起希望的风帆，积极地生活。

张强是一位业务能力、综合素质很好的员工，然而因为与某位上司意见不合，在公司改组过程中，他被精简到车间。

此后，他很消沉。大多数的人都劝他："这样对你不公平，还是早点跳槽吧。"在别人怂恿下，他拟好辞职报告，准备递交。但是，有一位老友却对他说："世上没有过不去的坎，我相信你会东山再起的。"就是这一句短短的话语对他帮助非常大，他认为只要自己不放弃，自己还有机会。他认认真真做好本职工作，在车间里依然好评如潮。

过了一年，那位上司调走了。新一届领导班子上任，他理所当然地被抽调到公司经营部门。现在，张强已是公司的副总经理了。

正是老友的"世上没有过不去的坎，我相信你会东山再起的"这句睿智的话让张强振作起来，认认真真做好工作，最终获得了成功。在现实生活当中，我们时常会得到别人的安慰，也经常去安慰身边需要安慰的人。然而并不是所有的安慰都能一语中的，这是我们应该掌握说话的艺术，说一句足够睿智的安慰语。要知道只有说的话贴切，安慰的话才能打动一个人的心灵，让他重新振作。如果只是说一些不切实际的话语，只能怂恿别人去做一些傻事。

话为心声，也为情声。有道是说话要说到冷暖之处、喜痛之处、要害之处。有时话不在多，而在于说好。对人要有关怀的之情，真正的关怀不需要很多，一个无言的动作，一个心领神会的表情，一句刻骨铭心的话，就能使人感动。对于窘迫的人，说一句解围的话；对颓丧的人，说一句鼓励的话；对于迷途的人，说一句提醒的话；对于自卑的人，说一句振作的话；对痛苦的人，说一句安慰的话；对受了挫折的人，讲一句重新坚强起来的话；对头脑发热的人，讲一句降温的话；对高傲的人，讲一句"满招损"、"谦受益"的话；对私欲之心重容易受诱惑的人，讲一句洁身自好的话；对容貌长相一般的人，讲一句"良好的个性和气质远比漂亮的外表更可贵"的话。对需要帮助者来说，如同旱天的雨、雪中的炭，会使人终生难忘。

因此，在与他人交流的时候，如果感到那个人处于低落的情绪中，那就不要吝啬说一些睿智的鼓励的话，要知道你的一句话有可能改变这个人的人生轨迹。

主动和长辈聊天无隔阂

想与一个人没有隔阂地相处，你就得去与他去沟通，也就是去跟他聊天，聊天是与人沟通最好的方式，只要利用好聊天这个工具，那么与他人的沟通也就没有了什么阻碍。跟长辈之间要想无隔阂地交流更是如此，我们不仅要和长辈聊天，还要学会积极主动地跟他们聊天，从聊天中我们才能读懂彼此。

由于年龄、生活阅历、受教育程度、价值观、人生观等的不同，年轻人和长辈在相处的时候总会多多少少有些拘谨，聊天的时候也不如和同龄人在一起的时候放松。现代社会越来越多的人都不知道该怎样和长辈相处，彼此之间的隔阂也越来越深。不可否认，由于彼此生活的时代不一样，对人对事对物、彼此的观点肯定会存在分歧。比如，一个儿子对父亲说："公司新来了一个员工，高傲自大，做事很张扬，我很不喜欢这样的人。"父亲可能会这样安慰儿子，说："你在公司已经那么久了，就不要和新员工斤斤计较了，这样显得你多小气啊，包容一下他们吧！"父亲说这样的话，会让儿子感觉不知道该说什么。因为儿子虽然明白父亲说的有道理，但是父亲说的话相当于否定了自己抱怨，不支持自己的观点，这样儿子就会心生不快，想着"到底我是你儿子，还是他是你儿子"，接下来也就没什么话和父亲说了。

上面这样的情况时常发生在我们与长辈聊天的过程中。其实要想改变这种聊天隔阂，作为晚辈就应该主动一点，以积极主动的方式去与长辈聊天，能让我们和长辈之间变得亲密无间。

小静的父母从小就为小静安排好了人生的道路——做一个品学兼优的学生。的确，小静也是按着父母的要求做的，她的学习成绩一直名列前茅，她是老师、同学们眼里的好学生，家长眼里的乖乖女。但小静一直不希望父母把自己牢牢地管着不给自己自由，可她又不知道如何告诉父母自己的想法。时间一天天过去，小静明白，只有主动告诉父母自己的想法，才能改变现在的情况。终于，小静鼓足了勇气……

这天，小静比平时回家早一些，她发现母亲正在看电视，于是就主动凑过去说：

"妈，看电视呢？咱们一块看吧。""怎么回来这么早？"母亲疑惑道。于是小静说："今天有点事，所以一放学就回来了。""妈，我给你削个水果吧。"小静看着放在茶几上的水果说道。"这孩子今天怎么变得这么勤快。"母亲心里又有了新的疑惑。

小静把电视换到科学频道，里面正在放着宇宙的起源，小静装作有意无意地跟母亲说道：

"妈，你说，只会学习的人是不是就变成机器了？我好像只知道学习，其他事物我却错过了很多。"听了小静的话母亲有些茫然，一时不知该怎么接话。只好问道："小静，你今天到底怎么了？"

小静说："没什么，只是……妈咱们聊聊天吧，什么学习、生活、压力什么的，通通的聊一聊吧。"

听了小静的话，妈妈知道小静有话想对她说，就说："好啊，今天咱娘俩就好好聊聊吧。"

小静知道时机到了，该把想说的话说出来了，于是她深吸一口气，说道："妈，以前我一直以为我生下来就是为了学习，连看杂志都是为了学英语，看电视也是只看科学频道，从没有觉得不对，反而认为自己成绩好，有着非凡的优越感，直到今天中午，我都没觉得我那样有什么错，就算大家课间聊娱乐八卦，我只是听众，从来也没有觉得不对，只是觉得她们把时间浪费在无用的事情上，而我却用它来学习！"小静看着黑暗中的天花板，像是自言自语地说着。

"我一直觉得自己太听话，从来都是按你们的安排做事，我从来没有越过界，可是与此同时，我也失去了很多，我长大了，应该拥有属于自己的空间，也应该自己决定做一些事情。妈，你说，如果未来的我，只剩下听话和学习，我将会变成一个什么样的人啊？"小静的声音里有了些许的无助和迷茫。

听了小静的话，小静的妈妈感觉很震惊，她从来没有意识到自己在无形中给了小静这么大的压力。想了许久，母亲对小静说："小静，妈妈一直认为，只要你努力学习，成为班级的尖子生，以后成为社会需要的优秀人才，那么你的人生就会很幸福，所以从你还是婴儿的时候，我和你爸爸就为你铺好了道路，为你安排时间表，培养你的能力，让你成为我们的骄傲。可是我们从来都没觉得这是错误的，但是今天听到你说这些话，妈妈感觉在帮助你成长的过程中，我们忽略了多听听你的感受。剥夺了你的童年来完成我的梦想，甚至是牺牲你的自我感受来让我们获得别人羡慕的目光，是妈妈做得不够好，对不起。"母亲哽咽着说完这些话。

"妈，我从来不曾怪你，我只是想检讨我自己，我不想生活得这么麻木了。"听了妈妈的话，小静激动地说。

"那就做你想做的事情，青春只有一次，失去了就再也找不回来了，妈妈希望你能感受到生活给你带来的幸福而不是学习和我们给你带来的压抑，学习固然重要，但我们还是希望有一个心理健康的女儿。"母亲将小静揽在自己的臂弯里。

"妈！"小静像小时候一样，钻进母亲的怀里，心里对母亲感激得一塌糊涂。

无疑，这是一次愉快而温馨的沟通，但温馨、愉快是建立在女儿主动向母亲敞开心扉的沟通基础之上的。如果女儿不是主动和母亲谈自己的心里所想，恐怕做父母的会一直觉得自己的孩子跟自己的想法是一致的。小静的主动沟通打开了自己和母亲之间的隔阂，让彼此之间的沟通变得畅快而温馨。在现实生活中，我们与长辈之间无话可聊、无话可说、渐行渐远，往往都是由于我们一直习惯了被动接受长辈的关怀和关注，不懂得主动与长辈沟通造成的。倘若我们能够主动和长辈多聊聊天，那么我们将收获温暖的亲情，享受到其乐融融的家庭生活。

闲聊能跨越时代的人际鸿沟，主动和长辈们沟通或许都是一些无关紧要的事，但即使我们与长辈们是至亲，如果我们在沟通中总是以自己的感受和看法为中心，势必会让本应温馨而快乐的沟通变成不快乐的尴尬或静默。因此，从此刻开始，我们沟通时请多关注长辈的想法和感受吧！

1. 主动跟他们聊聊过去的事

主动跟长辈聊天时，你可以多引导他们回忆，聊聊他们过去的事。因为对长辈来讲最丰富的就是他们的阅历，这个时候的他们是很愿意讲他们的过去，这样不仅延长了聊天的时间，还可以从他们多年的生活和事业上的经验积累汲取营养，通过这样的聊天你和长辈之间的距离就拉近了，隔阂自然也就减少了。

2. 主动跟他们聊聊自己

主动和长辈多聊你自己的生活，因为长辈往往更关注你。很多人不希望长辈过多地干预自己的生活，实际上如果你能适当地告诉他们一些你自己的事情，长辈们就会觉得你什么都愿意跟他们讲，这样一来，就不会一味地探究你的隐私了。

3. 主动跟他们聊聊他们的兴趣（爱好）

主动跟长辈聊聊他们的兴趣爱好，比如练太极、书法等。能让长辈们感觉到他们是被关心、被信任、被依赖的，这样一来与他们的隔阂自然也就减少了。

4. 主动跟他们话家常

很多时候主动和长辈聊天并不需要刻意挑选什么话题，只要单纯地聊聊心情，聊聊想法，聊聊感慨就已经足够。聊家常话能让他们了解你、理解你。当然你也要懂得倾听长辈们的心声。

通过谈话来"排毒"

在竞争激烈、高速发展的现代社会，大多数人都过着快节奏、高压力的生活。高强度的工作和家庭重担，无疑会让人产生极大的压力感，严重者甚至无法控制自己的生活。再加上生活中任何人都不可能万事如意，人生有欢乐也有忧愁，有喜悦也有悲伤和愤怒。而忧愁、悲伤和愤怒都是恶性刺激所导致的不良情感反应。如果得不到充分发泄，这些情感就成了人体内的"毒素"，对人的身心健康是极为有害的。

怎样才能将身体内这种压力的毒素排出体外呢？不妨试试通过谈话来"排毒"吧。聊天是我们生活中不可缺少的部分，它不仅是我们与人沟通、交流、建立良好关系的工具，更是我们释放压力、获得好心情的重要方法。当压力大的无法承受时，我们可以找个值得信赖的人来谈谈心。通过谈话，人们可以释放人际关系中的些许压力。而通过谈话的方式释放自己的压力就相当于给自己的身体排毒。医院临床心理科医生也曾指出，聊天可以释放压力，放松紧张情绪，加强沟通，从而提高工作效率。

心中有烦恼、不痛快、伤心的事，不要闷在心里而要学会找有关的人——自己的朋友或亲人倾诉。即使他们找不出好的解决办法，把让自己烦心的事说出来本身就是一种对压力的释放，于身心有益。长期压抑情绪，只会使内心的体验变得更加强烈，从而有可能导致心理疾病。

古时候，有一个官员被革职遣返，由于心中的苦闷无处排解，他便来到一位禅师的法堂。禅师静静听完了此人的倾诉后，将他带入自己的禅房之中，桌上放着一瓶水。禅师微笑着说："你看这只花瓶，它已经放置在这里许久了，几乎每天都有尘埃灰烬落在里面，但它依然澄清透明。你知道这是什么原因吗？"官员思索良久，仿佛要将水瓶看穿，忽然他似有所悟："我懂了，所有的灰尘都沉淀到瓶底了。"

禅师点点头："世间烦恼之事数之不尽，有些事越想忘掉越挥之不去，那就索性记住它好了。就像瓶中水，如果你厌恶地振荡自己，会使一瓶水都不得安宁，混浊一片；如果你愿意慢慢地、静静地让它们沉淀下来，用宽广的胸怀去容纳它们，这样，心灵并未因此受到污染，反而更加纯净了。"官员恍然大悟，心头压抑的苦闷也烟消云散了。

处于心烦气躁状态的人通常都希望能找个人谈谈心。这是一种常见的情形，因为通过聊天，人内心压抑的情绪能够得到有效的释放。聊天谈话，是人们的基本需求，不爱聊天、没时间聊天的人心理压力都不会太小。

当我们觉得心烦时，往往很想向谁诉说一下。我们要做的就是满足自己的倾诉欲，通过与他人聊天将自己的烦心之毒排出体外。

有一个企业老总，辛辛苦苦创下了一份产业，却因为身体状况不得不停下工作修养身体。在修养的时候，他的妻子死了，他对自己的健康状况愈加担忧，因为家中已有好几个人死于瘫痪性中风，因此他认定自己必会死于同样的症状，所以一直在这种阴影下极度恐慌地生活着。

为了摆脱这种烦恼，他经常去找云崖禅师下棋，悟禅。

一天，他与云崖禅师下棋。突然手垂了下来，整个人看上去非常虚弱，脸色发白，呼吸沉重，云崖禅师关切地问道："怎么了？"

"最后它还是来了，"老总乏力地说，"我得了中风，我的整个身体右侧瘫痪了。"

"你是怎么知道的呢？"云崖禅师问道。

"因为，"老总答道，"刚才我在右腿上捏了几次，但是一点感觉也没有。"

"可是，"云崖禅师笑道，"你刚刚捏的是我的腿啊！"

老总听后马上捏了捏自己的腿，果然疼痛不已。又看了看禅师，若有所悟，心情顺畅了许多。

很多人身体不舒服时，总是怀疑自己得了病，整天陷入恐慌之中。其实，大多时候，这只是些小病或者根本没有病，只不过是心病而已。心病还需心药医，不要猜疑自己的健康，多找人聊聊天，身体的毒素自然就会排出体外了。

当一个人反复积累自己的烦恼、痛苦，不愿意暴露于外界，而是压抑或埋藏在心里时，一旦遇到生活中的刺激或压力，就会加剧其自我的苦恼，最后心理失衡，产生心理疾病或心身疾病。这时我们应该学会找一个自己信任的人倾诉，通过聊天把不良的情绪宣泄出来，释放出压抑情绪，就会心身平衡。

古人历来讲究"文武之道，一张一弛"，也是这个道理。工作之余，适当聊聊天，能帮助人们从倦怠的状态中缓过神来；有难题，说出来大家一起想办法，也更容易解决。交谈是一种倾诉，能够助我们清除心里的"杂物"，为心灵排毒，让心灵更健康。日常生活中，当我们感到有压力时，不妨与他人闲聊一会儿，即使聊的话题与我们内心的烦闷毫不相关，即使对方不能给予我们解决问题的方法，只要聊一聊，也能让我们的心情轻松起来。不过，聊天也要注意技巧：别老是自己滔滔不绝，也要多听听别人的烦恼；别大声嚷嚷，防止打扰他人；不谈伤害他人利益的话。另外，时间不要太长，以免影响正常工作。不要指望一次聊天能够解决什么问题，关键在于享受放松的过程，它可以给你带来愉悦的心情，或是瞬间的灵感。

用符合对方心理的语言迎合对方

从心理学角度，说服的最佳效果是双方达成共同认识，而启发对方进行心理位置互换，让对方设身处地体验别人的心理。主动调整自己的态度和行为方式，用符合对方心理的语言则是达到这一目的的行之有效的方法之一。在人与人交流沟通的过程中，用符合对方心理的语言往往能让沟通进行得更加顺利。

用符合对方心理的语言去迎合对方，站在对方的角度谋划和考虑，理解对方的心理、对方的需求、对方的困难，这种说服方法容易使对方接受，能让对方快速与自己达成统一认识。

有个理发师带了个徒弟。徒弟学艺3个月后，这天正式上岗，他给第一位顾客理完发，顾客照镜子说："头发留得太长。"徒弟不语。

师傅在一旁笑着解释："头发长，使你显得含蓄，这叫藏而不露，很符合您的身份。"顾客听罢，高兴而去。

徒弟给第二位顾客理完发，顾客照照镜子说："头发剪得太短。"徒弟无语。

师傅笑着解释："头发短使您显得精神、朴实、厚道，让人感到亲切。"顾客听了，欣喜而去。

徒弟给第三位顾客理完发，顾客一边交钱一边笑道："花时间挺长的。"徒弟无语。

师傅笑着解释："为'首脑'多花点时间很有必要，您没听说，进门苍头秀士，出门白面书生?"顾客听罢，大笑而去。

徒弟给第四位顾客理完发，顾客一边付款一边笑道："动作挺利索，20分钟就解决问题。"徒弟不知所措，沉默不语。

师傅笑着抢答："如今，时间就是金钱，'顶上功夫'速战速决，为您赢得了时间和金钱，您何乐而不为?"顾客听了，欢笑告辞。

晚上打烊。徒弟怯怯地问师傅："您为什么处处替我说话?反过来，我没一次做对过。"

师傅宽厚地笑道："不错，每一件事都包含着两重性，有对有错，有利有弊。我之所以在顾客面前鼓励你，作用有二：对顾客来说，是讨人家喜欢，因为谁都爱听吉言：对你而言，既是鼓励又是鞭策，因为万事开头难，我希望你以后把活做得更加漂亮。"

故事中尽管不同的顾客对徒弟剪得头发多少有些不满意，但最终都是满意而归。这里的原因就在于理发师傅对不同情况的顾客说不同的话，用了符合不同顾客心理的语言迎合了不同顾客的心理需求，最终每一个顾客都满意而归。

下乡知识青年小红在农村和农民小刘结婚，还生了个女儿。后来重逢昔日的恋人，小红欲重修旧好，却又举棋不定，于是向奶奶寻求帮助。

"你的事，奶奶全知道，如今你打算怎么办!"

"不知道，我……我说不出来……"

奶奶说："奶奶知道你委屈。人，谁没有委屈呀。我24岁那年，你爷爷就牺牲了，本家本村的都劝我再找个主儿。你曾爷爷跟我说：'女儿，地头还长着呢，往前走一步吧。'我不愿给孩子找个后爹，硬是咬着牙过来了。儿子一个个长大了，参了军，又一个个地牺牲了。可我没在人前掉过一滴眼泪。人活着，就是为了别人，去受苦、去受难，天底下哪有那么多幸福？要说委屈，就先委屈一下自己吧！"

"可我以后的路该怎么走啊？"

"做人，前半夜想想自己，后半夜想想别人。你和那个小伙子倒是挺般配的，可就算你俩成了，日子过得挺舒心的，你就保准一早一晚地不想小刘他们父女？那时，你虽吃着蜜糖，但却忘不了人家在喝苦水。你甜在嘴上，苦在心里。甜的苦的一掺和，一辈子都是块心病。我今年80岁了，什么苦都尝遍了，可就是没留下一件亏心事。俗话说，'人'字好写，一撇一捺，真正做起来就难了！"奶奶说的话句句动人心。

"奶奶，我懂了。"小红擦了擦眼泪，说，"我今天就回家去带孩子，安心过日子。"

其实，道理小红未必不知道，只不过感情在这一刻占据了理智的上风，奶奶站在为小红将来着想的角度，设身处地为孙女分析情况，说出了小红心中的顾虑，自然而然让小红更容易接受。也就是说，正是奶奶用符合小红心理的话劝说才使孙女做出了正确的选择。

谈话实际上是一场"心理战"。运用在谈判上，了解对方的喜好和顾虑，在有利于自己利益的前提下，迎合对方的心理，这也是谈判语言的技巧之一。对方的心理是复杂的，如怕不守信用，怕价格继续上涨，怕质量没有保证，怕维修困难，等等。了解这些，则能见机行事，说出符合对方心理的话赢得对方的认同感。

在某汽车制造厂召开的年度订货会上，汽车制造厂的销售科长向100多位用户代表明确地表示："我厂产品的质量经国家鉴定为一级品，由于钢材原材料涨价和职工工资上涨等因素，成本已大大高于原销售价格。但是，考虑到顾客是老用户，我们决定，凡是在本订货会期间签订订货合同的，每辆汽车的价格按27万元计价；在此会后订货的，每辆汽车的价格为28万元。我代表厂方，言而有信。"当时，在我国价格体制改革和各类商品价格多有调整的形势下，使这个普普通通的发言极富诱惑力。于是，这次年度订货会的成交额达到了创纪录的水平，其中仅某矿山一家便签订了每年订货10辆、连续三年的保值合同。

案例中的销售科长就是用符合对方心理的话迎合了购买者的心理——如商品价格频频上涨，晚买不如早买、多买比少买好、签订货合同比不签订货合同好。更何况还有"优惠"、"保值"等诱人的内容，所以获得了成功。

要想让对方赞同你的观点，你就必须了解对方的心理状态，说话的时候让自己的语言"与对方站在一起"，说出的话越符合对方的心理，对方就越容易接受你的观点，这是因为人类有一个共同的天性，即喜欢听"自己人"说的话。美国纽约市立大学的心理学家哈斯也说过："一个酿酒专家也许能给你许多理由为什么某一种牌子的啤酒比另一种牌子的要好。但如果你的朋友，不管他对啤酒是否在行，教你选购某种啤酒，你很可能听取他的。"

某商店有位营业员很会做生意，他的营业额比一般营业员都高，有人问他："是不是因为能说会道，所以生意兴隆？"他回答说："不是，我的秘密武器是当顾客是自己人，用符合顾客心理的语言去迎合顾客。"

这个营业员总是站在买者的立场上替顾客精打细算，站在顾客的角度说话，用符合顾客心理的语言去迎合顾客，从而使对方的戒备心理、防范心理大大降低，而且产生了一致的认同感，故而说服了对手，做成了生意。

很多时候，只有跟对方聊符合他心理需求的话，对方才愿意继续听下去，你们的谈话才能顺利地进行。如果谈话的开始就说一些不着边的，甚至是对方抵触的话，就会引起对方的反感，你说的话他也听不进去了。这就要求谈话者学会从对方的观点去看事物的趋向。另外，在具体行动上，甚至一些微不足道的方面，在感情上表现出与你的听众的亲近感与认同感，往往也会使你得到巨大的感情回报和共鸣。而一旦建立了这种感情共鸣，对方自然更容易接受你说的话了。

让自己被对方所喜欢

很多人都有这样的疑问，同样生活在一起的人，为什么有人说的话能得到了大家的认同，而有人说的话却总是遭到否定呢？其实原因很简单，就是会不会说话的问题。显而易见，具有高超的说话水平是一个人获得社会认同的最便捷、最有效的手段。会说话的人往往会拥有良好的人际关系，也更容易得到他人的支持和帮助。

对话是一门艺术，跟不同的人交谈有不同的方法。要想与他人建立起融洽、友好的关系，就要让自己被谈话的对方所喜欢。我们都知道如果一个人不喜欢另一个人，这两个人的谈话就很难顺利地进行下去，试想，如果一个人连说话的人都不喜欢了，又怎么会好好听这个人说话呢？因此，每个人在谈话的时候都应尽量做到让对方喜欢自己，只有这样对方才乐于跟你交谈，并接受你说的话。

王建经营了一个卖手机的小店，每天都接待了不少的客人。他发现，大家认为最难相处的内向型客人往往是流失最多的客人。因为内向型的人一般都比较敏感，非常在乎别人怎么看待自己、自己会不会说错话，并为之紧张，为之敏感，用冷漠将自己封闭在孤独的小世界里。但是如果你能用真诚打动他，进入他的内心世界，那他可能比那些外向型的人更好做生意。

有一天，一位先生来店里看手机，很多当班的柜台销售员都主动跟他打招呼，热情地询问对方需要什么样的手机。每一次被询问，这位先生都只是说自己随便看看，到每个柜台前都是匆匆地浏览一下就迅速离开了。面对许多销售员的热情询问，这位先生显得有些窘迫，脸涨得通红，转了两圈，觉得没有适合自己的手机，就准备离开了。

这时王建根据经验，判断出该顾客是一个比较内向腼腆的人，并且根据观察，王建断定客户心中肯定已经确定了某一品牌的手机，只是由于款式或者价格等原因，或者是由于被刚才那些销售员的轮番"轰炸"，有些不知所措而一时失去了主意。

于是，王建很友好地把客户请到自己的柜台前，他温和地说："先生，您是不是看上某款手机，但觉得价格方面不是很合适，如果您喜欢，价格可以给您适当的优惠，先到这边来坐吧，这边比较安静，咱再聊聊！"客户果然很顺从，王建请他坐下，与他聊起天来。

王建开始并没有直接销售手机，而是用闲聊的方式说起自己曾经买手机，因为不善言辞而出丑的事。他说自己是个比较内向的人，开店这几年变化挺大。与客户聊了一些这样的话题以后，客户显然对他产生了一定的信任感，于是在不知不觉中主动向王建透露了自己的真实想法。

王建适时地给他推荐了一款适当的机型，并且在价格上也做出了一定的让步，给客户一定的实惠，同时王建还给客户留了自己的电话，保证手机没有质量问题。最后，客户终于放心地购买了自己想要的手机。

可以说，王建是非常有经验的，他通过旁观就对顾客的性格洞若观火。他很明白，内向的顾客并非难以沟通，他们只是不善表达，用冷漠来保护自己脆弱的自尊。他们可能已经看中了某一商品，但却在价格上有些心疼，更害怕别人会说他买不起好货而默默走开。王建用自己充满真诚的话语与顾客交流，让顾客先对自己产生了好感，让他们感觉到善意和安全，进而信任自己，甚至依赖自己。这就是王建取得成功的关键。

朱自清说："人生不外言动，除了动就只有言，所谓人情世故，一半儿是在说话里。"所以交谈是获得对方好感最重要的方式之一。因为一个人说什么，怎么说能体现出你这个人的基本素养。很多时候在交谈中用自己的话，让自己被对方所喜欢，能成为一个人成功路上的敲门砖。

高中毕业生小杜，到深圳后就兴冲冲地抱着简历去参加人才交流会。整个会场人如潮涌，唯有某连锁超市的展台前冷冷清清，与会场的气氛形成了鲜明的对比。

小杜好奇地走过去，看了连锁招聘启事上的内容，当即吓了一跳。它招聘20名业务代表，却指明要名校毕业生，并且还得有3年以上从事零售业的工作经验，条件那么苛刻，难怪没有人敢贸然应聘。

小杜揣摩了一番，虽然没一条够得上，可该连锁超市业务代表的工作对她却很具吸引力。她心一横，决定试一试，真要被拒绝，就当是一次锻炼好了。

小杜径直走到应聘席前坐下，那位中年主管看了她一眼，面无表情地指了指那招聘启事问："看过了吗？"她点点头说："我看过了，不过很遗憾，我既不是名校毕业，也没有从事过零售工作，只有高中学历。"

那位主管看了她好半天，才说："那你还敢来应聘？"

小杜微微一笑："我之所以还敢来应聘，是因为我喜欢这份工作，而且相信自己有能力胜任这份工作。"停了停，她又说，"如果求职者真要具备启事的上所有条件，那他肯定不会应聘业务代表，至少是公司主管了。"

说完，小杜就把自己的简历递了过去，那位主管竟然没有拒绝，而且微笑着收下了。

第二天，小杜就接到了录用通知电话。后来她才知道，那些苛刻的招聘条件只不过是该连锁超市故意设置的门槛罢了，其实当她和主管谈完话之后，她就已经通过了两项测试：勇于挑战条款的信心和勇气以及分析问题的能力。那位给她面试的主管后来说："虽然不是名校出身，但你的言语之中透露出的自信让我最终选择你，连面试的勇气都没有的话，日后又岂能有勇气去敲一个个商家的大门？"

小杜在自信的状态下说出的话，让招聘主管对她满心的喜欢，进而小杜说的话也容易被主管接受。最后小杜理所当然地成功应聘了。

在与他人的交谈中，让对方喜欢上自己，能有效消除谈话双方的隔膜，让彼此处于更亲近的状态，在这种状态下，两个人的谈话就能更有意义，你也能从对方的话语中得到更多你想要的信息。尽管让对方喜欢自己，能有效保证谈话的顺利进行，但要做到这一点并不容易。要使对方对你产生好感，留下深刻的印象，还必须学会察言观色，了解对方近期内最关心的问题，掌握其心理。要知道只有把话说到对方的心坎里，才能让对方心生欢喜，喜欢你并乐于接受你说的话。

先逗笑他们就不会被取笑

世界上没有一个人不喜欢风趣智慧的语言。在中国的传统文艺晚会上，相声、小品之所以一直成为最受欢迎的节目之一，就在于它的表现形式离不开幽默，那幽默的语言强烈地感染着观众的心，幽默的话能抓住听者的心，使对方平心静气；也可以使一些深刻的思想表达得更加生动和形象。

心理学家认为，幽默是人的能力、意志、个性、兴趣的一种综合体现，它是社交的调料。有了幽默的社交，便会把一颗颗散乱的心吸入它的磁场，让别人脸上绽开欢乐的笑容。假如在与他人交往的时候，你不小心闹了什么笑话，这时你就可以用幽默的语言先将他人逗笑，这样就不会让别人有嘲笑你的机会了。可以说这是交往智慧的体现，是智慧者灵感勃发的光辉。

先逗笑想取笑你的那些人，就剥夺了他们取消你的机会，因为你已经先发制人地为自己挽回了面子，不卑不亢地让凝滞的空气重新流动起来。恐怕谁都有当众滑倒的经历，每每回想起来还会感到脸红。摔倒的场面总是很滑稽，难免会引得大家笑，你不妨用一种荒诞的逻辑将这种尴尬变成有利因素，从而自然大方地从困境中解脱出来。

期末颁奖典礼上，张会同时拿到了"三好学生"、"优秀干部"等多项奖励，所有人都报以热烈的掌声，欢迎他上台领奖。

张会走上台阶时，却不巧摔了一跤，落得个狼狈不堪。这时，全场都安静了，气氛变得有些尴尬，还有个别学生甚至偷笑起来。

张会也不介意，竟然大大方方地指着台阶大声说道："看吧，上一个台阶，多不容易；领奖如此，学习更是如此。"说完，他若无其事地站起来，继续走上台去。还一边走，一边说："一次失败不要紧，继续努力，再上一个台阶！"

在这里，张会因不小心跌倒在人前蒙羞时，他没有选择逃避或沉默而是发挥自己幽默的口才先将他人逗笑，很快就为自己找到了台阶，避免了被他人取笑的窘境。他的这段现身说法，比起领奖后空洞的陈词更容易引起共鸣，给人的印象也深刻得多，很轻易地就博得了满堂彩。

1944 年秋，艾森豪威尔亲临前线给第 29 步兵师的数百名官兵训话。当时，他站在一个泥泞的小山坡上讲话，讲完后转身走向吉普车时突然滑倒。原来肃静严整的队伍轰然暴响，士兵们不禁捧腹大笑。面对突发情况，部队指挥官们十分尴尬，以为艾森豪威尔要发脾气了。岂料，他却幽默地说："从士兵们的笑声中可以看出，我与士兵们的多次接触，这次是最成功的。"

所以当我们处在可能被人嘲笑的情况下，千万不要慌张，试着说一些能将他人逗笑的话语，就会从被取笑的氛围中轻松逃脱。

力求个性化、形象性并学会适当地用幽默逗笑他人，可以使自己说话变得有趣。幽默力量能认同幽默的事物。因此智者会笑自己，也鼓励别人和他一起笑。

希腊哲学家苏格拉底的妻子是个泼妇，常对他发脾气，而苏格拉底总是对旁人自嘲道："讨这样的老婆好处很多，可以锻炼我地耐力加深我的修养。"一次，老婆又发起脾气来，大吵大闹，很长时间还不肯罢休，苏格拉底只好退避三舍。他刚走出家门，那位怒气难平的夫人突然从楼上倒下一大盆水，把他浇得像只落汤鸡。这时，苏格拉底打了个寒战，不慌不忙地说："我早就知道，响雷过后必有大雨，果然不出我所料。"

显然，苏格拉底有些无可奈何，但他带有讥讽意味的话语，使自己从窘境中超脱出来，显示了极深的生活修养。

巧妙的话语不仅能逗笑他人让对方无从取笑你，更能表现出自己的风度和坦然自若。这是一种只有聪明人才能驾驭的语言艺术。懂得逗他人笑的人必定心中有爱，不但善待自己，也善待他人。凡智慧之人往往不会处处与人为难，时时跟他人过不去，更不会无事生非。他总是遇事退避三舍，即使受到不公平的待遇或遭到令常人难以忍受的冤屈，也不会怨恨得咬牙切齿，愤怒得破口大骂。但是，他也不是窝囊废，他会以他独有的宽容的方式——用一些智慧的话将他人逗笑作出反应。

一句随意的言语、一个简单的动作，往往就能在顷刻间轻轻松松地给自己解困。无论是在一帮很好的朋友中，还是在一大群听众中，先把自己逗笑是赢得别人尊敬与理解的重要方法，远远要比开别人玩笑重要得多。拿自己开开玩笑，可以使我们对世事抱有一种健全的态度。因为如果我们能与别人平等地相待，就可以为自己赢得不少的朋友。相反，如果我们为显示自己是怎样的聪明而拿别人开玩笑，以牺牲别人来抬高自己，那我们一生一世也难以交到一个朋友，更不用说距离成功有多遥远了。当然，在逗笑他人时也必须注意：逗笑他人并不是要自我辱骂或自我贬低，更不是出自己的丑。当我们逗笑他人时，尤其需要把握好分寸，既要显得超脱，又不宜过分尖刻；否则，反而会让自己遭受屈辱。

放弃责备的谈话方式

胡适说："宽容比自由更重要。"这句话同样适用于交谈。在我们的语言交际过程中，大家都能体会到，带有责备的语气的话犹如有毒的箭，会给听你说话的对方心灵带来严重的负面影响。因此责备的话不能乱说。然而，在现实生活中，很多人在责备和批评他人的时候，却常常对自己所使用的语言缺乏警觉，不加分辨地就将一些有毒的言词加诸于他人。殊不知，当你在说"这朵花真难看"的时候，并不会对花产生什么影响，花既不会觉得侮辱，也不会觉得窘迫。它原来是什么样子，还是什么样子，丝毫不在乎你怎么说它。可是，你要是说一个人做的真差劲，那就会对这个人产生负面影响，在他的身体和心灵里产生一连串的反应。他可能会对此愤怒、怨恨，也有可能因你的责备消沉、产生厌倦的情绪，严重的可能还会进一步产生幻想和焦虑的罪恶感，其结果很可能导致他表现出乖张的行为。

因此，在交谈中我们应该放弃责备的谈话方式。一味地责备只能带来负面反应，放弃责备的谈话方式才能得到他人理解的回报。假如一个平时表现良好的员工做了不好的事时你会怎么做？是将他解雇，还是大骂他一顿？要知道不管选择哪一种方式都不能解决任何问题；你的责骂通常只会引起怨怒。出现这种情况的时候，放弃责备的谈话方式给他指出错误往往更容易让他意识到自己的问题所在。

有一天，钢铁大王卡耐基想批评自己的侄女约瑟芬，他正想批评她，但马上又对自己说："等一等，戴尔·卡耐基，你的年纪比约瑟芬大了一倍，你的生活经验几乎是她的一万倍。你怎么可能希望她有与你一样的观点、判断力和冲劲——虽然这些都是很平凡的。还有，你 19 岁时又在干什么呢？还记得你那些愚蠢的错误和举动吗？"

诚实而公正地把这些事情仔细想过一遍之后，卡耐基觉得约瑟芬 19 岁时的行为比自己当年好多了，而且他很惭愧地承认，他并没有经常称赞约瑟芬。

从那次以后，每次他想指出约瑟芬的错误时，总是说："约瑟芬，你犯了一个错误，但上帝知道，我所犯的许多错误比你更糟糕。你当然不能天生就万事精通，成功只有从经验中才能获得，而且你比我年轻时强多了。我自己曾做过那么多的愚蠢傻事，所以我根本不想批评你和任何人。但难道你不认为，如果你这样做的话，不是比较聪明一点吗？"

的确，我们都或多或少地做过一些愚蠢的事，我们都了解被别人责备的痛苦，所以在别人不小心犯错的时候我们又何必一味地责备他们呢？已故的华纳梅格，有一次这样承认说："30 年前我就明白，责备人是愚蠢的事，我并不抱怨上帝没有将智能均匀地分配，可是我对克制自己的缺陷已感到非常吃力了。"

当今社会离婚率越来越高，很大的原因就在于夫妻双方在交流的时候常常因为一点小事就批评和责备对方。很多做丈夫、妻子的，每天唠唠叨叨，一直讲对方的缺点、坏话，指责对方。长期处于这种消极的责备氛围中的夫妻双方，很难再看到彼此的优点，很多婚姻都是这样破灭的。仔细想一下，在生活中那些产生家庭不和的根本原因也许正是因为此。

赵平和钱敏是大学时的恋人，在学校赵平总是像个大哥哥一样照顾钱敏，事事周到，钱敏像只小鸟，唧唧喳喳说个不停。毕业结婚后让他们有了温暖的家和蒸蒸日上的事业。几年的努力使他们有了一点积蓄，小两口便忙着自己开公司、当老板，决心苦干几年买自己的大房子和车。

从此，赵平起早贪黑地工作，常常应酬到半夜才回家，然后倒头就睡，偶尔早回家，也是埋头查资料，写方案。"小鸟"的叫声再也没有人听了，开始她求着他听，可是他太忙了，他期盼着成功，期盼着为妻子打造高品质的生活。后来，她以责备的口气喊着让他听："你总是这么晚回来！""你成天都在忙什么啊，咱们到底还过不过日子啊！""你不觉得咱们之间的问题越来越严重吗？"……"我没有啊！"丈夫说。夫妻二人之间的交流越来越少。

一年后，她质问丈夫："你总和什么人在一起？""孙总、李小姐……"丈夫回答。

以后，她喊得更多，而他什么也不说，就拿起报纸走到另一个房间。

五年后，他们取得了阶段性成果——事业小有成功，可以实现买房计划了，而妻子提出买两套小房子，而不是计划中的大房子——虽然，他们之间没有第三者。

他们之间似乎已经没有以前的默契了，正是因为钱敏整天不断地责备和唠叨，使本来交流就少的赵平更加心烦，在生活中像这样的家庭可以说是屡见不鲜的，其实在这个时候，钱敏在说的过程中完全可以放弃责备的口气，这样想必会是另一种结果。

奔驰公司的一位市场推广部经理，在一次紧张的宣传推广行动中，由于情况紧急，他不得不自作主张发布了一个广告，事后才报告总经理。糟糕的是，那个广告并没有发挥出他预期的效果，所以，当他将这件事报告给总经理时，他觉得这次肯定会因擅做主张而受到处分。

总经理听完他的报告，问道："我的理解是，你认为那是一个绝好机会，所以你马上采取行动，不打算放过它，是吗？"

经理点点头，准备承受接下来的斥责。

然而，总经理却表扬了他，而且还拍着他的肩膀说："放手去做！请求原谅要比请求批准强得多！"

当他人有缺点或者犯错误时，我们应该放弃责备的方式谈话。因为一味地去指责或训斥会使对方对你产生距离感，让人感到恐惧，淡忘了事件本身，从而加大你与对方交流的难度。事实上，当你选择用责备的方式进行谈话的时候，你就选择了一种冒险，责备的谈话方式很容易伤害对方的自尊。即使你的批评和指责是出于善意，但对方因为自尊受到伤害，就算知道自己错了，也可能要为自己辩护，死不认错，甚至故意跟你唱反调。在这种情况下，换一种说话方式，比如，幽默地说、婉转地说都会比一本正经的责备更能触动对方。

过分挑剔或过分苛责别人，用责备的方式说话的人容易对生活、社会感到失望。这样的人不但无法让自己满意，别人也会对他退避三舍、敬而远之。人都是需要尊重、理解和信任的。不对人求全责备，才是一种宽容的处世之道。即使某人做错了事，甚至在无意中冒犯了你，你也不妨放弃责备的谈话方式，委婉地说才能让对方真正意识到错误并改正，而且因为你的不责备他还会对你感激不尽。这种做法，当然不是无缘无故的宽恕，而是一种涵养、一种风度，可以让别人认识你不凡的胸襟和雅量。久而久之，你的交际视野和人际网络就会变得越来越宽广，绝不会因为斤斤计较而无法与人相处。

每个人都有说话的欲望

生活中，我们经常会听到有些人埋怨别人说得太多，却不会有人指责别人听得太多。你是否曾经听到某人抱怨对方倾听时间太长以至于错过火车？如果你是一个好的倾听者，你会惊诧于别人对你的积极反应。仔细回想一下你和朋友、熟人打交道的时候倾听是如何起作用的。想想上次你到邻居家串门的情景，或是你和朋友共进晚餐的情景，而在家庭生活中你也会不断地遇到有关倾听的问题：烦躁不安的父母会抱怨他们的孩子不听话，而孩子们同样也会因为父母不愿倾听他们的想法而气恼。

毕业于北京大学，现任央视主持人的小董曾说过："我现在做了大量的演播室的评论节目之后，再做《面对面》的采访，领导老跟我急，说你能不能少说点话，让对方多说点，说你不再适合做《新闻调查》记者了，你什么都知道。"小董之所以受到领导的"批评"，就是因为每个人都有说话的欲望，领导希望小董能少说点，留出足够多的时间让受访者说话。我们在平时交流的过程中也应该做到这一点，认真听、满足他人说话的欲望，是一种积极、肯定的态度，它有助于保持、加强别人的自尊，带来一场愉快的交流。

在候机大厅里，庞克正在专心读书，忽然邻座传来一位老太太的声音："我敢说芝加哥现在一定很冷。"

"大概是吧。"庞克漫不经心地答道。

"我快 3 年没去过芝加哥了。"老太太说，"我儿子住在那儿。"

"很好。"庞克头也不抬地说。

"我丈夫的遗体就在这飞机上。我们结婚有 53 年了。你知道，我不开车。他去世时是一位修女开车把我从医院送出来的，我们甚至还不是教徒呢，葬礼的主持人把我送到机场。"老太太有点忧伤地说。

此时，庞克觉得自己刚才不理老太太的行为多么令人讨厌，他终于明白，身边有一个人正在渴求别人倾听她的诉说。她孤注一掷地求助于一个冷冰冰的陌生人，而这个人更感兴趣的是读书。

她所需要的只是一个听众，不要忠告、教诲、金钱、帮助、评价，甚至不需要同情，仅仅是乞求对方花上一两分钟来听她讲话。

庞克不再读书了，而是用心听老太太说话。老太太一直缓缓地讲着，直到他们上了飞机。

这看起来是那么矛盾：在一个拥有发达的通讯设备的社会里，人们却苦于无法交流，无法找到一个听众。老太太在机舱另一边找到了她的座位。当庞克把大衣挂起来的时候，又听见老太太用带着哀愁的音调对着她的邻座说："我敢说芝加哥现在一定很冷。"

庞克在心里祈祷："上帝，但愿有人听她讲。"

人人都会有一种说话的欲望，如果有人在向你喋喋不休，耐心地倾听就是对他人最大的尊重。因此当他人说话的时候，自己若有不同意之处，也应待别人说完，切不可插进去或阻止人家，打断他人的谈话是最大的错误。因为当他人还有许多话没有说完时，他人很难接受你插进来的意见，也根本不会注意听你说的话。所以我们应鼓励别人把意见表达出来，耐心地倾听别人讲话。

乔·吉拉德是首屈一指的汽车推销员，然而，他也有过一次难忘的失败经历。

有一次，有位顾客来找乔商谈购车事宜。他向那人推荐一种新型车，进展非常顺利，就在成交的节骨眼上，对方却突然决定不买了。

那天晚上，乔辗转反侧，百思不得其解。他忍不住给对方拨通了电话："您好先生，今天眼看您就要签字了，为什么却突然走了呢？"

"先生，你知道现在几点钟了？"

"真抱歉，我知道是晚上11点钟了，但我检讨了一整天，实在想不出自己到底错在哪里。"

"很好，你现在用心听我说话了吗？"电话那头说。

"非常用心。"他答道。

"可是，今天下午你并没有用心听我说话。就在签字之前，我提到我的儿子即将进入大学，我还跟你说到他的学习成绩和理想，可你根本没有听！"

对方继续说道："当时你在专心听另一名推销员说笑话，可能你认为我说的这些与你无关，但是我可不愿意从一个不尊重我的人手里买东西。"

乔·吉拉德从此明白了，人人都有说话的欲望，在说话的时候也都希望自己说的话他人能用心倾听。不少人，为了使别人赞同自己的意见，就唠唠叨叨地说个不停，使别人根本没有说话的余地。尤其是有的推销员最易犯这个毛病，一味地对顾客夸耀自己的货物如何好，使顾客没有插嘴的余地，其实这是最错误的推销方法。顾客有购买的念头，才挑剔货物，他们也想表达自己对货物的看法。若是你一直唠唠叨叨说个不停，就剥夺了其说话的权力让其产生不被重视的感觉，这样一来，顾客肯定不愿意买你的产品了。

韦恩是罗宾见到的最受欢迎的人士之一。他总能受到邀请，经常有人请他参加聚会，共进午餐，担任客座发言人，打高尔夫球或网球。

一天晚上，罗宾碰巧到一个朋友家参加一次小型社交活动。他发现韦恩和一个漂亮女士坐在一个角落里。出于好奇，罗宾远远地注意了一段时间。罗宾发现那位年轻女士一直在说，而韦恩好像一句话也没说。他只是有时笑一笑，点一点头，仅此而已。几小时后，他们起身，谢过男女主人，走了。

第二天，罗宾见到韦恩时禁不住问道：

"昨天晚上我在斯旺森家看见你和最迷人的女孩在一起。她好像完全被你吸引住了。你怎么抓住她的注意力的？"

"很简单。"韦恩说，"斯旺森太太把乔安介绍给我，我只对她说：'你的皮肤晒得真漂亮，在冬季也这么漂亮，是怎么做的？你去哪呢？阿卡普尔科还是夏威夷？'"

"'夏威夷。'她说,'夏威夷永远都风景如画。'"

"'你能把一切都告诉我吗?'我说。"

"'当然。'她回答。我们就找了个安静的角落,接下来的两个小时她一直在谈夏威夷。"

"今天早晨乔安打电话给我,说她很喜欢我陪她。她说很想再见到我,因为我是最有意思的谈伴。但说实话,我整个晚上没说几句话。"

看出韦恩受欢迎的秘诀了吗?很简单,韦恩只是让乔安谈自己。他对每个人都这样——对他人说:"请告诉我这一切。"这足以让一般人激动好几个小时。人们喜欢韦恩就因为他愿意耐心地倾听他们讲话,满足了自己说话的欲望。

无论我们在什么样公开场合与人谈话,目的都是为了沟通思想,增长知识,升华感情或实现自己的某一目标。我们都希望对方能把自己当成真正的朋友,向你说出内心世界的真实想法,但是,从某种意义上来讲,由于生活节奏的加快和生活的丰富多彩,并不是每一个人都会向你敞开心扉畅所欲言。所以我们就应该在交谈中,耐心认真地听他人说话。毕竟人人都有说话的欲望,与他人交流时,不妨多听他人谈谈自己,在听的时候一定要表现出你的真诚,这样,无论走到哪里,你都会大受欢迎。

倾听的价值也在于获取有用信息

能说会道的人最受欢迎,善于倾听的人才真正深得人心。话多难免有言过其实之嫌,或者被人形容夸夸其谈、言过其实。静心倾听就没有这些弊病,倒有兼听则明的好处。用心听,给人的印象是谦虚好学,是专心稳重、诚实可靠。所以,有时候用双耳听比说更能赢得他人的认可和赞誉。而倾听,不仅要倾听别人的声音,更多的时候是能听出说话者语言中的信息,这也是倾听真正的价值所在。在我们与他人交谈时,必须从倾听中彻底明白他人想表达的意思,因为只有这样,彼此之间的交流才能顺利进行。如果你不会倾听,误解了说话者想要表达的意思,不但会造成你和他人之间沟通的不顺畅,有可能还会让人觉得你不尊重他,从而有损你和他人的正常人际关系。

在工作中普遍受领导欢迎的下属,多半是懂得倾听艺术的人,他们能在倾听中获取有价值的信息。一般来说,下属与领导进行沟通,都需要从领导那里获取更多的信息,从而帮助自己加强和领导的交流和联系,推动工作的更好开展。

李明刚换了新的工作,今天第一天上班就在领导的唾沫中游了一遍欧洲。

"小李,你出国旅游过吗?"

"还没机会呢。"李明从这句话中听出了其他的信息,知道经理话中有话,于是不失时机地说道，"经理，您一定到过很多地方吧？"

"很多谈不上。不过这些年因为公事的需要，我倒是去了欧洲的几个国家，英国、瑞士、比利时……"

经理觉得李明是个善于倾听的人，以后经常找李明聊天，李明也渐渐得到了经理的重用。

李明从经理说"你出国旅游过吗"听出了经理"去过很多地方"的信息。进而抓住一点信息引出了无数的话题，受到了经理的欢迎，进一步说明了倾听的价值也在于获取信息。

会说话的人都会倾听。倾听的价值在于收获信息，只有认识到这一点，才能在倾听他人说话的时候做到认真听，并通过听获得的信息判断出他人的心理活动，从而为自己说话能有的放矢打好基础。

汉高祖刘邦建国的第五年，消灭了项羽，平定了天下，应该论功行赏。在这个时候群臣彼此争功，吵了一年都无法确定。刘邦认为萧何功劳最大，就封萧何为侯，封地也最多。但是群臣心中不服，议论纷纷。在封赏勉强确定之后，对席位的高低先后又起了争议，大家都说平阳侯曹参身受创伤七十余处，而且攻城略地，功劳最大，应当排他第一。刘邦因为在封赏的时候已经委屈了一些功臣，多封了许多给萧何，所以在席位上难以再坚持，但心中还是想将萧何排在首位。

这时候，关内侯鄂君已经揣摩出刘邦的意图，就挺身上前说道："群臣的决议都错了！曹参虽然有攻城略地的功劳，但这只是一时之功。皇上与楚霸王对抗五年，常常丢掉部队四处逃跑。而萧何却源源不断地从关中派兵员填补战线上的漏洞。楚、汉在荥阳对抗了好几年，军中缺粮，都靠萧何转运粮食补给关中，粮饷才不至于匮乏。再说皇上有好几次逃到山东，都是靠萧何保全关中，才能接济皇上，这才是万世之功。如今即使少了一百个曹参，对汉朝有什么影响？我们汉朝也不必靠他来保全！为什么你们认为一时之功高过万世之功呢？我主张萧何第一，曹参其次。"刘邦听了，当然说：''好。"于是下令萧何排在第一，可以带剑入殿，上朝时也不必急行。

关内侯鄂君是怎么揣摩出刘邦的心理的呢？原来刘邦没什么文化，在分封诸侯的时候，将一些从前跟着他出生入死、身经百战的功臣比喻为"功狗"，而将发号施令、筹谋划策的萧何比喻为"功人"，所以萧何的封赏最多。

上面的案例中，鄂君从刘邦的说话中获取了"刘邦对萧何宠信"的信息，于是顺水推舟，专拣对萧何好听的话讲，刘邦自然高兴。鄂君也因此多了一些封地，被改封为"安平侯"。

倾听和听见并不是一回事。听见只是倾听的第一步，因为听到只是你的听觉系统接收到了声音。就像很多人都能听见他人说话时的声音，但他们根本不能"倾听"，也就是听到并理解。比如，当下属在工作的时候，周围会有各种声音，他的听觉系统会接收到声音，但他未必会注意到这些。有时下属听到声音，并且看起来是在倾听领导说的话，而实际上他们只是对内在的声音感兴趣，这种现象就是"假听"。事实上很多人在听他人说话时，都做不到用心理解自己听到的声音。有的人认为注意声音自然就会理解声音。不过，想想你在听到电影中的外语对话时，你就会明白，听到并不意味着理解。你可以关注所有的声音，但并不一定理解。"理解"就是将声音重组为有意义的模式或形式。

只有多听别人说，自己才能了解到对方更多的信息。善于倾听，从他人的话中收集到有用的信息，从而为你和他人的沟通找到共同的话题，在此基础上打开他人的话匣子，让他人乐于与你交流。借此机会，你还可以从他人那获取你工作上需要的信息，从而有利于你工作的顺利开展。

对方心情舒畅才更愿意交流

在与不同的人谈话的时候，常有一些不利因素出现，这些不利的因素往往会造成交谈双方的矛盾。比如在商场上，双方交谈时对方往往就会故意找些无中生有的理由，或是埋怨产品不好，希望能换一个品种，或对服务不满，表示强烈异议等。在这种不愉快的状态下，交流的双方很难继续谈话。要消除这些不利因素说话者需要有耐心，要心平气和，并且要讲究策略，然而最重要的就是想办法让对方拥有一个好的心情。正如梁漱溟所说："心思之清楚有条理，是与心情有关系的；在心情不平时，心思不会清楚，所以调理心情是最根本的。"因而，让对方心情舒畅才更愿意和我们交流。

作为汽车推销员迈特对各种汽车的性能和特点了若指掌，这一点对于他来说应该是极有好处的，但遗憾的是他喜欢争辩。当客户过于挑剔时，他总要与顾客进行一番嘴皮战。而且常常令顾客哑口无言，让顾客买车的情绪跌倒谷底。事后他还会得意地说："我令这些家伙大败而归。"迈特的销售业绩也可想而知了。

后来经理批评了他："在舌战中你越胜利自己就越失职，因为你会得罪顾客，顾客没有了好心情，你的推销就很难进行下去，最终你会什么也卖不出去。"

通过经理的批评，迈特认识到了自己卖不出去车的问题所在，他经过认真思考决定要改变以前的作风，让顾客在沟通同中保持舒畅的心情。

有一次，他去推销怀特牌汽车，一位顾客傲慢地说："什么，怀特？我可喜欢的是胡雪牌汽车。你送我都不要！"迈特听了，微微一笑："你说得不错，胡雪牌汽车确实好，该厂设备精良，技术也很棒。既然你是位行家，那咱们改天来讨论怀特牌汽车怎么样？希望你能多多指教。"顾客听了迈特的话，心里非常高兴，表示很愿意跟他交流切磋。于是，两个人开始了海阔天空式的讨论。迈特借此机会大力宣扬了一番怀特牌汽车的优点，终于做成了生意。

迈特在以后的工作中进行得很是顺利，也正是因为他的改变，学会了让顾客拥有一个好心情，让顾客在愉快的心情下跟他交谈。后来他成了一位著名的推销员。

为什么迈特以前争强好胜却遭到批评，而后来不再与顾客争辩反而成了模范推销员？这里他掌握了一项重要原则，那就是交易中不宜让顾客心情恶劣，而要学会让对方拥有一个好心情。作为一个推销人员，应当宽宏大量地对待顾客的意见与抱怨，站在顾客的角度真诚地理解与欢迎顾客的异议，认真地分析和处理顾客的意见和建议，使顾客在与自己达成协议时保持愉快的心情，获得相应的快乐，这样就会顺理成章地做成生意。

现实生活中，很多人的性格是心直口快，没有城府，从不拐弯抹角。有时候这样的人会很受欢迎，因为人们觉得他率直，交往起来很轻松，可是有时候这样的人却很让人头疼，因为他总是无意中伤害到别人，常常把人弄得下不来台自己却毫无察觉，你怪他吧，他是无意的；你不怪他吧，他又屡次让你恼火。

在一次重要的谈判中，双方以前从未有过任何接触，气氛略显沉闷。这时甲方的代表开口了："王经理，听说你是属虎的，贵厂在你的领导下真是虎虎有生气呀！"

"谢谢，借你吉言。唉，可惜我一回家，就虎威难再了！"

"哦，为什么呀？"

"我和我的夫人属相相克啊，我被降住了！"

"那么你妻子……"

"她属武松！"

双方你来我往，不经意的几句幽默话语，就让原来的沉闷一扫而光，彼此间很容易就建立起一种亲近随和的关系。

将严肃的讨论置于轻松活泼、融洽愉快的气氛之中。这时，不仅满足双方利益的需要，也能缓解沉闷的谈判气氛，使彼此间心情愉快、有轻松感，有利于谈判的顺利进行。有时候在谈判桌上争论了几个小时无法解决的问题，在这时也许会迎刃而解。

其实，无论在什么情况下，当你与他人交谈的时候，都难免会出现磕磕碰碰的情况。

而聪明的谈话者，懂得要让对方恢复舒畅的心情的重要性，他们会用宽容和忍让给他人带来好心情，进而让谈话在对方愉快的心情下顺利进行。那么，怎样才能让对方心情舒畅呢？要做到这一点，你可以参考以下几个方面：

1. 不与他人抢话争话

自己有真知灼见希望尽快发表出来，这种心情是可以理解的。但你同样也要给别人发言的机会，不能迫不及待。在他人侃侃而谈时，硬是卡断他的话头，让自己一吐为快；或者他人正欲发言时，你捷足先登，把别人已到嘴边的话硬是挤回去，让自己畅所欲言。这都会让对方心里很不舒服。发表己见首先应具备的修养就是耐心，待别人充分发表了意见之后，或轮到你发言时，你再发言也不迟，这不仅不会减轻你发言的分量，还会调动大家的情绪。

2. 不说侮辱性话语

说到让谈话的对方心情舒畅，不得不提口德，"德"可以说是口才的灵魂。生活中，有些词语我们应尽可能避而不用，尤其是有关生理特点的"胖猪、矮冬瓜、瘸子、聋子"，还有"乞丐、私生子、拖油瓶、白痴……"一个注重言语修为的人，一个有益于他人的人，自然易于为他人所接受，他的话也就可能被别人奉为圭臬。

3. 尊重他人的意见

说话是人的思想的反映，尊重他人的意见，相当于尊重他这个人。但有些人为使自己的意见突出，引起他人对他谈话价值的充分认同，常不自觉地对他人的意见加以贬低、否定。结果引发了对方的不满和对抗，不仅自己的意见未得到重视，反而遭到冷落和否定，自己的形象也受到贬损。有些善于说话者，在发表己见时，恰恰采取相反的态度，他们会巧妙地从不同角度对已发表出来的意见加以肯定和褒扬，甚至采取顺势接话、补充发言的方式陈明己见，这样别人就会保持一个积极、良好的心态倾听他们的高论，他们的意见圆满发表了，他们的风格也显示出来了。

第三章

幽默口才：
最具感染力的传播艺术

没有幽默滋润的国民，其文化必日趋虚伪，生活必日趋虚伪，思想必日趋迂腐，文学必日趋干枯，而人的心灵必日趋顽固。

——林语堂，曾任北京大学教授，当代著名学者、文学家、语言学家

让幽默成为智慧的名片

口才集中反映了一个人的道德素质、学识水平、思辨能力。要想使自己的语言具有艺术性，说话的技巧是不可少的，但是更为重要的还是自身的智慧。语言只是将你的想法表达出来，而语言技巧有助于你更好地表达，但是如果肚内无货，你就没有要表达的材料，即使技巧再好，也是巧妇难为无米之炊。

所以，要有好口才，我们必须先让自己拥有智慧，全面提高自身的学识修养。具备好口才的人不仅要掌握口语表达的技巧，还应具有记忆才能、观察才能、思维才能、想象才能、创新才能和应变才能等综合才能，我们可以把这些都统称为口才的智慧。

人们的各种才能都是由知识转化而来的，是建立在知识的基础之上的。口才，是知识的产物，是知识的结晶。一个人才能的大小，首先取决于他自身知识的多寡、深浅和完善程度。同样，一个人口才的好坏，也与他的学识和智慧是否广博有着密切的联系。

有了广博的知识之后，下一步要做的就是学习如何更好地表达我们心中所想，也就是所谓的语言技巧。

无论是实践还是理论都告诉我们，幽默是体现语言智慧最有效的方法，而且幽默本身也是一种智慧，需要我们不断学习、使用。

什么是幽默？林语堂说："幽默没有旁的，只是智慧之刀的一晃。"它体现的是一种才华，展现的是一种力量，它是文明的产物。

幽默以愉悦无冲突的方式向他人表达自己的思想，就像是一条与外界沟通的坦途和捷径，可以拉近人与人之间的距离，又像润滑剂，可以润滑人与人之间的关系，减少摩擦。在为他人送去欢心的同时还可以赢得一个智慧型的美好人生。

幽默被称之为一种智慧，是当之无愧的。幽默带来的笑声和作用完全不同于小丑在众人面前的戏耍，它需要由智慧的积淀的思维的保证，幽默的语言往往是一语中的而又不失趣味，不伤人面。

"幽默是一种成人的智慧，一种穿透力，一两句就把那畸形的、讳莫如深的东西端了出来。既包含着无可奈何，更包含着健康的希冀。"王蒙如是说。

某公司在一次选拔中层部门经理的内部招聘中，为了测试一位女竞聘者的应对技巧，主考官即兴提出了这样一个难题："假如你必须在肖邦和希特勒两个人中间选择一个作为终身伴侣的话，你会怎么选？"

稍作思索后，这位女竞聘者回答到："我会选择希特勒。如果我嫁给希特勒的话，我相信我能够感化他，那么第二次世界大战就不会发生了，也不会有那么多家破人亡的事故发生。"

这位女士的巧妙回答赢得了面试官的掌声。

这个问题的回答难度很大，估计大多数人都会回答"选择肖邦"，因为如果回答"选择希特勒"，很难给予合理的解释。但那位女士却选择了出人意料的答案，又给出了合理而又充满正义的解释，从而成功地推销了自己的特色，她的幽默和机智给面试官留下了深刻的印象。

但是这位竞聘者的幽默也是建立在她的学识和智慧之上，如果她只是狭窄到不知肖邦和希特勒是何许人也，那她也无从做出有利于展现她特长和口才的选择。这个小故事，进一步告诉我们，没有智慧和学识，也就无从表现幽默。

有学识和智慧支撑的幽默，不但能够帮助我们化解尴尬，也能在交谈中展现我们的风采。

有一天，德国著名诗人歌德在公园里散步，在一条只能通过一个人的小径上，他迎面遇到了一个曾经对他的作品提出过尖锐批评的评论家。这位评论家看到歌德迎面走来，便抓住机会高声喊道："我从来不给傻子让路！"气氛剑拔弩张，争吵一触即发，但是歌德却很轻松地说："而我则正好相反！"歌德一边说，一边满面笑容地让在一旁。批评家见状，只能满面羞愧地离开。

歌德这一应付的方式，在后世传诵甚广，总结起来，就是运用幽默的战术，化解突如其来的攻击和尴尬场面。他对幽默的使用，有点像中国太极拳中以柔克刚、四两拨千斤的味道，只要稍动动脑筋，就能克敌制胜，化解难题。

幽默在社交活动中表达我们立场的同时还能展现我们的风采，为我们赢得好感。

美国小说家马克·吐温有一次在公开场合说道："美国国会中有些议员是狗娘养的。"这样的话语为他招致了一些不好的评价。

没过多日，马克·吐温在另一个场合又对记者发表谈话："前一次我在酒席上发言，说'美国国会中有些议员是狗娘养的'。事后我考虑再三，觉得此话不适当，而且也不符合事实。我郑重声明，我上一次讲话应该更正为：'美国国会中的有些议员不是狗娘养的。'"

批评国会议员是马克·吐温的权利，但是口吐粗言的确也给他带来了一些麻烦，让他略失风采，但是马克·吐温的一句反话，非但没有改变他言语的初衷，甚至抨击的面更广些，且让对方也抓不住把柄，反而为他赢来了更多的倾慕和支持，这时的人们已经不在乎，马克·吐温的谈吐是否文雅了，他们已经深深被他机智的回应和坚定的立场所折服。

幽默是思想、学识、智慧和灵感在语言运中的结晶，是一瞬间电光火石的闪现。幽默是自觉地用表面的引人发笑的方式，但实质上是以严肃和坚决的态度对待生活事物和整个世界。幽默是具有智慧、教养和道德上优越感的表现；幽默是人的能力、意志、个性、兴趣的综合体现，它是社交的调料。

风趣幽默的说话是一种特色，一种一旦形成便能长期保持不变的特色。善于运用幽默可以让你在社交中、生活中充满风采，游刃有余。

审时取题，以新奇制胜

语言表达的意思本来是一样的，但是如果换一种说法，效果就大不相同，同样的话，不同人说，最后的效果也不一样。

言语的表达方式有很多种，说话的方法也有很多，因此有些人说的话能让人接受，而有些人说的话却不能让别人接受，从而带来不同的结果。

清乾隆年间，礼部尚书、大学士纪晓岚思维敏捷，言谈充满智慧，不中听的话往往从他口中说出后，不仅能让人接受，还能起到意想不到的效果，这不仅在朝堂上能够让他直抒胸臆，在朝下他的言辞智慧也帮了他很大的忙。

纪晓岚，体态肥胖，特别怕热，每到夏日，他就汗流浃背，衣衫全部湿透。夏天时节，他去南书房值班时，每次出来到侍臣的休息住宿处，他都要脱光衣服，赤膊纳凉，等汗干了才出来继续办公。乾隆皇帝从南书房的太监口中听说纪晓岚的这种情况，觉得十分有趣，想到自己平时在朝堂上时时被纪晓岚噎得哑口无言却又无可奈何，于是决定借此机会戏弄他一番。

一天，纪晓岚与几位同僚在书房里赤膊谈笑。忽然间，乾隆走出内宫，同僚们远远看见后，都慌忙披上衣衫，唯独纪晓岚因为眼睛近视，直到乾隆皇帝走到他面前时才发觉，可是此时已经来不及穿衣，于是他急忙躲在桌子底下，喘着气，动也不敢动。乾隆皇帝明知纪晓岚在桌子底下，但是为了戏弄纪晓岚，皇上坐了两个小时，既不说话也不流露出要走的意思。

三伏天实在酷暑难耐，纪晓岚没法忍耐，便伸出头来向外窥探，问其他大臣："老头子走了吗？"乾隆皇帝听了不觉发笑，大臣们也跟着笑。乾隆皇帝说："纪晓岚无礼，如何能口出这般轻薄之语？你赶紧出来，如果你有说法则可以赦免，没有说法，就领死吧。"纪晓岚在桌子底下说："臣没穿衣服。"乾隆皇帝就吩咐太监都他把官服穿好。

纪晓岚从桌子底下爬出来，穿好衣服跪倒在地上，乾隆再一次用严厉的口气问，"老头子"三字到底怎么解释？！纪晓岚从容地摘下顶戴花翎，磕了一个头，说道："皇上万寿无疆，这就叫作'老'；皇上顶天立地，至高无上，这就叫作'头'；天父与地母是皇上的父母，故而叫'子'。"皇帝听完，非但没有生气反而是龙颜大悦满心欢喜，而纪晓岚也成功"脱险"。

"老头子"这三个字，在大多数场合下，都不是令人愉悦的称呼，但是这三个字经过纪晓岚的解读和演绎，却能让人听了心生欢喜、心悦诚服。可见同样的话，不同的说法会有很大的不同。一句话能把人说笑，一句话也能把人说恼，而这样的后果全取决于我们说话的方式。

而说话方式的决定因素一方面和我们自身的条件有关，比如一个人的阅历、学识等，都会影响一个人的说话方式，另一方面就是看问题的角度，同样的事情经过不同角度的观察就会让我们产生不同的表达方式，我们要找准角度，找到最好的表达方式，解决问题。

某公司为了奖励部门员工，制订了一项东南亚旅游的福利计划，名额限定为5人。可是这个部门一共有7名员工，谁都不想做那不去的两个人，这该怎么办呢？部门经理思来想去，觉得与其从7个人里挑出5个人不去，还不如再向上级领导申请两个名额，那样就皆大欢喜了。

同样是申请增加名额这件事，不同的说法会导致不同的效果。怎么跟上级领导申请，是一个很大的学问。

如果只顾着把自己的想法表达出来，而忽视了上级领导的内心想法，直接向上级领导说："总经理，我们部门总共7个人，可只有5个名额，就剩两个人，您说谁去、谁不去啊！再给两个名额可以吗？"

如果部门经理这么说，那么总经理就很有可能说："你筛选一下定一下不就完了吗？公司拿出5个名额本来就是奖励大家的，不是人人都能去的，你作为一个部门经理，怎么不多为公司考虑？得寸进尺，要是不让你们去旅游，谁都没意见了。我看这样吧，你们其中有两个领导姿态高一点，下一回再去，你看这样行不行？"

这样直接和领导沟通，不但没有达到理想要求，还会让领导对你产生偏见，认为你没有才能，连这点小事都解决不了。

但是如果去找总经理时换一种说法，也许会得到不同的结果："总经理，大家今天听说去旅游，非常高兴，觉得公司越来越重视员工了，大家真是太感动了。这是公司给大家的惊喜，不知道当初是怎样想出这个好办法的呢?"

总经理听到这样的恭维肯定会很舒心，他会说："真的是想给大家一个惊喜，这一年公司效益不错是大家的功劳，考虑到大家辛苦一年，第一，是该轻松轻松了；第二，放松后，工作起来才会有更好的效果；第三，通过这次活动，可以增加公司的凝聚力。大家玩高兴了，也就达到了我们的目的。"

这时部门经理可以见缝插针地说："也许是计划太好了，大家都在争这 5 个名额。"

总经理也许会说："当时决定 5 个名额是因为你们部门有几个人工作不够积极。你们评选一下，不够格的就不安排了，对他们来说，算是一个提醒吧。"

这个时候，部门经理可以委婉地说："其实我也同意您的想法，有几个人与其他人比起来是不够积极，不过可能在生活中有一些影响他们的原因，这与我们对他们缺乏了解，没有及时调整都有关系。责任在我，如果不让他们去，对他们打击会不会太大? 如果这种消极因素传播开来，影响不太好吧! 公司花了这么多钱，如果只是因为这两个名额而降低的效果，恐怕太可惜了。"

如果能这样跟领导沟通，结果肯定会跟第一种沟通方式大不一样，因为你说的至情至理，而且是处处为公司考虑，而非是为了自己在部门中的面子考虑，领导肯定会看到这一点。

调整自己的语言，让自己语言变得被别人"爱听"能够更好地帮助表达自己，同时看问题从多个角度出发，从不同的角度说出自己心中所想而不是一条道走到黑，能让我们的沟通更有成效。

语言生动才能赢得人心

大家都知道，在小学教育中，老师讲课越是有趣，那么学生就越是聚精会神，上课的效率越是高。同理，在和人沟通中，语言越是生动有趣，那么就显得口才越好，相应地，沟通也就越顺畅，效率也就越高，也愈发能博得他人的好感。

某大工具制造公司所属的工厂，安排召开一次预算与标准成本的研讨会。开会时，成本设计部门的负责人应邀说几句话。

他手里拿着该公司生产的一件产品："我想大家都知道这是什么。"席间立即传来一片："当然，自然，那还用说……是温度计。"

成本部门的主管说："我看得出来你们非常了解自己所置身的企业，现在你们再看看这是什么？"他又拿起公司所生产的另一件"名产"。

"调温器。"底下又是一片叫声。

"大家又说对了。"这位主管说，"现在你们已经知道什么是会计、什么是预算。这种售价数百元的温度计是一种测量的工具，它告诉我们测知的温度和会计的功用完全一样。而调温器——我拿的这种产品在外面只卖几块钱，是专门用来控制的工具。它不但告诉我们现在的温度，还可将温度控制在一个特定的范围内，而预算的功用也是如此。这次研讨会的目的就是告诉大家有关测量与控制的细节！"

这位主管巧妙地引用员工自己最为熟悉的产品来比作"预算"和"控制"，使枯燥无味的研讨会变得生动有趣，大大增强了说服的魅力。

我们每个人都是有自己想法、思维的个体，那么语言要能吸引到我们，就必须能集中我们的注意力，生动的语言往往能做到这一点。

英国文学家古卜林在一次演讲中发现大家都有点昏昏欲睡，于是他马上改变了自己既定的演讲方式，他这样说道："诸位，我在年轻的时候，住在印度。常常替一家报社采访社会新闻，这工作是非常有趣的，因为它可以使我有机会去认识一些伪造货币、盗窃、杀人以及这一类富有冒险精神的有才干的人。（听众大笑）在我采访到他们被审判的情形后，我还要到监狱里去，拜望一下我们那些正在受罪的朋友。（听众又发出笑声）我记得，有一位因为杀人而被判无期徒刑的人，是一位绝顶聪明而善于说话的青年人。他告诉我一段在他看来是他一生最重要的话：'我觉得一个人如果一失足跌入罪恶的深渊里，他一定会从此为非作歹不止，最后他竟以为只有把他人都挤到邪路上去，才能表现自己的正直。'（听众大笑）这句话真是妙不可言了！"

能吸引人的生动的语言，并不是去追求赢得大家一时哄笑的直观效果，那种行为是哗众取宠的行为，无聊打诨的低级取笑上不了台面。语言的生动是让人在笑过之后能有所启发和感想的语言，是说话人情操和人格的外化，是思想、学识、智慧和灵感在语言运用中的结晶，是一瞬间闪现的光彩夺目的火花。

生动的语言不光能吸引别人的注意力，展示自己的风采，增加自己话语被接收的效率，还能为自己化解危机。

清朝时期，有一次，乾隆皇帝一时兴起，突然问刘墉一个怪问题："京城共有多少人？"毫无防备的刘墉却非常冷静，立刻回了一句："只有两人。"乾隆问："此话何意？"刘墉答曰："人再多，其实只有男女两种，岂不是只有两人？"乾隆觉得有道理，但是还是继续追问："今年京城里有几人出生？有几人去世？"刘墉继续回答到："只有一人出生，却有十二人去世。"乾隆问："此话怎讲？"刘墉妙答曰："今年出生的人再多，也都是一个属相，岂不是只出世一人？今年去世的人则十二种属相皆有，岂不是死去十二？"乾隆听了大笑，深以为然。

其实，刘墉知道皇上只是一时兴起，才问的这些问题，如果刘墉查阅资料后一板一眼回答乾隆，估计皇上也不会这么满意，同时情况紧急，也没时间给他去一一查阅资料。

诚然，从某种角度来说，刘墉的回答是不正确的，但是，为何乾隆皇帝会买他的账呢？原因很简单，就是因为刘墉的回答很生动，很容易被人接受，体现了他的智慧。

语言生动非一日之功，它的根源在于自己的知识和阅历的积累，这些都是速成不得的，但是还是有一些方法，能让语言尽快得生动起来。

首先，我们要善于运用一些说话的技巧，比喻、夸张、拟人，都是让自己语言生动的好办法，比如，我们耳熟能详的少数民歌歌曲《掀起你的盖头来》里面描述姑娘的美貌的句子"你的眉毛细又长呀，好像那树梢弯月亮""你的眼睛明又亮呀，好像那秋波一模样""看看你的脸儿红又圆呀，好像那苹果到秋天"，如果我们把后面的比喻句去掉，直接说姑娘的眉毛细又长、姑娘的眼睛明又亮、姑娘的脸儿圆又红，那么这个姑娘的形象就不会栩栩如生地呈现在我们面前，这首歌的歌词也不会像如今这般吸引人。

其次，我们要多阅读、多积累，善于用技巧来提高自己语言的生动性，这是比较有效的，但是，语言生动不仅仅是表层的东西，最深层的意义还在于能说明自己要表达的东西，否则，即使你的口才很吸引人，但是却没办法表达你心中真正所想，那一切都是徒劳的。唯有多阅读、多积累，才能让你的语言成为有源之水，有本之木、不管遇到什么情况，都能侃侃而谈，实现有效的沟通。

善说"趣言"，炒热气氛

口才好的人，不论是跟老熟人交谈还是跟新朋友聊天，都能把控谈话的气氛，让每个和他交谈的人都如沐春风，有所收益，而不会感觉到冷场和尴尬。

口才好的人不仅仅和不熟的人聊天能迅速炒热气氛，遇到较冷的话题也能让大家畅所欲言，没有拘束。

总结各位语言大师的经验以及通过日常的观察我们发现，能够在陌生人面前迅速做到放开拘束，能够炒热冷话题气氛的制胜法宝就是说"有趣"的话。

"有趣"的话，不是毫无意义的插科打诨，也不是没有分寸的卖关子、耍嘴皮，是有"技术含量"的幽默，正如周国平所说："幽默是一种轻松的深刻。面对严肃的肤浅，深刻露出了玩世不恭的微笑。"它要在情理之中，在意料之外，引人发笑，给人启迪，善于使用它需要的素质与修养。

两个业务上有往来的公司在情人节那天组织了一场联谊，虽然两个公司业务往来频繁，但是两公司的职工们几乎都很面生，男男女女三三两两散落地站着，场面些微有些冷清，并没有达到当时公司管理层设计这次联谊的初衷。这时，一个公司的老总步入会场看到这样的场面，他微微一笑，随意拍了拍他身边的两个小伙子的肩膀，说道："这会场的暖气开得这么热，就算你们是全生的牛排，这会儿也该熟了呀。"大家听完老总的话，起先是莫名其妙，随即了解了老总的话语中的笑点，于是大家都开始哈哈大笑，笑过之后大家顿时觉得亲切了很多。

老总的一句有趣的话，能让生分的人变得亲切，更好地交谈、聊天。

还有一个例子，讲的是有趣的话，能让"不热"的话题，变得"热"起来。

鲁迅先生讲话生动幽默。一次，几个朋友和他谈起国民党的一个地方官僚下令禁止男女同在一个学校上学、同在一个游泳池里游泳的事。鲁迅先生说："同学同泳，皮肉偶尔相碰，有男女大防，不过禁止之后，男女还是一同生活在天地中间，一同呼吸着天地中间的空气。空气从这个男人的鼻孔呼出来，被另一个女人的鼻孔吸进去了，淆乱乾坤，实在比皮肉相碰还要坏。要彻底划清界限，不如再下一道命令，规定男女老幼、诸色人等，一律戴上防毒面具，既禁止空气流通，又防止抛头露面。这样，每个人都是……喏！喏！"鲁迅先生边说边站起来，模拟戴着防毒面具走路的样子来，朋友们笑得前仰后合。

说有趣的话，炒热交谈气氛不仅能让人和人顺利沟通，同时也能提高沟通的效率。

与人交谈，过于严肃，就会形成紧张气氛，难以使大家放下戒备，轻松愉快地交谈。但是如果在交谈过程中适当运用幽默话语、有趣的话语，就能使交谈的气氛迅速活跃起来，使大家精神放松，思维活跃，使交谈更加融洽、更富有成效。

有一次，著名相声演员马季和赵炎在山东演出。他们正在兴致勃勃地表演相声《吹牛》。台上的灯泡突然闪了一下灭了。台下顿时一片哗然，甚至还有几个人乘机吹起了口哨起哄。只听马季随机应变地向观众说了一句："我们吹牛的功夫真到家，灯泡都被我们吹灭了。"说罢，台下立即报以热烈的掌声，气氛又活跃起来。马季的成功在于他巧妙地将相声的名称"吹牛"与演出现场灯泡熄灭的场景结合起来，用幽默的话语引得听众大笑，从而化解了尴尬局面。可见，马季不仅是一位杰出的相声艺术家，同时更是一位机智应变的高手。

也许有人会说，说有趣的话来炒热气氛，需要智慧和幽默，还有一种淡定从容的气度，可是，当生活中遇到了冷场、尴尬的时候，普通人早就不知所措了，根本不会即兴讲出什么"救场"的话。诚然如此，在生活中，是需要有一些幽默能力的，但幽默的能力并不是人人都有，但这并不意味着，没有了幽默感就没办法幽默，要想获得幽默的气质可能很难，但是要想做到在特定场合能带来幽默，炒热气氛，还是可以做到的。

其实这种情况很好解决，你只需在网上打开一两个讲幽默故事的小网站，或者买一两本讲幽默故事的小册子，平时没事的时候看一看，在娱乐自己的同时，记下其中有意思的小段子，然后到了合适的场合，把这些储备的幽默话语说出来即可。日积月累，你面对这种场面的经验越发增多，储备的幽默话语也越来越饱满，那么，相信在炒热气氛、化解尴尬方面，你就会成为游刃有余的专家！

人生离不开笑话的滋润

大部分人的生活都是平淡的，虽然生活是平淡的，但这并不意味着我们就要无趣地过一生，我们需要主动寻找并拥有更多的欢乐和笑声。当然，也正因为生活的平淡，我们才需要睁大双眼，善于发现生活的乐趣，用一张巧妙的嘴去表达，用一颗善良的心去体验，随时随地用幽默给自己和他人带来欢乐。

林语堂说："没有幽默滋润的国民，其文化必日趋虚伪，生活必日趋虚伪，思想必日趋迂腐，文学必日趋干枯，而人的心灵必日趋顽固。"可见幽默在人们的生活中占据着多么重要的地位，坚持幽默是一种积极的生活态度，是我们应对平淡生活的表现，懂幽默的人会在生活中发现幽默的素材，能从简单的小事中找到快乐的本源。

一位年逾八十的老先生在接受常规身体检查时说："医生，您还记得上回你说我有一大堆毛病，说我得学会和这些毛病生活在一起，包括我的关节炎、视力减退、重听、高血压这些毛病？"

医生拍拍老先生的肩膀，宽慰地回答说："相信我吧，您很快就能学会和这些毛病生活在一起的。"

"我知道。"老人也表示同意，"现在，我在想，您是不是可以再加一项，加上一个20岁的妻子？"

一位80高龄的老人，被诸多慢性病缠身，他非但没有郁郁不乐，反而跟医生开起了玩笑，就像给他乌云密布的晚年生活，注入一抹亮色。

一个小男孩在面包房买了一块3英镑的面包。拿到面包后，他觉得这面包似乎比通常买的面包分量小了许多，于是他对面包师傅说："老板，这个面包好轻，分量不够吧？"

"哦，不要紧，"面包师傅轻慢地回答，"分量少些你拿起来不也方便吗。"

"嗯，您说得非常正确。"那男孩说完后，并在柜台上放了2英镑。

正当他转身准备离开面包房时，那位面包师傅喊住他说："嘿，孩子，你给的钱少了。"

"哦，不要紧的，"男孩转回身说道，"钱少一点，这样你可以少数几个嘛，多方便。"

买面包与卖面包原本是一件在生活中很常见的事情，卖家的缺斤少两，也很常见，试想换作一般人的话，买了分量不足的面包或许仅仅会抱怨一下。但是小男孩听了面包师傅的说辞后却依样画葫芦，既然分量不足可以轻便，那么少给几个钱不是也能减轻数钱的负担吗？这样处理，不仅能避免冲突，也讽刺了老板，同时也给本不愉快的卖家缺斤少两的行为增加了些许意趣。平淡的生活中有很多让人不愉快的小细节，如果都能这样幽默地处理，机智地化解，那每次不愉快就都像一个小冒险，最终会得到惊喜。

期盼快乐和多姿多彩的生活，不能被动等待甘霖的滋润，而应该自己想办法"人工降雨"。

有一个有趣的研究现象表明，我们心情好的时候，更容易说出一些幽默风趣的语言，与人沟通也更为愉快。这主要是因为心情愉快的时候眼界更为宽广、思想也更为活跃，看到万事万物，总能进行丰富的联想，从不同的角度进行观察；而当我们心情郁闷时，注意力就会太过集中，全部心情和精力都聚焦在那些不开心的事情上，即使身边有大量的可乐的事，我们也会视而不见，常常无动于衷。每当这种时候，我们生活的质量就会大打折扣。

生活在同一环境同一世界里，为什么在不同人的眼睛里会呈现出截然不同的景象？乐观向上的人，总会以一种积极的心态看待生活，用笑声美化生活，增添生活的亮色，而那些庸庸碌碌的人，他们却只是以消极的心态应付生活，无聊地打发光阴，虚度年华。

一位朋友问法国著名小说家大仲马："你苦写了一天，第二天怎么仍有那么多精神呢？"

大仲马回答到："我根本没有苦写小说。我并不制造小说，是小说在我身内制造着它们自己。"

"那是怎么一回事呢？"朋友仍不解地问。

大仲马回答到："我也不知道，去问一棵梅树，它是怎样生产梅子的吧。"

通过这个小故事，我们可以看出，大仲马对待工作的态度是乐观的，他不认为自己的工作付出是一种痛苦。在他的心目中，创作小说是一种极大的乐趣。

当然最为重要的一点是，他是一个善用幽默对待生活与工作的人。面对朋友的问题，他没有像一般作家那样侃侃而谈，最终让提问者云里雾里、不知所云，他只是幽默地指出让朋友去问梅子的产生过程，从容表达了自己的工作态度，那就是自然而然，乐观地孕育作品。

人生获得成功有时需要仰赖天赋和妙手偶得的机会，除此之外，乐观的态度也很重要，很少有哪个成天愁眉苦脸的人会取得成功。从生活的丰富土壤中吸收更多的养分以充实自己，结出最甘甜的果实。幽默的生活态度也需要接触地气，贴近生活，并最终服务于生活让生活更美好。

马尔科姆·萨金特是美国音乐指挥家和风琴手。他为古典音乐在年轻听众心目中的复活做了很大的努力。

在他70岁诞辰时，一个采访者向他提问："您能活到70高龄，应该归功于什么？"

"嗯，"指挥家想了想，幽默地回答到，"我认为必须归功于这一事实，那就是我一直没有死。"

马尔科姆·萨金特在生活中时刻保持一颗乐观的心，每天都会给自己一个笑的理由、一个好心情的理由，幽默地对待平静的生活，虽然不起波澜，但是却也其乐融融、有滋有味。

生活中，我们总是善意地祝福他人一帆风顺，然而，生活并不总是万事称心，常常会遇到一些不尽如人意的事情，即使事事尽如人意，也会觉得平淡。在这种情况下，要想使生活变得美好起来、有意思起来，就需要借助于幽默的力量，让生活中处处充满欢笑。

幽默春风化雨般悄然改变我们的心境，给我们带来欢声笑语，让生活变得迷人。从这个意义上说，幽默好像一位技术高超的化妆师，着实为我们平淡的生活化出了一个精致、靓丽的彩色妆，让我们时时带笑颜。

调侃他人，把握分寸更应景

无论在生活中，还是在工作中，我们都不会否认幽默的作用。幽默像润滑剂一般，可以调和人和人之间原本生涩的关系，也可以化解尴尬，让事情顺利进行下去。

但是幽默要分场合、分轻重、分人物与时机，开玩笑也不是随口就说的，也要分场合，分人物看准时机，不然就会适得其反。

与不熟悉的人在一起时，可以观察他们的性格，有些人是天生不喜欢开玩笑的，他们生性严肃，不喜欢嘻嘻哈哈，而有些人性格开朗，喜欢开玩笑。所以，幽默要因时因人而定，也讲究天时地利人和，这几项都符合了，才能发挥幽默的积极作用。

掌握幽默的天时地利，简单来说，就是要把握幽默的分寸和场景。

当你面对领导时，掌握幽默或者玩笑的分寸，尤为重要。恰到好处的幽默和玩笑的话语可以拉近你和领导的距离，增强你和领导之间的谈话气氛，为自己博得好感。但如果运用了不恰当的幽默或者开了过分的玩笑，那就会给领导造成难堪，会造成下属和领导之间关系的僵化，严重的甚至还会令领导对你产生厌恶之情，你的职场之路也会步履维艰。

公司里，经理随性惯了，早上来上班的时候总是忘记刮胡子。而职员小王平日里说话比较随便，想到什么说什么。

这天，小王看到经理又忘了刮胡子，想着要和经理拉近距离，就随口说道："经理，你身上最锋利的是什么东西？"

经理愣了一下，掏出兜里的水果刀说："我看是我身上的这把水果刀。"

小王摇摇头说："经理，我看不见得，应该是你的胡子。"

经理十分不解："为什么？"

小王笑着说道："因为它的穿透力非常强嘛。"

而这句话的潜台词是说："经理，你的脸皮真厚。"

经理听到小王的这句话，脸色一变，甩头走了。

从此，经理逐渐冷落了小王，有什么好事情也轮不到小王了。小王为他随口说出来的话付出了沉重的代价。

诚然，小王没什么恶意，只是开玩笑想和领导套近乎而已，但是不是每个人都能理解你的幽默，一句随意示好的调侃，在别人听来，可能就是让他尴尬的话语。

由此可见，不恰当的幽默或者过分的调侃会使别人处于难堪之中。如果对方本来就心胸宽大，爱开玩笑，那就无妨，但是如果对方是一个严肃而较真的人，或者像故事中的小王一样，是下属对领导说了不恰当的幽默，那么，不但达不到联络感情、调节气氛的效果，反而会无意中伤害对方的自尊，有损对方的身份和权威。

一位经理对秘书说："我需要这份进度报表的五份复印本，马上就要。"

这位秘书按下复印机的按钮，这时，复印机出了故障，一下子出来了 25 份复印本。

"我不要 25 份。"经理大声说。

于是这位秘书笑着说："对不起啊，不过这复印机也通人性了，知道您着急！"

经理听完后，他俩爆出一阵笑声。

这位秘书以幽默的话语来缓解紧张的气氛，并且达到了不损坏领导威严的形象和开玩笑之前的平衡。可见，恰到好处的幽默确实功用很大，它能帮助你在和领导沟通时缓和工作失误带来的影响、调节气氛，也能让领导看到你机智的一面。

那么，我们如何做到分清场合，适当表达幽默，适当调侃呢？

一个乐观自信的人，往往是一个有品味、有胸襟的人，不然他的自信乐观也无从而来，在这种情况下，他的幽默感便具有活力与吸引力，是具有营养的。反之，若是品行不端，拿肉麻当有趣的人，他们开出的玩笑除了惹人憎恶，也就没有其他的特点。

在表现幽默口才时，如果不把握好幽默的尺度和界限，单纯以说笑而说笑，那就必将对自己的形象和自己在别人心目中的分量以及两个人的关系产生不利的影响。

要避免这一情况的发生，我们需要特别注意的是，讲述幽默或者调侃时切不可挖苦嘲笑讽刺对方，也不能用模仿别人不好的动作或者说话语气来取笑，这些已经不是开玩笑了，这样的行为，绝对可以称得上是没教养、没素质的行为！同时幽默的语言是精炼而机智的，唠叨不停，或者调笑他人的语言，虽然不如上一种情况那样是没教养的，但是也不会对自己的形象或者当时交谈的气氛带来多大益处。

知道要避免以上两种情况之后，那么我们要主动做些什么，才能让自己的幽默和调侃适时适度呢？

首先，表现幽默口才时应注意到听者的特征。要注意听者的性别、身份、地位、教育背景等。比如，在比较胖或者比较矮的人面前，就不太适合拿身高体重来开玩笑。

其次，要判断对方的承受能力。如果是在外向的人面前，那么随意一些、尺度大一些，都是可以接受的，但是如果是在内向的人面前，你的玩笑话可能就会被他误会，听岔意思，最后适得其反。

最后，我们也要时刻记住，我们对自己比任何人对自己都要宽容。这就是为什么有时候，我们觉得没什么的调侃和笑话会惹怒到别人的原因。

只要时刻铭记我们在玩幽默和调侃中绝对不能做的，并且能够察言观色，考虑其他人的感受，那么相信我们都能恰如其分地说出幽默的话语，开出无伤大雅的玩笑，从而让自己无论是在生活中还是在工作中，都能游刃有余，避免矛盾和误伤。

巧用幽默自嘲，化解窘迫局面

杨澜早些年还在担任《正大综艺》节目主持人时，曾被邀请到广州市天河体育中心担任演出的主持人。

演出晚会到中途大家兴致正高时，杨澜言毕离场在下台阶时摔了下来。天河广场好几万双眼睛都看着她，这种情况的出现，确实令人难堪。但是杨澜不愧是训练有素的主持人，她非常沉着迅速地爬起来，拿起话筒对台下的观众说："真是人有失足，马有失蹄呀。我刚才的狮子滚绣球的节目滚得还不熟练吧？看来这次演出的台阶不是那么好下哩！但台上的节目会很精彩的，不信，你们瞧他们。"

观众们听杨澜说完后，立即报以热烈的掌声，一解刚才尴尬的气氛，晚会也得以顺利进行，有的观众还大声说："广州欢迎你！"

帮助杨澜迅速摆脱尴尬困境的不是别的，正是自我嘲解。大多数情况下，尴尬的产生都不是故意的，更不是敌意的，而是出于不小心或者粗心。这时候，如果你过分掩饰自己的失态，一味地就事论事地解释，反而会弄巧成拙，使自己越发尴尬。但是，如果以漫不经心、自我解嘲的口吻说几句取悦于人，引人发笑的话，却可以活跃气氛、迅速消除尴尬。

尴尬场合，运用自嘲可以平添许多风采。当然，任何事都有限度和界限，自嘲不同于玩世不恭的态度。积极的自嘲包含着自嘲者强烈的自尊、自爱和希望问题得到解决的意念。自嘲实质上是当事人采取的一种貌似消极，实为积极的促使交谈向好的方向转化的手段。

1915年，丘吉尔还是英国的海军大臣而不是首相的时候。不知道他是心血来潮，还是别的什么原因，突然想要学开飞机。于是，他一声令下，命令英国海军航空兵的那些特级飞行员教他开飞机，军官们虽然觉得这个大臣很"无理取闹"但也只好遵命。

丘吉尔还真有股韧劲，刻苦用功、拼命学习，把全部的业余时间都搭上了，负责训练他的军官都快累坏了。但是，丘吉尔虽称得上是杰出的政治家，可操纵战斗机跟政治是没什么必然联系的。隔行如隔山，虽然他用功至此，可是他就是对那么多的仪表搞不明白。

有一次，在飞行途中，天气突然变坏，一段16英里的航程竟然飞了3个小时。着陆后，丘吉尔刚从机舱里跳出来，那架飞机竟然再次腾空，一头撞到海里去了。旁边的军官们都吓得怔在那里，一动不动。

原来，丘吉尔忘了操作规程，在慌乱之中又把引擎发动起来了，望着眼前的一切，丘吉尔也不知所措，好在，他并没有惊慌失措，也没有表现出任何觉得丢面子的行为，更没有一直不停地为自己解释，为自己开脱，相反，他装作茫然不知，轻描淡写地自我嘲解道："怎么搞的，这架飞机这么不够意思。刚刚离开我，就又急着去和大海约会了。"

一句话，缓解了紧张的气氛，也让丘吉尔摆脱了尴尬。但是反过来说，如果丘吉尔不停地重复刚才的行为，为自己找原因，那这件事情反而不会这么快就过去，可能会一直被人偷偷嘲笑。

在有些尴尬的场合，运用自嘲一方面是让大家迅速从尴尬的情境中摆脱出来，另一方面，其实也是对自己的保护，因为自嘲能使自尊心通过自我排解的方式受到保护。

非但是在尴尬的场面，自我嘲解能够让自己迅速摆脱难看之境，在日常生活中，也能帮助我们从内心化解一些烦恼和忧愁。

古人有云："人生之事，不如意常十之八九。"人一生中难免会有诸多的不顺心或者不如意，但是如果我们能够通过自我调节，对不幸的事情一笑置之，那么生活就会变得轻松起来。

自我嘲解，是让我们淡然面对生活不顺利的一剂良药。

在逆境中，嘲解自己，自己给自己找乐子，自己给自己宽心是一种修炼。明末著名文学批评家金圣叹被判死刑时，狱中发出的信，也属于这一派别的风格，内容大概是："花生米与豆腐干同嚼，大有火腿滋味。"

与当权者政见不合，死已难逃，倘若在这时忧心忡忡，已经没有什么用，莫不如放开执念，自我嘲解一番，反而能减少死亡带来的痛苦，也让后世更加钦佩他的为人。

遭遇尴尬是我们每个人都会遇到的必修课，不论你有多么成功、多么优雅也在所难免，在这时如能恰当地运用自嘲，那就能在笑声中化解矛盾展示非凡的智慧和人格魅力。

人生之多艰也是我们不否认的，在本就坎坷的人生中，多一些坦然和从容，用自嘲来冲淡生活中的愁云，也许是一种更好的生活方式！

把握幽默运用的"度"

幽默的人生，将是乐趣无穷的人生。学会幽默和善于运用幽默，会让我们的工作、生活更为丰富和快乐。

但是，使用幽默要具体情况酌情使用，同样幽默的话语不是对任何人都会起到同样的效果，对于长辈、女性、不熟悉的人，一定要慎用幽默。注意使用幽默的"度"，一旦幽默过了头，很可能会被对方误解为你在取笑或者讥讽他，这会造成双方关系的不和。

幽默在人际交往的过程中是一种润滑剂，对我们人际关系的和谐顺畅、对我们的沟通活动的效率有着巨大的促进作用，对于感情方面来说，幽默是心灵之间的碰撞，是爱情和友谊的催化剂。幽默的人所到之处，会给沉闷的气氛带来欢笑和融洽。可以这么说，如果生活是菜肴，那么幽默就是让一道菜肴色香味俱全的必不可少的调料。

但要知道，即使再有味道的调料放多了，也会毁掉一盘好菜，就如同在菜里放盐，盐是菜里不可或缺的必放不可的调料，但要是放得太多，那就会毁了这道菜。同样的道理，适度的幽默会让生活变得多姿多彩，但要是使用无度，甚至滥用，那就会毁掉多姿多彩的生活，会给自己和其他人带来伤害，不仅想要达到的目的实现不了，反而会让事情进一步恶化。

某大公司有个年轻的女孩，工作能力很强，十分主动，人也没有坏心眼，但是人缘却不是很好，也一直得不到提拔，原来，这一切都是因为她说话开玩笑从来不考虑别人的感受，嘴上没有把门的，从而无意中得罪了很多人。

某天中午午餐后，公司的同事坐在一起聊天，一位比较丰满的女同事说到自己刚看过的一本杂志上的内容说："人之所以会发胖其实是没有管住自己的嘴，事实上我们每天摄入的营养要比维持身体机能所需的多得多呢。"那位年轻的女孩听到后马上接口道："没错，这篇文章我看过的，标题叫作《活该你胖》。你看看你，这一顿中午饭，就你吃得多，所以你才那么胖，都是你自找的吧，哈哈，亏你还看过那文章呢。"

这一句话一出口，女孩还在乐呢，但是那位较丰满的女同事当时脸就撂了下来，转身就走了。

从中我们可以看出来，如果单纯地为调笑而幽默，就会显得很不合时宜。这样的调笑根本不能算是幽默，不但成不了沟通中的润滑剂，甚至还有增加沟通"摩擦系数"的可能。

除非是交谈怀揣恶意，那么聊天中开玩笑的人大多数都没有恶意，但若不把握好尺度和分寸，就会像上文中的年轻女孩一样，会产生非常不好的后果。

有的时候，甚至是称赞对方的话语，也可能不小心冲撞了对方，引发对方的反感，招来怨恨。所以，社交幽默中掌握一些分寸是非常有必要的。

一般来说，我们都认为律师这个职业是最需要口才表达能力的。所以只要是律师，无论是在法庭上的交锋，还是在社交场合的闲谈，都能运用好幽默，掌握好度，但事实上，也并不是如此，下面的例子能帮我们更好地理解，幽默中的适度。

有一位年轻律师总是带着满身的伤痕回家。他的妻子也总是很纳闷，有一天，律师又满身伤痕地回来，他的妻子终于忍不住问："你究竟是律师还是黑社会打手？怎么总是伤痕累累、狼狈不堪？"

律师回答道："你可别提了，那帮当事人太难伺候了，一句话说不对居然动拳头揍我。"

妻子奇怪地问："那你都说什么了？"

"唉！今天我的当事人要起诉他的同事。那个同事总是在单位辱骂他的妻子，说他妻子尖嘴猴腮的一看就不是好人，还说她没有进化好，过早从树上下来生活。我说：'嗯，那没问题，至少可以起诉他侵犯名誉权，让他赔礼道歉、赔偿损失。对了，你带妻子的身份证了吗？我需要一张复印件和委托文书。'我的当事人很痛快地把东西给了我，结果我随口的一句话，就被揍了。"

"那你都说什么了？"

"我说：'咦，奇怪，现在怎么连猴子也需要办身份证了？'"

妻子听她先生说完，顿时就觉得，他先生被揍真是自找的。

这种律师确实欠揍。无论是谁听到这样的话，哪怕是再幽默、再好笑，恐怕也笑不出来，挥动拳头或许都是轻的了。

一定程度的玩笑或者幽默可以为大多数人所接受，但某种特定类型的幽默特定的话语却总会让一些人无法容忍。每个人都有自己不愿提及的往事、不愿被碰触的伤口，都有自己有所保留的地方，如果某个玩笑触及了别人不可触及的地方，那即使是最随和大度的人，也可能会被激怒，哪怕他没有表现出来，但这个心结就肯定存在了。所以，在运用幽默口才或开玩笑时，一定要适度。恰当的幽默会助人成功，但不当的幽默也会让自己陷入窘境。事实上，幽默是有很多禁忌的。

首先，幽默忌目的不明确，尺度不适当。不管是嘲讽丑的还是妙捧好的，都要适度，不要过而不及。

其次，幽默忌拿庄严的事物当作幽默的对象。比如说，民族、国家、信仰、伦理辈分等。

再者，面对不如自己的人少调侃，要照顾别人的感受，不要拿别人的疮疤做娱乐话题，不要把幽默建立在别人的痛苦之上。

只要掌握好幽默的度，谨记让幽默适度的切忌事项，那么就如英国著名戏剧家莎士比亚所言："幽默和风趣是智慧的闪现。"法国作家雷格威更断言："幽默是比握手更进步的一大文明。"适度、适当的幽默是人与人交际时的润滑剂，有了它的帮忙，我们可以在人际交往中游刃有余。

妙用幽默，化干戈为玉帛

生活并非总是充满着阳光和雨露，总会有乌云遮蔽太阳的时候，也会有泥浆溅到身上的时候，遇到这样不愉快的情况，我们可以有多种处理的办法，我们可以在剑拔弩张的气氛下唇枪舌剑，也可以妙用幽默，大事化小，小事化了。幽默可以让人化解困境，或者从危险的境地中脱身，创造性地、举重若轻地解决问题。

有一家饭店的老板非常有幽默感，常常用幽默来化解经营过程中和顾客发生的冲突。

有一次，一位顾客走进这家有名的饭店，点了一只清蒸龙虾。当菜上来之后，顾客发现菜盘中的龙虾少了一只虾螯。

他马上叫来侍者，询问这是为何，侍者支支吾吾，最后侍者没办法找来了老板。

老板来到顾客跟前，了解了情况之后，自知理亏，看着怒气冲冲一触即发的顾客，他抱歉地说："对不起，先生，龙虾是一种残忍的动物，他们常常自相残杀。您的龙虾可能是在和它的同类打架时打输了。"

原本老大不乐意的顾客，听完老板的解释不禁忍不住笑了出来，怒气也消散了很多，他也非常巧妙地回答："那么，请您调换一下，把那只打胜的给我吧。"

于是老板欣然同意了顾客提出的解决方案，顾客也没再生气，一场风波就这样平息了。

其实，老板给顾客换只龙虾是他分内之事，但是仅仅是给顾客换只龙虾可能不会让顾客很快消气，毕竟浪费了顾客时间，但是，老板的一句幽默的话，就能迅速平息顾客的怒气，没有伤及他人的自尊，既保护了餐馆的声誉，也维护了顾客的利益，化解了一场可能发生的不愉快。

还是在同一个饭店，有一位女士点了招牌的罗宋汤，汤上来后，她喝得津津有味，可是喝着，喝着喝着，忽然发现菜汤里有一只苍蝇，女士顿时觉得恶心，她气冲冲地扬手招来侍者，怒不可遏地说："你看看什么在我汤里，请问，这东西在我的汤里干什么？"侍者慌了神，不管怎么说女士都很生气，已经有人开始围观他们了，于是侍者赶忙又把老板找来。老板来了之后，他弯下腰，仔细看了半天，回答道："女士，这是一只苍蝇在仰泳！"

老板话音刚落，女士就忍不住被逗笑了，围观的人也散发出阵阵笑声。老板这时赶忙让侍者重新上一份汤，然后又跟女士道歉。

在这种情况下，无论老板如何解释、道歉，都只能受到尖锐的批评，而这位女士不管发多大的火也都可以理解。但是，老板的一句妙语让女士解气，幽默帮了他的忙，把他从紧张的困境中解救出来，使气氛得以缓和，从而也有利于事情的解决。

有句俗话叫作"多说无益"，在盛怒的情况下，再合情合理的解释、再诚恳的说词可能都没有办法让人平息愤怒，因为这时候情绪上的不稳定和不理智已经牢牢摄住了理性的心智，那么这时我们该做的是先让情绪平复，然后再晓之以理、动之以情，诚恳道歉，这样别人才能听进去你的话，从而消除误会，平息怒气，化解干戈。

而平息对方的盛怒，最好的办法就是幽默一下，让另一种无害的喜悦的情绪覆盖之前盛怒的情绪，让他沉浸在幽默之中，忘记刚才不好的情绪。

不但平息怒气化解干戈需要我们用到幽默，在生死攸关的时刻，幽默还能助我们逃生。

在西方国家有个经典的故事，讲的就是用幽默的语言为自己争取机会，把自己从困境中救出。

法国大革命前期，阶级划分明显，很多上层贵族对下层农民做了违法的事，都得以逃脱。

一天，一个贵族的狗突然发狂，扑向正在地里干活的农夫，农夫为了自卫，情急之下用粪叉对准了迎面而来的狗，狗一跃而起时就被粪叉刺穿，当场毙命。

这时贵族赶来，他非但没有对农夫表示歉意，反而反咬一口，指责农夫打死了他的狗，于是拉着农夫就进了法庭。

法官和贵族沆瀣一气，他听完贵族的表述，一点都不给农民辩白的时间，就想治农民的罪，他说道："你真过分，居然一叉就刺死了贵族心爱的狗。"农民赶忙说："我这是自卫，我要是不这样，就会有生命危险。"法官又不分黑白说道："那你就非要刺死这狗不可吗？你要是把叉子倒过来，用没有尖刺的那一头，不就没这事儿了吗？"

旁听的人都觉得这法官颠倒是非，个个义愤填膺，但又无处可说，纷纷为这农民即将要遭遇的牢狱之灾感到冤屈。

但是农夫却没惊慌，很从容地回答道："您说得很对，法官先生，要是那条狗也倒着向我扑过来，我当然会这样做的！"旁听的人都被逗乐了，法官看到民心所向，如果非要判农民有罪，那面对这么多旁听的人，他实在没法交代，于是他只能判农夫无罪。

其实这件事情孰是孰非非常明晰，道理也都明白，可是，欲加之罪，何患无辞，不论农民怎么辩解，都没有办法让自己顺利脱身。

但是恰到好处的幽默的话语，一方面再次挑明了事实的真相，另一方面能帮自己获得更多人的认可，让更多人不认可无理的另一方，从而为自己争得更多人的支持。

当你遇到急迫而又棘手的问题时，要懂得随机应变，使用恰到好处的一句幽默的话，阐明道理和你的优势，为自己增加更多的认同感，这样能令你立于不败之地。

随意的幽默往往更有意思

人们都喜欢听幽默的话，就像我们本能地喜欢听好听的音乐、欣赏美妙的诗篇一样；我们和言谈幽默的人在一起，往往就像置身于宁静的湖泊边或俊秀的深山中让自己陶醉不已。幽默风趣的人，是我们生活中不可或缺的一道最亮丽的风景线。

幽默具有神奇的魅力：可以为懒惰者带来活力与干劲，也可以为勤奋者驱散疲惫；可以为孤僻者增添朋友，也可以使欢乐者更愉悦；可以使愁眉苦脸的人笑逐颜开，也可以使泪水盈眶的人破涕为笑。

很多人都认为幽默是很难得的，是需要下苦功夫费尽心力才会闪现的火花，其实不然，幽默往往是妙手偶得，一举手、一投足、一言一行都可以显示出幽默，而且，不经意间散发出来的幽默，往往更自然，更易于被大家接受。北大教授刘震云说过："真正的幽默既不是语言的幽默，也不是事件的幽默，也不是事背后道理的幽默，是一种生活态度。"所以，把幽默当作一种生活态度，带着这种态度去生活，不需要刻意为之反而效果更好。

为什么只要卓别林、周星驰等许多喜剧人物一露脸，他们一张口、一举手、一投足，就能把人逗乐，他们一出现就立刻能把人们的心弦拨动，使千千万万的影迷为之捧腹、为之倾倒？他们幽默的奥妙就在于，他们的一言一行、一举一动充满了幽默，自然而发自内心，不做作、不刻意，启人心智、令人愉悦。

他们可能无意幽默，但是却幽默自现。

某公司某职员居住的单人宿舍漏雨厉害，每到下雨天，都是屋外下大雨，屋内下小雨，这位职员多次找过单位的物管部门要求修缮，但总是被推三阻四，每每都没有结果。

一天，公司的领导下基层关心公司职员的生活问题，来到了该职员的单身宿舍，他随口问到该房屋的使用情况，该职员老老实实回答说，漏雨，领导又问到，漏雨情况如何，大家都以为他会大诉其苦，却没想到这位深受漏雨之扰的职员微微一笑说道："还好，不是经常漏，只有下雨时才漏。"他的妙语博得领导诸人一阵大笑。几天后，修缮房屋问题妥善解决。

仔细想来，这位职员说的都是实话，没有什么所谓的幽默的"技巧"在里面，但是却达到了幽默的效果，这就是浑然天成的幽默，虽然话说得很随意，没有雕琢，但是就是有幽默的效果。

幽默并非是某些人的专利，只要愿意，我们都可以在生活中很自然地表达自己的幽默，不用刻意琢磨。

但是，如果生活中的你整天一副严肃的表情，事事较真不豁达，一点儿小事情纠结半天，一点儿不愉快记一下午，那么你就没有办法做到有感而发，时时幽默。能够随性说出幽默话语的人，一定是一个乐观开朗的人、一个胸襟开怀的人，甚至是一个能苦中作乐的人。

山涧清泉之所以汩汩流淌，是因为有永远不竭的水源；幽默者之所以语言风趣幽默，是因为他的内心永远是一种豁达开朗的境界。

春运期间，一趟西行的火车上人满为患，哪儿都是人，一对年轻的夫妇抱着自己尚在襁褓中的孩子也挤上了火车，这时有好心人看到了这对夫妻，见他们抱着孩子扛着行李站着实在很辛苦，于是就找了几张报纸，铺在座位中间的小桌子下面，让他们坐在地上歇脚，年轻的丈夫感激不尽，几个人聊着天顿时气氛就活跃了起来。

这时列车员过来检票，没注意脚下有报纸，一脚就踩了上去，这时年轻的父亲说："唉，同志，你注意点，别踩着我们的'地毯'。"列车员一开始还不明就里，但他低头看到这对夫妻和孩子，顿时就笑了，连声道歉并且还问或请抱着孩子的母亲到乘务员休息室休息。

这位父亲就是一个乐观开朗的人，也是一个有宽广胸襟的人，一方面在这样的乘车环境下，他不抱怨、不发牢骚，而是积极地解决问题，另一方面，在别人弄脏他的座位的情况下，他没有大发雷霆，得理不饶人。这样的人，就能在生活中处处幽默，也为自己带来便利。

让自己能随意地说出幽默的话语，还需要我们增加自己的知识和见识，博闻强识、见多识广的人才有可能发现别人注意不到的意趣，从而引发幽默。

明朝年前，有一位姓石的学士，人称石学士。一次，石学士骑驴出门讲学，驴儿走着走着突然开始不听话，"咣当"一下，把石学士摔倒了地上，他的书童急忙上前搀起石学士，石学士却并不着急，他整整衣冠，说道："幸亏我是石学士，我要是土学士、木学士估计这一下我早就摔坏了。"

石学士从他自己的姓入手，随口一句话，引得众人哈哈大笑，不经意间展现了自己的智慧和幽默。

心情沉重的人，是无法展现笑容的；充满狐疑的人，话里话外除了尖酸之外再无它；整天牵肠挂肚七上八下的人，话里肯定深埋着忧郁。只有心怀坦荡、不计得失的大度之人，才能笑口常开，妙语常在。

阳光并没有特意每日升起普照大地，但却造就了自然界的勃勃生机；幽默的人并未特意为之，说出话虽然朴实无华，却心境豁达，反而令人感受到幽默者厚实的天性和无穷的智慧。

林语堂在论及幽默时说道："幽默是由一个人旷达的心性中自然而然地流露出来的，其语言中丝毫没有酸腐偏激的意味。而油腔滑调和矫揉造作，虽能令人一笑，但那只是肤浅的滑稽笑话而已。只有那些巍巍荡荡、朴实自然、合乎人情、合乎人性、机智通达的语言，才会虽无意幽默，但却幽默自现。"

当我们拥有旷达明朗如万里乌云之天空的心境时，当我们学富五车、知识满斗时，我们说的话也可以达到"无意幽默，却幽默自现"的境界。

巧用反问式幽默折服对方

接过话头，反唇相讥把问题反问回去，把疑难交给对方的幽默法是我们在受到语言攻击的情况下比较有用的化解问题并及时反击的方法。

我们需要迅速寻找对方话中的漏洞、纰漏和矛盾的地方，然后巧妙地利用对方话语的瑕疵，或者套用对方的进攻套路来攻击对方，灵活反击，从而回击恶意的挑衅，解脱自身的窘境。

深受各国儿童喜爱的丹麦著名的童话作家安徒生痴迷于童话创作，对穿衣打扮一点都不讲究。

有一天，他戴着破帽子在街上散步。有个穿得很考究的路人讥笑他说："你脑袋上边的那个玩意是什么？能算是帽子吗？"

安徒生不卑不亢地回敬道："你帽子下边的那个玩意是什么？能算脑袋吗？"

安徒生面对路人的无理讥笑和挑衅，他没有马上发怒，跳起来和路人争辩，因为路人的挑衅没有什么实质内容，没有办法有理有据地驳倒他，保全自己，同时，跟这样人辩论半天也实在不值得，安徒生恰当地采用了反唇相讥的幽默战术，让路人自讨没趣，占不到半点儿便宜，只能赶紧闪躲。

当然，这种幽默最能体现一个人思维的机敏和语言的灵活性，也能体现一个人的内涵。古往今来，很多语言高手和雄辩家都成功地使用了反唇相讥的战术，被后人传颂千古，津津乐道。

晏子使楚的故事，就是一个经典的反唇相讥幽默战术，这个故事十分典型地体现了晏子在毫无准备的情况下，遭遇预谋已久的侮辱和挑衅时迅速反击，巧言善辩维护人格、国格的才能。

晏子为齐国出使楚国的背景是楚国强大睥睨群雄而齐国弱小需要仰大国鼻息的时刻。

晏子刚到楚国，楚王便命看守国门的士兵让身形矮小的晏子从大门旁为晏子特意开的比正常城门要小很多矮门进城。

面对这种侮辱人格和国格的闹剧，晏子作为齐国的护国宰相，自然不能听之任之，晏子十分犀利地进行了反击，他果断而冷静地说："出使狗国的人，才从狗门入城。现在我出使楚国，不应当从此门进入吧。"

此话一出，对方当即就没有了气焰，落了个自讨没趣。因为如果还坚持让晏子从那个矮小的门进去，就等于是自认楚国为狗国，反而有损楚国的国格了，因而楚王听到晏子的话，只好命守门士兵打开大门，晏子昂首而入。

不论是国家实力，还是晏子当时所携带的侍卫，都没有办法和楚国硬碰硬，如果晏子"硬来"那很有可能就会血溅当场，但是晏子避免了悲烈的发生，因为他的反语十分有道理，如果楚国这么做了，最终伤害的是楚国的国格，故而为了顾及自己国家的利益，楚王无可奈何。由此可见，及时、机敏的回对，才是应对这种情况的上上之策。

美国一位女作家的新作刚刚发表，受到各界好评，一时间就登上了畅销书榜首。而她的成功，却引起一位同时期男作家的嫉妒。

在一次女作家新书的签售会上，许多读者都购买了她的新书，并且要求女作家签名，现场也来了很多文学界的业内人士来给她捧场，女作家一一表示感谢。忽然那位一直嫉妒她的男作家挤到签售台前，大声向女作家说道："您这部书的确十分精彩，但不知您能否透露一下，这本书究竟是谁替您写的？"

女作家正陶醉在众人的赞美和称扬声中，冷不防有人竟会提出这样无理的问题，就在她一愣的刹那，有人偷偷地发笑了，准备看女作家的好戏。但是，女作家马上就镇静下来，露出谦和的笑容，对男作家说道："您能这样公正恰当地评价我的作品，我感到十分荣幸，并向您表示由衷的感激！但不知您能否告诉我，这本书是谁替您读的呢？"

男作家的问话，用意十分明显，就是要无理取闹，抹黑女作家，让她百口莫辩，让她难堪，因为在很短的时间内，女作家是没办法向人们一一证明她的原创性，而且在这样冷不防的情况下，话说得越多纰漏就越多，也许那男作家会再揪住她话语中的疏忽，再次攻击她，所以女作家没有为自己辩白，而是反问，针锋相对。她的潜台词是说，你从来不认真读别人的作品，所以你的评论无非是信口雌黄的胡说。连书都不读的人，有什么资格作评论！巧妙的反问，一方面让自己迅速从尴尬的境地中出来，另一方面也使男作家陷入了十分狼狈的处境。

反唇相讥的幽默，是一种快速反应的智慧，是一种幽默机智。想要熟练运用这种智慧，首先需要我们仔细听清别人攻击的话，或者是让你陷入尴尬的话。其次，我们要寻找对方话语中是否有纰漏，是否有可以为我们所用的东西。最后，当我们抓住别人话语中我们可以用的点之后，你需要借用挑衅方的某些语句，再借助比喻、反讽、夸张等表达手法，来给予挑衅方以痛击，从而达到揭露丑恶、抨击无知的目的。

运用这种战术需要你在受攻击时保持冷静，冷静中不停止思考，思考完毕后迅捷反击，让对方无话可说。

无论是别人蓄意谋划的攻击、恶意挑衅或是无意中陷入的尴尬局面，反语相击的幽默感是避免人际冲突、缓解紧张的灵丹妙药，会把损伤降到最小。

我们都希望自己能够不动声色地化解突如其来的挑衅和刁难，我们也都希望在不伤害他人的情况下回绝他人无理的要求，恰当使用反唇相讥的幽默，可以助我们一臂之力。

巧妙的一语双关幽默法

一语双关是幽默技法中很常用的一种说话方式，无论是在化解尴尬、缓和气氛，还是在对他人的拒绝中或者对他人的批评中，都能够起到很有效的作用，往往在玩笑中就化解了尴尬，在平和中就渡过了危机。

具体来说，双关就是在一定的语言环境中，一般利用语音或语义上的相似性，故意使某一词语牵涉到和它本意无关但有牵连的另一个意思，从而具有了两个意思、双重意义，造成一种言在此而意在彼或亦此亦彼的效果，从而营造活跃气氛，迁移话题，让自己跳出尴尬境地，阐明不好说明的话题，更能让对方心悦诚服地接受你的要求。

在很多种场合下，比如遇到某些突发的情况时，如果能用好双关，那就不至于措手不及，使双方陷入尴尬境地。

第二次世界大战期间，英国首相丘吉尔到华盛顿会见美国总统罗斯福，要求美国共同抗击德国法西斯，并给予物资援助。

丘吉尔受到罗斯福的热情款待，被安排住进白宫。

一天早晨，丘吉尔躺在浴缸里，抽着他那极具标志性的特大号雪茄烟。

此时，门突然开了，进来的是美国总统罗斯福。丘吉尔大腹便便，露出水面的肚子一览无余，两位世界名人在这样的情形下碰面，实在颇为尴尬。

这时丘吉尔放下了雪茄，说道："总统先生，我这个英国首相在您面前可真是一点也没有隐瞒。"

话说完两人哈哈大笑起来。不久之后，美国加入同盟国的战线，一起抵抗法西斯在世界各地的暴行。

丘吉尔这一句风趣幽默又语带双关的话，不仅使他们从尴尬的情境中解脱出来，而且借此机会他再一次含蓄地阐述了自己的观点和目的，以及谈判的诚意，促进了谈判的成功。

我们在生活中或者工作中，就要多学习这种说话方式，双关的语言不但幽默，易于被人接受，也能为你求人办事助一臂之力。

比如，在和领导说话时，在针锋相对、气氛紧张，甚至略带一点火药味的情况下，面对领导的逼问或者责问，就可以采用双关的"明里说一，暗里说二"的方法，把自己的见解、自己的想法，甚至是对自己的开脱都放在这样的语言中，从而达到自己的目的。

那么，我们如何在语言中做到双关呢？其实很简单，双关分两种，一种叫谐音双关，一种叫语义双关。我们可以通过以下两个例子，来掌握双关的使用方法。

《红楼梦》第四十六回中，贾老太太的贴身大丫鬟鸳鸯不愿意听他哥哥的话嫁给贾赦做小，于是她嫂子来劝她。她嫂子召唤她来说话，鸳鸯道："什么话，你说吧。"

她嫂子笑道："你跟我来，到那里我告诉你，横竖有好话儿。"

鸳鸯明知她是为给贾赦说亲这件"喜事"而来，于是，使用双关手法骂道：

"什么好话，宋徽宗的鹰、赵子昂的马都是好画。什么'喜事'！状元痘儿灌的浆儿又满是喜事。"

这是一种谐音双关的技巧，好话和好画谐音，显出言语的犀利，且避开别人的本意，锋芒毕露，锐不可当。

还有一个故事很好地说明了语义双关。

从前，有个县官带着随员骑马到王庄处理公务。走到一个岔道口，不知道朝哪个方向走才对。正巧一个老农扛着锄头走来，县官在马上大声问老农："喂，老头儿，到王庄怎么走？"

那老农头也不回，只顾赶路。

县官大声吼道："喂！"

老农停下来说："我没有时间回答你，我要去李庄看稀奇事。"

"什么稀奇事？"县官问。

"李庄有头牛下了匹马。"

"真的？牛怎么会下马呢？"县官百思不解。

老农认真答道："世上的稀奇事多着哩，我怎么知道那畜生不下马呢？"

这就是典型的语义双关，老农借字面的"畜生"，实则斥责连做人常礼都不懂的县官。老农明言此、暗言彼的双关话语，深深地讽刺了县官不懂礼貌、蛮横没教养的行为。这样的话语既能保持说话的气度，又可以明确点出问题所在，同时也能让被说的人无话可说。

以上两个例子说明了两种双关技巧的运用。只要运用得当，就能够增加言语谈话的力度，在增加语言的趣味性的同时，也使语言这一武器更具威力更有效，控制住和别人谈话或辩论的节奏，牢牢把握主动权。

我们可以通过模仿、类比来增加自己使用双关幽默的技能，但是在实践中，还要注意以下几点：

1. 高雅纯正，杜绝低级趣味

在使用双关时，一定要坚持文明和礼貌的底线。双关的根本目标在以理服人而非用非常的话语让人口服心不服，虽然丑陋不堪的素颜俗语也有可能凭一时的口舌之快占到上风，但泼妇骂街式的所谓"双关"令人不齿，让人耻笑，是十分不可取的。

2. 隐藏幽默，含蓄表达

需要思考才能找到笑点，这是双关技巧的要点。如果忽视这一点，直接表达，那么双关就会失去风趣、讥讽和辩论的力量。所以，寓幽默于双关，含而不露，寓驳于笑，引人深思，是双关的要点之一。

3. 切中要害，一击即中

我们所说的话，都一定要经过我们的思考。话是说出来的，不是喷出来的，我们要善于捕捉对方的真实意思、最终企图，要善于发现对方的破绽、漏洞，这样方能切中要害，使之无言以对，心悦诚服。

4. 沉着冷静，方寸不乱

西方有句谚语叫作"速速想，慢慢说"，我们在想好如何表达之前，要沉着冷静，以静制动，面对对方挑衅和咄咄逼人的气势我们不要乱了方寸，要从他们的描述和变现中找破绽。我们要始终保持良好的举止，文质彬彬却寸步不让。只有沉着冷静，才能思考，才能把双关的幽默发挥到极致。

幽默要把握时间，不能急于求成

我们在聊天时，或者在谈判时，为了缓解气氛会说一些幽默的话来引大家发笑，从而松弛紧张的情绪，让正在进行的交谈和谈判更顺利地进行下去。

但是并不是每次的笑话、每次的小幽默都能达到预定的效果，很多时候讲完笑话之后发现发听众并没有被笑话逗笑，反而不明就里，情形愈发尴尬。引起这种失败的幽默原因就是，讲述者没有把控好幽默的节奏，有点急于求成。

幽默带来的发笑和思考是含蓄的，是需要层层剖析的，所以，如果我们迫不及待地抖出笑点或者揭开谜底，而不让听众自己去探寻，那就没有了乐趣，也达不到讲述幽默者预期的目的。

明代的著名才子唐伯虎不但诗、书、画三绝，在遣词造句上也是一等一的高手，他总能说出让大家欣然一乐的妙语。

一日，他好友的母亲要过生日，于是拿了一幅《祝寿图》给唐伯虎，请他为画题一首祝寿诗，唐伯虎见是好朋友为母亲祝寿，就欣然答应，研足了磨，舔饱了笔，开始题诗。大家看到唐伯虎要题诗，也都开始围观。

唐伯虎写下"这个婆娘不是人"，众人看到他写了这么一句诗，都面面相觑，心想他这葫芦里卖的是什么药，求诗的朋友面子上挂不住了，赶紧问唐伯虎这是怎么回事，唐伯虎笑而不答，大笔一挥，又写下"九天仙女下凡尘"这一句，众人看到这一句纷纷叫好。可是还没等大家缓过劲儿来，唐伯虎又写下"九个儿子都是贼"，众人刚才还在称赞唐伯虎心思巧妙，一看到这句诗又开始百思不得其解起来，而他的朋友也开始着急不明就里，等着他写出最后一句。唐伯虎紧接着写到"偷来仙桃献母亲"。诗成之后，大家都拍手叫好，他的朋友也是长吁一口气。

唐伯虎不愧是一位幽默高手，面对寿图，他开头就说了一句与拜寿很矛盾的话，大家都在想：不是人是什么？这个悬念很是吸引听众，引得听众瞪大眼睛。假若他马上说出下一句诗句，那就无幽默可言了。紧接着他以同样的方法说了下面两句，最终大家恍然大悟。

这个故事告诉我们，在制造悬念、渲染气氛之后，一定要把握时间，吊足胃口，这样的幽默才会引人发笑。

说幽默不能急于求成。俗话说"好戏在后头"，幽默也是同样的道理。如果你迫不及待地要把妙语趣事和最后的笑点说出来，太早地让别人知道有趣的谜底，太急于引起大家发笑，那就会显得操之过急。如果太早泄露幽默的底牌和"天机"的惊奇，那么很容易造成由于铺垫不够、火候不到，原本非常引人发笑和深思的笑话失去幽默感。

不紧不慢地讲述自己的笑话、陈述自己的观点，也体现了说话者对幽默节奏的把控。

在英国某军队，新入伍的士兵都有帮老兵无偿擦枪的传统，尽管没有明文规定，但是大家都会这么做，平时本来训练任务就重，休息时刻还得帮忙擦枪，新兵们怨声载道。

一天深夜，一名巡夜的上尉发现新兵营的灯还亮着，于是就过去一探究竟。他发新兵们都在帮老兵擦枪，当然也包括他的枪，他有些不好意思，讪讪地说："各位，要是能制造一种擦枪工具就好了，这样就不用占用大家休息时间了。"

大家都纷纷响应这位上尉，说道："是呀，是呀。"

可是上尉虽然觉得这样压迫新兵干活不太在理，却没有做任何改变。

这时一个声音从角落处传来说道："上尉，别费心啦，这种工具已经造出来啦。"

上尉听完说道："啊，那敢情太好了，不知为何我们不采购这种设备呢？"

角落的声音再次传来："上尉，我们已经采购了。"

上尉说道："哦，那怎么不使用呢？"

角落的声音又传来："已经在用啦，擦枪的设备就是'新兵'啊。"

话音刚落，大家就哈哈大笑起来，这位上尉满面潮红地走了。

其实，新兵的意图很明显，就是想表达是新兵在擦拭这些枪，而上尉的话语只不过是表面上跟大家客套，而无任何实际意义，但他没有直接就说"我们就是擦枪的"，而是一步一步揭开这个所谓的"擦枪设备"的面具，最后指向广大新兵，让上尉羞愧不已、无话可说。

用语言操纵别人时，要学会把握节奏，不要一开始就暴露你的意图，否则就和平常说话无异，没有幽默感，也达不到让众人一乐的效果。

所以，讲述笑话，表达幽默，应该不慌不忙，娓娓而谈，徐徐道来。有适当留白的时间，给大家以思考的机会，使听众对幽默的结果有错误的预期。有一个缓冲思考的时间，等到时机成熟成，然后再一语道破，让大家有恍然大悟的感觉，那么幽默的效果也就达到了。

我们在听笑话时会有这样的感觉，时间像有弹力的松紧被不断地拉伸，只要我们不停地拉，那毫无疑问，这松紧肯定会在某时某刻断掉，但是我们却不知道这根松紧在何时会断裂，这种感觉是愉快的，但是如果在听笑话的时候，时间没有像松紧一样被拉伸，而是一上来就断了，那就无愉快感可言。不急于求成的幽默，就是这样的道理。

当然凡事都有度，太过急躁是不好的，那么，太过于慢悠悠地讲完自己的笑话也很难达到幽默的效果，一个笑话延续的时间太长，且不说大家觉得讲述者关子卖得太大，很有可能等到讲述者最后讲出笑点揭开谜底后，大家都已忘了前面的铺垫，同样达不到幽默的效果。

聊天交谈时，幽默是必不可少的润滑剂，但是何时加入润滑剂，不是随意的，需要我们用心琢磨体会。急于求成的笑话发挥不了它最大的功能，而故弄玄虚的卖关子也无益于幽默的实现，不慌不忙地讲述笑话，方能带来幽默的最大化！

第四章

对话口才：
"先肯定，后反驳"是对话的基本原则

让对方觉得你配坐在他面前。不管什么人，部长也好，普通老百姓也好，所谓"配"，就是让对方感到'你懂我说的话'。这样，在日后的采访中，能让别人把你当回事，还是一个"配"字。你更加"配"，他就会更重视你，采访出来的东西就会更客观、更准确。

——董倩，毕业于北京大学，央视著名主持人

"yes，but"法则

所谓"yes，but"法则，就是当一个人在批评或指出对方错误时，应该首先认同或表扬对方，然后再批评或指出其错误，这样对方才更容易接受你的观点或想法。先说 yes，再说 but，就好比在味道苦涩的药丸外面裹上了糖衣，这样就比较容易打开对话的入口。同样，委婉表达拒绝，也比直接说"不"让人容易接受。

当你的观点和别人的观点不一致的时候，或是当你企图用自己的观点说服他人、改变他人的想法和态度的时候，你会怎么做呢？假如当场就直接否定别人的观点，坚持自己的看法，这样说出的话就显得没有一点回旋的余地。这样，一方面让对方下不了台，另一方面激发了对方"就是要跟你对着干"的情绪。毫无疑问，这样的沟通是失败的，这样不仅无法说服对方，反而会造成对方的逆反心理，更会影响你和他的关系。我们都有这样的体会：当自己提出的意见遭到全盘否定后，自己的自尊心理往往使自己难以顺利地继续进行对话。相反，一个人在提出自己的意见后，一旦受到某种程度的肯定和重视，人的自尊心理会引导心理活动形成一种兴奋优势，这种兴奋优势会给人带来情感上的亲善体验和理智上的满足体验。当我们需要否定和拒绝他人的时候，不妨先对对方的想法表示肯定和接受，然后再否定或是拒绝。

谈话中，一定要让人觉得"跟你讲话永远有希望"，而不要一开头就把事情讲死。因此，不论在什么情况下，我们在否定或拒绝他人时，都应该先用"yes"表示对对方的同情和理解，以此创造一种较为融洽的气氛。在缩短双方之间的心理距离后，再

讲"but"，这样一来，由于你对对手的一些看法的大加赞赏，会使对手感觉在某种程度上你还是欣赏自己观点的。这时，在他眼里你是与自己站在一起的，尽管你也在赞扬的意见后表达了不同意见，但这不表示你们俩的观点处在对立的位置。

小刘在一家保险公司做保险推销员。他是个说话高手，同事们在进门之前就被客户拒绝了，而他通常能跟客户聊好久，他的业绩在同事中也遥遥领先。

于是，有很多同事向他取经。他说到了最重要的一点，就是说话的时候要懂得"先肯定，后反驳"，当客户对你产生质疑时，你不要一味地反驳客户，比如，经常有客户会说："我对保险不感兴趣！"很多销售人员就被客户的这句话拒之门外。但是小刘在遇到这种情况的时候会接着顾客的话说："您说得有道理，谁会对保险这种关于生、老、病、死这类躲都躲不及的事情有兴趣呢？我也没多大兴趣。"

这时，很多顾客往往会反问："既然你没兴趣，为什么要做这一行呢？"这就给了小刘一个表达自己的机会。之后，他便把保险对人的重要性娓娓道来："虽然咱们都对保险不感兴趣，但是生活中很多的事情我们无法预料……"

如果小刘开始就不同意顾客的观点："你错了，保险很重要……"那么，顾客只会对他反感，必定不会给他继续说下去的机会。正是由于小刘懂得先认同（"谁都对保险不感兴趣"），再表明不同的观点（"但是生活中很多的事情我们无法预料……"），才缓和了说话气氛，然后自然地为自己争得了说话的机会。

其实，"yes，but"的应变之道，不仅在沟通的时候适用，应用在待人处世上，也有它的圆融周到之处，有助于人与人之间的和谐。

陈涛夫妻俩下岗后，自谋职业，利用政府的优惠贷款开了一家日用品商店，两人起早摸黑把这个商店办得红红火火，收入颇丰，生活自然有了起色。陈涛的舅舅是个游手好闲的赌棍，经常把钱扔在了麻将台子上，这段时间，手气不好又输了，他不服气，还想扳回本钱，又苦于没钱了，就把眼睛瞄准了外甥的店铺，打定了主意。一日，这位舅舅来到了店里对陈涛说："我最近想买辆摩托车，手头尚缺五千块钱，想在你这借点周转，过段时间就还。"陈涛了解舅舅的嗜好，借给他钱，无疑是肉包子打狗。何况店里用钱也紧，就敷衍着说："好！再过一段时间，等我有钱把银行到期的贷款支付了，就给你，银行的钱可是拖不起的。"这位舅舅听外甥这么说，没有办法，知趣地走了。

陈涛不说不借，也不说马上就借，而是先说自己同意借钱，但现在没法马上就借。要过一段时间，等支付了银行贷款后再借。这句话含多层意思：一是目前没有，现在不能借；二是我也不富有；三是过一段时间不是确指，到时借不借再说。舅舅听后已经很明白了，但他并不心生怨恨，因为陈涛并没有说不借给他，只是过一段时间再说而已，给了他希望。

先答应对方的要求，然后又说"但是"为自己推脱找借口，也是一种以退为进的处世谋略。

富贵权势之家从新科进士中挑选女婿，是相当普遍的现象，其中也有内心虽不乐意而迫于权势不得不应允者。

一天，某权贵之家看中一名年轻进士，便派 10 名家丁去强行相邀。年轻进士没有推辞，跟随而来。到这家之后，立即引来不少人围观。

一会儿，衣着华贵的主人出来，对进士说："我膝下只有一女，相貌倒也不俗，愿许配给郎君，不知意下如何？"

进士先鞠躬，后答道："我出身贫寒，能高攀贵人，深感荣幸。不过，这件事要等我回家与妻子商量之后才能答复，你看如何？"

众人知其早已成亲，无不大笑，主人则满面羞惭。

这名新科进士，对于权贵之家的冒失逼婚，不直接推辞，而是恭敬地应允，然后借口说要与妻子商量，不仅表明了自己有妻室，而且还显示出对妻子的尊重，大有"糟糠之妻不下堂"之势，自然巧妙地表明了自己的拒绝之意。

事实上，人们在反驳他人的观点时总是容易陷入一个误区，即一开始就把双方分歧的局部凸起出来，这样一来很轻易地使彼此疏忽很多共识的成分，因而很容易导致争论升级。如果采取"yes，but"这种先同后异的对话方式，更可能使双方获得同一的意见。因此，在与他人进行对话交流中需要反驳他人的观点时，我们可以先不直接否定别人的观点，而是先顺着对方的思路对其看法予以肯定，接着再婉转地提出与对方意见不同的见解。这样往往就能让他人忘掉争执，而比较顺利地认识到自己的错误观念，从而改正思维成见，达成共识。这一点也是合乎人的心理法则的，因为当一个人说"不"的时候，他全身的神经、肌肉体都会处于紧绷状况，而采取抵制态度来防守外力的烦扰；但是当一个人说"是"、"对"的时候，却是处于松弛状态，此时他能以开放的襟怀接受新的意见。

总而言之，即使你再不认同对方的观念，想一口回绝对方，也要尊重别人。人都是要面子的，如果你能顾全对方的颜面，把对方置于一个平等的地位，甚至让对方有一种被重视、被尊重的感觉，他才能敞开心胸，接受不同的想法；否则对方可能会变得更加顽固。"这事绝不可能！""你绝对是错的！"这样的说法会让对方难以接受，开始就让你们的关系进入僵局，为你说服他增加了难度。不如换个说法："你说的这种事情也不是不可能，但是目前来说，发生的几率很小……""你的做法也许是对的，我可以理解，但是对很多人来说都不太实用。"定会取得事半功倍的效果。

察觉对方未表露的期待

"沟通"二字，用来代指人与人之间的交流，贴切又形象。"沟"正表明了人与人之间不可弥合的距离，所以要想彼此接近，就必须"通"，可达到真的"通"并不是那么容易的，所以知人心者说话，便能使人欢喜。知人心即知对方的意图与心思。在人与人之间的交流沟通中，人们不可能将自己所有想说的话无所保留地说出来，如果不懂得他的意图或期待，我们就只能像一只无头的苍蝇一样，进退慌张，没有章法。只有学会善于察觉对方未表露出的意图与期待，我们说话的时候才能投其所好，确保对话的顺利进行，或成功达到交流的目的。

人与人之间的交谈很多都是通过非语言方式进行的，那么，在对话时就不仅要听对方的语言，而且要学会察觉对方未表露的期待。注意对方的表情，比如看对方如何同你保持目光接触、说话的语气及音调和语速等，同时还要注意对方站着或坐着时与你的距离，从中发现对方的言外之意。下面就让我们来看一个没有察觉对方真正意图的对话的范例，看他是怎样丢掉自己的乌纱帽的。

清朝时期，有一位举人经过三科，最后终于谋得了一个山东某县县令的职位。当他第一次去拜见他的顶头上司时，由于紧张，以及对上司的脾气秉性等不是特别了解，他谈话间一时想不出该说什么话。沉默了一会儿，他觉得实在尴尬，于是忽然问道："大人尊姓？"这位老爷着实是十分吃惊，勉强告诉他自己姓某。县令听到这个姓，低头想了很久，突然说道："大人的姓，百家姓中没有。"这时对方更加诧异不已，微微不悦地说道："我是旗人，贵县不知道吗？"县令又连忙问道："不知，大人在哪一旗？"对方回答道："正红旗。"县令说："正黄旗最贵，大人怎么不在正黄旗呢？"此时这位老爷勃然大怒，问："贵县是哪一省的人？"县令道："广西。"对方回答："广东最好，你为什么不在广东？"县令听了之后才发现对方满脸怒气，惊慌失措，急忙告辞出去。第二天，他的县令职位便丢了。

这位举人县令本来拜见他的上司就是为了讨好，稳住自己的官位，结果因为他自己不会说话丢了乌纱帽，说来也并不屈，设身处地地想，谁处在这位上司的位置，都会对这位糊涂举人动怒。因为这个举人竟然没有察觉，自己在问第一个问题的时候，县令早已面露愠色。交谈时，不能只是一味地说，要随时对对方的言语、表情、手势、动作以及看似不经意的行为有较为敏锐细致的观察，了解对方的意图和心思，才能随时改变话题，以便占据主动。

很多时候，我们没必要急着开口说话，在开口之前多观察，可以看出很多语言交流中听不出来的东西，这也便于你更好地与对方交流。

我们在与他人对话沟通时，一定要注意避免出现类似这位县令的情况。很多时候对方想说的话不一定只是从表面上理解的那样，话中或许还蕴含着许多尚未表露的期待。

某上市公司从成立到至今，虽然面对全国市场的激烈竞争，但业绩一直呈直线上升，这与市场开发部对市场的努力开发密不可分。

周二那天，市场开发部召开例行会议，开发部王主任分析当前的市场形势，说："……现在我们公司市场占有率已经遥遥领先，全国只有青海、西藏两个省份没有入驻……"

林强是市场开发部主任助理，平时处世灵活机动，擅长揣摩领导的心理，他知道王主任喜欢下属有准备地回答，听到此话，他灵机一动："主任，我们正在做西部市场的开拓策划，倘若下半年在西部两省能够开拓市场，那么业务会遍布全国了，您觉得可行吗？"

"哦？你们已经行动了？"王主任赞许地把目光投向林强，林强点头。

王主任很高兴："做市场开发要想立于不败之地，最重要的是要有把握全局的战略意识，这一点，林强做得很好。其实，拓展西部市场正是这次开会我要通知大家的事情，根据公司的长远规划，我们将于年内开拓西部两省。"

其实，林强对于西部市场的拓展，只是有想法，并没有进行具体策划，但会议结束之后，他们部门加班连夜赶出策划，在第二天便将策划报告呈送到有关部门。

领导看到摆在眼前的策划很高兴，一致认为既然小林早有准备，就由他全方位负责吧。于是择天召开会议，提升林强为开拓市场新任务的主管，并号召大家要配合他的工作。

在接下来半年的市场开拓中，林强工作很是出色，得到领导们的一致好评。

上例中的林强，正是凭着自己平日对王主任的了解，提前觉察出了王主任没有表露出的想法，大胆地提出自己的想法，并以策划为支持，赢得领导的好感。

正如"黎巴嫩文坛骄子"纪伯伦说的："如果你想了解一个人，不是去听他说出的话，而要去听他没有说出的话。"要做到察觉对方未表露的期待，我们可以从以下几个方面努力：

第一，别提太多的问题。问题提得太多，容易造成对方思维混乱，谈话精力难以集中。

第二，别走神。有的人听别人说话时，习惯考虑与谈话无关的事情，对方的话其实一句也没有听进去，这样做不利于交流。

第三，别匆忙下结论。不少人喜欢对谈话的主题作出判断和评价，表示赞许或反对。这些判断和评价，容易让对方陷入防御地位，造成交际的障碍。

不仅要听懂对方在说什么，还要与之产生共鸣

我们都知道，与人聊天应该做到互相理解，只有理解对方谈话才能顺利地进行下去。但仅仅做到理解对方是不够的，你能理解对方说的话，只代表了你听懂了对方说话，要想让对方对你开诚布公，不仅要听懂对方在说什么，还要与之产生共鸣。这样

的谈话会让双方都产生一种"不是亲人，胜似亲人"的感觉。

情境同一性原理是由亚历山大等人在 20 世纪 70 年代提出的。他们认为，每个社会情境或人际背景，都有一种合适的行为模式，这种行为模式表达了一种特别适合于该情境的同一性，故称为情境同一性。

心理学家指出，人的交往过程是一个双方互动的过程，这个过程包括交往对象和交往情境。如果在交往过程中我们能进入对方的情绪状态，和他同喜同悲，那么我们就建立起了与对方共鸣的情境，也就能赢得对方的热情回应。心理学认为这种现象是"情境同一性"原理的妙用。

每个人都喜欢与自己思想有共鸣的人。如果你总是反驳对方："话虽这么说，但是……""可是……""不对……"慢慢地，你的朋友就会疏远你。因此，我们应该学会多给朋友帮助和鼓励，同时，你也会在朋友的帮助和鼓励中达到双方感情上的沟通。要学会先表示自己也有同感，然后鼓励，与他同忧同喜，这样自然就可以顺畅交流了。

吴倩以十分认真的语调告诉她的好朋友李蓉，她想自杀。李蓉不问她为什么，也不板起脸孔说教一番，而是说："是啊，我曾经也有过同样的想法，记得是那天发生的一件事，使我看到了人为什么要勇敢地活下去……"结果吴倩就轻松地谈起了她的烦恼与苦闷。李蓉边听边点头，表示理解和关注。后来吴倩不但勇敢地活下去，并且做出了成绩。她和那位善解人意的李蓉的友谊愈来愈深了。

人与人之间情感的沟通，是交往得以维持并向更为密切方向发展的重要条件，是人对客观事物所持态度的内心体验。情感沟通是由两部分组成：一是"共鸣"，即对同一事物或同类事物具有相仿的态度及相仿的内心体验；二是"振荡"，即由于"共鸣"而双方情绪相互影响，以致达到一种比较强烈的程度。前者是找到共同语言，后者是掏出心来，心心相印。

所谓"同感"，就是对于对方所述，表示自己有同样的想法和经历。

要想达到与人情感沟通，就要注意对方。当对方对某一事物表露出一种情感倾向时，你就要对他所说的这件事表达同样的感受，而且激烈些，于是你们就谈到一起了。

情感沟通的程度，以每当回忆起这段交往时所导致的兴奋程度为标准。比如，当你读到友人来信中的下面这段话，你俩的感情就绝不会变得冷漠："不知怎的，你在上次谈论中的一举一动、一言一语都给我留下深刻的记忆，竟是那么清晰动人。真的，我很高兴与你一起度过了那个下午……"当对方联想到这段交往时，就伴着愉悦的心境，则这种沟通也就达到了。

无论是谈论一件高兴的事情，还是悲伤的事情，在谈论的同时都会带有自己的感情和体验，这使谈论的内容更容易打动人。倾听也是一样，想想看，对方在谈论一件让自己感到很悲伤、很难以接受的事情,而作为听者的你却是一副兴高采烈的样子,那对方除了认为你在幸灾乐祸不会想到别的了。所以,我们在听他人说话的时候,不仅要听懂,还要学会体验说者的感受,只有这样,你才能更好地理解对方的意思,如此才能和对方在情感上产生共鸣。

总而言之,在与他人交流的时候我们要努力做到听懂他人在说什么的同时,给予他人情感上的"共鸣"回应。在与人交往的时候,你多付出一分感情,就能多得到一分回报。情感的往返交流是自然的、真诚的,任何矫揉造作或夸张,都不能收到情感交融的效果。因为"同感"不是违心的附和,而是朋友间的理解,是心灵的沟通。

要做到和对方情感共鸣,还需要注意语言策略,要把话说到对方的心窝里:

1. 用情感法向对方传递共鸣情绪

在交谈中顺着对方的情感变化,表现出如赞叹、颂扬、钦佩、遗憾、伤感、悲壮、愤怒、仇恨等强烈情感,从而引起对方的共鸣。例如,当一个人这样说:"你不知道那段艰难的日子我是怎么挺过来的,哎,你肯定不能理解的!"这时,听话的人可以先表示遗憾,然后这样说:"虽然我没有亲身经历你的那种艰难时刻,但是我多少对你的那段日子是了解的。"

听到你这样说,对方就会感到你是理解他的。

2. 用存异法向对方传递共鸣情绪

假如有人对你说下面这样的话:"我很担心我的孩子,他祖父、父亲都很矮,恐怕由于遗传因素他也矮。"这时,你可以用存异法回答他:"遗传固然重要,但后天的成长环境更重要,加之现在有优越的生活条件,孩子肯定不会矮。"这样一来你就说出了对方心里所想,巧妙地传达了与对方共鸣的情绪,使其得到了极大的心理满足。

3. 用放大求同法传递共鸣情绪

任何事物只要你把它放大到一定程度,它们都在一个空间里了,500年前是一家,这就是放大求同的意思。下面的例子就充分体现了这一点:

对方:"你们两个从小是同学,现在你读名牌大学了,工资高,而我儿子由于家境困难没能上大学,现在学了点技术,在外给人打工。"

己方:"没读大学,只要有一技之长也能很好生活,我读大学花了那么多钱,耽误了几年时间,现在不也是在给别人打工吗?他在技术上比我发展潜力大,工资也会升得快。算起来是差不多的。"

对方听了这样的话心理就会平衡些,和你要说的话也就多了起来。总之,在交谈时,不要只想着自己的观点,要听出对方的潜台词,发掘双方的共同之处,并在共识的基础上继续谈话,才能更好地引起对方的共鸣。

4. 用顺向求同法传递共鸣情绪

对方:"我高中时成绩一直很好,但由于高考失利,只考了个普通大学……"

己方:"你确实很聪明,失利不等于失败,今后可以用考研来证实自己的能力。"

其实对方的潜台词是"他有能力",当我们顺着他的意思往下说时,可以快速缩短双方的心理距离,引起心理共鸣。

5. 用提问法向对方传递共鸣情绪

当对方陈述某件事或某种观点后,多问对方一些问题,从而让对方觉得自己很有能力,也是引起共鸣的好方法。

"你的观点很新颖,能说得再详细一些吗?"

"对于你刚提到的……,你能不能再解释一下?"

其实,引起心理共鸣的方法还有很多,在与他人交往的过程中,应善于选择最有效的方法,与对方自然地进入情境同一的氛围中。

耐心是对话进行的基础

耐心是一切聪明才智的基础,耐心对人生很重要,对人与人之间的对话来说,耐心是对话能够顺利进行的基础。耐心倾听别人说话是一种尊重别人的行为,耐心可以使人们更多地倾听对方,了解掌握更多的信息。当我们与他人对话交流时,千万不能喋喋不休地谈自己。而应该选择抱着一种开阔的心胸,耐心地听他人说。能够对谈话保持耐心的人无论走到哪里,都会欢迎。

著名推销员乔·吉拉德说过这样一句话:"上帝为何给我们两个耳朵一张嘴?我想,意思就是让我们多听少说!倾听,你倾听得越长久,对方就会越接近你。"假如你想让大家都喜欢,那么就尊重别人,耐心地听对方想要说的话,满足他的成就感。

一个有耐心的倾听者必须足够沉着,有着过人的忍耐性,即使面对挑衅者像一条大毒蛇吐出毒物的时候还能保持沉静。

多伦多电话公司多年前受理了一个凶狠、蛮不讲理的顾客,这位顾客在投诉问题的时候态度恶劣,他先用恶毒的语言辱骂接线生,辱骂完了之后才说出问题。他说自己接到电话公司寄来的假账单,因此他拒绝交费。他同时声称要把这件事投诉到媒体,向公众服务委员会提出申诉。这引起了电话公司高度重视。

电话公司先打算派出一位富有经验的调解员,去拜访那位有点野蛮的顾客。调解员到了之后,并没有开口说出电话公司的立场,而是静静听着那位喜欢争论的顾客喋喋不休地发泄他的满腹牢骚。"调解员"对他的质问都是简短地回答"是!是",并对他的遭遇表示同情,对他所举的每一点理由都表示赞同。调解员对这位顾客连续不断地大声说话并没有显示出一丁点不耐烦,而是静静地听了三个小时。

像这样的调解,这位调解员一共做了四次。在前三次中调解员对他所要求的事,不提一个字,到了第四次,调解员成功地结束了整个案件。他付清了所有的账款,并且撤销了对公众服务委员会的申诉。在第四次调解结束后,这位顾客邀请调解员加入他创始的电话用户保障会。调解员成为除这位顾客外的到目前为止唯一的会员。

这位挑剔的顾客表面上无疑的是为社会公义而战，不遗余力地保障公众的利益，实际上他是用挑剔抱怨来使他的自重的需要获得满足。如果你毫无耐心地拒绝他这种抱怨，无疑会使他的自重感受到了挑衅，变得更加的挑剔。而当他从电话公司调解员身上得到这种自重感后，那些不切实际的委屈也消失了。所以，耐心是收服挑剔的人的一剂良药。

耐心不仅能帮助你解决棘手的问题，还能帮你获得感激、信任等一切美好的心意。耐心，反映的不仅是一个人的修养，更是职业化员工在工作中应有的职业态度。

苏宁电器在成都的一家门店遇到过这样一件事。一天，一位客人来店购买电器，选中电器到收款台交钱的时候，收银员傻眼了，这位客人竟然提来了5口袋硬币。

怎么办？不收，客人肯定不干，这不是人民币吗？收银员立即报告了店长，店长毫不犹豫，一方面邀请这位客人到会客室休息，另一方面则组织了十几位工作人员在会客室耐心地清点硬币。结果，花了将近3个多小时，硬币清点完毕，不仅顾客对苏宁的服务非常满意，而且也没有耽误其他的客人交款。

耐心是一种职业化的工作态度，是一种无声的服务。对客户要耐心、细致地解释，把公司产品的信息准确、简练地传达给客户。尤其是那些新客户，他们对公司产品不熟悉或者一知半解，对公司也没有建立信任关系，他们想了解和考察产品的各个方面，以便做出正确的购买决策，站在他们的角度，这是可以理解的。耐心细致地讲解不但能够显示你的专业，而且也能建立客户对你的信任。同时不要忘了抓住客户感兴趣的方面，重点宣传，吸引客户，激发他们对产品的兴趣，促成他们的购买。

耐心地听别人说话，自己所说的每一句话才能为人所重视。虽然面对一个喋喋不休的人，会难免产生一些厌烦的心理。但如果你能够耐心地听完他（她）的话，并帮忙分析问题，会比你打断他（她）起到更好的效果。不吝啬你的耐心会帮助到对方，也会帮助到你。

总而言之，如果你想成为一名优秀的谈话家，就做一个耐心听话的人。说话是为了交流，不是一个人的事情，要明白问题的实质，需要耐心地静听，不要认为对方的唠叨是幼稚或无知的行为。耐心会让人感觉你的态度是理解、接受、赞同。当你的态度得到认可后，信赖和真诚就会在双方之间达成。

做一个耐心的倾听者要注意以下几点：

（1）对讲话的人表示称赞。这样做会造成良好的交往气氛。对方听到你的称赞越多，他就越能准确表达自己的思想。相反，如果你在听话中表现出消极态度，就会引起对方的警惕，对你产生不信任感。

（2）全神注意倾听。你可以这样做：面向说话者，同他保持目光的亲密接触，同时配合标准的姿势和手势。无论你是坐着还是站着，与对方要保持在适宜的距离。

（3）以相应的行动回答对方的问题。对方和你交谈的目的，是想得到某种可感觉到的信息，或者使你做某件事情，或者使你改变观点，等等。这时，你采取相应的行动就是对对方最好的回答。

（4）别逃避交谈的责任。作为一个听话者，不管在什么情况下，如果你不明白对方说出的话是什么意思，你就应该用各种方法使他知道这一点。

比如，你可以向他提出问题，或者积极地表达出你听到了什么，或者让对方纠正你听错的地方。如果你什么都不说，谁知道你是否听懂了？

（5）对对方表示理解。这包括理解对方的语言和情感，可以使对方感到亲切，受到鼓励。

让对方把话说完

你是否有过这样的经历：在对方还没有来得及讲完自己的事情前，你就打断了他的话，并大加评论。如果有的话，请尽量想想：你真的听懂对方的话了吗？

现实生活中，我们往往因为没有听别人把话说完就贸然下结论，这样武断的做法很容易出现谬误，甚至会影响到一件事情的成败。所以，不管是谁都要养成让别人把话说完的良好习惯。

在美国，有一位知名的主持人叫林克莱特。一天，林克莱特访问一名小朋友，问他："你长大后想要当什么？"小朋友天真地回答："我要当飞机驾驶员！"林克莱特接着问："如果有一天，你的飞机飞到太平洋上空时，所有引擎都熄火了，你会怎么办？"小朋友想了想，说："我会先告诉飞机上的人系好安全带，然后，我挂上自己的降落伞跳出去。"

当现场观众笑得东倒西歪时，林克莱特继续注视着孩子，想看看他是不是个自作聪明的家伙。没想到，接着孩子的两行热泪夺眶而出，林克莱特发觉这孩子的悲悯之情远非笔墨所能形容。于是，又问他："为什么要这么做？"小孩的回答透露出一个孩子真挚的想法："我要去拿燃料，我还要回来！"

这就是听的艺术。一是听话不要听一半，要让对方把话说完。每个人在滔滔不绝时都希望周围的人是自己忠实的听众，而自己就是谈话中的主角。这时，突然边上有人不断地插话会让我们的主角不满甚至生气。所以出于最基本的礼貌，我们不要轻易在他人谈话时插嘴。除非真的有必要一定在别人讲话进行时发表自己的意见。

当对方说话内容很多，或者由于情绪激动等原因，语言表达有些零散甚至混乱，你也要耐心地听完他的叙述。即使有些内容是你不想听的，也要耐心听完。千万不要在别人没有表达完自己的意思时，随意地打断别人的话语。当别人流畅地谈话时，随便插话打岔，改变说话人的思路和话题，或者任意发表评论，都是一种不礼貌的行为。

江永在镇上盖了一套三层的楼房，当该房子的第三层刚封顶时，几个朋友在他家吃饭。席间，突然来了一位专门安装铝合金门窗的个体户，与江永一见面就递了张名片。其实这个体户的店铺门面也在本镇，虽和江永平时也见过面，但因没有业务往来，他们都不认识。后经与那个体户交谈，他们彼此觉得非常熟悉。轮到江永做决定是否将铝合金门窗的业务让这位个体户做时，江永说："虽然我们以前不认识，但通过我们刚才的一席话，得知你对铝合金门窗安装的经验丰富，假如我房子的门窗让你来安装，我相信你能做得很好。但是在你今天来之前，我们厂里一名下岗钳工已向我提起过，说他下岗了，门窗安装之事让他来做……"

江永的话还未说完，那个体户便插话了："你是说那东跑西走的马强吧？他最近是给几家安装了门窗，但他那'小米加步枪'式的做法怎能与我比？"

哎！这话不说还好，一说便让江永顿时改变了主意，接着说："不错，他尽管是手工作业，没有你那先进的设备，但他目前已下岗在家，资金不够丰厚，只能这样不断完善。出于同事之间的交情，我不能不让他做！"

就这样，那个体户只得快快离开了。

后来，江永对别人说："那个体户没听懂我的意思，把我的话给打断了。本来，我是暗示他，做铝合金门窗的人很多，不止他一个上门来请求安装。我已打听到了他做门窗已多年，安装熟练且很美观，但他的报价很高，我只是想杀杀他的价格，没想到他那么没有礼貌。打断了我，还攻击同行，这让我怀疑起他的人品，我宁愿找别人，也不要让他来给我安装门窗。"

贸然打断他人的言谈，不仅是不礼貌的事，而且什么事也不易谈成。

在别人说话时，我们不能只听到一半或只听一句就装出自己明白的样子。听人说话，务必有始有终。但是能做到这一点的人并不多。有些人往往因为疑惑对方所讲的内容，便脱口而出："这话不太好吧！"或因不满意对方的意见而提出自己的见解，甚至当对方有些停顿时，抢着说："你要说的是不是这样……"这时，由于你的插话，很可能打断了他的思路，使他忘了要讲些什么。再者，当事情还没听到结局便急于发表见解，所发表的看法也未必正确，而总想表达自己的观点，反而不能耐下心来把事情听清楚，或是不能真正把道理听懂，这样，不管是在为人处世，或是在自身的修养，都是很有妨碍的。凡事应在微小处注意，能够时时提醒自己尊重他人，哪怕是听话这么一件小事，也要学会尊重他人，不轻易打断别人。

社会心理学家通过对人际关系的研究，一致提出人际相处的一个最根本的信条就是"不打断对方，让对方把话说完"，并且，要完全倾听对方的谈话，这样，才能使对方开怀畅谈。只有尊重别人，才会受到别人的尊重。因此，在与人交谈的过程中，同样也应该注意尊重对方，而尊重对方最起码的要求就是不要随便打断对方的话，让对方把话说完。这样你耐心去听对方在讲什么、想要表达什么、结局如何，反而更能听明白一些道理。因此，当我们打断别人说话时，其实除了对他人不够尊重外，也在培养自己一颗自以为是的心，长此以往，对自己的损害将是很大的。由此可见，如果想成为好的对话者，就应做一个善于倾听别人讲话的人。根除随便打断别人说话的陋习，在别人说话时千万不要插嘴，让对方把话说完。

照顾对方的情绪

在谈话交流的过程中，人们总喜欢让别人当听众，而忽略了听话人的情绪。事实上，这是一种非常严重的失误。在与人交流时理应注意照顾对方的情绪，最好不要只顾自己说，要让对方也发表自己的意见，而且在对方说话时最好表现出认真的样子。

只顾自己讲话而不照顾对方情绪的人，容易给人一种自以为是、盲目自大的感觉，会引起他人的反感。同时，自己也会因为得不到回应而感到沮丧。正如林语堂所说："一个人要想获得精神上的满足，要能服役于别人，忘掉自己的利益，而为别人的利益着想。"所以，在谈话时照顾对方的情绪不仅能取悦别人，也是在取悦自己。

李教授到火柴厂做报告，他在谈到某些违反职业道德，不讲产品质量的问题时，提出了经常看到半盒火柴在市场上销售的事例。作为火柴厂的职工听了这话当然不高兴了。听众神色暗淡，小声议论，讲话者已经感觉到了，很后悔不该在这个场合说这种话。为了挽回影响、照顾听众的情绪，他便有意讲了希腊神话中关于普罗米修斯冒犯宙斯神为人类盗取火种的故事，以此来赞颂火柴厂的职工对社会的贡献。然而，他的这番好话，听众依然难以接受，反应冷漠。

案例中的李教授在一开始没有照顾听者的情绪，将火柴厂职工作为演讲的反例，自然让听者感到厌烦。这就说明讲话者在讲话过程中要时刻注意不能仅凭自己的主观意图去说服对方，而是要从说话的场合和听话的对象的实际情况出发，照顾到听众的情绪。只有照顾好对方的情绪才能恰如其分地作出反应。

那么怎样才能在对话中照顾他人情绪呢？其实要做到这一点并不难，很多时候只要说话者在语言表达方面多花些心思就行了。例如，某厂长为一位来企业参观的外商介绍自己的企业，而对方在介绍的时候表现出了不耐烦，厂长及时地觉察到了这一点，为了照顾对方的情绪，厂长完全可以运用适当的谈话技巧，用适当的表达方式来说一些外商关注的事。

丽丽毕业后，如愿以偿地到一家报社当记者。在试用期里，她一直保持着淑女般的矜持，从不随便讲话。不过让她感到困惑的是，不知道为什么同事们喜欢议论编辑部主任的私生活。这让丽丽很反感，但她又只能忍着。她心里清楚，这些同事工作经验丰富，能力也强，倘若说出自己的感受，一定不会有什么好下场。

私下里，丽丽一直都很苦恼。考虑到自己现在所处的情况，她明白如果要让其他的同事不在自己面前谈主任的私生活，就必须直接告诉他们不要在自己面前说，而且说的时候必须要照顾好对方的情绪。这一天，静姐又在与她大谈主任的私生活，丽丽于是趁机用温和的语气说道："静姐，我是新人，有些话你们敢说但我不能说。如果我说了，在单位就很难待下去了，所以以后你就照顾一下我，不要再跟我说这些了，好吗？"

自此以后，再也没人在她面前谈论主任的私生活了，最后她也如愿以偿地留了下来。

丽丽说的话虽然简单，但却抓住了静姐的老员工心态，在说话的时候将自己放低，对静姐动之以情，照顾了对方的情绪，达到了自己的目的。如果丽丽自命清高地制止他人的闲谈，她一定会在无形中得罪同事；如果丽丽与无聊的同事同流合污，倘若传到上司那里，吃亏是自然的事。

著名推销员克里蒙·斯通说："起初，我一直试着向每一个人推销。我赖在每一个人面前不走，直到把对方累垮。而我在离开他之后，也是筋疲力尽。"很显然，这样做的效果对于推销业绩无所助益。

后来，克里蒙·斯通决定："并不一定要向每一个我拜访的人推销保险。如果推销的时间超过预定的长度，我就要转移目标。为了使别人快乐，我会很快地离开，即使我知道，如果再磨下去他很可能会买我的保险。"

谁知这样做竟然产生了奇妙的效果，克里蒙·斯通的订单竟然与日俱增。因为有些人本来以为他会磨下去的，但当他愉快地离开他们之后，他们反而会来找他，并且说："你不能这样对待我。每一个推销员都会赖着不走，而你居然不再跟我说话就走了，你回来给我填一份保险单。"

任何人都不喜欢别人喋喋不休地向自己宣传，也不希望对方夸夸其谈，毫不在意自己的感受。在有些场合，你在发表自己的言论时，其实决定权在对方的手中，因为他是受众，当他肯定了你的言论，你说的话才是有效可行的。喋喋不休只会让人心烦，对你失去信任与耐心，由此产生强烈的逆反心理，所以如果你经常啰嗦不已，就要记得提醒自己不要浪费别人的时间。

在谈话中照顾对方的情绪是谈话顺利进行的保障。照顾到他人情绪的谈话者，才能避免在谈话中伤害到他人。然而，很多人都在谈话中忽视了对方的情绪。一味只顾自己说话，将谈话的重点放在自己身上，只谈自己感兴趣的事，有时甚至把对方想说的话也抢来说的人，会让对方产生不尊重自己的感觉，令人顿生厌恶之感。因为不懂得照顾对方情绪的人，根本就不知道如何尊重别人。因此在与他人进行对话时，我们要学会照顾对方的情绪，注意说话的方式和分寸，千万不可因忽略了对方的情绪而让对方对你产生敌意。

"良言一句三冬暖，恶语伤人六月寒。"有的人说话，会让人有如生吞苍蝇，恨不得把对方的话全部奉还回去；有的人说话，则让人如沐春风，不仅悦耳，而且悦心。要想让自己说出的话更悦耳、更悦心，我们在说话时就要多斟酌，注意听话者的心理与情绪，以己之心去度人之心，自己希望听到什么样的话、厌烦听到什么样的话，别人也是同样的心思。三思而后言，充分考虑别人的感受与心理，这样说出去的话，才能入耳入心，打动他人，才能为我们赢得更融洽、更紧密的人际关系。

用理解和认可让对方敞开心扉

人与人之间的理解和认可是最珍贵的，人们总是更愿意和能够理解自己的人在一起对话聊天。因此在与对方沟通时，多用理解和认可的话，才能让别人听着顺耳，才能让对方打开心扉与你交谈。如此，不仅能使他人快乐，也能使自己快乐。

用理解和认可的话与对方交谈，你会发现，你跟他有了共同语言，他所思所想、所喜所恶，都变得可以理解甚至显得可爱。在各种交往中，你都可以从容应对。许多人不懂得如何理解和认可他人，这是导致很多事情做不成功的一大原因。

多说理解和认可的话，能给他人一种为他着想的感觉，这种说话方式常常具有极强的说服力。成功的人际交往，有赖于发现对方的真实需要，并且在实现自我目标的同时给对方指出一条可行的路径。

某精密机械工厂生产某项新产品，将其部分部件委托另外一家小型工厂制造，当该小型工厂将零件的半成品呈示总厂时，不料全不合该厂要求。由于迫在眉睫，总厂负责人只得令其尽快重新制造，但小厂负责人认为他是完全按总厂的规格制造的，不想再重新制造，双方僵持了许久。总厂厂长见这种局面，在问明原委后，便对小厂负责人说："我想这件事完全是由于公司方面设计不周所致，而且还令你吃了亏，实在抱歉。今天幸好是由于你们帮忙，才让我们发现竟然有这样的缺点。只是事到如今，事情总是要完成的，你们不妨将它制造得更完美一点，这样对你我双方都是有好处的。"那位小厂负责人听完，欣然应允。

也许你会质疑："理解和认可对方说来容易，实际要做的时候却很难。"没错，理解和认可对方确实不容易，但却不是不可能。许多口才不错的人都能做到这一点。因为若不如此做，谈话成功的希望就可能是很小的。真正会说话的人，善于努力地从他人的角度来设想，并且乐此不疲。然而，他们也并非一开始就做得很好，而是从一次次的说服过程中吸收经验、汲取教训，最后才达到这样的境界。因此，只要你愿意，这并不是一件太难的事。

说话讲究技巧，一般来说，在你和要说服的对象较量时，彼此都会产生一种防范心理，尤其是在危急关头。这时候，要想使说服成功，你就要注意消除对方的防范心理。如何消除防范心理呢？从潜意识来说，防范心理的产生是一种自卫，也就是当人们把对方当作假想敌时产生的一种自卫心理，那么消除防范心理的最有效方法就是让对方感受到你是理解和认可对方的。借此向对方表示自己是朋友而不是敌人。这种暗示可以采用种种方法来进行：嘘寒问暖，给予关心，表示愿给帮助等。

陈波工作十分尽责，为公司的业绩增长做出了很大贡献。他觉得目前的薪水与自己的贡献不成比例，于是找到上司对他说："老总，在公司干的这段时间是我进入社会以来最开心的一段日子，只可惜……"

上司猛然醒悟了过来："你要走？"

陈波装作很不情愿地点了点头，然后一脸痛苦地说："出来这么多年，给家里也没做什么贡献，老婆孩子爹妈几张嘴，都要靠我一个人养，有时候也觉得挺难的。"

上司若有所思地望着陈波拍了拍他的肩，说："我明白，我明白。"说着上司陷入了沉思……

最近公司要争取一个大订单。上司又一次把陈波叫到了办公室，一进门他就拍着陈波的肩膀说："你是公司的骨干，这次是大业务，你可要发挥你的水平出来。"陈波见上司没提加薪的事，一脸淡漠，上司这时就压低声音说："你放心，你的事我一直放在心里，我准备让你做公司的副总。不过，公司还有其他一些股东，我得让他们对你的水平有所了解。这次这个订单你要用心去做，做出了成绩，别人也就没什么可说的了。"

听了上司的话，陈波感到自己还是被公司需要和重视的，于是他的一颗心安定了下来，他决定要好好做出点成绩来……

案例中上司用理解和认可的语言向陈波传递了"公司需要你、公司会为你提供发展空间"这样的信息，迎合了陈波的心理，让陈波感到自己还是被需要的。这告诉我们只有理解和认可对方才能让对方敞开心扉和你说话。设身处地地为别人着想，往往能让人非常感动。现在有一个很流行的说法是"理解万岁"，一个人最大的痛苦之一就是没人理解，如果我们能站在对方的立场上说话，那对于他来说是一种莫大的幸福。

美国汽车大王福特说过："如果说成功有秘诀的话，那就是理解和认可对方，站在对方的立场上认识和思考问题。"如果你与别人意见不一致，假若能站在对方的立场上认识和思考问题，你也许会发现自己错了。如果你肯主动承认错误，就会使矛盾很快得到解决，还会在诚恳中使对方建立起对你的信任。

对话中切忌粗俗无礼

一个人说话的态度，可以凸显其教育基础和风度。如果一个人谈吐有礼，自然说明他得到了良好的教育，所显现的气质也倍显高雅，在与人交谈时，倾听者才会对有礼者肃然起敬。

"礼"影响着人们生活和工作的各个方面,我们甚至可以把"礼"看作为现代生活交际中的一条重要准则。任何人都不敢轻易挑战它的权威,尤其在交际的过程中,如果一旦有人违反了这个准则,那么他很快就会自尝苦果。

有个年轻人骑马赶路,路过一位老汉,他便在马上高声喊道:"喂!老头儿,离客店还有多远?"老汉回答:"五里!"年轻人策马飞奔,急忙赶路去了。结果一气跑了十多里,仍不见人烟。他暗想,这老头儿真可恶,说谎话骗人。他一边想着,一边自言自语道:"五里,五里,什么五里!"猛然,他醒悟过来了,这"五里"不正是"无礼"的谐音吗?于是拨转马头往回赶。见到那位老人,他急忙翻身下马,亲热地叫声"老大爷",话没说完,老人便说:"你已经把客店错过了,前方路程尚远,如不嫌弃,可到我家一住。"

这是一则流传很广的故事,它告诉人们在说话过程中讲礼貌的重要性。"人而无礼,不知其可",粗俗的言行与得体的礼貌将产生截然相反的效果。

假如有人冲着你横眉竖眼,恶语中伤地骂道:"你这个人两面三刀,专门告我的黑状,想踩着别人的肩膀往上爬,没门!"如果你心中无愧,完全不必大发雷霆,倒不妨解嘲地反诘:"哦!是真的吗?我倒要洗耳恭听。"然后诱使谩骂者说下去,直到对方找不到言语了,你再"鸣金收兵"。在这种情况下,你以温文尔雅、彬彬有礼的方式笑迎攻击者,显然比暴跳如雷、大动肝火要好。

对话中切忌粗俗无礼。不仅指在与他人对话的时候不用低俗的语言表达,也指在他人说话时要保持一种礼貌的态度。

美国著名的幽默作家马克·吐温和一些社会名流参加道奇夫人的家宴。不一会儿,就出现了宴会上经常发生的情况:人人都在跟旁边的人谈话,而且同一时间讲话,慢慢地,大家把嗓音越提越高,拼命想让对方听见。

马克·吐温觉得这样有伤大雅,太不文明了。而如果在这个时候突然大叫一声,让大家都安静下来,其结果肯定会惹人生气,甚至闹得不欢而散。怎么办呢?

马克·吐温心生一计。他对邻座的一位太太说:"我要让这场吵闹静下来,法子只有一个。您把头歪到我这边来,装成对我讲的话非常好奇的样子,我就这样低声说话。这样,旁边的人因为听不到我说的话,就会想听我说的话。

"我只要叽叽咕咕一阵子,你就会看到,谈话会一个个停下来,最后,除了我叽叽咕咕的声音外,其他什么声音都没有。"

接着,他就低声讲了起来:"11年前,我到芝加哥去参加欢迎格兰特的庆祝活动时,第一个晚上设了盛大的宴会,到场的退伍军人有600多人。坐在我旁边的是××先生,他耳朵很不灵便,有的聋子通常有的习惯,不是好好地说话,而是大声地吼叫。他有时候手拿刀叉沉思五六分钟,然后突然一声吼叫,会猛地吓你一跳。"

说到这里，道奇夫人那边桌子上闹哄哄的声音小了下来。然后寂静沿着长桌，一对对一双双蔓延开来，马克·吐温用更轻的声音一本正经地讲下去：

"在××先生不做声时，坐在我对面的一个人对他邻座讲的事快讲完了……说时迟那时快，他一把揪住她的长头发，她尖声地叫唤，哀求着，他把她的领子按在他的膝盖上，然后用剃刀猛然一划……"

这时候，餐厅里一片寂静。马克·吐温见时机已到，便开口说明他玩这个游戏，是要请他们把应得的教训记在心头上，要讲礼貌，顾念大家，不要一大伙人同声尖叫，让一个人讲话，其余的人好生听着。大家听了，哄堂大笑，只是个个脸上的表情都有些尴尬。

"礼"存在于任何谈话场合，粗俗无礼只能让人感到厌烦。要想达到言谈有礼地与他人交流对话，我们应从以下几个方面去努力：

（1）不说脏话。脏话最容易把别人激怒，一旦双方因此产生误会，不但谈话难以进行，彼此还会结仇。因此，在和他人说话时，切记不要冒出脏话。

（2）维护他人尊严，不揭人短，不论是非。俗话说：打人不打脸，骂人别揭短。这一点及其重要。

（3）不要口是心非。如果真的发现他人的错误，可以委婉指出。

（4）控制情绪，不说气话，不要一句话断绝了彼此的关系。倘若他人生气时，我们也应从友好的愿望出发，在语言上给予劝慰和忍让。

（5）切忌粗鲁。说话时要有礼貌，注意举止与表情，要在说话间给他人留下一个良好的印象。

（6）真诚相见。与他人说话时，要发自内心的真诚，以心换心，说真话，讲实话，切忌用不切实际的话来欺瞒领导。

此外，在和他人说话时，要注意摆正自己的位置，认清自己的身份和角色。如果要征求领导的意见，要以商讨的口气、温和的语调，用容易被领导接受的言辞与之交谈，达到成功交谈的目的。

谈话中不要让自己陷入被动

与别人进行交谈时，被动地回答不如主动去了解情况，然后巧妙说服别人。从心理学上讲，主动出击就是力量所在。比如我们正在谈话，突然有人向我们走过来，非常有礼貌地问："对不起，请问你现在有时间吗？"我们是被要求回答问题的一方。在这种情况下，我们不可能继续谈话，必须先回答这个问题。因此，在与他人交谈的时候一定不要让自己陷入被动，只有主动出击才能把握对话的脉搏。

有一年，武汉某家电器厂就引进新设备的问题与美国电器公司开始了谈判。谈判的过程当中，在全部引进还是部分引进的问题上，双方相持不下，形成僵局，美方坚持全部引进的方案，而该公司为了既引进新设备，又为国家节约外汇的原则，坚持部分引进生产线的方案。为了缓和气氛，武汉公司首席代表微笑着变换了话题说："贵公司的技术、设备和工程师是世界第一流的。你们用最好的设备帮助我们成为全国第一，这不但对我们有利，而且对你们更有利！但是我们外汇有限，国内有的就不需要再引进。现在其他国家也准备在我国北方的厂家投资，如果你们不尽快和我们达成协议，那么，你们势必会失掉中国的市场，别人会笑话你们公司的。"

这几句话产生了奇妙的作用，僵局打破了，双方很快就达成了协议。在谈判中，经常会遇到这种局面。对手从一开始就先发制人，不接纳你的任何言辞，用"赶快回答我的问题"等言语，逼迫你回答某些不好回答的问题。这时，如果你不回答，对方就会指责你毫无诚意！面对这种情况，最好的办法是给予及时的回答，但同时又不能轻易接受对方的观点。这时，可以在回答完对方之后，主动提出新的话题掌握谈判的主动权。

另外，当他人提出一些要求的时候，该拒绝的就应马上拒绝。因为一旦你将说话的主动权交给对方，再想拒绝就会很难，因为对方不一定会再给你机会了。

日本成功学大师多湖辉讲过这样一个故事，这个故事发生在20世纪60年代末的学生运动中。某大学的教室里正在上课，一群学生运动积极分子闯了进来，使上课的教授手足无措。当着班上学生的面，教授想显示一点宽容和善解人意的风度，就决定先听一下学生讲些什么之后再说服他们。

结果与他的善良想法完全相反，学生们乘势向他提出许许多多的问题，把课堂搅得一团糟，再也上不成课了。并且这之后只要他上课就有激进派的学生出现在课堂上，就这样毫无宁日地持续了一年。

从这一教训中，教授悟到一条法则，即若无意接受对方，最好别想去说服他，对方一开口就主动地拒绝他："你们这是妨碍教学，赶快从教室里出去，与课堂无关的事，让我们课后再说！"

假如再发生同样的事，教授能否应付？就算他显示出了拒绝的态度，学生也会毫不理会地攻击他。如果一点也不听学生的质问，一开始就踩住话头，至少不会给对方以可乘之机，也不致弄得一年时间都上不好课！

交往过程中的交流应该是互动的，每一个人都应善于寻找合适的话题打破沉默，不管这种沉默是无意的还是有意设置的。这是一种自信的表现，也是一种能力。让人下不了台的事大多发生在人们料想不到的时候，但是，只要能及时、主动地转换角度，巧说妙解，不但能给自己找个台阶，甚至能为生活增添一些乐趣。

有一对夫妻因小事争执不下，在家吵闹不休。正当妻子向丈夫大吼时，有一位朋友来访，丈夫尴尬得无地自容。好在妻子也顾及到丈夫的面子，看朋友到来连忙改口，但丈夫终究一时无法从窘境中摆脱。朋友见状，笑着说："听你俩交流还挺热烈，我来得可真不是时候啊！"此话一出，其妻先红了脸，无语离去。丈夫马上调侃地对朋友说："打是亲骂是爱，我们刚才是在打情骂俏呢！别看她刚才那么凶，其实正表示她对我的关心，不信你问她。"这时，他的妻子从里屋出来也与朋友打哈哈，争吵便化为云烟。

丈夫的"打是亲骂是爱"，把他和妻子的争吵说成是一种"亲"和"爱"，朋友自然不会信以为真，但这样转换了角度，给自己找了一个台阶，让自己不再处于被动的状态。这样一来，反而让人感觉争吵为夫妻二人的生活增加了一些生活情趣。朋友走后，估记他们也不会再争吵了。

在与人交往的过程中如果能主动打破沉默，就能避免尴尬，与人相处起来就很愉快。

通过话题导航成为交流的舵手

生活中，当我们同他人在沟通中出现分歧时，硬碰硬是最不可取的方式。在人们的思想中总是徘徊着这样一种想法，那就是一旦我们与对方在某一件事上存在分歧，那么双方之间就是对立的关系。如果想要双方达成一致，只有靠更有说服力的道理和更强的气势来压制对方。但是，如果你真的对上司或客户采取这种强硬的方式，那么后果也就不堪设想了。我们若能改变话题，从另一个角度出发，局面也许就大不一样。

阿尔弗雷德年事已高，公司根据有关规定，决定劝说他离休。可这位老人不太愿意，他对来劝说他的布朗大发牢骚："我年纪是大了点，但我有丰富的经验，还有不输给那些小子们的热情。辛苦了几十年，就这么退下去，我想不通！"布朗接过他的话说："不错，我们这些人，过去的确为公司付出了许多，吃过不少苦，但我们还有一个责任，就是培养自己的接班人。恕我直言吧，在我们领导下的一些人，如果至今还没有人胜任我们的工作，那就说明，我们是不称职的；如果有人胜任我们的工作，而且比我们做得更好，那我们还有什么必要去争这份热情呢？"

听完布朗的话，阿尔弗雷德无言以对，接受了退休的安排。

在这种情况下，最聪明的做法就是转移焦点，改变话题，以获得谈话的主动权。而在改变话题之前，你应该先迎合一下对方的话语——就像布朗说服阿尔弗雷德时所用的方法一样。当谈话刚一开始的时候，双方就在阿尔弗雷德退休的问题上发生了矛盾，这矛盾看起来似乎不可调和。这时，布朗出招了。阿尔弗雷德认为自己还能继续胜任工作，布朗首先就认可这一点。不过，随后布朗的话锋一转，提出一个称职的领导者必须承担的责任。而对阿尔弗雷德来说，要承担这个责任，就应该选择退休。这样，布朗把阿尔弗雷德和继任者之间的对立转化成他自己的矛盾，并最终让后者心服口服。

这其实是一种明显的话题转变，但如果布朗一开始就说："你没能培养出有能力的下属，还好意思说自己称职并赖在这个位子上不走?"——恐怕阿尔弗雷德不仅无法接受，还会被气得暴跳如雷。

迎合对方，可以逐渐将对方的注意力从双方的分歧点上引开，从而提高双方达成共识的几率。其实，迎合气场还可以通过让别人畅所欲言，为你提供插话的最佳时机。当你去迎合对方的气场时，你的气场就会传递出这样的信息："是的，你说的都很好，我很感兴趣，请接着往下说吧。"每个人都有交流和倾诉的欲望，当你表现得像一个在积极倾听的人，就会激发对方的倾诉欲。这期间你再顺势插话，就能在不知不觉中掌握对话的方向。

另外，插话时机要注意根据实际情况来定，但是在任何一种情况下，插话都应该在对方改变了说话的状态和内容的时候进行，而不应在对方讲得意兴正浓的时候打扰。当说话的状态和内容改变时，对方的话语就会稍稍变弱，就像汽车过弯道时要减速，而你也就正好在此时把握时机打方向盘；如果对方正在兴头上，气场正强，你却来干扰，对方就会明显感到压抑，你也就别想着下面的话说完了。

除了插话的时机外，我们还要注意插话在内容上要尽量体现出中立而不是对立。所谓的迎合，就是避开分歧甚至不要产生分歧——即使一定会产生分歧，你也不要刻意说出来强调它。另外，不要使用评论性的语言进行插话，即使你认为自己的评论也是在迎合对方也不可以。不过，每个人对问题的理解并不相同，所以，也许你的"迎合"可能在对方听起来并不是那么合拍。因此，在获得话题主动权之前，你应该将插话时保持中立作为一条重要规则。

以迎合对方来回避双方的矛盾点，并适时改变话题，使交流向有利于自己的方向发展，从而最终说服对方——这是一种复杂而又简单的沟通方式。说它复杂，是因为它没有固定的标准，必须在面对不同问题和不同人进行沟通时随机应变；说它简单，是因为人的话语都存在一些共性，当你逐渐认识到这些共性，你将发现与他人进行话语交流是如此轻而易举。

第五章

回应口才：
不管喜不喜欢，态度要认真

敬即是上海话所谓"当心"，我们做事，必须全神贯注，"当心"去做。做大事如此，做小事亦须如此。

——冯友兰，曾任北京大学教授，著名哲学家，教育家

和对方使用同样的五感语言

一般来说，人们在用语言进行表达的时候，至少会使用五感中的一种（听觉、视觉、嗅觉、味觉、触觉）。在不同的表达当中，我们可以发现人们不同的感觉运用。比如对于"你觉得那个人怎么样啊"这一问题。有的人会回答"他看上去很漂亮"，做出这一回答的人在表达中主要运用了视觉；有的人会回答"他给人的感觉特别舒服"，做出这一回答的人在表达中比较注重身心感受，也就是触觉；还有人会说"他的声音很好听"，这样回答的人则在表达中运用了听觉……

在谈话中对他人做出回应的时候，如果你能注意对方所用的语言，找出对方用哪种感觉表达最多，然后配合使用同样感觉的词语。就会让对方在无意识中感到"与你很投缘"，你与他的谈话就可以顺利地进行下去了。比起普通话，说家乡话更有亲切的感觉，就是这个道理。

不久前，老张出差住在一家旅店，一个先他入住的人悠闲地躺在床上欣赏电视节目。老张放下旅行包，稍稍洗了一下，冲了一杯浓茶，对那位先他而来的人说："师傅来了多久了？""没多大一会儿呢。"那人回答道。

"听口音是北京人吧？"老张问。

"哦，保定的！"那人答道。

一听那人是保定的，老张顿时兴奋了起来，因为工作原因，老张曾在保定待过几年，也能把保定话说得差不多，于是，老张马上用保定话和那人聊起来："啊，保定

是个好地方啊！我在读小学时就在《平原枪声》的连环画上知道了。我还在保定工作过几年呢，白洋淀的雁翔队的故事我可喜欢看了！"

听了这话，那位保定的客人马上来了兴趣，两人从白洋淀和雁翔队谈开了，那亲热劲儿，不知底细的人恐怕会以为他们是一道来的呢。

他们从相识、交谈到最终的熟悉，就在于老张聊到了对方的身心感受，和对方使用了同样的听觉语言——听家乡的方言更加亲切。

和对方使用同样的五感语言，在你面对让自己一见倾心的人时，会有意想不到的效果，和对方使用同样的五感语言，有意识地配合对方的感受，会让对方觉得你们投缘。

毛鑫和余英在某个培训班上相识，在一次课堂讨论上，毛鑫被余英优雅的气质和聪颖的观点深深吸引住了。

下课后，毛鑫走到余英桌子旁，说："你好，刚才你的演说非常精彩。我很赞成你其中的……"

余英饶有兴趣地和毛鑫讨论了一会儿，这时，毛鑫突然问道："你是哪里人？"

"南京市的，我南京晓庄师范毕业的。"

"是吗！太巧了，我也是晓庄师范毕业的。你是哪一届的？记得，那时学校里……"

于是，双方的共性找着了，毛鑫就从学校生活开始回忆，和余英愉快地交谈起来了。

在回应他人的时候，一定要做到耳到、眼到、心到。因为只有五感到位，你才能通过巧妙的应答把别人引向你所需要的方向或层次，这样一来你就可以轻松掌握谈话的主动权了。事实上要做到这点并不难，只要你用心观察和寻找，终究是可以和对方使用同样的五感语言的。剩下的就是鼓足勇气，自己说出得体的话来，这样一来，相信对方一定会被你打动的。

让对方感觉到你在认真听

在人的一生中，每个人都在寻找一种感觉，这种感觉叫作什么呢？叫作重要感。在和别人沟通的时候，你是一直不断地在讲还是认真地在听他讲话呢？如果给人的感觉是一直在听别人讲话，就会让说话的人感觉自己很重要。

说话有说话的方法，倾听也有倾听的技巧。要想使他人对你不反感，能够有意愿与你交谈，不仅要善于倾听，比起你是否在倾听别人的话，更重要的是，是否能让对方感受到你在认真地听。尽管我们并不主张心不在焉地敷衍对方，如果你能恰当地应和说："我在认真听着呢。"就能让你们的谈话进行的更加顺利。也就是说，你听的同时，要让对方感受到你内心的潜台词，"我觉得你的话很有意思"、"再和我多聊会儿"。

要做到这一点并不难，我们提倡在听别人说话时，要不时地做出反应，如附和几句"是的"等话语，这样既让说者知道你在听他说，又让他感觉你在尊重他，使他对你产生浓厚的兴趣。另外，还可以将"啊"、"哦"、"嗯"、"哎"、"哇"这些语气词适当地加到对话之中。这样做不仅可以将"自己在认真听"的信息传达给对方，还可以使整个对话过程更有节感，从而让对方感觉容易开口。如果觉得对话一开始就不太顺利，不妨试着用一下这个方法。

不过，如果只是重复使用这个方法的话，不免会让人觉得像机器一样。而一旦你们之间的对话不能互相理解、形成共鸣的话，你将失去作为谈话对象的必要性。那么，结束谈话也只是时间的问题了。因此，你必须要懂得适时回应对方才行。

奥罗隆·西格曼是美国马里兰大学的心理学家，为了证明听者的态度对说者有着极大的影响，她曾做过这样一个实验。

实验者将 48 名女大学生组织起来，进行了一项调查。在这项调查中，女大学生要分别进行两个阶段的面试，而面试官中的男性，则分别表现出回应和不作回应两种反应，以观察对话的变化情况。最后，由女大学生分别作出评价，并选出"自己喜欢的有亲和力的面试官"。

调查结果表明，当在第一阶段进行了回应，在第二阶段不回应时，评价就会有下降的趋势；当在对话开始时回应，但对话后期不再回应时，就会让人感觉到随便、冷漠。

不管对话有多么无聊，不管自己多么不情愿，对话成功与否的决定因素是有没有将回应坚持到底。如果不这样做，就连最基本的评价也会打个折扣。

合时合宜的回应不仅表示了你对说话者观点的赞赏，而且还暗含着对他的鼓励之意。当你对某人的谈话表示赞同时，你可以说："你说得太棒了！""非常正确！""这确实让人气愤！"虽然只是简洁的回应，但却能让说话者为想释放的情感找到了载体，也表达了你对他的理解和支持。

一位老教授跟自己的几个学生闲聊时，说起自己当年读研时候的事，他说："你们现在的生活可真丰富，校园内有体育馆，校园外有游乐园。当年，我在你们这个阶段，生活的世界里只有课堂、图书馆和宿舍。"

学生们都笑了，教授继续说道："不过，那个时候精力都用在读书上也好，搞科研嘛，基础知识不扎实根本无法谈及创新。还记得我做了一个关于青藏高原地质变迁的课题，除了要查自然地理方面的书，还要查一些地质演变与生物演化方面的书。那时候，科学根本没有现在这么发达，哪里有什么计算机、文献电子稿啊，完全依靠图书馆里纸质的资料，跟你们现在做项目比要难多喽！"说着，教授停顿了下来，端起茶杯喝了两口。

这时，其中一个学生恭敬地问道："老师，您当年的研究方向是青藏高原的地质变迁问题，可参考资料却涉及区域内的生物演化，当时是不是很少有人将这两个角度结合考虑？"

听完，教授会心地笑了，看了看这位"好问"的学生，他说："很多时候，别人没想到的地方你想到了，才会有意外的收获，才能够创新。不信，我们来举个现在的例子，就说说你正在进行的课题吧！"接下来，教授在得意于自己的创意之余，顺便给了那名巧妙提问的学生一些很有创意的课题指导。至于其他只知道倾听的学生，只能继续做听众。

回应是一项最基本的倾听技巧，就算仅能做到回应别人的程度，对方就会产生"这个人是在认真听我讲话"的感觉。当然，如果对方提出的是一些尖锐的话题，那还是不插嘴为好，否则很容易导致言语冲突。

但是，万事都要把握分寸。许多人过分相信自己的理解和判断能力，往往不等别人把话说完就中途插嘴，这种急躁的态度很容易造成损失，不仅容易弄错对方说话的意图，还有失礼貌。当然，在别人说话时一言不发也不好，对方说到关键的时刻，说完后，你若只看着对方而不说话，对方会感到很尴尬，他会以为没有说清楚而继续说下去。

还有不少人在倾听别人说话时表现得唯唯诺诺的样子，好像什么都听进去了，可等到别人说完，他却又问道："很抱歉，你刚才说什么？"这种态度，对于说话者来说是有失礼节的事。所以说，即使你真的没听懂，或听漏了一两句，也千万别在对方说话途中突然提出问题，必须等到他把话说完，再提出："很抱歉！刚才中间有一两句你说的是……吗？"如果你是在对方谈话中间打断，问："等等，你刚才这句话能不能再重复一遍？"这样，会使对方有一种受到命令或指示的感觉，显然，对你的印象就没那么好了。

尽管在谈话中，要确切了解对方的真正意思并不容易，但只要能认真倾听对方所说的话，并且适当地回应"嗯"、"是的"、"我了解"，将你在专心地倾听传达给对方，对方就会觉得你是理解他的进而愿意和你交流下去。

要做到这一点你还可以从以下几个方面努力：

（1）适时地重复对方说的句子。

（2）重整对方表达的内容。即把别人的字句意思用新的字句说出来，但必须忠于原意。

（3）反映感受，受伤、痛苦、挫败、快乐、宽慰，你只是用心和眼睛来倾听，重视运用肢体语言，你需设身处地，站在对方的立场。

（4）注重肢体语言。有资料显示，在良好的沟通中，话语只占 7%，音调占 38%，而非言语的讯号占 55%。眼睛注视对方，不时点头称是，身体前倾，微笑或痛苦的脸部表情等都是用肢体语言来表达你的意思。

（5）及时用动作和表情给予呼应。

在说话时，别人最怕你是一个沉闷不起反应的人，所以你和别人谈话时，应善于运用自己的姿态、表情、插入语和感叹词。要随时加以反应。有时点头，有时微笑，有时说"是的，我也这样觉得"，有时说"这一点，我不大同意"，有时说"据我所知，这件事是这样的"，有时说"你说的这点对我很有用处"。听了别人的妙语警句，不妨大大表示赞赏。

（6）适时适度地提问

适时适度地提出问题是一种倾听的方法，它能够给讲话者以鼓励，有助于双方的相互沟通。问别人喜欢回答的问题，鼓励他人谈论自己及他所取得的成就。不要忘记与你谈话的人，对他自己的一切，比对你的问题要感兴趣得多。

安慰人也有逻辑顺序

你可以做下面这个实验：

准备三杯水，一杯冷水，一杯热水，还有一杯温水。先将手放在冷水中，再放到温水中，你会感到温水很热；但是如果你先将手放在热水中，再伸入温水中，就会感到温水很凉。

这种冷热水效应同样也存在于说话中，在与人交谈时，也许很多人都不太注意说话顺序，可事实上，不同的说话顺序，对别人的心理影响大不相同，这就是冷热水效应。所以，说话并不是简单地表达而已，必须注意话语间的逻辑顺序，正如北大教授陈平原所说："好话可不好说，既要有教育意义，又不能讨人嫌。"

说话需要有逻辑性，如果一个人的说话没有什么逻辑，那他说的话就显得混乱不堪，很难取得别人的信任。这就告诉我们，在说话前要认真考虑清楚，要言之有序。安排顺序，要以听者是否方便为准。我们在安慰他人的时候也是这样，只有安排好所说话的顺序，想好先说什么、后说什么才能取得想要的效果。

一次，一架客机即将着陆时，机上乘客倏忽被通知，因为机场拥挤，无法下降，估计到达时刻要推迟1小时。马上，机舱里一片埋怨之声。几分钟后，乘务员通知说，再过30分钟，飞机就会平安降落，乘客们如释重负地松了口气。又过了5分钟，广播里说，此刻飞机就要降落了。虽然晚了十几分钟，乘客们却喜出望外，纷纷拍手相庆。

在这个事例中，机组人员无意之中运用了冷热水效应，先冷后热，当飞机降落时，对晚点这个事实，乘客们不但不厌恶，反而异常兴奋了。化妆品女皇玫琳·凯年轻时曾经有过这样的经历。

一天，她在海边看到了一位女孩，脸上写满了忧郁与哀愁，还挂着泪痕。玫琳·凯微笑着走上前去，问她："你好，我叫玫琳，能跟你说几句话吗？"

女孩并不愿意理她，依然在那里感受着落寞。玫琳·凯继续温柔地说："虽然你心情非常糟糕，显得有些忧愁，但你依然很美。你有什么伤心痛苦的事情，可以跟我说说吗？"

她想了一会儿，就跟玫琳·凯倾诉了起来。当她说得动情时，还流下了眼泪。而玫琳·凯给她的一直是真诚的眼神、用心的倾听和适当的点头。玫琳·凯的聚精会神，让女孩感觉到了一种关注和理解。最后，女孩还说，自己今天来海边，就是想结束自己生命的。因为自己爱上的那个人，事业有成后就把她抛弃了。

玫琳·凯听了后，先为女孩感到唏嘘、忧伤，还气愤地大骂那个男人有眼无珠。然后安慰女孩说："吃一堑，长一智。"最后，她真诚地鼓励女孩："你放心吧，天底下好男人多的是，你一定会找到一位责任心强且很有爱心的男人的。你看你长得多漂亮，连我这样的女人都喜欢，更何况是男人呢。所以，你一定要振作起来。"

最后，女孩用极其感激的语气对玫琳·凯说："从来没有人和我说过这么多话，我感觉自己到今天才算是真正地发现了自己。我现在才相信，活下去会是很美好的。"

如果玫琳·凯在安慰女孩的时候开口就说："不用在这种事上纠结"想必很难让女孩得到真正的安慰，甚至还会被女孩反驳，但她用"吃一堑，长一智"说到了女孩的心坎上，最后用真诚和赞美让女孩重拾希望。由此可见，安慰别人的确要讲究语言顺序。

当一个人情绪低落、心情郁闷的人向你倾诉时，你最好仔细想一想该按照怎样的逻辑顺序安慰他，同时，安慰一个人的时候尽量不要语无伦次。最好能先营造一种"我希望你能打起精神来"的氛围。这样在安慰人的时候你说出的安慰的话就能如春雨一般，润物无声了。比如，有同事跟你开诚布公地说："上星期，我和女朋友分手了。"这时，如果只重复感情用语的话，你只需要重复"分手了"这三个字即可。

宾夕法尼亚州立大学的一位心理学家曾做过一项关于重复对方说话效果的实验。

随机选取90多名女大学生，让她们与事先雇用的"情绪低落者"进行对话聊天。对话过程中，50%的女大学生在安慰他人时都先表示了"希望你过得好"或"希望你能振作起来"，而另外50%的女大学生则仅仅是"用简单的语言安慰着"。

结果表明，跟后半部分的女大学生相比，前半部分女大学生的聊天的时间要比后半部分长出27%，而"情绪低落者"对于其好感度也要高出11%。这个实验告诉我们，在安慰人的过程中，先说什么后说什么非常重要，也就是说，语言的逻辑同样适用于安慰他人的谈话中。

人的情绪总会有陷入低落的时候，心烦意乱、胡思乱想也是人之常情。如果你能够在一个人低落的时候准确地传达自己的安慰，他的心情就会好很多，并对你表示感激。但是，若要真正做到在安慰他人的时候讲究好语言的逻辑顺序，就必须要掌握一些谈话技巧。

例如，有一个人患了较长时间的慢性病，由于病休时间较长，这个病人产生了放弃思想。对此，首先，你可以对这位多介绍一些别人得了同类的病而经过治疗得到痊愈的事例，这样就可以减少患者及其家属的忧虑。然后再多给他讲一些"既来之，则安之"的道理，劝慰患者在医院安心治疗，不要有头无尾，功亏一篑。另外，对于有较多的考虑经济负担等实际问题的患者，对此则应该劝他们着眼于健康，注意调养，并建议与单位联系争取适当补助。

总之，安慰他人是为了帮助他人走出情绪低落的阴霾，鼓励他们战胜困难，激发他们积极向上的勇气。因此，在与安慰他人时要做全盘细致、周密的考虑，懂得什么样的话该放在前面说、什么样的话应该放到后面说。

不要草率地为别人出主意

生活中总有这样一些人，当他人在谈话中讲到自己的烦心事或者让他们给自己办一些已经决定了的事的时候，他们总喜欢无节制地发表自己的意见，给别人出主意。这样的家伙其实很让人头疼。你会犯这样的错误吗？

王倩马上就要结婚了，这天她去做婚礼的定妆，为了达到更好的效果她叫上了自己的好姐妹小李。化妆进行了两个多小时才完成，画完妆后的王倩真的美丽极了。化妆师精心"调制"的妆容得到了大家的一致认可，王倩也开心得不得了，可就在这时，小李却说："化妆师用假发刘海掩盖了新娘美丽的真发，有点画蛇添足吧。"王倩觉得小李说得有道理，就让化妆师将假刘海摘了下来。过了一会儿，小李又说："腮好像有点红，都赶上猴屁股了，画淡点吧。"尽管与小李的关系亲密无间但是在这种场合听到小李这样说自己，王倩心中还是生出了一丝不悦。可小李好像并没有意识到自己的失言，还是自顾自地为王倩的妆容出主意，说："头上再加点花吧，口红的颜色可以再重些……"

本来心情大好的王倩再也没有心情欣赏自己的新娘妆了。

说话是一项艺术，可以表现一个人的人文修养和见识，大到一言可以兴邦，小到会把周围的人得罪。说话的时候诚意与文饰并重才不至于太野或太假，才称得上文质彬彬。个中道理，须仔细斟酌。

或许，日常生活中会有很多人因为不同的原因对你愤愤不平地发牢骚。出现这种情况的时候，千万不要想当然地认为对你发牢骚的人是想让你为其提供解决方案的。其实，他们可能只是想寻求理解或者发泄一下而已，并不是想请你帮忙解决问题。草率地为满腔不满的人随便出主意往往会起反作用。

比如说，如果有一个女人对你哭泣，向你诉苦，你该会怎么办？是给她递上纸巾让她擦掉眼泪安慰她，还是"热心肠"地帮助她给她出个解决困难的主意？聪明的人都明白在遇到这种情况的时候，只要给她擦掉眼泪的纸巾就可以了，自己的嘴巴一定要管住，草率地为别人出主意是要不得的。下面的故事就说明了这一点。

小李是公司出了名的"热心肠"，因此办公室的同事有什么不顺心的事都愿意上她那儿"倾诉"，可最近她却在无意中听到了下面这番对话——

"那个小李啊，真是居心不良，上次居然劝我跟老公离婚！"

"就是就是，上次我跟男朋友吵架，信任她才告诉她的，结果她却劝我趁早分手。"

"她对我不一样。我跟她讲我老公跟前任女友又腻上了，她劝我能忍就忍吧，还说如果真离了婚，以我的条件再也找不到比现在老公更好的男人了！"

"真是乱出主意！"

"这个人太自以为是了！"

随便给人出主意，本来就不妥，而且，更何况还是生活上的琐碎小事。故事中的小李就是因为草率地给别人出主意，让其他的同时个个都觉得自己碰上了不良同事，倒霉透顶！实际上，真正倒霉的是那个小李，费力不讨好。究其原因就只能怪小李没有搞清楚一个人抱怨的时候他的真正需求是什么，也就是抱怨的人究竟在都在想些什么。

其实，人们在向身边的人倾诉的时候，并一定都是抱着要得到建议的目的去的，更多的时候他们更想听对方一些理解和支持的话。然而，在生活中很多人都不明白这个道理，特别是那种控制不住自己嘴巴的人，每当面对喋喋不休的诉苦人时，他们总是喜欢不明就里地胡乱出主意："跟他分手算了"、"必须让他道歉"、"居然犯这样的错误，坚决不能容忍"……

很多时候，不管对你倾诉的那个人对某个人或某件事的抱怨再严重，在他的心里自己对那个人、那件事还是存在着美好的期待。在这种情况下，不管你出什么样的主意，无论好坏，与你关系紧密的人都不会太在意，更不会往心里去。可如果你给他出主意的那个人跟你只是不太熟悉的人，你草率地给他出主意就可能造成不好的影响。因为他只是找不到诉苦的对象时才选择了跟你交流，等他诉苦的情绪过去后，你出的主意可能就成了"馊主意"。

林语堂说："人生譬如一出滑稽剧。有时还是做一个旁观者，静观而微笑，胜如自身参与一分子。"任何人都应该明白这样一个问题，他人向你诉苦并不一定是为了让你帮他解决问题，更不是为了听你的建议和主意，所以，这时候最好做个旁观者。事实上，当一个人向另一个人诉苦时，更多的只是想让你成为他的"同盟"而不是"老师"。换句话说，当有人向你诉苦时你只需认真听着并适时地符合几声就可以了，千万不要草率地为别人出主意，多余的话说多了最终无益。

即使批评，也要用心聆听

一个人无论在什么时候都要虚心接受他人的批评，然而，真正能够做到这一点的人却不多。有的人总是刚愎自用，受不得半句批评；有些人当面千恩万谢地接受，转身却忘得一干二净；有的人当面硬不认错，死要面子，其实心里也清楚自己做错了。

面对批评，这些做法都是错误的，既不能达到解决问题的目的，也会给他人留下"固执"、"傲慢"的坏印象。

对待批评，正确的态度应该是从积极的方面来理解，特别是严厉的批评；应该把朋友的批评看作改进自我、完善个性、克制情绪、提高心理承受力以及激发斗志的机会。

乔治·罗纳住在瑞典的艾普苏那。乔治·罗纳在维也纳当了很多年律师，但是在第二次世界大战期间，他逃到瑞典，一文不名，需要找一份工作。因为他懂好几国的语言，所以希望能在一家进出口公司里找到一份秘书的工作。绝大多数公司都回信告诉他，因为正在打仗，他们不需要这一类的人，但他们会把他的名字存在档案里……不过有一个人在写给乔治·罗纳的信上说："你对我生意的了解完全错误。你既蠢又笨，我根本不需要任何替我写信的秘书。即使我需要，也不会请你，因为你甚至连瑞典文也写不好，信里全是错字。"

当乔治·罗纳看到这封信的时候，简直气得发疯。那个瑞典人写信说他不懂瑞典文是什么意思？那个瑞典人自己写的信就是错误百出。

乔治·罗纳当时就写了一封信，目的是使那个人大发脾气。后来，他停下来对自己说："等一等，我怎么知道他说的是不是对的？我修过瑞典文，可是这并不是我的母语，也许我确实犯了很多自己并不知道的错误。如果是那样的话，那么我想要得到一份工作，就必须继续努力学习。这个人可能帮了我一个大忙，虽然他本意并非如此。他用这么难听的话来表达他的意见，并不表示我就不亏欠他，所以应该写封信给他，在信上感谢他一番。"乔治·罗纳撕掉了他刚刚写的那封骂人的信。

乔治·罗纳另外写了一封信说："你这样不嫌麻烦地写信给我实在是太好了。对于我把贵公司的业务弄错的事我觉得非常抱歉。我之所以写信给你，是因为我向别人打听，而别人把你介绍给我，说你是这一行的领导人物。我并不知道自己的信上有很多语法上的错误，我觉得很惭愧，也很难过。我现在打算更努力地去学习瑞典文，以改正我的错误，谢谢你帮助我走上改进之路。"

没过几天，乔治·罗纳就收到那个人的信，请罗纳去找他。罗纳去了，而且得到一份工作，乔治·罗纳由此发现温和的回答能消除怒气。

的确如此，我们都应该接受来自他人的善意批评，因为人非圣贤，孰能无过，而且往往错的时候比对的时候多。爱因斯坦就说过，百分之九十九的时间他的结论都是错的！

缺点错误是一个人成功的大敌，而他人指出你的缺点，就是要引起你的警觉。如果不能善待他人的批评，那你的缺点错误就永远无法改正。

不要把他人的善意批评，想象成对自己的人身攻击；切忌把他人的意见，误会为给自己难堪。善意的批评是人生中不能缺少的。

请不要怀着敌意来看待批评，因为忠言逆耳，你要仔细聆听，了解他人的批评是否具有建设性。它能让你变得足智多谋、沉稳成熟。若懂得冷静聆听批评，既能保持情面，又对加深友谊具有积极的效益。固然有些批评是尖酸刻薄的，你也要淡化处理，这样他人才会越来越喜欢给你以忠言和卓见。

在他人的批评面前，反击、争辩或是无礼都无济于事，对这样的批评进行无关紧要的纠正，只会演化成严重的问题。

所以，要学会把他人的批评当成宝，乐于接受建设性的批评并且遵照执行。以下这些方法将指导你更好地对待批评：

（1）想一想到底是不是自己的错。先把利己主义抛到一边，如果朋友批评得有道理，就要客观地倾听他们的看法，并切实了解清楚，接下来应该想想如何解决问题。

（2）不要寻找替罪羊。不要试图争辩、迁怒他人或是矢口否认，以为事情能就此淡化。解释往往会被看成借口或否认。

（3）要合作，不要对抗。即使因为并不相干的事情受到了批评，也不一定非要选择对抗性的做法，不要给人留下"小家子气"的印象，多一些容人之量，和对方一起找到真正的问题才是解决之道。

学会简洁有力地回应傲慢的人

在交谈的过程中，我们常会碰到一些傲慢的人，他们往往居高自傲、傲慢无礼、目中无人，认为自己比别人高一等；甚至在言谈中常常露出颐指气使的态度，仿佛其他人天生就是该给仰视他们的人；他们在和别人说话的时候常常表现出一副唯我独尊的姿态，不容许他人说一句质疑他们的话。面对这样的人，我们该做出怎样的回应呢？

面对这样的人，我们要掌握一个交谈的撒手锏——以简洁有力回敬傲慢无礼。当傲慢的人说出几句他的高谈阔论时，我们只需回答一句，但务求言之有物、一语中的；他们语调高昂、虚张声势，我们就回以言简意赅、沉着冷静，绝不给傲慢的人一丝傲慢的机会。

高菲这天早上做了足足半个小时的心理准备。因为她听朋友说自己今天要面试的这家世界五百强企业的人力资源经理十分傲慢，不禁有些紧张。她不停地告诉自己，要不卑不亢、沉着应对、展现自信。

今天一共有12名面试者，高菲手中的号码牌是最后一张，12号。当等得口干舌燥的高菲走进面试室的时候，发现面试官正在喝水，而面试的这一侧没有人。更过分的是，面试官明明看见她敲门进来，没有一声应答，也没有停下喝水，只是抬眼瞟了高菲一眼。

面试官露出一种面试完11名候选人的疲惫和不耐烦的神情，终于放下了矿泉水瓶，用懒洋洋的声音说道："做个自我介绍吧。"他的语调中充满了优越感和傲慢。

高菲一下子被激怒了，她与很多著名企业的人力资源部经理面对面谈过话，面试经验也算丰富了，可此刻她感觉自己一股热血冲上头脑，这么傲慢的领导自己还是第一次遇到。高菲此时有一肚子的话要指责这位面试官，有一连串的诘问可以用来回击。

此时，她让自己冷静下来，说道："我想作为一名世界500强企业的人力资源部经理，坐直了与面试者说话是起码的尊重和礼貌。"此话一出，虽然觉得自己面试无望了，但还是冷静地直视着面试官。

没想到面试官不但放下了手中的矿泉水瓶，坐直了身体，而且忽然微笑着向高菲点头："恭喜你，高菲小姐，你是我们今天第一个通过面试的候选人。"

原来，这家公司正在试验"压力面试法"，设计出傲慢无礼的这一幕，来考察面试者能否突破心理压力，敢于指出面试官的无理傲慢。

结果高菲用她的简洁有力的话语回应对方，向面试官展示了自己的自信和沉着，最后轻松通过了面试，如愿以偿地成为这家世界500强公司的一员。

高菲用简洁有力的话回应对方获得成功的故事告诉我们，说话应该简洁有力才行。很多情况下，要想让对方更加认同你说的话，最好少和他啰嗦，所谓"多说无益"正是如此。

现在，许多企业，特别是外资企业和合资企业，都喜欢采用"一分钟录像"的办法来选择人才。所谓一分钟录像，就是只给应聘者一分钟的时间，让他们利用这短暂的时间来介绍自己，同时录像，然后拿给招聘者观看。这种自我介绍比较难，因为没有任何问题作为你谈话的引导和提示。如果招聘单位使用"一分钟录像"的方法录用人员，那么求职者在一分钟的时间里，如何充分地表现，如何更多、更好地让对方了解自己便成了求职成败的关键所在。因而，要求应聘者必须在短短的几分钟内或某一瞬间，最有效、最充分而又最简洁地表现自己，从而成功求职。

然而，在现实生活中，有些人叙述一件事情，为了卖弄才华，极力地修饰他们的语句，用重复的形容词，或用西方语言独有的倒装句法，或穿插些歇后语、俏皮话，甚至引用经典、名人语录，使别人往往摸不清其在说些什么。还有些人在说话时，喜欢东拉西扯，缺少组织和系统，也使人有不知所云的感觉。如果你要提升自己的影响力，只要在说话时说得简洁扼要就行了。在话未说出口时，先打好一个腹稿，然后再按照秩序一一说出来。

具有影响力的幽默大师林语堂曾戏称：演讲要像女人的裙子，越短越好。不仅演讲如此，说话也是一样，简洁的话语常能让人有意犹未尽、余音绕梁之感。冗长而又索然无味的说话，不但无趣，还会让人觉得像老太婆的裹脚布，又臭又长，啰啰嗦嗦，使听者昏昏欲睡。

正所谓少即是多，短即是美。简洁为上策！如果你花很长的时间才说到重点，更有甚者，讲到不知所云，即使听众尽力保持礼貌，眼神也会开始涣散。我们应该从伟大的沟通者身上多多学习。少说一点，听众就会多了解一点。当你真正做到简洁扼要，你的讯息就会显得意味深长。简单，让你所讲的内容更显珍贵，更加能够提升你的个人魅力，让你在生活工作中更受欢迎。

用谦虚的态度回应他人

矛盾说："只有竹子那样虚心，牛皮那样坚韧，烈火那样的热情，才能产生真正不朽的艺术。"谦虚自古以来就被视为一种美德，因为不谦虚的人是很难获得大家的一致认同。我们即便十分自信，还是要谦虚一些，尤其是要用谦虚的态度和人说话。

人们都喜欢说话态度谦虚和善的人，讨厌态度傲慢、高人一等的人。如果想得到别人的喜欢，说话态度谦虚必不可少。不目空一切、居功自傲，适当使用敬语，请人评判自己的意见，这是态度谦虚的主要方面也是基本要求，做到了，也就讨得了别人的喜欢。

在职场中，当你明显比同事强时，你在感情上还是要和大家在一起，千万不能与他们拉开距离，同事们也就不会再嫉妒你了，同事也会在心里承认你的"优位"是靠自己努力换来的。当你处于优位时，注意突出自己的劣势，就会减轻妒忌者的心理压力，产生一种"哦，他也和我一样无能"的心理平衡感觉，从而淡化乃至消除对你的嫉妒。

"小姜毕业一年多就提了业务经理，真了不起，大有前途呀！祝贺你啊！"在外单位工作的朋友小叶十分钦佩地说。

"没什么，没什么，老兄你过奖了。主要是我们这儿水土好，领导和同事们抬举我。"小姜见同一年大学毕业的小吴在办公室里，便压抑着内心的欣喜，谦虚地回答。小吴虽然也嫉妒小姜的提拔，但见他这么谦虚，也就笑盈盈地主动与小姜的朋友小叶打招呼："来玩了？请坐啊！"

不难想象，小姜此时如果说什么"凭我的水平和能力早可以提拔了"之类的话，那么小吴不妒忌才怪，进而与小姜难以相处！身在职场处于优位时，自然是可喜可贺之事。如果别人一奉承，你就马上陶醉而喜形于色，这会在无形中加强别人的嫉妒。所以，面对同事的赞许恭贺，应谦和有礼、虚心，这样不仅能显示出自己的君子风度，淡化同事对你的嫉妒，而且能博得同事对你的好感。

要做到谦虚地回应他人，就应做到以下几点：

首先，不目空一切、居功自傲。

有的人做出一点成绩、取得一点进步就飘飘然起来，跟谁说话都趾高气扬，到处夸耀自己，搞得大家都为之侧目。

杨志是一家广告公司的职员，他设计的一件平面广告作品得了一项大奖，经理在员工大会上大肆表扬了他一番，并让他升任主管。杨志认为自己是个人物了，从此以"专家"自居。

一次，经理接到一个平面设计任务，请杨志来评价评价。杨志唾沫飞溅地说了半个小时，批得体无完肤，最后结论是：应该返工重来。经理对这个设计本来比较满意了，听了杨志的话极不高兴，从此疏远了他。

又过了两年，公司里另一个职员石谦也得了广告大奖。他吸取了杨志的教训，说话非常谦虚，态度和善，很得大家喜欢。

其次，适当使用敬语。

敬语能表现说话者对对方的态度，因此，对听话者来说，可以根据对话是否使用敬语，了解到对话人把自己置于什么地位。例如，科长想请新职员去喝酒，叫道："你也来吧！"如果职员回答"好，去"会怎样呢？科长会认为新职员不理解对上司应使用的语言，看低了自己，内心是不会平静的。这样一来，科长就会用另一种眼光看他。由于没有使用敬语，招致对方改变对自己的态度，日后两人的关系将会变得微妙。

常常听到有人发出类似这样的感慨："近年来，年轻人连敬语的使用方法都不知道，真可气。"这就是虽然一些年轻人没有恶意，却由于没有使用适当、确切的敬语，致使人与人之间的关系产生了风波的明证。

与其相反，使用适当的敬语，双方不仅能正常地保持人际关系，还会提高别人对你的评价。特别是对女职员来说，更是如此。有人说："适当的时候，使用适当的敬语对女性来说是语言之美的至高境界。"的确这样。想想看，与前述相同的场面，如果对于"你来！"回答说："好，一定参加。"就会使人多少有些美感。心目中对上司抱着什么态度，从语言中可以大体看出来。这种语言的运用，可以协调上级与部下、年长者与年轻者之间的关系，使听的人感到甜美。因为那种语言会使人感觉到有教养，感情丰富，教育得好。

最后，要请人评判自己的意见。

我们可以看到，有许多真正伟大的人物，总是很谦虚地请别人评判自己的意见，因而获得别人的赞同。以谦虚的态度表示独断的见解，对使别人信任我们的意见及计划都很有效用；我们知道多数成功的领袖，常常应用这个策略。

有的时候也需要争辩。比如两个喜欢辩论的朋友，经过一次的辩论，也许对于双方都是有益而愉快的。

美国威尔逊总统曾经对鲍克接连问了一小时的问题，使得他不得不拥护在他自己看来绝对相反的意见。但到了最后，威尔逊使鲍克感到吃惊的是，他告诉鲍克，他已经改变了主意，他已经醒悟了，而从另外一个观点去观察这个问题。鲍克非常吃惊，从此对威尔逊更加敬重了。

这种策略，可以当作能够引起友爱的一种方式，但不可不说是常例。其实，别人可能在种种方面与我们意见不一致，这是可以预料的事情。如果和对方争辩之后，还能请他来评判一下自己的意见，他就会认为你是个谦虚的人，而对你的印象更加好。

咄咄逼人的话怎么回应

在交往中，我们不可避免地会遇到咄咄逼人的谈话场景，谈话者一般是有备而来，或是对自己的条件估计得比较充分，有信心战胜你。谈锋一般是指向一个地方，对你的要害部位实行"重点攻击"，会令你开始就处于被动位置。

对付的方法有多种，根据具体情况，可以加以选择。

1. 以退为攻

假如对方的问话是你所必须回答的、不能推辞的，而又要对方跟着你的思路走，你可以装作退却。对方乘机逼过来，你把他带得远了，让他完全进入了"圈套"，然后再回过头来对他进行反击。

2. 后发制人

这是使自己能站稳脚跟的最有效办法。一般在两种情况下，最为有效：

（1）当对方到了已经不能自圆其说的时候。咄咄逼人者，其开始锋芒毕露，也许你根本找不到他的破绽。但是，他总有不攻自破的地方，总是有软弱的地方，只是你还没发现而已。等待时机，一旦其光芒收敛，想喘息、补充的时候，这时候你就可以反攻了。

（2）当对方已是山穷水尽的时候。这时候对方已经进攻完毕，而你发现，他的锋芒所指，只不过是你的微不足道的一个小错误，或者他打击的部位并不全面，从本质上动摇不了你，这就是所谓的"山穷水尽"。

3. 针锋相对

针锋相对即是以对方同样的火力，向对方进攻，对方提什么问题，你就给予十分肯定或否定的回答，丝毫不让，不拖沓也不拖泥带水，使对方无理可寻、无懈可击。

4. 把问题还给对方

这是谈话中的一个很普遍、很实用的技巧。当对方的问题很难回答，问的角度很刁，你回答肯定、否定都可能出差错时，那就不要回答，把问题再还给对方，将对方一军。

比如，有一个国王故意问阿凡提："人人都说你聪明，不知是真是假？如果你能数清天上有多少颗星星，我就认为你聪明。"阿凡提说："如果你能告诉我，我骑的毛驴有多少根毛，我就告诉你天上有多少颗星星。"

5. 抓住一点，丝毫不让

当对方话锋之强烈，火药味之浓，使你无法反击，他提出的重大问题，你无法一一回答，这种情况下怎么办？迅速找到他的谈话内容中的小漏洞，即使再微不足道也无所谓，可以把这一点无限扩大，使其不能再充分展开其他方面的进攻。你就在这一点上，来回与他周旋，并迅速地想出应付其他问题的办法。

6. 胡搅蛮缠

胡搅蛮缠是当你理亏时，被对方逼到了死角，而又实在不想丢面子，就可以乱缠一番。把没有理的说成有理的，把本来不相干的事物联系在一起，说成是很有联系的事物；把不可能解决的、不好解决的问题与你的问题扯在一起，以应付对方的连串进攻。

胡搅蛮缠是一种不得已的办法。但却也不失为一种自我保护的方法，特别是当对方欺人太甚、丝毫不留情面的时候。另外，用胡搅蛮缠的方法，可以先拖住对方，使你有时间考虑更好的应付办法。

不要轻易否定对方

话为心声，也为情声。生活在这个复杂的社会里，人与人之间的交往是沟通感情的基础。人非草木，孰能无情？在日常生活中，与他人谈话，一定不要轻易使用否定的语言回应对方，每个人都渴望从他人那里得到认可和肯定的回应。

美国著名心理学家卡瑟拉博士曾经颇富成效地帮助过许多人，使他们走出低谷，步入佳境。有人问道："卡瑟拉博士，你帮助别人，你最倚重的是什么？"卡瑟拉博士毫无遮掩地公开了她的秘诀："我使用一种奇妙无比的方法，它具有一种神奇的力量，使我能够让哑巴讲出话来，让灰心失望的人展露笑容，让婚姻遭遇不幸的夫妻重新和睦。接受我诊治的人，无论是精神分裂症患者还是正常人，这种力量都是我所知道的所有力量中最富效果的。这种力量就是——在回应对方的时候给予对方真诚的鼓励和肯定而不是否定对方。"

然而，并不是每一个人都能做到这一点。在与别人交谈的过程中，有些人会不自觉地伤害到对方。表面上看起来，他们没有做出什么无礼的举动，也没有谈论到不愉快的事情，但只要交谈的时间一长，就会让人感到疲惫，只想快点结束谈话。原来，这种人与交谈者的方式存在着很大的问题。让人愉快、影响对方情绪的交谈方式，并不单纯是指口才水平。有时，口才好的人反而更让人厌恶，因为在交谈中，他们喜欢否定对方的观点。

张欣："今天的天气真热啊！"

王琳："是啊！可是昨天的天气比今天还热。"

张欣："这么热，最好是吃凉面！"

王琳："难道你不知道吗？凉面是冬天吃的东西哦！在酷热的夏天，吃冰凉的食物对身体不好。除了凉面还有没有更好的东西呢？"

张欣："你觉得鸡汤怎么样？"

王琳："这么热的天，吃那种东西会出一身汗啊！还是吃凉菜和米饭吧！"

上面的谈话中，乍一看王琳说的话并没有什么不对的地方，好像也并没有什么会影响张欣情绪的内容，但如果这番对话持续下去，张欣必然会感到极度疲劳。那是因为，无论张欣说出多么平常的话题，王琳都会持否定的态度去否定对方的话，即使她同意张欣对天气的看法也会绕个弯予以否定。

事实上，像上面的这种对话方式，会让张欣很快就会发觉王琳不但不接受自己的观点，而且不停地反驳，说出的话都一一反弹回来，因此会在不知不觉中感到压抑，甚至会产生对方不尊重自己的想法。如果跟王琳这类人谈话，为了得到她的认可，而忙于挑选顺应对方的话题，就会一直处于疲于应付的状态。可想而知，这种交谈无论如何都让人愉快不起来。

每个人都应牢记这样一个回应对方的原则，那就是不要轻易否定对方，因为你的一句否定很容易给对方造成创伤，甚至会留下很深的伤痕。这是因为人类大脑中管理情感的区域拥有很强的记忆力，因此你永远都无法抹去创伤所烙下的疤痕，而且每当遇到类似的情况时，潜伏在内心深处的伤痛就会死灰复燃。

无论遇到什么样的情况，都不能说出否定别人的话。这一点我们都该向石油大王洛克菲勒学习。

有一次，洛克菲勒的一个合伙人爱德华·贝德福特，在南美的一次生意中使公司损失了 100 万美元。然后，贝德福特丧气地回来见洛克菲勒。洛克菲勒本可以指责他的过失，但是他并没有那样做，他知道贝德福特已经尽力了，更何况事情已经发生了，不能因此就把贝德福特的功劳全部抹杀。于是，他极力寻找一些话题来安慰贝德福特。他把贝德福特叫到自己的办公室，对他说："这太好了，你不仅节省了 60％ 的资金，而且也为我们敲了一个警钟。我们一直都努力，并且取得了几乎所有的成功，可还没有尝到失败的滋味。这样也好，我们可以更好地发现自己的错误和缺点，争取更大的胜利。更何况，我们也并不能总是处在事业的巅峰时期。"几句话下来，说得贝德福特心里暖洋洋的，并下决心准备东山再起。

洛克菲勒在爱德华·贝德福特给公司带来重大损失的情况下，也没有否定对方，反而给了其温和的赞美和鼓励，这正是爱德华·贝德福特需要的，事实证明，洛克菲勒的做法极其正确，爱德华·贝德福特在后来为公司带来了可观的利润。由此可见，无论什么时候都不应该用否定的话轻易否定一个人，人都是脆弱的，有时候你的一些否定的话，可能会给他人带来难以磨灭的负面影响。

在办公室，有年轻的女同事美容回来了，问一男同事怎么样。一般应该说，"不错，很好"。而他却是有好说好，有坏说坏。他曾经指责过同事眉毛不该描，描成假的，没有原来真的好看。弄得人家心情大坏，半天不说一句话。又比如有一次，一位女同事买了一件新衣服回来，非常高兴地问他好看不好看。他实事求是地来了一句："衣服颜色与你的皮肤不般配。"害得人家衣服穿在身上也觉得不舒服。

在与他人谈话的时候千万不要轻易否定别人，每个人都有闪光的一面，对别人说"你能行"不是奉承，而是给他寻找自己闪耀点的支撑，因为今天可能他是个庸人，明天就可能是某个领域的先驱。

三招教你组织语言

"帅才即优秀的学术带头人，应有广博、扎实的基础知识和创造才能，应有把握未来发展的洞察力，同时还需要有组织能力。"这是北大教授王选对于帅才的定义。无疑这其中的组织能力占有重要一席。而人最基本的组织能力就是语言的表达。无论是演讲、说话还是论辩都需要有较强的组织语言的能力，没有这种能力也就不可能有一张悬河之口，组织语言的能力是口语表达能力的一项基本功。毫无疑问，具备好口才的人需要具备良好的语言表达能力。但好的语言表达能力并不是一种天赋，它是靠刻苦训练得来的。古今中外历史上一切口若悬河、能言善辩的演讲家、雄辩家的语言组织能力无一不是靠刻苦训练而获得成功的。

美国前总统林肯为了练口才，徒步 30 英里，到一个法院去听律师们的辩护词，看他们如何论辩、如何做手势，他一边倾听，一边模仿。他听到那些云游八方的福音传教士挥舞手臂、声震长空的布道，回来后也学他们的样子。他曾对着树、树桩、成行的玉米练习口才。日本前首相田中角荣，少年时曾患有口吃病，但他不被困难所吓倒。为了克服口吃，练就口才，他常常朗诵、慢读课文，为了准确发音，他对着镜子纠正嘴和舌根的部位，严肃认真，一丝不苟。我国早期无产阶级革命家、演讲家肖楚女，更是靠平时的艰苦训练，练就了非凡的口才。肖楚女在重庆国立第二女子师范教书时，除了认真备课外，他每天天刚亮就跑到学校后面的山上，找一处僻静的地方，把一面镜子挂在树枝上，对着镜子开始练演讲，从镜子中观察自己的表情和动作，经过这样的刻苦训练，他掌握了高超的演讲艺术，他的教学水平也很快提高了。

这些名人与伟人为我们训练口才树立了光荣的榜样，我们要想练就自己好的语言表达能力，就必须像他们那样，一丝不苟，刻苦训练。正如华罗庚在总结练"口才"的体会时说的："勤能补拙是良训，一分辛苦一分才。"训练自己的语言组织能力不仅要刻苦，还要掌握一定的方法。科学的方法可以使你事半功倍，加速语言组织能力的形成。当然，每个人的学识、环境、年龄不同，训练的方法也会有所差异，但只要选择最适合自己的方法，加上持之以恒的刻苦训练，那么你就会在通向"口才家"的大道上迅速成长起来。下面就向你介绍组织语言的有效的 3 招：

1. 做好充分规划

在沟通之前，先理顺自己说话的要点，要有一个简洁、明确的思路。如果一些问题是需要请示的，你的心中要有两个以上的方案，并且要提前弄明白各个方案的利弊，这样有利于领导做出决断。同时，弄清楚每一个细节，以便随时能够回答。如果领导同意了某一方案，你要尽快地把它整理成文字再交到领导手上，免得以后领导改变了主意，造成不必要的麻烦。

此外，还要先替领导考虑解决问题的可行性。有的人明明知道客观上并不存在解决问题的条件，还非去找领导，结果导致了十分尴尬的结局。

2. 组织语言要有逻辑性

谈话时如果主旨明确、内容相关、有条不紊，这样就能使人很容易领会，感觉就会有一种语言艺术的美感；相反，谈话时主旨不明、杂乱无章、前后不一，这样叫人很难领会其中的道理，增加人的厌烦。

说话要有头有尾、对听者要懂得尊重，不要一开口就冒出一句使人摸不着头脑的话。说话要前后衔接，一句话合不合适、是否能取得最好效果，不仅取决于谈话的对象、目的、场合、心境，也取决于上下文的关联。如果与别人说话时没有注意运用语言的上下文是否配合照应，那么，听话人就无法辨别表达者究竟表达了哪一种思想，容易引起理解上的歧义。因此，谈话时要周密安排对话，要做到有条有理、上下协调。

在说话时，谁都希望自己能有条理地组织自己的语言，而听者的要求也是如此。如果言者讲得混乱听者听得迷糊，那听者就很难正确理解说话者的意图。

在向厨房报菜名的时候，"热咖啡五杯、柳橙汁三杯、可乐一杯"像这样把同类的物品，从多到少报出，就是一个使听者好懂易记的方法，但是在日常对话中却很难做到条理清晰。

店老板："预约的客人，到底有几位，打电话了吗？"

服务员："刚想打，就有查询电话打过来。"

老板："那么说，是预约的客人打来的，有几位？"

服务员："不知道。"

老板："可是，客人不是打了电话吗？"

服务员："不，是别的客人。"

老板："那么就是还没打了？"

服务员："是的。"

老板急了："那你为什么不早说？"

服务员如此回答，真让人着急。他没有想过老板急切想知道的是什么，就按自己的逻辑顺序开始说了。想要成功地让听者理解自己的意思，就应该先解答听者想问的和感兴趣的事。

3. 说话前要认真思考

对于一次谈话要说出多项内容，更需要事前考虑清楚，在多项内容之间串起中心，不论是主动者或是被动倾听者，要有耐心和善于捕捉谈话的时机，将脱离主题的话题拉回来。按一定的主题和条理与人交流，对谈话的另一方也是一种礼貌。说话要前后相连，句子要有合理的顺序排列。每句话之间有着自然的联系，不可把话扯东扯西，更不能语无伦次，要一句接着一句顺畅地表达所讲的内容。说话要围绕中心话题条理清晰，确定合理的思路，从结构上注意必要的过渡和照应。说话过程中我们应不断锻炼思维的逻辑性，才能掌握住语句连贯的技巧，这样就会不断提高自己说话的水平。

第六章

话题口才：
快速找到话题的方法

我们要说现代的，自己的话；用活着的白话，将自己的思想、感情直白地说出来。

——鲁迅，曾任北大讲师，著名文学家、思想家、评论家

家长里短和人生理想都是话题

现在社会各个方面都需要沟通、需要交流，而人与人之间交流思想，沟通感情最直接、最方便的途径就是语言。出色的语言表达可以使彼此怨恨的人化干戈为玉帛，彼此友好相处；可以使意见分歧的人互相理解，消除双方的矛盾；可以让彼此陌生的人产生好感，结成友谊……也只有通过出色的语言表达，才可以使相互熟识的人之间产生浓厚的情意，爱之更深。

但我们在生活中经常遇到这样的情况：和他人在一起的时候，不知道该说些什么；即使开口说话了，谈话进行得也是磕磕绊绊，并不流畅。很多人将这种情况归咎于找不到谈话的话题。造成这种情况的主要原因就是不知道该说什么，感觉总找不到话题交流。其实要想找到话题并不难，聊天的话题存在于我们生活的角角落落，就看你懂不懂得去发掘了。比如当天的新鲜事、体坛新闻、上班的那点事、你有什么愿望等家长里短和人生理想都可以成为你和他人聊天的话题。

中午休息，在办公室你可以和同事聊聊昨天晚上回家做了什么，比如看了什么电视剧，如果同事也看了，你们就可以再一起交流一下彼此的看法，聊天的话题自然得到了延伸；如果同事没看但表现出对你说的感兴趣你就可以跟他讲讲剧情，并时不时地问问他的看法；如果同事对你说的没有兴趣也不要紧，你可以问问他昨天做了什么，并适当地表达自己对其感兴趣，这样一来你就不会觉得没有话题可聊了。在你们的"雄辩滔滔，言之不尽"中，时间就不知不觉飞快地过去了。

另外，你也可以这样开展你和同事的谈话：

你："你昨天晚上吃的是什么啊?!"

同事："哦，我昨天自己下厨做的水煮鱼。"

你："真的吗？我也很喜欢吃水煮鱼，就是不知道该怎么做。你能给我讲讲吗?"

这时，一般来说同事就会给你讲解水煮鱼的做法了，在同事讲解的时候你再适时地提问，这样一来话题就得到了有效的延伸。你还愁之间没有话题可说吗？

另外，面对陌生人你也可以将家长里短和人生理想变成彼此之间滔滔不绝的话题。比如，在一个严冬的夜晚，你与一位陌生人见面，"今晚好冷"这句话自然会成为你们之间所使用的开场白。单纯地使用它，虽然也能彼此引出一些话题来，但这些话也可能对彼此无关紧要，这样，再深一步的交谈也就困难了。但是，如果你这样说："哦，今晚好冷！像我这种在南方长大的人，尽管在这里住了几年，但对这种天气还是难以适应。"如果对方也是在南方长大的，就会引起共鸣，接着你的话头说出一些有关的事。如果对方是在北方长大的，他也会因为你在谈话中提到了自己的故乡在南方，而对你的一些情况产生兴趣，有了想进一步了解你的欲望，这样就可以把交谈引向深入。而且把自我介绍与谈话有机地结合，也不致令人觉得牵强、不自在。人们在不知不觉之中，就放弃了戒备的心理，从而产生了亲切感。

人类生活已经到了不能孤独生存的境地，语言的作用更不可或缺。你无论在什么环境中，你都不可能避免跟人们交往，那么你就不能不依靠说话来作为交往的媒介。只有随时找到与能使你与他人有所连接的话题，才能为与他人进一步交往打下基础。话题其实无处不在，从家长里短到人生理想都可以成为你与他人交谈的话题。即使是一个不擅长在人前高谈阔论的人，在谈及这些家长里短的事时，也不至于紧张。

总而言之，要想在任何时间地点与任何人都能畅所欲言，就要做一个善于找话题的人。写文章有了好提纲往往会文思泉涌，一挥而就。交谈也是一样，有了好话题就能使谈话融洽自如。好话题，就是初步交谈的台阶，深入细谈的基础，纵情畅谈的开始。找好话题的准则是，至少有一方熟悉，知道对方是什么职业等；能谈大家感兴趣的、爱谈的话题，有展开探讨的余地，使彼此之间距离拉近。而这些所谓的好话题其实就蕴藏在我们的家长里短和生活理想中。

搜集随时可以信手拈来的话题

傅斯年说过："一分材料出一分货，十分材料出十分货，没有材料便不出货。"说话同样如此，有多少话题就能说多少话，没有话题就无话可说。如果你能和任何人谈上十分钟并使对方发生兴趣，这就说明你已经懂得了怎样找到合适的话题了。因为人的范围是很广的，不管你是工程师、法学家，还是教师、艺术家、采矿工人，总之，无论各种阶层的人物，你若能和他谈上10分钟使他感兴趣的话，就很不容易。不过不论难易，我们都要设法突破难关，我们经常看到许多人因为对于对方的事业毫无认识而相对默然，这是很痛苦的。其实只要你肯下功夫，在日常生活工作中多积累话题素材，这种尴尬的情形是可以避免的。

诸葛亮的辩才是名垂青史的，尤其是他在赤壁之战中，舌战群儒和智激周瑜的故事更是脍炙人口。

江东孙权治理吴国时，"内事不决问张昭，外事不决问周瑜"。是战是和，周瑜是一个关键人物。面对这样一位年轻气盛的将领，诸葛亮背诵了曹操写的《铜雀台赋》，借用赋中"揽二乔于东同兮，乐朝夕之与共"的句子，作为曹操想夺孙策和周瑜二人的妻子的证据，以此来激怒周瑜（"二乔"中的大乔是孙策的妻子，小乔是周瑜的妻子）。周瑜听罢，勃然大怒，离座指北而骂曰："老贼欺人太甚！"接着，周瑜明确表示了抗曹的决心："望孔明助一臂之力，共破曹贼。"诸葛亮就这样圆满完成了联吴抗曹的使命。

在关键时刻，引用一赋竟能有如此巨大的激励作用，实在令人赞叹。这个故事生动地证明，平时积累知识，适时适地恰到好处地运用它，对于增进言辞的雄辩性是何等重要！诸葛亮平时若从未读过曹操的《铜雀台赋》，又怎能在与周瑜交谈之时用得上呢？

1924年5月8日，印度大诗人泰戈尔在北京度过了他64岁寿辰，北京学术界代表在东单三条协和礼堂为泰翁举行了祝寿仪式。

梁启超首先登上讲台，向这位深口隆准、须发皓然的老寿星致祝词："泰翁要我替他起个中国名字。从前印度人称中国为'震旦'，原不过是支那的译音，但选用这两个字都含有很深的象征意味。从阴雾霾霾的状态中必然一震，万象复苏，刚在扶桑浴过的丽日，从地平线上涌现出来，这是何等境界。'泰戈尔'原文正合这两种意义，把它意译成'震旦'两字，再好没有了。从前自汉至晋而西来的'古德'（'古德'，就是古代有道德的高僧），都有中国姓名，大半以所来之国为姓，如安世高来自安息，便姓'安'，支娄迦谶从月支来便姓'支'，康僧会从康居来便姓'康'，而从天竺——印度来的都姓'竺'，如竺法兰、竺佛念、竺护，都是历史上有功于文化的人。今天我们所敬爱的天竺诗人在他所爱的震旦地度过他64岁的生日，我用极诚恳、极喜悦的心情，将两个国名联起来，赠给他一个新名，叫'竺震旦'。"

这时，全场大鼓掌。

梁启超接着说："我希望我们对于他的热爱，跟着这名字，永远嵌在他心灵上，我希望印度人和中国人的旧爱，借'竺震旦'这个人复活起来！"

这番精彩的讲话中包含着丰富的历史文化知识、梁启超熟悉历史，不光熟悉古中国——震旦，也熟悉古印度——天竺，还懂得"泰戈尔"原文的含义，也就是所具有的外语知识，佛教知识和历史知识都十分丰富。这些引人入胜的史实文典与为泰戈尔命名这一话题有机结合起来，妙趣横生，摇曳生姿，无怪乎引起"全场大鼓掌"这样轰动的表达效果。

俗话说"巧妇难为无米之炊"，没有话题，谈话就没有焦点。光是空说话，没有实际意思。那么怎样巧找话题呢？为了防止在谈话中没话找话，东拉西扯，甚至出现前后矛盾等问题，那就要谈话者从具体情况出发去考虑，学会察言观色，以话试探，寻求共同点，抓住了共同点就抓住了可谈的话题。如果是因为话不投机，出现难题，那就要求同存异，或是检讨自己的不妥之处，表示歉意，如果对方有什么顾虑，或是沉默的原因不明，那就没话找话说，随便找个话题，引起对方的兴趣，说个笑话，谈点趣闻都可以活跃气氛。

从具体情况出发，可以选择采取下面的方法：

1. 你想了解什么就问什么、谈什么

与陌生人交谈，一般都可以先提一些"投石"式的问题，在略有了解后再有目的地交谈，便能谈得较为自如。如在商业宴会上，见到陌生的邻座，便可先"投石"询问："您是主人的老同学呢，还是老同事？"无论问话的前半句对，还是后半句对，都可循着对的一方面交谈下去；如果问得都不对，对方回答说是"老乡"，那也可谈下去。假如是北京老乡，你可和他谈天安门、故宫、长城，谈北京的新变化；如果是福建老乡，你可与他谈荔枝、龙眼、橘子，沿海的水产等，从而开始你与他的交谈，也许他将来就是你事业上的合作伙伴呢！

2. 就社会热点问题进行交谈

陌生的双方刚一接触，纯属个人生活的事情不宜多谈，但可以对时下人所共知的社会现象、热点问题谈谈看法。如果对方对这一问题还不太清楚，你可以稍作介绍。例如，近期影响较大的社会新闻、电影、电视剧和报刊文章等，都可以作为谈话的题目和接近的媒介。

3. 从眼前和身边的具体景物上找话题

（1）注意家庭状况。谈家庭生活并不一定就是俗气，家庭是社会的细胞，家庭生活的完美、和谐是每个人的理想。这类话题不必做准备，随时都可以谈论，但有思想的人都可以从中发现许多人生的哲理。

（2）观察其住所摆设装饰。如果是预约式的拜访某陌生人，那你最好具备一些洞察力。你首先应当对即将拜访的客人做些了解，打听一下对方的情况，关于他的职业、兴趣、性格之类。当你走进其住所后，可以凭借你的观察力，看看能否找到一些了解对方性格的线索。如果墙上挂着的是摄影作品，即可揣测对方是否摄影爱好者，等等。屋内的装饰摆设，可以表现主人的喜好和情调，甚至有些物品会引出某段动人的故事。如果你把它当作一个线索，不就可以了解主人心灵的某个侧面吗？了解了对方的一些个性，不就有话题了吗？交谈前，使用多种手段，尽可能地多了解对方，再把所获得的种种细微信息分析研究，由小见大，见微知著，作为交谈的基础。

（3）从双方的工作内容寻找。相同的职业容易引起共鸣，不同的职业更具有新奇感和吸引力。

（4）从双方的发展方向寻找。人都关心自己的未来，前途与命运是长盛不衰的永恒的话题。人生若没有前进的方向，生活便失去了动力。这类话题最易触动对方敏感的神经。尤其是异性，更热衷于此。

（5）从彼此的经历中寻找。经历是学问，亲身经历过的人和事往往会给你留下极深的印象。这种交流最易敞开心扉，最易见到真情。

（6）关注子女教育。孩子是父母生活的希望，孩子的教育牵动亿万家长的心。怜子、爱子、望子成龙是家长的共同心理。谈及孩子，即使是性格内向的人，也会眉飞色舞、滔滔不绝。

归纳起来说，讲话务必看清对象，从他的兴趣爱好、个性特点、文化水平、心情处境等入手。陌生人之间只要做到这一点，就能由细微处见品性。

五感变敏锐，随处有话题

交际场合往往会出现这种情况：有的人口若悬河，滔滔不绝，十分健谈；而有的人即使坐了半天，也无从插话，找不到话题。讲话要及时切入话题，首先必须要锻炼自己敏锐的五官，因为五官敏锐能帮助你快速地找到与对方共同关心的基本点。

相信很多人都注意到了这样一个现象：与某个人闲聊时，只要谈到某个话题，就会聊得很起劲，他会很高兴，会更加友好地对待我们。

有位先生和朋友去拜访一位教授，那教授为人严肃，不苟言笑。坐了半天，除了开头说了几句应酬话，剩下的全是让人尴尬的沉默。

忽然，那位先生看到教授家养的热带鱼，其中几条色彩斑斓，游起来让人眼花缭乱。那位先生知道这鱼叫"地图"，因为自己也养了几条，还很得意地为朋友介绍过。教授见那位先生神情专注，就笑着问："还可以吧？才买的，见过吗？"那位先生说："还真没见过。叫什么名字？明儿我也打算养几条呢！"当时他的朋友不解地看看他，心想：装什么糊涂，不是上星期才到我家看过吗？

可教授一听，来了兴致，大谈了一通养鱼经，那位先生听得频频点头。那位教授像是遇到了知音，说说笑笑，如数家珍地给他讲每条鱼的来历、特征，又拉着他到书房看他收集的各类名贵热带鱼的照片，气氛顿时活跃起来。他们一直聊到吃过晚饭才走，朋友才突然领悟到那位先生说谎话的用意。

在这个故事中，那位先生用自己敏锐的视觉感官发现了教授对热带鱼的喜爱，使本来几乎陷入僵局的交谈又顺利地进行下去了。由此可见，一个人如果能够随时保持敏锐的五感，就能够快速找到切入话题，化解聊天尴尬。

有一位业务员去一家公司销售电脑的时候，偶然看到这位公司老总的书架上摆放着几本关于金融投资方面的书。刚好这名业务员对于金融投资比较感兴趣，所以，就和这位老总聊起了投资的话题。结果两个人聊得热火朝天，从股票聊到外汇，从保险聊到期货，聊人民币的增值，聊最佳的投资模式，结果，聊得都忘记了时间。

直到中午的时候，这位老总才突然想起来，问这名业务员："你销售的那个产品怎么样？"这名业务员立即抓住机会给他做了介绍，老总听完之后就说："好的，没问题，咱们就签合同吧！"

这位业务员能够快速与公司的老总从相识、交谈到最终的熟悉，就在于他有着敏锐的五感（视觉）快速发现了对方的兴趣点——"金融投资"，从而找到了彼此间谈话的话题，让彼此能够畅快地聊天，最终成功得到了订单。

由此可见，保持五感变敏锐对于寻找聊天的共同话题是多么重要。当你初次与他人交谈时，首先要解决好的问题便是尽快熟悉对方，消除陌生。你可以设法在短时间里，通过敏锐的观察初步地了解他：他的发型，他的服饰，他的领带，他的烟盒、打火机，他随身带的提包，他说话时的声调及他的眼神等，都可以给你提供了解他的线索。如果他是公司的领导，了解他便会有更多的依据：墙上挂的画、橱子里放的摆设、办公桌上的照片、书橱里的书等，这一切都会自然地向你袒露关于主人的情趣、爱好和修养等。

总而言之，一个人只要五感变敏锐了，就能随处发现聊天的话题。为两个人之间架起沟通的桥梁。不过在话题的选择中，还有一些讲究必须注意。例如，不谈对方深以为憾的缺点和弱点；不谈上司、同事以及一些朋友们的坏话；不谈人家的隐私；不谈不景气、手头紧之类的话；不谈一些荒诞离奇、黄色淫秽的事情；不询问妇女的年龄、婚否、家庭财产等事情；不说个人恩怨和牢骚；不说一些尚未明辨的隐衷是非；避开令人不愉快的疾病详情；忌夸自己的成就和得意之处。

联想力让话题像波浪一样展开

工作和生活中，只要我们仔细观察，善于动脑，到处可以捕捉到话题的"影子"。比方说你和同事在聊电灯开关的问题，聊到了电灯开关可能聊完就没话题了，这时你可以展开自己的联想，对电灯开关作进一步的纵向思考，就会有意想不到的收获：电灯开关——声控电灯开关——光控电灯开关——声、光双控电灯开关——声、光、手动三控电灯开关……按这样的思路纵向深入思考，或许你就会发明一种新型的电灯开关。

联想力会为思维和语言插上翅膀。要在语言表达中"飞"起来，就必须通过学习和实践长出这样的翅膀。当你和他人的谈话不知道如何进行下去的时候，不妨顺水推舟接着对方的话茬展开自己的联想往另外方面引申。

马寅初在担任北京大学校长期间，有一次，曾经在百忙中参加中文系郭良夫老师的结婚典礼。贺喜的人们发现校长亲临现场，情绪顿时高涨起来，鼓掌欢迎马校长即席致词。马寅初本来没有想到自己要讲话，但是既然大家热情相邀，又不能让大家扫兴。讲什么呢？多夸奖新郎几句吧，又显得是客套话；讲学问吧，显然不切时宜。最后，他来了个一句话的演讲："我想请新娘放心，因为根据新郎大名，他就一定是位好丈夫！"人们听了马校长的这一句话，起初莫名其妙，后来联系到新郎的大名，恍然大悟：良夫，不就是善良美好的丈夫吗？

在没有准备的情况下，马寅初展开丰富的联想，由新郎的大名联想到善良美好的丈夫这一话题，让婚礼现场的气氛更加热烈。

联想让未来的世界进入我们的大脑，让我们的思维突破旧的格局，与他人谈话若失去了联想，谈话就很难继续进行下去。

一个村办小厂的厂长，希望与一家大集团公司建立协作关系，遭到该公司副经理的拒绝。第二天，他又找上门，要直接面见总经理，他被告知，谈话时间不得超过5分钟。

他被引荐给总经理时，发现总经理正在小心翼翼地掸去一幅书法立轴上的灰尘。他仔细一看，是篆书，便说："总经理，看来您对书法一定很有研究。唔，这幅篆书写得多好，看这里悬针垂露之法的用笔，就具有一种多样的变化美……"总经理一听，啊，此人谈吐不凡，一定是书法同行，于是说："请坐，请坐下细谈。"

他们从书法谈到经历，总经理还讲述了自己的奋斗史，小厂厂长很懂说话艺术，谈话时适时提问，使总经理得以最大范围地展开叙述。最后，总经理很痛快地就和那家小厂合作了。

故事中小厂的厂长从书法联想到个人经历，引出话题让总经理讲述了自己的奋斗史，可见小厂厂长很懂说话要联想的艺术，最终达到的自己的目的。

联想让我们的思维变得活跃，正如美国著名心理学专家、成功学大师安东尼·罗宾斯所认为的那样，联想能带领我们超越以往范围的把握和视野。想象对我们每一个人都很重要，如果在工作中缺乏想象，我们就很难做出令人信服的创意。许多作家在创作时也往往让自己的视觉、听觉、味觉、触觉各种感观都搭上想象的快车，让自己的大脑达到新一层的境界。法国作家福楼拜说，当他描写包法利夫人自杀时，就曾生动地感觉到了自己口中砒霜的味道。世界大文豪托尔斯泰的想象生动性更是发展到了极致，以至于他有时会把过去经历的事情和想象的东西混淆起来。俄国著名作家冈察洛夫说："小说中的人物常常使我不能安静，他们紧紧地跟着我。我听到谈话的片断，常常认为这不是自己想象出来的，而就发生在身边。"

联想是人与生俱来的天赋。不过，它有赖于我们经验和知识的积累。一般而言，联想思维有下列几种类型：相似联想、启发联想、离奇联想、质疑联想、审美联想、飞跃联想等。

要培养自己拓展话题的联想力，可以从以下几个方面入手：

（1）注重发散思维的培养。按照美国心理学家吉尔福德的看法，当发散思维表现为外部行为时，就代表了个人的创造能力。当进行创新的发散思维的时候，特别是在设想阶段的时候，应该尽最大可能地打破脑中原有的约束，让大脑沉浸在一片空白的空间中，尽情地联想。

因此，要想培养发散的思维，不妨让自己在思考问题时不拘泥于形式，多开动脑筋，让自己的联想力和思维拓展能力得到最大限度的发挥。

（2）在多数人不愿接受以及不愿考虑的事情上，不去循规蹈矩，敢于质疑一切老生常谈的问题。勇于突破限制，在完成任何一件事情的过程中，善于重组规则。

（3）培养急骤性的想象能力，即在集思广益中迸发出创造性观点。万事都要乐于去问一个为什么，乐于去敏锐地观察，以时刻培养联想出新方法。

找出和对方之间的一个"具体挂钩"

人人皆对自己的经历和所做的事情怀着莫大的兴趣，人们最高兴的也莫过于对他人谈论这些事情。但过分地谈论这些，会使听者失去兴趣。比如，有的人做了一个十分有趣的梦，觉得是亲临其境，其乐无穷，结果逢人便说，令人不厌其烦。另外，有的人则喜欢喋喋不休地对人说一些自己以前的经历：上中学时怎样，上大学时怎样，刚参加工作时怎样，后来又怎样，等等。但是我们若仔细想一想，自己有兴趣的事情，别人也像我们一样有兴趣吗？那些断续破碎、稀奇古怪的梦境，除了做梦者本人，别人听来是非常沉闷的。如果听者对说话者提到的那些往事、那些人、那些地方一点也不熟悉，一点也不觉有趣，无疑他也不会与说话者产生共鸣。

凡此种种，不外乎证明人们对自己所经历的事情感兴趣，而对与自己毫无关系的事情觉得索然无味。所以，我们在与他人交谈时，应把握听者的这一心理。因为把握了对方的这一心理就能与对方在聊天的话题上挂上钩，让对方看到自己的反应。因为有了共同话题就能越聊越起劲。这个挂钩最好具体一点。

小何是一位铁杆球迷，有一次，在去广州的火车上，她的同座是位东北口音很浓的小伙子，闲来无事，小何和他侃起来。她得知他是辽宁人时故作惊讶，然后顺口赞美辽宁人的豪爽、够朋友，说她有好几位辽宁籍的朋友，人特爽快。小伙子自然高兴，自报家门，说他叫李庆，是大连人，并说辽宁人是很讲朋友义气的，粗犷、豪放。而小何话锋一转，说辽宁人也很团结，特别是大连足球队，虽然每位队员都不是非常出色，但他们团结一致，奋力拼搏，经常取得好的成绩。恰巧李庆是位球迷，两人直侃得天昏地暗，下车后互留了通讯地址。在李庆的介绍下，小何认识了很多球迷，其中有一位就是她这次准备争取的客户。于是小何轻松地完成了这次推销任务，也为公司赢得了一家大的客户，更值得高兴的是结交了许多朋友。

在与李庆交谈时，小何先是从"辽宁人"这个话题入手，然后转到"足球"这个两人都感兴趣的话题上，这就找到了与李庆的"具体挂钩"，进而两人越谈越投缘。经过一番"神侃"之后，两人很快加深了了解，成为好朋友，这层关系对小何完成任务提供了很大帮助。

由此可见，所谓的挂钩就是你与交谈对方的共同点。而具体挂钩就是说你所找到的与对方的共同点越具体越好。我们都知道会说话，能把话讲到点子上是一种本领，而如果在没话题，双方都尴尬的景况下，如果你能找到你们彼此之间的一个"具体的挂钩"，就能打破僵局，活跃当时的气氛。

小于20岁，是一个很会说话的人，他平时最喜爱交一些志同道合的朋友，即使面对众多的陌生人，他也能毫不费吹灰之力和别人说到一块去。

有一次，他和跟他年龄相仿的一群陌生人在一起，由于大家谁也不认识谁，所以没有一个人先说话，场面很尴尬，这时，他就打破了整个将要凝固的气氛，他说："听说周杰伦又出新专辑了。里面有一首歌曲叫《青花瓷》，歌曲还不错！大家怎么看？"

这时，大家就七嘴八舌的议论开了，因为小于深知，在这一群人里面肯定有喜欢周杰伦的，但也有不喜欢他的，但大家都是相仿的年龄，肯定都很关注明星的娱乐动向……

这是为什么呢？原来他有秘密武器，小于总能根据不同的场合、不同的性格的人找到共同的话题。而他找到了一个比较热门的人物周杰伦，这是大家都很关注的焦点，因为一说到周杰伦谁都能说上两句，谁要是说不上来就表示落伍了，所以大家都会对娱乐新闻这方面较为关注。

谈论别人感兴趣的话题能够很容易拉近人与人之间的距离，谈论别人感兴趣的话题，对双方都有好处。不仅可以使别人对你产生兴趣，钦佩你，而且可以使自己更关心别人，关心他人对自己的要求。要想多交朋友，要想在交际上取得成功，自己就应该少说别人不感兴趣的话题，比如两个人刚见面时，不知道对方的性格、爱好、品性如何，往往会陷入难熬的沉默与尴尬之中。这时我们应当主动地在语言上与对方磨合，等找到了对方的"具体挂钩"，就可以此作为共同话题，很快地拉近距离。

"物以类聚，人以群分"，每个人的社交圈，实际上都是以自己为圆心，以共同点（血缘、年龄、爱好、工作、知识层次等）为半径构成无数的同心圆。你与对方的"具体挂钩"越多，圆与圆之间交叉的面积就越大，共同语言也越多，也最容易引起对方的共鸣。在这里要提醒的是，若与对方有"具体的挂钩"，就算再细微的也要强调。对于共同点一定要找出来，这样可以很快地消除彼此间的陌生感，产生亲近的感觉。这样不但可以使对方感到轻松，同时也能使对方说出真心话。

和这个人，就是要聊这个

俗话说，"青菜萝卜，各有所好"。人的偏好不同，社会的供给也应丰富多彩。正所谓"一把钥匙开一把锁"，人的年龄、性别、个性、爱好、性格、文化程度、家庭环境等这些都存在着差异，一件事情用同样的方法是解决不了问题的。在与他人谈话的时候必须做到因人因事而宜，从而达到心灵的沟通，相互理解。

与人交谈，要因人而宜，这样才能与你要交谈的对象产生共鸣，有助于你的交往。否则，不但会影响你的人际关系，还会闹出一些笑话。也就是说，跟什么人说话就要聊什么样的话题。

孔子是我国古代有名的大教育家，人称"孔圣人"，能成圣人之原因有两个，一是他会看人讲话，二是他会写文论语。孔夫子带领众弟子周游列国时，就一个问题被不同的人问起，孔子就有不同的回答。有一农民问孔子："太阳从什么方向出来？又在什么地方落下？"孔子回答说："太阳从东山出来，在西山落下。"农民说："你果然是圣人，心服了！"有一商人问孔子："太阳从何方出来？又将落于何方？"孔子答到："太阳从东海出，向西海落去。"商人说："你终究是圣人，心服了！"有一文人问孔子："日从何方出？日向何方落？"孔子答："日从东天出，日向西天落。"文人说："你果然是圣人，心服也！"同样一个问题，孔子因何要有三个答案？各自心服，各自尊圣？因为，农民、商人、文人的视野与知识都不相同，一个答案满足不了各方要求，孔子只有按其所知、答其所问，因此，孔子就是孔子，以其水平回答，才能成为不同界层的圣人！

由此可以看出，说话一定要看对象，要不然，即使你能够口若悬河，说个滔滔不绝，对方可能也不会对你说的话感兴趣。

作为商家，你必须能说会道，也只有这样，顾客才能了解你的产品。人们把这类商家的演说称为"游说"，这是恰到好处的批评，他们以"游说"的说话方式，抓住了对方的心理。

亚当森是美国优美座位公司经理，在一次参加宴会的时候，他得知伊斯曼捐巨款要在曼彻斯特建造音乐厅、纪念馆和剧院。许多制造商都已前来洽谈过，而没有结果。亚当森希望能争取到这笔生意，更希望借此扩大公司的名声，树立公司在市场竞争中的形象。因此，他也来到柯达公司总部，要面见柯达公司总裁伊斯曼。

他向柯达公司总裁秘书说明自己的意图后，秘书通报了，并告诫他："我知道你急于得到这批货，但我现在可以告诉你：如果你占用伊斯曼先生五分钟以上时间，你就完了。他是个大忙人，所以你进去后要迅速他讲，讲完后马上出来。"

于是，秘书领着亚当森进入了伊斯曼的办公室，伊斯曼正在忙着整理资料，亚当森环视办公室，等到伊斯曼忙完了，然后接着对总裁说："伊斯曼先生，当我在这里等候您的时候，我仔细观察了您的这间办公室。我本人长期从事室内的木工装修，但从未见过装修得这么精致的办公室。"

"哎呀！您提醒了我差不多已经忘记了的事情。"在这个时候，伊斯曼总裁好像对此特别感兴趣，高兴地说，"这间办公室是我亲自设计的，当初刚建好的时候，喜欢极了。但是后来一忙，一连几个星期我都没有机会仔细欣赏一下这个房间了。"

说到这里，伊斯曼总裁非常高兴，于是，他又接着说："墙上装修用的木板是从英国进口的橡木，是我的一位专门研究室内细木的朋友专程去英国为我订的货。"

伊斯曼总裁情绪极好，竟然站起身来，撇下那堆待批的文件，带着亚当森仔细参观起办公室来了。他把办公室内的所有装饰一件一件向亚当森介绍，从木制谈到比例，又从比例谈到颜色，从工艺谈到价格，然后详细地介绍了他设计的过程。亚当森微笑着聆听，饶有兴致，并且不时地给予继续的示意和鼓励。亚当森还不失时机地询问伊斯曼的奋斗经历。伊斯曼便向他讲述了自己的苦难少年和坎坷经历，如何在贫困的生活中挣扎，自己发明了柯达相机的经过等等。

在此过程中，亚当森不但听得聚精会神，而且发自内心地表示敬意。这个时候，伊斯曼总裁对亚当森说："上次我在日本买了几件椅子，放在我家的走廊里，但由于日晒，都脱漆了。我昨天到街上买了油漆，打算自己把它重新漆好。您有兴趣看看我的油漆表演吗？到我家去和我一起吃午饭，再看一下我的手艺。"

其结果当然是可想而知的，亚当森不仅得到了这笔工程的订单，而且和伊斯曼结下终身的友谊。他成功的诀窍很简单，通过"游说"，千方百计激发对方谈话的兴趣，从而建立真正的朋友关系，生意自然好做了。

另外，当你与对方交谈时，你也必须考虑到对方的文化背景，因为不同文化背景的人，在说话方式上也会呈现不同的特点。因为从事不同职业、具有不同专长的人，他们所接触的信息类型和话题往往不相同，而他们也会因为不同的专业知识和经验，对不同的话题津津乐道。因此，如果你以对方一窍不通或一知半解的事物作为话题，他们就会觉得味同嚼蜡，这样，你想与对方继续深谈将会显得十分困难。相反，如果你能抓住对方职业或专长上的特点"对症下药"，借此作为交谈的话题，就容易拉近心灵间的距离，从而使双方产生极佳的共鸣。

正所谓见什么人说什么话，到什么山唱什么歌。在聊天中要做到言语得当，就应学会针对不同的人说不同的话。比如，和年龄大一点、有孩子的同事在一起，话题就可以离不开孩子，你可以听他们说说孩子的趣事，附和几句；和年长的同事聊天，要有一种请教的姿态，表现出你希望听到他的建议和教诲；和喜欢打篮球的朋友在一起，你就可以多和他聊聊篮球的事……

综观以上情况，因人而异的谈话方式不仅体现了你自身的素质和修养，也让对方感受到尊重与信任。因此，对于这种说话技巧，我们不可不知、不可不学！

用"偏爱地图"掌握万无一失的话题

谈论别人感兴趣的事物，是一种深刻了解别人，并与人愉快相处的方式。每个人都有自己与众不同的兴趣爱好，也就是自己偏爱的事情，假如把不同人的不同兴趣用地图的形式表达出来，那就成为一张"偏爱地图"。从寻找话题的大局和长远来看，我们每个人最好都能够拥有一张"偏爱地图"。因为这张地图上有我们日常生活中接触到的人，以及他们各自的兴趣、生活重点、关心的事物等。有了这张地图，在聊天时我们就能精准地找到"万无一失的话题"，进而有效避免麻烦、冲突，顺利地建立好交情。

谈论他人最为愉悦的事情，可以说是与人沟通的诀窍。任何一个到过牡蛎湾拜访过罗斯福的人，都会对他广博的知识感到惊奇。"无论是一个普通人、猎骑者、纽约政客，还是一位外交家"，勃莱特福写道，"罗斯福都知道同他谈些什么。"那么，罗斯福是怎样做到这一点的呢？答案其实很简单。无论什么时候，罗斯福每接见一位来访者，在这之前的一个晚上，他就会阅读这位客人特别感兴趣的东西，以便找到一些见面时对方感兴趣的话题进行谈论。

罗斯福与任何一个优秀的领袖一样，懂得与人沟通的诀窍：谈论他人最为愉悦的事情。人们都对自己感兴趣的事能如数家珍，在初次交谈中你如果能找准别人的爱好点，从别人感兴趣的话题入手，那么交谈的双方谈得非常尽兴。专挑别人爱听的事说，对于初次交谈的人来说是大有好处的。

下面让我们再看看另一个例子：

纽约一家面包公司——杜佛诺公司，杜佛诺想方设法将公司的面包卖给纽约一家旅馆。4年来，他每个星期都会对这家旅馆的经理进行一次拜访，参加这位经理所举行的交际活动，甚至在这家旅馆中开了房间住在那里，以期得到自己的买卖，但到最后，他还是没有获得成功。

杜佛诺说："后来，在研究人际关系之后，我决定改变自己的做法。我先要找出什么事情能引起他的热心。这个人最感兴趣的是什么。

"后来我知道，他是美国旅馆招待员协会的会员，而且他也热心于成为该会的会长，甚至还想成为国际招待员协会的会长。不论在什么地方举行大会，他飞过山岭，越过沙漠、大海也要到会。

"所以，在第二天与他见面的时候，我就开始谈论关于招待员协会的事。我得到的是一种多么好的反应！他对我讲了半小时关于招待员协会的事，他的声调里充满着热情。我可以清楚地看出，这确实是他很感兴趣的业余爱好。在我离开他的办公室以前，他劝我也加入该会。

"这次谈话，我根本没有提到任何有关面包的事情。但几天以后，他旅馆中的一位负责人给我来电，要我带着货样及价目单去。"

这位负责人招呼我说：我不知道你对老板做了些什么事，但他真的被你搔着痒处了！"

杜佛诺说："试想一想，我紧追了这人4年，尽力想得到他的买卖，如果我不动脑筋去想、去找他所感兴趣的东西，恐怕现在我还是在紧追不舍。"由此可见，为了让交谈在有滋有味中进行下去，就要掌握对方的"偏爱地图"，也就是掌握对方的兴趣。掌握了对方的兴趣就能够在谈话中找到与对方的共同话题。只有对话双方有了共同话题，才能够沟通得深入、愉快。其实要掌握对方的"偏爱地图"并不难，只要留意，你就能发现彼此对某一问题有相同的观点，在某一方面有共同的爱好和兴趣，有某一类大家都关心的事情。

王某新买了一台洗衣机，因质量问题连续几次拉到维修站修理都没有修好。后来，他找到经理诉说苦衷。

经理立即把正在看武侠小说的年轻修理工小张叫来，询问有关情况，并提出批评，责令其速同客户回去重修。一路上，小张铁青着脸不说一句话。王某灵机一动，问道："你看的《江湖女侠》是第几集？"对方答道："第二集，快看完了，可惜找不到第三集。"王某说："包在我身上。我家还有不少武侠小说，等一会你尽管借去看。"紧接着，双方围绕武侠小说你一言我一语，谈得津津有味，开始时的紧张气氛消除了。后来，不但洗衣机修好了，两个人还成了朋友。

每个人都有自己偏爱的话题，当与他人聊起自己偏爱的话题的时候，自己的注意力就会高度集中在上面，情绪也很容易被调动起来。也就是说聊对方偏爱的、感兴趣的话题能最大限度地调动对方沟通的积极性。因此在与他人交流沟通的时候，最好选择对方偏爱、感兴趣的话题。了解别人的兴趣所在，而且同别人去沟通他最感兴趣的话题是一种深刻了解对方，并与对方愉快相处的方法，它不同于虚伪的恭维。要想做到这点并不难，在刚开始的时候我们可以慢慢转入，说一些迎合对方的话，这样很快就能摸清楚对方的兴趣。比如说到什么样的城市去旅游，他说自己喜欢到什么样的城市，你就可以和他对这个城市进行讨论，因为那是他最感兴趣的话题。当你跟他交谈类似话题的时候，他感受到了你对他的关切，自然而然地就会喜欢你。

不论怎样，掌握了他人的"偏爱地图"就等于掌握了与他人聊天的话题。在运用"偏爱地图"的过程，我们不仅要学会纵向地使用它——找到他人的"偏爱"，也要懂得横向使用"偏爱地图"——将他人的"偏爱"综合起来使用。这样，我们聊天时才会游刃有余，他人也会更愿意与我们聊天和交往。

最新的时事话题，要马上使用

时事话题就是那些在一定时间、一定范围内高频率地运用于人们口头交际中的鲜活、新潮的话题。它和着时代的脉搏，折射出生活的灵光，为人们的日常言谈增添魅力与色彩。北大校长的讲话也是紧跟时代潮流，北大教授陈平原就此说过："最近两年，大学校长在毕业典礼上致辞，越来越喜欢"飙潮语"，演讲中夹杂大量网络语言，借此收获满堂掌声。"可见，说一些流行语引起对方兴趣的一种不错的选择。

闲聊无时无刻都在发生，尽管他人的兴趣、家长里短、人生理想都可以作为闲聊的话题，但如果总是聊这些，难免会产生厌烦的感觉。出现这种情况的时候，我们不妨多来聊聊最新发生的时事话题，提高闲聊话题的新鲜度。换句话说，时事话题，或是新闻最近常提到的社会实践，也是我们可以切入话题的范畴。即使是闲聊，我们也要尽量让闲聊的内容保持新鲜。

越是时事消息就越能让谈话者聊得起劲，无论对方知道与否。重要的是，谈时事消息为谈话的双方能够畅所欲言提供了可能。时事话题具有很高的体材性和新鲜度，而且不必费尽心思刻意寻找。比如，我们每天都会浏览大量的新闻，新闻中的最新报道都可以拿来作为闲聊的话题。

我们从昨天晚上的《新闻联播》中知道，最近物价一直在上涨而且涨得非常厉害，今天，如果我们在散步时遇到了自己的邻居就不必再担心会出现大眼瞪小眼的尴尬情况了，也不必再说一些像"今天的天气真好啊""吃了吗"的客套话。因为你完全可以跟邻居谈一下最近的时事话题——物价的涨幅惊人。通过物价的上涨引出你们彼此之间的话题后，你们就有了谈下去的可能，我们可以通过物价上涨进而谈到现在生活成本的提高，生活的不容易等等。例如，我们可以说："哎，现在生活真是越来越不容易了，猪肉都快30元一公斤了，再涨，我们老百姓就连肉也吃不起了。"

因为对方对此也很熟悉，最近物价飞涨，情况最坏，对方也会回应我们一句："谁说不是呢！"

有了这个互动的开始，我们就可以将话题延伸开去，将闲聊进行下去。倘若对方是一个很注重个人健康的人，我们就可以接着说："不过听说总吃猪肉对身体不怎么好，容易'三高'，我现在血脂就有些高，不知道是不是吃猪肉吃的？"

从某种意义上说，时事是万能的、实用性很强的话题题材。以它为话题，既不会触犯他人的禁忌，也不存在价值观、利益等方面的冲突，完全不会引发他人的排斥感。同时，时事永远都是新鲜的，是多数人感兴趣的。更重要的是，时事方面的话题很好收集题材。我们只需要在日常的工作生活中多加关注身边发生的时事新闻，比如微博上的消息、新闻中的报道等等。

把近期的新闻作为话题，是他人交谈的一个很好的选择。周围发生的、大家比较关注的事情，比如房价的情况、交通方面的最新情况等可以作为聊天的话题。尽管时事话题能让我们在谈话中随时避免无话可说的尴尬，但我们也无法忽视它在快速拉近彼此距离、消除隔阂方面的作用相对欠缺。但总的来说，这并不影响时事话题对我们的吸引，因为，它能带给闲聊活力，能让我们闲聊的话题无论什么时候都有新意，进而赢得他人的认可。

另外，需要我们注意的是，信息和新闻是有生命的东西，所以"跑"得很快。为了更好地发挥时事话题的作用，就应该将收集到的时事话题马上运用到我们的聊天中来。只有保持闲聊题材的新鲜度才能炒热谈话聊天的气氛。

日常疑问，可直接当作话题

古人云："善言者，必善问。"问话，是打开对方话匣子的最好办法。比如两个人正在交谈，突然有人向他们走过来，且用非常礼貌的态度问："不好意思打扰了，请问现在几点了？"表面看我们被要求回答，因为对方的礼貌所以谈话的人不可能对问话者不管不顾的继续谈下去。也就是说在这种情况下，被问话的人都会选择先回答这个问题。这种现象的根源是我们所处的社会以及我们被培养的方式决定着我们的自觉反应。我们被教育要有礼貌，如果别人问话你不回答，就显得没教养，不尊重别人。

生活中，我们每个人每天都会碰到各种各样不懂的事或者问题，其数量相当庞大。其中只有极少数的是我们必须及时弄懂或解决的；绝大多数懂或不懂、解决或不解决，对我们的生活影响并不大，让我们觉得无所谓，因此我们常常忽略它们。殊不知，这些日常生活中的小疑问是闲聊中打开彼此话匣子的绝佳工具。

"××网的东西很便宜，但听说仿制品和劣质品很多，不知道怎样才能买到便宜的正品？"

"那家超市的东西更物美价廉些呢？"

"我要寄点东西，不知道哪家快递更快些？"

"电脑运行得有点慢，你能帮我看看是哪儿出问题了吗？"

诸如上面的这些小问题，在生活中从来就没有停止过。它们存在于我们生活的角落并常被人们忽视。其实很多时候，我们并不需要非得给这些问题一个明确的答案。向他人说起这些，并不一定是为了解决问题，我们完全可以把它们当作与他人聊天的一个话题，用日常的疑问作为话题既便利，又没有限制。比如，在火车上你想与邻座搭话，就大大方方地问："请问下一站是哪儿？"或者看到他正在看书也可以借此引出话题，问他这本书在讲什么。总之，日常的疑问有助于你迈出第一步。只要打开局面，你的旅途就不会孤独！

就拿"吃饭"来说吧，"食"是我们永恒的话题，对"食"的疑问从来没有间断过，当你发现很难吸引对方打开话匣子的时候，试着用下列问句作为你谈话的引子：

——今天中午吃什么啊？

——你觉得××的味道怎么样？……

——××怎么做才更好吃啊？……

——你今天带饭了？……

事实上，人们总是希望能够解答他人的某些疑问，因为这样能显得自己知道的东西多。也正是因为这样，人们几乎不会拒绝他人正面提出的疑问，即使自己不知道答案，也会在心理认真思考，给出建议。因此，日常疑问就成了有力的"寻找话题"的工具。

当然，在问问题的时候也不能毫无顾忌。在提出疑问时我们应该保持虚心的态度，这样能表现出我们对对方的尊重。另外，聊天时如果在一个问题上纠缠过多，就会让气氛变得紧张，给对方造成无形的压力。虽然我们只是以这样的询问为聊天话题，即使对方不知道或答错了，也不会给予对方负面的评价，但是这样的询问形式势必会给对方造成一定的压力。试问，如果自己不是这方面的专家，当别人追根究底地问自己时，怎么可能不担心因回答不出问题而出丑，怎么可能会没有压力？并且，一旦真的把对方问住了，气氛就会变得非常尴尬，对方也会排斥我们。

以疑问作为话题，不断地将话题衍生，让气氛始终都是那么轻松、随意，便于彼此敞开心扉来交往。并且，这种疑问可以让对方充分地感受到自己"无所不知"，进而萌生一种成就感。这种愉悦的心理体验会让对方对我们产生好感，与我们更加亲近。不过还需要注意的是，可以直接用来做聊天话题的只能是日常生活中的疑问，如果你的问题上升到了学术层面的深入探讨的话，就不能随随便便地直接拿来用了。否则极容易变成"请教"这种"有实质内容的探讨"，这样会使聊天的气氛变得严谨起来，不利于人与人之间毫无顾忌地聊天，更不利于消除隔阂、拉近彼此的距离。

总而言之，问题是展开话题的钥匙。几乎每个人或多或少都有"不知道是怎么回事"、"不晓得怎么处理"的情况，这些疑难就是很好的闲聊话题。但在以此为话题闲聊时，一定要快速地衍生话题，要避免在同一问题上过多纠缠。比方说你问对方住在哪里，他如果只说地区而不说具体地址，你就不宜再问在某路某号。如果他愿意让你知道的话，他一定会主动详细说明的，而且还会补充上一句，邀请你去坐坐，否则便是不想让别人知道，你也不必再追问了。举一反三，其他诸如此类的问题，如年龄、收入等也一样不宜追问，以免引起对方不快。

一个话题衍生出十个话题的具体方法

对那些不会聊天的人来说，即使再怎么刻意、努力地收集话题，也仍会觉得与他人聊天时话题不够用。而善于聊天的人正好相反，他们不必专门收集话题，也能拥有取之不尽用之不竭的话题，从来不会为闲聊时没话题而担忧。这是什么原因呢？

其实出现这种情况最根本的原因是，会聊天的人懂得怎样从一个话题衍生出更多的话题。比如，两个人正在聊昨天看了什么电视，不会聊天的人可能说完自己看了××电视之后就无话可谈；而对于会聊天的人来说，他会从看了什么电视当中衍生出无数的话题——剧中人物的现实意义、演员演的效果如何、导演的立意、哪个演员更适合演这个电视剧等等。

这样一来，聊天的话题就会取之不尽，用之不竭了。当然，要做到这一点并不容易，你可以参考以下几个方面来提高自己衍生话题的能力。

（1）培养自己对话题的灵敏度。

一个话题能衍生到什么程度，就要看说话者对这个话题反应的灵敏度，因此，我们要培养自己对任何话题都能够灵敏反应的能力。

（2）有意识地培养自己从多方面来看待问题的思维能力。

比如，当我们在谈论《小爸爸》这部电视剧的时候，我们不仅要看到这部电视剧本身，还可以有意识地训练自己关注与此相关的各个方面：现实生活中的小爸爸们都会遇到哪些问题？越来越多的 80 后甚至 90 后成为父母，他们是怎样教育孩子的？现在社会上的一些年轻人为什么不想要孩子？……这样一来，话题就得到了无限的延伸了。

（3）在日常生活中尽量伸展接受信息的触角。

这样能让自己处于容易接受各种事物刺激的状态。当事件带给我们的感触是多方面的时候，我们便能轻松地衍生出更多的话题。具体来说，如果每天不看报纸、不听新闻、不与人聊天，那么显然接受到的刺激是相当有限的，闲聊的话题自然也就少之又少了。如果你在这方面做得不好就要多看多读以此培养语感，加强对语言的自发控制力；另外，平时应注意语言实践，多听、多说、多练，这样能够提高语言的敏感度、清晰度，增强语言材料的丰富性、逻辑性。如果我们在这方面比较欠缺，就要有意识地让自己多接触电视、杂志、网络等媒体。

（4）做衍生话题的训练。

只要听到一个有可能作为闲聊话题的事件，就训练自己以此为基础衍生出更多的话题。一开始，以衍生出三个话题为要求，然后逐渐增多，一点一点提升自己。

第七章

切入口才：
从力所能及的准备开始

一个人的一生中会碰到很多机会，但机遇只偏爱有准备的头脑。多方面的知识和实践经验，对社会需求（包括对未来需求）的敏感，对技术发展方向的正确判断，一丝不苟和锲而不舍的精神，都有助于把握机遇，取得成功。

——王选，曾任北京大学教授，著名计算机专家、科学家

有意识地做 120% 的准备

俗话说："兵马未动，粮草先行。"只有先在事前做好充足的准备才能保证最终的胜利。饥渴难耐的行者，发现了水源，却没有带盛水的容器，一定会悔恨自己的粗心大意。悔恨之余，我们掩卷而思，人生不也是如此吗？只有事前做了充分准备，我们才能一路顺风，直达成功的彼岸。做任何事情，事先的准备都是必不可少的，和人谈话也是一样，有的时候，准备充分与否甚至决定着整个谈话的成败。要想不打无把握之仗，就要提前做好必要的准备。只有这样，我们才能应付随时可能出现的意外情况，尽可能地将事情掌控在自己手中。

作为服装厂的一名推销员，席婉负责的是几家比较大的商场的推销工作。这天，她照旧去拜访一家商场的经理。因为之前已经做好了准备，这次席婉没有一开始就贸然开口直接谈服装销售的问题，而是首先默默地递给了这位经理一张便签，上面写着："请问您是否可以借我 10 分钟，就一个经营问题提一点我的个人建议？"

这位经理已经在商场工作了很多年，但还没有人向他问过这样的问题，于是他觉得有点新奇，随后热情接待了席婉。对于商场来说，顾客就是上帝，他们的意见自然是不容忽视的。所以，当席婉被请进经理办公室以后，她便就目前该商场所销售的衣服的款式和质量提出自己的看法，并指出了很多需要改进的地方。经理听了她的意见后表示非常赞同。最后，席婉拿出自己销售的衣服给经理看，并逐一向经理指出其中

款式和设计上的亮点。经理听完她的介绍愉快地说："你把你的样衣留下来，我跟其他领导再商量一下，我会尽快给你一个答复的。"

果然，不久之后，商场经理就直接给席婉打去了电话，并告诉她商场已经决定订购她们厂的服装了。

席婉为了这次推销，做了充分的准备工作。首先，她调查了商场衣服的大概款式、风格和质量。其次，根据调查的信息整理好了她要说的话。正是她这种提前准备，才使得她能够在经理面前侃侃而谈、娓娓道来，最终赢得了这条销售渠道。

一些中外记者的采访经验也证明了有意识地做准备的重要性。如美国记者埃·利布林采访赛马骑术师阿卡罗时，提的第一个问题是："你左脚的马镫比右脚的马镫高多少？"阿卡罗对这个内行的知情问题反应极为热烈，兴致油然而生，不厌其烦地回答了记者提出的一系列问题。这个例子再清楚不过地显示出采访前情况准备充分的效果。事实上，利布林提的第一个问题并不是他采访的侧重点，他用这个提问作开头，目的是引发采访对象的兴趣，以便为触及实质性问题打下交谈的基础。由此可见，在交谈前做好充分的准备工作，是任何人都不容忽视的一项工作。

一般来说，我们把谈话前的事先准备分为两种：一种是在日常生活中的积累，这是提升谈话能力的必经之路，需要长期的积累；另一种是针对某一次具体的谈话做的准备，包括谈话对象的生平、喜好、特征、为人处世，以及谈话的背景、交谈的主题、提问的方式、需要得到的结论等。这种准备是一次具体谈话的成功的必要前提。

中央电视台著名主持人水均益以自己渊博的知识、创造性思维和大气沉稳的主持风格赢得了广大观众的喜爱，他的采访对象遍布世界各地，值得注意的是这些采访对象大多都是有着世界影响的人物。面对这样的人物水均益的压力可想而知，但他呈现给观众的都是自己挥洒自如的采访，镜头中的他也总是自信满满。其实，水均益的成功并不是偶然的，他在采访前精心的准备有着不可忽视的作用。

比如，在采访美国前国务卿基辛格博士之前，水均益就做了大量的准备工作，他搜集了各方面的资料，研读了解基辛格各方面的情况。在采访中的一个细节，体现了他的用心：水均益了解到采访后再过几天就是基辛格71岁的生日了，另外，他还是中美乒乓外交的发起人。于是，水均益在尖锐的提问之后又表达了他对这位中国人民的老朋友祝福"生日快乐"的祝愿，使基辛格显得格外的激动。他们一边探讨一些实质性的问题，一边竟还在交流打乒乓球的技艺，使紧张的采访变得越来越和缓，以致使开始定死的5分钟采访时间成功地延长到25分钟。在采访结束时，基辛格博士还热情地向中国电视观众讲话，并随即往沙发边上挪了挪身体，使自己尽量和水均益并肩坐过来，然后两人异口同声地对着镜头说道："Good—Bye！"

沟通之前要怎样做足准备、做哪些准备，这些都需要我们在交流前事先考虑清楚。在这一点上，不妨学学《杜拉拉升职记》里杜拉拉的做法。

杜拉拉有时在工作中碰到难处就和李斯特商量，李斯特常常很开明地指点杜拉拉找他的上司何好德直接沟通。杜拉拉在每次找何好德谈话之前，也总得先想好：要占用老板多长时间，本次谈话的主题是什么，别讲得太多，大老板很忙，也别讲得老板听不明白，以及谈话过程中老板可能会问哪些问题。

杜拉拉在和老板沟通之前，都会做好充分的准备，这一点是相当明智的。如果不做好准备就贸然和老板谈话，很有可能不小心说错了话或说出了不对老板口味的观点，招老板反感。也正因为杜拉拉深谙此道，所以才能在较短的时间内摸清大老板问话的常见规律，进而能够应对自如。

总而言之，只有做好充分的准备工作才能为你们的谈话找到话题，才能打开"瓶颈"，接下来的谈话才会顺利。在与陌生人交流的过程中，多准备一些话题可以避免无话可说而遭遇冷场的尴尬局面。在与任何人交谈之前，都应尽量多做些准备。如果你因为紧张或是一些别的原因，忘掉了自己要说的话，就可以从准备的话题中选择几个与对方交谈。例如，你可以从下列话题中选择两到三个与对方交谈，比如，对方可能感兴趣的事；衣、食、住、爱好、娱乐；令人感动、感伤的事；家人、家庭、气候变化；旅行及有价值的话；利益及有关赚钱的事；新闻、时事问题；一些人生经验、人生经历的话；关于对方工作的话题。

凡事预则立，不预则废。在交谈之前做好充分的准备，成功的大门虽然为所有的人敞开，但它还是偏爱那些有准备的人。只有在交谈前做好充分的准备工作，才能练就一副"能说会道"的好口才。

克服紧张从力所能及的事开始

在公众面前讲话时感到恐惧、怯场是一种较为普遍的现象。20 世纪 80 年代，美国的心理学家曾进行过一次有趣的测验，题目是《你最害怕的是什么？》测验的结果竟然是"死亡"名列第二，而"当众演讲"却名列榜首。有 41% 的人对在公众面前讲话比做其他事情感到恐惧。可见，在大多数人看来，当众讲话是一件令人害怕的事情。

一位代表本单位参加演讲比赛的年轻姑娘，一站到讲台上，脸就涨得通红，两腿微微颤抖，说话的声音变调，呼吸也显得急促起来。她刚说了几句就忘词了。她越发感到恐惧，好像所有人的目光都像利箭一样射向她。她想尽快躲避，但又不甘心临阵脱逃。她不能当众出丑，给本单位丢脸，可她唯一能感觉到的是心跳加快，而脑子里一片空白，早已背熟的语句全都飞得无影无踪。她放弃了这次演讲，跑回自己的座位坐下。直到演讲结束，她也没敢把头抬起来。

一位即将毕业的研究生，作为见习老师第一次登上讲台，当学生起立，师生互致问候时，他想好的开场白不知跑到哪儿去了。惊慌中，他用颤抖的声音说了句："同学们，再见！"同学们莫名其妙，面面相觑，见老师满脸通红，不知所措，不由得哄堂大笑。他努力让场面安静下来，但换来的不是镇静，而是脑门上涔涔的汗珠。当他下意识地掏出"手帕"揩汗时，台下又是一阵哄堂大笑。这是为什么？经一位学生暗示，他才发现自己手里拿的不是手帕，而是一只袜子——真该死！大概是昨晚洗脚时，不知怎么鬼使神差地把袜子装进衣兜了。他想避开几十双眼睛的注视，抓起板擦擦黑板，整个课堂闹得翻了天。他窘得无法自控，无地自容，只好跑下了讲台，慌乱中一抬脚又踢翻了讲台旁的热水瓶……

纵览古今中外，很多政治家、演说家最初都有过怯场的经历。就拿林肯来说，他当年在演讲台上窘迫不已，恐惧得甚至连一句话都说不出来，直到被轰下台去。但他并未就此消沉下去，而是勇敢地面对现实，勤讲多练，绝不放过每一次讲话机会，演讲水平日益提高。后来他的就职演讲被誉为最精彩的总统就职演讲之一。

又如雅典著名的演讲家狄里斯，在最初走上演讲台时，尽管经过周密细致的思索，做了充分的准备，但仍然遭到了失败。极度的恐惧让他语无伦次，别人不知他在说什么。但他并没有就此灰心泄气，丧失信心，而是比过去更努力地训练自己的讲话胆量。他每天跑到海边，对着岩石呐喊，向着浪花抒怀；回到家里对着镜子做发声练习，反复矫正，坚持不懈。经过几年的努力，功夫不负有心人，他终于成功了，被誉为"历史的雄辩家"。可见，克服恐惧是演讲成功者的必备素质，是迈向卓越口才的第一步。为此，平时做一些抗怯场练习，是非常有好处的。

千万不要小看恐惧对一个人谈吐的影响。至少有90%的人，在公众环境发表讲话时，都会产生恐惧和紧张感，出现各种表达不清晰、不恰当的情况。千万别让恐惧掐住我们的喉咙，一定要培养一种自信的感觉，它会让你在与他人沟通的过程中受益无穷。

人们在讲话的时候会出现紧张感一般是由于以下两种心理因素：

第一种，不想献丑。这些人的想法是，一旦在他人面前说话，自己的粗浅根底、拙劣看法都会暴露出来，那么从此以后，哪还有自己的立足之地？所以，不说话或少说话更稳妥。

持有这种想法的人应该想一想，一个人尽量不暴露自己的短处，相对地，其长处也就无法尽显出来。其实，只要你认真地发挥全力，诚诚恳恳地把话说出来，必会有不错的表现。

第二种，不知道该如何组织说话的内容，所以会感到惊慌。有的人产生此种感觉是先天原因，如生来性格内向，他们说话低声细语，见到生人就脸红。还有一些教育不当的因素也占其中：儿童时期因长辈不加引导，孩子见到生人或到了陌生的地方，便习惯性地害羞、躲避，没有自信心。等到长大之后，便羞于与人接触，更羞于在公开场合讲话。

人人都可能在说话前后或说话过程中出现紧张、恐惧心理；即便演说专家、能言善辩者也不例外，都是从无数次失败经验中获得了勇气，掌握了大胆说话的技巧。那么，如何克服在领导面前说话的恐惧心理呢？按照以下几种方法多去练习，你就能泰然处之，游刃有余。

1. 练习追蝴蝶

在登台前最后一刻做，效果最好。

（1）双脚开立，与肩相齐，膝微屈，挺背，双臂放松垂于身体两侧。

（2）不必刻意呼吸，边叫"呜"边做蹦跳，一共 10 次，尽量用力，"呜"声要短、急、用力。每次做完"呜"，双拳向下猛砸。

（3）放松闭嘴，缓慢深呼吸。

（4）嘶嘶吸气，微张嘴，弯腰至膝，蹲于地。重复 3 遍，做缓慢深呼吸。

2. 练习摇来摆去

（1）双腿分开站立（与肩相齐），同时摆动身躯、脖子和头，先向右，再向左。

（2）让双臂自由摆动，随身体转来转去，最后双臂放松地围住双肩。

（3）在摆动时，尽可能大声叫："我不在乎！"

（4）如此反复，也可叫："不，我不在乎！"或"你奈我若何！"重复几十次。

（5）身体摆动时，保证头随身子转。

（6）尽可能轻松自在地去做。

3. 练习空手劈柴

（1）双足分开约 40 厘米，屈膝，握拳，手放两边，嘴唇紧闭。深呼吸三次后抬臂高举过头。

（2）哗啦一声，双手用力地劈下，并尽可能放喉大声叫喊："哈哈哈哈哈哈哈哈！"（屈膝）

（3）尽可能用劲地重复 5 次。

4. 练习劈柴动作

（1）两腿分开约 35～45 厘米，脚尖向前，两膝轻松放直，攥紧双手。

（2）吸气，摆动紧握着的手，高抬过头。

（3）把举起的手摆下来，猛向前屈，吐气。手下来时，大叫一声"哈"。（屈膝）

（4）吸气，再举手。

（5）重复上述动作，做上 10 次或 20 次。

注意：吸气时要闭着嘴，直到你的手下摆时叫"哈"，这样就可吸进更多氧气，练习就更有效。

5. 蒸汽机式练习

（1）双脚与肩齐站在那里，屈膝，将头抬起，闭嘴，右臂后拉，左臂前伸，尽量用力，同时深呼吸。

（2）左右臂换个方向，重复上述动作。节奏要平稳。

（3）开始要慢，随后要越来越快，持续做3～5分钟。记住要闭着嘴。

6. 心怀世界练习

（1）吸气，感觉你像是在扩张，张开双臂，拥抱整个世界。伸展四肢，感觉你的心脏是世界的扩充与展开。

（2）至少坚持1分钟以上，让世界置于你的怀抱中，手放胸前，双手轻抵。

（3）如此重复4次，把消极的意念都去除。努力去喜欢这个世界，把它容纳进来，放在心上，化恨为爱。

7. 减压练习

（1）站在门槛上，手掌挤着两边门框，鼓气用力。面部、头部、脖子会有热血上涌。尽量多坚持一会儿。

（2）突然完全放松。

（3）深呼吸。

（4）重复3遍。

讲话前先铺垫可以事半功倍

很多情况下，人们不好意思直接说出一些话，比如直接拒绝他人的请求或者不敢直接发表自己对某件事的意见或看法。面对这种情况如果能在讲话前加以铺垫，就能多多少少地缓和以上情况的发生。

例如，对于他人的话，人们总是会表现出情感反应。如果先说让人高兴的话，即使马上接着说些使人生气的话，对方也能以欣然的表情继续听。利用这种方法，可以拒绝不受喜欢的对象。所以，有难以说出口的意见之前，先加入类似的铺垫可以让你事半功倍。

有一个乐师，被熟人邀请到某夜总会乐队工作。乐师嫌薪水低，打算立即拒绝。但想起以往受过对方照顾，不便断然拒绝，他心生一计，先说些笑话，然后一本正经地说："如果能使夜总会生意兴隆，即使奉献生命，在下也在所不辞。"

此时夜总会老板自然还是一副笑脸，乐师抓住机会立刻板起面孔说："你觉得什么地方好笑？我知道你笑我。你看扁我，不尊重我，这次协议不用再提，再见！"

这样，乐师假装生气，转身便走。老板却不知该如何待他，虽生悔意，但为时已晚。

面对不喜欢做的事情由于某种原因不好意思直接拒绝，乐师以迎合的话为其拒绝做好铺垫，最后拒绝了对方。生活中我们在碰到这种事情的时候，不妨参照上例，制造机会，做好铺垫先使对方兴高采烈，然后趁对方缺乏心理准备，脸上仍有笑意，找到借口及时退出，达到拒绝的目的。

另外，讲话前先做好铺垫也被广泛地运用在演讲中。

1940年12月17日，罗斯福总统终于在美国白宫记者招待会上露面了。

此时，正当美、英、苏等国家共同抗击纳粹德国的关键时刻。英国处在欧洲反法西斯侵略的最前线，由于黄金外汇已经枯竭，根本无力按照"现购自运"原则从美国手中获取军事装备。作为英国的重要盟友，罗斯福深知唇齿相依的道理。在反法西斯战争旷日持久的情况下，英国一旦被纳粹击溃，希特勒一朝得势，势必严重威胁到美国在全球的利益。美国全力支持英国，是理所当然的事情。

但是，美国国会一些目光短浅的议员们只盯着眼前利益，丝毫不关心反法西斯盟友和欧洲糟糕的战局。而罗斯福却认为必须说服他们，要使《租借法》顺利通过以全力支持英国，他特别举行这个意义重大的招待会。

"尊敬的女士、先生们！"罗斯福在简要地介绍了《租借法》以后，紧接着就来说明他的设想了。"假如我的邻居失火，在数百英尺处，我拥有一条浇花的水管，要是赶紧借给邻居拿去接上水龙头，就可能帮他灭火，以免火势蔓延到我家。但是，在救火前要不要对他讨价还价？喂，朋友，十万火急，邻居到哪里去找钱。我想，还是不要他15美元为好，只要他灭火之后原物奉还。如果灭火后水管还好好的，他会连声道谢；如果他把东西弄坏了，他得照赔不误，我也不会吃亏。"

记者们紧追不舍，问罗斯福总统："请问，总统阁下所说的水管一定是指武器了！"

"当然，"罗斯福毫不掩饰，"我只不过以此来阐述《租借法》原则而已。也就是说，如果你借出一批武器，在战后得到归还，而且没有损坏的话，你就不吃亏；即使军火损坏，或者陈旧了，干脆丢弃，只要别人不愿意理赔，我想，你依然没吃亏，不是吗？"

这一番回答之后，再也没有人再对此提出任何质疑与反驳了。

罗斯福在开头讲了一个与其所讲内容有密切联系的故事作为自己演讲的铺垫，从而引出演讲的主题，引起了听众的兴趣，使演讲取得了事半功倍的效果。

每一个成功的人都是需要经历过程的，每一个过程都是为以后的路做铺垫，没有过程的洗礼，就永远不能到达心中的圣地！说话也是这样，要想让自己说的话更具吸引力，我们就要学会为自己要说的话题做好铺垫，循序渐进地引入主题，才能让我们说的话取得事半功倍的效果。

说话要学会洞察全场气氛

孔子在《论语·季氏》里说："言未及之而言谓之躁，言及之而不言谓之隐，不见颜色而言谓之瞽。"这句话有两层意思：一是不该说话的时候说了，叫作急躁；二是应该说话的时候却不说，叫作隐瞒；三是不看对方的脸色变化，贸然信口开河，叫作闭着眼睛瞎说。

这三种毛病都是缺乏瞬间读懂全场气氛的洞察力，没有注意说话的策略和技巧造成的。说话是双方的交流，不是一个人的单方面行为，它要受到各方面条件的制约，如说话对象、周边环境、说话时间，等等，所以说话要学会瞬间读懂谈话场合的氛围，把握时机。如果不顾说话对象的心态，不注意周边的环境气氛，不到说话的时候却抢着说，很可能引起对方的误解。所以，说话前洞悉全场的气氛是非常重要的。

没有掌握周边环境的说话氛围，不论话的内容有多么精彩，也不会有任何意义。这就犹如一个有着强健的体魄、良好的技艺的棒球运动员，没有掌握好击球的瞬间，结果挥棒只能落空。

某学校为两位退休老教师举行欢送会。会上，领导非常得体地赞扬了两位的工作和为人。但是，两相比较之下，其中那位多次获得过"先进"的老教师得到了更多的美誉。这让另外那位老教师感到相当难过，所以在他讲完感谢的话以后，又接着说："说到先进，我这辈子最遗憾的是，我到现在为止一次都没有得过……"这时，一位平日里与他不合的青年教师突然开口说："不，不是你不配当先进，是因为我们不好，我们没有提你的名。"

一时间，原本会场上温馨感动的气氛被尴尬所取代。领导看气氛不对，马上接过话说："其实，先进只是一个名义罢了，得没得过先进并不重要，没有评过先进，并不代表你不够先进，我们最重要的还是要看事实……"这位领导本来是想要缓和一下气氛，结果反而使局面更糟糕。

其实，会场的气氛之所以会如此尴尬，最主要的还是退休老教师、青年教师以及领导他们三人没有正确洞悉说话的氛围。首先是那位退休老教师，就算自己心里面有多少遗憾，也不应该在欢送会这样的场合上讲出来。而那位青年教师，也不应该在这样的场合上为图一时之快，说那些刻薄的话。最后，那位领导在场上出现尴尬的时候，应该极力避开那个敏感话题，而不是继续在这个话题上唠叨不休。

如果在与别人说话时的气氛好，或者当时所谈论话题人人感兴趣，那么人们的谈话兴致便高，回应的速率也会很快，这样就避免了自说自话的尴尬，无形中减少人在发言时的恐惧感。生活中，无论是吃饭，还是学习，大家总喜欢说："要有氛围！"没错，氛围真的很重要，尤其在与人交往的时候，如果渲染得当，可以大大增强你的吸引力。不信吗？那不妨来看一看下面的例子吧！

为了丰富学生的课余生活，某大学专门邀请一位著名教授举办了一个讲座，但由于临时改变地点，时间仓促，又来不及通知，结果到场的人很少。教授到了会场才发现只有十几个人参加。

他有点儿尴尬，但不讲又不行，于是他随机应变，说："讲座的成功不在人多人少，中共第一次党代会才到了12人，但意义非同小可。今天到会的都是精英，我因此更要把课讲好。"

这句话把大家逗得开怀大笑。这一笑，活跃了气氛，再加上教授讲课充满激情，使得那一次讲座非常成功。

人际交往就如同舞台上的演出，为了演出的成功，不仅需要很好的台词、演技，还需要一种看不见、摸不着，却必不可少的——氛围。就像电影中，要有背景音乐来渲染气氛。在人际交往的场合，也往往需要营造点氛围，好像交际的润滑剂，使交际能顺利地进行下去。

有一家公司召开年终总结大会，董事长讲话时将一个数字说错了。

一个下属站起来，冲着台上正讲得眉飞色舞的董事长高声纠正道："讲错了！那是年初的数字，现在的数字应该是……"结果全场哗然，把董事长羞得面红耳赤。事后，这名员工因为一点小错被解聘了。

当然也有人做得很好。

有一家公司新招了一批员工，在董事长与大家的见面会上。董事长逐一点名。

"黄烨（华）。"

全场一片静寂，没有人应答。

一个员工站起来，怯生生地说："董事长，我叫黄烨（叶），不叫黄烨（华）。"人群中发出一阵低低的笑声，董事长的脸色有些不自然。

"报告董事长，是我把字打错了。"一个精干的小伙子站了起来，说道。

"太马虎了，下次注意。"董事长挥挥手，接着念了下去。

这个小伙子董事长从此就特别留意了。他发现这个小伙子其实是一个很有大局观的人。团队里面出了问题，他会首先站出来承担责任。而有了什么成绩，他也不会独揽。所以，在团队中，他的人缘非常好。

没多久，那个小伙子因为各种优异的表现被提升为公关部经理。

从这件事情我们可以看出，并不是因为那个小伙子站起来为董事长打了圆场，而得到提升。而是因为小伙子能够敏锐的洞察全场的气氛，能够看到事情背后隐含的问题，并及时快速地做出判断。他看出来，董事长读错字的这种情况，可能会影响到董事长身为高层领导的威信，这对于董事长以后的领导工作是很不利的。再往下深究，可能会影响到公司形象。而这个时候，自己站出来的话，顶多是工作上的失误，作为一个普通员工，这样的事情不会造成什么大的影响。这个时候，这名员工保全的就不仅仅是领导的"面子"，更是公司的"面子"。

在交际活动中，如果把交际桌看成是会议桌，气氛就很难营造起来，也无法让对方投入。想让对方投入，一般要靠自己的带动。有一种生意人，他们可以在会议桌上非常严肃、非常理智，然而，一旦到了社交场合，却又放得很开，与人斗酒、唱卡拉OK、开各式各样的玩笑，一副百无禁忌的样子。其实，他们是在营造交际气氛。

所以，我们要在不同的时间、地点、人物面前说符合周围环境气氛的话，这就要求说话者能够做到在说话前读懂全场气氛的洞察力。该说话时才说话，而且要说得体的话。只要我们有充分的耐心，积极进行准备，等待条件成熟就顺理成章地表达自己的观点，不仅能赢得对方的开心，又能令自己舒心。以下五点可以让我们从容洞察说话场合的气氛：

第一，看准时机再说话，要有耐心，积极准备，时机到了，才能把该说的话说出来。

第二，沉默是金，并不是说要一味地沉默不语，该说话的时候就不要故作深沉。比如，领导遇到尴尬情况了，就需要你站出来为领导打圆场，同事有矛盾了，需要你开口化干戈为玉帛。

第三，别人在说话的时候，不要随意插嘴打断人家的话。

第四，看准时机，说不同的话。这些话都要与当时的场合、时间、人物相吻合。

第五，该说话的时候要说话，因为有时候机会转瞬即逝，错过这个说话的时机，也许以后就不会再有机会了。

灵活展现自我角色的"表演力"

即兴口才重在灵活变通，具备即兴口才的人能在面对尴尬的时候灵活变通，通过口才展现自我魅力。在即兴口才的规则中，想要成功就应该学会比别人会说一点、灵活一点，在灵活变通中展现自我。

纵观古今，于关键时刻舌灿莲花展现自我光彩的人不在少数。舌战群儒促成吴蜀联盟的诸葛亮，一段利辞使秦相范雎拱手让出相位的蔡泽，行者说六国得以安的苏秦，明其言让敌军卷甲归去的陈轸明……他们用无数的事实表明，在许多非常场合，施展灵活变通的口才，可以使你步出尴尬境地，赢得众人的赞许，并能于各种生存处境中游刃有余、如鱼得水，有时甚至可以力挽狂澜，起死回生，让自我角色在说话中自由的展现。

在《草船借箭》中扮演周瑜的演员有意捉弄那位扮演诸葛亮的演员,看这位"孔明"是否能灵活地变通。

当"诸葛亮"按戏文程序向"周瑜"说:"都督军务繁忙,亮不打搅了,就此告辞。"说罢,摇着羽扇欲走。"周瑜"一把拉住"诸葛亮","先生慢走,"然后向前上方一指,"你瞧天边有一朵黑云,不知有何凶吉,请先生指教!"

因戏文里没有这句台词,这一问,把扮演诸葛亮的演员问愣了,连摇着的羽毛扇也停住了。他再一看"周瑜"脸色,知道是恶作剧,不由得支吾道:"这个么……"但他猛地眉头一皱,计上心来。于是从容地摇着羽扇答道:"都督,此乃天机,不可泄露,你附耳过来。""周瑜"只得走近"诸葛亮",把耳朵凑过去。

"诸葛亮"对着"周瑜"的耳朵低声骂道:"你这该死的,谁让你在台上胡闹,我把你……""周瑜"被骂得满脸通红,但还是面向台下观众说:"先生高见,真乃当世奇才。"

故事中的"诸葛亮"运用自己的口才即兴发挥,可谓是灵活展现自我的典范。能够灵通的口才是每一个艺术表演者必须具备的基本素质,它能让临危不乱,从容应对突发的情况。

俗话说:"变则通,通则久!"在一些暂时没有办法扭转的事情面前,我们应该学着变通,不能死钻牛角尖,此路不通就换另一条路。有更好的机会就赶快抓住,生活不是一成不变的,有时候我们转过身,就会发现,原来我们身后也藏着机遇,只是当时我们赶路太急,忽略了那些美好的事物。即兴口才的灵活变通也是如此。

晏婴是齐国有名的辩士。有一次,齐王派晏子出使楚国,在酒席上,狂妄强横的楚王见晏子身材矮小,出言嘲弄他:"难道齐国没有人了吗?怎么派你这样的人来当使臣?"

面对楚王的挑衅,晏子不慌不忙地说:"齐国首都临淄大街上的行人,只要举起衣袖,就能把太阳遮住,人们流的汗像雨一样,走起路来肩碰着肩,脚尖碰着脚跟,怎么会没人呢?"

楚王继续揶揄地说:"既然有那么多人,为什么派你这样的人当大使呢?"

这时,晏子说:"是啊,我们齐王委任使臣是有规定的,最有本领的人,就让他出使到最贤明的国君那儿去,没有本事的,就出使到无能的国君那儿去,我正因为无才又无貌,才被派来出使楚国!"

晏子面对骄横的楚王先示弱,承认自己正如楚王说的不行,这是他的"退",这让楚王更加志得意满,然后在楚王最兴奋的时候,接着说齐王派遣使臣的规定,得出的结论是"正因为我最无能,所以被派到了最不贤明的楚国国君这里来",给楚王一记当头棒喝。这种以退为进的辩术保住了自己的国格和人格，同时又让对方深受打击，比直接无礼地呵斥楚王，效果要好得多。

变通口才的威力巨大，实现过程却并不复杂，实现变通口才只需要比别人会说一点，思维懂得在死板处转个弯。借用诙谐的语言、变通的智慧，成功到达胜利的彼岸已经不再是难题。

一旦真正拥有灵活变通的口才技巧，就能于五花八门的交际圈中脱颖而出，成为众人瞩目的焦点。同时，无论是日常生活的即兴交谈，还是面对成千上万观众的即兴演讲；无论是小到两个人的谈情说爱，还是大至两国之间的商榷谈判；无论是职场环境中和上司、同事及下属的和睦相处；还是辩论场上的风云际会，变通的口才艺术都会助你一臂之力，让你的人生如沐春风，让你的事业青云直上。

利用语言的结晶，做真正的语言强者

季羡林说，世人都知道"鉴往知今"的重要意义。鉴往绝不是什么"发思古之幽情"，而是为了"知今"，而且两者都是为了预测未来，以便把将来的工作做得更好。在语言上同样需要鉴往知今，利用语言的结晶，做真正的语言强者。

所谓语言的结晶，就是那些通过智慧的打磨，被人们广泛认可，流传百世的名言、诗句、谚语、俗语等。这些语言精练、形象、生动而有美感，平时多积累并将它们运用到说话中，能为我们的语言增添不少色彩。事实上，在与他人交谈对话的时候，适当运用一些优美的词句，会让对方觉得我们有很高的涵养，而且很多语言结晶都有着各自的魅力，适当运用，可以让对方更好地领会我们的言外之意。

俗语是群众语言，有浓郁的地方特色，通俗易懂，人民群众熟悉的、喜爱的语言，它包括谚语、歇后语等。这些语言大都来自社会实践，是人民群众创造发明的，在讲话时巧妙地运用，能够大大增强语言的感染力，容易被群众理解和接受。如果能够恰当地使用，可以增强讲话或演讲中的幽默感和说服力。

抗战胜利后的一天，上海一幢公寓里传出阵阵欢笑。原来，画家张大千要返回四川，他的学生们为他送行，梅兰芳等名流也到场作陪。宴会开始，张大千向梅兰芳敬酒，说："梅先生，你是君子，我是小人，我先敬你一杯！"众宾客都愣住了，梅兰芳也不解其意，笑着询问："此话作何解释？"张大千笑着朗声答道："你是君子——动口；我是小人——动手！"满堂来宾，笑声不止，宴会气氛一下子活跃起来。

张大千根据当时的氛围灵活地运用了"君子动口不动手"这一俗语，使得整个宴会的氛围活跃起来。由此可见，适当的利用语言的结晶，能为自己的语言表达增添无尽的色彩。

1985 年 5 月，美国总统里根到苏联访问，两国领导人举行会谈。在欢迎仪式上，苏联领导人戈尔巴乔夫说："总统先生，你很喜欢俄罗斯谚语，我想为你收集的谚语再补充一条，这就是'百闻不如一见'。"

戈尔巴乔夫之意，当然是宣称他们在削减战略武器上有行动了。

里根也不示弱，彬彬有礼地回敬道："是足月分娩，不是匆匆催生。"

里根的谚语形象地说明了里根政府不急于和苏联达成削减战略武器等大宗交易的既定政策。通过对谚语的运用里根的话更具说服力。

事实上，语言的结晶在任何场合的说话中都适用。在论辩中巧妙地运用俗语、谚语等语言的结晶可以调节气氛，增强语言的感染力，从而达到明确地讲清道理、有力地反驳对方的目的。比如，运用多个成语，妙语连珠，文采熠熠，有一种强大的感染力和说服力；运用谚语，入情入理，也很有表现力；运用歇后语，言简意赅，生动形象；运用寓意深刻、韵味隽永的顺口溜，也可产生新鲜、奇特、生动的感觉。此外，也可以适当地引用名人的言论、公认的史料、数据以及广泛流行语等，从而更好地点明主题，佐证观点，使文义含蓄，富有启发性，使听者会心言外，深思彻悟。

因此，我们在日常生活中，应该有意识地多积累一些约定俗成的语句，这是提高说话水平的一条捷径，同时，要注意恰当地使用。

用被对方认同的事情作为开场

奥韦司基教授在他的《影响人的举动》一书中说："当一个人开始'否定'时，就形成了一道心理防线，他就要固执下去，来维护自己的人格尊严。即使他意识到自己的'不'并不正确，他也不会放弃自尊，而是继续固执下去。因此在开始谈话时，最重要的是先说一些对方认同的事情。

会说话的人，一开始就会说一些让对方认同的话，就能让他忽略分歧，不再抵触自己，进而愿意接受你的意见。就像打壁球，顺着球的方向打，它更容易前进。纽约市格林威治储蓄银行的职员詹姆斯·艾伯森曾因这种"用对方认同的事作为开场"的技巧，留住了一位顾客。事情是这样的：

有位顾客要在詹姆斯·艾伯森所在的银行开一个账户，詹姆斯·艾伯森便给了他一些例行手续的表格，但对于表格上的一些问题他毫不犹豫地回答，有些他却坚决不填。

要是刚来银行工作那会儿碰到这种情况，詹姆斯·艾伯森一定会告诉他，如果没有那些个人信息的话，银行不会给他开账户。那样做当然痛快，但那不是银行的目的，一个来开账户的人希望被尊重。于是詹姆斯·艾伯森决定使用让对方认同的事作为开场的技巧。因此，詹姆斯·艾伯森对他说，他拒绝填的那些信息，并不是非填不可。但他接着又说："可是，假设在你去世的时候，银行是否有责任把这笔钱转到你的继承亲友那里呢？"

听了詹姆斯·艾伯森的话，这位顾客作了认同的回答。

詹姆斯·艾伯森继续说："如果我们知道了你最亲近的亲属的名字，是不是很方便呢？如果你去世了，我们就能够迅速而准确地实现你的愿望，对吗？"

这位顾客又作了肯定的回答。

其实，这时这位顾客的态度已经改变了，因为他了解到银行为什么会有这样的规定，不是为了别的，正是为了他自己。在离开之前，那位年轻人又听从詹姆斯·艾伯森的建议开了一个信托账户，把他母亲填为受益人，很配合地回答所有关于他母亲的信息。

这里詹姆斯·艾伯森采用的就是"用被对方认同的事情作为开场"的切入技巧，层层引入，成功说服对方改变态度的。由此可见，当你希望别人同意你时，不要一开始就与他争论，要以双方所同意的观点作为开始，打开对方认同自己的大门。

交际场合往往会出现这种情况：有的人口若悬河，滔滔不绝，十分健谈；而有的人即使坐了半天，也无从插话，找不到话题。为了让自己说的话被对方更好的接受，我们可以用被对方认同的事情作为开场。

曾经有一个实例，某家庭电器公司的推销员挨家挨户推销洗衣机，当他到一户人家里，看见这户人家的太太正在用洗衣机洗衣服，就忙说：

"哎呀！这台洗衣机太旧了，用旧洗衣机是很费时间的，太太，该换新的啦……"

结果，不等这位推销员说完，这位太太马上产生反感，驳斥道："你在说什么啊！这台洗衣机很耐用的，到现在都没有故障，新的也不见得好到哪里去，我才不换新的呢！"

过了几天，又有一名推销员来拜访。他说：

"这是令人怀念的旧洗衣机，因为很耐用，所以对太太有很大的帮助。"

推销员先站在这位太太的立场上说出她心里想说的话，使得这位太太非常高兴，于是她说：

"是啊！这倒是真的！我家这部洗衣机确实已经用了很久，是旧了点，我倒想换台新的洗衣机！"

于是推销员马上拿出洗衣机的宣传小册子，提供给她做参考。

用被对方认同的事情作为开场这种推销切入话题的技巧，确实大有帮助，因为这位太太已被动摇而产生购买新洗衣机的决心。至于推销员是否能说服成功，无疑是可以肯定的，只不过是时间长短的问题了。

用被对方认同的事情做开场的技巧其实是利用了对方一种心理状态。当一个人不认同一件事的时候，他的整个身心都处于抵触中，并形成一种紧张感去抗拒别人的观点。反之，当一个人认同一件事，他的整个身心便处于欢迎和开放的状态，就越容易接纳我们的意见。所以，当我们用对方认同的事作为交谈的开场，就能让其容易地接受我们的意见。

巧用封闭式提问和开放式提问

封闭式提问——是指提出答案有唯一性，范围较小，有限制的问题，对回答的内容有一定限制，提问时，给对方一个框架，让对方在可选的几个答案中进行选择。这样的提问能够让回答者按照指定的思路去回答问题，而不至于跑题。但封闭式提问有其不足之处就是具备一定的威胁性，会给他人一种不舒服的感觉。开放式提问是相对于封闭式提问的，它是指提出比较概括、广泛、范围较大的问题，对回答的内容限制不严格，给对方以充分发挥的余地。这样的提问比较宽松，不唐突，也常得体，可有效缩短对话双方缩短双方心理、感情距离，但由于松散和自由，难以深挖。因此，为了准确地判断出对方的需求，我们在提问的过程中，最好将"开放式"与"封闭式"结合起来，利用开放式询问启发对方说出自己的意见、看法，然后利用封闭式提问法进行准确定位，进而找到对方需求，赢得谈话想要的信息。

开放式提问和封闭式提问经常被销售人员运用。当销售人员想与顾客有所连接时，他通常会使用封闭式提问来向顾客提问。如："我能提一个问题吗？"当我们问这个问题时，几乎没有一个人会拒绝，他们会停下手中的事情，因为他们很好奇我们到底要问什么，这样销售人员就有机会继续跟顾客谈下去。在谈话过程中为了避免话题结束，销售人员会采用开放式提问，以使客户打开自己的心扉，说出自己的想法、感受和顾虑，借此机会深入到客户的内心世界，获得一些深层次的需求信息。比如，一个护肤品销售人员，会这样问顾客：

"您能谈谈自己对护肤品的期待吗？"

"对于您现在正在使用的护肤品您有什么看法吗？"

"您主要想在什么方面有所改善呢？"

"您能告诉我您最真实的想法吗？"

"您对护肤品的价位有什么期待呢？"

"您希望用了我们的护肤品后取得什么效果呢？"

这样的开放式提问就能让顾客打开心扉，销售人员就可以从顾客的回答中获得信息进而根据实际情况推销自己的护肤品。不过销售人员也会遇到很多滔滔不绝的顾客，他们在面对销售人员的提问时，经常漫无边际地谈天说地。这时候就需要销售人员将问题转移到自己的销售目的上来。这时封闭式提问就会起到关键性作用。由此可见，开放式问题问得太多的话，会让对方的回答没有目的性，我们也难以收集到有用的信息；如果封闭性问题问得太多的话，会让对方很有压力，让沟通的气氛变得紧张。

开放式提问和封闭式提问的运用需要使用者在与他人谈话的过程中，根据实际情况灵活使用。当然这是非常需要技巧的，我们可以遵循这样一条原则——在谈话之初用封闭式提问打开对方心扉后，再用开放式提问让谈话者畅所欲言，如果对方的畅所欲言变得无边无际了，我们就可以用封闭式提问将他拉回主题，如此灵活应变就能达到想要的谈话效果。

第八章

处世口才：
征服人心，瞬间提升人气的秘密

你找别人 100 条毛病，对你是没有帮助的；你找别人身上一条不具备的优点，那么，你学到了，对你是有好处的。

——刘震云，毕业于北京大学，著名作家

投其所好，避其忌讳

著名学者 A. H. 马德鲁曾经说过："人类有五种不同的欲望，当他满足了最底层的欲望之后，就会一级一级向上升高，非得要满足最高层的欲望，否则绝对不肯罢休。"与人交流时，我们应该多谈对方感兴趣的事物，避开他人忌讳的事情，做到投其所好、避其所讳，就像我们钓鱼那样，想要钓到鱼就要拿鱼儿喜欢吃的东西做鱼饵，拿它们不喜欢吃的东西做鱼饵是不可能钓上鱼来的。

实际上，无论是跟谁谈话都是如此。想要引起他人的兴趣、赢得对方的好感，就要从他人的爱好出发。探明他人的爱好，迎合他人的喜好，先从心理上接近他人，以得到他人的信任或赏识，这样就容易实现你的目标。

姜姗姗在一家外资企业中工作，她的领导是一名年过四十的中年女性，特别喜欢追求时尚，喜欢新款的服装、化妆品、电子产品，对于哪些商品有什么样的特点了如指掌，如数家珍，一点儿不比时下的年轻人差。

姜姗姗知道了领导的爱好后，为了能够更好地和领导沟通，开始关注国内外流行的服饰和数码产品的情况，她每天必做的事就是到各大网站查看最新的资讯，同时她还订阅了大量的相关杂志，这些杂志内容全面、印刷精美，但是价格也昂贵。

通过不断地阅读和查找，姜姗姗逐渐地对这些时尚资讯感兴趣起来，对各种中外的名牌服装、化妆品、电子产品都非常熟悉，一旦有新品上市，她一定能第一时间说出其性能，在办公室被誉为时尚达人。

因为爱好相同，闲暇时领导经常会和她聊一些时尚资讯，有时一聊就是好几个小时。

这一天，姜姗姗一到办公室就发现上司换了新的眼影和唇彩，她一眼就认出了这是××牌子的新产品。

午休时她和领导说："张经理，您这眼影和唇彩是××牌子上周才推出的新产品吧，您用着真合适，很衬你的肤色呢，我们这儿的专柜还没有上市呢，您在哪里买的啊？"

张经理一听姜姗姗的话感到十分的高兴，难得姜姗姗这么识货，她说："难得你能看出来，这是我朋友昨天从国外给我带回来的，是限量版呢。"

姜姗姗又说："是这样啊，一看就知道是非常珍贵的，张经理，我知道××商场这几天有好多新品上市，我看到一件枚红色的礼服非常适合您，再加上您这套限量版的化妆品一定非常完美，还有，您还记得我们在网上看到 CES 国际消费电子展上出的那款手机吗，我昨天在××卖场看到了呢。"

张经理听到姜姗姗的话，一下子感到非常的兴奋，她连忙对姜姗姗说："这样，小姜，你要是没什么事，下班后陪我去逛逛吧。"

姜姗姗连忙说："我也没什么事，我们今天就好好地逛逛吧。"

就这样，姜姗姗总能和领导愉快的交谈，无论谈论什么商品，她都能对答如流，和领导一起购物时也总能提出中肯的建议，领导非常喜欢和她说话，有什么工作时首先想到的一定是姜姗姗，对她非常信任。

慢慢地，姜姗姗成了领导的亲信，很多重要工作领导都会交给她去做，公司的很多奖也都颁给了她。

姜姗姗事先摸清了领导的嗜好，因而每次都能和领导进行愉快和顺畅的沟通，也因此赢得了领导对她的喜爱和信任。可见，要想和领导进行良性沟通，方法很重要。

投其所好的具体方式很多，例如提供美好的、令人难忘的款待，赠送适当的礼品，陪同观光旅游，等等，都是可以视对方的兴趣爱好而采用的。与他人沟通交谈，不妨投其所好。这样事情也可以办成，还能给人留下良好印象，赢得他人的喜欢。

当然，只做到投其所好还是不够的，人都是鲜活的生命体，都有自己的好恶。在做到投其所好的同时我们还应尽量做到避其所讳。

每个人都有自己的忌讳，人人都讨厌别人提及自己的忌讳。与他人对话时，必须看清对方的雷区，不要将话题引到这上面来，以免招来对方怨恨，特别是在开玩笑的时候。虽然大多时候，人们开玩笑的动机是良好的，但如果不把握好分寸、尺度，就会产生一些不良的后果。所谓"说者无心，听者有意"，因此掌握说话艺术需要我们在生活中多观察、多总结，避开别人的痛处，这样才能够准确恰当地与他人沟通。

在某学生寝室，初到的新生正在争排大小。小林心直口快，与小王争执了半天，见比自己小几天的小王终于同意排在最末，便说道："好啦，你排在最末，是咱们寝室的宝贝疙瘩，你又姓王，以后就叫你'疙瘩王'啦。"说者无心，听者有意，原来小王长了满脸的青春痘，每每深以为恨，此时焉能不恼？

小林虽是无意但还是戳中了小王的痛处，让两个人的关系陷入尴尬中。很多时候，我们可能会在有意无意中，触到他人的痛处，使谈话或者场面出现难堪，采用自我调侃的方式也是一个很好的方法。这样做是为了考虑同事和上司的面子问题，也是维护别人尊严的一种方式。这不是溜须拍马，而是正当地了解其中的微妙关系，避免触犯同事和上司的禁忌。

人常说："不打勤的不打懒的，专打不长眼的。"人生在世有很多忌讳，如果你在无意之中触犯了领导的忌讳，就会在无形之中得罪对方。因此在工作中，与领导进行言语上的交流，一定要眼观六路、耳听八方，在说话时，千万不要触犯了他人的忌讳。

康熙皇帝在年轻时励精图治，创下不少功业。但到了晚年，由于年纪渐长，于是产生了一个怪脾气——忌讳人家说老。如果有谁说老，他轻则不高兴，重则给对方治罪。所以，左右的臣子们都知道他这个心理，一般情况下都尽量回避说老。

有一次，见天气风和日丽，康熙便率领一群皇妃在后花园的湖中垂钓，不一会儿，渔竿一动，他连忙举起钓竿，只见钩上钓着一只老鳖，心中好不喜欢。谁知刚刚拉出水面，只听"扑通"一声，鳖却脱钩掉到水里又跑掉了。康熙长吁短叹连叫可惜，在康熙身旁陪同的一位年轻妃子见状连忙安慰说："看样子这是只老鳖，老得没牙了，所以衔不住钩子了。"

年轻妃子的本意是想安慰皇帝的，没想到她话音还未落地，康熙就变得龙颜大怒，他认为年轻妃子是说者有意，是在含沙射影地笑他没有牙齿，老而无用了。于是将那妃子打入冷宫，终身不得复出。

年轻妃子本意是想讨好和安慰康熙，没想到由于事先没有考虑到皇帝的禁忌，说出了不适宜的话。康熙由于上了年纪，体力和精力都有所下降，但又不肯承认这个现实，而且也希望他人在客观上否认这个现实，故而一旦有人涉及这个话题，他心理上就承受不了。所以，同样的话语，同样的环境，由于不同的人物的不同理解便引出不同的结果来。

说话是一门博大精深的学问，有人情味的语言如春风送暖，让人如沐春风。人是感情的动物，只要你能够设法满足人之所好，避其所讳，让自己的语言充满打动人心的色彩，就能够与对方顺利地交流和交往。要做到这一点可以参考以下几点：

（1）在说话之前有所准备，事先了解对方的喜好、兴趣和痛处、忌讳。

（2）说话的时候绷紧一根弦，时刻注意不提到敏感的话题，把话题引向他人喜欢的话题上。

（3）如果不慎戳到了别人的痛处，要赶快不露声色地弥补。其中最好的办法是说出自己的类似缺陷，这样大家就"平等"了。

扮演配角也很重要

无论是问一个懵懵懂懂的小孩，还是问一个垂暮之年的老者，在人生的舞台上，究竟是愿意当主角还是配角，相信大多都会坚定地回答：主角。

虽然人人都想做主角，但主角并不是那么轻易就能做的，主角需要经历太多，而配角则要容易得多，没有太多目光的注意，活得也可以轻松自如一些。并且主角没有配角的村托也就不再是主角了，主角的确很重要，配角也是必不可少的。正如毕业于北京大学、现任江苏卫视主持人的李响所说："在这个舞台上，每一个人都是优秀的，我从不觉得自己特别。"

所以，如果一个人能做到万事让人先，自己做一下配角，那么，他的人际关系一定非常好，因为每个人心中都有主角的影子，尤其是在一些关键场合，如果有人愿意当绿叶，烘托出你这朵红花的美。在工作中，如果领导甘愿做下属的配角，定会让下属心甘情愿地为企业出力。

有一位经理，选派一名部下去做一项工作。他选定这名部下的理由是，认为只有他才能够完成这项任务。

可是，这名部下拒绝了，并向他发牢骚："每一次碰到艰难的工作，都派我去，真倒霉！不好的事情，怎么老是落到我身上？"

其实，经理并不是故意找对方的麻烦。他对所有的部下都一视同仁。他选派这名部下去做，当然有他的理由，如果说，他们两人之间谁有错的话，那么，错的不是他，而是他的部下，因为他不应该抗命。

可是，经理却不会这样去告诫对方，他晓得这么做会使对方更不高兴。

他想，对方可能不是真正为了这件事本身在生气。可能是为了太太或小孩的事情，也可能是为了别的事情心里不愉快，而这项工作的指派，却成为对方发脾气的导火线也说不定。

对方心中的郁闷需要有缺口发泄，那么，就让它发泄好了。

于是，经理就设法让对方尽量说出心中的话。

经理："为什么你会这样想呢？"

部下："可不是吗？每一次碰到困难的工作，总是轮到我。如果是偶尔碰上几次，我也没话说，可是，每次都这样，我怎么吃得消？"

经理："你以为别的同事没有做过很难的工作，是不是？"

（他设法让他说下去。）

部下："虽然他们也做过，不过，我被指派的次数最多。"

经理："我没有想到你会这么想。为什么？"

（他不反驳对方的话，并且暗示对方可以尽量将心中的话全部说出来。）

部下："其实，我也不想讲出来，不过，我认为经理太……虽然，在别的方面，经理是很公平的，不过，在这方面却不大公平。"（发泄了心中郁闷之后，心情也渐渐平静下来。至少，他也承认，经理在别的方面处理得很公平。他逐渐变得理智了，所以，经理认为现在可以告诉他真相了，因此，就这么说。）

经理："你认为我总把不好的工作派给你做，所以你就生气，我很了解你的心情。不过，事实并不是这样。因为像这一类有难度的工作，不是每一个人都能够做得来的。你说是不是？如果硬要他们去做，将会造成严重的后果。可是你就不同了，从学识、经验各方面来说，如果不派你，那么，还有什么人好派呢？"

想想看，经过了这样的对话，下一次再指派他去从事艰难的工作，他还会好意思拒绝吗？当对方心中有了苦恼而郁闷不悦时，领导就应站在"配角"的位置上倾听。让下属尽量把苦恼和郁闷倾诉出来。这样能让下属感觉自己是被接纳的，心中的迷惑便能一扫而空，信任之感油然而生。此时，作为"配角"的领导就会自然而然地对下属这个"主角"产生影响力了。

奥普拉·温弗瑞，作为一名黑人，是当今世界上最具影响力的妇女之一，但是奥普拉·温弗瑞既没有显赫的背景，也没有可以依仗的靠山。

通过自身的努力，奥普拉大学毕业时已经成为一家电视台的驻地记者和主持人。这样看来，奥普拉似乎前程似锦。但是，工作并非一帆风顺。奥普拉天性敏感，情绪容易激动，在主持的时候，常出现只顾自己说而忽略了观众的情况，无法做一名冷静客观的新闻工作者。观众批评她，领导也要求她离职。她的事业走入了低谷，但是她并没有自暴自弃，而是冷静分析自身的优缺点，选择了一份新闻插播员的工作。自此，奥普拉找到了自己的方向，不断提高应变能力，磨炼口才。在节目中，她总是循循善诱，和嘉宾袒露心迹，共同成长，并尽量突出嘉宾的重要性，让对方当主角，让嘉宾在自己的节目中发光发热。

事实证明，她的节目平均每周吸引3300万名观众，并连续16年排在同类节目的首位，奥普拉成为当之无愧的"脱口秀女王"。

"突出他人的重要性，让他人当主角"这是很多优秀节目主持人的主张。红花还需绿叶配，没有配角的衬托和映衬，又怎么会有主角炫目夺人的表演呢？正如乔丹与皮蓬。他们共同创造了公牛王朝，无人不知叱咤风云的乔丹，皮蓬却并没有家喻户晓，但缺少了皮蓬，公牛王朝注定只是一个天真的梦。正是在皮蓬无私的辅助下，才使得公牛王朝美梦成真，造就了神一样的乔丹。

而在关键时刻，甘于当配角往往被视为一种奉献精神，一个处处争当主角的人，也会让人觉得不够成熟、虚荣轻浮。社会竞争日趋激烈，一个人要想立于不败之地，是要有"敢为天下先"的勇气和魄力的，但同时也需要"退一步海阔天空"的韧劲和智谋。一个人在竞争过程中，一方面是和事进行挑战，另一方面则是和他人进行协作或挑战，做事容易，但做人就比较难，这需要我们能屈能伸，更需要我们清楚何时屈、何时伸。

让别人做主角，站在舞台的正中央受到万众瞩目，而自己却默默无闻地当着配角，躲在角落里无人问津——这样的滋味的确不好受，但是年轻人要明白，没有当配角的苦与涩，就不会有主角的甜与乐，并且配角是最安全的，没有主角承受的诸多风险，毕竟能力越大，责任也越大。在自己还没成长起来时先让别人做主角，自己跑跑龙套，积累经验，总有一天，会完成破茧而出的蜕变。

以诚相待，别人才会以诚相报

周国平说："人不自觉地要显得真诚，以他的真诚去打动人并打动自己。"真诚，顾名思义就是真实诚恳。谚语有云："真诚贵于珠宝，信实乃人民之珍。"说话真诚的人，能得到别人的信任。人与人之间，无论是主雇关系还是朋友关系，无论是亲人还是顾客，都应该相互真诚。因为真诚高于人性其他方面的一切品质！如何才能获得别人的真诚呢？答案是，只有真诚才能换来真诚！

正如一位诗人所言："动人心者，莫过于情。"抓住了对方的心，与对方交谈也就成功了一半。如果为人真诚，说话之前先有了真诚的心，那么即使是"笨嘴拙舌"也没有关系。有太多的事例一再说明，在与人交流时表达真诚要比单纯追求流畅和精彩更重要。

在工作中也是如此，无论是对同事还是领导，说话做事都应该真诚，即使面对自己的错误也不能遮遮掩掩，这样才有利于你的工作发展。

刘斌在一家机械设备公司做销售人员，他工作踏实肯干，但是不知道为什么他的领导总是不看重他，不是不将重要的工作交给他，就是对他的工作指手画脚。

一次，刘斌一大早去和客户谈判忘了告诉领导，等他到公司之后领导指责他工作态度不同端正，他一时生气和领导吵了起来。刘斌觉得自己和领导怎么都干不到一起去，于是兴起了辞职的念头。

第二天下午，刘斌敲响了经理的门，打算告诉经理自己要辞职了。

因为没有了平时的压力和顾虑，刘斌反而可以和领导实话实说了。

他说："经理，我工作时间不长，有很多缺点，可能我平时比较散漫吧，我总觉得你不太喜欢我，但是我对于你平时工作中严谨的态度是非常欣赏的。"

经理没有想到刘斌能和自己说这些，他说："小刘，既然你坦诚地和我说了，我也就直说了，我对你没有什么不满，你是一个工作能力很强的人，就是有时太不拘小节了，就像上次开会时你和大家随意开玩笑，这样的工作态度是不行的。我平时总说你，是希望你能全身心地投入到工作中去。"

听了经理的话刘斌反省了自己，他明白了经理是一个严肃、谨慎的人，他希望员工用同样的态度面对工作，于是刘斌打消了辞职的念头，在以后的工作中用经理希望的态度努力工作，年底被评为了公司的先进工作者。

坦诚地和领导交流在工作中是十分必要的，用自己的真诚打动领导，让领导对我们敞开心扉。为了实现这样的目标，我们需要做到严格自律，平时在工作生活中就以成为一名坦诚的人为目标，不说虚假不实的话。

在工作中误会总是难免的，遇到这种情况，一味地迎合领导压抑自己的本意，这样不但无法和领导取得共识，有时还会扩大矛盾，使双方的关系降到冰点。所以，作为下属应积极主动地将自己的真实想法告诉领导，这样能为自己赢来更多的信任和支持，这也是保证工作及时准确完成的前提。

当我们真诚地关注别人时，我们才会获得别人的关注和支持。实际上，交流的实质是给予和索取。如果属于精神上的给予，没有真诚，别人就不可能得到你的给予；如果是物质上的给予，缺乏诚意，对方只能视作恩赐，可能因出于无奈，不得不接受。现实生活中不乏虚伪之人，他们把社交的技巧看成是蒙骗对方并谋取私利的一种手段。历史上那些打算给正直的君王戴高帽子的奸臣，正是因为伪装成正人君子、心口如一的样子，其见不得人的勾当才能得逞。但是，虚伪、伪装的东西是绝对经不起时间的检验的，迟早会被识破。所以，一个人若在说话方面染上了这种毛病，也就注定了他失败的命运。

北宋词人晏殊素以说话真诚著称。他14岁时参加殿试，宋真宗出了一道题让他做，晏殊看过试题后说："我10天以前做过这个题目，草稿还在，请陛下另外出个题目吧。"真宗见晏殊这样真诚，感到他可信，便赐他"同进士出身"。晏殊在史馆任职期间，每逢假日，京城的大小官员常到外面吃喝玩乐。晏殊因为家贫，没有钱出去，只好在家里和兄弟们读书写文章。有一天，真宗点名要晏殊担任辅佐太子的东宫官，许多大臣不解。真宗对此解释说："近来群臣经常游玩饮宴，只有晏殊和兄弟们闭门读书，如此自重谨慎，正是东宫合适的人选。"晏殊向真宗谢恩后说："我也是个喜欢游玩饮宴的人，只是家里穷而已，如果我有钱，也早就参与宴游了。"真宗听了，越发赞叹他的真诚，对他更加信任。

由此可见，真诚不论对说话者还是对听话者来说，都非常重要。若不真诚待人，等于欺人、愚人，若轻信他人不实之词，可能会耽误大事，造成不良后果。

一个说话准确的人，总可以准确、流利地表达出自己的意图，也能够把道理说得清楚、动听，使别人很乐意接受。当然，说话能够做到雅俗共赏是最理想的，那将使你拥有更多的听众。但无论如何，为了和对方更好地交流应遵循一个原则，就是尽量不说假话，不能让别人觉得你不真诚。其实，人的本性是真诚的，而虚假不过是社会对人性的扭曲。现实生活中，由于经济与社会地位的高低不同，有些人以追求名利为目的，当达到这一目的的方式在社交中表现出来时，就造成了虚假。它对被蒙骗的一方会造成较大的损害。一个把自我实现目标放在金钱与权势之上的人，虚假几乎是其痼疾。一个以财与势作为社交本钱的人，是决不会获得别人的真诚的，也绝不可能获得最终的成功。只有真诚待人，才能获得相应的回报。

真诚待人，展现人格魅力是吸引他人的一种方法。一个真诚的人，一个具有人格魅力的人，即使不能舌绽莲花，也可以赢得众多人的认可而建立更多的情谊。真诚就像一颗种子，你细心维护它，有一天它就会结出让你惊喜的果实。你真挚对待他人，他人也会真挚待你，甚至你敬人一尺，人必回你一丈。无数事实证明，说话的魅力并不在于说得多么流畅、多么滔滔不绝，而在于是否真诚！最能推销产品的人并不一定是口若悬河的人，而是真诚的人。如果你能够用得体的话语表达出你的真诚时，你就赢得了对方的信任，建立起人与人之间的信赖关系，对方也可能由于信赖你这个人从而喜欢你说的话，进而喜欢你的产品。不但推销员讲话要表露真诚，我们日常生活中的说话也是同样的道理。背得很熟，讲得最顺畅的演讲并不是好的演讲。虽然滔滔不绝、一泻千里的演讲非常流畅优美，但是一旦缺少诚意，就极容易失去吸引力，变得跟一束没有生命力的绢花那样，虽然美丽却不能鲜活动人，从而失却魅力。

与人交谈，不卑不亢

你身边有没有这样的人：私下里见解独到，做事、思维能力都远强于他人；可在上司面前，本来是大好的表现机会，却瞻前顾后、患得患失，不敢表达自己的意见和想法。因而尽管他能力出众，却多年"坚守"同一个岗位，没有晋升，默默无闻。相反，那些能力、思维都不如他的人却敢于直抒己见、不畏权威，这些人的能力或许并不出众，有时提出的建议、想法甚至并不出彩，却总能在关键时刻引起他人的关注，获得更大发展。

虽然你可能替前者不平，但细想之下，在公司这个平台上有太多人想争取加薪、升职、得到更好的发展，为了赢得领导的关注每个人都使出浑身解数。如果不抓紧每一个机会展示自己，就只能埋没于人群之中。所以，当你有好想法时不妨勇敢地表达出来，很可能你就因此让领导开始关注你，更在解决了工作难题的同时，展现了自己的才智。或许你会觉得，自己只是个普通职员，怎么能有胆量向领导提议呢？李开复给我们做出了榜样。

李开复被公认为现今的青年创业导师。但他刚加入微软时，在开会时从不轻易开口说话，担心说错话，因为在座的都是如比尔·盖茨这样的大人物。

有一次，李开复参加了一个十多人的小型会议。比尔·盖茨召集大家共同探讨微软的改组问题，并要求每个人都要发言。

轮到自己发言时，李开复想事到如今，与其畏畏缩缩不敢说话，不如直接说出自己的真实想法，于是他说道："微软是世界IT行业的领军巨头，我们拥有智商最高的员工，效率却比任何公司都要低下。不断企图改组公司是问题的根本原因，公司领导每天想的是内部斗争，却从没有考虑过员工的感受。在这样随时可能动荡的环境下，员工根本没有心思安心工作。因而，其他公司员工的智商叠加，产出高效，而我们员工的智商在不断消减……"

他话音落后，全场鸦雀无声。之后，李开复受到很多同事的电子邮件，称赞他的胆量，说出了他们敢想不敢说的事实。

结果，比尔·盖茨不但没有责怪李开复，反而接受了他的建议，不仅搁置了公司的改组方案，还在与公司其他领导层开会时引用了李开复的话，让大家把思维从怎样改组公司放到建设公司文化上来，让员工充分发挥才智，积极工作。

自那以后，李开复得到了比尔·盖茨更多的重视和了解，他在微软的事业轨迹也有了巨大的转变。

李开复用自己的不卑不亢得到了比尔·盖茨更多的重视和了解，他说的话也被比尔·盖茨所接纳。事实上，如李开复那样对领导勇敢直言的下属其实并不多见。"勇气通往天堂，怯懦通往地狱。"古罗马剧作家塞内加如是说。既然职场就是表现自己的舞台，你是否有勇气说出自己的看法，能否得到领导的欣赏与重用，关键就在于你是否足够勇敢。

在领导面前处于不利境地时，如果为了迎合领导，讲了假话，那就违背了自己的内心，也未必会得到领导信服。在这个时候如果讲究点技巧，不卑不亢，既讲了真话，不违背自己的本心，又能使对方接受，岂不是一举两得。

宋代有一位大臣，为官公正，为人刚正不阿。年轻时四处游学，机缘巧合，竟然认识了微服私访的当朝皇帝。皇帝心血来潮，写字画画去卖，只可惜水平实在不高。这位为官者告诉皇帝，他的画只值一两银子。皇帝听了既不服气又生气，但也不好发作。

来年这位青年进京赶考，高中状元，成了天子门生。觐见皇帝时才发现，原来当年卖画的老兄竟然是皇帝，皇帝也认出了他。皇帝屏退左右，只将这位大臣留了下来，拿出当年只值一两银子的那幅画，问道："卿家认为这幅画价值几何？"

这位大臣赶紧前进一步说道："这幅画如果是陛下送给为臣的，那就价值万金，因为无论陛下送的何物，对为臣来说，都是无价之宝。但如果拿去卖的话，这幅画就值一两银子。"皇帝听了，不禁拍掌大笑，知道自己有了一位才学渊博、品行端正的忠心之士。

这位大臣在这里并没违背自己的本意，而是讲了真话，这种不卑不亢的巧妙表达，也使皇帝觉得在理，因而也非常高兴。

不卑不亢只是一种说话手段，运用它的关键是理直而气壮，只有大胆地说出应该说的话，才能不致弄巧成拙，惹领导不快。

战国时候，一次，齐王派淳于髡到楚国去献一只鹄。没走多远，不小心让鹄飞走了。

淳于髡还是去了楚国，对楚王说："齐王派我来献鹄，到了河边，我看这鹄很渴，便放它出来饮水，没想到它竟然飞走了。为此我很难过，我想自杀，又怕世人议论齐王，说他因为一只鸟而使一个臣子死了。我想干脆逃到别的国家去，可那样齐楚两国就没有使者联络了，弄不好还要产生误会。思来想去，还是空着手来了，向大王请罪。"

楚王听了，不但没有责备他，反而大大夸奖了他一番。

面对自己的失误，淳于髡没有逃避退让，而是勇敢地到楚国请罪。在向楚王陈述时，淳于髡善于分析事理，从楚国的利益角度出发，不卑不亢地向楚王说明了事情的经过，最终获得了楚王的谅解和夸奖。可见，不论和谁说话，做到不卑不亢都很重要。

人们喜欢礼貌、谦逊的人，但是没有人会欣赏低三下四的人。绝大多数的人对那种一味奉承、随声附和的人，是不会予以重视的。因此，在保持独立人格的前提下，我们应采取不卑不亢的态度和他人说话，只有这样我们说出的话才能让人信服。

适时关怀比恭维更有效

人的天性喜欢听一些恭维的话，尽管恭维的话在某种程度上可以帮你赢得一个人的好感，但恭维的言语容易让人产生刻意讨好的感觉，总隐含一定的风险性，恭维的话说多了就容易让他人对你产生防范心理。而关心就不同了，没有人会去拒绝一个人的关心，对别人关心和体贴，自然会让人感到温暖。多说这一类的话，会赢得真心的感动和感激。体贴，代表了对别人的爱护、关切和照顾。

有一位中学老师接管了一个差班班主任的工作，正好赶上学校安排各班级学生参加平整操场的劳动。这个班的学生躲在阴凉处谁也不肯干活，老师怎么说都不起作用。

后来这个老师想到一个的办法，他对自己的学生们说："我知道你们并不是怕干活，而是都很怕热吧？"学生们谁也不愿说自己懒惰，便七嘴八舌说，确实是因为天气太热了。老师说："既然是这样，我们就等太阳下山再干活，现在我们可以痛痛快快地玩一玩。"学生一听就高兴了。老师为了使气氛更热烈一些，还买了几十个雪糕让大家解暑。在说说笑笑的玩乐中，学生接受了老师的建议，不等太阳落山就开始劳动了。

这位老师如果用严厉的话命令这些学生，肯定起不了好的作用，很有可能加剧学生的叛逆心理，使其更加放肆。但这位老师站在学生的角度，用关心的话感染了学生，让学生在愉快的氛围中工作。由此可见，关心远比恭维的话容易被人接受，若能做到动之以情，往往能收到很好的效果。

倘若你用恭维的形式讨得一个人的欢心，所赢得的只是片刻的信任；假如你用关心的话让对方获得尊重以及认可所赢得的将是一生的友谊。

小杜是学校里出了名的"歌星"，每次晚会或其他娱乐活动都少不了他的歌声。

在一次元旦晚会上，他又成功地演唱了一首歌，表演完后，台下一片喝彩声。回到观众席，大家对他的歌声还在赞不绝口。这时，一个师弟对他说："师兄，你的舞也和你的歌一样棒啊！刚才看你在台上的舞姿，觉得你跳舞肯定也很厉害！"

听惯了别人称赞自己会唱歌的小杜头一回听人如此关心并称赞他的舞蹈，自然非常开心，就故作谦虚地说自己不太会跳舞，长项还是唱歌。这时，师弟马上接上他的话：

"对呀，师兄的歌喉真是没得说。有空教教我吧。"小杜在愉快的心情中欣然应允。

这位师弟没有和他人一样恭维小杜被公认的唱歌水平，而是夸他舞一定也跳得很好，这让小杜觉得这位师弟不是在人云亦云地恭维他，而是真正的关心他，否则他也不会看到其他人关注不到的地方，这让他心里很舒服，并很爽快地答应了师弟的要求。由此可见，适时的关怀要比恭维有效得多。关心别人不仅可以结交不同的朋友，还可以获得更多的主动权。这并不是什么新道理，早在基督降生前一百年，有一个罗马诗人就说过："当别人关心我们时，我们也关心他们。"

那么，与别人交往时如何表达出自己的关怀之情呢？在说话的时候，你可以参考下面的几种方法：

1. 示之以鼓励

给遇到磨难或陷于某种困境的人指出希望，让他振作精神，乐观地从困境中走出来，对方会对你的善意表示感激。

2. 示之以关心

不拘位卑位尊，贫贱富贵，人人都珍视感情。在必要的时候向别人表示关爱的感情，别人也会把同样的善意之球抛掷给你。

3. 示之以同情

如果周围的人遇到了什么挫折和不幸，我们真诚地给予同情，就可以让他感受到我们对他的体贴和关心。这样就能多少减轻一些他内心的痛苦。

当然，同情不是无原则的附和。如果对方的情绪产生于错误的判断，就不应当随便表示同情，以免助长其错误情绪。比如说评定奖金，张三本来劳动态度不好，因而未评上一等奖，他发起了牢骚，你如果在这时表示同情，那就等于助长他的错误思想，也不一定会起到安慰的作用，这时需要的倒是劝导他正确对待，好好工作，争取下次拿奖。

不管采用什么办法，如果你的话语中充满了关怀之情，对方就一定会被你所折服，你们的友谊也就更加牢固。要想愉快地与他人相处不一定要恭维他人，若是能不断地表现出此种关心，对方对你必然更加亲切信任。

赞美效应：人人都渴望被夸奖

赞美对任何人来说都是必不可少的。心理学家威廉·詹姆士曾说过："人类本质中最殷切的要求就是渴望被肯定。"的确，当一个人应该得到赞美而没有得到时就会心灰意冷、牢骚满腹，甚至从此自暴自弃。反之，当他听到别人对自己长处的赞美时，就会感到愉快，鼓起奋进的勇气。即使他现在还不够完美，只要你给他充分的、恰如其分的赞美和肯定，那么在不久的将来，你就会惊喜地发现，他已经成为你想让他成为的那类人了。

从心理学的角度来看，人的行为受到动机的支配，而动机又是随着人的心理需要而产生的。一旦人的渴望得到他人的肯定的心理需要得到满足，便会成为其积极向上的原动力。比如在训练运动员的过程中，如果教练员能够适时地对运动员所取得的训练成绩加以肯定，很多时候就可以促使运动员完成它，尤其是一直无法完成的某一高难度动作或姿势。

赫洛定律是一种人际关系的需求理论，它强调尽量满足对方的渴求，以此获得他人的认可与信任。就说话而言，我们与人交谈，从某种意义而言，就是一种探求对方需求的过程，通过这种过程，我们知晓对方的心理活动，由此制定下一步的谈话内容。根据赫洛定律，我们可以探求各种人对不同的幽默的喜好，随之在谈话中多运用令对方喜欢的幽默段子，那么和谐而欢娱的气氛油然而生。

喜欢被赞美是人的一种本性。古今中外无数人的言行都证明了这一点。

卡内基小时候是一个公认的非常淘气的坏男孩。在他9岁的时候，父亲把继母娶进家门。当时他们是居住在弗吉尼亚州的乡下的贫苦人家，而继母则来自条件较好的家庭。他父亲一边向她介绍卡内基，一边说："亲爱的，希望你注意这个本地最坏的男孩，他可让我头疼死了，说不定他会在明天早餐以前拿石头扔你，或者做出别的坏事，总之让你防不胜防。"

出乎卡内基意料的是，继母微笑着走到他面前，托起他的头看看他，接着又看看丈夫，说："你错了，他不是本地最坏的男孩，而是最聪明的但还没有找到发挥他的聪明才智的方式的男孩。"继母的话说得卡内基心里热乎乎的，因为在继母到来之前，没有一个人称赞过他聪明，他的眼泪几乎滚落下来。从此以后，他和继母开始建立友谊，而这也成为激励他的一种动力，使他日后创造了成功的28项黄金法则，帮助千千万万的人走上了成功和致富的光明。

所有人都渴望被赞赏。因为赞赏，我们可以获得更多前行的动力；因为赞赏，我们可以确认自己存在的价值。吉祥上师对这一人性特点曾做过精准的剖析，他认为："我们大多数人总是希望得到别人的赞美，却很吝啬对别人的赞美。当我们做了一点小事的时候，总是希望别人可以来表扬自己。这是很多人都在不断重复的思维怪圈。"上师提醒我们说："应该多赞叹和随喜别人，想想当我们取得小小进步，或者做了一点小事，别人总是击掌称赞的时候，想想我们在获得赞扬时的兴奋与喜悦，我们就应该怀着感恩的心，时刻提醒自己，好好去为别人的努力鼓掌，无论成功或失败。"

没有人不会为真心诚意的赞赏所触动，领导也是如此。下属要善于抓住领导胜过别人的最引以为豪的东西，并将其放在突出的位置进行赞美，这样往往能起到出乎意料的效果，达到和领导沟通的良性效果。对于这一点，历史上还有一个很经典的实例。

古时候，一个叫彭玉麟的官员，有一次路过一条狭窄的小巷。一个女子正在用竹竿晾晒衣服，不小心竹竿掉了下来，正好打在彭玉麟的头上。彭玉麟勃然大怒，指着女子破口大骂起来。那女子一看，认出是官员彭玉麟，不禁冷汗直冒。但她猛然间急中生智，便正色道："你这副腔调，像行伍里的人，这样蛮横无理。你可知彭宫保就在我们此地！他清廉正直，爱民如子，如果我去告诉他老人家，怕要砍了你的脑袋呢！"彭玉麟一听这女子夸赞自己，不禁喜气上升，而且又意识到自己的失态，马上心平气和地走了。

晒衣女面对彭玉麟的怒气，急中生智，采用美誉推崇的方式来遏止对方。她装作不知道对方是谁反而斥责对方蛮横无理，并且夸彭宫保清廉正直，说向彭玉麟告状会治他的罪。这并非"当面"夸奖，却胜过当面夸奖，说得彭玉麟心里美滋滋的：自己在民间居然有这么好的吏治声誉，绝不应该为这些许小事而损害形象。幡然醒悟之后，便转怒为笑，一场看要爆发的争吵就这样巧妙地化解了。

晒衣女的这一招的确高明，一顶恰到好处的"高帽"浇灭了对方的怒火。维护自己在别人心目中的好形象是每个人本能的选择，在一番恭维话面前，谁还有心情去生气呢？

另外，对领导说的赞美话要切合实际，如果到领导家里，与其乱捧一场，不如赞美领导的房子布置得别出心裁，或欣赏壁上的一幅好画，或惊叹一个盆栽的精巧。要注意投其所好，领导爱狗，你应该赞美他养的狗，领导养了许多金鱼，你应该谈那些鱼的美丽。赞美领导最在意的东西、最心爱的宠物、最费心血的设计，这比说上许多无谓的虚泛的客套话更佳。

清朝末年，著名学者俞樾在他的《一笑》中，讲过这样一个故事。

古代有一个京城的官吏，被调到外地任职。临行前，他去跟恩师辞别。恩师对他说："外地不比京城，在那儿做官很不容易，你应该谨慎行事。"

官吏说："没关系，现在的人都喜欢听好话，我已经准备了一百顶高帽子，见人就送他一顶，不至于有什么麻烦。"恩师一听这话，非常生气地对这位官吏说："我反复告诉过你，做人要正直，对人也该如此，你怎么能这样？"

官吏说："恩师息怒，我这也是没有办法的办法。要知道，天底下像您这样不喜欢戴高帽子的人能有几位呢？"官吏的话刚说完，恩师就得意地点了点头："你说得也有道理。"

从恩师家出来，官吏对他的朋友说："我准备的一百顶高帽子，现在仅剩九十九顶了！"

这个笑话说明谁都喜欢听赞美的话，就连那位自称"为人要正直"的老师也一样。所以，在拜访客户时，请不要忘记适度的赞美。

讨厌别人赞美自己的人少之又少。即使有，其内心的本意也未必尽然。因为人都有获得尊重的需要，即对力量、权势和信任的需要；对名誉、威望的向往；对地位、权力、受人尊重的追求。而赞美，则会使人的这一需要得到极大的满足。所以，要想获得他人的好感，最有效的方法就是多赞美别人。

每个人都有很多优点和个人特色，如果赞美符合他人的实际，就会收到意想不到的效果，若只是凭空捏造、信口开河，则成了"虚伪"。假如你对我们的养护工人这样说："你真是一个成功人士，你有非凡的气质，你是一个伟大的人物。"那么你一定会被认为是一个神经病。因为这句赞美的语言你用错了人，自然就显得虚伪。对我们的养护职工你可以用吃苦耐劳、不偷奸要滑、对工作敬业、能吃亏不怕脏、聪明朴实肯动脑筋等语言给予肯定和赞美，这样的赞美才显得真诚。

常言道："十句好话能成事，一句坏话事不成。"赞美的语言人人爱听，这是人的共同心理。恰如其分的赞美会让人精神愉悦，赢得他人的信任和好感。在许多场合，适时得当的赞美常常会发挥它的神奇功效，美国前总统林肯曾经说过："人人都需要赞美，你我都不例外。"人人都渴望赞美，这是人们的共同愿望。领导对职工给予赞美，是对职工工作成绩的肯定，能鼓励职工充分发挥主观能动性和聪明才智，再接再厉的取得更大的成绩；朋友之间、同事之间给予赞美，能使彼此之间感情更融洽，友情更纯真；夫妻之间相互欣赏、赞美，可以增添恩爱、巩固婚姻；当父母的不失时机恰到好处地赞美儿女，既鼓励他们百尺竿头更进一步，又可增强家庭的凝聚力。一个笑容可掬、善于发现别人优点并给予赞美的人，肯定会受到别人的尊敬和喜爱。留意别人的长处，学会欣赏别人，赞美他人，不是做人虚伪，这是一门为人处世的艺术。

赞美既然有如此魔力，我们为什么不很好地利用呢？

超限效应：说话要适可而止

心理学上把因刺激过多、过强和过久而引起的不耐烦或反抗的心理现象称为"超限效应"。凡事要懂得适可而止，人与人交往说话也是如此，要谨记掌握分寸说话，"多贪"就"必贫"。正如胡适倡导的那样"有几分证据说几分话，有七分证据不说八分话"。

"超限效应"存在于日常生活说话的方方面面，比如因孩子考试没考好父母批评孩子，不用心而没考好时，父母一次、两次的批评或许对孩子能起到一定的督促作用，但三次甚至四次、五次重复对这一件事作同样的批评，会使孩子从内疚不安到不耐烦，最后到反感和讨厌，甚至还会出现"我偏要这样"的反抗心理和行为。当丈夫不注意生活细节，如不做家务，忘记了某个重要的日子时，做妻子的会一次又一次地唠叨，希望通过不停的"敲打"令丈夫改正过来。当丈夫被妻子"天罗地网"式的唠叨包围得透不过气来时，就会非常反感，甚至恨不得拿一块胶布把妻子的嘴封上。销售人员过分的热情、夸大其词的宣传、强迫式的导购，也会让顾客感到不愉快和反感，最后反而导致顾客不会购买其产品。

"太太，我如果一次性送您三套赠品的话，您是不是可以先看看，然后再决定呢？"为了挽留顾客，达到让顾客留步的目的，导购员竟然以赠品作为筹码，这样只会让顾客觉得产品不怎么样，要不然怎么赠送那么多赠品，而且还是一次性的呢？这样就更不能够起到有效引导顾客的目的了。

可见，在说话时，放低姿态要有度，在"上帝"面前，把自己置于"乞丐"的位置上，不会被人尊重，同样更不会受到顾客的欢迎。很多导购员总是害怕失去顾客，害怕自己由于一字失误而得罪顾客，因此在说话的时候就倍显谨慎，并且为了讨好顾客，极力压低自己，表达对顾客的尊重。其实导购员越这样，顾客就会越看不起你以及产品。所以，导购员在这一点上，应该倍加注意，把握好度，才能赢得尊重，赢得业绩。

的确，"好菜连吃三天惹人厌，好戏连演三天惹人烦。"一个人说话，如果总是喋喋不休、没完没了就会让人不耐烦。关于这个问题，墨子有一个很形象的比喻。一天，墨子的弟子问他："老师，人是说话多好还是说话少好呢？"墨子沉吟片刻后说：

"话不在多少，而在于恰当。田间的青蛙每天叫个不停，但是人们都不与理睬；而雄鸡每天只是啼鸣两三声，人们就应声而起。"

一百多年以前，美国著名的罗克岛铁路公司打算建一座大桥，把罗克岛和达文波特两个城市连接起来。当时，轮船是运输小麦、熏肉和其他物资的重要工具。所以，轮船公司把水运权当成上帝赐予他们的特权。一旦铁路桥修建成功，自然也就断了他们的财路。因此，轮船公司竭力对修桥提案进行阻挠。于是，美国运输史上最著名的一个案子开庭了。

时任轮船公司的辩护律师韦德，是当时美国法律界很有名的铁嘴。法庭辩论的最后一天，听众云集。韦德站在那儿滔滔不绝，足足讲了两个小时。

等到罗克岛铁路公司的律师发言时，听众已经显得非常不耐烦了。这正是韦德的计谋，他想借此击败对手。然而，令韦德意外的是那位律师只说了一分钟——不可思议的一分钟，这个案子就此闻名。

只见那位律师站起身来平静地说："首先，我对控方律师的滔滔雄辩表示钦佩。然而，陆地运输远比水上运输重要，这是任何人都改变不了的事实。陪审团，你们要裁决的唯一问题是，对于未来发展而言，陆地运输和水上运输哪一个更重要？"

片刻之后，陪审团作出裁决，建桥方获胜。那位律师高高瘦瘦，衣衫简陋，他的名字叫作亚伯拉罕·林肯。

韦德之所以用两个小时滔滔不绝，既是为了炫耀自己的口才，也是存心在拖延时间，好让林肯在发言的时候让听众感到厌烦。但是他不仅错估了听众厌烦的剧烈程度，而且也低估了对手林肯的机智反应。林肯的言简意赅，韦德的慷慨陈词不但没能加深陪审团的印象，反而愈发显得惹人生厌。

在管理工作中，如果领导接二连三地重复对一件事进行同样的批评，会使员工从最初的内心愧疚变成不耐烦，进而产生逆反心理——"为什么对我的过失总是耿耿于怀？"也许他本来已经做好了改正的准备，但在无休止的批评的刺激下，完全有可能索性破罐子破摔，这会给管理带来更大的不稳定因素。

柏思齐在门店的"严肃"是出了名的。作为店长，他为药店制定了完善的管理制度，并严格执行，促使员工的服从意识空前提高。可是，最近柏思齐发现，店员对他的"严格要求"微词颇多。诸多管理关系中尤为突出的，就是批评的效果越来越糟糕了。为了提高员工的工作效率，柏思齐对那些违反药店规定的员工，总是毫不留情地进行批评。比如有一次，一位女店员在销售处方药时未按照药店规定的"双人复核制度"复核，就将药品销售给了顾客，顾客回家后才发现不是自己指名想要的生产厂家，于是找药店进行了调换，并向柏思齐投诉了那名女店员。柏思齐按照药店规定，对该店员进行了200元的处罚。

事情本该到此结束。但是，在接下来的日子里，柏思齐常常把这件事挂在嘴边，督促员工在销售处方药时一定要引以为戒，甚至三番五次在会议上将这个案例搬出来教育大家，并直接说出了女店员的名字。面对店长喋喋不休的"揭疤行为"，女店员敢怒而不敢言，最终递上"一纸休书"辞去了工作。柏思齐这才意识到是自己的批评过了火。

著名作家马克·吐温有一次在教堂听牧师演讲。最初，他觉得牧师讲得很好，使人感动，准备把身上所有的钱都捐出去。过了 10 分钟，牧师还没有讲完，他有些不耐烦了，决定只捐一些零钱。又过了 10 分钟，牧师还没有讲完，于是他决定 1 分钱也不捐。等到牧师终于结束了冗长的演讲开始募捐时，马克·吐温由于气愤，不仅未捐钱，还从盘子里偷了 2 元钱。

说起话来滔滔不绝、唠叨不停的人，常常不考虑听者的感受，不考虑自己所说的话是否是别人需要的，也经常不给他人说话的机会，所以有时候也容易招人烦。我们在交谈的时候，一定要注意节奏，控制时间，重要的内容要在前面的 30 分钟充分交流，切忌铺垫太长。如果你发现对方已经开始看表，或者注意力开始分散，开始东张西望，你就要准备收场了，收场的时候最好把你的态度或者观点再总结一次，这样效果较好。

大致来看，"超限效应"一般都是在不自知的情况下发生的，等你意识到这种后果时，往往已经到了无法挽回的地步，尤其是在教育、推销等行业中。要避免"超限效应"所带来的尴尬和遗憾。记住，任何沟通，特别是旨在诱发别人态度改变的说服和引导，都必须避免无意义的重复，否则效果适得其反。掌握住说话分寸，虽不一定能够成为一个雄辩者，但绝对能成为一个成功说话的人。我们要学会在日常言谈中注意方式和方法，注意"度"的把握，不以自我为中心，并学会换位思考。

南风效应：温和的言语让人更舒服

南风效应也叫作"温暖"法则，它来源于法国作家拉·封丹写的这则寓言。北风和南风比威力，看谁能让行人把身上的大衣脱掉。北风首先来了个寒风刺骨，结果行人把大衣裹得紧紧的。南风则徐徐吹动，顿时风和日丽，行人春意上身，纷纷解开纽扣，继而脱掉大衣，于是南风获得了胜利。

它告诉我们，温暖胜于严寒。运用到与人交往说话中，在与人交谈时，要特别注意讲究方法，要丢掉"北风"式的话语，而多采用"南风"式温和的言语，这样才能建立良好的人际关系，才能使事情取得良好的结局，我们的目标才能不偏离方向。

这里所说的"温和言语"中的"温和"有两层含义，一是指说话的方式温和，二是指所说的内容温和。所谓说话的方式温和，是指开口说话的时候，以温和、安详、委婉的语调和语气来说；所谓所说的内容温和，是指所说的内容真实可靠、实事求是，能够使人的心情趋于温和、愉悦，并且使人的思想积极向善，而不是引发贪婪、嗔恨、不满和抱怨等痛苦的情绪。

查尔斯·史考勃有一次经过他的钢铁厂。当时是中午休息时间，他看到几个人正在抽烟，而在他们的头上，正好有一块大招牌，下面清清楚楚地写着"严禁吸烟"。如果史考勃指出那块牌子对他们说："难道你们都是文盲吗?!"这样显然只会招致工人对他的逆反和憎恶。

史考勃没有那么做，相反，他朝那些人走去，友好地递给他们几根雪茄，说："诸位，如果你们能到外面抽掉这些雪茄，那我真是感激不尽了。"吸烟的人这时立刻知道自己违犯了一项规定，于是，便一个个把烟头掐灭；同时对史考勃产生了好感和尊敬。

因为史考勃没有简单地斥责，而是使用了充满人情味的温和的表达方式和温和的言语，使别人乐于接受他的批评。这样的人，谁不乐于和他共事呢？其实，不仅是领导对孩子采取温和的说话方式会让下属敞开心扉、接受批评，就是在我们与周围人的正常交往中，也是如此。

俗话说："良言一句三冬暖，恶语伤人六月寒。"当我们以尊重、温和、友好的方式和人交谈时，对方就会在不知不知中向我们靠近，并愿意敞开心扉与我们进行亲切的交谈。如果我们以一种居高临下的姿态跟人说话，甚至言辞不恭或太犀利的话，对方就会对我们垒起一堵心墙，让我们无法靠近。

胡洛克可能是美国最有成就的音乐经纪人。20多年来，他一直跟艺术家有来往——像夏里亚宾·伊莎德拉、邓肯以及帕夫洛瓦这些世界闻名的艺术家。胡洛克说，与这些脾气暴躁的明星们接触所学到的第一件事就是必须温和地对待他们，特别是在跟他们交谈的时候。

他曾担任夏里亚宾的经纪人达3年之久——夏里亚宾是最伟大的男低音之一，曾风靡大都会歌剧院。然而，他却一直是个"问题人物"。他像一个被宠坏的小孩，以胡洛克的特别用语来说："他是个各方面都叫人头痛的家伙。"

例如，夏里亚宾会在他演唱的那天中午，打电话给胡洛克说："胡洛克先生，我觉得很不舒服。我的喉咙像一块生的碎牛肉饼，今晚我不能上台演唱了。"胡洛克是否立刻就和他吵了起来？哦，没有。他知道一个经纪人不能以这种方式对待艺术家。于是，他马上赶到夏里亚宾的旅馆，表现得十分温和。"多可怜呀，"他极其忧伤地说，"多可怜！我可怜的朋友。当然，你不能演唱，我立刻就把这场演唱会取消。这只不过使你损失一两千万元而已，但与你的名誉比较起来，根本算不了什么。"

这时，夏里亚宾会叹一口气说："也许，你最好下午再过来一次。5点钟的时候来吧！看看我怎么样。"

到了下午5点钟，胡洛克又赶到他的旅馆去，仍然是一副十分温和的姿态。他会再度坚持取消演唱，夏里亚宾又叹口气说："哦！也许你最好待会儿再来看看我。我那时可能好一点了。"

到了 7：30 分，这位伟大的男低音答应登台演唱了，他要求胡洛克先上大都会的舞台宣布说，夏里亚宾患了重伤风，嗓子不太好。胡洛克就撒谎说他会照办，因为他知道，这是使这位伟大而怪脾气的男低音走上舞台的唯一办法。

胡洛克用自己温和的语言，打动了一个个难缠的艺术家。这告诉我们在这个世界上，没有一个人喜欢说话态度和语气生硬、粗暴无礼的人，也没有一个人喜欢言语尖酸刻薄的人。

仔细观察就会发现，言语尖酸刻薄、不温和实际上是招致人讨厌的主要原因。言语生硬、刻薄的人，会让周围的人对其产生极大的厌恶。

自己被别人拒绝了心里肯定不好受，对于拒绝后的处理方式，因人而异。有的下属仗着年轻气盛，一句话就给领导顶回去了，搞得双方不欢而散。有的下属虽然心里有些不快，却还能冷静下来，用平和的语气对领导晓之以理。显然后者是讨人喜欢的，能让领导冷静地予以思考并认为你很有涵养，转机说不定就会在此发生。

在一家企业面试中，小齐凭借自己的实力已经通过了笔试和前几轮面试。

在最后一轮面试过程中，考官突然问道："经过了这轮面试，我们认为你不适合，决定不录用你，你认为会有哪些不足？"

面对考官的问题，小齐虽然很失望，也比较气愤，但还是平静地回答道：

"我认为面试向来是一半靠实力，一半靠运气的。我们不能指望一次面试就能对一个人的才能、品格有充分的了解和认识。通过这次面试，我学到了很多东西，也发现了自己的不足——既有临场经验的不足，也有知识储备的不足。希望以后能有机会向各位考官讨教。我会好好总结经验，加强学习，弥补不足，避免在今后工作中再出现类似的问题。另外，希望考官能对我全面、客观地进行考察，我一定会努力，使自己尽量适应岗位的要求。"

其实，考官这是在考察小齐的应变能力，并非真的对他不满，如果他们认为小齐不合适，不可能再会问他问题。因此，小齐沉着应付，没有中圈套而暴露自己的弱点，回答时非常谦虚，把重点放在弥补弱点上，这可以看出他积极进取的品质，甚至他还表示要诚恳地向考官讨教，无形中博取了他们的好感。

下属求领导办事时亦是如此，遭遇领导拒绝后，如果任凭自己内心的不满发泄出来，只会让领导觉得你不明事理。而如果你能在遭遇拒绝后仍能保持言语和气，循序渐进地对领导晓之以理动之以情，相信领导会重新考虑你的提议，有可能你的目的就达到了。

如果一个人没有"言语温和"的素质，那么这个人的一生将在痛苦的争吵中度过，很难找到祥和与温暖的时日。观察周围的很多人就会发现，不少人其实并没有其他特殊的本领，只是掌握了"言语温和"的基本素质，则其一生也是在幸福和成功之中度过。而又有不少人，虽然拥有一些出众的才能，可是脾气却很暴躁，语言也不温和，出口就让周围的人不开心，这样的人往往一生充满坎坷，家庭不幸福，人际关系也恶劣。

林语堂说："如果我们在世界里有了知识而不能了解，有了批评而不能欣赏，有了美而没有爱，有了真理而缺乏热情，有了公义而缺乏慈悲。有了礼貌而无温暖的心，这种世界将成为一个多么可怜的世界啊。"所以，一个人要具备"言语温和"的禀性，培养"温和"与"谨慎"的心灵。当我们的心灵变得温和时，言语自然就会温和；当我们的心灵变得谨慎而细致时，说话自然就会把握分寸，使人感到温暖而体贴。如果一个人具备言语温和的禀性，这个人自己也会感到祥和与安乐，并且也会受到他人的欢迎和赞扬。

名片效应：交谈要找准切合点

名片效应指两个人在交往时，如果首先表明自己与对方的态度和价值观相同，就会使对方感觉到你与他有更多的相似性，从而很快地缩小与你的心理距离，更愿意与你接近，结成良好的人际关系。在这里，有意识、有目的地向对方表明态度和观点如同名片一样把你介绍给对方。

运用到我们的处世谈话上，可以将"名片效应"理解为要让对方接受你的观点、态度，你就要把对方与自己视为一体。首先向对方传播一些他们所能接受的和熟悉并喜欢的观点或思想，然后再悄悄地将自己的观点和思想渗透和组织进去，使对方产生一种印象，即我们的思想观点与他们已认可的思想观点是相近的。我们在对话时，表明自己的世界观、价值观与对方相同，就会使对方感觉到你与他有更多的相似性，也会增强他与你交谈的兴趣。当你有意识、有目的地向对方表明自己的态度和观点时，就如同名片一样把自己介绍给对方。

仔细观察我们周围的人，无论是二四成双还是五六成群，能真正聊到一起的大概嘴里说的都是同一个话题，而且彼此的关系会随着话题的不断深入而逐渐加深。这就是"名片效应"在人际交往中所起到的作用。

一般在与别人初次交谈时，大都以寒暄开始，但因为彼此不太熟悉，往往使谈话郁郁而终或难以良好地进行下去。如果在寒暄时能够插入一些个人话题就能引起对方的共鸣，比如赞美对方引以为荣的事情等，这样一来彼此有了相似的心声，也相当于给了对方一张了解你的"心理名片"，通过它让对方知道你们有着共同的兴趣，使你们在心灵上更靠近。

康正是一家民营房地产公司的老板，在创业之初，由于国家政策、大众观念等对私营企业的偏见，他们的发展遇到了很大的困难，由于各种批文很难拿到，严重制约了公司的发展。康正在多次试图拜访国土局某局长失败后，他知道再继续下去仍然是失败。于是他在反复研究了人际关系后决定找出对方喜欢的东西，通过"投其所好"来达到自己的目的。

通过了解，康正知道这位局长非常喜欢文学，喜欢结交一些作家。正好康正认识一位当红作家，于是他打算从这方面入手。

这天，康正又来拜访局长。刚进局长办公室他就发现，局长桌子上放着一张他和作家A的合影。于是，他对局长说："张局长，我一直挺喜欢A的作品，还一直想让他给我签个名呢，可惜从未如愿。我听说，您和他关系非常好，你们是怎么成为好朋友的呢？"话音刚落，张局长的脸上就有了笑容，他笑眯眯地说："这也没有什么了不起的，我这个人没别的爱好，就是喜欢文学。很多年前，A还没有成名前，我们就是朋友了……"

后来，康正又假装不经意地提起自己和作家B认识，意料之中，张局长马上说："有时间你请他来这儿，我请客。"

关于这个话题他们聊了很长时间，离开时，康正如愿拿到了已经批过的申请报告。他和张局长也从此成了朋友，直到局长退休，他们仍然是好朋友。

之所以康正能顺利拿到批文，并多了一个朋友，就是这次谈话促成的。他以能引起对方共鸣的话题作为开场，使局长对他的话题产生了兴趣，从而缩小了双方的心理距离，接下来的其他话题自然也就容易展开。

恰当地使用"心理名片"，可以尽快促成人际关系的建立，但要使"心理名片"起到应有的作用。首先，要善于捕捉对方的信息，把握对方真实的态度，寻找其积极的可以接受的观点，制作一张有效的"心理名片"；其次，要寻找时机，恰到好处地向对方出示你的"心理名片"，这样，你就可以达到目标。

掌握"心理名片"的应用艺术，对于处理人际关系具有很大的实用价值。

第一，要根据别人的兴趣爱好说话。人们由于职业、个性、阅历及文化素养等方面的不同，兴趣和爱好也有所不同，而且有些人的兴趣、爱好还会因时因地而有所变化。比如，有的人年轻时对垂钓感兴趣，而到了晚年，却爱好养花种草。若知道你的交际对象对某方面感兴趣，你与之交谈时不妨先谈些与其兴趣有关的话题，这样对方就容易向你打开话匣子。

第二，要根据对方的性格特点说话。平时，我们面对的交际对象性格迥异，有的生性内向，不仅自己说话比较讲究方式方法，而且也很希望别人说话时有分寸、讲礼貌，因此，与这样的交际对象交谈时，要注意说话方式，尽量对其表现得尊重和谦恭一些。当然，也有的交际对象性格比较急躁、直率，讲话犹如拉风箱般直来直去，与这样的交际对象交谈时，要开门见山，不要兜圈子，同时，也不要太计较对方的说话方式。

第三，要根据对方的潜在心理说话。话要说到对方的心坎上，就要注意揣摩交际对象的心理。如果你说的话与对方的心理相吻合，对方就乐于接受；反之，你说的话就会使对方产生排斥心理。

第四，要根据对方的不同身份说话。我们在生活中要与不同身份的人说话，因此，针对不同的身份，所选话题也应有所不同，即要选择与其身份、职业相近的话题。比如，你在旅途中遇到了一位老农，如果你把话题引向现代女性的美容上去，就是"牛头不对马嘴"了。倘若你说："大叔，今年的收成咋样啊？每亩地的玉米能收多少？"这样，就能激起老农与你谈话的共鸣点和兴奋点。

出丑效应：犯错是一种真实

出丑效应也叫仰巴脚效应，是说人不小心跌了一跤，有时可能要跌个脊背着地，四脚朝天。所以，其意是指精明人不经意地犯一些小错误，这样不仅是瑕不掩瑜，反而会让人觉得他具有和别人一样会犯错的缺点，反而成为其优点，让人更加喜爱他。

人与人之间交往也是如此。具备好口才的人都明白说话的时候一味地"口吐莲花"会让人觉得你在表演，而适时的"吞吐"一下反而会加深对方对你的好感。

有一次，小王在和同事聊天开玩笑说上司像个机器人，不巧正好被上司听到了。于是，小王给上司写了一张条子，约他抽空谈一谈，上司同意了。

"显而易见，我用的那个词绝无其他用意，我现在备感悔恨。"小王向上司解释道，"我之所以用'机器人'之类的字眼，只不过想开个玩笑，我感到您对工作一丝不苟，但对我们有些疏远，因此，'机器人'三个字只不过是描述我这种感情的一种简短方式。请您谅解！以后我会注意自己的表达方式。"

上司为小王合情合理的解释和自我批评的行为而深受感动，他甚至当即表态，说要努力善解人意，做个通情达理的领导。

很显然小王"说错话"了，但他的坦率道歉，不仅让他和上司化干戈为玉帛，还加深了两人之间的了解和认识。想必今后两人的合作也会更加的顺利。这其实就是"出丑效应"的最好体现。一个拥有好口才的人，并非一定要随时字字珠玑、掷地有声，偶尔犯个言语上的小错误、出丑卖乖一次，反而会让你显得更可爱，也更能吸引人，而周围的人也会更加喜欢和信任你。大多数人还是更喜欢优秀、真诚、值得信任的人，如果一位一直拥有优秀口才的人物当众犯了一点小错误，想想如果你是他的朋友，你会因为这个小失误而对他的印象大打折扣吗？当然这一切发生的首要条件就是这个人本身拥有非常卓越的口才，他留给别人的印象是极善言谈且几近于完美，否则就会适得其反。

一次婚宴上，来宾济济，争向新人祝福。一位先生激动地说道："走过了恋爱的季节，就步入了婚姻的漫漫旅途。感情的世界时常需要润滑。你们现在就好比是一对旧机器……"其实他本想说"新机器"，却脱口说错，令举座哗然。一对新人更是不满溢于言表，因为他们都各自离异，历尽波折才成眷属，自然以为刚才之语隐含讥讽。那位先生发觉出错，马上镇定下来，略一思索，不慌不忙地补充一句："已过磨合期。"此言一出，举座称妙。这位先生继而又深情地说道："新郎新娘，祝愿你们永远沐浴在爱的春风里。"大厅内掌声雷动，一对新人早已笑若桃花。

这位来宾的将错就错令人叫绝。错话出口，索性顺着错处续接下去，反倒巧妙地改换了语境，使原本尴尬的失语化作了深情的祝福，同时又道出了新人间的情感历程的曲折与相知。

在生活和工作中，拥有巧舌如簧的好口才能给我们带来很大的帮助是毋庸置疑的，因此，拥有好口才也是许多人追求的目标。但是"金无足赤，人无完人"，即使是最擅长辞令的人也有出错的时候。所以，我们没有必要为言语中偶尔的一些小失误而懊恼不已。"出丑效应"告诉我们，一个天生的演说家，如果有失误的时候，说明他也是个凡人，这些小小的缺憾则会让人们觉得他更亲切和可爱，而不是像高不可攀的神明一样让人无法亲近。

当然，"出丑效应"不仅指在交流的时候说错了话。"出丑效应"告诉我们在交流的时候巧妙地暴露自己的弱点也会吸引他人对自己的注意。

林肯当选美国总统，整个参议院的议员都感到尴尬，因为林肯的父亲是个鞋匠。

当时美国的参议员大部分出身名门望族，自认为是上流、优越的人，从未料到要面对的总统是一个卑微的鞋匠的儿子。

于是，林肯首次在参议院演说之前，就有议员想要羞辱他。当林肯站上演讲台的时候，有一个态度傲慢的参议员站起来说："林肯先生，在你开始演讲之前，我希望你记住，你是一个鞋匠的儿子。"

所有的参议员都起哄地大笑起来，为他们虽然不能在竞选中打败林肯而能够羞辱他而得意。

等到大家的笑声停止，林肯说："我非常感激你使我想起自己的父亲。他已经过世了，我一定会永远记住你的忠告，我永远是鞋匠的儿子。我知道，我做总统永远无法像我父亲做鞋匠做得那么好。"

现场陷入一片静默。林肯又转过头对那个傲慢的参议员说："据我所知，我的父亲以前也为你的家人做鞋子。如果你的鞋子不合脚，我可以帮你改正它。虽然我不是伟大的鞋匠，但是我从小就跟随父亲学到了做鞋的技术。"

然后他又转向全体参议员说："对参议院里的任何人都一样，如果你们穿的那双鞋是我父亲做的，而它们需要修理或改善，我一定尽可能帮忙。但是有一件事是可以确定的，我无法像我父亲那么伟大，他的手艺是无人能比的。"说到这里，林肯流下了眼泪，而所有的嘲笑声全部转化为赞叹和掌声。

林肯将自己的缺憾暴露给大众其实也是对"出丑效应"的体现，正因为林肯愿意将"丑"暴露出来，广大的群众才更了解他，感到他是如此的贴合民心。

其实，讨人喜欢的人不一定是那种完美无缺的人，成功的人士从不试图掩饰自己的弱点，相反，有时他们会拿自己的弱点开玩笑。而现实生活中，我们却经常可以遇到一些专门喜欢遮掩自己弱点的人，他们也许脸上有些缺陷，也许所受教育太少，也许举止粗鲁，他们总要想出方法来掩饰，不让别人知道。但这样做以后，他们于无形中背弃了诚恳的态度，毫无疑问，与之交往的朋友会对他们形成一种不诚恳的印象，使人们不敢再与他交往。

总之，说话全无缺点的人未必受人欢迎，明白了"出丑效应"的意义，我们就应该让自己成为一个精明而不求完美的人。

禁果效应：交谈中要留有神秘感

"禁果"一词来源于《圣经》，它讲的是夏娃经不起智慧树上的禁果的诱惑而去偷吃它，结果被贬到人间。"禁果"其实代表的就是一种神秘。

在生活中常常会遇到这样的情况：你越想把一些事情或信息隐瞒住不让别人知道，越会引来他人更大的兴趣和关注，人们对你隐瞒的东西充满好奇和窥探的欲望，甚至千方百计通过别的渠道试图获得这些信息。而一旦这些信息突破你的掌握，进入了传播领域，会因为它所具有的"神秘"色彩被许多人争相获取，并产生一传十、十传百的效果，从而与你隐瞒该信息的愿望背道而驰。这一现象被称作传播中的"禁果效应"。所谓禁果效应，指一些事物因为被禁止，反而更加吸引人们的注意力，使更多的人参与或关注。有一句谚语"禁果格外甜"，就是这个道理。

1936 年，美国纽约举办第一届全美书展。书展是由《纽约时报》和全国书籍出版者协会共同主办的。主办者还安排了一次作家演讲的项目，林语堂也在邀请之列。当时，他的《吾国吾民》在美国出版，高居畅销书榜首，他的名字也正风靡美国读书界。美国的读者正欲一睹他的风采，所以，他的演讲受到读者的欢迎。

轮到他演讲的时候，他不慌不忙地走上讲台，以风趣幽默、机智俏皮的口吻，纵谈了他的东方人的人生观和他的写作经验。

那天，他一反在欧美大众场合穿西装的习惯，打扮得像在国内一样，穿一身蓝缎长袍，风度潇洒，慧气四溢。热心的听众被他那娴熟的英语、雄辩的口才，以及俏皮精湛的演讲折服，不断报以热烈的掌声。

正当大家听得入神的当儿，他却卖了一个关子，收住语气说："中国哲人的作风是，有话就说，说完就走。"说罢，拾起他的烟斗，挥了挥长袖，走下讲台，飘然而去！

听众被他的这个举动弄得瞠目结舌，好些先生、太太、女士、小姐们，早就拟好腹稿，准备待他的演讲结束后举手发问呢，却没有想到他这个东方人招呼也不打一声，就这么讲着讲着人不见了，而他就这样吊足了大家的胃口，也正因为如此，这场演讲也成为林语堂最为成功的演讲之一。

"禁果效应"说白了就是设置悬念、吊胃口、卖关子，设置悬念又称"吊胃口"，其目的是为了抛砖引玉，利用听者的好奇心理，先说出一个发人深省或出人意料的现象、结论，设一"关卡"又秘而不宣，吊足别人的胃口，再巧解谜团，让听者自我猜测思考后才加以分析，和盘托出真情或道理的说话技巧。在日常生活中，我们经常会遇到这样的情形。只要充分调动你的思维，就既能让你的聪明才智得到发挥，又能让你的实际目的得以实现，这才是最重要的。比如当别人遇到不能解决的事情时，恰好我们有能力做到，这时与其直白的告诉对方方法，不如神秘地说："交给我来办，您就瞧好了吧！"如此，你的神秘言语便引起了他的兴趣和极度关注。

在与他人的叙事议论中，恰到好处地结下一个个"扣子"，即悬念，会使听者在回旋推进的言论中产生"山重水复疑无路，柳暗花明又一村"的感觉，因而兴味无穷，一步步达到自己的目的。

上大四的小孙恋爱三年了，不久前女朋友不知何故跟他吹了。他很伤心，整天精神恍惚。他的班主任王王师知道此事后，特地赶来做他的工作。王老师一见面并没有马上安慰小孙，而是对他说："你失恋的事我听说了，我就是为了这件事来向你道贺的！"

小孙听了认为王老师在揶揄他，于是生气地转身就要走。

王老师见状马上说："难道你不问问我为什么要祝福你吗？"小孙听到这话停了下来，他确实为此感到好奇，于是他疑惑地问道："为什么？"

王老师说："大学生都希望自己快点成熟起来，失败能使人的心理、思想进一步成熟起来，这不值得道贺吗？大学生的恋爱大多属于非婚姻型，一是大学生在学习期间不大可能结婚，二是很难预料大家将来能否在一个地方工作。这种恋爱的时间又不长，随着知识的积累，人慢慢成熟了，就有可能重新考虑对方，恋爱变局也就悄悄发生了。应该说，这是大学生心理成熟的一种重要标志，你这么放任自己的感情，是心理成熟还是不成熟的表现呢？另外，越到高年级，大学生越倾向于用理智处理爱情。这时，感情是否相投、性格是否和谐、理想和追求是否一致、学习和工作是否互助互补，都会成为择偶的标准，甚至双方家庭有时也会成为重点考虑的条件，这就是择偶标准的多元化。这种标准多元化更是大学生心理逐渐成熟的表现，也符合普遍规律。你女朋友和你分手是不是出于择偶条件的全面考虑？你全面考虑过你的女朋友吗？如何处理你目前的感情失落，你该心中有数了吧?"

王老师先设置悬念——"祝贺你失恋"，把小孙从感情的泥沼中"唤"了出来，然后通过合情合理的分析，唤醒他的理智，多次用"大学生失恋不是坏事，而是心理成熟的标志"的观点来加以点拨。如果王老师一开始就给小孙讲各种道理，想必小孙很难听进去，而从一开始保持悬念甚至从神秘入手，就能通过一步步唤醒小孙的自我意识，使他认为该用理智来处理感情问题，从而约束自己的感情，恢复心理平衡。

想通过口头的言语最大限度地吸引别人的注意，就得学会把想让别人知道的事，故意遮遮掩掩、吞吞吐吐地表达一下，以此引起别人强烈的好奇心。特别是那些关系到自身利益的问题上，人们感兴趣的往往不是确定的事实，而是不确定的难以知晓的事情，在无法知晓和渴望知晓中，对方会因为好奇心而如饥似渴地期待从你那里获得信息。

交谈中要留有神秘感，说得越悬疑，越能吊足别人的胃口，召唤起他人对未知事物的强烈兴趣，就可以牢牢地抓住听众的心。

第九章

婉转口才：
智慧的语言是扣人心弦的力量

大智慧者必谦和，大善者必宽容，大骄傲者往往谦逊平和。有巨大成就感的人，必定也有包容万物、宽待众生的胸怀。

——周国平，毕业于北京大学，著名哲学家、作家

最真实的表达才能打动人心

不管我们用什么技巧或是什么手段，我们在谈话中的最大的目的就是打动别人，获得别人对你的认同感，不论是谈判中的胜利还是平时闲谈中博得赞同，其实都是一个打动别人的过程。

而最能打动人心的话往往不是技巧而是真实的表达，技巧和窍门带来的认同感会随着言谈实质内容的变化而变化，但是由真实的话语带来的认同感却能保存很久，历久弥新。

美国前参议院议员罗慈和当时的哈佛大学校长罗威尔在欧战结束后不久，一同被请到波士顿去辩论国际联盟的问题。当时罗慈对国际联盟的观点谈不上是主流观点，所以被大多数人所不认同。罗慈自己也觉得波士顿的大部分听众都对他的意见表示仇视。

可是他决定让听众都赞同他的意见。我们不妨来看看他演讲的第一段：

校长、诸位朋友、诸位先生、我的同胞们：

罗威尔校长给了我这一个机会，使我能够在诸位面前说几句话，对此我感到十分荣幸。我们两人是多年的老朋友，而且都是信奉共和党的人，他是我们拥有最大荣誉的大学校长，是美国最重要、极有权威和地位的人，他还是一位研究政治最优秀的学者和史学专家。现在，我们对于当前的重大问题，在方法上也许有所不同。然而，在对待世界和平以及美国的幸福的问题上，我们的目的还是一样的。如果你们允许的

话，我愿意站在我本人的立场上来简单地说几句。我曾用简明的英语，一次又一次说了好多遍了，但是，有人对我产生了误解，竟说我是反对国际联盟的，而无论它是一个怎样的组织。其实，我一点也不反对，我渴望着世界上一切自由的国家，大家都联合起来，成立我们所谓的联盟，也就是法国人所说的协会。只要这个组织能够真正联合各国，各尽所能，争取世界永久和平，促成环球裁军的实现。

听完罗慈讲完这一段话，即使最强烈反对他的人，也无法对他提出相悖的意见。为了称颂听众们的对祖国的忠诚和热爱，他称听众为"我的同胞"；为了同思想流派缩小彼此意见相悖的范围，他坚持着说他们的不同点只是方法上琐碎的小枝节，而对于美国的幸福以及世界的和平诸多大问题，他们的观点是完全一样的；为了赞美他的对方，他敏捷而郑重地提出他们共同的思想。

最后他更进一步地说，他也赞成国际联盟的组织是应该有的。分析到最后，他和对方的不同点，只是他觉得"我们应该有一个更完善的国际组织"。

任听众对演说者的意见有过怎样激烈的反对，对他的主张有多么的不认同，但是当听完这样一个开头之后，听众们都觉得心平气和些，感觉自己的心被打动，也不再那么仇视罗慈。

但是如果罗慈的演说开头就运用政治家熟练使用的演讲技巧，用讽刺夸张等手法把那些信任国际联盟的人加以批评和嘲笑，说他们的观点真是幼稚、荒谬达到极点，并且一点都不认同他们，那结果当然必败无疑，肯定会被众多听众攻击，不会打动他们。

从罗慈这篇质朴的演讲稿中，我们可以看到通篇没有任何技巧，唯一彰显的就是真诚和真实，而这恰恰是最打动人心的。

真实的表达能让听众产生一种信任感、安全感，多一分真心，多一分赤诚，就能多收到一个好的反馈；大量的事实证明，讲话的魅力并不在于话说得多么流畅动听，而在于是否真诚，讲坦率诚实的话，永远能获得他人的支持和拥戴。

一位农民工被老板拖欠工资，实在走投无路，他爬上该城市主干道的立交桥，要跳桥自杀。人的生命何其宝贵，他的行为引起了大家的注意，很多人都在下面劝他，让他赶紧撤回到安全的地方，不要做傻事，让他想想自己的未来，但是这位农民工去意已决，他一步步攀上立交桥最高的地方，准备下跳。

在这千钧一发的时刻，公安部门的谈判专家来到了现场，谈判专家看到农民工的生命危在旦夕，他马上拿起扩音器说道："兄弟，老婆孩子热炕头想不想？谁把你害成这样的你恨不恨？你这样死了一了百了，欠你钱的人高兴了，他永远不用给你钱了，你老婆孩子遭殃了，他们娘俩可怎么过？你这一死可让你老板高兴得拍大腿啊！"

农民工听完这些，他无力地坐倒在桥边上，放声大哭，这时他身后的民警迅速上前，一把把他抱住，拖到了安全的地方。

之所以这么多人劝农民工，他都不下来，而谈判专家的几句话就能让他放声大哭，关键点就在于谈判专家的真实打动了他的心。

一个人在想死的时候，跟他说道理，跟他说生之可贵、死之可惜都太虚了，他根本听不进去，这些没有办法打动他，唯有最真实的，和他最切身相关的，才能触动到他绝望的心，从而重新激起他求生的欲望，真实的话看似朴实无华，却蕴含着最大的能量。

由此可见，真实的语言，不论对说话者还是对听话者来说，都至关重要。说话的魅力，不在于说得多么流畅、多么滔滔不绝，而在于是否善于表达真诚。

总之，真诚的语言是最能打动人的，巧妙地运用充满真情诚意的话语，可以促使说者与听者产生情感共鸣，可以使双方的关系变得融洽，从而营造出一种良好的沟通氛围，赢得广泛的人际关系，为成功创造有利的条件。

要有直言不讳表达观点的勇气

当今社会，讲究语言的艺术性，我们常被长辈或者老师教导说话要婉转含蓄不要得罪人，但是我们往往忽略了直言不讳也是我们当今社会交流所需要的，作为一个完整的社会人，我们不能丧失直言不讳的勇气。正如马寅初所说："言人之所言，那很容易；言人之欲言，就不太容易了；言人之不敢言，那就更难了；我就是要言人之欲言，言人之不敢言！"

对待我们在乎的人，我们的亲人、爱人和朋友，在他们需要建议时，在他们迷茫时，我们作为他们亲近的局外人，更要直言不讳地点明问题，给出看法，如果碍于面子或者情面而支支吾吾不直接说出自己的想法，那么这就不仅仅是做不到直言不讳的问题了，某种意义上，是没有尽到作为一个朋友、亲人、爱人的责任。

丽萨和玛丽是一对好朋友，虽然丽萨家境贫寒玛丽家庭富有，但是并没有阻碍她们的友谊。

一天，她们两人去城里逛街，丽萨透过橱窗看到一对有流苏的翡翠耳坠，她像着了魔一样拉着玛丽的手跑到店里面。丽萨迫不及待地让店员拿出耳坠给她试戴，玛丽也看到了那副耳坠，她深知这种款式的耳坠是不适合日常佩戴的，这样的耳坠一般用于出席舞会、宴会搭配晚礼服。而丽萨暂时根本没有机会佩戴这样的耳坠，并且这幅耳坠价格不菲，是丽萨好几个月的生活费用。

玛丽心想，她可能只是试戴一下，试完就知道不适合自己了。玛丽转过头去，看到丽萨已经将那一对耳坠戴在了耳朵上，耳坠夸张无比，映衬着丽萨现在穿着的白衬衫加衬衫裙，一点美感都没有，显得非常滑稽。

丽萨兴奋地问玛丽："亲爱的，你看这对耳坠怎么样？"

　　玛丽非常想告诉她，她戴着这个显得非常滑稽，可是话到嘴边她又停住了，她说："耳坠很适合你，但是这耳坠不是个日常佩戴，它太华丽了。"

　　丽萨听到了朋友的"称赞"更加兴奋，她说："我要存钱买下这对耳坠，我爱死它了！"

　　玛丽看着丽萨因兴奋而满脸通红，终于没说什么，于是两人走出了饰品店。

　　接下来的两个月，丽萨节衣缩食，在工作之外还打零工，丽萨终于攒够了钱，她拉着玛丽又来到了那家饰品店。玛丽在路上一直暗暗祈祷，希望那副耳坠已经被人买走，不要让丽萨把辛苦挣来的钱买这样一副她根本用不上的耳坠，但是她想归想，却一点儿都没有劝说丽萨放弃买这副耳坠。

　　到了饰品店，丽萨看到那副耳坠还在，她高兴得像个孩子一样马上让店员把耳坠包起来，玛丽想阻止她，但是终究还是没有勇气说出口。

　　第二天，玛丽下班后来找丽萨一起吃午饭，她本以为丽萨情绪会非常好，因为丽萨戴着她钟爱的耳坠去上班，却发现丽萨情绪很低落，原来，同事们看到丽萨的耳坠后，非但没有人夸好，反而都在暗中笑话她没品位，不会穿戴，丽萨觉得很沮丧，丽萨这时问玛丽："我现在也好后悔，怎么会买这样不实用的东西，你当时怎么也没劝我一下呢？"玛丽听她说完，不知道说什么。

　　我们交朋友，都喜欢交净友。所谓净友，就是能直言不讳地说出自己的言行和思维不合适、不正确的人，是能不顾及所谓的情面给我们中肯建议的人。既然我们都喜欢这样的人，那么面对我们在乎的人就要有勇气直言不讳，直言不讳可能会伤害到我们在乎的人，让他们小失面子，但是最终他们还是会感谢你！

　　直言不讳不仅仅是为了我们在乎的人好，也是为自己争取机会。

　　法国 19 世纪的作家左拉，其处女作《给妮侬的故事》的发表并非一帆风顺，颇费一番波折。

　　左拉捧着一叠厚厚书稿，前前后后光顾了三家出版商，向他们推销自己的作品，可是那时的左拉初出茅庐，没有人看好他的书稿，三家出版商都让他吃了闭门羹。

　　一天，左拉又去找第四家出版商。

　　左拉来到第四家出版商拉克鲁瓦的办公室外面，他心里打起退堂鼓来，担心再次遭拒绝，但是他还是相信一定有人能赏识他的才华，于是他镇定了一下，自信满满地走了进去。

　　左拉敲响了拉克鲁瓦办公室的门，只听里边说："请进。"

　　左拉走进了拉克鲁瓦的办公室。拉克鲁瓦抬起头看这个其貌不扬的青年人进来，手上还捧着一叠书稿，于是他问："你是要出书吗？"

　　左拉清了清嗓子，坦率地说："已经有三家出版商拒绝接受这部书稿，您是第四家出版商。"拉克鲁瓦顿时愣住了，要知道从来没有一个作家会对出版商说自己的作品不受欢迎，如果这样，书稿肯定出版不了。可是，这个毛头小子居然一见面就坦率地说自己曾经碰过多次壁。

左拉看到呆若木鸡的拉科鲁瓦，随后又说："但我相信我很有才华，您从这本书里完全可以看得出来。"拉克鲁瓦为左拉的坦率所感动，心想他不会是在吹牛吧？不妨先看看他写得怎样……

看完书稿后，拉克鲁瓦发现左拉的确很有才华，又不自吹自擂，而且为人坦率好交往，便决定为他出版《给妮侬的故事》这本书，并与左拉签订了长期的出版合同。

拉克鲁瓦每天都会见到很多的年轻人要求出书，但是为何左拉能够打动拉克鲁瓦的心，最终让自己的首部作品成功出版呢？原因就是左拉的坦率和直言不讳，让拉克鲁瓦眼前一亮，又觉得他诚恳无比，打动了拉克鲁瓦。

直言不讳并不是我们聊天社交中要避免的不好的言谈方式，相反，无论是规劝他人不要犯下更大的错误，还是为自己寻求机会，直言不讳都是很有效的方法，只要我们坦诚、正直，那么相信对方都会理解你真正的用意，而不会为了你的直言而生气。

说真话需要勇气，更需要智慧

说真话毋庸置疑是我们推崇的，人与人交往贵在一个"真"字，以真心方能换来真情，但是我们也会发现，在日常生活中，直言不讳地说了"真"话，却没换来别人的好感，有时甚至让别人讨厌那个说真话的人，说真话的人没有得到应有的良好反馈。

其实，说了真话却没换得真心和好的反馈，问题并不在说真话而在于说真话的技巧或者智慧上。两个人表达同一个事实，完全能收到不同的效果。

南北向长街的东西两边各有一家医馆，两家医馆里的先生是同门师兄弟，医术不分伯仲，但是两家医馆的生意却大相径庭，街东边的医馆每天患者络绎不绝，还有好多外省的人慕名来瞧病，而街西边的医馆总是门可罗雀。

一天，西街医馆的先生和东街医馆的先生一起在他们的老师家小聚，西街医馆的先生抱怨没人上他那瞧病，东街医馆的先生抱怨病人太多顾不过来。他们的老师知道这俩师兄弟医术不分伯仲，所以很奇怪为何他们坐堂的医馆生意会差这么多，他决定暗中查访一般。

转过天来，他安排了一个正好得了风寒的小厮，吩咐了几句，让小厮乔装后分别去两家医馆瞧病。

小厮先来到街西边那家医馆，坐堂的先生给他号了号脉说："你得的是风寒病，别看风寒是小病，但是要是拖着不看最后还是会变成大病把人病死，你多亏来得早，不然怎么死的都不知道，我先给你开一服药你喝着，喝完再来复诊。"小厮听完那叫一个气，要不是是奉命过来瞧病，他真想把那包药扔先生脸上。

小厮溜达一会儿后，又来到了街东边的医馆，照样让坐堂的先生给瞧病。

那位先生号完脉说道："啊，你这是风寒，小毛病不要担心，吃一服药就好了，回家后一定按方煎药按时服药，发发汗，保证药到病除。"小厮听完千恩万谢地走了。

回到老师家里，老师看了看两位徒弟开的药方，都是治疗风寒的好方子。但是等他听完小厮描述完在两家看同样的病，他的两位学生所说的话语后，老师顿时明白了，为何他的两位徒弟的医馆生意如此差别了。

其实两位坐堂先生说的话都是一个意思，即小厮的风寒喝点药就能好，但是区别在于，两个人说的话虽然都反映了最真实的情况，但是西边医馆的坐堂先生，说实话一点技巧都没有，他的实话让病人徒生恐惧和怒意，而东面的医生，说同样的内容，就能让病人如沐春风。

这个故事告诉我们，说话诚然要实在、要真实，但是也要注意技巧，了解禁忌，在说实话的同时，用幽默来软化语境，不失为一种让讲述者说出实话又不伤害到大家的技巧。

人与人在交谈的过程中，总会有一些让人不便、不忍或者会伤害到他人或是语境不允许直说的话题内容，这个时候就要将"词锋"隐遁，或者是把"棱角"磨圆一些，让语境软化一些，好让听者容易接受。

同时，不仅仅是为了自己身边的人，也不要让自己违心，我们还是有必要学会智慧地说实话。

一个法国出版商想得到著名作家的赞扬，借以抬高自己的身价。他心想，预先取之，必先予之，要得到一个大人物的好感和赞扬，必须先赞扬他。

这天，他去拜访一位知名作家。来到作家书房后，他看到作家的书桌上正摊着一篇评论巴尔扎克小说的文章，灵机一动，便说："啊，先生，您又在评论巴尔扎克了。的确，多少年来，真正懂得巴尔扎克作品的人太少了，算来算去，我觉得也只有两个人真的懂，其他的全都是趋炎附势。"

作家思维多么的敏捷，一听出版商说完，就明白了出版商的意图，但是他没说什么，仍然让他继续说下去。"这两个人，其中一个是您了。可是还有一个呢？您说，他应当是谁？"

作家非常厌恶这个出版商给自己脸上贴金的行为，但又不能直接说"不管另一个是谁，反正不是你"。

作家想了想说道："那当然是巴尔扎克先生自己了。"

出版商本来美滋滋地等着作家夸奖自己呢，没想到作家这样回答了他，他顿时像泄了气的气球，悻悻地走了。

出版商想求得知名作家的赞扬，怀有目的地登门拜访。作家呢，对出版商的小九九洞若观火，但又不好直接拒绝、实话实说，就特别巧妙地把这个问题解决了。出版商把世间懂巴尔扎克作品的人确定为两个，一个，他自然要送给作家了；另一个，他是给自己预备的。但自己说出来，那太没涵养，况且自己认可的东西并不一定能得到作家的赞同，还是启发作家说出来吧。由此，出版商一直沿着自己的设计和思路，准备着一种情感——他期待着作家的赞扬，让作家指出他是懂巴尔扎克作品的人。

作家并不回绝对方的话，因为那太扫人兴了。但是，他有意漠视对方的"话外音"，一句答话，让对方的期待栽了个大跟头，作家回答的是，另一个懂巴尔扎克的人是巴尔扎克自己。于是双方没戏唱了，只好散场。

作家说出了实话，没有让自己违心，同时也没有把局面弄得很糟糕，这就是说真话的技巧。

中国有句古训，良药苦口利于病，忠言逆耳利于行。没有人否认说真话在社交活动和人际交往中的重要性，但是正因为是"忠言"所以会有很多棱角，会有很多不尽如人意的地方，此时我们就需要把忠言有技巧地说出来，让忠言不但能发挥自己的作用，同时也让忠言在发挥作用的同时不引起任何人的不愉快。

坦诚亦可委婉，说话少碰钉子

一般来说，我们都喜欢坦诚直率的人、坦坦荡荡的人，这样的人说话直截了当，让人一听了然，好沟通。但在特定的语言环境中，适当地"拐弯抹角"有时会比直来直去产生更佳的语言效果，一方面可以保护我们自己不被情绪激动的人在语言或者肢体上误伤，一方面也能在平和的环境中，在不激怒别人的情况下，指明问题。

中国人讲究曲径通幽的含蓄美，虽然它和条条大路通罗马是一个意思，但一比较即有明显的差别，委婉含蓄的优点即刻立现。

有一个人去一家酒店喝酒，发现店家自酿的酒味道酸而抱怨不止，老板听到之后很生气，把那个人吊在房梁上。这时又进来了一位客人，看到吊在房梁上的人很奇怪，便问店老板，这是怎么回事，老板回答到："我们小店自己酿的酒风味非常好，但是这个人却说我们家酒酸，你说他可不可恨，是不是该吊起来。"客人回答到："那给我一杯，让我尝尝。"客人喝完后，店主问："客官，这酒不错吧?"客人攒着眉毛对店主说："唉，你还是把这人放了，把我吊起来吧。"

乍一听起来故事中客人答非所问，不知所云，可一联系上文并不难领会其意思——酒确实酸。客人的对答不仅表达出了自己的真实思想——酒酸，又避免了与店主的正面冲撞——被吊。可以说故事中客人，就是言谈中"拐弯抹角"的技巧运用得较为成功的绝好的例子。他没有直接说出他所要表达的思想，而是借用在某一具体而特定的语言环境中建立起来的与原意密切相关的一个句子进行表述，联系上下文方能得知其中奥妙，他使话语避免了火药味和无趣，使话语变得委婉含蓄从而产生了更为理想的表达效果。

语言是多姿多彩的，同一个思想可以由不同的言语方式表达，可以直截了当无遮蔽地直说，也可以含蓄委婉地表达，在说话艺术中有这样一种说法，叫作"多兜圈子，少碰钉子"，说的就是婉转地表达能在沟通中更好地帮助我们。

大家都知道刘备三顾茅庐，不辞劳苦打动了诸葛亮，在隆中便能够知晓世事定下三分天下的策略，但是在诸葛亮出山的过程中，曾有一位名不见经传的普通的女人起到了重要的作用，她便是后来的诸葛夫人黄月英。

黄月英是沔阳一位隐士黄承彦的女儿，她虽然容貌称不上国色天香，但是却才智过人，其智慧不亚于当世任何一位男性。

黄承彦非常欣赏诸葛亮的才华，所以有心把女儿嫁给诸葛亮，于是便邀诸葛亮来黄府一叙，诸葛亮听闻黄月英才智过人所以也一直想找机会一睹黄月英的才华。

碰巧，此时的诸葛亮刚好受了刘备、关羽、张飞三人的两顾茅庐之请，他对于是否出山心中也举棋不定，正想也请教一下黄老先生，便欣然赴约。

到了黄府，黄承彦叫出女儿黄月英与诸葛亮相见。诸葛亮看到黄月英虽然相貌平凡，但倒也落落大方，颇有风度，心中不由得有了几丝好感。互相问候之后，诸葛亮便把刘备两顾茅庐的事情告诉了黄承彦，想征求他的意见。

黄承彦想了想道："那你现在到底想不想出山？"

诸葛亮答道："想来想去，还是隐居南阳、躬耕陇亩为好。如今天下大敌，世事难料，还是苟全性命于乱世，颐养天年吧！"

黄承彦心想，身处乱世根本没有一块净土可以让人晴耕雨读，只要乱世为止，早晚有一天战火会燃到自己头上，但是黄承彦一想，刘、关、张三人两次去请他都没有说服他，他又有何德何能劝服诸葛亮呢？正当他思索之时，黄月英便接过话题说道：

"小女子才疏学浅，但想向先生进一言：避乱隐居，固然悠闲，但处于乱世之中，你会清静吗？苟全性命也绝非易事，孔融是个书生，但却被曹操所杀；祢衡洁身自好，也死于非命。先生难道不应该吸取教训吗？依我看，先生人称卧龙，有旷世之才，应当挺身而出。况且，刘备是一个有雄图大略的人物，曹操最忌惮的人便是他了。他亲顾茅庐，说明他礼贤下士，非常器重你，你应该出山辅佐他，大丈夫一生一世，为什么要默默无闻，而不去干一番大事业呢？"

黄月英的一番话，使诸葛亮不由得对她肃然起敬觉得此女可娶，心中十分佩服她的才华，同时也不再打算退隐生活，不问世事，而是准备出山辅佐刘备。

黄月英的一番进言如催化剂般的使诸葛亮猛然醒悟，于是在刘备三顾茅庐之后，他出山辅佐刘备，最终帮助刘备建立蜀国。

黄月英对诸葛亮的劝说就是教科书式的坦诚而婉转的说话方式，她没有一上来就用功名利禄和人身安全来说服诸葛亮，而是用其他人的例子以及天下苍生所指来劝说，说得诸葛亮点头称是，可见委婉劝进的话是十分有号召力的，用情感人，委婉劝进的话别人最爱听，也最容易成功。

委婉含蓄的表达是一种语言的艺术。委婉含蓄绝不是避重就轻无意义的兜圈子，它和口无遮拦相对，它的最终目的也是要说明问题。从说明问题的角度来说，直言不讳、开门见山虽然简单明了，但给人的刺激性太大，容易伤害对方的自尊心，同时也有可能因为刺激到了别人又伤害到了自己，所谓祸从口出说的就是这个道理。

委婉含蓄的语言，是劝说他人的法宝，委婉的语言能适应人的心理上的自尊感和存在感，这两点被满足后，人就容易产生赞同。可以这么说，委婉含蓄的语言就是智慧、成熟的表现。另外，茅盾说："在生活中，每个人都应当是春晖，给别人以温暖。在今天，人与人之间的关系，更应该如此。朋友之间，待之以诚，肝胆相照，不就是相互照耀、相互温暖吗？"而委婉的坦诚正是向对方送温暖的一种方式。

避免正面冲突，迂回制胜

我们都有过这样的经历：我们在向人讲述什么或者试图说服别人时，一般都不会直接表达心中所想，不会一上来就说"你应该怎样"、"你最好怎样"，而是都会做一些铺垫，慢慢引出自己的中心思想。其实这就是迂回话术在我们日常生活中不自觉地应用。

为了表达自己的真实意义，我们可以用幽默来帮助自己迂回。幽默是一种高级的说话方式，能迅速化解怒火，并且了解到问题所在。

有一次，一位女士怒气冲冲地走进食品商店，向营业员大呼小叫："我让我儿子在你们这儿买的果酱，为什么缺斤少两？"

服务员一愣，随即又镇定下来，她确信她没有缺斤短两，她想了想个中原因，就有礼貌地回答："请您回去称称孩子，看他是否重了。"这位妈妈听完营业员说的话，恍然大悟，脸上怒气全消，心平气和而又很略带愧疚地对服务员说："哦，对不起，误会了。"

商店的服务员认准自己不会称错，那么便剩下一种可能，即是那位顾客的孩子把果酱偷吃了。但是她如果明说"我不会称错的，肯定是你孩子偷吃了"，或者"你不找自己儿子的麻烦，倒问我称错没有，真是莫名其妙"，这样，不但不能平息顾客的怒气，反而会引发一场更大的争论产生更激烈的冲突。

但是服务员用幽默委婉的语气指出妇女所忽视了的问题，这样既维护了商店的信誉，又避免了一场争吵，赢得顾客的好评。

有很多时候，明明是占理的一方却吃亏了，进而遭到大家的指责，原因就在于说话方式，是不问青红皂白很直接地把自己的"理"说出来而一点不管别人的感受，还是曲曲折折表达自己的优势，且顾及了别人的面子和尊严，就会产生截然不同的效果。

曲折迂回的表达很大一部分的作用就在于顾及他人的感受，保全他人的面子和尊严，从而避免别人因尊严和面子的丧失而失去控制，最后自己说话的目的没达到不说，还会伤害到自己。

古时候，有一个小县官喜欢附庸风雅，画艺虽然不佳，但是画画的兴致却很高。他尤其喜欢画老虎，但是实在是水平有限，他画的虎不像虎，反而像猫。

他每画完一幅画，都要在厅堂内展出示众，让众人评说。差役们都要看他颜色行事，所以不管他画得多不好，大家只能说好话，不能说不好听的话，否则，轻则扣月俸，重则要挨板子。

有一天，县官又完成了一幅"虎"画，悬挂在厅堂，召集全体衙役来欣赏。

县官得意地说："各位瞧瞧，本官画的虎如何？"

众人都不想说违心的话，又不敢说实话，大家都低头不语。县官见无人附和，就点了一个差役，说："你来说说看。"

那差役战战兢兢地说："老爷，我有点怕。"

县官："怕，怕什么？别怕，有老爷我在此，怕什么？"

差役甲："老爷，你也怕。"

县官："什么？老爷我也怕。那是什么，快说。"

差役甲："怕天子。老爷，你是天子之臣，当然怕天子呀！"

县官："对，老爷怕天子，可天子什么也不怕呀！"

差役甲："不，天子怕天！"

县官："天子是天老爷的儿子，怕天，有道理。好！天老爷又怕什么？"

差役甲："怕云。云会遮天。"

县官："云又怕什么？"

差役甲："怕风。"

县官："风又怕什么？"

差役甲："怕墙。"

县官："墙怕什么？"

差役甲："墙怕老鼠。老鼠会打洞。"

县官："那么，老鼠又怕什么呢？"

差役甲："老鼠最怕它！"那人指了指墙上的画。

那位被点名差役是智慧的，他若是直接说，这老虎像猫，那他就会触犯到老爷，若是他说这老虎栩栩如生，那么他又没办法面对他自己和他的同僚。于是他就采取了很幽默的迂回方式来回答。他没有直接说县太爷画的虎像猫，而是绕着弯说话，让县官在众人面前保住了脸面，又避免自己欺骗自己，同时也让自己避免了一场灾难。就算县官闻言哭笑不得，也不好意思当面责罚他。

差役一步步把县太爷往自己要求的路上指引，最后顺水推舟说出了实话。顺势而言，曲线说话，是人们在与别人交谈或争论时解决问题的最佳办法。

迂回婉言在拒绝他人时也十分管用，能在拒绝别人的同时，也不伤害别人。

北宋大文豪苏轼在京做过大官。一日，其乡友带上厚礼想求他帮忙谋个一官半职，并说："如您不便，劳令弟之驾也行。"乡情不便明伤，苏轼便先给来客讲了一则"寓言"。大意是，某人穷极盗墓，数掘无获，便想去掘伯夷、叔齐之墓，只听伯夷在墓里说："我是在首阳山饿死的，除了一把枯骨，别无一物，何以如尔愿？"盗墓人丧气地说："那我就挖开叔齐之墓，碰碰运气吧！"伯夷又说："连我也不过如此，我弟弟就更帮不上忙了！"苏轼的弦外之音是，你的苦衷我知道，但我们兄弟俩都无法帮忙啊！乡友悟知求官无望，只好知趣地带上礼物走了。

苏东坡没有直接拒绝，而是使用了一个典故，让求官者明白了他的意思，而且也不至于面子上挂不住。

直接的交谈无疑能带来高效而简洁的沟通，但是直接的话语是一把双刃剑，的确有好的一面，但是直接的话语往往也是冲突、误会的源头。在我们对自己的谈话方没有十足把握的时候，我们最好还是迂回一下，为我们要表达的中心思想做一些铺垫，等事情具备后，再将心中所想表达出来，这样能避免冲突，也能达到谈话目的。

第十章

谦逊口才：
低调的语言才是深入人心的大智慧

高调和低调是相对的，一个人如果有充分的自信，或者自己对自己的生活各方面很享受的话，他不需要外在的修饰来高调。

——王志东，毕业于北京大学，新浪网创始人

莫把高帽往自己头上戴

有人说，低调的人，一辈子像喝茶，水是沸的，心是静的。低调是一种品格、一种姿态、一种谋略，是为人处世的大智慧。俗语云"树大招风"，人又何尝不是。若根基尚浅就高调行事，甚至意欲招风唤雨，便难免遭受枝损叶落的厄运。低调做人，不仅可以保全自己、融入群体，也可以让自己暗蓄力量、韬光养晦，在不显山、不露水中成就事业。

在与他人交流时，低调的语言就如春雨一般，滋润对方的心田。而华丽的高调言辞则会幻化成丑恶，令人感到不快。因此，在与他人进行沟通交流时，掌握低调说话的诀窍，才有可能在复杂的人际关系中进退自如、游刃有余。那么，怎样才能做到低调说话呢？下面就介绍几点低调说话的技巧。

首先，事不关己要少说。俗话说，"事不关己，高高挂起"。我们这里并不是倡导冷漠的人际关系，相反，而是提倡热心地倾听。说得多往往发生分歧引起不快的几率就相应增大，静静地倾听往往能给人谨慎内敛的印象。当然，少说并不等于不说，在与他人的交流过程中，要学会做一个聪明的听众。当对方发表正面的言论时，要适当地表示认可，反之，则对其进行反问，反问的力度要柔和，尽量使用"可能"、"大概"等词语，且不可太多。这样既可以让对方有机会来论证自己的言论，又能展现你作为一个低调的倾听者的形象。

其次，自己的功绩往低了说，他人功绩往高了说。人都有趋利避害的本能，赞美总是能使人感到愉悦。如果经常在他人面前高度评价自己，无形中会使他人有一种被

强迫而感到自卑的压抑感。相反，如果经常将交流对象的功绩拿来赞美、夸奖，就会使对方对你有一种亲近感。因为看起来你很关注对方，而且你让对方感到很愉悦。这样你与对方的距离在不知不觉中就拉近了。

李先生是某单位一位干部，在他刚到该单位的那段日子里，几乎连一个朋友都没有，因为他正春风得意，对自己的机遇和才能很满意，因此，每天都使劲吹嘘他在工作中的成绩，但同事们听了之后不仅没有人分享他的"成就"，而且还极不高兴，后来，还是由当了多年领导的老父亲一语点破，他才意识到自己的症结到底在哪里。

从此以后，他开始很少谈自己而多听同事说话，让他们把成就说出来，远比听别人吹嘘更令他们兴奋。后来，每当他有时间与同事闲聊的时候，他总是先给对方机会一吐为快，而自己只是在对方问他的时候，才谦虚地说一下自己的成就。

每个人都有表现自己的欲望，以此满足自己的虚荣心。这时，你若耐心倾听，并及时给予其肯定的言论，便会使对方充分感受到你的善意，从而获得大家的喜爱。因为大家都忙着表现，而听众太少，所以你在无形中便为自己赢得了人缘，所以，有时即使是懂，也要暂时装作不懂。你要给对方高谈阔论、口若悬河的讲述创造契机，使对方心理上达到满足。

再次，家长里短要顺着说。熟人、朋友聚在一起，经常会谈论一些周围的人的八卦，这时候，最好不要发表过于极端的观点，对谈论的话题顺着大家的思路往下接，不必为这些无关紧要的家长里短进行辩论，以免引起不必要的矛盾。

然后，自己的事调侃着说。自我调侃是展现低调姿态的一个妙招，用得好可以达到事半功倍的效果。例如将一些自己曾经"犯二"的事情拿来博众人一笑，既会给人留下幽默风趣的印象，也会传达出你的谦虚和善意，无形之中会拉近你和他人的距离。

最后，发自内心的真诚。这一点看似和低调说话没有直接的关系，但却是以低调的语言达到深入人心的目的的基础。

1775年6月，在波士顿郊区莱克星顿和康科德美国独立战争的序幕拉开后的几个星期，革命领袖之一亚当斯·约翰（后任美国第二届总统）在费城召开的大陆会议上站起来提名乔治·华盛顿为大陆军总司令的候选人。后来，大陆会议经过投票，一致赞成亚当斯的提名。

而华盛顿当时是如何面对提名的呢？当时年仅34岁的华盛顿眼中闪烁着泪花，对人们说了这样一句话"这将成为我的声誉日益下降的开始"。

华盛顿得知自己被提名，首先考虑到的是自己的责任，并流下了真诚的泪水，为他后来当选为大陆军总司令和荣任美国第一任总统奠定了人格基础。

真诚是人与人相交的基础。一个虚伪做作的人，即使再低调，也不会令人对你产生好感。所以，与他人交谈时，要通过言谈展现你的真诚，让他人通过语言感受到你的真诚。在交流中表露真诚最重要的一点是要做到谈话尽量以对方为中心，切忌以自我为中心的自我鼓吹。

许多人在其谈话中总是不知不觉就以自己为中心，总有意突显自己、刻意地展现自我，甚至有意无意地贬低别人；有的人经常在聚会或其他一些公开场合高调宣传自己的光辉事迹，希望能够在自吹自擂中获得别人的敬佩，使自己的虚荣心获得满足。殊不知，这样的做法往往会让听者产生巨大的心理反感。卡耐基曾指出，如果我们只是要在别人面前表现自己，使别人对我们感兴趣的话，我们将永远不会有许多真实而诚挚的朋友。朋友，真正的朋友，不是以这种方法来交往的。自吹自擂会让周围的人觉得反感无趣，从而不愿与你交谈，所以，在交流中会心不在焉，慢慢转向与其他人的谈话。久而久之，他们会觉得你跟不上他们的节奏，所以，要想在人际交往中左右逢源，就要学会静水深流，高调做事，低调说话，以低调的语言深入人心方可在复杂的人际关系中进退自如、游刃有余。

语气傲慢遭人厌

我们谈话的实质内容就好像是一个没有包装的商品，只有给它加上包装，才能摆在陈列柜里出售，否则，即使本身再好，也上不了台面，而装饰我们语言的就是语气。

语气在和别人谈话中有着重要的作用，有的人说话对方容易接受、愿意接受，有的人说话对方就不容易接受、不愿接受或者很难接受。这其中的原因，大多是由于语气的不同造成的。一句同样的话，如果用不同的语气来说，就会起到不同的甚至相反的效果。抑扬顿挫的语气可以把欢乐的事情描述得很悲伤，欢快愉悦的语气可以把不幸很乐观地表现出来，语气应该帮助我们表达内容而非是阻碍我们表达，破坏我们和别人的谈话。

例如"对不起"这三个字，如果用真挚的语气说出来，那就是满怀着自己对别人造成的伤害和困境的歉意；如果用油腔滑调的语气说出来，那就是另外一种情景了，那是对被伤害的人的不在乎和奚落，所以，一定要注意自己在说话中的语气，不要让语气成为我们真实表达的阻碍。

语气傲慢，是我们真实表达较大的阻碍之一，无论是有心用傲慢的语气，还是无意之中带上了傲慢的语气，都会让听众感到反感，从而达不到你真正要求的沟通效果。

语气谦卑者使人喜欢，语气傲慢者使人反感。同样的话，用不同的语气说出来，就会起到不一样的效果，所以，在说话的时候，要注意自己的语气，不要给人一种傲慢的感觉。

真心实意的无攻击性的话，如果无意间带上了傲慢的语气，那么对于说话者来说是很吃亏的，因为他本无意伤害别人，但是却造成了别人的反感和厌恶。

美国前总统富兰克林年轻的时候恃才傲物，常常语出惊人且习惯咄咄逼人，不顾及别人的面子，这让周围的人很是看不过去，但是很少有人规劝他。

一次，有位朋友诚恳而温和地对他说："你从来也都不会尊重他人，什么事都是自以为是，别人受了几次难堪后，谁还愿意听你夸耀的言论呢？你的朋友们将一个个远离你。你再也不能从别人那里获得学识和经验，而你现在所掌握的知识和学问，在我看来，还是太有限了。"

富兰克林听完朋友的话后，很是震惊，他从来也没有想到，自己不加修饰的言谈竟然造成了这样的后果，他在朋友心里竟然是这样的讨人厌。从那以后，他便处处注意自己说话的语气，言语尽量做到语气委婉谦逊，生怕不小心又伤害到别人的尊严和面子。

果然不久之后，那些曾一度躲避远离他的朋友，又一个个回到了他的身边。

倘若富兰克林没有听进好朋友的劝说，而是自始至终一意孤行，说话傲慢无礼，不把他人看在眼里而以上位者自居，那就不会有后来万民的拥护和景仰，正是他的谦和才使之拥有了丰富的人脉资源，最终成为美国一位杰出的领袖。

曾国藩曾经说过："傲为凶德，惰为衰气，二者皆败家之道。"意思是说，傲慢和懒惰都是招致败家的行为，言谈语气中带有傲慢的口气，会让人疏远你、厌恶你，久而久之就没有朋友，没有人愿意和你来往，那么必然会施展不开，然后慢慢败落。

其实对于言谈傲慢这种行为，还有一种原因就是底气不足，正因为自己对自己说的话底气不足，甚至于对自己这个人底气不足，才会虚张声势，从口气上去压倒对方，显得自己很"强"。牛顿与爱因斯坦等大师在登上了科学的巅峰之后，仍然保持着谦恭的态度，从来不对学生们颐指气使。所以，只有无知自卑的人，才会在言谈中带有傲慢。

言谈傲慢，是没有修养和教养的表现，有修养、有教养的人，说出来的话一般不会让人觉得他傲慢，唯有自以为是的浅薄的人，才会语带傲慢。

有一个男青年的妈妈向情感专家诉苦，说自己的儿子外貌英俊，毕业于名牌大学，并且就职在一流的公司，但是他多次相亲都被女孩子拒绝了。母亲非常着急，想知道症结所在，就委托情感专家和她的儿子谈话。经过交谈之后，情感专家马上就明白了女孩子们拒绝他的原因。那就是他自恃为强者，随口讲话充满了优越感和傲气。他不知道傲慢就是无知，只想以大话与空话博取女孩子的欢心，结果却招致了众人的反感。

相反，19世纪的法国名画家贝罗尼有一次到瑞士去度假，他发现瑞士风景优美，于是他每天背着画架到各地去写生。

有一天，他在日内瓦湖边用心画画，旁边来了三位英国女游客，看了他的画之后，就在一旁指手画脚地批评起来，一个说这儿不好，一个说那儿不好，语气十分轻慢，但是贝罗尼非但没有让她们闭嘴，反而是都一一修改过来，最后还跟她们说了声："谢谢！"

第二天，贝罗尼有事到另一个地方去，在车站又看到了昨天的那三位女游客，正在交头接耳的讨论些什么。过了一会儿，那三个英国妇女也看到他了，就向他走过来，问他："先生，我们听说大画家贝罗尼正在这儿度假，所以特地来拜访他。请问你知不知道他现在在什么地方？"贝罗尼朝她们微微弯腰，回答说："不敢当，我就是贝罗尼。"三位英国妇女听后大吃一惊，回想起昨天的不礼貌，一个个红着脸跑掉了。

三位女游客对画画的艺术知之甚少，所以对贝罗尼指指点点，而贝罗尼不但画技出众，同时也是一个很有修养的人。将那三位女游客和贝罗尼的行为和语言进行对比就不难看出，越是有修养的人，越是显赫的人，就越谦恭，只有肤浅的人，才会用傲慢来"装点"自己的话语。

所以，要顾及别人的感受，言谈中应该杜绝傲慢的语气，避免我们本身真挚的话语被傲慢裹挟，成为阻碍我们的绊脚石。

交谈中，藏好你的优越感

锦衣夜行是说一个人有了荣华富贵却不在人前展现，跟"家有千金不垂堂"是一样的道理——如果家里很有钱，那就不要很随意地在堂屋里坐卧了。这两句话都是说，如果生命中有了富贵，都不要显露。

在说话的艺术里面，其实也适用类似的道理，如果我们在某方面有过人之处，那么我们在言谈中最好能收敛一点，不要处处谈论自己的优势，不要处处显露自己的优越感。这是有教养的体现，也是对别人情绪的照顾。在某种意义上，这样还能保护到我们自己，棒打出头鸟的道理，相信大家都明白。

法国哲学家罗西法古说："如果你要得到仇人，就表现得比你的朋友优越吧；如果你要得到朋友，就要让你的朋友表现得比你优越。"这句话真是至理名言。

当我们的朋友在言谈中表现得比我们优越时，他们就给自己造成了一种重要人物的感觉，但是，如果我们的言谈表现得比他们还要优越，那落差就产生了，他们就会转而产生一种自卑感，造成羡慕和嫉妒，还会生出恨意。

很多时候，优越感还会使自己处于尴尬的境地，因为你表现得很优越，但别人并不买你的账，或者你以为自己在某个人面前很优越，但是事实上，别人比你更为强大更为优越，那你只能尴尬，自取其辱了。

孔门十哲之一子贡有一次去承地时，看见路边有一个衣衫褴褛、脏兮兮的人，问了名字，方知道他名叫丹绰。子贡上前，他想自己有一万个理由来表现自己的优越，他衣着光鲜，轻车劲马，学富五车，而丹绰只是个流浪汉，于是子贡用轻率的口气，漫不经心地问道："喂，这里到承地还有多远？"

但是丹绰默不作答。

子贡见丹绰不理他，他不高兴地说："人家问你，你却不回答，是否失礼？"

丹绰掀开身上裹着的破布说："看见别人却心存轻视之意，是否有失厚道？看见熟人却装作不认识，是否有欠聪明？无故轻视侮辱别人，是否有伤道义？"

子贡一听此人出言不凡，顿时心生敬意，马上下车，恭恭敬敬地说："我确实失礼了！您刚才指出了我三大过失，您还可以再告诉我一些吗？"

丹绰说："这些对你已经足够了，我不必再告诉你。"

此后，子贡对人再也不敢起轻视之心，在路上遇到两个人就在车上行礼，遇到五个人就下车行礼。

子贡以为自己很优越从而轻慢了一位哲人，所以他非但没有展现出优越感，反而被丹绰羞辱了一番，十分尴尬，但是好在子贡能立即认识到自己的错误，收起了自己优越感。

其实，我们中的大多数人在人际交往中，都会不自觉地让自己的优越感有所收敛，我们会掩饰自己的优越感，或者努力在客观的优越中并不滋生主观的优越感，在身心内外的两个世界中找到平衡的支点。因为我们作为社会人，需要朋友，需要认同，那么只有收起自己的长处，才能让自己"泯然众人"，以便最大限度地寻找与他人的共性，从而融入群体、融入社会。

但是，为何还有那么多人在社交中不掩饰自己的优越感呢？那是因为每个人都有虚荣心，都想向别人炫耀自己的成就，这种情绪可以说是本能。但是优越感有时候却不是一个好东西，它使人们对你敬而远之，它使你逐渐失去朋友。优越感其实是很轻浮的一种自我意识，尤其是你与他人交往的时候。

我们要做到的就是比别人优越，但是不要表现得比别人优越，就如 19 世纪的英国政治家斐尔爵士告诫那些向他求教的人说："如果可能的话，要比别人聪明，却不要告诉人家你比他聪明。"

村子里有一个笨小孩，非常愚笨，大家都喜欢看他笑话，逗他玩，他也从来不反驳。

一天，几个人又把他围住，开始逗他，他们扔了一张 5 元、一张 10 元钱在地上，让小孩捡起来，随便拾起来哪个都可以拿回家，笨小孩蹲了下去，把 5 元的那一张捡了起来，就回家了。于是大家开始变本加厉地说着小孩多么的笨、多么的傻，然后常常拿捡钱的把戏来嘲笑他。

转眼 10 年过去了，笨小孩到了考大学的年龄，大家都不看好他，觉得他就是去充数的，但是考完试的一个多月，全村只有笨小孩一人收到了录取通知书，全村人都惊呆了，不敢相信这个事实。他上大学的那天，和他要好的朋友问他，他学习这么好，可是当年怎么那么傻？

笨小孩笑了说："我爹娘天天干活顾不上我，大家都逗我玩，那么多双眼睛看着我，我娘就放心让我出来玩啦。"

"那为何每次你都只捡5元的，不捡10元的？"朋友又问道。

笨小孩哈哈大笑说道："我要是捡了10元的，那以后就没人让我捡钱啦，只有我一直不停地捡5元的，那些大人才会一次一次让我捡钱啊。"

毫无疑问，这个"笨小孩"真的不笨，他比任何人都聪明，但是他从来都不表现得比别人聪明，于是乎，他反而为自己赢得了方便，甚至赢得了利益。

最后，即使是有真才实学的人，如果他以自己的才能为傲，不停地向别人展示自己的优越，那么他的才能只会为他带来悲哀；一个只想着炫耀的人，不管他是否真有才华，也不管他有多么崇高的身份地位，终究也将会过度地表现而自曝其短，遭人耻笑。大智若愚的人经常给人惊艳，谦虚内敛的人总是让人钦服，狂妄傲慢的人则由于无知容易成为天下人的笑柄。

谦逊示人，切勿炫耀

追古溯今，中国从来就将谦虚视为美德，体现一个人说话的技巧。尽管一些人认为说话谦逊是虚伪的，抑或是存在傲慢的成分，但在日常生活与工作中，在和他人进行沟通合作的时候，谦逊的说话语气常常会得到他人的认可与尊重，能够增强自身的自信心。

谦逊是中华民族的传统美德，也是当今生活与工作中人与人交流谈论的重要准则。一些人因为获得了一定的成功，取得了一定的成就，就忘乎所以、飘飘然起来，行为上表现得极为夸张，和谁交谈永远都是高姿态，不断地炫耀自身的能力与水平，使得周围的人对他都很难有共同语言与话题，渐渐地远离他。因此，不管是在生活中还是在工作中，都不要目空一切、居功自傲。

唐人孔颖达，字仲达，8岁上学，每天背诵一千多字。长大后，很会写文章，也通晓天文历法。隋朝大业初年，举明高第，授博士。隋炀帝曾召天下儒官，集合在洛阳，令朝中士与他们讨论儒学。颖达年纪最小，道理说得最出色。那些年纪大、资深望高的儒者认为颖达超过他们是耻辱，便暗中刺杀他。颖达躲在杨志感家里才逃过这场灾难。到唐太宗，颖达多次上诉忠言，因此得到了国子司业的职位，又拜酒之职。太宗来到太学视察，命颖达讲经。太宗认为讲得好，下诏表彰他。但后来他却辞官回家了。

孔颖达当初之所以受到刺杀，就是因为当初他小小年纪不懂得谦虚，虽然"说得最出色"并不是他的错，但俗话说"枪打出头鸟"，所以他才会在再次受到皇帝表彰时毅然辞官回家。

做到谦逊说话，不但要有谦逊的态度，还应该适当地使用敬语。敬语体现的是说话者对对方的态度，所以，从听话者的角度出发，要按照双方交谈过程中是不是应用了敬语来明白对方将自己放在了什么位置上。因此，在和他人进行交谈的时候，要适当地应用敬语。

曾经有一个学者，学富五车，精通各种知识，所以自认为无人可以和自己相比，很是骄傲。他听说有个禅师才学渊博，非常厉害，很多人在他面前都称赞那个禅师，学者很不服气，打算找禅师一比高下。

学者来到禅师所在的寺院，要求面见禅师，并对禅师说："我是来求教的。"

禅师打量了学者片刻，将他请进自己的禅堂，然后亲自为学者倒茶。学者眼看着茶杯已经满了，但禅师还在不停地倒水，水溢出来，流得到处都是。

"禅师，茶杯已经满了。"

"是啊，是满了。"禅师放下茶壶说，"就是因为它满了，所以才什么都倒不进去。你的心就是这样，它已经被骄傲、自满占满了，你来向我求教，怎么能听得进去呢？"

喜欢炫耀的人是很难结识到良师益友的，谦逊是一种风度、一种情操。如果你不想让有真知灼见的朋友对你避而远之，最好收敛一些，把你仅有的一点见识藏好。

要想做到谦逊待人，不但要放低自身姿态、适当地使用敬语，还要经常倾听他人对自己的看法与意见，当局者迷，旁观者清，要谦虚地让他人对自己进行评价与评估，这不但能够发现自身的不足，还能得到他人的称赞。借助谦逊的姿态来阐述自己独到的看法，就会让他人认可自己的建议与规划，认为这一规划是会实现的，也会获得成功。一些成功的领袖通常都会采取这一策略获得他人的认同。

南朝刘宋王僧虔，是东晋名士王导的孙子，宋文帝时官为太子庶子，武帝时为尚书令。年纪很轻的时候，僧虔就以擅长书法闻名。宋文帝看到他写在白扇子上面的字，赞叹道："不仅字超过了王献之，风度气质也超过了他。"当时，宋孝武帝想以书名闻天下，僧虔便不敢显露自己的真迹。大明年间，他曾把字写得很差，因此平安无事。

僧虔无疑是个聪明人，知道皇帝想以书法名闻天下时就故意把字写差，不炫耀自己的能力，由此保住了一条性命。因为当你把别人比下去，就给了别人嫉妒你的理由，为自己树立了敌人，更何况对方还是皇帝。所以，谦逊示人不仅是一种说话方式更是一种做人态度，是为人处世应该遵循的原则。

当他人在某些层面可能和我们的看法不相同，存在一定的差距，假如你与他进行辩论之后，也应该让他对自己的看法进行评价，这样对方就会认为你是一个比较谦逊的人，也就赢得了他对你的认可。

放下架子再说话

架子，也可以说是某种姿态，指的是人与人交往过程中应该采取何种语言进行交流。端着架子，说出高傲的话语，给人高人一等的感觉，但是无形之中拉开了双方的距离，放下架子再说话，给人一种亲切之感，也会达到意想不到的效果。

第二次世界大战胜利前夕的一次进攻战期间，莱茵河畔上，美国将军艾森豪威尔正在散步。这时，一个士兵迎面朝他走来，士兵的脸上满是沮丧的神情。当士兵抬头看到将军时，一时慌了手脚，不知该如何是好。艾森豪威尔亲切地笑道："孩子，你感觉怎么样？"那士兵想也没想就说："将军，我特别紧张。"艾森豪威尔"哦"一声继续说道："那我们可是一对了，我也如此。"士兵听这位大将军并没有言传的冷酷，反而言谈间满是亲切，于是精神放松下来，很自然地跟将军一边聊天一边散步。

正是艾森豪威尔亲切的话语，让士兵的士气大振，在战争中表现出英勇的气魄。在日常生活中，放下架子再说话也有异曲同工之妙。亲切的话语，放低的架子，能够让周围的朋友感受到你的关心与帮助，产生好感，自然就会形成良好的关系。

李成，一个很有魄力与胆识的年轻人，经过十几年的努力打拼，通过双手与聪明才智建立了属于自己的商业帝国，但是他为人高傲，常常认为自己是高高在上的，无人能够超越的，因此，在对待朋友上一直拥有着一定的优越感。

一次，商场上的朋友因为资金周转不灵，银行借贷融资又出现困境，恰好李成手里有充足的流动资金，就想先借来周转一下，并按照银行的贷款利率支付一定的利息。当这个朋友向李成打电话表明意图的时候，李成一口答应，当这位朋友刚要表达谢意的时候，李成接着说："这么小的公司都管理不好，怎么能管好大集团呢，你看我，就从来没有出现过这种情况。"虽然这位朋友挺感激李成能够借给他周转资金，但是之后彼此的关系越来越淡，联系也越来越少。

上述的事例中，假如李成在朋友资金周转有困难需要求助的时候，没有摆出一副救世主的姿态，而是给予真诚的帮助与安慰："大家都会有落难的时候，朋友间就是要相互帮助的，这笔钱你先用着，有困难再说。"相同的事情，不同的说辞，差异化的姿态，给对方的心理冲击是不同的，那个朋友对你不但有感激之情，更存在一份恩情、一份忠义之感。放下架子再说话，既赢得了友谊，也赢得了信任。

中西方文化的差异使得二者对于"架子"有着不同的看法，当《功夫熊猫》出现在国内的院线时，一些人就指出这部电影是对熊猫——中国的国宝的亵渎与丑化，希望观众不要观看这部电影。但是伯格指出："我觉得这很有趣，因为有人嫉妒了。在好莱坞，嫉妒是最高的赞美。但我真的觉得，很多中国人太严肃了。他们认为拿熊猫来开玩笑是不可思议的事情。如果中国电影人来做这个题材，我知道他们会很犹豫是否应该这样设计。这就是文化的差异，在美国，我们可以开玩笑，比如华盛顿可以是傻瓜、林肯可以变成僵尸战士……在我看来，中国电影人在做剧本设计时，不要那么严肃，西方观众不太喜欢端着架子说教的电影。"

中国传统儒家文化的教育理念使得父母在家庭中占据着绝对的优势，一直秉持着这样的家庭教育理念，孩子一定要听父母的，如果不听的话，就会挨打，所谓的"棒打出孝子"。

肖宾的父母接受的教育不多，传统观念较重，认为孩子不听话就应该进行打骂，这样肖宾才会乖乖听话。在肖宾小时候，比较害怕父母的打骂，也认为父母高高在上，自己没有力量去辩解，但是随着年龄的增长，肖宾对父母独断专行的行为日益不满。现在，不管父母让他做什么，也不论父母所说的正确与否，他几乎事事都与父母对着干。

有一次，肖宾中午放学之后没有回家吃饭，晚上回来后，妈妈问他中午怎么没有回家，在哪里吃的饭？肖宾看了妈妈一眼，没有吭声。这让很看重自己权威身份的妈妈很生气，她进一步逼问道："说，你到底上哪去了？为什么没回家吃饭？""有事。"肖宾被妈妈逼急了，敷衍地说道。"啪"的一声，肖宾的脸上挨了妈妈一巴掌。他没有吭声，瞪着眼看了妈妈一会儿，走开了。从此之后，肖宾看父母像仇人似的，肖宾的逆反心理更重了。

要想和孩子平等相处，父母就要放下姿态来和孩子做朋友，换位思考。父母不再是高高在上的、难以企及的，孩子不应该抬起头来看父母，父母应该放低架子用亲切的话语主动了解孩子的内心世界，让孩子明白父母也是会尊重自己的观点与看法的，也易于接受父母的教育，降低逆反情绪出现的几率。

学校是孩子的第二个家，在接受教育的时候，老师是学生接触时间最长的人。和学生建立良好的信任关系，开展教学活动，这是每个老师的希望。

一天，下课后李老师跟一群学生一起走下教学楼，听到前方的一位男同学对另一位男同学说："我一点也不喜欢刘老师，不管谁出现一点小问题，这个同学就遭殃了，轻则被骂，重则还会被打呢，这个老师太不尊重我们学生了，背后我们都叫他'金毛狮王'呢。"

听完这些话，这位老师心头一震，是呀，当老师在说学生不尊敬老师的时候，这些老师又何尝尊重过这些学生呢，又何尝放下老师高人一等的架子和同学建立起信任的关系、平等的友谊，用平和的语气来处理师生冲突呢。随着社会的进步与市场经济的发展，教育是社会发展的重要构成部分，老师要想改善和学生的关系，就要放下"师道尊严"的架子，改善师生关系，迎合时代发展潮流。

谦虚，但要适度

谦虚使人进步，骄傲使人落后。谦虚是对自己的成就与能力有一个中肯的认识，不做过分的评价，更不会当众炫耀以求引起他人的关注。但说话过度谦虚就会引起别人的反感。谦虚的话语虽是人际关系的润滑剂，能使人在复杂的人际关系中游刃有余、进退有据。但是，物极必反，如果过度谦虚，反而会获得适得其反的效果。刻意的过分谦虚就是虚伪的表现，而虚伪的人就难有真朋友。因为，虚伪的人说什么话都会显得做作，也可以说是矫情，人们对做作虚伪的人的讨厌程度由此可见一斑。

另外，过于谦虚也会给别人一种能力不够，不敢担当责任的感觉。

小韩毕业于某名牌大学自动化专业，而且有丰富的实习经验。他去开发区一家外资企业面试时，招聘者问他："你觉得自己能胜任这个职位吗？"

小韩谦虚地答道："现在我还不敢说自己能胜任，但是我保证会在工作中多向领导请教，多向同事学习，在实践中边干边学，积累经验。"

之后，招聘者带着小韩到生产车间实地参观，看到先进的生产设备后，小韩显得有点惊讶，说："哇，这么先进的设备，我以前怎么没有见过呢？"他激动地对身边的领导说："如果公司聘任我，我一定珍惜机会，努力钻研这些先进设备和技术。"

可是小韩的愿望未能达成，他应聘失败。小韩感到纳闷，就打电话去公司询问，招聘者告诉他："我们招聘的人才，必须能胜任本职工作，要能立即派上用场，而不是招收培训生。"小韩从招聘领导的话语中领悟到含意，悔之晚矣。

小韩的失败让人感到惋惜，但是那又能怪谁呢？怪他自己太过谦虚，让人觉得他没有自信、没有实力。即使他再有才华，别人也不知晓，又怎么能看重他呢？即使他的能力有人知晓，但是他畏畏缩缩的显得不自信，别人也难以认可他，他又怎么能在竞争中获胜呢？

小韩具备某些能力，但他说话过度谦虚，没有将自己的能力中肯地表达出来，以致别人认为他并不具备某方面能力，而使自己错失良机。如果在与人交流时一味地谦虚，对自身的能力没有客观的认识和表达，即使你是金子，也无法让人感觉到你的光芒。有些人具备某些能力，但是在周围的人面前，总是刻意谦虚地说自己这不行、那不行，这样会被别人认为你的潜台词是在说"我这么优秀是因为你们太差劲了"、"你们跟我这种高能力的人没法比"……无疑，这会给你的成功之路平添许多障碍。因此，说话过度谦虚是不可取的。在别人面前提到自己的能力的时候，要有客观的论述，要承认自己有一定的能力，但也有很多不足，比如在某某方面，自己还得向对方多多请教，这样将对方对自己的夸赞巧妙地回敬给对方，既给人以谦虚有礼的感觉，又给对方带了高帽，可谓一举两得。

那么我们说话时要怎样才能做到谦虚但不过度呢？这里有李开复讲述过的一个故事：

记得我刚进入苹果公司开始自己的第一份工作时，公司里有一位经理叫西恩，大家都知道他是一个非常有才华的人。

有一天，我鼓足勇气去向西恩讨教有效沟通的秘诀。西恩说："我的秘诀其实很简单：我并不总是抢着发言；当我不懂或不确定时，我的嘴闭得紧紧的；但是，当我有好的意见时，我绝不错过良机——如果不让我发言，我就不让会议结束。"我问他："如果别人都抢着讲话，你怎么发言呢？"西恩说："我会先用肢体语言告诉别人，下一个该轮到我发言啦！例如，我会举起手，发出特殊的声响（如清嗓子声），或者用目光要求主持人让我发言。但是，如果其他人的确霸占了所有的发言机会，我就等发言人调整呼吸时，迅速接上话头。"我又问他："如果你懂得不多，但是别人向你咨询呢？"西恩说："我会先看看有没有比我懂得更多的人帮我回答。如果有，我会巧妙地把回答的机会'让'给他；如果没有，我会说'我不知道，但是我会去查'，等会开完后，我一定去把问题查清楚。"他的一席话让我学到了很多东西——只要把握好说话的度，选择好说话的时机，就可以得到周围人的尊敬，而且，别人也会从你的话语中了解到你是一个渊博而谦逊的人。

故事中的西恩无疑是掌握了说话谦虚但不过度的原则。首先，对谈论的话题不懂或不确定时，尽量不多发言，因为盲目地发表看法容易失了分寸，从而给别人留下狂傲、无知的印象；其次，当对所谈论的话题有比较全面的了解并有了独到的见解时，则要恰当地把握时机让自己表达出来，不要为了说话谦虚而刻意贬低自己的言论，客观中正地说出来就行。这样会使你的形象得到提升，给别人留下更深刻的印象；当自己不懂而别人又向你询问时，你可以诚实地告诉对方你不知道，并保证自己会去弄明白，这样既不会让人觉得你无知，又会给人以谦逊诚实的印象，不必夸大其词，甚至借机奉承对方，这时的奉承会使对方误解为讽刺挖苦。

适度谦虚的说话原则在人际交往中扮演着重要的角色，古语云："巧言令色，鲜矣仁。"如果一个人说话时过度谦虚，则容易被人认为是不真诚，让人敬而远之。所以要把握好谦虚"度"，与人交流时如果刻意将自己说得一文不值以求达到奉承对方的目的，可能会让对方感到虚伪，从而疏远了彼此的距离。

总之，谨言慎行，分清场合，充分把握好说话的适度原则，方能在复杂的人际关系中游刃有余。

和领导说话一定要放低姿态

领导虽然和我们一样都是普通人，但是因为领导处在一个可以发号施令的地位，下属对于他有一种本能的敬畏，而领导自己也有他自己的优越感。在领导的认知里，他一定要得到下属的尊重，所以我们在和领导说话时，一定要放低姿态，让领导感受到我们的尊重。

赞同领导的意见是最为首要的尊重，当然这并不是要我们成为没有个人观点的应声虫，领导需要的也不是这样的下属。当我们想要改变领导的想法时，我们要做的不是直接指出他的错，而是放低姿态，保持尊重，不去强调自己，而是运用语言技巧把领导的观点转到正确的一面，让领导慢慢意识到你的观点是正确的。

江瑞大学毕业之后参加了××市的事业单位考试，很幸运地考上了本市的一家事业单位。因为机会难得，江瑞在工作中任劳任怨、兢兢业业，就这样他在这里工作了5年。但是因为他并不是善于表达自己的人，除了本部门的人之外，大多数人都对他不太熟悉，并且因为他生性耿直，说话大大咧咧，他还得罪了很多人，其中也包括他的领导。

这一年江瑞所在的单位，政府给了一些补贴房，因为所有人都想得到补贴房，所以单位决定按照工作年限和表现分配这批补贴房。江瑞正好在符合标准的人当中，他十分高兴，连忙将这个好消息告诉了家里人，同时也做好了入住的准备。

但是当分配名单出来之后，江瑞发现上面甚至有比他晚工作的同事的名字，却没有他的名字，他感到十分生气，认为是领导将他忘记了，于是怒气冲冲地来到了领导的办公室。

他推门冲了进去就说："王主任，你是怎么办事的，我的工作年限和工作表现都符合标准，但是补贴房的分配名单里却没有我，你是不是把我漏了。你是领导，怎么能这么不负责任，赶快把我添上。"

说完这话江瑞就等着王主任的答复。这时，王主任心想，江瑞真不懂事，因为他的办公室里还坐着其他部门的领导。江瑞的无理让他在这些人面前颜面扫地，让他们觉得自己是一个在下属面前完全没有威信的领导。

王主任虽然心里很生气，表面上还是要维持领导的风度，他说："小江啊，不是我把你忘了，咱们单位有几个外地的大学生要结婚，急需用房。我想你是老员工了，不会和他们计较的，所以就先分给他们了，你不要介意啊，明年我不但优先把房子分给你，还一并给你提干，怎么样？"

听了领导的话，江瑞十分高兴，他说："你这样说还差不多，那我先出去了。"江瑞洋洋得意地以为领导被自己的气势压住了，这个单位没有他是不行的。他欣慰于自己的认真工作得到了领导的认可。从这以后，江瑞一直等着领导提升自己。但是不知道为什么在以后的几年里，领导既没有将房子分配给江瑞，也没有给他提干。

后来江瑞辗转得知，领导对于他那天的无礼言行十分愤怒，他已经被领导列入不再重用的黑名单里了。

职场中的人际关系是非常复杂的，有时我们得罪领导的原因不是做错事，而是态度不够良好，没有表现出对领导的尊重，维护领导的尊严。

适时向领导谏言是十分必要的，但不是每一个领导都有接受批评的胸襟。其实，即使领导能够接受批评，在他的内心里依然觉得非常不舒服。忠言未必要逆耳，选择合适的态度，放低自己的姿态，一样可以达到自己预期的谈话效果，甚至能取得更好的结果。

只要我们的出发点是好的，同时懂得运用语言的技巧，尊重领导，把自己的姿态放低，注意谈话的时机和场合，避免领导的地雷区，在和领导交谈时就比较容易得到领导的认真对待和信任。

说话还是低调一些好

现代社会提倡表现自己，但这个"表现"只能充分体现在做的方面，而不是说的方面。这就是说，我们说话应该尽量低调一些。

有的人在日常生活中说话调子非常高，显得自己很有能耐，无所不知、无所不会。这样的人很难得到大家的好感。如果在说话的时候有这样的毛病，必须要改正，不然永远会被自己的交际圈子边缘化。

在进入这家公司的头几个月，陆洁连一个知心的朋友都没有交到。为什么呢？因为她每天都使劲吹嘘自己在工作方面的成绩、她新开的存款户头……陆洁自认为工作做得不错，并且引以为荣，但令她费解的是，她的同事们不但不分享她的快乐，而且显得非常不高兴。陆洁渴望他们能够喜欢自己，很希望成为他们的朋友，但大家似乎都在躲着她。

迷茫的陆洁到一位咨询师那里寻求指导。这以后，她很少再谈起自己的成绩来，而是尽量多说些其他的话题。现在当陆洁和同事们一起闲聊的时候，就请他们把自己的欢乐都说出来，让大家一起分享。只有在特定的场合下，她才说一下自己的成绩。时间长了，大家打成一片了。

陆洁不再彰显自己的成绩，开始低调地对待身边的朋友和同事，慢慢地，大家对他开始有了好感。

陆洁刚开始说话非常傲慢，自然不会得到大家的认可，受到了一定的"冷待遇"，后来，她反思自己的行为，开始低调说话，以谦和的态度和别人进行交流，这样才不会招致对方的反感，反而让自己获得更多的亲和力，从而获得了广泛的人缘。

旅居美国的徐女士开了个中餐馆，女儿从英国牛津大学毕业回到美国以后，在纽约曼哈顿一家金融机构供职，每月薪水上万美元。徐女士当然非常自豪，自己几乎是身无分文来美国发展的，结果30年来当初的很多理想都没有实现，现在这些理想在自己女儿的身上终于实现了，她高兴得几乎发疯。于是，在面对亲朋好友的时候，徐女士每次和别人说话都要谈及女儿的风光，炫耀女儿的薪水。女儿对此极力阻止，说如果经常突出自家的好处，人家会有什么感受，不要因此伤害了别人的感情。

显然，徐女士女儿的话在情在理，我们在与亲人、朋友、同事等交往的时候，要防止太过高调，过分突出自己，让别人感觉相形见绌，让别人感觉心里不平衡，产生不快，以至于影响相互关系，而应多提到别人的好处，让别人也有优越的感觉。这样可以在和别人分享快乐的同时建立起良好的人际关系。

为人处世，低调一点总是没错的。过于高调只会得罪人，将自己陷于不利境地，实在是得不偿失。

第十一章

思辨口才：
说服他人，征服人心

> 西方采取的是强硬的手段，要"征服自然"，而东方则主张采用和平友好的手段，也就是天人合一。要先与自然做朋友，然后再伸手向自然索取人类生存所需要的一切。宋代大哲学家张载说："民，吾同胞，物，吾与也。"
>
> ——季羡林，曾任北京大学教授，历史学家、思想家、作家

说服对方，征服人心

如果有人问你，世界上什么投资回报率最高？你会给出怎样的回答？因开办日本第一家麦当劳而获誉"日本麦当劳之父"的藤田田的答案是，感情投资花费最少，回报率最高。藤田田在自己所著的畅销书《我是最会赚钱的人物》中提到，日本麦当劳每年支付巨资给医院，作为保留病床的基金。当职工或家属生病、发生意外，可立刻住院接受治疗。即使在星期天有了急病，也能马上送到指定医院，避免多次转院带来的麻烦。有人曾经问藤田田，如果员工几年不生病，那这笔钱岂不是白花了？藤田田回答："只要能让职工安心工作，对麦当劳来说就不吃亏。"

张云毕业于一所专科学校的旅游专业。作为新员工第一天上班，根据公司制度安排新员工前三个月进行轮岗，结合表现最终定岗。张云的第一个工作是熟悉总经理秘书的日常工作，在帮总经理整理文件时秘书为总经理送来了咖啡。

喝了一口，总经理喃喃地说："怎么又放这么多糖。"总经理的声音很轻，秘书没有听到也因为总经理性格随和，并没有责备秘书之意，也没有要求换一杯咖啡，而是将就着喝了。但是张云知道了总经理的口味不要太甜。

一个偶然的机会，秘书不在，张云代班。她做的第一件事就是，冲泡了三杯咖啡，分别放入不同比例的糖，这几杯咖啡都端到了总经理办公室。

张云对总经理说："总经理，今天我代班，不太了解您喝咖啡时喜欢放多少糖，

所以就准备了这几杯，麻烦您选出合您口味的，以后我就知道要放多少糖了。"

以后几天的工作里，张云都以细致贴心深得总经理的赞赏。轮岗期结束，刚好秘书岗位空缺，张云自然被安排在秘书岗位上。

张云以细致的工作作风和好学的工作态度得到器重，一年后做了人事主管。

毫无疑问，一句"总经理您看哪杯咖啡适合您"让总经理眼前一亮，不自觉地感叹张云的细致和谦逊。征服人心不止是说句贴心话这么简单，更是处处留心和用心贯彻这句话背后的行动。

"不论人们如何仇视我，只要他们肯给我一个说话的机会，我就可以说服他们。"美国总统林肯曾如此高调和自信的宣扬道。他之所以如此自信，就在于他能够将别人和自己的心理距离拉近，使之由仇视变为好感。这篇演讲曾在他成功竞选总统中扮演着很重要的角色。

南伊里诺斯州的同乡们，肯塔基州的同乡们，密罗里州的同乡们，我听说在场的人群之中，有些人想和我为难，我实在不明白你们为什么要这样做，因为我也是一个和你们一样爽直的平民，那么为何我不能和你们一样拥有发表意见的权利呢？亲爱的朋友，我并不是来干涉你们的人，我也是你们之中的一分子！

我生于肯塔基州，长于南伊里诺斯州，都是和你们一样从艰苦环境中生存过来的人，所以我了解南伊里诺斯州和肯塔基州的人。我也了解密罗里州的人，而你们也应更清楚地认识我，如果你们真的认识我，你们就会了解我，知道我不会做不利于你们的事。所以同乡们，请让我们以友好的态度交往，而我立志做世上最谦和的人，绝不伤害任何人，也绝不干涉任何人。因此，我现在对你们诚恳要求，请求你们允许我说几句话。你们都是勇敢而豪爽的人，我想这一点要求，必定不会遭到拒绝。那么，现在让我们诚恳地讨论一个严重的问题吧……"

林肯以朴实而富有情感的话语，首先把自己放在和听众一个阵营，并列举出相同点，消除选民的敌视同时激发对自己的信心。林肯击败了用语华美、口若悬河的对手道格拉斯，赢得了亿万选民的心。而以前竭力反对他的那些选民，在听了他的竞选论辩后，也为其真情真义所感动，转而投给他认同与信赖的一票。

真诚要比单纯追求流畅和精彩更重要。要想做到说服他人，首先要怀揣一颗真诚的心。

1915 年，小洛克菲勒还是科罗拉多州一个不起眼的人物。这一年发生了美国工业史上最激烈的罢工，并且持续达两年之久。愤怒的矿工要求科罗拉多燃料钢铁公司提高薪水。由于群情激奋，公司的财产遭受破坏，军队前来镇压，因而造成流血，不少罢工工人被射杀，小洛克菲勒正负责管理这家公司。

小洛克菲勒后来却赢得了罢工者的信服，他是怎么做到的呢？小洛克菲勒花了几个星期结交朋友，并向罢工代表发表了一次充满真情的演说。那次的演说可谓不朽，它不但平息了众怒，还为他自己赢得了不少赞誉。演说的内容是这样的：

"这是我一生当中最值得纪念的日子，因为这是我第一次有幸能和这家大公司的员工代表见面，还有公司行政人员和管理人员。我可以告诉你们，我很高兴站在这里，有生之年都不会忘记这次聚会。假如这次聚会提早两个星期举行，那么对你们来说，我只是个陌生人，我也只认得少数几张面孔。上个星期以来，我有机会拜访整个附近南区矿场的营地，私下和大部分代表交谈过，我拜访过你们的家庭，与你们的家人见过面，因而现在我不算是陌生人，可以说是朋友了。基于这份互助的友谊，我很高兴有这个机会和大家讨论我们的共同利益。由于这个会议是由资方和劳工代表所组成，承蒙你们的好意，我得以坐在这里。虽然我并非股东或劳工，但我深觉与你们关系密切。从某种意义上说，也代表了资方和劳工。"

充满真诚的话语和设身处地为对方考虑的立场，是化敌为友最佳的途径。人是这个世界上感情最丰富的一个群体，借助感情来经营企业，将会收获到巨大的财富。每个人都不仅仅是围绕着物质利益而活的，人有精神要求，有互相交流感情的需要。如果满足了这种精神需求，更愿意为企业付出自己的努力。

对话或谈判时也是这样，假如对方的实力比你强或者十分强硬并坚持立场，情势上不允许你强出头，你最好不要正面反驳对方。这时，你该明白一点，对方就像是一面墙、一把剑，如果正面冲过去，免不了会受皮肉之伤，甚至造成不可收拾的后果，即对方拒绝和你进行沟通或者彼此形成敌对的态势。

举例来说，当对方对你说："尽管我们公司很想买升级电脑，但最重要的是费用上的考量。"你就可以如此回复："我了解贵公司有费用方面的考量，所以我才会提这样的建议，让贵公司使用升级电脑，不仅处理速度快，还可以搭配更多应用软件，使人事费用和其他业务成本可以大大降低。从长期看，贵公司反而可以省下更多经费呢。"结果，对方也发现原来可以省更多费用，这样一来对方就会从心里感到你是为他们考虑的，很可能马上答应签约。

古语有云："攻心为上，攻城为下。"说服他人宜从"心"开始。不管是对谁，只有将心比心，站在别人的立场去思考，对你的说服工作会起到事半功倍的作用。尤其是在商业中，无论对朋友或顾客，都要学会运用将心比心的技巧，这样你就会赢得别人的信赖，从而更好地说服别人。

让对方放下戒心再说服

通常情况下，当你要和说服的对象较量时，彼此都会产生一种防范心理，特别是在危急关头。这时候，要想成功说服别人，你就必须注意消除对方的防范心理。从潜意识里来说，防范心理的产生是一种自卫，是人的一种本能，也就是当人们把对方当作假想敌时产生的一种自卫心理。我们都知道，跟抱着戒备心的人不容易交流，因为对方心里有这样的想法："那个人和我完全是两个世界的人。"这时，我们应该搭建一座心灵的"桥梁"，让对方放下戒心听你说话，让对方知道你和他是同一立场的。只有对方放下戒心才能将你说的话听进去。

有一次，一个出租车女司机把一男青年送到指定地点时，对方掏出尖刀逼她把钱都交出来，她装作害怕样交给歹徒 300 元钱说："今天就挣这么点儿，要嫌少就把零钱也给你吧。"说完又拿出 20 元找零用的钱。见这个出租车出司机这么爽快，男青年有些发愣。这个女司机趁机说："你家在哪儿住？我送你回家吧。这么晚了，家人该等着急了。"这个男青年见司机是个女子又不反抗，他便把刀收了起来，让这个女司机把他送到火车站去。这个出租车女司机见气氛缓和，就不失时机地启发男青年："我家里原来也非常困难，咱又没啥技术，后来就跟人家学开车，干起这一行来。虽然挣钱不算多，可日子过得也不错。何况自食其力，穷点儿谁还能笑话我呢！"见男青年沉默不语，她继续说："唉，男子汉四肢健全，干点儿啥都差不了，走上这条路一辈子就毁了。"火车站到了，见男青年要下车，女司机又说："我的钱就算帮助你的，用它干点正事，以后别再干这种见不得人的事了。"一直不说话的男青年听罢突然哭了，把 300 多元钱往她的手里一塞说："大姐，我以后饿死也不干这事了。"说完，低着头走了。

在这个事例中，那个女司机典型地运用了消除防范心理的技巧，最终达到了说服的目的。

不论是谁，对被说服都会怀有戒心，不希望因被说服而有所损失，也不想因被说服而丢了面子。所以，一般情况下，都会对外来的说服保持戒心，处于封闭状态。在这种情况下，勉强说服只会增加对方的戒心。这时，要说服对方，就要从一般性问题开始，等消除了对方的戒心后再言归正传。但是人的需要是各不相同的，每个人都有各自的癖好与偏爱。要想让对方放下戒心你首先应当去满足别人的心理，然后你的计划才有实现的可能。例如，说服别人最基本的要点之一，就是巧妙地诱导对方的心理或感情，以使他人就范。如果你特别强调自己的优点，企图使自己占上风，对方反而会加强防范心。所以，应该注意先点破自己的缺点或错误，使对方产生优越感。

关于这一点，曾有一个非常有趣的故事：

有一位年轻人是美国有名的矿冶工程师，毕业于耶鲁大学，又在德国的佛莱堡大学拿到了硕士学位。可是当年轻人带齐了所有的学历去找美国西部的一位大矿主求职的时候，却遇到了麻烦。原来那位大矿主是个脾气古怪又很固执的人，他自己没有学历，所以就不相信有学历的人，更不喜欢那些文质彬彬又专爱讲理论的工程师。当年轻人前去应聘递上学历时，满以为老板会乐不可支，没想到大矿主很不礼貌地对年轻人说："我之所以不想用你就是因为你是德国佛莱堡大学的硕士，你的脑子里装满了一大堆没有用的理论，我可不需要什么文绉绉的工程师。"聪明的年轻人听了不但没有生气，反而心平气和地回答说："假如你答应不告诉我父亲的话，我要告诉你一个秘密。"大矿主表示同意，于是年轻人对大矿主小声说："其实我在德国的佛莱堡并没有学到什么，那三年就好像是稀里糊涂地混过来一样。"想不到大矿主听了却笑嘻嘻地说："好，那明天你就来上班吧。"就这样，年轻人在一个非常顽固的人面前通过了面试。

或许你觉得那个大矿主心理有问题，观念比较偏激、夸张，甚至有些滑稽，可年轻的工程师若不让矿主的"问题心理"得到满足，又怎么能让他聘请自己呢？

总而言之，要想说服一个人就应先让这个人放下对你的戒心。要做到这一点你可以参考以下几点意见：

（1）善于观察与利用对方微妙心理，是帮助自己提出意见并说服别人的要素。

一般来说，被说服者之所以感到忧虑，主要是怕"同意"之后，会不会发生意想不到的后果；如果你能洞悉他们的心理症结，并加以防备，他们还有不答应的理由吗？

至于令对方感到不安或忧虑的一些问题，要事先想好解决之道，以及说明的方法，一旦对方提出问题时，可以马上说明。如果你的准备不够充分，讲话时模棱两可，反而会令人感到不安。所以，你应事先预想一个引起对方可能考虑的问题，此外，还应准备充分的资料，给客户提供方便，这是相当重要的。

（2）让对方充分了解说服的内容。

有时，虽然有满腹的计划，但在向对方说明时，对方无法完全了解其内容，他可能马上加以否定。另外还有一种情形是，对方不知道我们说什么，却已先采取拒绝的态度，摆出一副不会被说服的模样；或者眼光短浅，不听我们说者也大有人在。如果遇到以上几种情形，一定要耐心地一项项按顺序加以说明。务求对方了解我们的真心，这是说服此种人要先解决的问题。

说服方式比内容更重要

我们在与他人说话时，说话的内容当然重要；但是，一个人对你说的话能听进去多少、你对他人的说服程度如何，很大程度上是由你的语言表达方式决定的。

俗话说，怎么说要比说什么更重要。因为用不同的说话方式，可以决定我们能否把该强调的重点充分地表达出来。因此，必须承认，在对他人进行说服时注意自己的说话方式，并非浪费时间的事情。掌握正确的说服方式，能使我们判断出自己的想法是否合乎情理；同时也能让对方对我们有一个正确的评价，进而接受我们的观点或意见。

任教于美国明尼苏达教育学院的罗伯·格林教授，曾请求参加一次研讨会的75位来宾分别写下自己焦虑不安的原因。结果，令人焦虑不安的主要原因有：

"当我还没有讲完的时候，其他的人已开始发表自己的意见，使得我的话被这些家伙打断。"

"不听别人讲话，自己一味地说。"

"在讨论会时，别人只想发表自己的意见，而忽视我的言论。"

"说话时有被人轻视的感觉。"

"话讲一半，忽然被人打断。"

"在社交场合独占风头的人。"

你是否注意到，以上这些原因都和说话方式有关系呢？这表明一个人的说话方式比内容更重要，我们在进行说服的时候，应该意识到这样一个问题，那就是说服他人要讲究说话的策略。

在说服他人的过程中，讲究策略的谈话能让你更好地与他人沟通，这往往是你能否达到目标的关键因素。生活就像一场场的气势对决，只要你希望别人接受你的意见或按照你的想法行事，不管对方是你的家人、朋友、情人，还是你的上司、同事、下属、客户，你都需要注意你说服的方式。

一次，孔子带着他的几名得意弟子出外讲学、游览，一路上非常的艰辛。这一天，孔子一行人来到一个村庄，他们在一片树荫下休息，正准备吃点干粮、喝点水，没想到，孔子的马挣脱了缰绳，跑到庄稼地里吃了人家的麦苗。一个农夫上前将马扣了下来。

子贡是孔子最得意的学生之一，平常能说会道。他凭着不凡的口才，自告奋勇地上前企图说服那个农夫，争取和解。然而，他说话文绉绉，满口之乎者也，天上地下，将大道理讲了一通又一通，虽然费尽口舌，可农夫就是听不进去。

有一位新学生，他跟随孔子不久，论学识、才干远不如子贡。当他看到子贡与农夫僵持不下的情景时，便对孔子说："老师，请让我去试试看。"

于是他走到农夫身旁，笑着对农夫说："你并不是在遥远的东海种田，我们也不是在遥远的西海耕地，我们相互之间靠得很近，相隔不远，我的马怎么可能不吃你的庄稼呢？再说了，指不定哪天我的庄稼也会被你的牛吃掉，你说是不是？我们该彼此谅解才是。"

听完这番话，农夫觉得很在理，责怪的意思也消失了，于是将马还给了孔子。旁边几个农夫也互相议论说："像这样说话才算有口才，哪像刚才那个人，说话不中听。"

子贡和孔子的新学生表达的其实是同一个意思——希望农夫能够谅解马吃了庄稼这件事，但子贡满口之乎者也的说话方式显然没有新学生直白的说话方式更容易被农夫接受。由此可以看出，要想说服他人一定要注意说话的方式，要不然，你再能言善辩，别人不买你的账也是白搭。

在工作中，领导希望下属能尽快完成某项任务，直接的命令甚至责难很难调动下属的积极性。只有采用正确的说服方式，才能让下属积极地提高自己的工作效率，取得想要的说服效果。例如：

有一个杂志社，要批量印刷最新一期的杂志了，时间紧迫，可是有一个编辑到现在还没有将稿件交上来。为了尽快完成工作任务，主编决定让这个编辑加快速度。

主编将编辑叫来问道："马上就要印刷出版了，你能不能快点将稿件交上来？"

编辑说："我正在赶稿，明天肯定交。"

主编听了心里很生气，说道："这马上就要拿去印刷了，你能不能快点完稿啊。就是因为你的稿件没交，其他人到现在都不能排版，你知道你一个人给社里带来多大麻烦吗？赶快回去赶稿，马上交上来！"

听了主编的话，编辑的心里十分不好受，他是因为最近身体不适写不了稿所以只好晚交，可是主编没有了解情况就这样说，让他觉得很委屈。当晚他彻夜难眠，写稿也写不下去，第二天就申请辞职了。

而在另外一家杂志社，主编遇到了同样的情况，但他说服的方式去却完全不同。

这家杂志社的主编对编辑说："我想你迟迟不交稿件一定是为了精益求精吧，不过咱们杂志社还没到那个水平，不用要求那么完美，我们还是该什么时候交就什么时候交，也要照顾到其他他同事排版的工作嘛。其他同事的抱怨我都给你安抚下了，我知道你是为了写出更好的作品，不过其他同事的情绪也是要体谅的。快回去赶稿吧，尽快完成。"

在这家杂志社的小编听到主编这一番话不但感激涕零，还觉得自惭形秽，当天下午就把稿件赶出来交了。

很多时候我们会发现，同样的话在有些人口中说出来，我们听了就难受、就气愤；而同样的内容被另外一些人说出来，我们就容易接受。这就是说服方式不同的结果。懂得说服技巧的人明白，粗暴的、强硬式的说服效果远不如婉转的、温和的说服方式有效。因此，我们在说服他人的时候，一定要因时因地因人而异，选择适合的说服方式，只有这样才能让对方心服口服地接受你说的话。

最实用的说服法——层层剥笋法

我们说服一个人的时候，大多数情况下不能一次性说服。或者表面上被说服的人，内心还是不服。想从根本上解决这一问题，就要求我们要善于以情定疑，把道理说透。一旦消除了这些疑虑，自然就能够赢得对方的信任。不过，消除别人的疑虑并不是一件很容易的事情，而需要一点一点、层层递进，穷追不舍，把道理讲明白、讲透彻，这就是层层释疑的方法。要想真正说服一个人，必须做一些说服的工作，层层深入，循序渐进。

笋子在成为竹子之前，是有多层外皮包裹的，剥笋时总得一层层地剥开，才能剥到所需要的笋心。所谓层层剥笋，就是在说服他人的过程中紧扣主题，从一点切入，由小至大，由远至近，由浅到深，由轻到重，逐层展开，直至揭示问题的本质，进而达到引诱对方就范的说服方法。恰当地运用层层剥笋术，可使论证一步比一步深化，增强语言力量，让他人心悦诚服地接受。

1921年，美国百万富翁哈默听说苏联实行新经济政策，鼓励吸收外资，就打算去苏联做粮食生意，当时苏联正缺粮食，恰巧美国粮食大丰收。此外，苏联有的是美国需要的毛皮、白金、绿宝石，如果让双方交换，是一笔不错的交易。哈默打定了主意来到了苏联。

哈默到达莫斯科的第二天早晨，就被召到了列宁的办公室，列宁和他进行了亲切的交谈。粮食问题谈完以后，列宁对哈默说，希望他在苏联投资，经营企业。西方对苏联实行新经济政策抱有很深的偏见，哈默听了，心存疑虑，默默不语。

列宁看透了哈默的心事，于是耐心地对哈默讲了实行新经济政策的目的，并且告诉哈默："新经济政策要求重新发展我们的经济潜能。我们希望建立一种给外国人以工商业承租权的制度来加速我们的经济发展。"经过一番交谈，哈默弄清了苏维埃政权的性质和苏联吸引外资企业的平等互利原则，于是很想大干一番。但是不一会儿，他又动摇起来，想打退堂鼓。为什么？因为哈默又听说苏维埃政府机构，人浮于事，手续繁多，尤其是机关人员办事拖拉的作风令人吃不消。当列宁听完哈默的担心时，立即又安慰他道："官僚主义，这是我们最大的祸害之一。我打算指定一两个人组成特别委员会，全权处理这件事，他们会向你提供你所需要的帮助。"除此之外，哈默又担心在苏联投资办企业，苏联只顾发展自己的经济潜能，而不注意保证外商的利益，以致外商在苏联办企业得不到什么实惠。当列宁从哈默的谈吐中听出这种忧虑，马上又把话说得一清二楚："我们明白，我们必须确定一些条件，保证承租的人有利可图。商人不都是慈善家，除非觉得可以赚钱，不然只有傻瓜才会在苏联投资。"列宁对哈默的一连串的疑虑，逐一进行释疑，一样一样地都给他说清楚，并且斩钉截铁，干脆利落，毫不含糊，把政策交代得明明白白，使得哈默的心好像一块石头落了地。没过多久，哈默就成了第一个在苏联租办企业的美国人。

列宁用层层递进的方法打消了哈默的顾虑，他斩钉截铁、干脆利落地阐明了国家对待外资的政策法规，成功说服了哈默。假如当初列宁不是很巧妙地解开哈默的疑问，那么哈默很有可能就不会在苏联投资了，这样一来无论对哪一方都将会是一种损失。

当对方心存疑虑时，想赢得对方的信任，最好采用层层释疑的方法，将对方的疑团解开，让其甩掉心理包袱，那么彼此间的交往就会变得顺畅多了。在下属说服领导时，这一点尤为重要。

有一天，孟子觉得齐宣王没有当好国君，于是对齐宣王说："假如你有一个臣子把妻子儿女托付给朋友照顾，自己到楚国去了，等他回来时，他的妻子儿女却在挨饿、受冻，对这样的朋友该怎么办呢？"

齐宣王不知道孟子的用意，于是非常干脆地回答说："和他绝交！"

孟子又问："军队的将领不能带领好军队，应该怎么办呢？"

齐宣王也觉得问题太简单，于是以更加坚定的口气回答："撤掉他！"

孟子终于问道："一个国家没有治理好，那又该怎么办呢？"

齐宣王这才明白了孟子的意思——国家治理不好，应该撤换国君。虽然齐宣王不愿接受这种观点，但是在孟子层层剥笋的巧妙言说之下，也只有忍受这种观点了。

复杂难说的事要由浅入深地论证说明。我们在劝说领导的时候可以使用这种方法，层层说理，把道理讲透，把话说到领导心里。在运用层层剥笋法进行说服的时候，需要在说服前，把论证方案设计得环环相扣，天衣无缝。

战国时，楚襄王是个昏庸的国君。大夫庄辛直言进谏，楚襄王非但不听，还训斥庄辛是"老糊涂"。庄辛只好离开，到了赵国。不久，秦国占领了楚国的大片国土。楚襄王有所醒悟，于是把庄辛找回来商量对策。

庄辛是这样说的："蜻蜓捕食虫子，自以为很安全，却不知道小孩子用粘胶捕捉它，一不留神就会成为蚂蚁的食物。黄雀俯啄白米，仰栖高枝，自以为无患，谁知公子王孙将要把它射下，调成佳肴。天鹅直上云霄，自以为无患，谁知射手要把它射下来，把它做成食物。蔡灵侯南游高丘，北登巫山，饮茹溪之水，食湘江之鱼，左手抱了年轻的美女，右臂挽着宠幸的姬妾，不以国政为事，哪知道子发受了楚王之命要把他杀掉。大王您左边有个州侯，右边有个夏侯，御车后跟着鄢陵君和寿陵君，食封地俸禄之米粟，用四方贡献的金银，同他们驰骋射猎于云梦之间，而不以天下国家为事。您不知穰侯正接受了秦王的命令，他们的军队要占领我们的国家，把大王驱赶到国外去呢！"

一席话，听得楚襄王"颜色变作，身体战栗"，到了非纳谏不可的境地。

在这里，庄辛变直言进谏为层层剥笋，连设四喻，从小到大，由物及人，层层递进，步步进逼，天衣无缝，使楚襄王心服口服。下属想要对领导进行劝说时，不妨也借鉴庄辛的做法，运用层层剥笋的思维，让领导不得不服。人的思想是非常复杂的，对一件事物的理解也是有所不同的，当一件事想不明白、不理解时，往往就会表现得疑虑重重。

以其人之道，还治其人之身

以其人之道，还治其人之身是指按照对方的逻辑去理解或推论，由此及彼，物归原主，使其搬起石头砸自己的脚，自食其果。这种返还说服法，要善于抓住对方一句话、一个比喻、一个结论，然后用它去说服对方，即把对方给自己的荒谬语言或不愿接受的结论，经逻辑演绎后还给他，以其人之道，还治其人之身。比如，餐馆里有一位顾客叫住老板："老板，这盘牛肉简直没法吃！"老板："这关我什么事？你应该到公牛那里去抱怨。"顾客："是呀，所以我才叫住了你。"顾客按照老板的荒谬逻辑，推论出老板即是"公牛"，让对方哭笑不得，自食其果。这位顾客所用的幽默方法就是以其人之道，还治其人之身。

以其人之道，还治其人之身，其实就是类比在说服口才上的运用。类比是逻辑方法的应用，它是根据两个对象之间具有某些相同或相似的属性，从而推出它们的其他属性也相同或相似的方法。在借题发挥的过程中，如能因势利导，针对对方的话题或本方的观点，做出富有创造性的生动形象的类比，可以使对方心悦诚服，使我们处于主动地位，取得意想不到的效果。

一次辩论赛上，正反双方代表针对"发展旅游业，利弊孰大"展开激烈辩论。

正方认为，发展旅游业一方面可以吸引外资，为国家经济发展奠定长远基础，另一方面人员流动有利于各个国家和地区经济文化交流，有利于增进人民之间的了解，所以发展旅游业利大于弊。

反方认为，发展旅游业利大于弊这个结论是有条件的，他们提出："旅游业受世界经济整体形势影响太大，可以说世界经济咳两声，旅游业就会得感冒甚至是肺炎，现在旅游业不景气是事实；旅游业繁荣需要世界经济拉动，但可惜的是世界经济这个发动机也出了故障，动力不足。"

反方发言有两个类比：一是世界经济与旅游业是咳嗽与感冒的关系，二是世界经济与旅游业是发动机与机器的关系。世界经济咳嗽，旅游业就感冒，世界经济出故障，旅游业就无法工作，从而说明了发展旅游业利大于弊是有条件的结论。

不管是在生活中还是在工作中，都会遇到突如其来的诘难，此时如果处理得不好，就会影响自己的生活和工作，还会影响到与他人和客户的关系，此时采用类比的方式处理会更轻松一些。

一家公司的经理在一次业务谈判中，受到了另一家公司业务员的顶撞，为此，他气冲冲地找到那家公司的经理，吼道："如果你不向我保证，撤销上次那个蛮横无理的工作人员的职务，那么，显然是没有诚意和我公司达成协议！"

这家公司的经理听了笑着说："经理先生，对于工作人员的态度问题，是批评教育还是撤职处理，完全是我们公司的内部事务，无需向贵公司做什么保证。这就同我们并不要求你们的董事会一定要撤换与我公司工作人员有过冲突的经理的职务，才算是你们具有与我公司达成协议的诚意一样。"

先前怒气冲冲的经理顿时哑口无言，态度也和缓了许多。

在这里，后一家公司的经理就巧妙地运用了类比的技巧，用对方的理论反驳对方。虽然说这两家公司有很多不同之处，但有一点却是相似的，即两家公司对工作人员或经理的处理完全是各公司的内部事务，与有没有诚意和对方合作无关。该经理就是抓住了这一相似点作比，从而告诉了对方所提要求的不合理之处，表达了对其诘难的反驳。

以其人之道，还治其人之身，还要懂得"顺藤摸瓜"、"借竿上树"。这种方法用于对付那些要赖之人最有成效，往往能使对方的无理取闹不攻自破，使对方作茧自缚。

一位懒汉去朋友家做客。早晨起床后，自己不但不收拾床铺，朋友替他叠被时，他还振振有词地说："反正晚上要睡，现在何必去叠！"饭后，懒汉将碗筷一推，一动不动地坐在沙发上闭目养神。朋友又得收拾桌子，又得洗刷碗具，懒汉说："反正下顿还要吃，现在何必洗呢？"到了晚上，朋友劝他把脚洗一洗，这样既讲卫生，又有益于健康。懒汉又要懒，反驳说："反正还要脏，现在何必要洗呢？"于是，朋友打算惩治他一下。第二天，吃饭的时候，朋友只顾自己，对懒汉不管不顾。懒汉来到饭桌旁，见没有自己的碗筷，便嚷道："我的饭呢？"朋友问道："反正吃了还要饿，你又何必去吃呢？"睡觉的时候，朋友也同样只顾自己，不理懒汉，懒汉见状，焦急地问道："我睡哪儿？"朋友反驳道："反正迟早要醒，你又何必要睡？"懒汉急了，叫道："不吃，不睡，不是要我死吗？"朋友泰然答道："是啊，反正总是要死，你又何必活着？"问得懒汉哑口无言。

故事中的朋友紧紧抓住了懒汉的荒谬逻辑，顺竿上树，以其人之道还治其人之身，使得懒汉无话可说。总而言之，在使用"以其人之道，还治其人之身"式的说服术时，关键在于抓住对方的语言逻辑，然后以此为基点，推出荒唐的结论，令对方的诘难不攻自破。

苏联诗人马雅可夫斯基在一次演讲会结束后，与对他怀有敌意的发问者展开了争论。发问者说："您的诗太骇人听闻了，这样写诗是短命的，明天就会完蛋，您本人也会被忘却，您不会成为不朽的人。"

马雅可夫斯基答道："请您过 1000 年再来，那时我们再谈吧。"

问者又说："您说，有时应当把沾满'尘土'的传统和习性从自己身上洗掉，那么您既然需要洗脸，这就是说，您也是肮脏的了。"

诗人回答："那么，您不洗脸，就认为自己是干净的吗？"

问者又说："您的诗不能使人沸腾，不能使人燃烧，不能感染人。"

诗人答道："我的诗不是大海，不是火炉，更不是鼠疫！"

这段话引起人们的掌声和笑语，诗人巧妙地运用了类比的手法，使自己的反驳充满了幽默感。诗人反驳了对方的观点，给唇枪舌剑的争辩添上了诙谐的情调。

拥有好口才的人会在说服他人的时候，适时的用类比的方式，以其人之道还治其人之身，找一个相似的事物所具有的属性或特点来说服对方接受自己的观点。这是一种以曲为直的方法，在达到反驳目的的同时，让对方也能心平气和地接受你的观点。

目标转移，声东击西

所谓声东击西，兵法原文是这样写的："凡战，所谓声者，张虚声也。声东击西，声彼而击此，使敌人不知其所备。则我所攻者，乃敌人所不守也。"它的意思是，凡是作战，所谓声，就是虚张声势。在东边造声势而袭击的目标是西面，声在彼处而袭击此处，让敌人不知道如何来防备。这样我所攻击的地方，正是敌人没有防备的地方。

说服别人有很多技巧，其中有一种很重要的方法就是声东击西。明说是"东"，其暗示的却是"西"，换句话说就是先将说话的目标放在"东"，实际却在讲"东"的时候透漏出"西"的意思，这样将目标转移的说话方法，能在潜移默化中让对方从你的话中领悟出内在道理，从而改变原有的决定。

冯玉样向来提倡廉洁简朴。他在开封时，不准部下穿绸缎衣服。一见到有穿绸缎的，他便要想办法批评一下。有一次，冯玉祥看见有个士兵穿着一双缎鞋，连忙上前深深地做了一个揖，随着一个九十度的鞠躬，而且还左一个大揖，右一个鞠躬，把那个士兵弄得莫名其妙，呆若木鸡。最后，冯玉祥告诉他说："我并不是给你行礼，只因为你的鞋子太漂亮了，我不敢不低头下拜啊！"那个士兵吓得魂飞魄散，连忙脱下新鞋，赤着脚跑回去了。

面对穿缎鞋的士兵，冯玉祥并没有直接批评他奢侈，而是采用这种"声东击西"的方式，用给鞋下拜来提醒士兵应该节俭。使用声东击西说服法时，"声东"就是制造声势，同时也带有伪装的色彩，其目的是为了后面更好地说服。而声势越大，伪装得越像，就为自己提供了越好的说服环境。"击西"是说服的真实目的，这一步最好在前面"声东"中就能表达进去，即把它融进去而又不被对方发现。因此，这是较难的一步，实际操作时要认真对待。

汉武帝的乳母曾经在宫外犯了罪，武帝想依法处置她。乳母向东方朔求助。东方朔说："这不是唇舌之事，你如果想获得解救，在你将被抓走的时候，一定要不断地回头注视皇上，但不可说什么。这样做也许有一线希望。"乳母经过汉武帝面前，果然一步三回头。东方朔在武帝旁边侍立，于是对乳母说："你也太痴了，皇上现在已经长大成人了，哪里还会要你的乳汁养活呢？"武帝听了这几句声东击西的话，面露凄然之色，当即赦免了乳母的罪过。

说服，范围说得大一点就是与人斗智力、斗谋略。避开对方的注意力，分散其力量，松懈其斗志，然后出其不意、攻其不备，使他措手不及。就连英明的汉武帝也中了"声东击西"之计，这不能不说是杰出之作。

先将目标转移的说服方式，适用于有些话不方便直说的情况下，特别是下级想要说服上级的时候。

春秋时期，齐景公非常喜欢打猎，于是让人养了很多老鹰和猎犬。有一次，负责养老鹰的烛邹不小心给逃走了一只。齐景公大怒，要把烛邹杀掉。晏子听说后想劝说齐景公不该杀烛邹，但他没有直接劝，而是采用了声东击西的方法，暗示景公不该杀烛邹。晏子说："烛邹有三条大罪，不能轻饶了他。让我先数说他的罪状再杀吧！"景公点头称是。

晏子就当着齐景公的面，指着烛邹，一边扳着手指数说道："烛邹，你替大王养鸟，却让鸟逃了，这是第一条大罪；你使大王为了一只鸟的缘故而要杀人，这是第二条大罪；杀了你，让天下诸侯都知道我们大王重鸟轻士，这是你的第三大罪。三条大罪，不杀不行！大王，我说完了，请您杀死他吧！"齐景公听着听着，听出了话中的味道。停了半晌，才慢吞吞地说："不杀了，我已听懂你的话了。"

其实，晏子列举的三大罪状表面上是在指责烛邹，实际上是说给齐景公听的，说烛邹犯了三大罪，暗示如果因此而杀死烛邹会给齐国带来不好的影响，人人都能听明白，齐景公自然也不例外。很多时候就是这样，面对那些身份比自己高的人，虽然他们做出的行为不当，但自己又不好直白地指出。为了说服齐景公知道自己的过失并加以修正，晏子声东击西，不直接说齐景公这种做法的对错，成功说服了齐景公让他放了烛邹。

齐景公在别人指出自己错误的时候没有勃然大怒，反而诚心接受的原因就在于，给他提意见的晏子并没有说："大王，你为什么不改？为什么要冤枉喂马人？"而是假借养鸟人是错误的始作俑者，给他解释大王治他罪的原因，这样做实际上是说给齐景公听。这样的说服法能够减轻被说服者内心的负担，避免了因直接受批评而颜面尽失的可能。所以，故事中，齐景公才会在最后听从臣子的劝说，实际上也是借着晏子的话下了个台阶，婉转地承认了先前的不当言论。

声东击西法，是一种更加含蓄迂回的说话技巧。声东击西的特点就在于巧妙地利用话语的多义性或双关性等特点来做文章。用这种说服方式说出的话语，从字面上的意思看似乎并不是直接针对被说服的那个人，但话语中却暗含了说服的深意，使被说服者虽有觉察却又抓不住把柄，达到成功说服他的目的。在很多情况下，相同意思的话用不同的语言来表达，效果迥异。有时言在此而意在彼，令人回味无穷。

声东击西的关键是让对方"开窍"。当你想要说服一个人改变自己原有的决定却又因为某些原因不方便直言时，完全可以采用这种背道而驰、指东说西的方法，既说出了自己的意思，又能让对方在反讽的语言环境下"开窍"，这样做不仅保全了对方的面子不至于让对方生气，同时也可以起到保护自己的作用。

说服他人，不要直奔主题

现实生活中，很多人在说服他人的时候都喜欢直奔主题，仿佛一下子就要求别人接受自己的观点。殊不知，对于大多数观点和自己不一样的人来说，要一开始就让他们接受你的观点并不容易。特别是对于自以为是的人，要说服他，最忌正面交锋、针锋相对，这样不但不能达到预期的目的，反而会激怒被说服者，使其更加坚守自己的观点。因此，我们在说服他人的时候，最好不要直奔主题。先为自己要说服他人认同的事或观点做好铺垫，是说服的明智之举。

这一点尤其体现在下属与领导的交流中，先为说服打下良好的铺垫往往会起到事半功倍的效果。

某建筑公司的李工程师，有一次说服了一个刚愎自用的人。一个工头常常坚持反对一切改进的计划。李工想换装一个新式的指数表，但他想到那个工头必定要反对的。李工去找他，腋下挟着一个新式的指数表，手里拿着一些要征求他的意见的文件。

当大家讨论着关于这些文件的时候，李工把那指数表从左腋下移动了好几次，工头终于先开口了："你拿着什么东西？"

李工漠然地说："哦！这个吗？这不过是一个指数表。"

工头说："让我看一看。"李工说："哦！你不要看了！"并假装要走的样子，并说："这是给别的部门用的，你们部门用不到这东西。"

但是，工头又说："我想看一看。"

当他审视的时候，李工就随便但又非常详尽地把这东西的效用讲给他听。

工头说："我们部门用不到这东西吗？它正是我想要的东西呢！"

李工故意这样做，果然很巧妙地把工头说动了。

这位工程师的做法可谓聪明之举，他没有直奔主题而是先为自己要说服的话设悬念，引起工头的好奇心，让对方在无防备的情况下轻易就被说服了。

事实上，很多事在某些情况下都是不能明说的，你的直言不讳，往往会使他人觉得脸上无光，威名扫地。所以不直奔主题采用迂回地表达反对性意见，可以避免直接的冲撞，减少摩擦，使他人更愿意考虑你的观点，而不被情绪所左右。

唐朝时，庐江王李瑷谋反被唐太宗镇压，李瑷家被满门抄斩，但李瑷的小妾是位美人，太宗李世民不忍杀她便据为己有。满朝文武都觉得太宗这样做极不合适，但没有人敢站出来直接指责皇上。

这一天，李世民跟王珪谈话，王珪注意到那位美人就侍立在李世民的身旁。

李世民指着美人说："这是庐江王李瑷的妾，李瑷杀了她的丈夫而娶了她。"

王珪听后，立即反问道："那么，陛下认为庐江王这样做对还是不对？"

李世民答道："杀人而后抢人妻子，是非已经十分明显，卿何必还要问呢？"

王珪答道："今天，庐江王因谋反被杀，可是，这个美人却为陛下占有，我认为陛下肯定认为李瑷做得对。"

李世民听了，深感惭愧，立刻把美人送还她的家族，同时对王珪能指出他的错误，大加赞赏。

这个故事中采用迂回的方式向领导谏言，表达反对性意见，并被领导心悦诚服地接受。事实证明，很多时候如果下属过于直接地进谏，会使领导自尊心受损、愤怒不已。因为这种方式使得问题与问题、人与人面对面地站到了一起，除了正视彼此以外，已没有任何的回旋余地，而且这种方式最容易形成心理上的不安和对立的情绪。

为了避免被说服的对象产生抵触情绪，我们在说服他人接受某一观点的时候最好不要直奔主题。要在说服之前做好铺垫，因为，通过间接的途径表达自己的意见反而更容易被人接受。这里的原因其实很简单，间接的方法很容易使自己摆脱其中的各种利害关系，淡化矛盾或转移焦点，从而减少对方的敌意。

引导对方多说"是"

说服他人无疑就是要让他人给予自己一个肯定的答复——"是"。说服别人的最终状态是让他人与自己相互背离的观念融合在一起。然而，无论是在商场、情场还是在战场，说服他人又何尝是一件易事。

在说服过程中，可以让对方在没有防备的情况下，诱其说"是"。对方在不知不觉中会一步步坠入圈套。这时候你就牵住了他的"牛鼻子"，对方不得不跟着你走。

有个小和尚聪明绝顶，他最擅长的说服方式就是用智慧诱导对方说"是"，这位小和尚的名字就叫一休。

有一次，足利义满把自己最喜爱的一个龙目茶碗暂时寄放在安国寺，没想到被一休不小心打碎了。就在这时，足利义满派人来取龙目茶碗。

大家顿时大惊失色，不知所措，茶碗已被一休打碎，拿什么去还呢？

一休道："不必担心，我去见大将军，让我来应付他吧！"

一休对将军说："有生命的东西到最后一定会死，对不对？"

足利义满回答："是。"

一休又说道："世界上一切有形的东西，最后都会破碎消失，是不是？"

足利义满回答："是。"

一休接着说："这种破碎消失，谁也无法阻止是不是？"

足利义满还是回答："是。"

一休听了足利义满的回答，露出一副很无辜的神情接着说："义满大人，您最心爱的龙目茶碗破碎了，我们无法阻止，请您原谅。"

足利义满已经连着回答了几个"是"字，所以他也知道此事不宜再严加追究了，一休通过自己聪明的头脑和机敏的语言，帮助自己和安国寺安然地渡过了难关。

一个人的思维是有惯性的，当你朝某一个方向思考问题时，你就会倾向于一直考虑下去，这就是为什么有些人一旦沉醉于某些消极的想法之后，就一直难以自拔的道理。在人际交往中我们应懂得并运用这一原理。与人讨论某一问题时，不要一开始就将双方的分歧亮出来，而应先讨论一些你们具有共识的东西，让对方不断说"是"，渐渐地，你开始提出你们存在的分歧，这时对方也会习惯性地说"是"，一旦他发现之后，可能已经晚了，只好继续说下去。

"是"的反应其实是一种很简单的技巧，却为大多数人所忽略。懂得说话技巧的人，会在一开始就得到许多"是"的答复。这可以引导对方进入肯定的方向，就像撞球一样，原先你打的是一个方向，只要稍有偏差，等球碰回来的时候，就完全与你期待的方向相反了。也许有些人以为，在一开始便提出相反的意见，这样不正好可以显示出自己的重要而有主见吗？但事实并非如此，在现实生活中，这种"是"反应的技术很有用处。詹姆斯·艾伯森是格林尼治储蓄银行的一名出纳，他就是采用这种办法挽回了一位差点失去的顾客。

"有个年轻人走进来要开个户头，"艾伯森先生说道，"我递给他几份表格让他填写，但他断然拒绝填写有些方面的资料。"

"在我没有学习人际关系课程以前，我一定会告诉这个客户，假如他拒绝向银行提供一份完整的个人资料，我们是很难给他开户的。但今天早上我突然想，最好不要谈及银行需要什么，而是顾客需要什么。所以我决定一开始就先诱使他回答'是，是的'。于是，我先同意他的观点，告诉他，那些他所拒绝回答的资料，其实并不是非写不可。

"'但是，假定你碰到意外，是不是愿意银行把钱转给你所指定的亲人？'

"'是的，当然愿意。'他回答。

"'那么，你是不是认为应该把这位亲人的名字告诉我们，以便我们届时可以依照你的意思处理，而不致出错或拖延？'

"'是的。'他再度回答。

"年轻人的态度已经缓和下来，知道这些资料并非仅为银行而留，而是为了他个人的利益。所以，最后他不仅填下了所有资料，而且在我的建议下，开了一个信托账户，指定他母亲为法定受益人。当然，他也回答了所有与他母亲有关的资料。

"由于一开始就让他回答'是，是的'，这样反而使他忘了原本存在的问题，而高高兴兴地去做我建议的所有事情。"

促使对方说"是"的方法很多，但目的都是要以最简单的方式使对方说"不"。当你与别人交谈的时候，不要先讨论你不同意的事，要先强调——而且不停地强调——你所同意的事。因为你们都在为同一结论而努力，所以你们的相异之处只在方法，而不是目的。让对方在一开始就说"是，是的"。假如可能的话，最好让你的对方没有机会说"不"。

很多人先在内心制造出否定的情况，却又要求对方说"好"，表现肯定的态度，这样做是不可能让对方点头的。假如你要使对方说"好"，最好的方法是制造出他可以说"好"的气氛，然后慢慢诱导他，让他相信你的话，他就会像是被催眠般地说出"好"。

换句话说，你不要制造出他可以表示否定态度的机会，一定要创造出他会说"好"的肯定气氛出来。当你向别人发问，你可以连续不断地追问下去，而最后使对方不得不说"好"。这是制造肯定气氛最高明的技术，也是让对方点头的第一种妙方。

譬如当你看到某种东西，你先连续问对方五六次："它的颜色很漂亮吧?!""它的手工很精细吧?!""它的造型很完美吧?!""它的……"让对方答出一连串的"是"之后，你再问他原先你想获得他肯定回答的问题，那他一定会说"是"。因为在此之前，他已被你催眠似的说"是"，很自然地，在回答你这关键问题时，他也会说"是"。

所以，要使对方回答"是"，问问题的方式是非常重要的。什么样的发问方式比较容易得到肯定的回答呢？当然是你的问题已经暗示了你所要得到的答案，这就是使对方点头的第二种妙法。

譬如当你在说服别人购买你的商品时，不应该问顾客喜不喜欢、是否想买。你应该问他："你一定喜欢，是吧！""你一定很想买，是吧！"你必须用"这颜色很漂亮吧！"来代替"这颜色很漂亮吗？"因为，你问他："颜色漂亮吗？"他可以回答"不漂亮"。可是，你问他"颜色很漂亮吧！"他就不得不回答："很漂亮。"

你一定在电影上看过那些老谋深算的律师，在法庭为被告辩护时，一定是一步一步诱导原告说出对被告最有利的情况。

第三种使对方点头或说出肯定答案的妙方是，当你向对方发问而他还没有回答之前，自己也要先点头。你一边发问一边点头，可以诱导他更快点头。因为你的行动和态度会诱导对方的行动和态度。所以只要善用此原理，就会更快地得到对方肯定的答案。

要想和别人建立合作关系，在与人交谈的时候必须记住至关重要的一点：不要从分歧开始，而要从双方都同意的地方开始。这么做能够让对方意识到你们的目标是一致的，不同的只是方法而已。谈话的开始阶段极为重要，如果你从一开始就使对方说"是"，你将获得事半功倍的效果；反之，你将面临重重障碍。

诱导劝说术借助引诱于无形，让对方在不知不觉的情况下陷入语言的"陷阱"。所以在说服对方时，可以先设好"圈套"，然后通过引导对方多说"是"使其慢慢走进"圈套"里，这时候你就掌握了主动的优势地位，可以轻松让对方同意你的观点。

找到问题的主要矛盾，将其转移解决冲突

在我们与他人交谈并想说服他人认同某种观点的时候有时候会遇到由于双方在认识上的不一致，而导致双方相互抵触、争议甚至攻击等的问题，这种问题就是破坏性问题。

在遇到对方提出破坏性的问题时，最好的解决办法就是说服者尽力找到问题的主要矛盾并将其转移，只有这样，才能有效地化解冲突重新回到交谈的轨道上。

说服是一门艺术，更是一个人综合素质的体现。想要甩掉对方破坏性的问题首先要具备的是耐心，当对方气势汹汹找你时，你应该问清楚状况，然后冷静分析，寻找最佳的应对方式来解决问题。在工作中，下属在和领导讲话时遇到了对方的破坏性问题时该怎么办呢？聪明的下属则懂得适时退让，转移主要矛盾，避免与领导发生冲突。

办公室中，王华对总经理说："总经理您好，昨天我交给您签字的文件，您签了吗？"

总经理疑惑地看了看王华，在办公室里找寻一番后说："我没有见过这份文件。"

这时，王华有两种选择：一是与总经理据理力争："我昨天请您的秘书将文件放在办公桌上的，会不会您没看见弄丢了！"这样对话的结果很可能是王华与总经理开始争论，气急败坏之下甚至会演变成一场争吵，那样不仅对工作的完成无益，反而可能招致总经理对自己的记恨。

王华的另一种选择是，不管出于什么原因，既然总经理说没见过那份文件，那就再拿一份让他签字吧，也不值得为这样的小事得罪领导。

经过一番权衡，王华回到办公室，再次打印出那份文件，总经理爽快地签了字。

冲突发生时，你会选择哪种解决方式呢？王华采取了退一步，将主要矛盾转移进而平静解决的方法。也许这确实给他带来了一些重复的劳动，但不吵不闹的处理方法有时反而更实用。

其实，我们在说服他人的时候，大可不必与他人针锋相对，很多时候给他人一个台阶下，能有效地甩掉对方的破坏性问题，在售货员面对顾客时，这样的解决方式尤为有效。有些时候，适当地给顾客一个台阶下，也是为了更好地说服顾客。当顾客对你的产品有意见时，发生矛盾后双方肯定谁心里都不痛快，很容易失态，口出恶言，把话说绝了。一时把话说绝，痛快也只能是一时的，而受伤害的是双方长远的关系和自己的声誉。所以，即使有了再大的矛盾，我们也应该把握住一点，就是不把话说绝，给对方也给自己一个台阶下。

一位顾客在商场买了一件外衣之后，要求退货。衣服她已经穿过一次并且洗过，可她坚持说"绝对没穿过"，要求退货。

售货员检查了外衣，发现有明显的干洗过的痕迹。但是，直截了当地向顾客说明这一点，顾客是绝不会轻易承认的，因为她已经说过"绝对没穿过"，而且精心地伪装过。于是，售货员说："我很想知道是否你们家的某位把这件衣服错送到干洗店，我记得不久前我也发生过一件同样的事情。我把一件刚买的衣服和其他衣服堆在一块，结果我丈夫没注意，把这件新衣服和一堆脏衣服一股脑地塞进了洗衣机。我觉得可能你也会遇到这样的事情，因为这件衣服的确看得出已经被洗过的痕迹。不信的话，可以跟其他衣服比一比。"

顾客看了看证据，知道无可辩驳，而售货员又为她的错误准备了借口，给了她一个台阶下。于是，她顺水推舟，收起衣服走了。

售货员如果直白地揭穿顾客的"伎俩"，再强硬地驳回对方的要求，就等于在大庭广众之下把话说绝了，换来的只会是一场尴尬和不欢而散。现实中，人们普遍存在着吃软不吃硬的心态。特别是性格刚烈的人，如果你说话"硬"的话，他可能比你更硬；你如果来"软"的，对方倒会于心不忍，也就有话好好说了。

在说服的时候一定要注意转移矛盾，绝大部分的矛盾争论，结果都会使双方比以前更加坚持自己的立场和观点。在争论中没有赢家，不管你是否在争论中占了上风，本质上你都是输了。即使你在争论中把别人驳得体无完肤、一无是处又能怎样呢？你可能暂时会高兴，但对方的自尊心受到了伤害，会对你产生怨恨，并且即使口服，他的心也不会服。

事实上，发生冲突后，因为彼此心里都有怒气，很容易失态，口出恶言。在说服他人的时候，说服者就应该保持敏锐，及时发现造成你们之间交谈不畅通的主要矛盾，并及时将矛盾转移，这是一种高超的说服技巧，能有效避免彼此之间的矛盾进一步加深。

第十二章

精辟口才：
话不在多，抓住关键就行

与其啰嗦而长，毋宁精炼而短。

——茅盾，北大校友，著名作家

言多必失，不该说的就闭嘴

我们在公共场所常常有这种经历，往往会有很妙曼的女孩子和很英俊的男孩子在我们面前走过，我们往往会惊叹于造物主的妙手能把人类造化得如此美貌，但是很多情况下，往往只要他们一开口、一说话，他们方才留在我们心中的美好形象就轰然崩塌，或是觉得语言粗俗，或是觉得矫情抑或是无知。再去看他们时，就不觉得他们有多美好了。

这样的场景或许极端，但是非常能说明问题，我们给别人的感觉，一方面是举止，一方面就是言行，如果不能保证自己的言行是合适的，那么就会让别人对我们造成不好的感觉，所以，言多必失，不该说话的场合与时机或是不能确保自己言谈是否合适的情况下，我们还是不说话为好，以免给自己招致不好的印象甚至是灾祸。

有这样一则故事，说的就是不该说话时非要说话就会给自己招致灾祸。

从前有一只乌龟，有一年碰上多年不遇的干旱，所居住的湖泊完全干涸了，自己也不能爬行到有食物的水草丰泽之地。当时有一群大雁居住在湖边，也准备迁往他方，乌龟就向它们苦苦哀求，要求把它带离此地。

一只大雁就用嘴叼着这只乌龟，往高空飞去。大雁经过一座城镇，乌龟忍不住气，向大雁问道："你这样不停地飞，到底要飞到何处？"

大雁听了，只好回答，刚一张口，叼在嘴里的乌龟就径直从高空落下，摔在地上，被人拾取，宰杀享用了。

乌龟多嘴多舌而致堕地身亡，恰好说明了一个道理：如果不谨慎口舌，就会招致恶果。

和上文的乌龟比起来，尽情地用语言表达思想，表达感情似乎是合理的，其实不然，不管是因为无知还是情绪的激动，在不该说话的场合说话，还会招致灾祸。

沙皇尼古拉一世登基后，国内爆发了一场由自由分子领导的叛乱，他们要求俄国现代化，希望俄国的工业和国内建设必须赶上欧洲的其他国家。尼古拉一世残忍地平定了这场叛乱，同时判处其中一名领袖李列耶夫死刑。

行刑的那一天，李列耶夫站在绞首台上，绞刑开始了，李列耶夫一阵挣扎之后绳索突然断裂了，他猛然摔落在地上。在当时，类似这样的事件被当成是上天恩宠的征兆，犯人通常会得到赦免。李列耶夫站起身后确信自己保住了脑袋，他向着人群大喊："你们看，俄国的工业就是如此差劲，他们不懂得如何做好任何事，甚至连制造绳索也不会！"

一名信使立刻前往宫殿报告绞刑失败的消息，虽然懊恼于这突如其来的变化，尼古拉一世还是打算提笔签署赦免令。

"事情发生之后，李列耶夫有没有说什么？"沙皇询问信使。

"陛下，"信使回答，"他说俄国的工业如此差劲，他们甚至不懂得如何制造绳索。"

"让我们来证明事实与之相反吧。"沙皇说，于是他撕毁赦免令。第二天，李列耶夫再度被推上绞刑台。这一次绳索没有断。

李列耶夫坚持自己的意见，坚持自己的信念其实没有错误，但是他在那样的场合下还是喋喋不休，言多必失，祸从口出，仅仅为了满足一时的骄傲或者感情的宣泄，最终却被人剥夺了生命的权利。

有个人去医院看病，告诉医生他的左胸痛，然后他又接着说："但这也不是什么大病，是老毛病了，可能是肺炎，你给我开点消炎和止痛的药就好了。"医生一边给他做检查一边说："你这么厉害呀！还知道是肺炎，那还跑到我这里来干什么，自己去药店买消炎药就好了啊。"这个人很生气，连连指责医生真差劲，没有一点服务道德和职业素质。但是，最后检查完之后却发现是他根本不是肺病，而是心脏病，多亏发现得早，不然后果不堪设想。

在很多情况下，在有专业人员在场的情况下，就不要说一堆无用的话，这不仅仅是管住自己嘴的问题，更是对别人尊重的问题。因为有专业人员，你只需做你应该做和应该说的，把问题和事实客观地讲出来，无需加入你的观点和判断，更不可加入你的个人感情，在别人不问你的时候就什么话也不要说，千万别自作聪明或是自以为是甚至目中无人地去说一些你不应该说的话，而且是在不合适的时间说。

如果一个人总是滔滔不绝地讲话，而不去听不去想，那么说得多了话里就自然而然地会暴露出许多问题。比如你对某事某物的看法、你对事态发展的判断、你今后的打算等，这些如果从谈话中流露出来，然后被你的对手所了解，那么他完全可以根据你所说的制定出相应的策略来战胜你。

有一句谚语叫作："人们有 1 年的时间学会说话，却要用 60 年的时间学会闭嘴。"一方面，说明不该说话时不要说话有多么的重要，另一方面，说明人们对于自己说话冲动的克制和掌握是需要学习的。善于闭嘴并不是一言不发，而是确保自己说的每句话都不是废话，最起码不会带来负面效果。

少说，话才有力量

1936 年 10 月 19 日，我国著名的文学家鲁迅积劳成疾，不幸病逝，举国为之惋惜而悲痛，不久之后公祭大会举行。

整个会场气氛压抑，空气好像铅块一样，公祭快结束时，邹韬奋发表演讲。邹先生走到台前，清了清嗓子，看到眼前站满了强忍悲痛之心的人，他缓缓说道："今天天色不早，我愿用一句话来纪念先生：许多人是不战而屈，鲁迅先生是战而不屈。"说罢便离开了。

邹韬奋在公祭大会上的这一句话演讲，在当时的上海被人们誉为最具特色、最具力量的演讲。在天色已晚，人心透亮的情况下，不论说什么都只会让悲伤的人更悲伤。但是这一句话的演讲，分明让我们感受到话里边蕴含着极为丰富的内容——既有对当时政治战线、思想战线、文化战线上"不战而屈"的投降派的谴责，又有对鲁迅先生勇敢战斗、决不屈服的可贵品格的赞颂。哀而不伤，悲而不怨，既表达了对鲁迅先生的追思，又鼓舞人心，给人以力量，"不战而屈"和"战而不屈"，同样的四个字用不同的组合方式，老辣地批评了那些屈服的人，赞颂了鲁迅这样刚毅的人。这极其精练的一句话不到 20 个字，对比鲜明，使高尚者更高尚、卑微者更卑微。

仅仅不到 20 个字，就能富含这么多作用，体现这么多内同，可见，说话并非越多越好，言简意赅，说到点子上才是关键。

生活中不乏话多的人，每每到他说话的时候都会叨叨说不停，以为这样才能体现语言的力量。其实不然，话越多，说的话就越没价值，就越没力量。

据史书记载，子禽曾经请教老师墨子："老师，一个人说多了话有没有好处呢？"墨子回答他说："话说多了能有什么好处呢？这就好像池塘里的青蛙，它们整天地叫，即使叫得口干舌燥，也从来没有人注意它们；但是雄鸡却不一样了，它们只在天亮的时候叫两声，大家听到鸡啼就知道天要亮了，于是都注意到它们。所以说，话说多了没用，要说在点子上。"子禽听后恍然大悟。

墨子的话告诉我们一个道理，我们说话，不在多而在精，只要能说到点子上，几句话就能解决问题。我们应该用最洗练的语言表达我们的意思。语言的精彩与否不在于话的多少，而在于是不是简练有用，是否能解决问题。

有一个误区是，很多人常常认为，好的口才是指能说会道、口若悬河、滔滔不绝，其实这是不对的。相反地，喋喋不休不仅仅会暴露我们的缺点，还会让我们显得缺乏诚意，因此容易受到别人的轻视和怀疑以及产生一些其他负面的看法。

真正口才好的人，说话往往清晰明了、逻辑严谨。事实上，口才好的一个体现就是让对方在短时间内听明白你的意思，而能够达到这一点的关键，就是语言简练。

有一次，艾森豪威尔将军应邀参加一个社团的演讲。在他之前，已经有五名演讲者逐一发言，其中不乏滔滔不绝的长篇大论。最后终于轮到艾森豪威尔将军上台了，那时已经将近天黑，台下许多听众都筋疲力尽，昏昏欲睡。艾森豪威尔环顾四周，说道："在我前面的几位先生的演讲十分精彩，加起来可以构成一篇耐人寻味的长篇小说了，我实在没有能力再加一个字，可是这篇文章应该加上一个标点符号，这样才显得完美，就让我来为这篇长篇小说加上一个结束的句号吧！"艾森豪威尔将军说完，就潇洒地走回到自己的座位上，结果，他的话语博得了满堂的喝彩。

鲁迅先生曾经说过："时间就是生命，无端地空耗别人的时间，无异于谋财害命。"说话简洁能给别人一种生机勃勃、聪明利索的感觉。现代社会节奏快，时间观念强，每个人都追求生活的高效率，简单明了的交谈，能让我们迅速完成对话的目的——或是要了解什么，或是要说明什么，只要一点点时间都会解决。

那么，我们如何才能做到说话言简意赅呢？实际上，很简单，我们可以从以下几方面着手。

首先，要注重培养自己分析问题的能力。透过现象看本质，只有我们对一件事情了解透彻后，才能分清这件事情中什么是重要的、什么是不重要的、这件事的内核是什么，掌握了这些，我们再向别人表述时才知道要说哪些内容、哪些内容是可以不说的。

其次，我们要尽可能多地掌握一些词汇。中国文化博大精深，有时候一个特定的词语就包含了丰富的意思，如果能扩充这样的词汇库，那么，就会精练你的语句，还让你显得很有文化。

最后，说话一定要条理明晰。如果遇到复杂的问题，三言两语说不清，那就分条来说，在说每一条内容时抓住重点，这样，虽然信息量很大，内容很复杂，但是逻辑是清晰的，每一条内容是洗练的，所以能够很好地让人理解和接受。

但是值得我们注意的是，我们虽然强调说话的简练和洗练，但是一定要把问题说明白，不能为了少说而不说，说话得简明并非过于简单，这也要求我们言之有物。同时，我们也要注意说话态度，不要给人以"爱答不理"的错误印象。

总之，说话言简意赅，能帮助我们提高沟通效率，减少沟通成本，无论是节省时间，还是让别人觉得你可靠可信，都有很积极的意义，值得我们为之努力。

高谈阔论不见得就是真理

美国某汽车公司需要采购车座上的绒垫，当时有三家供应商提供的产品无论在价格还是品质上都不分伯仲，这让汽车公司的采购人员十分为难。采购人员决定同时约这三家供应商的销售员聊一下，再比较一下究竟用哪一家。

当日，其中两家供货商所派的销售员，都能说会道。而另外一家供货商的销售员，突患喉疾，说话都费尽，更别谈和其他几位唇枪舌剑一分高下了。果不其然，其中两位销售将产品的优势介绍得非常详尽，而他却只能沙哑着喉咙，很勉强地说："我实在发不出声来，我们公司中的商品，我只能写给你们看。"

采购人员一见他这种情形，便对他说："你不必写了，你把产品拿出来，我可以自己看！"于是第三位销售站在旁边默不作声，任采购人员看他带来的样品。

结果大出意料，那两位精于推销辞令的销售空手而归，而那位声音沙哑、没法说话的销售，带着一笔巨大的订单回去了。

虽然第三位销售没法说话是一个偶然的事件，但是这个真实的案例很好地说明了，不开口的效果有时反而胜过高谈阔论。

被西方学界誉为"开放社会之父"的卡尔·波普尔曾经说过这样的一句话："受过不充分教育的人傲慢，喜欢高谈阔论。他们佯装具有我们所不具有的智慧，其诀窍之一，是同义反复和琐屑之事再加上自相矛盾的胡言；另一个诀窍是写下一些几乎无法理解的夸大言词，不时添加一些琐屑之事。"

这句话的意思是高谈阔论、夸夸其谈、吹得天花乱坠的人，很有可能是没有底气，且什么都不懂的人。

大文学家托尔斯泰也说过："高谈阔论者往往是知之甚少者，知之甚多者往往沉默寡言。这样的情形之所以很普遍，是因为知之甚少者总是以为他知道的东西便是最重要的东西，于是想讲给所有人听。"

真正知识丰富而智慧的人知道，宇宙浩瀚，贤人藏于市井，比自己有智慧的人太多了，所以，他不会轻易高谈阔论、滔滔不绝，他只讲别人问他的东西，以及他需要讲的东西。

仔细想想确实有道理。我们在与人沟通交流时常常会遇到这样的情况，我们为了显示自己的知识、能力，就自顾自地沉浸在自己的思绪中，高谈阔论、夸夸其谈，恨不得把自己的本事一股脑儿全说出来，全然没有留意到周围人。

某外贸公司因拓展外贸业务，决定向社会公开招一名管理人员。招聘广告登出后，人才招聘处便里三层外三层被围了个水泄不通，经过笔试和面试两道关之后，最后敲定在剩下的甲、乙、丙三个人中间选出。

　　这三位候选人都非常优秀，无论是写方案还是聊产品都思维清晰、语出惊人。这使招聘者颇感为难。最后，公司决定来一次"煮酒论英雄"：在某酒家设宴招待三位应聘人员，通过酒宴对应聘者再次进行筛选。

　　招聘总经理坐在应聘者中间，和三位应聘者推杯换盏，天南海北随意聊天，因为包括经理在内的4个人都是健谈的人，他们见多识广，聊得非常高兴。

　　公司设置的笔试和面试只能反映应聘者的专业知识和部分素质，同时这三位都是有备而来，且分外警醒，都绷着弦，所以有些缺点暴露不出来。然而在气氛热烈的酒宴上，这三个人认为大局已定，思想不再设防，于是，一个不戴面具的、真正的"自我"便赤裸裸地展现在招聘经理面前。

　　席间乙率先出言："我原来那公司老板管理不善所以现在倒闭了，当时要我去管，绝对能管好。总经理，你只要录用我，我保证让公司效益翻番，现在咱们的政策得大调，客户关系也得重新调理，这都不用您操心，我全包……"

　　丙见乙说了这样的话，他也不甘落后，马上说："总经理，我这次是横下一条心来报名应聘的，我已向原单位辞了职。我坚信，凭我研究生毕业的水平和原来在学生会及工作上多次成功的经验，肯定能胜任公司的工作，你们一定会录用我的……"

　　唯有甲听着那两人的慷慨陈词，不发一词，直到他看到总经理询问的眼光后，才缓缓说出："总经理，能结识您很荣幸，我非常愿意为贵公司效力。坦白说，我对公司的了解有限，所以我不能说我的到来会给公司带来多少利益，我只能说我会尽我最大的努力和激情协助您的工作。如果确实因名额有限而不能被录用，我也不会气馁，我会继续奋斗。我相信，如果不能当您的助手，那我一定能成为您的对手……"

　　等这三个人说完话，用谁不用谁就很明了了，甲最终得到了那个职位。

　　乙和丙想破脑袋也想不到，自己输在了高谈阔论上，本以为口若悬河能给自己加分的话却暴露了自己性格上的缺点，最终导致失去大好的工作机会。

　　夸夸其谈、高谈阔论的人，有很多种不同的表现，但可以总结他们的基本特征，那就是表里不一、言行脱节。

　　他们往往表现出颇有一副令人肃然起敬的样子，在不同的场合，总是抓住机会哗众取宠、滔滔不绝、口若悬河，表现自己，显得见解独到。可是话一出口，他们的"使命"也就完成了，他们的本事止于他们的言谈，一旦遇到真的困难、真的难题，他们往往是最先退缩的。

　　我们要时常问问自己，反省一下，在我们与别人沟通交流时，我们是个喜欢高谈阔论的人吗？我们是否也说过那些不着边际的大话？如果有，那么一定要警惕，在没有酿成大祸的时候，在朋友还没远离我们的时候，停止高谈阔论，做个低调的人吧。

知识愈浅薄的人，愈想夸夸其谈

中国有句俗语叫作"满瓶不响，半瓶晃当"，说的是真正有才华肚里有货的人，往往不吱声，话不多，但是没有学识的人、浅薄的人，就会抓住机会说个不停。面对这种情况我们也常常训诫自己，多说话不如少说话，说话要恰当无误，千万不要花言巧语。正如古人所云："话说多不如少，惟其是勿佞巧。"

真正有学识的人是有底气的人，是自信的人，唯有心虚的人或者浅薄的人才会通过夸夸其谈来掩饰自己的无知和浅薄。

一个无知的人不知道自己要说什么才能回答别人的疑问，解决别人的问题，他不知道要说什么才能表达出自己的观点，很有可能他根本就没有自己的观点，所以他才会主动或者被动地堆砌语言，来掩盖自己的心虚和无知，给别人造成一种其实他什么都明白，他什么都能说得清的假象。

浅薄的人处处想表现自己，所以不放过任何一个可以说话、表达的机会，好像只要说得多就能显示出他的本事和风采。

"宁可把嘴巴闭起来，使人怀疑你是浅薄，也不要一开口就让人证实你的浅薄。"这是一句值得我们时刻铭记在心的至理名言。

在我们不明白某件具体的事的时候，我们最好别说话，给自己留点余地和面子，不要让别人看到我们的短处究竟有多短。话说得越多，那么暴露给别人的地方也就越多，同时也越能让别人摸清我们性格的缺陷，所以，我们应该向古圣先贤学习，要么不开口，不给对方任何可以纠缠的机会；要么一开口，就马上解决问题。

三国时期蜀国的能臣诸葛亮有个哥哥叫诸葛瑾，诸葛瑾是孙权手下的大臣，虽然不及弟弟出名，但是他也是一个很有治国经略、十分有本事的人。

他平时话不多，但在紧要关头，在大家穷尽口舌一筹莫展之时，他常常凭借几句简单的话语就能解决棘手的问题，为世人称道。

有一次，时任校尉的殷模被孙权误解，孙权不问事实，大怒之下，喝令尉官将他推出去斩首，众人知道孙权是在气头上才会这么做，过后一定会后悔，就纷纷替殷模向孙权求情，在大家纷纷进言之时，唯有诸葛瑾兀自站在那里一言不发。孙权虽然在气头上，但是还是很纳闷，就问诸葛瑾："为什么子瑜（诸葛瑾，字子瑜）不说话？"

诸葛瑾不慌不忙面向孙权，回答到："我与殷模都因家乡遭遇战乱，才来投奔陛下。现在殷模不思进取，辜负了您，还求什么宽恕呢？"

短短几句话，让孙权突然从怒气中抽离了出来，他想殷模不远千里来到吴国投奔自己，即使有过错也应该适当原谅，况且目前他是否有过错还未定论，于是马上冷静了下来，赶紧下令赦免了殷模。

群臣七嘴八舌说了那么多话，孙权都没有动容，但是唯有诸葛瑾的话，对孙权来说如醍醐灌顶，马上让他认识到自己的冲动，可见，话真的不是说得越多越好，不管话说得多漂亮，不如一句真正有用的话解决问题。

20世纪初的美国，现代小说作家层出不穷，有一天，在纽约四季大酒店两位作家同时开办新书签售会。

其中一位作家久负盛名，他在描写美国南方庄园生活的人情冷暖方面十分出名，深耕南方庄园小说数十年；而另一位则是一位"投机写手"，就是什么内容容易上畅销书榜他就跟风写什么，没有自己深耕的领域。

签售会一前一后开始了，首先是"投机写手"，他看到台下有这么多人来买他的新书，他十分自得，他清了清嗓子开始介绍新书。从他为何要写这本书，到写作过程，到修改定稿到装帧的敲定，事无巨细，话语间不乏自得的语气。过了一个半小时才结束了他的演讲。

终于到了互动问答环节，台下有一位书迷提问到："我对您书中描写的那个年代女性的衣着很感兴趣，您的书中有众多女角色，您在写书时考虑到衣着配饰的问题了吗？比如已婚和未婚女士的穿着有无区别？"

"投机写手"听到这个问题，倒吸了一口冷气，他开始作答，依旧是东扯西扯，支支吾吾说了一大段，但是也没解答提问者的问题，提问者出于礼貌没有再说什么。

这时，另外一位作家的签售会开始了，人群向另一位作家那边涌去，投机写手总算是解脱了。

另外一位作家照例开始做一个小演讲，他和台下的观众打了个招呼，然后缓缓说道："刚才那位书迷提的问题很专业，其实我很想解答一下，但是三言两语说不清，如果真的有兴趣，我想你们可以好好读读我的新作，相信可以回答你们对那个时代包括女士衣着在内的风土人情能有一个很详细的介绍。"

就这样，这位作家结束了他的演讲，但是却博得了人们热烈的掌声。

两位作家哪位有真才实学，哪位是"欺世盗名"高下立见。真正知识渊博的人、懂行的人，不用语言来表现自己，不用语言来伪装自己，语言只是一个引子，真正重要的，还是我们的真才实学，否则，说得越多越错。

在说话的时候，我们要记住这样一个原则：在任何地方、任何场合，我们都要尽量少说无用的话，惜字如金。正所谓："不鸣则已，一鸣惊人。"如果非要说，那就让我们说一些有价值的话，切莫漫无目的地滔滔不绝，暴露自己的缺点和无知。

惜字如金，抓住关键长话短说

我们说话如同做事一样，不在于我们做了多少事，而在于你做的事所带来的效益。说话也不在于你说了多少，而在于你说的话是否有价值、有意义，只要话有价值，一句能顶万句，但是话没有价值，万句也顶不了一句。

话不在多，而在于是否精练，是否一针见血、鞭辟入里、一语中的。现在生活节奏很快，我们都希望迅速解决问题，那么就要求我们说话一定要精练，切忌长篇大论，否则就会让人没有听下去的欲望，即使听下去，不是犯困就是迷糊，心中还会怨恨你，浪费了大家的时间。

文坛巨匠茅盾曾经说过："与其啰嗦而长，毋宁精练而短。"唐朝刘禹锡也早有诗云："千淘万漉虽辛苦，吹尽狂沙始到金。"这都说明说话精练的重要性。

在生活中，我们经常会看到类似的场面：妈妈三番五次地对孩子说："你要把你自己的屋子收拾干净。"可孩子仍然把屋子搞得一团糟，将妈妈的话当作耳旁风；妻子不知疲倦地劝解丈夫："你该戒烟了。"可丈夫依然置若罔闻，吞云吐雾……造成这些现象的原因，很大一部分就是，作为劝者的妈妈和妻子说得太多了，就是刺激过多、过强、过久，已经超过了可以承受的合理限度，从而引起了心理上的极不耐烦或者是反抗的情绪，使得事物朝着相反的方向发展。

由此可见，如果希望自己说的话能够让别人听取，就不能采取简单的重复、重复与再重复，而是要灵活机动地换个角度或者换种说法，把问题说明白，达到"一语千金"的威力，而不是喋喋不休地重复，让对方产生厌烦心理、逆反心理。

好几百年以前，西方的一位聪明的国王召集了他的一群臣子，交给他们一个任务："我要你们编一本《智慧录》，以留给子孙。"

这群臣子在得到了国王的命令后，就开始了艰苦的工作。他们凤兴夜寐，花了很长一段时间之后，终于完成了一部十二卷的巨著——《智慧录》。

这些臣子派代表将这12卷巨制拿给国王看，没想到国王看到了《智慧录》之后，连第一卷都没翻开，却说出了这样一句话来："各位大臣，我深信这是各个时代智慧的结晶。但是，它太过于'厚重'了，我担心没有人会去读完它，还是把它浓缩一下吧！"

没办法，臣子们只好再次发挥聪明才智，将这12卷巨制删减了很多内容，最后定稿浓缩成了一卷书。这次国王终于看完了这本书，然而国王还是觉得有些烦琐，命令继续浓缩。

臣子们只好继续删减书中的内容，慢慢地把这本书逐渐地浓缩为一章、一页、一段，最后竟然浓缩成了一句话。

臣子们将这本只有一句话的《智慧录》呈上给国王看的时候，国王非常高兴地说道："各位大臣，这才是各个时代的智慧结晶呀。各地的人只要知道这个真理，我们一直担心的大部分问题也就可以顺利地解决了……"

知道这句浓缩出来的经典话语是什么吗？很简单，也就几个字而已："天下没有免费的午餐。"

世间的大智慧尚且不需要大书特书，那么我们生活中的沟通和交流也可以简洁很多，不要低估别人的理解能力，话不用说太多。

当然，要使自己的话语简短、精练也需要一些训练，说话简洁能抓住重点，从某种意义上讲，要求我们具有抽象的能力，在差异中寻找共性，将具体的问题高度概括。我们需要学会压缩，使说话具有层次和条理，抓住主要事实、体现鲜明观点。

正如俗语所说的："兵在精而不在多！"说话也是如此，不在说得多少，而在能说得恰如其分。当我们和别人交谈时，只要善于抓重点，长话短说，那么我们就能一语中的，显得有水平、有分量，可以让人心悦诚服地接受你的观点。

说话要有的放矢，不能漫无目的

一般来说，人们说话的目的是为了传递某种信息，引起别人的注意，博得对方的信任、同情、支持和理解。即使是闲谈，相信我们也是有一定"目的"的，比如让别人对自己产生好感，传达自己的观点，甚至安慰别人等，如果能给自己每次的说话都设定一个目标，那么我们就能做到说话有的放矢，让每次说话都为自己或者他人服务，而不是漫无目的，浪费时间和生命。

说话就像射箭，有了明确的目标，才能准确地把箭射中。成功学大师卡耐基说："在筑墙之前，你就应该决定把什么圈出去、把什么圈进来。"

同样，在说话之前，你必须要明晰一个目标，做到心中有数，才能应付自如。在生活中，之所以很多人会出现所谓的"失言"的情况，很主要的一个原因就是没有明确自己说话的目的。

晚清时期进行洋务运动之时，洋务派大臣张之洞为了富国强兵，在汉阳修建了一座钢铁厂也就是日后的汉阳炼铁厂。

但是光有厂房还不够，张之洞又委托买办薛福成在英国为自己购买炼钢的设备，张之洞只说要炼钢设备，但是事实上，他根本不知道自己要什么，他仅仅对薛福成说："中国之大，何处无好煤好铁？只需照英国的式样采购就行。"但是炼钢所用焦煤与铁矿砂的样品不同，就需要不同的炼钢设备。可是即使薛福成明白这个差异，但是他没有办法再从张之洞那得到任何有用的信息，就按照英国人通用的酸性炼钢炉，制造了一座贝色麻炉运到了中国。

结果，当地所产的铁矿石含磷比较多，用酸性炼钢炉无法去除钢铁中的磷，所以钢铁厂生产出来的钢材大都容易脆裂折断，只能用来铸造铁锅，根本无法用于军工制造。

张之洞的错误之处就在于没有明确自己的目的，结果好心办成了坏事。说话也是如此，每次说话要有目的，这样才能事半功倍。比如，如果你这次交谈是为了安慰别人，那么即使别人没有给你好的反馈，甚至出言不逊，那么你一想到自己说话的目的，就不会跟别人针锋相对。再比如，当我们在与陌生人交流的时候，都是从互相介绍开始的，它的目的就很简单——要让对方知道自己的身份。

有了明确的说话目的，我们才能做好各种准备，包括说话心理上、内容上、技巧上的，只有明确了自己想要达成的目的，才知道应该做些什么准备。例如在交谈前收集哪些资料，采取何种语体风格，运用哪些技巧，进而能够有的放矢。但是，如果我们目的不明，那就会不顾场合地信口开河、东拉西扯，最后导致失言，好形象尽失。

我们一定要珍惜每次说话的机会，不让说话成为"浪费"，让每次说话都能完成它的使命。

例如，去医院瞧病，我们就应该详细地向医生诉说自己的病情，让他尽快确诊你的病情，而不是一直不停地说，这个病给自己带来了多大的痛苦、多大的损失，甚至于请个病假来看病有多麻烦等等，这样不利于医生对你的病情进行客观地诊断，也会让听众心生厌烦，从而耽误了你的病情。因为你是去看病的是去诊断的，而不是去博人同情的，所以有些话就不用说，说了也没用。

在工作中也是一样，汇报工作或者开会时，没有经过思考，没有想好自己要表达什么意思时，就开始滔滔不绝地说，自己都云山雾绕，那就别指望别人能搞懂你想说什么、你想做什么。最后，就会给人留下你的工作能力不够的印象，因为无目的的长篇大论，最起码让人感觉是没有条理和顺序的，那么又怎能将一些重要的工作交给你来做呢？

我们要如何做到说话有的放矢，目标明确呢？其实很简单，只要我们先设定目标，然后再把话说到点子上即可，设定谈话目标没有什么技巧，这是我们能完成的，但是如何把话说到点子上，避免漫无目的地乱侃还有是一些诀窍的。

首先，需要我们说话言之有理，切忌空洞无物，华而不实，废话连篇。所谓"欲语唯真，非真不语"，指的是语言应该反映真实情况，表达真情实感，没有真东西，就不要开口讲话。

其次，看人下菜，面对不同的人，在目标明确的情况下，要用不同的话语去描述，不同的人兴趣点不同。

举个例子来说，如果一个大学老师劝诫大学生们好好学习，不要荒废时间，那么他可以说："子在川上曰：'逝者如斯夫，不舍昼夜。'、'劝君莫惜金缕衣，劝君惜取少年时。花开堪折直须折，莫待无花空折枝。'等等，但是他如果要去跟一个小朋友说要好好学习，不要浪费时间，那么他就会很直白地说："好好学习。"而不会再去说那些文言词。一代伟人拿破仑对他的秘书们一再申明的训令就是："要让人清晰！要让人明白！"这其中蕴含的意思就是，要不惜手段让别人清晰明白，要看人说话。

有很多人表示，在刚开始与别人交谈的时候是有目标的，是知道自己要说什么的，想要达成什么目的。但是，如果说话有了互动，被别人插了嘴，跟别人一交流就会跑题，自己也不知道自己要说什么了，言谈已经和一开始自己的目标相差万里，就会有"口出千言，离题万里"的情况发生。

为了防止这种现象的发生，不仅在每次说话之前要给自己定下目标，在谈话过程中，不妨扪心自问一句："我为什么要说？"或者是"我要怎么说？""我要说些什么？"只要时时刻刻能够用这几个问题提醒自己，就能很好地避免这种情况。

总之，我们应该坚持一个原则，少说多想，让自己说的每一句话都不离题，如果实在控制不住，可以事先把要说的事情写在纸上，在谈话的时候经常拿出来看两眼，千万不要被一句无关的题外话引入歧途。

第十三章

巧辩口才：
找准穴位，机智巧辩服人心

以创始人的口吻宣说陈词滥调，以发明家的身份公布道听途说。

——周国平，毕业于北京大学，著名哲学家、作家

求同存异，寻求双方的共同点

人与人的谈话中，难免会有意见不一致的时候，即使意见相悖，也不要一开始就点明自己的不同观点。想要最终说服对方，最好的办法就是求同存异，寻求双方的共同点，在想要让对方信服的观点中，寻找双方都能认同的一点，由点及面，再将整个观点完整地表达出来，达到说服对方的目的。

因为人们一旦开始就说出了不同意见，就算后面想反悔就特别困难。因为已经把不认同都说出来了，如果再否定，岂不成了自己打自己的脸了？因此，最初的时候带领对方走入认同的方向，淡化掉他相悖的观点，是一条说服他人的捷径。但是，有些聪明的对手在开始就有了防备心理，所以不容易被说服。因为对方有了心理戒备，所以他们始终觉得"我和你不是一条船上的人"，这个时候就需要通过情感交流来达到说服目的。要想办法让对方觉得我们是"一条绳上的蚂蚱"。比如要想劝人戒毒，最好的方法就是让有过类似经历的人去劝诫。因为相似的经历让对方感觉彼此距离很近，减少了戒备之心，从而营造有利于说服对方的气氛。

小陈是一家服装专卖店的店长。这天来了一个顾客，销售员小韩首先跟进顾客，她问顾客的需求或者是主动介绍服装，顾客始终都不怎么搭理，只是说先看看。

这个时候小陈上前说："先生，刚才听您说话好像不是本地人吧？"顾客说："是啊，你怎么知道？虽然我不是这里的，但是来这里已经好多年了，好多人都听不出我是外地的。"小陈笑着说："您是江苏的？"顾客说："对啊，你连这个都可以听出来啊？真有你的。"小陈说："我们是老乡，我也是江苏的，我是江苏盐城的，您呢？"

顾客这个时候脸上笑意颇浓说："我是南通的，想不到在这里还碰到了老乡。"紧接着他们聊了一些家乡的事情，然后小陈还顺利卖出了一身衣服。

小韩的目的是为了销售服装，而顾客有时候对这种推销有时有抵触心理，但是经验丰富的小陈，懂得从双方的共同点出发，找到一致的话题进行交谈，先不去考虑自己与顾客之间的不同立场，做到求同存异，把自己和顾客是老乡这个共同点作为突破口，从而机智地说服顾客，让顾客购买服装，最终达到销售的目的。如果对方对你所说的观点比较排斥，可以先从对方比较容易接受的事情开始，找到相同的话题，使对方容易接受，放平心态，让对方在无意识中渐渐被说服。

美国总统林肯在解放奴隶的演说中，并不是一开始就表明自己的观点，而是先说一些反对者同意的观点，然后再逐渐将反对者引导到自己的观点上。

林肯说一些反对者同意的观点，让反对者自己去感受他们本身的观点，从而发现他们自身存在的缺陷，最终那些反对者就会十分信赖林肯。尽管在反对者"自我发现"的时候，通常意识上认为这就是自己的观点，但实际上却是被说服者一步步引导出来的结果。假如说服他人的时候，一开始就站在了对立面，而不是求同存异，这样双方之间的距离就会越来越远，矛盾也越来越尖锐，这样特别不利于沟通。而林肯懂得求同存异，寻求共同话题，最后成功地说服了反对者。

林肯明白，一上来直接说和反对者相悖的话，结果可能导致反对的浪潮越来越高。因此他的演讲是先从对方相同的观点开始，然后慢慢将对方引到自己的观点上。

在开始交谈之际，先说一个双方都认同的观点，会轻松得到对方的肯定，让对方感到特别愉快，谈话的气氛也会更融洽，进而引出真正的想法，让对方接受也就容易多了。

做到求同存异，寻找出共同话题，最佳的方法就是先肯定对方，让对方认可你的同时，对方自己也处于松懈的状态。否则，会让对方抵触你的同时，自己也处于戒备状态，反而不利于说服。但是当对方认可你的时候，因为松懈的状态，所以你更容易将自己的观点渗透到他的潜意识里。

欲擒故纵，巧妙说服对方

所谓"欲擒故纵"就是开始的时候先故意放开，等到对方放松下来，暴露出缺点后，再趁机得到自己想要的东西或者达到最初的目的。其实"纵"只是实施的一种手段罢了，而"擒"才是最终的目的。生活中面对比较难以说服的人，有时候不能采取强攻，而是要学会智取，制造出一种假象，先迷惑住对方，然后再想办法将其巧妙说服。

日本大银行有这样一个规定，就是不允许职员留长头发，因为头发太长会让顾客觉得职员不精神，这样也就会损害银行的形象。

有一次，这家银行的经理和人事部主任接见一批初试合格的考生，却看到其中很多男生都留着长发。为了让考生们都留成短发，人事部主任发言的时候没有直接说要求留短发，而是发挥了自己的良好口才，仅仅几句话，就让留长发的考生高兴地接受了留短发的要求。他是这样说的："各位，咱们银行对于要求长发还是短发问题，一向是比较宽松的态度，你们的头发的长短只要在我和经理的头发长短之间就行了。"

所有人这个时候都看向经理，这时候经理笑着起立，轻轻地拿下了自己的帽子，所有人看到一个光头。

如果人事部主任直接让考生们把长发剪短，考生们可能会产生抵触心理，好好的头发为什么要剪了呢？但是主任却使用了欲擒故纵的法子，没有直接要求，而是先表明宽松的态度，让考生在心理上没有压力，接受起来也比较容易，这就是"故纵"，然后用一个范围表示了对头发长短的要求，达到了"擒"的目的。人事部主任的话，听起来没有让考生们必须剪短发，实际上在规定范围里头发一定是短发，这就是欲擒故纵的说话技巧。

欲擒故纵表面上看起来自己是退让了，但实际上却是以退为进。人际交往中，有的人态度强硬，蛮不讲理，如果你试着去强硬说服，可能弄得两败俱伤。但是欲擒故纵法就能营造出相对缓和的氛围，更加利于沟通。这种巧辩的口才，会让你在说服的时候，更加轻松容易。

在商业谈判的时候，使用欲擒故纵的方法和对方进行沟通，常常会有意外的收获。如果对方认为你在求他，从而得寸进尺，想要从中占便宜，对付这种人，使用欲擒故纵的方法再好不过了。

90年代的时候，天津某家用电器厂在制造电器时，有一种零件只能从日本进口，当时库存零件不足，只能保证一个多星期的生产了，但是供货的日本公司多次延迟发货时间，并且声称，因为汇率和国际市场行情的改变，要将这种零件的价格提高，不然就无法按时发货，甚至不再合作。

为了保证成本，天津厂家和对方进行了一次谈判，希望对方在不提价的前提下按时发货。但是日商明显有意刁难，一而再再而三地说要提高价格。天津厂家已经讲了再度让步的第二合作方案，但是日商并没有见好就收，反而态度更加强硬，傲慢无礼。

看到这种情况，天津厂家代表知道一味地退步是不行的，对方明显就是要提价。所以，他决定冒险用一次欲擒故纵的计策。于是，他一改之前和颜悦色的表情，直视着日商，说："尽管我们库存只够三个月的生产了，但是只要能研究出新的技改方案，不用你们的零件，半年后生产照样运行。虽然成本高了点，但我们可以摆脱别人的束缚。无须遭受他人的要挟。既然你们没有诚意合作那就不要谈了。"天津商家越说越愤怒，越说声音越高，最后干脆直接冷漠地说："送客。"

突然改变的态度，让日商也措手不及，其实日方也并非是想终止合作，而是为了想要抬高价格谋取更高的利益，见到中方突然要终止谈判，只好态度柔和地说："一切还有商量的余地，我们毕竟合作了这么久，哪能说停止就停止啊！"最终答应按原价格继续合作。

日方因掌握技术，想故意刁难天津厂家，借故提高价格，尽管天津代表诚意合作，步步退让，但是日方却仍然得寸进尺。眼见日方有意刁难，这个时候天津厂家不再继续恳求合作，而是采用欲擒故纵的法子，让日方误以为天津厂家不再想继续合作、终止谈判，在日方原本也不想终止合作的立场下，最终成功说服日方，谈判成功。"欲擒故纵"常常是销售方采用的说话方式，也就是用消极销售的方法达到积极销售的目的。销售最开始的时候假如对方特别想要你的产品，而且对方本身对产品就抱有肯定态度，你就不需要马上口若悬河地向对方介绍自己产品的性价比，而是最好更长时间让对方保持那份对产品感兴趣的热情度，等到对方开口说到自己的需求的时候，然后你再适当介绍。假如你自己上来就介绍得特别热情，会让对方觉得你迫切需要销售出去，从而容易端起架子，不利于你的销售。而采取欲擒故纵的手段，相反让对方相对更加主动一些，你可以顺利达成自己的销售目的。

直击目标也许无法顺利完成，这个时候聪明的人就会采用欲擒故纵的法子，尽管绕一点弯路，但是因为让对方误以为自己放弃了，而从而放松了警惕，反而更容易达到最终目的。生活中只要恰当运用欲擒故纵这个法子，就可以增加成功说服对方的几率，也就为自己赢得了一次机会。

用反诘强化自己的观点

谈话的时候通过反诘的说话方式强化自己的观点，可以使自己说的话更加有力量，通过反问让对方无言以对，最终只能认同你的观点。很多时候为了驳倒对手，让其无话可说，就只能用巧妙的口才去应对，而用反诘来强化自己的观点这一方法，往往可以帮助你成功说服对方。

某个寺院中，甲乙两僧一向不睦，甲僧心胸狭隘，时刻都想要对付乙僧，但是每次又苦于找不到合适的理由。

所以他就想着从乙僧的小徒儿身上下手，有一次，他有意诬告乙僧的小徒儿，他对方丈说："今天在大雄宝殿念经的时候，我发现乙僧的小徒儿在后面做鬼脸，简直对佛祖太不敬了。"

方丈听了之后特别生气，准备第二天惩罚那个小徒儿以正视听。

小徒儿听到这个消息，特别焦急，哭着去找乙僧，求师父想办法救自己。乙僧告诉了小徒儿一个应对办法，小徒儿就放心离开了。

等到第二天，方丈忙完了寺院里的事情，叫出小徒儿问及此事。

小徒儿说："我在后排做鬼脸，这事谁看见了？"

甲僧上前气势汹汹说："这事情我亲眼所见，难不成你还想要耍赖吗？"

小徒儿也不示弱地说："请问师伯当时所在位置？"

甲僧说："大家都清楚，我当然是站在第一排了。"

小徒儿说："难道你不向后看就能看到我做鬼脸吗？"

甲僧这个时候脸上红一阵、白一阵的，因为如果他说自己没有回头，那么他的行为就成了诬陷；如果他说自己回头了，那他同样是对佛祖的不敬，因此他感到特别没有颜面。

原本甲僧有意刁难，想故意苛责小徒儿，以此来报复乙僧，但是乙僧很聪明，他知道本来就是甲僧有错在先，所以让小徒儿当众指出，并且用反诘的方式说出来，表面看是在提出疑问，实则强化了自己观点，那就是甲僧之所以看到小徒儿做鬼脸，是因为他回头了。甲僧最后偷鸡不成蚀把米，搬起石头砸自己的脚，自食恶果。

因此，在平时和别人谈话的时候，用反诘的巧辩方法是特别实用的，会问得对方无言以对，而且让他们感觉下不来台。很多时候，直接和别人去理论，他们根本不会理会那一套，理论到最后只能让局面僵硬的同时且争论无果，但是通过反诘强化自己的观点，会让说服更加有力。

某工厂举行了一个关于"振兴中华读书演讲会"的活动，演讲者小红上台之后就说："今天，我给大家演讲的题目是《论坚守岗位》。"奇怪的是，小红说完了之后就走出了会场，台下的听众当时都愣住了，搞不清什么状况。大概过了两分钟的时间，小红又重新回到台上，说："假如我在演讲中途突然离开讲台让他人感觉无法忍受的话，那么工作时间擅离岗位，难道不应该受到责备和惩罚吗？"台下的听众仅仅沉默了片刻，紧接着就鼓起掌来。小红并未多说，只是一个反诘，就特别明了地说清楚了"坚守岗位"的重要性。

假如小红只是一味地讲述坚守岗位有多么的重要，也许听众虽然理解，却认识不到究竟有多重要，但小红通过行动，然后用反诘的方式说出来，就明确表示了自己的观点，也让听众真正意识到坚守岗位的重要性。

有时候阐述自己的观点，运用反诘会比一般的陈述效果更好。因为反诘是用否定的形式来表明肯定的意思，答案已经在反问的时候明了地表达出来，这样会比正面发问有力量得多。

反诘不但可以在阐述自己的观点时，发挥极好的作用，让自己的话更加有力，而且在有些问题不方便回答但又没有办法拒绝的时候，可以拿来当挡箭牌。

当年，曾经有个记者这样问美国国务卿基辛格："美国在配置分导式多弹头方面有多少'民兵'啊？"基辛格巧妙地说："让我为难的是虽然我知道数目是多少，但我不知道这算不算是应该保密的问题？"记者马上就说："这不算是保密的问题。"基辛格就反问道："不算保密，那你说是多少呢？"仅仅通过反诘就将皮球踢了回去，让记者无言以对，说明了这个问题不该问。

基辛格聪明化解了面对不方便回答又无法拒绝的提问，他没有直接正面回答，而是通过反诘的巧妙说法，让记者哑口无言，又无法继续追问。可见要想掌握好口才，就必须学会运用反诘强化自己的观点，将对方说服。

现实中我们需要不断强化自己的观点，来让他人认可，这个时候反诘法就可以起到特别有力的作用。同样，有时候我们只能保证自己不去责难别人，但是没有办法保证他人不刁难自己，这个时候我们同样可以用反诘法，让对方无言以对，让对方感到难堪的同时，也让对方知难而退，不再为难自己。所以我们必须掌握好的口才，反诘巧辩的方法，说服他人或者避开责难。

借助权威，增强见解的正确性与可靠性

俗话说，"人微言轻，人贵言重"。可见权威性是很重要的，因为有权威的人往往地位高、威信高，而且受到他人的尊敬，所以其说的话也特别容易得到人们的相信和认可，所以说，权威性具有极强的说服力。就像小时候生活在家庭这个小天地里，觉得父母说的话都是真理；而到了学校里，就认为老师说的话都是真理；步入职场之中，就觉得公司里的前辈说的话跟真理一样。这些都是对权威的一种无意识的信赖，因此，如果想要有力地说服他人，就可以借助权威，增加自己见解的正确性和可靠性。

如果想要其他人相信你所说的话，可以不从自身观点出发，不去强调观点本身的正确性，而是借助权威的力量，利用人们对权威的信赖和崇拜，让人们主动认为你所说的话是正确的。

有个人牵着一匹骏马去卖，来到集市上，连着好几天没有人买，甚至都没有人问价。

于是，这个人想出了一个主意来。他心想，既然伯乐是相马的专家，倘若将他请出来，帮着想想办法，这马必然可以马上卖掉。

他找到伯乐说明情况后，伯乐痛快地答应了。到了集市上，伯乐在这匹马周围看了几眼，然后又在马脖子上拍了两下，回头又看了一眼就离开了。这个时候卖马的人就开始吆喝了："走过路过，千万不要错过，此马伯乐都认为好，你还有什么理由不买呢？错过此马你会后悔的。"人们一听是伯乐都青睐的马，肯定错不了，所以都来

购买。骏马的价格因此也提高了很多。

本来没有人注意的一匹马，就因为伯乐围着马转了几圈看了几眼，卖马者进行大肆宣扬，通过借助伯乐这个权威人物，让人们对"这匹马很好"这个观点深信不疑。这就是借助权威增加可靠性的一个典型。大多数人对专家权威都有依赖性和信任性，因此，当你的观点和说辞具有权威人士的肯定或支持时，也会更容易让别人相信。

对于一个普通人说出的道理，人们可能半信半疑，但是，具有权威性的人说出来效果就不一样了，大多数人都对权威有着近乎迷信的心理，因此借助权威，会增强自己的说服力。

公元前209年，陈胜、吴广一行等五百多人都被派到渔阳戍边，到了大泽乡的时候，突然天下大雨，道路阻塞，估计会耽误到达的日期，按照秦国当时的法律，耽误了期限是会被处死的，于是陈胜、吴广密谋造反。

因为没有名气，所以陈胜想到借助公子扶苏、项燕的名义起兵造反。陈胜、吴广起义之后，又听从高人的指点，选择借助神的力量。

于是，他们偷偷用朱砂在帛上写了"陈胜王"的字样，放在士兵们捕捞的鱼的肚子里面。士卒买鱼回来做鱼吃，然后从鱼的肚子里发现了帛书，所有人都对这件事情感到特别奇怪。陈胜又暗中派遣吴广到戍卒驻地旁边丛林里的神庙中去，晚上用竹笼罩着火装作鬼火，像狐狸似的一样叫喊道："大楚复兴，陈胜为王！"陈胜的威名通过借助扶苏、项燕的名义，再加上利用神的权威建立起来，说服了士兵们，让士兵深信起义之事天注定。

如果起义之名仅靠陈胜、吴广两个凡夫走卒，没有名气和影响力，很难有人信服。因此他们想到只要借助有名气的人做事，就可以一呼百应。当时的人们因为崇拜公子扶苏，所以就能主动响应起义之事。再加上陈胜借助神的名义，让人们认定起义之事是上天的意思，对处于封建迷信时期的人们来说，更是一种权威性态度，所以才能成功地把士兵说服，让士兵们积极跟随着陈胜、吴广起兵造反。

可以说，大多数人在自己心中都有一个绝对相信的权威，也许是专家，也许是父母，也许是老师长辈，还有的人因为崇拜明星偶像，所以对明星说的话深信不疑。因此，总可以找出人们信服的一种权威，只要学会借助这种权威的力量，就可以增强自己观点的正确性和可靠性，达到彻底说服对方的目的。

当然权威产生的影响，有好也有坏，我们要充分利用权威的积极作用，用它去佐证一些正确的道理。在人际交往的时候，权威的力量要胜过自身力量的好几倍。恰当借助权威的力量，引导或者改变对方的想法和态度，更容易说服对方认可自己的观点。因此，掌握良好口才，学会借助权威是必不可少的。

适时沉默，无声有时是最犀利的反驳

通常，人们认为说服他人应该凭借超棒的口才，用言语进攻，让对方心服口服。但是，很多时候适时沉默同样具有反驳的功效。沉默不仅仅是置之不理，而是一种十足的轻蔑，是一种不屑的轻视，你的沉默就是最好的反驳，同样也是最有力的反驳，会让对方感觉到心里没底，而不知所措，所以说，沉默本身也算口才的一种。

有时候仅仅靠语言和别人争论某个道理不一定有效，适时保持沉默也能成为最犀利的反驳。因为沉默往往会让对方更加好奇和信赖，美国前总统尼克松就是通过运用适时沉默来获得公众支持的。

1960 年美国总统大选，尼克松和肯尼迪无疑成为强劲的对手。尼克松最初是担任副总统的，所以还是相对具有优势的，但选举结果却让人出乎意料，肯尼迪将形势扭转获胜。

1968 年，尼克松再次参选美国总统，他对上次的教训进行了总结，想要完全改变自己的形象。他运用了适时沉默的说服技巧。

这次选举对尼克松而言，形势艰难比上次有过之而无不及。首先他要战胜洛克菲勒等竞争力很强的对手，获得共和党的提名。因此，尼克松在迈阿密的共和党大会里，努力让自己保持沉默稳重的状态，表现得对自己颇有信心。在他演讲的时候，他注意谈及"法和秩序"以及"努力达到完美的地步"这两项，其他的具体策略压根没提，希望可以借这种完全沉默的战略给人足够的信赖感，完全改变以往失败的形象。而当对手发表演讲的时候，他们讲述自己的政策是如何好，多么民主化。面对对手天花乱坠的讲述，尼克松没有像其他人那样用犀利的语言进行反驳，而是选择适时沉默。他的沉默反而让对手感到心慌没底，而且他沉默式的反驳既展现了他的度量，又表现出他淡定后的自信。

最终，他获胜了，他不但通过微弱的优势得到了共和党的提名，而且在总统大选中，将民主党打败，当上了美国总统。尼克松懂得无声有时是最犀利的反驳，用适当沉默取得信赖，打败了对手。

很多人都觉得要想竞选成功就必须妙语连珠、口若悬河地表现出自己的能力来。但是有时候说太多，反而让人觉得你的话不可信。而尼克松采用适时沉默，恰恰成为了最犀利的反驳。取得民众信赖的同时，打败了对手，说服了民众，荣登美国总统之位。

保持沉默，并且表现出严肃的神态，会给听众一种信赖感，从而顺利将听众说服。面对一些不容易处理的问题，保持沉默，并伴有严厉的表情，同样可以给对手一种威慑力，让对方马上意识到自己的过分之处，从而产生无声但犀利的反驳。鲁迅说过："明言着轻蔑什么人，并不是十足的轻蔑。唯沉默是最高的轻蔑，最高的轻蔑是无言，而且连眼珠也不转过去。"

合适的时机，适时沉默可以唤起对方的某种回忆，让对方产生某种情绪，从而进行某种意义上的自我说服。

美国钢铁公司总经理卡里，找来美国著名的房地产经纪人约瑟夫·戴尔，告诉他说："我们钢铁公司的房子都是租来的，我想要有自己的房子。"而且看到办公室外面的景色之后，又接着说："我想要买同样能看到这种景色的房子或者能眺望港湾的也行。"

约瑟夫意识到和卡里钢铁公司相邻的那幢楼房无疑可以满足卡里的要求。卡里好像很想买相邻的那座更加新潮的房子，而且听他说，有些同事也想努力买那房子。

然而，最终约瑟夫仅靠着两句话和五分钟沉默，就让卡里买到了满意的房子。

等到卡里第二次叫约瑟夫去谈买房的事，约瑟夫却劝他买下钢铁公司原本住着的旧楼房，而且告诉卡里相邻的房子过段时间会被计划施工的新建筑遮挡住他想要看到的景色，但是旧房子却能依然眺望到想看的景色。

卡里显然不愿意，他明确反对这样的建议，而且找出各种理由进行辩解，一而再再而三地表示自己不喜欢这个旧房子，但约瑟夫没有说话，他仅仅听着，他意识到卡里对那所房子的木料、建筑所下的批评，以及他所反对的理由，都只是一些琐碎的地方，很明显这些意见并非是卡里自己的，而是出自那些主张想要买相邻那幢新房子的职员。约瑟夫听懂了，卡里其实真心想买的还是他口中不想要的他们已经占据的那所旧房子。

因为约瑟夫保持沉默，没有反驳，所以卡里也不再说了。就这样静默很久之后，约瑟夫说："卡里先生，您刚到纽约的时候，自己的办公室在哪儿？"

卡里沉默一会才答道："问这个干吗？就在这所房子里。"

约瑟夫过了一会儿又说："那钢铁公司在何处成立？"

卡里沉默一会儿说："同样也是在这里，我们此时坐着的这个办公室诞生的。"

卡里说得特别慢，约瑟夫这个时候开始保持沉默，双方都只是静静地坐着。

最终卡里说："我们都想搬出这所房子，但是这里是公司的诞生地啊。我们是从这里慢慢成长起来的，这里才是需要我们长驻下去的房子。"就这样事情办妥了。约瑟夫对卡里进行说服的时候，没有用任何滔滔不绝的话语，而是运用适时沉默，出乎意料地说服了卡里。

本来卡里内心也是钟情于老房子的，但是职员们却想要搬出去，所以他也表达出想要搬新房子的愿望。这个时候约瑟夫读懂了卡里的心理，他明白自己一味地劝说是没用的，除非将卡里不想搬走的情绪激发出来，但是激发这个情绪，需要在刻意提示的情况下，留出一定时间让卡里自己去考虑，因此适时沉默很重要，无声成为最犀利的语言，最终成功说服了卡里。

俗话说："雄辩是银，沉默是金。"适时沉默，很多时候发挥的作用要远远强于说话。巧辩口才是需要技巧的，并不是一味地说就能体现出自己多么在理，就如适时沉默，也能成为最犀利的语言一样。

第十四章

圆通口才：
把话说到位，才有好人气

对于不会说话的人，衣服是一种语言，随身带着的是袖珍戏剧。

——周国平，毕业于北京大学，著名哲学家、作家

永远不要信口开河

说话是为了正确地表达自己的思想和意见，而不是光图嘴巴痛快，胡乱发泄自己的情绪。有些人总是批评别人没有大脑，总是随便说话，却很少检查自己有没有乱说话的时候。一个人必须学会思考，一个人的嘴巴必须知道适时关闭，这样才不会被嘴巴连累，吃"一吐为快"的亏。

要知道，在社会上一般只有浅薄者才会信口开河。因为拙于言辞才能隐藏真意，话语说尽，就会显露锋芒，招致祸患。不道德认，在个人目的没有达到的时候，常常会捕风捉影、信口开河，把白的说成黑的，把小的说成大的，把方的说成圆的，歪曲事实，使该亲近的人疏远，该离散的人反而走得很近，就此也扭曲了人际关系。所以，我们要想成为受欢迎的人，就不要信口开河。

王陵早年追随汉高祖刘邦东征西伐，十分勇敢。他为人仗义，性喜直言，争强好胜之心从不改变。

刘邦很讨厌雍齿，王陵却因早年和雍齿交好，始终不肯背弃他。刘邦一次把王陵叫来，脸色阴沉地对他说："雍齿为人卑鄙，行多不检，许多人都唾弃他。你和他并不是同类之人，我真不明白，为何你能和他相处呢？"

王陵沉声说："主公不喜欢的人，别人就不敢和他交往了。我看不出雍齿有什么不好，再说这也只是我的私事，主公何必干涉呢？"

刘邦心中有气，却也不便发泄，只好挥手让他退下。

王陵亦有怨气，就和好友周勃说了此事，周勃连叹数声，说："你不该和主公直

言。主公向来恨雍齿，人人皆知，你不避嫌和他交往也就罢了，又怎能说出心里话呢？这件事可大可小，主公一定会记挂在心的。"

王陵不服，仍坚持道："我忠于主公，从无二心，几句实话他也会放在心上？大丈夫光明磊落，畏首畏尾，口是心非的事不该去做。"

平定天下之后，论功行赏时，刘邦却不肯给王陵厚封，只封他为安国侯。许多人为王陵求情，刘邦却正色说："行军打仗，王陵功劳不小，可他别的方面就无过人之处了。打江山绝非只知勇猛这么简单，他还有什么委屈的呢？"

刘邦死后，惠帝继位，吕后掌权。王陵任右丞相两年后，惠帝去世。一日，吕后把王陵和陈平、周勃等人召来，对他们说："天下太平，吕氏出力甚多。我想让吕氏子弟称王，可以吗？"

陈平、周勃相视一眼，俱不做声，王陵却马上出言说："先皇曾宰杀白马，歃血订盟，说'倘非刘氏而立为王，天下人共击之'。先皇遗训如此，不能改变。吕氏立王之说，便不可行了。"

吕后十分不悦，转而问陈平、周勃的意见，他们二人却道："时势有变，其道自不同了。先皇平定天下，分封刘氏子弟为王，理所应该。如今太后临朝执政，吕氏子弟又有大功于国家，称王自无不可，合当施行。"

吕后笑逐颜开，对他们二人连声夸奖。

事后王陵指责他们阿谀奉承、背弃先皇，陈平答道："谏阻无益，强辩自不可取。我们当面谏阻不如你，可日后保全国家，安定刘氏后人，你就不如我们了。"

后来王陵被罢免宰相，十年后病死。而陈平和周勃得以保全下来，成为日后诛杀诸吕的主力，重兴了汉室江山。

显然，毫无遮拦地说话，信口开河，必然会给自己带来一些不必要的烦恼。王陵就是这样一个说话毫无顾忌的人，惹得刘邦不高兴，后来又得罪了吕后，被罢免了官职，最终病死在家中。可见，言语作为交际的一种重要手段，只有措辞得当，有所保留，才能诸事皆顺。

一个只凭个人情绪和观点而不顾及言辞效用的人，即使是真的有才，也无法做到真正的藏智显拙，左右逢源。生活中，我们不仅要会说话，更应该把话说好，尽量在说话之前做到三思而后行，这样才能说出让别人动心的话。

其实，说话不要信口开河就是告诉我们不要乱说话，不要轻易地许诺。如果你轻易答应了别人的事情，就要兑现你的承诺，说到做到，这样才能证明你是一个不信口开河的人。宋濂就是一个讲诚信的人士，他从不信口开河，只要他答应的事情，就一定会兑现自己的承诺，被人称赞为诚实守信的杰出人士。

明代的文学家宋濂小时候非常喜欢读书，但家里很穷，他没钱买书看，只好借书来读，每次借书，他都讲好期限，按时还书，从不违约，因此，很多人都愿意把书借给他。

有一次，他借到一本书，越读越爱不释手，便决定把它抄下来。可是还书的期限快到了，他只好连夜抄书。时值隆冬腊月，天气非常寒冷。母亲心疼地说："孩子，都深夜了，而且这么冷，等天亮了再抄吧。人家又不是等着书看。"宋濂说："不管人家要不要看这本书，到期限就要还，这是个诚信问题，也是尊重别人的表现。如果我不讲信用，失信于人，怎么可能得到别人的尊重呢？"

又有一次，宋濂要去远方向一位著名学者求教，并约好了见面日期，谁知出发那天，下起了鹅毛大雪。当宋濂准备上路时，母亲惊讶地说："这样的天气怎能出远门呀？再说，老师那里早已大雪封山了。你这一件旧棉袄，也抵御不住深山的严寒啊！"宋濂说："娘，今不出发就会误了拜会老师的日子，这就是失约啊；失约，就是对老师不尊重。因此，不管风雪有多大，我都得上路啊。"

当宋濂一路跋涉，风尘仆仆地来到老师家里时，老师感动地称赞说道："年轻人，守信好学，将来定有出息啊！"

显然，宋濂在借书和求教的事情上，都足以证明他不是一个信口开河的人，而是一个信守承诺的智慧人士。因此，我们要对自己说的话负责，做一个不信口开河的智慧人士。

北京大学教授、北京大学社会科学部部长程郁缀曾说："交友以信，一诺千金。对朋友要做到言而有信，守信如潮。"在职场上的人士更要注意，千万不要对人信口开河。比如说在你向他人展示专业技能时，不要信口开河，用捏造的经历来糊弄对方，否则一旦你的这些虚假经历被他人知道，他们就会对你的评价一落千丈，再想建立起来那可就难上加难了。

我们的嘴巴就像一扇门，每天都要开关多次，你开的次数越多，你城堡里的景物也就被众人一览无余。舌头就像是一支箭，稍不留神就会把"游客"伤害。因此我们的大脑要时刻警惕自己不要胡乱开门，更不能随意用箭。因为你自己信口开河，根本意识不到会伤害人，但别人却认为你是有意的。

因此，我们无论是在社交上，还是在平时的为人处世上，都应该做到三思而言，坚守诚心，而不是信口开河、狂妄自大，这样才能避免因为口误给自己造成的各种困扰。

小心一时冲动，说出过激的话

人都是情绪化的动物，常常会把别人弄得丈二和尚摸不着头脑，若是偶尔一两次，别人会觉着新鲜，甚至也会让着你。但日子久了再亲的人就难免会心生厌烦，自然就成了人际关系中不稳定的因素。尤其对于一些容易冲动的人，在愤怒时控制不住自己的嘴，经常说一些过激的话语，多少年前的尘封往事、八大姑七大姨、八竿子打不着的人和事全都来了。可言多必失，连你自己都不会知道到底哪句话把别人给得罪了。

北大国学大师翟鸿燊曾说过："强者让行为控制情绪，弱者让情绪控制行为。"的确，我们在人际交往的过程中，千万不要因一时冲动便以尖酸刻薄之言去讽刺、伤害别人，也许只图自己一时痛快，殊不知会引来意想不到的灾祸。

大学毕业后单珞进了一家上市公司工作，由于公司发展得越来越好，单珞一直没有换过公司，眼看他的工龄就要满 4 年了。而且在工作期间，单珞做得多、说得少，即使有人说了对他不利的话，他也觉得只要问心无愧，就无所谓。所以一直备受公司器重。

然而有一天，老总忽然怒气冲冲地来到他的办公桌前，扔下一摞文件："你也算公司的老员工了，怎么工作上还犯这种错误，你看看你写的这份报告！"

单珞莫名其妙地扫了一眼文件，署名是自己，但里面内容明显不是自己做的。于是他如释重负地说："这个报告不是我写的。"

"明明写着你的名字，你跟我说不是你写的，你以为我不认识字啊！你就算推卸责任也应该找一个像样点的借口啊？"老总大怒。

单珞非常生气，自己在这公司这么长时间，他的为人老总还不清楚吗？他是那种推卸责任的人吗？再说即使这文件是自己写的，出了差错，老总也不至于这么不给他留一点情面，当着大家的面对他又吼又叫。于是在怒火的控制下，他做了一个令自己后悔的决定，他强压住怒气对老总说："对不起，你没理由训我。"

"为什么？"

"我现在要辞职，马上。"

上司更怒："那这报告怎么办？你犯了错就一走了之，我的损失谁来赔？"

"你爱找谁找谁。"单珞生气地骂了句脏话，就毅然坚决地走了。

一年之后，单珞偶然间再次碰到了之前的那个老总，他这才知道，原来当初公司决定派他去公司分部做经理，上层觉得他的工作能力没什么好挑的，就是不知道他遇到特殊情况的应急能力如何，所以才故意设了一个场景来考验他⋯⋯

单珞追悔莫及，却为时已晚。

古语云："小不忍则乱大谋。"单珞就是因为自己一时咽不下那口气，没控制住自己的愤怒情绪，而白白葬送了那么好的一个工作机会。如果他能够控制自己的情绪，管住自己的嘴巴，就不会说出那些过激的话语，也不会就此失去一份工作。

要知道，控制不住自己的情绪，说话不注意，不仅会伤人的面子，还会破坏朋友之间的友情，倘若是不熟悉的人，恐怕还会徒增怨恨。中国有很多俗语，比如"沉默是金"、"少说为佳"、"乌龟有肉在肚里"、"半罐水响叮当"等，这些俗语中潜藏着十分高深的处世哲学，都是告诉我们不要因一时的情绪失控而说一些伤人的恶言恶语。

李森和彭宇是速递公司的两名职员。他俩是工作搭档，干起事来一直都很认真，也很卖力。领导一直对他俩很满意，但一件瓷器的出现改变了他俩的命运。

李森和彭宇负责把一件很贵重的瓷器送到码头，老板反复叮嘱他们要小心。不料，送货车坏在了半路。彭宇生气地说："出门之前你怎么不把车检查一下。"李森见车坏了半路，自然也很生气，可是他面对彭宇的指责什么也没说，只是背起邮包，一路小跑，天气很热，李森的头上的汗水滴落到了衣服上，彭宇看见后，小声说："邮包给我吧，我背一会儿。"可就在李森把邮包递给彭宇的瞬间，彭宇的手一滑，邮包掉在了地上。"哗啦"一声，瓷器碎了。

"你怎么搞的，怎么连个邮包都接不住。"李森生气地大喊。

"我刚刚接住，还没抓牢，谁知道你就放手了。"彭宇也生气地辩解道，他的声音更大，引得马路上的行人频频回头。

李森知道事情的严重性。这个时候，大喊大叫地指正彭宇的错误是没有用的，关键是怎么才能把事情挽救。

李森控制好自己的情绪，对彭宇说："现在这个后果出现了，咱俩怎么去面对客户呢？追究谁的责任已经不重要了。"彭宇见李森态度缓和了下来就说："要不咱们去和客户赔礼道歉，咱们又不是故意的。"其实彭宇何尝不知道是自己的问题，可如果当时李森咬住彭宇的错处不松口，那么彭宇出于本能，一定会说是李森在自己没抓牢的时候放手，最后，两个人谁都脱不了干系。后来，虽然彭宇因为打碎了邮包里的瓷器做出了赔偿，但是他赔得心服口服。

事实往往如此，人都有自我防御的心理，就算我们手握证据，但如果把他人逼到死角，注定会遭到他人的反扑，最后两败俱伤的事情也是时有发生的，但如果我们能控制住自己的情绪，站在过错方的立场与角度去和对方进行沟通，那么相信对方在欣然接受的同时，也会采取相应的办法，为自己的错误做出整改以及修正的姿态。

生活中，拥有好口才的人绝不会因为一时的冲动而陷自己于不义之中。激动、愤怒这些情绪总会影让口不对心，也往往会说一些尖酸刻薄的话语，在无形当中就中伤了他人。所以，我们在冲动的情况下，要学会控制自己的情绪，管好自己的嘴巴，这样才不会四处树敌，给自己带来更多的困扰。

不拿他人的短处当话题

每个人都有长处和短处，无论多么伟大的人物都有短处，有一些人就不愿意去提及，都有敏感神经，一旦被人触犯，就会非常的愤怒。尤其是在社交的过程中，你若是常常提及别人的短处，甚至还拿别人的短处当话题，这样就会在一定程度上伤害别人的自尊心，给他们造成一定的伤害，你们之间的友谊势必会受到一定的影响。

避免谈及他人的短处，就容易与他人建立起感情，形成融洽交谈气氛；好谈他人短处的人，最易刺伤他人的自尊心，打击人家某方面的积极性，还会引起他人的讨厌；不小心谈别人短处的人，虽无意刺伤他人，但很难想象人家怎样理解你的用意和对你所作出的反应，一般来说易引起别人的误解与不满。由此可见，我们在与他人的交谈中，应该尽量避免谈论别人的短处。

在开玩笑时不应取笑他人的生理缺陷，例如驼背断足、麻脸等。也不要笑别人考试不过关，做生意倒了霉，或别人衣衫褴褛……对于这些，应该显示你仁厚的同情心去安慰、鼓励他们，让他们觉得你是个有情有义的人，他们会对你产生信任及尊敬，无形中你便建立了自己的魅力。否则，只能自找苦吃。

小丽生性活泼可爱，可美中不足的就是爱揭别人的短。她有一个要好的朋友叫肖红，由于受母亲的遗传，从 20 岁左右就开始掉头发，尽管到处求医，花了不少钱，几年后，头上的头发还是脱落得差不多了，稀疏的头发下能明显看到一片片头皮。为此，她不得不买假发戴上，而从此她的痛苦也开始了。

小丽和肖红在一家食品公司上班，小丽常开她的玩笑，说她戴了一顶"皇冠"，有时还建议她去给假发染发，有时甚至要给她梳辫子，等等。由于是好朋友，她也不好发作翻脸。有时笑笑，有时说对方两句，大多数情况下只好忍着，但心里却异常痛苦。

但两人的友谊最终还是破裂了。一次，几个朋友聚会时，小丽提出要看看她的"真面目"，她拒绝后，小丽竟拉住她强行拿掉她的假发，当场她就跟小丽吵了起来。从此，两人便彻底断绝关系了。

小丽老拿肖红的身体缺陷来开玩笑，可能她也不是恶意的，但对肖红来说却是很深的伤害。

揭人隐私、讥人之短的作风，不足取。事实上，冷笑式的幽默，往往只是人企图掩饰缺乏自信所施放的烟幕罢了。朋友之间无伤大雅的戏弄倒是无妨，但仅限于知交亲友方可。否则若遭误解，使对方受到伤害，反而会造成反效果。

俗话说："打人莫打脸，骂人不揭短。"无论你的出身、地位、权利、风度多么傲人，也不要毫无顾忌地谈及别人不能言及、不能冒犯的地方，这些都是他们不愿意提及的"伤疤"，也是他们在社交场合极力隐藏和回避的。故意揭短是攻击、敌视对方的武器，无意揭短是因为某种原因一不小心触犯了对方的禁忌。不管是有心也好，无意也罢，你说出的话侵犯了别人的禁区，别人就会给你颜色看。

任博士身材高大，眉目清秀，美中不足的是中年微秃。虽然这纯属白玉微瑕，任博士却深以为憾。如果有人戏说他"怒发难冲冠"，他准会茶饭无味，三天三夜难以入睡；即使在他面前无意中说"这盏灯怎么突然不亮了"或"今天真是阳光灿烂"等话，这位平素温文尔雅的知识分子也会愤然变色，有时竟至于怒目圆睁，拂袖而去，弄得说话者莫名其妙，十分尴尬。

这使人联想到鲁迅笔下的阿Q。阿Q惯用精神胜利法安慰自己，因而少有耿耿于怀之事。别人欺他骂他打他，他都善于控制自己，心理很快会平衡，唯独忌讳别人说他"癞"，因为他头皮上确有一块不大不小的癞疮疤。只要有人当着他的面说一个"癞"字，或发出近于"赖"的音，或提到"光"、"亮"、"灯"、"烛"等字，他都会"全疤通红地发起怒来，口讷的便骂，力小的便打"。

其实，不仅任博士和阿Q是如此，忌讳心理人皆有之。摩洛哥有句俗语叫："言语给人的伤害往往胜于刀伤。"这是实情。因此，会说话的人不会随意寻找话题而不顾及身边人的感受，他们在与人交流的过程中，会斟酌自己的言辞，说话的时候尽量体谅他人，维护他人的自尊，避开言语的"雷区"。不仅我们在生活上要多加注意，在工作上也要注意，而短处不仅仅是身体上的缺陷，还包括业务上的、学识上的短处。若是我们不慎地触及到了对方的痛处，可以自我调侃一下，以此来化解场面的尴尬，以免给他人造成的困扰。

依据著名心理学家马斯洛的"需求理论"，人的最高层次需求就是获得尊重和自我实现。商务谈判最好的结果就是双方都感到自己是"胜者"。因为这种心理反应不仅可以保证谈判的顺利进行，还为日后协议的顺利实行创造了良好的条件。特别是在谈判中当对手处于下风时，或自己的谈判目的得到充分实现时，切忌讽刺或贬低对手，应多强调客观条件的优劣，使对手在谈判桌上失去的，能在心理上寻找到平衡。

在生活中，我们要接触不同的人、不同的事，应该学会理解、宽容和体谅，而不是去讽刺和讥笑，即使是开玩笑，也应该掌握好当时的氛围和所在的人。我们都有朋友，希望得到别人的尊重和认同，有些人张扬些，有些人比较内敛，换句话说就是一部分人嘴上不吃亏，总是要辩驳到认同他（她）是对的，表现出一种强势，而另一部分人可能会一笑置之，不去反驳，但不代表没有想法，或是认同他人的观点。

我们不经意地拿别人的短处开玩笑，放大别人的弱点，也许只是一时兴起，逗大家一乐，但是可能会给被讥笑的人带来或多或少的心理影响，即使是最亲密的人、最熟识的朋友。我们都喜欢听相声，相声演员说过，只能拿自己开涮，绝对不能说周围的朋友，这个道理是一样的，所以奉劝那些爱拿别人开涮的朋友，也许得到的是一时的高兴，但失去的却可能会很多！

《菜根谭》中有句话："不揭他人之短，不探他人之秘，不思他人之旧过，则可以此养德疏害。"只要你对他心存厌恶，再巧妙的方法也不能掩盖，而假装出来的友善终有一天会让你自食其果。

人群相聚，都不免要找个话题闲聊。天上的星河，地上的花草；眼前的建筑，身后的山水；昨日的消息，今天的新闻，都是绝好的谈话内容。何必说东家长西家短，无事生非地议论人家的短处呢？好说人家短处是一种不道德的行为，我们必须克服。

言行磊落，不在背后议论他人

只要是人多的地方，就会有闲言碎语。有时，你可能不小心成为"放话"的人；有时，你也可能是别人"攻击"的对象。这些背后闲谈，比如领导喜欢谁、谁最吃得开、谁又有绯闻，等等，就像噪音一样，影响人的工作情绪。聪明的你可要懂得，该说的话一定要说，不该说的绝对不可胡说。

在生活中，也许经常会发现一些聊他人是非的"闲人"，他们常在背后聊一些别人的是非，对于别人的私事，每个人都好像特别起劲。但是，以他人的是非为话题来聊天是一种相当没有修养的表现。从长远来说，这种损人并不利己的自私的做法不利于我们建立和谐而美好的人际关系。

闲聊是为了消除隔阂，活跃交往的气氛。以他人的是非为话题，固然会让参与闲聊的人有一种类似于"共同做了某件不被允许的事"的感觉，会让人觉得彼此是属于同一个群体的、拥有同样的立场，从而以惊人的速度亲密起来。然而，这也为我们埋下了巨大的人际交往隐患。这个隐患一旦爆发，后果将是我们难以承受的。所以，我们要管好自己的嘴巴，不要有事没事就说别人的是非。

尤其是在职场上，我们要是对人有意见，就要当面和别人说出来，不要在背后搞小动作，那样不但解决不了问题，反而还会让人认为你的行为不够光明磊落，是一个喜欢背地里说人是非的人。

晓月："唉，你们看见萧然今天穿的裙子了吗？可真漂亮啊！"

若昕："看见了，红色的，对不对？一般人可穿不起，我在王府井百货见过，4000多呢！"

嘉琪："她工资每个月好像也就三四千的样子，买得起这么贵的裙子？"

若昕："也不一定是她自己买的啊，或许是追她的男人送的。"

晓月："是啊，她追求者很多的。每次我看到她时，她都和不同的男人在一起，而且个个都身价不凡，像楼上公司的销售总监，还有那个和我们公司合作过的广告公司的设计总监……"

嘉琪："你一说，我就想起来了。有一天晚上加完班，我还看见我们总经理开车送她回家呢！"

若昕："不会吧？总经理也是她的裙下之臣？"

后来，晓月、若昕、嘉琪三人分别与其他同事聊起这个话题，她们闲聊的内容被传播开来，并且内容越传越离谱。最后传到总经理与萧然耳朵里，事情竟然变成了"萧然是总经理的小蜜，没看总经理时常开车去她那里过夜吗"。

已有妻室的总经理为了避免这样的谣言影响到自己的事业和生活，只得将萧然辞退。

离开公司的那天，萧然找到晓月、若昕、嘉琪三人，流着泪说："我不知道你们为什么要传出那样的谣言，可是，我真的很喜欢这份工作，你们让我失去了它，我永远也不会原谅你们！"

没多久，晓月、若昕、嘉琪三人，相继被总经理发配到偏远城市的分公司工作。本来在总公司前途一片光明的她们就此失去了事业发展的机会。

晓月、若昕、嘉琪三人只是闲聊，并没有什么歹意，但是这种以他人的是非为话题的闲聊，却给他人造成了巨大的伤害。且不论她们是否会遭遇他人的报复，只说因此而产生的愧疚感也会让她们在接下来的很长一段时间内无法心安。当然，可能她们也觉得很委屈，内心充满怨恨，毕竟她们并没有说萧然与总经理有染，但她们的内心在煎熬着是肯定的。同时，她们的前途也受此影响，其后果不可谓不严重。

鉴于此，无论我们多么迫切地想要消除与他人之间的隔阂，多么缺少话题，都不能以他人的是非为闲聊的话题。现实中，尽管我们自己不以他人的是非为话题，他人也会主动聊这样的话题。这时，我们应该怎么办呢？

如果我们一本正经地说："不要说别人是非，这样不好！"那么，闲聊的气氛会立刻被破坏殆尽，更甚者还可能被他人视为故意找茬的对立者。也就是说，面对这种情况，用结论或大道理的方式来中断话题是不行的。

其实，我们可以换一种比较委婉、不动声色的办法——引导闲聊方向，用一个大家都觉得有趣的新话题来替换它，让闲聊不再聚焦于某人的是非。

相信朋友一定认识到了，背后说人是一种道德品质低下的表现，是让人看不起的行为。一个人要想让别人看得起自己，首先要改掉背后说人是非的坏毛病。那么，我们应该如何管好自己的嘴巴，不再背后谈论别人是非呢？

首先，需要提高自身素质。议论别人或许也算不上害人之心，也可以暂时让自己放松和愉快，但从长远来看，这么做会有可能伤害别人，最后给自己的人际关系留下祸根，害处是无法估量的。所以，我们要想改掉这种毛病，首先要从提高自身的道德素质开始，提高自己的文明程度，提高自己的修养和兴趣取向，戒除"长舌妇"心理。

其次，丰富自己的业余爱好。想要消除背后说人的行为，寻求正常的心理满足无疑是一个行之有效的方法。许多人就是在业余时间闲着无聊，所以想在别人身上找点奇事趣闻，所以，大家凑在一起八卦起来。为了避免背后议论别人的事情发生，我们就需要在业余时间多找一些自己感兴趣的事情，也许你就不会在意别人怎么样了。

再次，要减少自己的好奇心。要学会以平常之心对待自己遇到的各种小道消息，将自己的兴趣放在其他地方，那么对关于领导同事、邻里亲朋的小道消息也就没有了兴趣。自然也就不会在背后说人了。

俗话说："静思常思己过，闲谈莫论人非。"为了不让伤害互相传递，不要让自己的嘴巴误了大事，我们要坚决地避免背后说人是非的恶习。如此一来，才能成为别人眼中的智慧人士。

不炫耀自己，特别是别人失意之时

人生在世，命运莫测，有时不如意、烦恼，甚至不幸和痛苦很正常。当朋友遭遇不幸时，人们的反应往往不一定得体。有些人偏偏说出他们不愿意听的话，令他们难过，甚至有的人还在别人失意之际，在别人面前大肆地炫耀自己，这就自然让别人觉得你是个落井下石的人。

要知道，和失意的人谈起我们得意的事情，对方就会认为你不但不识趣，简直就是在挖苦、嘲笑他们，所以，他们的心情就会更加低落，会从内心上更加讨厌你。有人说："不要在一个不打高尔夫的人面前讨论有关高尔夫球的话题，那会让你显得更加无知。"同样的道理，也不要在失意的人面前讨论我们的得意，即便说者无意，但是听者有意，认为你是在自我夸耀，无视他的存在和鄙视他的无知。你给人造成的感觉就像是在秃子面前抱怨头发少、在瞎子面前说太阳不够漂亮，这样的言语往往是最容易伤人心的。

有一天，张伟邀请了一些好朋友来家里坐，这样做是出于两方面的目的，一方面是想跟好久没见面的朋友聚一下，另一方面是想借着热闹的气氛，让正处于情绪低落的李强能够放松一下，缓解一下失意郁闷的心情。

李强在不久前，因为经营不力，公司只得宣布破产，妻子也为这事和他闹了很多别扭，甚至提出和他离婚。显然，李强的状态是内忧外患，不堪重负。大多数朋友都知道李强的状况，因此都避免去触及与此有关的事。可唯独一位朋友马力却不知道。在场上热闹之际，马力喝了许多酒，有点口不择言了，又加上刚做生意赚了一大笔，忍不住就开始谈他怎么取得今天骄人的成绩，说到兴奋处还手舞足蹈，得意之情溢于言表，这让在场的人都感到非常不舒服。

而正处于失意中的李强更是面色难看，低头不语，经常借故离开。最后实在听不下去了，就告诉张伟一声离开了。

张伟非常理解李强的感受，因为他也曾经有过相同的经历，在他最艰难的时期，有很多得意的朋友在他面前炫耀他的房子、车子，那种感受别提有多难受。

要知道，失意的人往往内心是比较脆弱的，也是最敏感的，虽然炫耀的人自己感觉没什么，但是对于失意人来说就是在嘲讽、就是蔑视。所以，我们不要在别人失意的时候说些自己得意的话，这既体现了自己的风度，又很好地照顾了对方。

在朋友失意时，我们怎样才能在其处于困难时对他说适当的话呢？虽然没有严格的准则，但有些办法可以让我们做出得体而真诚的反应。

1. 尽量静心倾听，接受他的感受

失去了亲人的人需要哀悼，需要经过悲伤的各个阶段和说出他们的感受和回忆。这样的人谈得越多，越能产生疗效。要顺着你朋友的意愿行事，不要设法去逗他开心。只要静心倾听，接受他的感受并表示了解他的心情。有些在悲痛中的人不愿意多说话，你也得尊重他的这种态度。一个正在接受化疗的人说，她最感激一个朋友的关怀。那个朋友每天给她打一次电话，每次谈话都不超过一分钟，只是让她知道他惦记着她，但是并不坚持要她报告病情。

2. 留意对方的感受，不要以自己为中心

当你去探访一个遭遇不幸的人时，你要记得自己到那里去是为了支持他和帮助他。你要留意对方的感受，而不要只顾自己的感受。

不要以朋友的不幸际遇为借口，而把你自己的类似经历拉扯出来。要是你只是说："我是过来人，我明白你的心情。"那当然没有什么关系。但是你不能说："我母亲死后，我有一个星期吃不下东西。"每个人的悲伤方式并不相同，所以你不能硬要一个不像你那样公开表露情绪的人感到内疚。

3. 主动提供具体的援助

一个伤恸的人，可能对日常生活的细节感到不胜负荷。你可以自告奋勇，向他表示愿意替他跑腿，帮他完成一项工作，或是替他送学钢琴的孩子。"我摔断背骨时，觉得生活完全不在我的掌握之中。"一位有个小女孩的离婚妇人说，"后来我的邻居们轮流替我开车，使我能够放松下来。"

4. 说话要切合实际，但是要尽可能表示乐观

泰莉·福林马奥尼是麻州综合医院的护理临床医生，曾给几百个艾滋病患者提供咨询服务。据她说，许多人对得了绝症的人都不知道说什么才好。

他们说些"别担心，过不了多久就会好的"之类的话，明知这些话并不真实，而病人自己也知道。

"你到医院去探病时，说话要乐观，但不能脱离实际。"福林马奥尼说，"例如'你觉得怎样'和'有什么我可以帮忙的吗'，这些永远都是得体的话。要让病人知道你关心他，知道有需要时你愿意帮忙。不要害怕和他接触，拍拍他的手或是搂他一下，可能比说话更有安慰作用。"

5. 要有足够的耐心

失去亲人的悲痛在深度上和时间上各不相同，有的往往持续几年。"我丈夫死后，"一位老人说，"儿女们老是说：'虽然你和爸爸的感情一直很好，可是现在爸爸已经去世了，你得继续活下去才好。'我不愿意别人那样对待我，好像把我视作摔跤后擦伤了膝盖而不愿起身似的。我知道我得继续活下去，而最后我的确活下去了。但是，我得依照自己的方法去做。悲伤是不能够匆匆而过的。"

在另一方面，要是一个朋友的悲伤似乎异常深切或者历时长久，你要让他知道你在关心他。你可以对他说："我能理解，你的日子一定不好过。但我觉得你不应该独立应付这种困难，让我帮你好吗？"

在朋友失意的时候，要想说些既能达到劝慰目的又中听的话，其实并不容易，因为这个时候，对方的内心极其情绪化，很多话对他来说很容易引起反感。因此，在对他进行劝慰的时候，一定要站在他的角度来进行劝说，不能一味强调事情的糟糕，这样只会加重他的烦恼。

总之，无论何时何地，我们对失意的人说声"你是最棒的"并一直支持他，让他感觉在精神上获得安慰和自信，汲取更多的能量，在失意中前进，这样就会爆发出一股无限的潜力，爬到胜利的顶峰。

话不投机时，要赶紧转弯

在生活中，我们总是喜欢和那些与我们有共同话题的人进行交流。但是，如果遇到一个话不投机的人，就会变得十分尴尬。因为双方无法找到可以进行交流的共同点。这时，如果及时转移话题，双方走入僵局的交流就会"起死回生"。这时，双方会因为同频信息的出现而变得相言甚欢，双方之间的交流也会从强烈抵触变得有声有色。

然而，话不投机有多种情况。所以，我们在进行话题转移时必须因情况而异，而不要无原则地乱说。下面就是话不投机的几种常见的情况：

第一，当某种言谈举止使人为难，那就要及时转换话题，协调气氛。

两个青年去拜访老师，在谈话中提到：

"老师，听说您的夫人是教英语的，我们想请她指教一下，行吗？"

老师为难地沉默了片刻，说："那是我以前的爱人，前不久分手了。"

"哦？对不起，老师……"

"没什么，喝点水吧。"

"老师，您的书什么时候出版？快了吧……"

这样转换话题，特别是提出对方很愿意谈的话题，就会很快地消除刚才由于言语不慎而产生的负面能量，而以正面能量代替之。这样，双方的交流就会很快恢复正常，气氛也会变得活跃起来。

第二，双方意见对立谈不拢，但问题还要解决，不能回避。这种话不投机的情况就需要绕路引导。联系工作，洽谈生意，也可能话不投机，陷入僵局。只要还有余地，就可提出新的话题，绕弯引导。

例如，甲方推销四吨卡车，而乙方不要四吨的，想要两吨的。这时，甲方若硬着头皮争执，只会越谈越僵，不欢而散；如能转移话题，绕弯引导，从季节、路途、载重多少与车辆寿命长短等各种因素来促使乙方考虑只用两吨的弊病，或许能"柳暗花明又一村"，开辟新的途径。

第三，在说话过程中，当对方有意无意地触到我们心中的隐痛、忌讳或者自己不愿回答的问题时，如果一时没有好办法应答，那么，就干脆避而不答；或者沉默不语，表示无声的抗议；或者转移话题，使在场者的注意力从自己身上挪开。问话者见对方对其问题不予理睬，在尴尬的同时会很快意识到自己的鲁莽和无礼，从而不再追问。

某单位一女工结婚，在单位散发喜糖，碰巧该单位有一位尚未出嫁的大龄女青年。大家吃着糖，突然一位中年科员笑着对那位女青年说："喂，什么时候吃你的喜糖？"大家都望着那位女青年。那位女青年脸微微一红，把脸转向邻近的一位女同事，然后指着那位女同事身上的一件款式新颖的上衣问："咦？这件上衣什么时候买的？在哪个商场买的？"两个人便兴致勃勃地谈起了那件衣服。

在大庭广众之下问大龄女青年何时结婚确实是很不礼貌的事情。女青年碰到这个尖锐的问题时处境十分尴尬，回答不好可能会引起大家的闲话，再说这事也没必要让大家来参与。于是她立刻把话题转移到同事的衣服上，借以回避对方的无聊问题。这样可能引发的负面能量的总爆发和自身气场的萎缩都被大龄女青年巧妙地用转移话题的方式轻轻带过了。问者受到毫不掩饰的冷落，自然也认识到自己的失礼，就没有理由责怪女青年对自己的置之不理。

与他人交往时，我们经常会遇到话不投机的情况。这种情况有时是由他人造成的，有时是自己造成的。但无论起因于谁，都会导致双方交流受阻，甚至是负面对负面的碰撞。对此，我们应该学会适时地转移话题，以此让自己从尴尬中迅速摆脱出来。

掂一掂自己的分量再发言

在与人交往中，千万别觉得自己比谁都聪明，急不可耐地要与人争辩或者在某些事情上挑大梁，这样只会让自己迅速被划到"不靠谱"的行列中，以后想翻身都难。而那些事实上终有所成的人，通常都会掂掂自己的分量之后再说话。

没错，开口说话之前，先低头看看你的身份，如果不那么匹配，干脆先不说。不说的时候，没人注意你没说，一旦说了，想让人不注意你都难。

说话前要掂一掂自己的分量，如在公司里，不要以为你的上司很随和，也不要以为你的上司几乎和你一个年龄，就开始在和上司说话的时候不分职位高低了！千万要记得"人微言轻"，即使面对再随和的上司、年龄再小的上司，都要有一种意识：他是你的上司，你要在言语中表达出这种职位的高低之分，一定要掂一掂自己的分量再发言。

一个年轻业务员有着很强的工作能力，同时也受上司的看重，但是他经常在同事面前抱怨："我最讨厌我的上司，他经常对我们发号施令，办事能力却连我都不及。我认为他不过是命比我好一点，其实什么也不是。"

有一天，这个年轻人和一个同事刚跑完业务回来，看见上司在办公室里喝茶。他的心里本来就很不舒服，上司看见他们回来，便问："你们的业务做得如何？"年轻人更加不舒服了，心想："他在这里享清福，我们出去跑，跑成了也还有他的提成，凭什么呀？"于是他没有好气地说："啥也没跑到！"上司一听他的口气，就来气了："你是很有意见吗？"

年轻人想发火，同事拉住了他，并对上司说："经理，我们虽然没有跑到什么客户，但积累了重要的经验，我们明天再跑一趟就差不多了。我想我们这个月应该能跑出对公司有利的业绩来！"

上司白了年轻人一眼："同是做业务的，你也跟人家学学！"

回到办公室后，同事对年轻人说："人家能当上经理一定是有能力的，公司不会白白养一个经理，咱们的能力肯定不够资格当经理，所以，我们要掂一掂自己的分量再发言，不然就太不自量力了。"

年轻人惭愧道："方才真是太冲动了。"

不管你心里有多气愤，你都要记住一个事实：要掂一掂自己的分量再发言，上司能坐到那个位子，必然有某些地方是你所不及的。没有人是十全十美的，与其明争暗斗，弄得两败俱伤，不如努力与他合作愉快。

这个世界就是如此。很多情况下，一个人说话做事的分寸，跟他所处的地位有关。如果地位够高，他所提的意见和办法会被多数人认同、赞成并执行；如果他地位很低，哪怕你所提的意见和办法是正确的，或者跟地位高的人一模一样，也很少人会买他的账，所以，说话前一定要掂一掂自己的分量再发言。

A是一个刚刚毕业的大学生，刚入职没多久，就有一种见了谁都是一副领导派头。"你好啊！""今天心情不错啊！""又去腐败了吧！"那种口气，那种派头，还有那种表现出来的优越感，俨然他是领导，你是下属，他是资深，你是小辈。

他会莫名其妙地出现在一个会上，而这个会基本都是高层参加的。他会莫名其妙地在一个场合发言，而这个场合是严肃为先，根本不适合他跳出来热闹。他还会突然很高调，宣布个什么东西、定个什么调子，而这时，其实是领导发话的时候，小字辈都乖乖坐着当听众。

他的举动着实把大家给雷到了。如果换个有身份、有地位的人说这样的话，做这样的事倒也罢了，明明一个小字辈，却像总经理，搞得大家都很崩溃。

有一次公司做产品的市场推广讨论，部门经理提及了一个方案，大家都没什么异议，只有 A 不识时务，开口就质疑道："这样的推广方案，有没有理论支持？"弄得大家愕然了好久，都不知道如何应对。结果，A 没有通过试用期就被开除了！

所以，说话前要掂掂自己的分量再发言，不然就会贻笑大方了。比如，开会的时候，聪明的人不先表态，等领导先发言定了调子再跟着走；一件事情，有些人就算很有主意也不先亮出来，等到该你说话的时候再表现；一个场合，该你出现的时候少了你不行，不该你出现的时候你却赫然其中，多少让人觉得不识趣……

第十五章

沟通口才：
这样沟通最有效

当一个人还在把事往深刻里说的时候，就证明他还没有达到深刻的阶段。真正达到深刻境界的人，就可以把话往家长里短说了。

——刘震云，毕业于北京大学，著名作家

沟通也包括倾听

人们每天做的最多的事应该是沟通。工作时，与同事沟通、与客户沟通；在家时，与父母沟通、与配偶沟通、与子女沟通；一般时候，还会与朋友沟通、也可能与陌生人沟通。沟通无时无刻不在进行着，而沟通对于工作是否顺利、家庭是否和睦、做人是否成功等，都扮演着相当重要的角色，甚至可以这样说，一个人的成败，完全取决于他对外沟通的能力。

西方有位哲人说过："世间有一种成就可以使人很快完成伟业，并获得世人的认可，那就是讲话令人喜悦的能力。"可见掌握说话沟通的技巧是多么重要。通观古今中外，凡是有作为的人，都把语言表达作为必备的修养之一，如古罗马共和国末期的政治家西塞罗就是一个雄辩家。毫不夸张地说，一个人只有掌握了沟通的技巧，才可以在与人打交道的时候占尽先机，达到自己的目的，所以每个人都应该重视、培养自己的沟通能力。

但是，如果你真正用心体味每一次与人的沟通就会发现，完满的沟通是有难度的。我们常常会懊悔"当时为什么讲了那句话"、"当时怎么没这么说"、"人家怎么讲得那么巧妙"，等等。这些懊恼、自责、羡慕是令人痛苦的，它让我们通过对比看到了自己的不足，甚至会因此怀疑自己的能力，感到自己有些无能。而实际上，真正的沟通能力除了好口才之外，还需要另一种能力，那就是倾听。只要把良好的沟通和不理想的沟通作一比较，自然就会明白，如果参与沟通的是善于倾听他人意见的人，沟通就越理想，因为聆听是褒奖对方谈话的一种方式。你能够耐心地倾听对方的谈话，等于告诉对方"你是一个值得我倾听你谈话的人"。这样在无形之中就能提高对方的自尊心，使沟通进行得更加顺利，也加深了彼此的感情。

历史上和现实中的许多实践表明，在事业上有成就的杰出人物往往是优秀的沟通者，善于倾听他人的意见。他们总是宾客盈门，朋友众多，因为人们总是喜欢与尊重别人、平易近人的人交往。假如你也想成为一位善于与人沟通的人，就应当先成为一位善于专心听别人讲话、鼓励别人多谈他自己成就的人。

索尼公司总裁曾讲述过一个有趣的故事。

有一次，盛田昭夫在一位朋友举行的宴会上结识了一位著名的出版商。他以前从来没有和这位出版商交谈过。后来，盛田昭夫写下了这次交谈的经历：

"我发现此人非常有魅力。老实说，我是恭恭敬敬地坐在椅子上聆听他讲述约稿和退稿的事。他还跟我讲了关于那些不屑一顾的排版的事。正如我说的，我们是在参加一个宴会，那里当然有几十位客人，但是我违背了所有客套礼俗，对其他客人好像视而不见，只是一个劲地同那位出版商一连谈了好几个小时。

"午夜来临，我同所有的客人道了晚安之后，就离开了。那位出版商转过身去对主人说了几句恭维我的话，说我'最富于魅力'，说我如此如此、这般这般。最后，他说今晚和我聊得很开心，度过了一个愉快的夜晚。"

盛田后来回忆说："我几乎什么也没说。"

几小时内什么都没有说的人，竟然会成为很投机的交谈伙伴，并成为终身朋友。而且日后，那位出版商经常为索尼公司出谋献策，牵线搭桥，为索尼公司的功成名就立下了汗马功劳。这实在是出人意料，但事实上又在情理之中。从出版商来看，盛田昭夫是把他作为意气相投的话友；而从盛田昭夫来看，他本人只是一名忠实的听众，只是不断地鼓励他说话。

盛田昭夫谦逊地倾听是在告诉那位出版商，他受到了极大的款待和极大的收益。事实上也是这样。倾听对方谈话，有时会很容易地得到对方的信任和好感。善于倾听会使对方心情愉快，会换来对方的理解、信任和欢乐，会使对方吐露出心里的苦恼和喜悦，最重要的，它还能使说话者感到自身价值的存在。俗语说："会说的不如会听的。"只有善于倾听他人谈话，才能更准确地把握谈话者的意思、流露出的情绪、传播出的信息，更好地促使对方继续谈下去，这也是沟通能力中很重要的一个技巧。

但是，许多人没有耐心听别人讲话，因为他们是"事业家"，是"大忙人"，生活节奏太快。不可否认，现代社会竞争激烈，一个想成功的人要做的事太多，整天疲于奔波，时间一久，性情也变得急躁，对"倾听"显得腻烦，甚至别人刚一开口，还未等对方把话说完，就会予以否定，然后以十分武断的口气阐述自己的观点。这类人往往是想通过"短、平、快"的方式，以雄辩的口才显示自己的能力，在公开场合打下根基。但是如此沟通的结果，表面看来目的达到了，事实上，却得不到别人的认同，无法建立真正的友谊，达不到心灵的沟通。

所以，全面的沟通能力就是说与听的完美结合，只有做到这一点才真正掌握了沟通能力，才能运用沟通为自己赢得机遇和成功。沟通能力的强弱并不是天生注定的，它完全可以通过后天培养锻炼取得，所以只要用心学习实践，也可以在较短的时间内掌握它，并且娴熟地运用它。

沟通能力强的人"钱"途好

在实际工作中，一个人沟通能力真的很重要，善于沟通的人，可以在工作中快速打开死角，赢得广阔的发展空间，并且能够获得很高的成就感。而不善于沟通的人，在生活中或者处理工作上都可能感到举步艰难，甚至产生一种做不下去的感觉。而在实际工作中，每个人都或多或少地会碰到一些沟通障碍，如果此时放弃沟通，那么我们可能就真的失败了。最后重要的是沟通影响的不仅是人际关系的好坏，对个人的"钱"途也会产生一定的影响。

由零点调查与指标数据编制发布的《零点中国居民沟通指数 2005 年度报告》显示，沟通能力与个人收益也有很大关系。如果你还坚持"千万别和陌生人说话"，那你的囊中可能会越来越羞涩。相反，如果个人沟通能力越强、和"陌生人"对话的水平越高，其实际收益也会越高。

调查中近 90％的人表示对亲戚感觉最亲近，同学圈和同事圈次之，对社交圈的心理依赖度最低。与亲戚圈相比，其他三个功能圈的社会职能相对较弱。同学圈主要用于交流信息（24.1％），而同事圈的作用主要体现在事业发展上（24.2％），社交圈在中国人生活中的社会职能较弱，但在交流信息方面（17.9％）的作用较大。这也体现出中国居民的特点——对相对"陌生"的社交圈利用不足。

另外，从调查结果来看，个体沟通能力的高低与其从沟通中得到的实际收获成正比。与中、低端沟通水平群体相比，沟通高端群体不仅在沟通中所获的社会认同感较强、对自己有了更加清晰的认识，而且通过沟通还获得了较多的经济收益。因此，这份报告得出的结论就是"千万要和陌生人说话"。

而沟通对于经济收益的影响更多地体现在生意场上。这里的沟通大多都以谈判的形式体现出来，谈判就跟打仗一样，是异常艰苦的事情。每一方都希望对方能够让步多一些，自己能够让步少一些。试想想，如果某一方的沟通能力特别强，那就有希望扭转谈判桌上的不利局面，为自己带来直接的利益。也进一步说明了沟通能力强的人更有"钱"途。

在商场上的沟通与生活中略有不同，它有一些通用的原则需要遵守，只有在遵守这些原则的前提下，才能为自己争取到更多的利益。下面列举几点供大家学习参考：

（1）商业谈判中，对于与谈判无关的人和物都应尽量避免议论，特别是不要以一种批评或揭露的态度去讨论第三方的过失和是非。它包括如下两个方面：

①忌背后指责另一位商业同行。忌在一位商业伙伴面前谈论另一位老板的所作所为，最初他可能听得津津有味，可是如果他聪明，他就会这样想：既然你能和我谈论别人的私事，那么在别人面前又会说我些什么呢？

②对于本公司客户的私人或其公司的矛盾应尽量保持中立而不介入。谈判时言行的不慎重会破坏信任感，并引起一些严重的问题。例如，某公司的一个重要主顾，和他自己的顾问关系不合，在关系恶化时期，这位主顾总对那个公司的老板说，他想解雇自己的顾问并问那个老板对此怎样看，于是这位老板便把自己的想法吐露给他，这结果引起了那位顾问的强烈反感，最终导致了公司与客户关系的破裂。

（2）不要因为碍于情面而在谈判中让步。谈生意，不能光算良心账，不算经济账。经营谈判成功与否不但取决于诚意如何，而且取决于科学地预测成功的可能性。

①不要把经营谈判中随机应变的作用估计过高，不要被对方采取的心理威慑吓倒，不要把经营谈判中心理战术的作用无限夸大。

②不要认为一味地夸耀自己的公司、自己的产品，就能使谈判成功。在商业谈判中，不可向对方炫耀自己的行政级别、职务、职称。在谈判中，不要被对方公司的规模巨大、谈判对手的地位之高所压倒。谈判中，不要在对方兴高采烈时表示拒绝，要选择合适的时机拒绝对方的不合理要求。在表示拒绝时，不要总绕弯子，要坦诚、直率；要说服，不要压服；不要用轻蔑的语言；不要自吹自擂。

③谈判时不要自卑。不要在谈判中自动放弃主动权。在经营谈判时，不要紧张，要深思熟虑。在谈生意时，不要寸利必夺、寸土必争，该放弃的就要放弃。谈生意时，不要只"达理"而不"通情"，要注意情感的交流和相互的理解。"店大欺客"是一种不道德的行为，也不利于经营。

（3）经营谈判中，不可意气用事，不能进行情绪性的谈判，而要进行理解性的谈判。这包括以下几个要点：

①对于谈判中的僵局，不可用强硬的方法去化解，要坚持并兼顾双方利益为谈判原则。不要以损害对方利益为满足，不要以为谈判对手不能合作。谈判中，要有必要的忍耐；谈判中，该拒绝的马上拒绝，不要随意拖延；谈判时，不要有厌烦、急躁情绪。

②谈判时，不要离题太远。谈判时，不要在对方提出自己毫无思想准备的问题时惊慌失措。谈判时，在对方指出自己公司、团体的弊端时不要恼羞成怒。要记住"挑剔是买主"，更要记住"买卖成与不成，都要使友谊长存"。

③谈判中，不要把话说得太绝。不是对方说出任何批评您的话，都要去解释一番。如果顾客不讲理，你不能"以其人之道，还治其人之身"。对待顾客，更不能得理不让人。

④谈判中，不要不给对方说话的机会。谈判中，要注意语言简洁。在谈判中要有勇气说"我不了解"。在谈判中，你真正了解以前，你要继续说"我不了解"。在谈判中，应该坚持事情必须逐项讨论。

除去阻碍沟通的"礁石"

很多人在通往沟通的彼岸上会触礁，而不同的人遇到的阻碍沟通的"礁石"可能大不一样，但总体来说，心理障碍是阻碍说话达到预期效果的重要因素之一，常表现为恐惧或忧虑。这也是大多数人沟通能力不强的原因之一。经常听到有人说：

"我的老师每堂课上都喜欢提问。无论何时被叫到，我都会感觉口干舌燥。如果是一对一闲谈，或许会感觉好一点，但仍然紧张。"

"每次我去听报告，尽管我坐在听众中间，甚至大多数人并不认识我，但每当答疑时间，我想要提出一个问题时，我的心就怦怦地跳个不停，举手似乎变得很困难。"

"我最害怕面试了，不管是什么工作什么人来面试我，在等待会见时，我总是冒冷汗，额头布满汗珠，手心都是汗水，衬衫贴在了后背上。还没进办公室就这副样子。"

为什么在沟通时会产生这种紧张、恐惧的心理呢？具体来讲，这些阻碍沟通的心理障碍产生的原因主要有两方面。

第一，是不想献丑的心理。这些人的想法是：只要我不在他人面前暴露自己的短处，别人也就不会知道我的缺点。而如果一旦在众人面前说话，自己的粗浅根底、拙劣看法都会暴露出来，那么从此以后，自己再想维持一个好形象就难了。所以，不说话更稳妥。

不过，持有这种想法的人应该想一想，如果因为说话会暴露自己的短处而禁止与人沟通，那么你的长处又怎么让其他人知道呢？如果自己的长处发挥受到影响，无疑也会影响到别人对你的看法——别人有时会以较低的水平来评价你。其实，只要你认真地发挥全力，诚诚恳恳地把话说出来，不必踮起足尖来充内行，相信必会有不错的表现。

同时，沟通能力也是现代社会对于每个人的要求，一个人无论是生活还是工作都绝对免不了要与社会接触、与他人接触，而沟通则是人与社会接触、与他人交流的最重要手段。所以，可想而知，一个不想说话的人肯定会为现代社会所不容，被现代社会所淘汰。

第二，就像被硬拉到一个陌生的世界一样，不知道该如何组织说话的内容，所以会感到惊惶，简单来说就是怯场。很多时候大家不是无话可说，而是有话不知道怎么去说，造成的结果是说了半天别人也听不明白或者干脆就不说了。时间久了，就会出现沟通恐惧症，造成一讲话就紧张，心跳加速，手心出汗。不仅影响讲话的状态，产生不好的效果，还会严重打击自信。

对怯场心理的产生原因众说纷纭。美国演讲学家查尔斯·R. 格鲁内尔提出了"自我形象受威胁"论。他认为："每个人都具有理性的、社会的、性别的、职业的自我形象。当人们进行演讲时，就把自我形象暴露于公众面前。由于担心自我形象会因为演讲而被毁坏，就产生了窘迫不安的怯场心理。"例如，1969 年，两位从事演讲学研究的教授在纽约开会，当他们向大会报告论文时，因为怯场而晕倒。"自我形象受威胁"论解释这种现象的产生是因为两位教授的职业自我形象在诸多同行面前受到了严重威胁。

恐惧或忧虑会阻碍我们的正常沟通。有时保持安静较容易，退缩在"壳"里可以掩饰自己的软弱。但是，那样意味着我们将错过无数次张口说话的机会，我们的观点将不被注意，我们的力量将得不到认可。

所以，想要除去这两个主要阻碍沟通的"礁石"，首先就是从心理上战胜恐惧，不能害怕与人沟通，而应该培养积极沟通的欲望。通过提高自己的沟通情绪来克服紧张、恐惧等不安心理是一个不错的选择。

有位节目主持人曾经主持过一个唱歌的节目，节目中经常邀请各个地方的人来到直播室，轮流唱两三首乡土歌谣。大家在排练时都非常卖力，并不紧张，但等到排练结束，休息一个小时后，布幕垂下来了，参观的宾客渐渐增加，表演的人就开始紧张了。

透过布幕，可以听到观众的吵闹声。等到开幕前的 5 分钟铃声响起，第一批上场的人就依规定集合在舞台左右两边。此时，其中有几个要表演的人，以颤抖的声音对节目主持人说："我好紧张啊！真羡慕你，一点都不怕。"每当遇到这种情况，节目主持人总会回答他说："如果有人不会紧张，那他该去看医生了，因为他的神经可能有些问题。虽然我看起来很镇静，但事实上我也相当紧张呢！你们看，我的腿不是正在发抖吗？"

"真的啊！跟我们一样嘛！"就在一阵笑声中，大家的紧张情绪得到了缓解。

从这位主持人的经历中可以看出，即使心中很紧张，也绝不掩饰，反而把心中的压力状态暴露出来。这么做，倒可以把紧张的心情一点一点地排除。面对紧张，不退缩，反而会让自己兴奋起来，利用对这种情绪的把握，可以使自己达到最完美的状态。

除此之外，还可以通过以下几种方法来克服阻碍沟通的心理障碍：

（1）做好充分的准备，要知道自己想要表达的重点是什么，把表达内容理清条理，讲话前自己先反复训练，不去想会达到什么样的效果，只要一篇文章读上 8 遍以上，你的表达就会轻松流畅。同样，把你想要表达的内容在内心反复预演几遍，沟通起来也就顺畅无阻碍了。

（2）降低心理预期，不过分在意自己的表现。人们在与人交往的过程中都希望给对方留下好印象，把自己的缺点隐藏起来。然而，这种期望值过高，就会很在意自己的表现是否完美、出色，因而造成紧张情绪。当我们不苛求自己能让每个人满意，能容忍自己在人际交往中出现的失误或失态，不去过分在意自己的表现，而是追求自然地与人交往时，紧张情绪自然不会产生了。

（3）要保持平和的心态，其实有时候自己的举动别人根本就不会特别注意，而你却为此惴惴不安了半天。要认识到别人对你的看法，其实对你来讲并不重要，别人的讥笑或不屑是因为他们不了解你，你不需为此负责，你也不需向他们做任何解释。要对自己负责，当你为了取悦他人而做出违背你本意的选择，那么所产生的后果是要由你自己来承担的，别人是没办法帮助你的。学会原谅自己，自己做决定，自己承担后果是敢于负责任的表现。

总之，沟通障碍并不是个别人语言方面的缺陷。那些常因自己说话胆怯而烦恼的人，大可不必为此担心，而应该振作精神，努力克服这种困难。只要摆正了心态，勤加练习，所有的"礁石"通过平时的训练是可以逐渐减少甚至完全消除的，我们在平日里应该适当遏制自己的紧张、恐惧心理，并逐渐帮助自己以自信的状态开口与人交流沟通。

富有激情的话更容易打动人

北京大学毕业，现任央视主持人的董倩说过："热情在必要的时候是沟通的桥梁。"无独有偶，世界华人演说家俱乐部的名誉主席彭清一教授也曾说："一个人没有激情和热情是很难成功的，而激情和热情是什么呢？激情和热情是一个人对工作和学习高度责任感的体现。"由此可见，富有激情的话语在沟通时很有必要。成功交际的重要前提之一就是让自己的语言富有感染力，用热情打动对方。很多时候，语言表达出的感情比语言内容本身更能打动人心。

其实，每个人都有激情，只是在现实生活中，很少有机会能表现出来，加之一般人都不愿将自己的感情当众流露，因此，人们总是通过交流或者参与某种活动，在一个大家都非常投入的氛围中，以满足这种感情流露的需要。事实上，即使在平时的沟通交流中，富有激情也是打动人心的好方法。如果说话缺乏激情，就会显得苍白无力，听的人也会觉得枯燥无味，更不容易与之产生共鸣了。

如果与人交流时，你的真情实感能从内心流露出来，达到一种自然的流露，就是一种可以感染他人的流露。如果你能够调动自身的情绪，以情感人，那么，听者的注意力便会在你的掌控之下，你就掌握了开启听者心灵之门的钥匙。

那么，如何让自己的话富有激情呢？一般可以通过以下两方面实现：

1. 充满热情的语言

一般人都是对于自己喜欢或擅长的事物才会有较高的热情。至于其他不相关的事物，就很少能赋予极大的热情了。因此，在待人处世上一旦不合自己的心意，无论如何威逼利诱，也不会从内心自然迸发热情。

当我们全身心投入某事，甚至达到忘我的境界时，就会显得魅力无穷，好像我们所有的亲切、刚毅的性格都会聚成了一股耀眼的光芒。这种以热情吸引人的方式，不仅适用于艺术、研究、工作等场合，同样也适用于沟通上。例如下面这段对话：

"啊，非常抱歉。请原谅我常常打扰……可是话又说回来，我所托之事也只有您一人才能胜任啊！"

"真是禁不起真源兄的一席劝啊，每次有事相求，我都会接受。虽然明明知道自己正忙得不可开交……唉，每次都到事后才后悔不该答应你，否则就会轻松得多了！"

"唉！你每次都这么说，害我每次都会被你轻易说动，你真行啊！一会儿就说得我晕头转向的。其实真正起作用的并不是你的一席话，而是你的热情！你总是从全新的角度看待旧事物，以乐观的热情感动我。面对做事如此热情专注的你，即使自己再忙，我还是很愿意帮你的！"

从上面的对话我们深刻地体会到，让语言饱含热情是多么重要的一件事，这也是成功说服他人的第一步。当热情全面融入你的言语中时，你就充满了激情，富有激情的话语往往能震撼人心，令人激动不已。下面这个例子可以更好地说明这一点。

人们对林肯就任美国总统时的一篇演说赞誉备至，称之为"人类最光荣而最宝贵的演说之一，是最神圣的人类雄辩的真金"。其演说内容如下："我们对于大战灾祸能够早早结束，都很热诚祈求……不论对什么人，我们都要慈爱而不要怨恨，我们坚持正义，并继续努力完成我们的工作——整顿我们已经残破的国家，纪念我们战死的烈士，善待孤儿寡母，维护人与人之间的永久和平。"

有人评价道："林肯在葛底斯堡的演说已经十分精彩，然而他的就职演说更加精彩……这是林肯一生中最感人的演说，他的这篇激情澎湃的演说使他的人格魅力散发出耀眼的光辉。"

2. 用身体语言做恰当的补充

身体语言能弥补有声语言的不足，它通过有形可视的、具有丰富表现力的各种动作和表情，协助有声语言将内容准确无误地表达出来。通过视觉和听觉的双重作用，能给听者完整、确切的印象，从而辅助有声语言更好地表情达意。比如，在说话时合理用一些手势无疑会增加语言的感染力。两只手可以成为你表达思想的工具，会帮你强调自己所说的每一句话。在需要时，它们会自然地立刻举起来，或放下去。这种手势的运用可以使谈话声情并茂、形神兼备，使说话者风度翩翩、姿态万千。

想打动人心，说服对方吗？那么，让你的讲话充满激情吧！

安慰的话要说到人心里去

生老病死是自然规律。具体到生病，人在生病以后，情绪会很低落，经常会心烦意乱，胡思乱想。当我们生病时，如果能得到别人的安慰和鼓励，就会有忘记苦痛、继续前行的勇气。同样，别人也需要我们的安慰鼓励，不过，安慰也是有一定的艺术性的。掌握一定的安慰技巧，才能让你的安慰变成金口玉言。

具体来说，谈话技巧有以下几个方面：

1. 要了解情况，有针对性地同患者进行交谈

了解情况，是指对患者的病情、思想状况和实际情况，以及有关疾病的基本医药卫生知识有所了解。根据患者在住院期间的不同状况来进行各种安慰。

例如，有的慢性病患者由于病休时间较长，容易产生放弃思想。对此，要多给他们一些鼓励的话，让他们看到康复的希望，使他们坚持下去。有的患者对自己所患疾病缺乏信心，遇到这种状况，就应该多介绍一些别人得了同类疾病而经过治疗得到痊愈的事例，这样可以使他们增强信心，坚定治疗的决心。

2. 交谈中尽量多谈一些使患者感到愉快、宽心的话题和事情

安慰患者的目的在于让患者精神宽松，早日恢复健康。因此，在安慰对方时，绝不能与其谈论有可能增加忧虑和不安的消息与话题。在患者谈论病情和感觉时，应当认真聆听，以便从中发现一些对患者有利的因素。随时接过话题，对患者进行安慰。

3. 在交谈过程中，还要特别注意语气语调的运用

病痛在身的人，十分需要他人的安慰，因而对探望者的语气语调特别敏感。所以，探望者要努力使自己在交谈时音量适当，语气委婉，感情真挚。要尽量使患者觉得在你探望后感到心情愉快和轻松。这样，有利于减少疾病给患者带来的心理压力，有助于恢复健康。

4. 不要在交谈中以自我为中心

当你看望生病的朋友时，请牢牢记住，你是去提供帮助、表示关心的。因此要多多注意别人的感情，而不要以自我为中心。

不要借朋友的不幸，引述出你自己的类似经历。你可以说"我也碰到过这种事"或者说"我能理解你现在的心情"。对待磨难各人有各人的处理方式，所以，不要把你自己的处世态度强加给或许并非与你一样感情外露的朋友。

一次，美国电视脱口秀明星奥普拉访问几位曾有吸毒经历的母亲。当时，其中一位母亲说，她曾因为害怕失去男朋友而不得不染上毒瘾。另外一位母亲则说，她之所以参加节目，敢公开过去的不堪，是因为奥普拉从来不说假话。听到这样的话，奥普拉终于忍不住破口说道："我也吸过可卡因，咱们同病相怜！"由于这突如其来的惊天消息，她身旁的同事已然惊慌不已，奥普拉却坦然道："没事，一切都过去了，都会好的。"

奥普拉的语言是多么的毫无顾忌，只为鼓励这个曾经不堪的母亲，她坦率地道出足以引起舆论的事实。她的真诚使这位母亲坦然地说出了自己的真实感情。虽然身为公众人物的奥普拉简直有些"肆无忌惮"，但正是如此，她的话才给人一种亲切感、信赖感，才能得到对方同样爽快而真诚地回应。

5. 不要说怜悯的话

人都是有自尊的，尤其是生病以后。自尊心的敏感度更是胜过以往。你若是怜悯他，他很可能认为你是在嘲笑他，越觉得自己的病非同一般。所以我们要使用相反的方法。当我们看望患者时，可以说："多幸运呀，我也想生点小病，好好地休息几天。"让患者不由自主地觉得偶尔生一点小病也是一种幸福。

总之，探病是为了安慰患者，鼓励患者战胜困难，激发他们与病魔作斗争的勇气。因此，在与患者谈话时千万要做全盘细致周密的考虑，懂得什么样的话可说、什么样的话不可说。

交谈时要选择积极的字眼

语言对说话者本身的大脑会产生较强的作用，并影响其自律神经系统，使其按照语言所指示的方向去行动。

简单地说，就是如果你说了"好幸福呀"，那你就会觉得心情更加愉悦，脑中的天线装置RAS就开始收集相关的信息情报，这样一来，周围让你觉得幸福的事情也会变得多起来。但如果你说了"真让人气愤"，那你会变得更加气愤，RAS也会收集让你气愤的信息情报，让你气愤的事情也会越来越多。当你说出让人心情舒畅的话时，接收到这句话的大脑会分泌出快乐激素，给身体传递快乐的信号。在这种状况下，大脑也会活性化，给自身收集更多的情报，身体也会因此好转。在这个时候，大脑中的目的达成装置在非常高效地运转着，愿望也会更快地实现。

王强是某外贸公司的客户部副经理，他的性格比较急躁，稍有不顺心，便会向下属发火。对于交货的问题整天愁眉苦脸，每天对下属嚷着"太糟了""太让人气愤了""没办法了""我身边怎么连个做事的人都没有"，遇到的挫折也特别多，运气也显得特别糟糕。做了几年的副经理，压根儿没有升职的迹象，下属们见此更是敢怒而不敢言，遇到难题挫折也是相互推托。王强见下属们这般不负责任，更是急火攻心，他下决心要找出问题的症结，在心理咨询师的建议下，王强改变了自己的说话方式，他经常说一些积极的话语激励下属，"好的""一定会有办法的""没问题"，他的下属也非常乐意将问题或者难题与其探讨，一起解决问题，他们的每一天都会过得非常顺利，即使遇到了困难，他们相信只要大家一起讨论研究就能够跨过难关，下属们渐渐地也对领导敞开了心扉。

你必须要意识到，每天从自己嘴巴里说出的话有很大的威力，从而去改变自己的话语。

这是由人的大脑与自律神经决定的。人的自律神经通过大脑皮层来支配身体。而我们的大脑正是通过自律神经将想法传达到身体各部，从而操纵它们来把我们的想法变成现实。

比如大家在看举重比赛时，我们会发现运动员在比赛的一刹那，都会大声喊出"哈"之声。目的就是给自己无比的信心。如果他喊出"唉"的声音，比赛结果一定是凶多吉少。在足球比赛中，还有更有趣的现象：一场比赛还没开始，双方教练就在媒体前大吹特吹自己的队伍肯定会胜利，一定会给对方留下深刻的教训。这是为什么呢？很简单，一方面给对方造成心理压力，另一方面，可以给自己一些积极的语言暗示，从而增加信心。著名拳王阿里就是这样做的，他的绰号为"吹牛大王"，因为在每场比赛开始前，他一定说对方根本不是他的对手。

相反，如果你总是说一些消极的语言，那么，对自己造成的影响也必然是消极的。如鲁迅笔下《祝福》中的祥林嫂，反复说自己的阿毛被狼吃了，怎么会快乐起来呢？人在面对压力时，常常会利用心理防御机制来保护自己的心理。其中有个"压抑"机制，意思是说，当一个人把引起他痛苦的事自己不提，当别人提起就说没这回事，久而久之，这痛苦的事就会被压抑到潜意识中去，似乎像没有发生过一样。当然，当一个人有痛苦和不快时，我们也不反对他向别人倾诉，用发泄的方法去消除。但这只能用一两次而已，不能反复这样做。

另外，还有一些词是不能常挂在嘴上的，它们会给我们的心理带来消极的影响。如"毕竟"、"反正"等。这些词只会打击我们的自尊心。生活中最可悲的词莫过于："它本来可以"、"我本来应该"、"我本来能够"、"我希望我曾这样的"、"如果（当时）我格外多给一点……该多好啊"。

碰到消极的、不愉快的事，不要急于同别人说，也不轻易向别人诉苦，更不能反复地出现在日记里。相反，不与别人讲，当别人问起这件事时要一笑了之，并说这没有什么，一切都很好。要把它看成是生活中的小事情，不但你有，别人也有，你肯定不是最倒霉的，要及时寻找出值得你快乐的事。

所以，大家首先需要记住的是：我们一定要说积极向上的话。只要持续使用非常积极的话语，就能积累起相关的重要信息，于是在不经意之间，就已经行动起来，并且逐渐把说过的话变成现实。

选择恰当的沟通方式可以避免难堪

沟通是综合传达、交换和交流等意思为一体的表达方式，它表示人与人之间在思想、情感和信息方面的相互影响和相互作用过程。沟通的本质可以理解为人们在一定环境条件下的交流、理解和互动过程。与人沟通时，不仅仅是把话说出来这么简单，重要的是要说得到位。影响沟通效果的因素很多，其中沟通方式的选择就是很重要的原因之一。无论是直抒胸臆还是委婉表达，都应该根据沟通对象、话题、场合进行合理选用，否则就可能因为沟通方式不当造成交流失败，甚至给自己带来麻烦。

某咨询项目实施中，前期的调研、访谈阶段结束后，项目组人员准备返京。因回程需要搭乘长途汽车转到另一个城市的火车站，项目经理在与客户沟通时，客户要求项目组人员多待几天再返京，但项目经理坚持按原计划回京，还说什么不用客户送到长途汽车站，自己可以坐出租车走，加上沟通时语气比较生硬，说话时表情显得很严肃。搞得客户心里很不舒服，心里一再嘀咕，还以为哪里照顾不周得罪了该项目经理。事后客户向公司其他人员反映：按说我们是你们的客户，你们是为我们服务的，怎么搞得我们心里还这么难受呢？客户甚至动了向公司提出更换项目经理的念头。

案例中的项目经理就是错用了沟通方式，给客户留下了不好的印象。如果他直接说明想要按计划回去的原因，并对客户的挽留表示感谢，态度恳诚一些，相信客户也不会有什么意见。但他生硬的语气和严肃的表情，以及坚持回去没有理由的态度，让客户产生误会也就难免了。

另外，沟通是还是双向的，有效的沟通不仅包括将自己所讲的话、所希望传达的信息准确无误地向对方进行传递，而且也包括准确无误地聆听和理解对方所做的反馈或所表达的意见。说话者要着力培养与沟通对象之间的亲密关系，增进了解。这种沟通方式可以使传递者与接受者相互理解，在这个基础上才能提高沟通效果。

有一次，陶行知看到男生王友用泥块砸自己班的男同学，当即阻止了他，并令他放学时到校长室去。

放学后，陶行知来到校长室，王友已经等在门口准备挨训了。可一见面，陶行知却掏出一块糖果递给他，并说："这是给你的，因为你按时来到这里，而我却迟到了。"王友惊疑地接过糖果。随之，陶行知又掏出一块糖果放到他手里，说："这块糖果也是奖给你的，因为我不让你再打人时，你立即就住手了，这说明你尊重我，我应该奖励你。"王友更惊疑了，他眼睛睁得大大的。

陶行知又掏出第三块糖果塞到王友手里，说："我调查过了，你用泥砸那些男生，是因为他们不遵守游戏规则，欺负女生；你砸他们，说明你很正直善良，有跟坏人作斗争的勇气，应该奖励你啊！"王友感动极了，他流着眼泪后悔地说道："陶……陶校长，你……你打我两下吧！我错了，我砸的不是坏人，而是自己的同学呀！"

陶行知满意地笑了，他随即掏出第四块糖果递过去，说："为你正确地认识错误，我再奖给你一块糖果，可惜我只有这一块糖果了，我的糖果用完了，我看我们的谈话也该完了吧！"说完他们就走出了校长室。

处于逆反时期的青少年，面对无视尊严的训斥，只会产生反抗心理。陶行知不忘换位思考，谆谆教诲中，既盈满爱心，又不忘尊重，尤其是用四颗糖果收服了一颗迷失的心，充满创意，达到了目的。

除了沟通对象之外，沟通环境也是选择表发方式的参考之一，环境是指在沟通时所处的具体情境场合，它可以影响整个沟通过程。同样的讯息，传递者在不同的环境下传送，会收到不同的效果。如领导干部以同样的语言和语气，在公开场合或私下场合批评一名下属，效果截然不同。又比如在正式的场合，不能以玩笑的语言发表观点；在轻松的场合，太过严肃反而容易惹人不快。

贝聿铭，著名的华裔建筑设计师，在一次正式的宴会中遇到一件事：当时的宴会嘉宾云集，在他邻桌坐着一位美国百万富翁。宴会过程中，这个百万富翁一直在喋喋不休地抱怨："现在的建筑师不行，都是蒙钱的，他们老骗我，根本没有水准。我只不过要建一个正方形的房子，很简单嘛，可是他们都做不出来，都是骗钱的！"

贝聿铭听到后，心里很不舒服，但他的风度非常好，表现得很绅士。他没有直接反驳，而是问这位百万富翁："那你提出的是什么要求呢？"百万富翁回答："我要求这个房子是正方形的，房子的四面墙全都朝南！"贝聿铭面带微笑地说："我就是一个建筑设计师，你提出的这个要求我可以满足，但是我建出来这个房子你不一定敢住。"这个百万富翁说："不可能，只要你能建出来，我肯定住。"

贝聿铭说："那好，我告诉你我的建筑方案，我将在北极的极点上建这座房子，因为在北极点上，各方向都是朝南的。"

在这种正式的商务场合，贝聿铭并没有使矛盾冲突升级，而是委婉地回击了这位百万富翁，既不使他难堪，也为建筑设计师挽回了面子和尊严。

与人沟通时，无论是对对方进行诱导、迂回或冲击，口才对策思维都必须具备两种要素，一是合乎谈话者主体动机的含意性，二是合乎自己的思想和行为的针对性。因为人都具有认知选择性，不会对所有的信息刺激做出反应，而只能是有选择地接受。只有那些符合对方认识范围，满足其某种需要的信息才能使对方感兴趣。所以传递者要了解沟通对象的心理和需求，使传播的信息在手段、内容和方法方面足以吸引对方的注意才行。

心理学告诉我们，人的内心活动是有规律的，是可以了解、感知和把握的。因为人的内心世界、思想活动总会在沟通中通过语言、姿态、面部表情反映出来，可通过观察、分析和判断准确把握对方的心理信息，从而有针对性地实施沟通，达到沟通目的。

换位思考，你的话会更耐听

季羡林曾说："任何一个人，包括我自己在内以及任何一个生物，从本能上来看，总是趋吉避凶的。因此，我没有怪罪任何人，包括打过我的人。我没有对别人打击报复，并非我度量大，能容天下难容之事，而是由于我洞明世事，又反求诸躬。假如我处在别人地位上，我的行动不见得会比别人好。"季老这段话充分说明了换位思考的必要性。在平时的交流沟通中也是如此，想要说服对方，就先要从对方的角度来思考，这样说出来的话才更容易让对方接受。

"我的老师就是偏心，因此，我就和他捣乱。"这种说法是不是很熟悉呢？有时候，当事情的后果不如我们所想象或期待时，我们多半会觉得委屈，发出"好心没好报"的感叹。是别人真的不明白我们吗？仔细分析我们会发现，这种换位思考不是真的换位思考，而是以个人本位来了解别人的想法及感受。所谓的"好心办坏事"就是这种。

因此，说任何话之前，我们要在脑海中替别人想一想。这样说出的话才不会引起矛盾和误会，也大体上不会犯错误了。换位思考的说话方式在生意场上也适用，合理利用就可以帮你赢得更多顾客。

很多店主在做生意的时候，都非常的"老实"。顾客想要什么就卖什么给他，并将之当成一种理所当然的习惯。可是另外少数的店主，却在有意识地用换位思考的方式悄悄地挖掘顾客的潜在需求，激发出了顾客更多的购买意向。

大林到南京旅游，一天，当他在服装店里选定一条价值100元的领带准备付款时，店主问他："您打算穿什么样的西服来配这条领带呢？"

"我想穿我那件藏青色西服应该很合适。"大林回答说。

"先生，我这儿有一种漂亮的领带正好配您的藏青色西服。"说着，他就抽出了两条标价为150元的领带。

"的确很适合，也很好看。"大林点着头说，并且把领带收了起来。

"再看一看与这些领带相配的衬衣怎么样？"

"我想买一些白色衬衣，可我刚才在那儿却没有找到。"大林指着另一个柜台说。

"那是因为您没有找对地方，办事要找对人，买东西要找对产品，您说是吗？您穿多大号的衬衣？"

还没有等大林反应过来，店主已经拿出了4件白色衬衣，单价为200元。"先生，感觉一下质地，很不错的，是吧？"

"哦，我的确很想买一些衬衣，但我只想买3件。"

原本只是想买一条100元的领带的大林，在这家服装店店主的精心"伺候"下，100元的生意变成了752元的交易，足足是大林预期购买金额的7.5倍！更为惊人的是，大林提出过异议吗？没有。结果是大林心满意足地离开了商场，而店家也乐得赚了一大笔，可谓皆大欢喜。

其实，很多时候，潜在顾客可能并没有感觉到自己的需要。而案例中的店主最聪明的一点就是，不断地顺藤摸瓜挖掘出顾客的很多潜在需求，并能让顾客感觉到满意——这不是忽悠，而是在对顾客心理有把握的基础上不断地唤醒他的潜在需求。

当然，每个顾客的心理需求和特征都是不一样的。只有吃透了顾客的心理，并进行换位思考，才能真正把需求送到顾客的心坎里，把钞票装到自己的口袋里。

但是，很多人不太顾虑他人对事物的看法、想法和观念的不相同，认为只要用正确的言语传达自己的意思就行了。其实所谓正确与否，并非说话者单方面就能决定的。如果我们在说话之前忽视了听话者的心理和反应，无论怎么慎重地斟酌词句，依然会产生意想不到的差错和误解。所以必须在语言上下功夫，说话时不忘换位思考，力求使说的每句话对方肯听、爱听，打动他的心。

第十六章

办事口才：
拜托别人要让人感到轻松

我们看到有气度的人很多，但是能成事的人却很少。这是因为做事的时候，很多人都缺乏细心，细心包括了具体做事布局的细心，包括了跟人相处时对人的感情关注的细心等。

——俞敏洪，毕业于北京大学，新东方创始人

拜托别人时先让对方感到轻松

人生在世，总有需要求助于他人的时候。有求于人，总要先"拜"而后"托"，便是所谓"拜托"。为什么要先拜呢？首先是为了让对方产生荣耀感，进而心情感到轻松愉悦，并对自己产生怜悯之情，最后达到接受自己的托付的目的。现代社会，自然不是通过"拜"的方式让被拜托者感到轻松愉悦，而是——语言。通过谈话，让对方感到轻松，人在精神放松的时候更加容易被说服。

所以，拜托别人时，要充分地利用说话方式，先让对方感到轻松舒服，才能保证所求之事的成功率。

那么，拜托别人时要怎样说话才能让对方感到轻松呢？

第一，不要一味地说。祥林嫂的不幸人们听久了就不再流下同情的泪水，甚至逐渐将她的不幸归咎于她自己。因为人们觉得祥林嫂剥夺了他们选择快乐的权利，给他们带来了无形的压力，而这又不是他们必须承受的，是被祥林嫂无形中被强迫的。所以会由最初的同情转化为痛恨，处处躲避她。我们在求人办事时，切记不要陷入祥林嫂式的谈话悲剧。一味诉苦会让对方感到压抑，从而对所谈之事或多或少产生厌恶，如此一来求人办事的成功率就会大大降低。所以，在拜托别人时，对自己的遭遇与不幸的叙述要适可而止，火候到了就可以，切不可喋喋不休，一味大倒苦水。这样对方才有可能轻松地答应你所求之事。

第二，不要着力于把对方塑造为"救世主"。大凡有事去求人，一般都要将对方放在一个比自己高的位置上，承认对方的能力，适当的时候也需要对其能力进行夸

大，以此让对方无法以能力不足为借口拒绝你的请求。但这时也要注意点到即止，劲儿不能使过了。当然，在有事拜托别人时，向对方说些恭维的话是完全有必要的，被求之人通常也乐意接受，从而使事情能顺利进行。但若是在谈话中对对方的能力过分地夸大，甚至到了夸张的地步，会让对方觉出你的刻意与虚伪，认为你是为了达到目的才这样说的，内心并不这样认为，甚至觉得你所说的与你内心所想的有着天壤之别。所以，恭维的话点到即止，既能让对方感到轻松愉悦，又避免引起对方的反感，不必着力于把对方塑造为拯救你的"救世主"。

第三，要让对方心顺。换句话就是"不要让对方有被胁迫感"。有些人在求人办事时开始就说"只有你能帮我了，你不帮我我就完了"、"你不答应我，我就跪着不起来"、"你不拉我一把，我就只有死路一条了"等极端的话语，让对方觉得是在被要挟一样。没有人被要挟了还会感到轻松的，严重时甚至能导致对方翻脸，这就使事情彻底失败了。所以，拜托别人时，语气要委婉，要使对方心情舒畅，心情舒畅则办事顺畅。

华克公司承包了一个建筑工程，预定于一个特定日期之前，在费城建立一幢庞大的办公大厦，一切都照原定计划进行得很顺利。大厦接近完成阶段，突然，负责供应大厦内部装饰铜器的承包商宣称，他无法如期交货。如果真是这样的话，整幢大厦都不能如期交工，公司将承受巨额罚金。

长途电话、争执、不愉快的会谈，全都没效果。于是杰克奉命前往纽约，当面说服铜器承包商。

"你知道吗？在布鲁克林区，有你这个姓名的只有你一个人。"杰克走进那家公司董事长的办公室之后，立刻就这么说。

董事长吃惊："不，我并不知道。"

"哦，"杰克说，"今天早上我下了火车之后，就查阅电话簿找你的地址，在布鲁克林的电话簿上，有你这个姓的只有你一人。"

"我一直不知道，"董事长说，他很有兴趣地查阅电话簿。"嗯，这是一个很不平常的姓，"他骄傲地说，"我这个家族从荷兰移居纽约，几乎有二百年了。"一连好几分钟，他说到自己的家族及祖先。当他说完之后，杰克就恭维他拥有一家很大的工厂，杰克说他以前也拜访过许多同一性质的工厂，但跟他这家工厂比起来就差得太多了。"我从未见过这么干净整洁的铜器工厂。"杰克如此说。

"我花了一生的心血建立这个事业，"董事长说，"我为它感到骄傲。你愿不愿意到工厂各处去参观一下？"

就这样，杰克在交谈过程中不断巧妙地恭维董事长，甚至一句话也没有提到此次访问的真正目的。

吃完中饭后，董事长说："现在，我们谈谈正事吧。自然，我知道你这次来的目的。我没有想到我们的相会竟是如此愉快。你可以带着我的保证回到费城去，我保证你们所有的材料都将如期运到，即使其他的生意都会因此延误也不在乎。"

杰克甚至未开口请求，就得到了他想要的所有的东西。其关键在于他通过恭维对方，让对方的心情感到轻松和愉悦，从而使对方心甘情愿地顺从自己的心意。

本杰明·富兰克林说："如果你老是抬杠、反驳，也许偶尔能获胜，但那只是空洞的胜利，因为你永远得不到对方的好感。"生活中有很多人是这样的：如果你顺着他，他便对你好得不得了，甚至不惜为了你的事丧失原则。如果一开始就用极端的言论让对方不快，那恐怕会让要办的事情难上加难。让对方心顺，自己做事就会顺利。

第四，要尽量保持冷静，用平稳的语调阐明你的处境与态度。语速不要太快或太慢。欲速则不达，有条不紊才能更好、更快地达到目的。要理智冷静地将你的处境、态度以及彼此的利弊等逻辑分明地讲清楚，让对方自主思考。这样既不会让对方感到不自在，也会展现出你的沉稳、冷静，无形中让对方相信你有足够的能力在将来回报他的帮助，从而大大提高事情的成功率。

第五，引出谈话的主题需要一个过程。倘若是向亲近的人寻求帮助，则大可直截了当地切入主题，太过拐弯抹角反而会让对方觉得见外。但是向关系一般，甚至是为了求人办事才特意结识的人寻求帮助时，则不宜单刀直入，常常需要一个过程。这个过程是消除对方的警惕、获取对方信任并营造轻松适宜的谈话氛围的过程。在这个过程中要巧妙地设置过渡，使你拜托别人的话说出口时不致突兀，从而使对方接受。拜托别人时谈话的过渡方式有很多，这里就不一一列举。

总之，拜托别人时，要先让对方感到轻松，才能一步步说服对方，达到求人办事的目的。

借第三方，说出自己的话

在中国古代，男婚女嫁的终身大事为什么必须聘请一位媒人呢？因为许多利益攸关而又碍于情面不便面对面谈论的事情可以通过中间人之口进行"缓冲"，另外，媒人的一双巧嘴可是深谙说话之道，否则就不会在利益双方之间游走自如而又能毫发无伤。所以，借助第三方之力，说出自己的话会让你办起事来更加轻松，甚至有事半功倍的效果。这里所说的借助于第三方，其中包含两层含义。一种是直接借助有形之人，借他人之口说出自己的事，这就与古代的媒人十分相似了，需要一个中间人；而另一种是技术含量更高的说话方式，是假借"无形之人"，通过自己之口，达到借他人之力的目的。因为我们不能总是请别人出面帮我们解决问题。每个成年人都有责任和义务独自解决所面临的问题。所以，在办事时，后者才是我们经常要运用的方式。

一个推销百叶窗帘的推销员偶然得到一条消息：某公司要安装百叶窗帘，而且其经理和某局长又是老相识，这位推销员灵机一动，就想出了一个接近对方的好办法。

于是他便打听到这位经理的所住之处，然后提着一袋水果前去拜访。在彼此介绍之后，推销员这样说道："这次能找到您的门，实在是多亏了刘局长的介绍，他还请我替他向您问好呢……"

"说实话，第一次与您见面就十分高兴……听刘局长说，你们公司现在还没有装百叶窗……"

第二天，百叶窗帘一事自然就成交了。

这位推销员的高明之处就是他有意地撇开自己，借"刘局长介绍"来说出自己的目的，这种巧妙地借他人之力的方法，让对方很快就接受了他的请求。

有事情想求别人帮忙，但由于很多原因你又不好直接开口说，这种情况下，你不妨借别人的口说自己的话。难堪的事情经由"我听人说"一打扮，就变得不再尴尬；有风险的话题，借助于第三方再传过去，便有了进退的余地。

某天下午，李刚来到一个作家朋友家中，并且还带来了这位作家最近出版的一本新书。他们彼此一番寒暄客套之后，李刚接着说："此次真是幸会啊，因为我们赵科长极为敬佩您的才华，叮嘱我若拜访您时，务必请您在这本书上签下名……"边说边从公文包里取出这位作家最近出版的一本新书，于是这位作家不由自主地信任起李刚来。其实，赵科长的仰慕和签名的要求只不过是一个借口，李刚的目的是想假借赵科长之口，传递出自己对这位作家的恭维与奉承，从而为自己的办事目的做好铺垫。

李刚使用这种巧妙的方法是有意撇开自己，用"我的上司是您的忠实读者"这种借他人之口，传自己之意的方法，就比"我崇拜您"来得更巧妙、更有效，同时，又不显露出自己的阿谀谄媚，因而使人更加容易接受。所求之事自然就会愉快地得到解决。

像这种高明的说话方式，确实是让人难以招架，对于两个素不相识、陌路相逢的人来说，你求他办事的原因是你与他是朋友的朋友、亲戚的亲戚，显然这是十分牵强的。但是，一般人是不会不给朋友面子，也不至于让你吃闭门羹的。由此看来这个方法是求人办事时的一条捷径。

在求人的时候如果通过第三者的话，用来传达自己的心情与愿望，就能巧妙地将许多敏感而又没有把握的话题以安全的方式说出，给自己留下余地。但是也要当心不可夸大其词，说得离谱了就有可能会闹出笑话，甚至更严重的问题。所以，要事先进行调查研究，向他人打听询问即将会面的人的情况，做好准备工作，以免偷鸡不成蚀把米的悲剧发生。另外，对于从第三方处获得的资料，也不能全套照搬，还要根据需要有所取舍，配合自己的临场观察、切身体验灵活引用。最重要的一点，是必须确认第三方与被求者之间的关系，否则，可能会让你所求之事在无形中泡汤。

单位要分房，无奈粥少僧多，小王便想着去求冯主任，因为这次分房的事由冯主任主管。小王觉得冯主任以前是自己舅舅的下属，几年前自己进单位的事还是舅舅托冯主任办的呢，所以没理由不帮自己。

到了冯主任家，小王在谈话过程中，先不明说自己的想法，刻意假托舅舅之名，说，"舅舅老是提起您，说您曾经是他的下属中最有能力的"、"舅舅也催了我好几次，让我赶紧结婚，可没房子怎么结婚啊"等等一类的。

等到小王离开后，冯主任的妻子问他："你不是跟他舅舅闹掰了吗？怎么小王还……""谁知道呢，特意来给我添堵吧？本来单位有意向分给他一套房子，现在，哼，甭想！"冯主任愤愤地说。

小王在借助第三方之力时由于缺乏调研，结果取得了适得其反的效果。这简直是说话艺术的悲剧！所以，在说话办事借助第三方的力量时，一定要经过小心求证，有十足的把握能使其达到自己想要的效果，才可说出借力之语。

总之，借人口中言，传我心腹事。借助第三方，说出自己的话对说话办事能起到不可估量的作用，但同时也要注意不要借错了力，弄巧成拙。

站在对方角度说话，办事最有效

庄子与惠施在濠梁之上的辩论中，庄子的"鲦鱼出游从容，是鱼乐也"，被惠施以"子非鱼安知鱼之乐"反驳，而庄子则以"子非我安知我不知鱼之乐"反驳惠施。两位古代哲学家从哲学的角度对换位思考进行的辩论，给后人留下了莫大的启示，中国人的说话艺术更是从中汲取了大量的营养。换位思考表现在说话方面便是站在对方的角度说话。设身处地从对方的角度看问题，才能使对方感到你所说的事情与之休戚相关，从而使事情更加顺利地进行，大大提高办事的效率。

《孙子兵法》有云："知己知彼，百战不殆。""知己"与"知彼"相比较，在说话办事时"知彼"显得更为重要。要做到"知彼"，最好的方法莫过于站在对方的立场看问题。一些在办事说话方面的失败者之所以会失败，很大程度上是因为他们没有站在对方的立场上看问题。

那么站在对方的角度说话需要掌握哪些说话技巧呢？有这样一个例子：

伽利略年轻时就立下雄心壮志，要在科学研究方面有所成就，为此，他希望能得到父亲的支持和帮助。

于是，他对父亲说："父亲，我想问您一件事，是什么促成了您同母亲的婚事？"

"我看上她了。"父亲不假思索地答道。

伽利略又问："那您有没有娶过别的女人？"

"没有，孩子。家里的人要我娶一位富有的女士，可我只钟情于你的母亲，她从前可是一位风姿绰约的姑娘。"

伽利略说："您说得一点也没错，母亲她现在依然风韵犹存。您不曾娶过别的女人，因为您爱的是她。您知道，我现在也面临着同样的处境。除了科学以外，我不可能选择别的职业，我对它的爱犹如对一位美貌女子的倾慕。"

父亲说："像倾慕女子那样？你怎么会这样说呢？"

伽利略说："一点儿也没错，亲爱的父亲，因为我只愿与科学为伴。"

伽利略继续说："亲爱的父亲，您有才干，但没有力量，而我却能兼而有之。为什么您不能帮助我实现自己的愿望呢？我一定会成为一位杰出的学者，获得教授身份。我能够以此为生，而且比别人生活得更好。"

说到这，父亲为难地说："可我没有钱供你上学。"

接着伽利略又说："父亲，您听我说，很多穷学生都可以领取奖学金，这钱是公爵给的。我为什么不能去领一份奖学金呢？您在佛罗伦萨有那么多朋友，您和他们的交情都不错，他们一定会尽力帮忙的。他们只需去问一问公爵的老师奥斯蒂罗·利希就行了，他了解我，知道我的能力……"

父亲被说动了："嗯，你说得有理，这是个好主意。"

伽利略最终说动了父亲，他实现了自己的理想，成为一位闻名遐迩的科学家。

在想获取父亲的认可、请求父亲的帮助时，伽利略站在父亲的角度与父亲进行交流，使父亲渐渐和自己产生了心理共鸣，最终认可了自己的理想，同时也使自己在实现理想的道路上获得了父亲的支持和帮助。以站在对方角度看问题的说话方式来实现自己的目的，这种说话方式的运用一般可以分为以下四个阶段：

第一，导入阶段。先顾左右而言他，谈一些对方在意、感兴趣并且能引出自己最终要谈论的话题的事情。例如，伽利略先请父亲回忆和母亲恋爱时的情形，引起了父亲的兴趣。

第二，转接阶段。通过自己的事情与对方的事情之间的共通之处，巧妙地将话题转接到自己身上。伽利略巧妙地通过这句话把话题转到自己身上："我现在也面临着同样的处境。"

第三，正题阶段。通过前面两步的铺垫，会使对方逐渐接受你所说的话，提出自己的想法也就顺理成章了。就如伽利略接着就提出了"我只愿与科学为伴"的观点，这也正是他所谈论话题的核心。

第四，结束阶段。明确地提出自己的目的。为了使对方更容易接受，还可以同时指出对方可以从中获得的利益。就如伽利略明确地提出："……为什么您不能帮助我实现自己的愿望呢？我一定会成为一位杰出的学者，获得教授身份。我能够以此为生，而且比别人生活得更好。"

在求人办事时，若能很好地做到上述几个方面，那么办事成功相信并不是什么难事。

当你运用了上述的说话方式，但仍感觉到对方不愿舍弃他原来的想法时，那么进一步采取措施，继续站在对方的角度看问题，先接受他的想法，站在对方的立场上谈论问题。

因为每个人的自尊心都很强，当他的想法、观点遭到否定时，一时不太容易接受，所以会下意识地固执己见。尽管有时自己也意识到了你是正确的，但极有可能为了维护尊严或单纯的不服气而变得更加倔强，进而拒绝反对者的新建议。若是在说话办事时走到这一步，站在对方的立场上的说话方式常常能巧妙地攻破对方的心理防线。

李恢来到马超营前，先使人通报。马超说："李恢是辩士，今必来说我。"于是就叫来二十刀斧手埋伏，叮嘱他们说："我给你们下命令，让你们砍李恢时，就把他砍成肉酱！"一会儿，李恢昂然而入。马超端坐帐中不动，叱问："你来干什么？"李恢说："特来作说客。"马超说："我的宝剑刚磨好，你试着说说，如果说得不好，就拿你试剑！"李恢笑着说："将军的祸不远了！只怕新磨之剑，不能割我的头，要割自己的头吧！"马超说："我有什么祸？"李恢说："将军与曹操有杀父之仇，而陇西又有切齿之恨；前不能救刘璋而退荆州之兵，后不能制杨松而见张鲁之面；目下四海难容，一身无主；若再有渭桥之败，冀城之失，你有何面目见天下之人？刘皇叔礼贤下士，你父亲当年曾经与他奉命一起讨贼，你为何不背暗投明，以图上报父仇，下立功名呢？"马超听了非常高兴，与李恢一起投奔刘备。

李恢面对马超的质问与恫吓，不慌不忙，以一句"只怕新磨之剑，不能割我的头，要割自己的头"表明动机：我是来救你马超的，我自己的生死还不足为虑。由此，引起马超的注意，争取到继续说下去的机会。接着，他站在马超的位置，分析眼下局势，指出马超的前忧后患，道出了马超"四海难容"的凶险形势。最后，为他指出一条"上报父仇，下立功名"的明路，可谓在情在理，令人信服，终于让马超接受自己对局势的分析，做出了正确的选择。所以，说话时以对方的立场为出发点，能让对方抛弃成见，客观地接受你的意见，谈话效果会更好一些。

站在对方的立场上说话，是一种技巧，需要我们时时注意，这样，我们在与人交流的时候才能顺畅，才能被别人认可。另外，站在对方的角度观察问题，站在对方的立场说话，能在赢得对方的好感的同时使事情愉快地得到解决。

从真情入手，寻求对方理解

站在世纪的端点，回首向历史深处望去，历史的风云波诡云谲、瞬息万变，唯一不变的是人与人之间的真情。家国之情、父母之情、手足之情、朋友之情，这些真情，是亘古不变的真理。所以，说话时若能做到情真意切，以真情打动人，那么得到对方的理解也是情理之中的事了。

人是有情灵物，古人云："感人心者，莫先乎情。"这就要求人们在办事说话时，要有自己的真情实感。在一定的时间和范围内，用情感感染其他人，使之发生同样的或与之相联系的情绪，从而征服他人，为自己创造成功的条件。

说话的最高境界，就是以情动人。语言至情，才能有"动人"效应。人都是重感情的，无论是亲情、友情或是爱情，要征服他人、取得成功，就要懂得从人间真情入手，以情引起人们的关注，让他人通过你所说的话感受你内心饱含的真情，从而被你的真情所感染，并理解、认可你的想法，最终取得自己想要的结果。懂得恰到好处地运用充满感情的语言来征服他人的人，往往会受到命运的青睐，取得成功。

美国著名的演讲家，黑人领袖马丁·路德·金在林肯纪念堂前曾发表了《美国给黑人一张不兑现的期票》的演说，在其高潮部分是这样的：

回到密西西比去吧！回到阿拉巴马去吧！回到南卡罗来纳去吧！回到佐治亚去吧！回到路易斯安纳去吧！既然知道这种情况能够而且一定改变，那就回到我们南方城市中的陋巷和贫民窟去吧！我们绝不可以陷入绝望的深渊中。

今天，我对大家说，我的朋友们，既是我们面临着今天和明天的各种艰难困苦，我仍然有个梦想，这是深深扎根于美国人梦想中的梦想。我梦想着，有那么一天，我们这个民族将会奋起反抗，并且一直坚持实现它的信条的真谛——我们认为所有的人生来平等是不言自明的真理……我梦想着，有那么一天，沟壑填满，山岭削平，崎岖地带铲为平川，坎坷地段夷为平地，上帝的灵光大放光彩，芸芸众生共睹光华！

这就是我们的希望！这是我们返回南方时所怀的信念！怀着这个信念，我们能够把绝望的群山凿成希望的磐石。怀着这个信念，我们能够将我国种族不和的喧嚣变为一曲友爱的乐章。怀着这个信念，我们能够一同工作，一同祈祷，一同奋斗，一同入狱，一同为争取自由而斗争。坚信吧，总有一天我们会自由……

作为一个黑人民权运动的领袖，马丁·路德·金此番发自肺腑的演说，道出了千百万黑人的心声，深深打动了在场的每一个黑人听众，有的呐喊，有的喝彩，有的悄然流泪，有的失声痛哭。对于求人办事者而言，要想取得谈话的成功，所说的话就要出于肺腑，将感情深入听者内心，达到以情动人的效果，也就意味着你的成功。

那么，从真情入手寻求对方理解的说话方式要注意哪些要点呢？

第一，要把自己的感情融入到彼此的谈话中，将你要表达的内容通过感情的渲染渗透到对方的内心深处，以此达到以情动人的说话效果。把对别人的请求融入动情的叙述中，或申述自己的处境，以表示求助于人是不得已之举；或充分阐明自己所请求之事并非与被请求者无关，以使对方不忍无动于衷、袖手旁观，最终使自己办事成功。

第二，在谈话中寻求对方的情感共鸣之处。在求人办事时，要在谈话过程中细心观察对方的情感变化，抓住对方的情感弱区，进而有的放矢，针对其情感弱区，展开适当的感情进攻，以此达到自己求人办事的目的。

总之，从真情入手，寻求对方理解的说话方式，是通过向对方展开情感方面的语言攻势，进而瓦解对方的心理防线，最终达到自己的办事目的。

借助他人威望

在求人办事时，采取借助他人威望为自己办事的说话方式，常常能使人在办事时省去许多细枝末节的麻烦，甚至能起到四两拨千斤的效果。

一位父亲想给儿子找个媳妇，于是跟儿子商量。

父亲：儿子，爸爸给你找个媳妇。

儿子：不，我要自己找！

父亲：她是比尔·盖茨的女儿！

儿子：那行吧！

接着父亲去找比尔·盖茨。

父亲：我给您女儿找了一个老公。

比尔·盖茨：NO！

父亲：这人是世界银行副总裁！

比尔·盖茨：那行！

接着父亲又去找了世界银行总裁。

父亲：我给您推荐个副总裁！

总裁：我这儿不缺！

父亲：他是比尔·盖茨的女婿！

总裁：那行！

这虽是一则故事，但却很好地说明了借助他人威望为自己办事的说话方式在求人办事时所能取得的惊人的效果。可见，在说话时，适当借助他人的威望，比一个人自顾自地使蛮力要高明得多。正如比尔·盖茨所说："一个善于借助他人力量的企业家，应该是一个聪明的企业家。"同理，在办事的过程中善于借助他人力量的人也应是一个聪明的人。

汉高祖刘邦共有八个皇子，生母不一，为了争夺太子之位，展开了子与子、母与母之间的明争暗斗。刘邦有位宠妃戚夫人，她想要刘邦废除太子，改立自己的儿子如意为太子。可吕后想保住自己的儿子刘盈的太子地位，于是她找张良帮忙。张良献上一计："皇上一直想请四个隐居的贤人出山，但他们始终不肯，若将他们迎为宾客，太子常请此四人赴宴，必会被皇上看见而问其原因。"果然不出张良所料，高祖以为刘盈为人恭敬仁孝，天下名人慕名而来，终于打消了废去太子的念头。

刘盈的成功完全是因为借助了四大贤人的盛名，借助他们的名望保住了太子的地位。我们在说话时也应这样。一个人的力量毕竟是有限的，你一个人空口无凭，有时候就需要在谈话中借助别人的威望作为自己的佐证，从而达到获取对方信任的目的。

在说话时借助一些有权力的人或一些知名度较高的人的力量，会使你所说的话对对方具有更强的威慑力，从而更易被接受。

清政府后期的官场中历来靠后台，走后门，求人写推荐信。军机大臣左宗棠从来不给人写推荐信，他说："一个人只要有本事，自会有人用他。"左宗棠有个知己好友的儿子，名叫黄兰阶，在福建候补知县多年也没候到实缺。他见别人都有大官写推荐信，想到父亲生前与左宗棠很要好，就跑到北京来找左宗棠。左宗棠见了故人之子，十分客气，但当黄兰阶一提出想让他写推荐信给福建总督时，左宗棠马上就变了脸，几句话就将黄兰阶打发走了。

黄兰阶又气又恨，离开左相府，就闲踱到琉璃厂看书画散心。忽然，他见到一个小店老板学写左宗棠的字体，十分逼真，心中一动，想出一条妙计。他让店主写柄扇子，落了款，得意洋洋地摇回福州。

这天，是参见总督的日子，黄兰阶手摇纸扇，径直走到总督堂上，总督见了很奇怪，问："外面很热吗？都立秋了，老兄还拿扇子摇个不停。"黄兰阶把扇子一晃："不瞒总督，外边天气并不太热，只是这柄扇是我此次进京，左宗棠大人亲送的，所以舍不得放手。"

总督吃了一惊，心想：我以为这姓黄的没有后台，所以候补几年也没任命他实缺，不想他却有这么个大后台。左宗棠天天跟皇上见面，他若恨我，只消在皇上面前说个一句半句，我可就吃不住了。总督要过黄兰阶扇子仔细察看，确系左宗棠笔迹，一点不差。他将扇子还与黄兰阶，闷闷不乐地回到后堂，找到师爷商议此事，第二天就给黄兰阶挂牌任了知县。

黄兰阶没过几年就升到四品道台。总督一次进京，见了左宗棠，讨好地说："宗棠大人故友之子黄兰阶，如今在敝省当了道台了。"左宗棠笑道："是嘛！那次他来找我，我就对他说：'只要有本事，自有识货人。'老兄就是很会识人才嘛！"

黄兰阶能够官拜道台，是以左宗棠为背景，让总督给他升了官，实在是棋高一着的鬼点子。当然，欺世盗名，瞒天过海，是应该遭受谴责的，清政府的官场腐败也令人惊诧而痛恨。

单从借力的角度，借助一些有权势之人的威望，会使自己在拜托别人时能更快地进入主题，在交谈中也能更加顺畅自如地引出自己的办事目的。

在使用借助他人威望为自己办事的说话方式时要注意什么呢？

第一，要保证自己所借助的人是对方所知道，并且认同、推崇的，同时说话态度要诚恳。否则，不但无法发挥此种说话方式的作用，甚至还可能会引起对方的反感，认为你是在有意奚落他。

第二，在借助他人威望为自己办事时要遵循适度原则。不要以为借的越多效果就越好，因此一味说"某某怎么怎么样"，这样同样会导致对方的反感，甚至愤怒，最终弄巧成拙致使事情失败。

总而言之，在与人交谈时，借助他人威望来促成自己的事这一方式可以使对方更快地接受你，相信你所说的话，从而更好地使你达到自己的办事目的。但同时也要注意在说话时不要因使用不当而引起对方的反感，从而导致一着不慎满盘皆输的悲惨结局。

积极补救言语失误

人非圣贤，孰能无过。过而能改，善莫大焉。人们在人际交往中，难免会出现因为这样那样的原因，而导致不小心说错话的现象。尤其是在拜托别人、求人办事时，因为本身就承担着一定的心理压力，言语失误的现象就更容易发生。

出现言语失误并不可怕，关键是要知道怎样去补救。亡羊补牢，为时未晚。积极补救总比坐以待毙强。此时，我们要充分调动我们的脑细胞，积极思考应对策略，不要让自己一失"口"成千古恨。下面通过几个例子来说明补救言语失误的说话技巧。

第一，以另辟蹊径的解释巧妙地化解尴尬。

据说，司马昭与阮籍有一次同上早朝，忽然有侍者前来报告："有人杀死了自己的母亲。"放荡不羁的阮籍不假思索便说："杀父亲也就罢了，怎么能杀母亲呢？"此言一出，满朝文武大哗，认为他"抵牾孝道"，阮籍也意识到自己言语的失误，忙解释说："我的意思是说，禽兽才知其母而不知其父。杀父就如同禽兽一般，杀母呢？就连禽兽也不如了。"一席话，竟使众人无可辩驳，阮籍避免了杀身之祸。其实，阮籍在失口之后，只是使用了一个比喻，就暗中更换了题旨，然后借题发挥一番，巧妙地平息了众怒。可见，以喻说理，确是解脱不慎之言带来的窘境的有效手段。

使用这种方法来挽救言语失误，化解尴尬，前提是要有一定的文化素养，才能将不小心造成的言语失误以信手拈来的独特妙论来化解。

第二，将错就错，借题发挥。

错话一经出口，在简单的致歉之后立即转移话题，有意借着错处加以生发，以幽默风趣、机智灵活的话语改变谈话的气氛，使听者随之进入新的情境中去，将言语失误续接下去，最后达到纠错的目的。其高妙之处在于能够不动声色地改变说话的情境，使听者不由自主地转移原先的思路，不自觉地顺着你的思路想下去。

曾有一个刚毕业的大学生去某合资公司求职，一位负责接待的先生递过来名片。

大学生神情紧张，匆匆一瞥，脱口说道："藤野先生，您身为日本人，抛家别舍，来华创业，令人佩服。"那人微微一笑："我姓滕，名野七，是地道的中国人。"大学生面红耳赤，无地自容，片刻后，他诚恳地说道："对不起，您的名字使我想起了鲁迅先生的日本老师——藤野先生。他教给鲁迅许多为人治学的道理，让鲁迅先生受益终生。希望滕先生日后也能时常指教我。"滕先生面带惊奇，点头微笑，最终录用了他。

第三，及时改口。

当在不自觉的状态下说出了错误的言论，而自己又及时意识到了自己的错误的时候，及时改口，将其转接到另一个正确的观点上去的方法可以在言语的失误变得不可挽回之前就对其进行补救，进而避免许多不必要的麻烦。

不知道大家是否还记得《宰相刘罗锅》中的一个情节，有一次乾隆洗澡时，允许一旁伴驾的刘墉直呼自己的名讳。而过后不久，刘墉一不小心说漏了嘴，刚说了一个"弘"字就意识到自己说错了，这时皇上已经意识到了，很不高兴，就大声质问："'弘'什么？"旁边的人见此情景都吓了一身冷汗。刘墉却从容不迫地跪在地上说："弘名天下之圣君万万岁。"乾隆听了这一番恭维的话，就转怒为喜，不再追究了。

第四，真诚地道歉并及时改正。

有时候，若不能做到巧妙地化解，就直接讲明。在一些场合说错话了就要及时改口，当场承认错误也没有关系，丢点面子总比一错再错，伤害了别人同时又伤害了自己要好得多。有时通过诙谐急智的语言，还能化解错误带来的尴尬，起到意想不到的效果。

张先生被调派到分公司工作了半年，一回到总公司，马上就赶着去问候以前很照顾他的杨科长。张先生对过去杨科长经常不辞辛苦地跑到分公司给予指导的事反复地致谢，可是，不知怎么搞的，对方反应似乎很冷淡。当张先生纳闷地走出门时，一名同事才过来告诉他："杨科长已经升为副处长了呀！"不知道对方已经升官，依然用以前的职务称呼，当然会使对方的心里觉得不舒服。张先生顿时恍然大悟，后悔自己离开总公司半年没有事先确认对方的职位是否已经有所变化，所以才失了言。但说错的话已经收不回来，怎么办？他想了想，马上返回到杨处长的办公室，开口说："杨处！真是恭喜您了！您也真是的，刚才也不告诉我一下。我在分公司难免消息不灵通。不过，错漏您升官的消息，总是我的不是，真对不起，请原谅！"像这样巧妙地将造成言语失误的原因讲出来，并把衷心的祝贺表达出来，自然也就化解了杨处长心中的不快。

要注意，道歉要坦率，更重要的是，要通过道歉把问题讲清楚，让谈话继续下去。

当然，出现言语失误要进行补救时，一定要使自己冷静下来，保持淡定。在交谈中，意识到自己出现了言语失误，难免会有些紧张，若因此而放弃对失误的补救，不采取任何措施，当然是不可取的。另外，也有可能因紧张而说出越描越黑的言辞，取得适得其反的效果，这不仅可能会造成办事的失败，甚至会让自己成为别人眼中的笑柄。解决这一问题的方法是要经常抓住时机，锻炼自己的口才，掌握一定的说话技巧与方式方法，才不至于使自己"书到用时方恨少"。

第十七章

人脉口才：
打造交际明星

只有神仙与野兽才喜欢孤独，人是要朋友的。

——梁实秋，曾任北京大学教授、著名的散文家、学者、文学批评家

初次见面，多准备一些话题

人的一生中，经常可以遇到这种情况：注定要和一群不认识的人打交道。如何建立良好的沟通与联系，初次见面的印象至关重要，可以多准备一些话题，让彼此之间拥有可以谈论的内容，彼此出现尴尬、无话可说的情况。多准备一些话题，增加彼此之间的亲近感，打破与对方之间的界限，消除无形的隔膜，顺利地将自己的意见和思想传达、灌输给对方，进而让对方可以欣然接受并赞同，甚至在初次见面的时候就有一见如故的感觉，彼此认定成为真诚的朋友，拥有真挚的友谊。因此，初次见面的时候，多准备一些可以谈论的事物，增强彼此间的共识，会收到意想不到的效果。

美国是世界文化的大熔炉，也是个多族裔的移民国家，彼此之间的沟通与交流就显得比较重要。如何在一个多民族的国家生活与工作，如何和其他民族的人民建立真挚的友谊，在第一次见面的时候产生的良好印象就发挥了重要的作用。然而，如何做到这一点，在首次见面的时候多准备一些话题，让彼此有共同的语言就显得比较关键。这一情况不但适用于普通民众生活与工作，也适用于名人。

富兰克林·罗斯福刚从非洲回到美国，准备参加 1912 年的参议员竞选。因为他是西奥多·罗斯福的堂弟，又是一位有名的律师，自然知名度很高。宴会上的人都认识他，但他并不认识其他来宾。而且，他看得出虽然这些人都认识他，表情却显得很冷漠，似乎看不出对他有好感的样子。

于是，罗斯福想出了一个接近这些自己不认识的人并能同他们搭话的主意。他对坐在自己旁边的陆思瓦特博士悄声说道："陆思瓦特博士，请你把坐在我对面的那些

客人的大致情况告诉我，好吗？"陆思瓦特博士便把每个人的大致情况告诉了罗斯福。

了解大致情况后，罗斯福借口向那些不认识的客人提出一些简单的问题，经过交谈，罗斯福了解到了他们的性格特点、爱好，知道他们曾从事过什么事业，最得意的是什么。掌握这些后，罗斯福就有了同他们交谈的话题，话题内容丰富，引起了他们的兴趣。在不知不觉中，罗斯福便成了他们的新朋友。

1933 年，罗斯福当上了美国总统，在和不认识的人首次见面的时候，依旧会先了解对方，著名的美国新闻记者麦克逊曾经这样评价罗斯福总统，他说："在每一个人进来谒见罗斯福之前，关于这个人的一切情况，他早已了若指掌了。大多数人都喜欢顺耳之言，对他们做适当的颂扬，就无异于让他们觉得你对他们的一切事情都是知道的，并且都记在心里。"多找些可以交流与沟通的话题，吸引对方的注意力，让对方觉得彼此已经是多年的好友了，自然而然就会增强好感，事情也就能够很顺利的完成。

第一次和别人打交道时，双方都不免有些拘谨，有层隔膜。如果有人主动、大方地打破这层隔膜，对方也能很快融入进来。在初次见面的时候，多准备一些话题，增强对方的熟悉度就显得比较重要了，也是体现一个人口才运用技术的时候。

小薇是某大学临时的辅导员，主管新生的入学教育，因为做个临时的辅导员，对于常规的事情做起来也比较顺手，但是在军训的时候，她发现学院内有个学生显得很不合群。经过一段时间的观察，也侧面地和其他同学进行了解，觉得这个学生的情况较为特殊，并不是刚进入大学不适应环境造成的，可能存在其他的原因，就想立刻找这个学生谈话。然而，小薇转念一想，很直白地去询问他发生了什么事情，很难得到这个同学的真话。于是，小薇就多准备了一些话题，比如学习情况、寝室同学关系、家庭情况、兴趣、特长等，在彼此陷入尴尬话题的时候，可以更好地进行话题转换，也可以让这个同学意识到老师是真的关心他，拉近了彼此之间的距离，不仅仅是师生关系，更像是朋友的关系。

小薇和这个同学初次见面的时候就建立了良好的交流，让这位同学逐渐放下了设防，也慢慢地将真实情况告诉了小薇。初次见面，多准备一些话题有备无患，不但能够缓解气氛，还能够让对方认识到你是真诚的，让彼此一见如故，沟通也比较愉快。

我们每一个人都应当学会与不认识的人建立良好的沟通关系，在初次见面的时候，就能交流愉快，增强自身在对方心目中的印象，变得一见如故。如果双方有彼此都熟识的朋友的话，可以事先做好工作，了解对方的职业、兴趣等，有针对性地寻找话题，这样更能引起对方的兴趣，有助于彼此沟通较为顺利地进行。

夏红与李果都是北京人，在一个聚会中两个人凑到了一起。李果听说夏红是北京人，就事先准备了一些可以谈论的话题，比如小时候最喜欢去的地方、最喜欢的地方……双方共同的朋友小溪将彼此介绍给对方之后，随口说了下你们可是老乡呢。乡情将两个人拉在了一起，之后剩下夏红与李果两个人的时候，彼此就多了一个可以谈论的话题——北京，可以谈天安门、故宫、长城、北京的新变化，不知不觉中两人交流得很愉快，既怀旧又增加新的印象。

初次见面，是不是能够给对方留下好的印象，关键就在于彼此的交流是否顺利。要想建立良好的交流关系，关键是要彼此有话题可谈，而且这个话题能够让彼此形成共鸣，都有兴趣。这不仅需要事先设想一下对方可能感兴趣的话题，尽可能多了解一下对方的情况，最主要的是要多准备一些话题。俗话说得好，"巧妇难为无米之炊"，没有话题，谈话就没有焦点。在出现尴尬、话不投机的时候，能够尽可能快地转换话题，扭转局面，收到良好的效果。

说好第一句话很关键

在和别人进行交流的时候，通常都会遇到这种情况，不知道怎么开启话题，也不知道该怎样和对方说第一句话，吸引对方的主意。此时，第一句话就奠定了整个沟通过程的基调。第一句话说得好，就能够较为顺利地交流，起到事半功倍的效果；如果第一句话说得不好，就无形中在彼此间形成了一个障碍，丧失众多机会，不能体现自己的水平与能力，也不能将交流继续进行下去。

第一句话说得好，能够让对方觉得你这个人比较自然大方，并不拘束、忸怩和做作，能够很好地展现自己的风度，让对方感觉你对他的尊重与敬重。

苏联卫国战争时期，卓娅是当时著名的女英雄，盖达尔是著名的儿童文学作家。在一场大雪过后，盖达尔来到公园里，兴致勃勃地推起了雪人。这时，他听到身后传来了"咯吱咯吱"的声音，他知道，有人向他走来了。盖达尔下意识地回头一望，只见一位年轻的姑娘向他走来。那位姑娘非常有礼貌地伸出了右手，说道："我认识您，您是著名作家盖达尔先生，我曾经拜读过您的全部著作。"盖达尔也风趣地说道："我也认识你，你大概是七年级或是十年级的学生。我也曾读过你的全部著作：代数、物理、三角。"卓娅被逗得笑了起来，于是高高兴兴地作了自我介绍。从此以后，两人就成了好朋友。

这样，著名的女英雄卓娅就和这位著名的儿童文学作家相识相知了。在初次见面的时候，在说第一句话的时候，一定要仔细斟酌。人们都认为第一印象很重要，其实第一句话也很关键。往往第一句话就决定了沟通的效果，也奠定了之后所有话题与关系的基调。赤壁之战中，鲁肃见诸葛亮的第一句话是："我，子瑜友也。"子瑜，就是诸葛亮的哥哥诸葛瑾，他是鲁肃的挚友。短短的一句话就定下了鲁肃跟诸葛亮之间的交情。

这第一句话，就像打井一样，只有位置找准、力度适宜，话题才能像水一样源源不断地涌出来；如果位置找错了，就算你有大力神赫拉克勒斯那样的力量，也无济于事。

A是经济学界的泰斗与领军人物，对许多经济现象都有自己独特的见解，具有一定的权威性。作为老一辈的学界名人，自然就会形成一种气势。一天，他参加一个学术会议，在会议上，一位参会者想要和他谈论一下当前出现的经济现象与事件，但一直在犹豫，也不知道怎么开口。忽然，他头脑中闪现这样一个想法，听说A说话比较直截了当，并不喜欢寒暄太多。于是，这位与会者就对A说："叶老您好，最近身体可好？听闻你对经济事件有自己独特的看法，能谈谈您对这一经济事件的见解吗？"A听了他的话，感觉这位年轻人是有礼貌的，也是尊师重教的，而且对于学术问题也有一定的切入点与深度，因为他所说的这个话题正是自己一直关注的。不自觉间，这位参会者的第一句话就拉近了其与A的关系，当时两人相谈甚欢。

如果当时这位与会者随意的吹捧，留给A的印象只能说这个人有溜须拍马之嫌。初次见面的第一句话，是留给对方的第一印象。说好说坏，关系重大。在说第一句话的时候，要注意掌握分寸，恰到好处，不能乱吹捧，既表达敬意，也要适度。

在与人交往方面，与熟人聊天可以侃侃而谈，可是一遇到陌生人就紧张得不得了，不知道该说什么，也不知道用什么来引起要谈论的话题。这时候的第一句话要尽量选择彼此都比较感兴趣的话题，保持平常心态，不要被对方的身份、地位所吓倒。

IT业巨子约翰·史密斯曾被享有"电脑工业宠儿"美誉的滑铁卢大学请去做一次演讲。史密斯准备了很长时间才把演讲稿的内容背熟，但是就在登上讲台之前，他对陪同自己一起来的朋友阿诺德说："哦，真该死，演讲稿上的东西我全都记混了！"阿诺德说："没关系，你就按照自己的想法讲就好了。"

约翰·史密斯想了想，演讲很大程度上就是自由发挥，没有稿子发挥得效果或许会更好。但是怎样开口说这第一句话，既能吸引听众的关注，引起他们的兴趣，也能够更好的引起今天演讲的主题呢，这是一个难题。

于是，约翰·史密斯第一句话是这样说的："大家好，我是今天的主讲人，但是大家知道我是谁吗？当时我可是曾经被滑铁卢大学拒绝的人呢……"这一开场白，不但点名了自己的身份，也足够地引起了听众的注意力，为什么当初被拒绝的人现在还会做讲座，有什么特别之处吗？

第一句话奠定了整个演讲的基调，听众对于这个演讲人与话题都表现出了极大的兴趣，之后就连史密斯自己也没有想到，他竟然发挥得如此出色，酣畅淋漓地说了很多计划以外的东西，令在场的师生无不竖起大拇指。

第一句话是和对方进行交流、引起对方注意的关键，也是开起良好沟通与交流的重要敲门砖。第一句话说得好，整个对话就会在愉快的氛围中进行，不会陷入尴尬、无话可说的境遇；第一句话说得不好，整个对话就会显得比较别扭，双方都在努力地寻找着话题，但是又很难进行深入的交流，仅仅是表层的沟通。第一句话真的很关键。

求同存异，交际中掌握主动权

如何在求同存异的过程中掌握主动权，是对人们语言运用能力的考验。求同存异是为了说服对方，对双方的矛盾和问题采取回避和保留的态度，尽量寻找双方的共同点，谋求一致，以便统一行动。拥有主动权就能够让自己的观念在众多的观点中得到了他人的认可，获得支持。

二次革命后，革命党内部军心涣散。为了激发士气，重整旗鼓，孙中山决定将革命党改组为"中华革命党"并制定了新的入党誓言。其中一句为"愿牺牲一己之生命自由权利，附从孙中山再举革命"的话，并要求入党人在誓言上加印手印，这一做法引起了党内部分人士的不满，以黄兴最为激烈。他认为，这些条件不合理，"前者不够平等，后者近似侮辱"。他批评孙中山"反对自己所提倡的平等自由主义，只是以人为治，效仿袁世凯的做法"，要求孙中山予以更改，矛盾一时难以调和。

孙中山回答说："要知道过去革命所以失败最大的原因，就是不肯服从一个领袖的命令。我们现在要使革命能够成功，以后党内的一举一动，就要领袖来指导，由全体党员去服从。至于哪一个人来做领袖，这是没有关系的。假使你黄先生愿意当领袖，我们就可以在誓约内写明'服从黄先生'，我当然也填誓约来服从你。如果你不愿意当领袖，就由我来当领袖，那么你就应该服从我。至于誓约上要按手印，完全是表示加入革命的决心，绝不是含侮辱的意思。"

但是，黄兴仍然拒绝参加中华革命党。在中华革命党召开成立大会前夕，他告别孙中山，前往美国。临走时，他向孙中山表示："我不是存心和先生对立。"他保证："如果有机会，我会尽职尽责，保证与先生的革命目标保持一致。"

黄兴到美国后，他并没有独树一帜，或把孙中山与自己的分歧公之于众。他以孙中山为旗帜，致力反袁的大目标。即使在孙、黄出现严重分歧的情况下，1914年3月24日，黄兴还是应胡汉民等之托写信给章士钊，请其来主编中华革命党的机关刊物《民国》杂志。

孙中山与黄兴对这场争论，都求同存异，保留自己的观点、主张，寻找了双方的共同点，那就是中国革命。孙中山求同存异的过程中允许不同的声音与意见，给出的理由让人信服，自然就获得了交流沟通的主动权。

当矛盾双方面临共同目标、共同利益的时候，应求同存异，放弃前嫌，谋求一致，共同对敌。求同存异要求说服对手时，尽量找出双方的共同点，尽量避免或者保留彼此之间的分歧，抓住主要方面就能够掌握交往的主动权。

李老师与高老师都是某高校的老师，也是某一课题组的主要负责人。一次小组谈论中，对于如何更好地进行课题研究，二者出现了分歧，一时也很难进行调解。李老师说："我们应该针对无锡纺织厂进行实际调研，这样才能掌握一手研究资料，更好地找到他们存在的问题，给出具有可行性的建议。"

高老师则认为："我们现在人力与资金都比较缺乏，很难进入工厂开始实际调研，而且还存在一个比较关键的问题，那就是无锡纺织厂是不是会同意我们的介入，是不是会对其日常生产工作造成较大的影响，这些都是未知因素，存在一定的风险。再加上课题结题时间在即，进行实地调查所需时间又较长，是不是能够按时完成课题研究……"

高老师把进行实地调查的困难给予阐述，在谈论的时候并没有否决李老师的观点，但是实际上高老师已经掌握了这次小组谈论的主动权，因为其给出的困难在目前的情况下是很难克服的。李老师听了这些话，也开始认可高老师的看法。

求同，谋求目标一致、利益一致、行动一致，顾全的是大局；存异，是在存在不同意见的时候，能够尊重对方，保留对方的意见与看法，在这一过程中尽可能地说服对方认可与赞同自己的观点与做法，掌握交流中的主动权。这就像两个小孩斗嘴抬杠，一个说某样东西好，另一个偏偏说另一个东西好，谁也不让谁，这时候就要找到一个求同存异的方式，两个东西都好，但是都存在一定的不足。谁先讲出这个道理，谁就在这次争论中掌握了主动权，就可能会赢得对方的认可。

叶海蓝与莫凤珠是同一家公司的员工，也几乎是同一时间进公司的，他们俩对一个问题经常很难达成一致的意见。一次，叶海蓝与莫凤珠同时看到公司的公告上说，早上上班迟到一分钟就要扣掉半天的工资。叶海蓝就对此发表自己的看法，说："公司制度太不人性化了，虽然迟到是不对的，但是也不能这么苛刻呀。"莫凤珠是公司的 HR（人力资源），说："公司制定管理制度是必然的，目的是要让公司能够规范化管理。治理迟到现象，罚款是一个主要手段。只有进行经济惩罚才会有立竿见影的效果。"接着又说，"迟到一分钟，罚款半天的工资是有点不人道，但是重罚才会有效果，悖论循环……"接着，叶海蓝又插嘴说："你们人事也太不考虑员工的感受了，况且北京交通又这么差，难免会迟到的……""这也不是我们能够决定的，这是领导给的意见，我们也没有办法，你们可以去找领导去说。"莫凤珠回应说。叶海蓝深知领导的脾气，说一不二的，也就悻悻地走了。

叶海蓝听了这些话，虽说仍在抱怨着，但是语气相比之前变得平和了许多。在保留对方观点的同时给出自己的看法，就会让对方留有一丝余地，也更易于接受自己的意见，也就在求同存异的过程中掌握了交流的主动权。求同与存异是辩证存在的，犹如形与影一样，不可须臾分离。在求同的过程中运用求异思维，在异中寻找共同之处，找到了这个共同点，就掌握了交流的主动权。

闲谈是沟通的润滑剂

人们都会遇到陌生人或者参加一个充满陌生人的聚会，拥有谈论的话题是彼此开始交流的关键。你不妨先坐在一旁，耳听眼看，根据了解的情况决定你可以接近的对象，一旦选定，不妨走上前去向他作自我介绍，特别对那些同你一样，在聚会中没有熟人的陌生者，你的主动行为是会受到欢迎的。这时候，闲谈就是架起两者沟通的桥梁。

小君，25岁，还是单身。一次，朋友在闲谈的时候，说：你应该多参加一些朋友举行的聚会，这样就会多接触一些人，就有可能找到你心目中的她。

在一次朋友聚会上，小君看到了一个女生，觉得很有眼缘，就很想接近她，想让朋友帮介绍一下，能够相互认识。但是环顾一周发现，朋友不知道什么时候溜出去了。为了不想失去这次缘分，小君决定去和这个女生聊聊，但是说什么才不会让对方反感，这是个难题。

"你好，我是××的朋友，小君。很高兴认识你。"小君说，"看见你一直在这边坐着，身体不舒服吗？"这个女生听着他的介绍说是××朋友，自然放松了一定的戒备，也简单地回应了几句，说："和我一道来的朋友有事先离开了，我等××回来的时候告诉他一声再离开。"

"嗯，那你觉得这个聚会怎么样？"

"挺好的，还不错，既能打发一些无聊的时间，还能认识一些其他的人……"

"是呀，"小君应答着，之后双方又谈论了一些其他的话题，比如说彼此的职业、兴趣、爱好等，最后交换了联系方式。在闲谈的过程中，小君了解了他所需要的信息。

在和自己不熟悉的人说话的时候，首先要消除对方的戒备心，第一要有礼貌；第二不要谈论有关双方私人的事，这是为了使双方自然地保持适当的距离，一旦你愿意和他结交，就要一步一步设法缩小这种距离，使双方容易接近。因此，闲谈一些无关紧要的话题是沟通能够正常开展的基础。

在你决定和某个陌生人谈话时，不妨先介绍自己，给对方一个接近的线索，你不一定先介绍自己的姓名，因为这样人家可能会感到唐突。不妨先说说自己的工作单位，也可问问对方的工作单位。一般情况下，你先说说自己的情况，对方会相应地告诉你他的有关情况。接着，你可以问一些有关他本人的而又不属于秘密的问题。对方谈了之后，你也应该顺便谈谈自己的相应情况，才能达到交流的目的。

一天，叶明伟被通知到课题组去开会，因为这个课题又有一位新的成员加入，大家相互了解一些，这样能很好地进行课题研究。到了课题组办公室，看到办公室内只有一个人，而且自己还不认识，心想这个人就是那个新同事吧。于是就试着询问："你好，你是于小凤吗？我是叶明伟，也是这次课题组的成员。""你好，我是于小凤，很高兴认识你。"进行了简单介绍之后，彼此也开始默默地等着其他人到来。但是过了好久其他人还没来。叶明伟想打破这个沉闷的气氛，就问于小凤过来要多久时间，觉得天气怎么样……无意识中，在这个闲聊的过程中不但打破了彼此尴尬的局面，还了解了对方的兴趣与爱好。

有些人你虽然不熟悉，但并不是陌生人，还要一起工作就必须学会与他们沟通，闲谈就是很好的沟通工具。因为你对他所知有限，更应当重视已经得到的任何线索。此外，对方的声调、眼神和回答问题的方式，都可以揣摩一下，以决定下一步是否能纵深发展。如遇到那种比你更羞怯的人，你更应该跟他先谈些无关紧要的事，让他心情放松，以激起他谈话的兴趣。

小李是一个性格内向的人，很少与人进行交流，也很难对人、事物发表自己的看法并给出建议。一天，公司新来了一个经理，亲近平和、求贤若渴。时间就这样一天一天地过着。偶然间，这个经理知道了小李在博客上的名字，就去看了一下。当时就心头一震，他对工作的看法与今后的设想与展望正是自己一直在考虑的，但是思想并不成熟。小李博客上给出的观点正好能够帮助自己完善构想，于是就想和他面对面地进行交流。

虽然相处时间不长，但是经理知道小李的个性，如果开门见山地和他谈论这个问题，得到的肯定不是自己想要的结果。于是经理就问："小李，听说你是厦大毕业的，怎么想到离开厦门来北京呢？"

"嗯，是厦大毕业的，因为我家是河北的，父母希望离他们近一些，就过来了。"

"那你能不能说说两个城市生活的不同吗？"闲聊过程中，小李觉得经理其实并不是那么高高在上、气势凌人的人，这样拉近了两个人之间的距离，之后经理将话题引到了工作，"最近工作怎么样，谈谈你对工作有什么看法？"小李虽然存在一定的疑惑，但也没有什么抵触，真实地表达了自己的看法。

在和害羞内向的人进行交流的时候，要先让他打开心扉，让对方相信你，闲谈是一个关键的工具。闲谈也是顺利地与陌生人开始攀谈，给人一个好印象，积累人脉资源的重要手段。学会和陌生人闲谈，谁都可能成为你的朋友。

当你想要认识一个人，但又怕引起对方的反感与抵触的时候，最好的方法就是闲谈，在闲谈的时候不知不觉就拉近了彼此的距离，进而能更深入的接触。由此可见，闲谈的确是沟通的润滑剂。

只有忍让能阻止争论

有句话叫："得饶人处且饶人。"在人与人的交流过程中，忍让是比较重要的，这样就会避免一些不必要的争论。任何人都会出现失误和过错，别人无意间造成的过错应充分谅解，不必计较无关大局的小事情。忍让一步，才能海阔天空。聪明的人，不会一味地争强好胜，在必要的时候，宁愿后退一步，避其锋芒，不仅能赢得旁观者的尊重，更能赢得对手的尊重。

古希腊神话中有一位大英雄叫海格力斯，一天，他走在坎坷不平的山路上，发现脚边有个袋子似的东西很碍脚，海格力斯踩了那东西一脚，谁知不但没踩破，那东西反而膨胀了起来，加倍地扩大着，海格力斯恼羞成怒，操起一条碗口粗的木棒砸它，那东西竟然膨胀到把路给堵死了。正在这时，山中走出一位圣人，对海格力斯说："朋友，快别动它，忘了它，离开它远去吧！它叫仇恨袋，你不犯它，它便小如当初；你侵犯它，它就会膨胀起来，挡住你的路，与你敌对到底。"

其实，我们也经常犯和海格力斯一样的错误，遇到矛盾时，不愿意吃亏，据理力争，死要面子，认为忍让就是没了面子失了尊严，最终使得矛盾不断升级，进而激化。说话也是一样，忍让并不是不要尊严，而是成熟、冷静、理智、心胸豁达的表现，在和他人发生争执的时候，一时退让可以换来别人的感激和尊重，避免矛盾的加深。

清代中期，有个"六尺巷"的故事。据说当朝宰相张廷玉与一位姓叶的侍郎都是安徽桐城人。两家比邻而居，都要起房造屋，为争地皮发生了争执。张老夫人便修书北京，要张廷玉出面干预。张廷玉到底见识不凡，看罢来信，立即作诗劝导老夫人：千里家书只为墙，让他三尺又何妨？万里长城今犹在，不见当年秦始皇。张母见书明理，立即把墙主动退后三尺；叶家见此情景，深感惭愧，也马上把墙让后三尺。这样，张叶两家的院墙之间，就形成了六尺宽的巷道，成了有名的"六尺巷"。

张廷玉失去的是祖传的几分宅基地，换来的却是邻里和睦及流芳百世的美名。凡事均有长有短、有利有弊、有胜有败，更何况是千变万化的人生！在处理争端与矛盾时，为何不多想一下：忍让才能够有效地避免争论。那些邻里纷争，亲友反目，静下心来，仔细想想，会觉得有点可笑甚至荒谬。难道你愿意成为旁观者斜眼笑谈的主角？那么，各退一步，化干戈为玉帛，又何乐而不为呢？

忍他人之不能忍，方为人上之人。忍，实在是一种高深的处世之道。小忍可以避免争端，大忍可以大事化小，并且可以修身养性。要以宽广的心胸去待人处世，逐步养成宽怀大度的品质。聪明的人应该学会忍让，减少争论，不做"嘴巴不饶人"的辣椒。

退一步海阔天空，如果我们遇事给自己五分钟，冷静思考，就可以拥有更开阔的心境、做出更加睿智的决策，减少冲突与不愉快事件的发生。人生有时就像过独木桥，这次你退一步，下次可能得到进一步的机会。

小明家后面有块田，紧挨着马路，马路边上住着一户人家。自从他家买了汽车后就一直侵占小明家的田，小明的家人看不下去了就找到那户人家理论，说："你们为什么要占用我们家的田？"对方则回答说："那块地空着，没有人用，你们家又没有汽车，所以我们家就用了……""就你们家有汽车呀，在这显摆什么呀，又不是什么好车……"你一言我一语地争论不休，后来村长来了，才把两家人劝开、后来小明家用篱笆把田围了起来，用了树桩和竹子，结果那户人家又和小明家吵起来了，越吵越烈甚至大打出手。

邻里之间本来就要和睦相处，正所谓远亲不如近邻。假如彼此都学会忍让一些，在语言上学会尊重与退让，事情就不会弄得这么僵，也不会将吵架升级为打架。退让并不是认输，而是一种人际交流的重要方式。一方的妥协会换来另一方对其的尊重，会收到意想不到的效果。

忍让容易化解矛盾与冲突，总能在风云变幻时三思而行，避免无意义的争执。退一步进两步，大进小退，在波浪起伏中螺旋上升。而不知退让，互相顶牛，最大的可能是两败俱伤。要深刻认识忍让能够阻止争论这个道理，在工作中真正做到忍让，与人为善，降低和他人发生争论的几率。当然，强调忍让，降低争论的发生绝不是主张不讲原则地退让放纵。对那些令人痛恨的歪风邪气和恶人恶事，决不能姑息养奸，而必须从严惩处，这是毫无疑问的。

第十八章

拒绝口才：
说 "不" 是有技巧的

如果你自己不够坚强，你自己不够强大，对一些恶势力，不敢于说、不敢断然拒绝的话，在任何一个行业，你都可能会受欺负！

——王志东，毕业于北京大学，新浪网创始人

先发制人，堵住对方的嘴

如果在开口求人之前，对方先开了口说出了自己的难处，甚至有求于自己，那求人办事的人便很难再开口提出自己的请求了。所以，若是出于不得已的苦衷要拒绝对方，那么，不妨在揣测对方的来意之后，先于对方开口，道出自己的难处，让对方无法开口。

李老师是本市一所名牌大学的老师，分管招生工作。每年到了报考季，总是有一些家长通过熟人找到他，希望能给孩子一个机会。每年到这个时候总是令李老师感到很为难。

今年又到了报考季，一天，一位熟人的朋友老王来找李老师。李老师知道老王是为儿子上大学的事来，于是在跟老王寒暄过后，没等老王开口就先开口说道："哎呀，不瞒您说，我现在的工作是越来越难做了。现在生源这么多，学校一直强调要抓质量，程度差些的一律不让招。我女儿今年就差了 5 分没被录取，我是干着急也无计可施啊。只能让女儿再复习一年。唉，在其位，谋其政，您说我能怎么办？不能为了我的一己之利置学校声誉于不顾呀。我要是不顾学校规定，随意招收，那学校的将来会怎么样是可以想见的……"老王听李老师这样说，最终也没好意思开口相求，便无奈地离开了。

老王虽是出于无奈，但李老师也有他的难处。李老师知道一旦老王开口相求了，自己就很难对他说 "不"。所以就自己先开口 "诉苦"，让老王体会自己的无奈，这样

293

老王就不便再开口相求了。

这是对于熟人之间的先发制人式的拒绝方式，若是面对的是无理取闹的人提出的一些无理的要求，也大可先在气势上压倒对方，打压对方的气焰，在言语上堵住对方的嘴，使对方不敢进一步造次。

近代著名教育家蒋梦麟就任北京大学校长期间，被日本军方列上逮捕的黑名单。1935 年 11 月 29 日下午，日本宪兵径直来到北大校长室，"邀请"蒋梦麟到日本驻防军司令部"解释"其反对日本的事情。蒋梦麟赫然决定一人前往日军宪兵司令部。

蒋梦麟的独自前往，显然出乎日本人的意料。看到蒋梦麟进屋，屋内的一个日本大佐呆了半晌，过了好长时间才拉过一张凳子，强自镇定地对蒋梦麟说："请坐。"接着，他居高临下地开始"审讯"蒋梦麟。他说："我们司令请你到这里来，是想知道你为什么要进行大规模的反日宣传？"

"你说什么？我进行反日宣传？绝无此事！我所做的一切，都是作为一个有良知的中国人应该做的。"蒋梦麟毫无惧色，理直气壮地说。

"那么，你有没有在那个反对自治运动的宣言上签字？"日本大佐步步紧逼。

"是的，我是签了字。但反对华北自治那是我们中国的内政问题，与反日运动毫无关系。"蒋梦麟继续据理力争。

日本大佐已经开始有些气短，看到在这个问题上兜圈子占不了便宜，于是迅速转移话题，说："你写过一本攻击日本的书？"

"我们做学问的人，讲的是要有证据，不能信口开河。你说我写过攻击日本的书，请你拿这本书出来给我看看！"蒋梦麟毫不客气的反问让日本大佐一时手足无措。

"那么，你是日本的朋友吗？"

"这话不一定对。我是日本人民的朋友，但也是日本军国主义的敌人，正像我是中国军国主义的敌人一样。世界上爱好和平的人，我和他们都是朋友；那些妄图侵略别人的人，都是我的敌人！"蒋梦麟义正词严地驳斥道。

日本大佐的脸红一阵，白一阵，已经在气势上彻底败下阵来，但他不甘心自己的失败，想用威胁来迫使蒋梦麟屈服。于是，他故意轻描淡写地说："呃，你知道，关东军对这件事有点小误会。你愿不愿意到大连去与板垣将军谈谈？"

"我不去。你们的'好意'我心领了，因为我没时间去。我的学校还有很多事务等着我去处理。等有机会我会在适当的场合拜会你们的将军。"蒋梦麟的回答极有分寸，而且没有丝毫的犹豫。

"不要怕。日本宪兵是要陪你去的，他们可以'保护'你。"日本大佐在蒋梦麟强大气场的威慑下终于原形毕露。

听了日本大佐这样的话，本来坐在凳子上的蒋梦麟"嚯"地站了起来，正色道："我不是怕。在我们有着铮铮铁骨的中国人的字典里，从来没有'怕'这样的字。再说，如果真的是怕，我也不会单独来到这里与你交谈。如果你们要强迫我去，那就请便吧——我已经在你们掌握之中了。不过，我还是劝你们不要强迫我。如果全世界人士，包括你们东京在内，知道日本军队绑架了北京大学校长，那你们可就要成为笑柄了。"

蒋梦麟的一番话软中带硬，既表达了他的无惧无畏又恰到好处地威胁了对方。日本大佐听了这样的话，脸色立变，仿佛手心里捧着一只烫手的山芋：是把它丢了还是继续捧着，他左右为难。

"你不要怕呀。"日本大佐不知道该怎样应付这样的局面，只好心不在焉地重复这一句话。

"怕吗？不，不。中国圣人说过，要我们临难毋苟免。我相信你一定也知道这句话。你是相信武士道的。武士道决不会损害一个毫无能力的人，因为伤害这样的人会令人不齿。"蒋梦麟很平静地对日本人说。

无奈，这位日本大佐只好对蒋梦麟说："好了，蒋校长，谢谢你这次光临。你或许愿意改天再去大连——你愿意什么时候去都行。谢谢你，再见。"

就这样，蒋梦麟全身而退，昂首走出了日本宪兵司令部。

蒋梦麟在可恶的日本军方面前毫无惧色，大义凛然，在气势上先压倒了对方，使对方乱了阵脚，再以无可辩驳的言辞使对方彻底败下阵来，不得不缴械投降。

俗话说，"不是西风压倒东风，就是东风压倒西风"。你若不能在语言的交锋中先发制人，占据上风，便会陷入被动，再想堵住对方的嘴就变得困难了。

总之，在拒绝别人时先发制人，比在对方开口之后再拒绝要容易得多，所以在向对方说"不"的时候，要尽量在语言上占尽先机，以此堵住对方的嘴，让对方不得不放弃自己最初的想法。

实话实说是最好的"借口"

《论语》有云："吾日三省吾身：为人谋而不忠乎？与朋友交而不信乎？"意思是我每天多次问自己：为人谋事没有尽心吗？同朋友交往不诚实吗？可见，在中国人的价值体系中，对诚实守信是极其看重的。在与人交往中，诚实的人往往更受到朋友的尊重，在人际交往中处于重要地位。而且，实话实说会省去很多"构思"的精力，让事情变得快捷有效，在拒绝别人时，能省去很多无谓的麻烦。对于说谎者来讲，一个谎言总是需要更多的谎言来掩盖，邝有露出马脚的时候。而这也正是实话实说的另一个好处，那就是不必有太高的技巧，只要能把事实陈述出来就能收到效果，因此这种方法几乎人人都可用。

我国著名画家徐悲鸿不仅画艺高超享誉世界，而且有很高的人品，为人刚正耿介，痛恨那些趋炎附势的所谓"艺术家"。他拒绝为蒋介石画像，国民党政府文化运动委员会主任张道藩为此登门劝说，希望徐先生能与他们"合作"："徐先生还是冷静点好，你是才华横溢的大艺术家，我奉劝你还是跟我们好好合作，不要做这样愚蠢的事，免得以后悔恨。"徐悲鸿蔑视地说："悔恨？我只能感到自豪！因为你的座右铭是升官发财，金钱美女。而我的座右铭则是人不可有傲气，但不可无傲骨！"他甚至自书一副对联悬于堂上："独持偏见，一意孤行。"以表明自己刚正不屈的人格。国民党无奈，只好放弃拉拢徐悲鸿。

徐悲鸿面对来自国民党的"邀请"，无畏直言，直抒胸臆，将其龌龊直接道破，表明自己的立场，毫无遮掩，这是艺术家的率真，也是外交家的果敢，是实话实说的拒绝。

我国现代著名经济学家、社会活动家马寅初在新中国成立前曾担任浙江省财政厅长。有一天，德清县有一个想当县长的人托人将一千大洋送给马寅初，想请其开开后门，让他就任某县县长。马寅初听后勃然大怒，直接骂道："不要脸的东西，这种人今天能用钱打关节，真的当了县长，一定是个贪官。凭这一条，他就不能当县长。"并立即吩咐来人把钱退回。

马寅初面对贿赂，直接将自己的愤怒与评价宣之于口，大骂贿赂者，无情地拒绝了其贿赂与要求。可谓正气凛然，一心为公。在这种情况下，用实话实说的方式拒绝他人无疑是最恰当的选择。

然而，实话实说固然快捷有效，但是若要使其发挥好的效果，还要有针对性地选择说话的事实依据。那么，选择怎样的事实来作为拒绝别人的依据呢？

第一，针对来自朋友的娱乐邀约，如果不能应邀参加，要做的是先感谢对方的好意。如"您这么照顾我，我真的很想去"、"好久没聚聚了，我也很想跟大伙去热闹热闹"等等。这样，即使不能答应，也让对方知道你是感激他的，尽量减少给对方带来的不快。接着，将自己的不得已之处向对方表明，以真诚委婉的方式拒绝对方的好意。在这种情况下，对方也不好再强人所难，一般就会善解人意地"批准"你不去参加了。

第二，针对来自陷入困境者的求助，要尽量以自身能力和客观条件的限制作为拒绝别人的依据。对遇到困难身陷囹圄而求助于你的人来说，肯定是将大部分希望都寄托在了你的身上，但是，当你受到客观条件的限制，实在不能对其有所帮助的时候，那么，实话实说就是表达愧疚之情的最好方式。将自身能力和客观条件的限制向对方阐明，对方虽感无奈但想必也不会因此而对你有怨恨之情。

第三，针对来自推销人员的卖力推销，可以物品的事实情况作为拒绝的依据。虽然有些推销人员的喋喋不休、死缠烂打确实令人生厌，但也都是为了自己的本职工作，我们要对其抱有起码的尊重。只要说出对方所推销物品对于我们而言用处不大，或者我们还不需要换新品，就能对推销人员起到有效的拒绝作用了。有时候，简单的事实胜过千言万语。

第四，针对来自亲朋好友的"人事"邀请，若是因为有其他事情牵绊着不能去，实话实说便是最简便有效的"借口"。嫁婆添丁、乔迁过寿等事情，若非至亲之人，去了无非是锦上添花，不去其实也无伤大雅，主人家也不会强求你，所以这时，实话实说即可。但实话实说也要讲究技巧，要注意运用合适的措辞，表明自己是对此事是很感兴趣的，否则容易让对方觉得你是"不给面子"，反而把你的实话当成是故意编造的借口。例如，有一家亲戚最近喜得贵子，邀请你去喝孩子的满月酒，而你却有事去不了，这时你要先表达自己的祝福，说："哎呀，真是恭喜恭喜呀！男孩女孩呀？女孩？女孩好呀，看她爸爸妈妈，就知道将来肯定是个大美人……"接着再委婉地表明自己的无奈之处，为自己不能去而感到遗憾。

总之，与人相交贵乎诚，能做到的事情就不要轻易拒绝别人。实在力有不逮，则尽量用事实说话，实话实说，真诚对待他人。但是在选取事实时尽量有针对性，在表达时也要注意语气和措辞，这样不仅能简单而有效地拒绝他人，而且能让对方感受到你的真诚与无奈，从而维持良好的人际关系。

利用他人的意见表示拒绝

《孙子兵法》有云：激水之疾，至于漂石者，势也。意思是石头之所以能在水面上漂浮，是有赖于速度。利用速度，使石头能漂浮于水面。同样，新浪网创始人、北大校友王志东也说过："要相信机会总是会有的，不要和自己较劲，要顺势，像太极推手一样，顺势而为，要学会利用周边资源。"所以，在表示拒绝时，利用他人的意见，可以让拒绝的目的实现，也避免了自己直接拒绝对他人产生伤害。

拒绝他人的言辞往往是不容易说出口的，有时候甚至为了"人情"而不惜打肿脸充胖子。这就使拒绝他人成了我们的难事。既想保全面子，但以自己的能力又很难办到，该怎么来表达拒绝呢？这时，利用他人的意见来表示拒绝就是最好的选择。既可以避免陷入尴尬境地，同时又不致影响双方的感情，还能在一定程度上维护自己的面子。

小明从一个朋友那里借了一架照相机，他一边走一边摆弄，这时刚好小刚迎面走来了。小刚有个毛病，即见了熟人有好玩的东西，非得借去玩几天不可。这次看见了小明手中的照相机又得非借不可了。果不其然，小刚不管小明怎样说，就是不肯放过，死乞白赖地要借。小明灵机一动，说道："于我来说我完全可以借给你，但问题在于这并不是我的相机，这是我跟一位女生借的，借时她一再叮嘱我不能借给别人，你知道，女孩子比较敏感、细心，我借了她的相机就已经欠了她一个人情，现在怎么能再失信于人呢？到时候她知道了即使碍于面子不说，心里也会不高兴的，我心里也有愧呀。"小刚听小明这样说，也不再好意思硬给他添麻烦了，只好作罢。

小明在自己的意见不能发挥作用的情况下，巧妙地利用第三方的意见表达了自己的无奈，小刚也因此无法再进一步强求小明借给他相机。由此可见，有时候无视你的意见的人不一定能无视不在场的第三人的意见。所以，适当的利用他人的意见来表示拒绝之意有事半功倍的效果，可以省去许多不必要的麻烦。

老王是一名销售员，经常与客户在酒桌上打交道，年轻的时候还不觉得，等稍微上了点年纪，渐近中年，他觉得自己的身体每况愈下，已不能再像以前那样无所顾忌地喝酒了。可应酬客户又免不了要喝酒，怎么办呢？后来他就想了一个办法，每当觥筹交错之际，他总是量力而为，遇到很难推辞的客户，他便诙谐地说："诸位饶了我吧，我家里那位可是活脱脱一个水浒里的孙二娘，我若醉得不省人事地回去，恐怕就会被她做了包子馅喽，各位饶我一回，就罚我负责送各位安全回家，怎么样？"他这么一说，客户觉得他既诚恳又可爱，自然就不再多劝了。

老王作为一名销售员，若是直接以自身的原因为由直接拒绝客户，难免会使客户感到反感，有可能砸了生意。而以家有悍妻的名义，将客户与自己尽量放在同一条战线上，这样就使自己的拒绝更加容易被接受，而又不致对生意造成不好的影响。

由此可见，在拒绝他人时，牵涉出第三方并且把第三方塑造成自己不得不服从其命令的人的话，就可以促使被拒绝的一方和自己不知不觉站在同一条战线，从而爽地接受拒绝。

小赵是个普通的小白领，生在A市，长在A市，大学也是在A市读的，现在一家人和父母住在一起。虽不算富裕，但这几年通过省吃俭用也买了辆梦寐以求的中高档汽车。小赵自是喜上眉梢，往后带着父母老婆孩子出去也方便了。但小赵没料到的是，麻烦也随之纷至沓来。得知小赵家买了新车，亲戚朋友们隔三差五地就以各种各样的事由来借车。不是小赵不想借，实在是力有不逮。大家借车肯定是有用到的地方，并且也不是天天借，小赵也乐于给大家提供方便。但是，平时还好，一到周末或者节假日，来借车的人就比较多，小赵因为不想让亲戚朋友们失望，几次都把自己家的出行计划取消了。再者，小赵也心疼车。这样下去不是办法，小赵脸皮薄，每次面对来借车的人都不好意思拒绝别人。跟家人商量后，小赵决定，若是对方没有特别重要的事，就借家里人的"意见"拒绝对方。于是，再遇到可借可不借的情况，小赵就说："哎呀，真对不起，昨天爸妈说想回老家看看……"或者"女儿说，好久没带她去游乐园了，已经答应了带她去……"、"跟媳妇说好了要去孩子她姥姥家……"等等。这样对方也就不好意思再强求了。

小赵在自己不好意思开口拒绝他人的情况下，借用家里人来表示拒绝之意，既达到了目的，又不至于伤了彼此之间的和气。

在职场中，我们也可以利用上司的命令表示拒绝。例如别人找你办事，你可以说："这个事情上面刚强调过，严令禁止，我人微言轻，不能违抗上面的命令啊。"既然是上司的命令，别人也就不好强求你去违抗，而给你的工作增添麻烦，让你蒙受损失。这样就能既达到拒绝对的目的，又不至于得罪对方。

俗话说"人活一张脸，树活一张皮"，我们重视"面子"，认为拒绝别人就是不给别人面子，同时也会使自己丢面子。所以对于拒绝别人的话总是不知道该怎么说。这时，利用他人的意见表示拒绝就成了折中的选择，既能在一定程度上避免伤及自己的面子，又能有效地避开自己所无能为力的事情；既能很好地保全自己，又能减少他人所受的伤害。因此，在向他人表示拒绝时，要学会利用他人的意见，善于利用他人的意见既保护了自己，又不伤害他人。

不能答应时，采用缓兵之计

古时候作战，常采用缓兵之计，以此来换取时间，想出对策，争取最大的胜利。"夜长梦多"也从另一方面证明了这一点。事情一经"缓"则可能发生变数。所以，对于一些不能答应之事，尤其是一些急需要解决的事，大可采用缓兵之计，以此来达到拒绝对方的目的。

在一次宴会上，一位说话轻率的贵妇人问英国首相丘吉尔："能否麻烦你，告诉我政治界有什么动向、有什么新闻。""真抱歉，夫人。"严肃的丘吉尔回答说，"这要等我看过今天的报纸才能告诉您。"

贵妇的原意是丘吉尔身为首相，肯定对这些事情很清楚，但丘吉尔却说自己要看过报纸才能告诉她，以缓兵之计达到拒绝他人的目的。

一位顾客到商场买收音机，他把货架上摆着的收音机几乎都试了一遍，可还是觉得不满意，于是要求售货员带他到仓库去挑。一般售货员是不可以直接带顾客进仓库挑选商品的。这时售货员若是直接对顾客说"不行"，显然会失去出售商品的机会。但是，这名售货员没有简单地说"不行"，而是很满含歉意地解释道："真对不起，我们公司有规定，除仓库管理人员外任何人不得进出仓库，我也不例外。您看这样好不好，我通知仓库在明天的配货时间把好的机型都拿过来，麻烦您明天再跑一趟，保证您能挑到满意的。"售货员这样一说，顾客也不好再强求了。

这名售货员很聪明，既拒绝了他人的无理要求，又留住了生意，算得上是一次成功的拒绝。可见，在不得不拒绝而又不能直接拒绝他人的情况下，缓兵之计可以很好地解决问题。

缓兵之计主要有两个方面，一谓急缓，一谓慢缓。所谓急缓，是指以有更加紧急的事情要办为由达到推托以致拒绝的目的，也指以有需要优先遵守的规则或制度不能违背为由达到延迟以致拒绝的目的。

小敏参加大学同学聚会，大学时曾经追过她的班长坐在她旁边。在聚会过程中，班长时不时地流露出对小敏的爱慕之意。但小敏对班长并没有超出同学之谊范围的其他感情，一直闪躲着。酒过三巡，大家都有了些醉意，班长竟然当着大家的面直接向小敏表白，而且问小敏答不答应做他的女朋友。同学们一听，都一起起哄，并兴致勃勃地等着小敏的回答。小敏心想当然不能答应，但当着大家的面，班长那么好面子，若是直接拒绝了他，说不定往后连朋友都没得做了，再说也扫了大家的兴。想了想，小敏忽然捂住肚子，表情痛苦地说："哎呀……这事回头再说行吗？可能因为刚才喝的酒有点凉，我得去下卫生间……"说着，就快步要往外走。同学们自然知道她是借口开溜，于是一哄而上拦住她，说："想溜是不是？一句话的事，说完了再走。"小敏见此情景，只好又说道："各位，你们刚才灌了我那么多酒，我现在脑子有点不清醒，这么大的事，总不能糊里糊涂就决定了，起码得让我喝口水，稍微醒下酒再说吧？"大家听她如此说，就拿来一杯水给她喝了。喝完水，小敏说："其实呢……"正说着，忽然又捂住了肚子说："哎呀……不行，对不住大家，真得回头说了，冷热交汇，这次是真的上卫生间了。"说着就快步走了出去。大家先是一愣，接着都被小敏的窘迫和可爱逗乐了，哄堂大笑。

小敏在自己无法答应又不能直接拒绝班长请求的情况下，选择了缓兵之计。先是以肚子痛为借口，企图避免即时答复对方的请求。一计不成，接着又再生一计，以喝水为借口，延缓对对方的答复，最后又以肚子痛为借口使自己最终以缓兵之计达到拒绝对方的目的。小敏连环使用的缓兵之计已经让班长和同学们心里对小敏的拒绝之意都心知肚明了。可见，有时候对于一些不能说拒绝的事情，缓兵之计能起到非常好的效果，达到既拒绝对方，又不至于产生太多的负面效果。

所谓慢缓，是指"可以帮你，只是办成这件事情的条件还不成熟，需要等一段时间"。

阿亮有一个朋友阿峰，是个急公好义的人。一天，阿峰来找阿亮，请阿亮帮他的一个朋友在阿亮的单位安排个工作。因为最近单位的效益不太好，这时候自己再胡乱安排人进单位肯定会遭到处分的，弄不好连自己都要被连累。但阿亮知道阿峰的脾气，若是现在就告诉他不行，肯定是解决不了问题。于是阿亮说："是这样的，最近我们单位效益不太好，上头正着急呢，现在进人的话让上头知道了，弄不好我也得走人。不过既然是你阿峰说了，我少不了给你想想办法，但可能要等上几天，成不成我也不能给你打包票。"阿峰听他这样说，知道急也急不来，少不得再等几天，于是便谢了阿亮，暂时作罢。

阿亮针对阿峰的性格，知道此时直接实话实说可能会适得其反，所以采用了迂回策略，运用缓兵之计，先稳住阿峰再想对策，避免了因拒绝别人而可能带来的不快。

慢缓的一些说话方式有："这个问题涉及的方面太多，我一个人无法做出决定。我把你的要求在大会上提出来，让各个部讨论一下，过几天答复你，好吗？""这件事不在我的职权范围内，我无法做主，我帮你把要求向领导反映，好吗？""你的这个设想非常好，很完美，只是实施这项规划的时机还不成熟，条件还不完善，再等等吧。"这些都是通过时间上的拖延来达到拒绝的目的。

总之，在人际交往中，鲜少有人遇不到需拒绝他人的时候。而有时候直接拒绝他人会影响到人际关系，造成不好的影响。所以，就需要我们在表示拒绝时注意说话技巧，利用缓兵之计，达到先缓而后拒的目的。

正话反说，隐性拒绝

《孟子·梁惠王上》中有一篇文章讲梁惠王问政于孟子，其中有一段话说："狗彘食人食而不知检，途有饿莩而不知发，人死，则曰：'非我也，岁也。'是何异于刺人而杀之，曰：'非我也，兵也'？王无罪岁，斯天下之民至焉。"孟子是劝诫梁惠王为君主者应为人民尽心尽力，不能找借口推卸责任。若君主不推卸责任，有才干有担当，则天下之民都会归顺于他。

在这里，我们借用孟子的思路，对其进行逆向思维，则可以转化为在拒绝他人时的一种有效的说话技巧。当遇到不得不拒绝别人的情况时，我们也可以向对方传达"非我也，你也"的思想，通过正话反说的方式，达到拒绝他人的目的。例如，当有人向一位漂亮姑娘表白而姑娘又不想答应时，可以说："我长得这么丑，怎么能配得上你呢？"潜台词就是对方看走眼了，我们不合适。并没有明着说拒绝对方，但话语中隐含乡的是拒绝对方的意思。

美国作曲家斯特拉芬斯基是一位出生于俄国的美国作曲家，一生创作了大量的为美国人所熟知的乐曲。一次，有位电影制片人出价4000元邀请斯特拉芬斯基为好莱坞的一部电影配乐，被他当面拒绝，理由是钱太少了。

制片人很不服气地争辩道："有一位作曲家就是以同样的价钱为一部新电影谱了曲。"

斯特拉芬斯基淡淡地说道："哦，那他一定是很有才华！我不一样，我才华有限，所以干起来就要吃力得多。"

斯特拉芬斯基在拒绝制片人的要求时，以自己"无才"为由，使对方无可奈何，达到了隐形拒绝的目的。可见，有时候表示拒绝，可以正话反说，隐形的拒绝能够产生让对方无计可施的说话效果，确实是在拒绝他人时非常有效的说话方式。

另外，还有一种正话反说、隐形拒绝的表达方式。就是不正面表示拒绝，在交谈的过程中，挑出一些对立的条件，从而表示不能答应。

在拒绝他人时，我们难免会觉得不便说"不"，这时就会找一些理由来搪塞对方，但这些理由有些却是不值一驳的，一经对方反驳，我们多少会有些慌乱，这时说"不"的决心和意志就会被动摇，最后违心地答应别人的一些请求。所以，在这种正面的借口和理由不足以拒绝对方的时候，我们可以采用正话反说的方式，表面上答应对方的请求，实际上达到隐性地拒绝对方的目的。

老张是一名退休工人，每个月都能领到一笔可观的退休金，足以让他和老伴颐养天年。老王和老张是老邻居，但境遇却比老张差了一大截。老王靠着做环保工人养活了自己和老伴，虽挣得不多，但两人省吃俭用手头也有了些钱。

有一天，老王两口子正在吃晚饭，老张忧心忡忡地来了。老王心里一怔，问道："怎么了老哥？"老张说："我也不拐弯抹角了，老王，你手头要是方便，能不能借我两万块钱？"老王一听，便问："老哥，恕我直言，家里出什么事了吗？"老张说："唉，实不相瞒，是儿子做生意赔了呀，我也不能不管。"老王说："哎呀，是这样啊。我这里虽然没有两万，但是有准备修房子的五千块钱，虽然是杯水车薪，但能帮多少是多少吧。"老张虽想拿钱，但又有不忍，说："你修房子的钱，我怎么能拿呢？"老王说："我们两个老东西，什么苦没吃过，只不过偶尔漏点雨，凑合一下就没事。孩子遇到困难了，我们得帮。"老张更加感到不好意思，说："不行，这钱我不能拿。你们忙，我先走了。"说着，就离开了老王家。

事例中的老王在面对老张的借钱请求时，没有说拒绝的话，反而一再说要借给老张，但老王所说的话却字里行间流露出自己不能把钱借给对方的理由。虽没有亲口拒绝，但却通过自己对老张的了解，达到了隐性拒绝的目的。既不至于让老张寒心，又表明了自己的难处，"软绵绵"地达到了拒绝对方的目的。

有时候，直接表达自己的意思，会让对方下不来台，也有可能造成误会，导致人际关系的破裂。所以，我们可以采用正话反说、隐性拒绝的方式，通过一种微妙、含蓄的心理沟通使对方心领神会，主动放弃，达到我们拒绝他人的目的。我们在人际交往方面历来讲究言辞的"含蓄"，讲究"心领神会"，不主张当面让别人下不来台，所以在交流中说者与听者都有一定的"悟性"。正话反说、隐性的拒绝正是这种含蓄的说话方式中的一种，通过"潜台词"让对方心领神会，既给对方保留了一定的面子，又达到了拒绝他人的目的。

合理使用"挡箭牌"

乌龟应该很少受到外界的伤害，因为它有坚硬的壳，遇到危险时可以缩到壳里，借助壳来保护自己。当然，我们不是提倡大家做缩头乌龟，而是建议大家在遇到一些人际交往上的难题时，要学会合理地使用"挡箭牌"保护自己。拒绝他人是一件有"危险性"的事情，处理得不好会对人际关系造成伤害。所以，在拒绝他人时，就要合理使用"挡箭牌"，这样既可以不伤害到他人，又可以保护好自己免受伤害。

那么，我们在表示对他人的拒绝时怎样做到合理地使用"挡箭牌"呢？

首先，拒绝他人的求助尽量选用板上钉钉、木已成舟的事实作为盾牌。别人既然有事相求必然是遇到了什么解决不了的困难，我们理当尽量相助。但由于种种原因实在不能提供帮助时，也要尽量以不伤害对方的方式表达出拒绝之意。这时，选择如规章制度、时限等之类的自己所无力更改的事实作为"挡箭牌"，能很好地在减少伤害的前提下达到拒绝对方的目的。

某造纸厂的推销员到一所大学推销办公纸张，推销员找到这个大学的总务处长，恳求他订货。总务处长彬彬有礼地说："实在对不起，我们学校已同一所国营造纸厂签了长期购买合同，学校规定不再向其他任何单位购买纸张了，我也应按照规定办。"

总务处长用学校规定说话，即表明了自己的无能为力，又达到了拒绝的目的。

其次，对于来自他人的一些带有恭维色彩的要求，或者善意的帮助和关心，我们尽量以幽默和温和的借口做挡箭牌。因为他人这样的要求，即使我们不需要，也不应以生硬的语言去拒绝，否则不仅会给关心我们的人造成伤害，也会给我们的心灵和人际交往带来不可挽回的伤害和损失。例如，父母家人对我们的关爱，有时候是超出了我们的需要范围的，我们可以说"我已经大了，您让我锻炼一下，试着让我自己处理这些问题可以吗"，或者说"老师说必须全部依靠自己的力量完成这项课题"，等等，以这些作为挡箭牌，达到温和地拒绝对方的目的。

顾维钧是我国一位享有国际盛誉的外交家。他在一次招待会上，有位记者问他："您是中华民国初年之三大美男子之一，对此您有什么感想？"

顾维钧故作惊讶，诙谐地答道："我不知道啊！在我年轻的时候，没有人告诉我；现在我老了，不能算是美男子了吧！"如此一说，回避了谈"美男子的感想"这一不好意思的问题，又引起了满堂的欢笑。

顾维钧以自己"不知道"和自己"老了"作为挡箭牌，用幽默的说话方式巧妙地拒绝了对记者的回答。既照顾了记者的感觉，又达到了自己的目的。

再者，可以利用一些看似荒诞的结论对一些使自己感到不厌其烦或者一些无稽的要求进行拒绝。

希帕蒂娅是古罗马帝国杰出的数学家、天文学家、哲学家。她不仅有渊博的学问，而且十分美丽。因此，许多贵族子弟都拜倒在她的石榴裙下，纷纷向她求婚。

但希帕蒂娅认为，这些人都是一些夸夸其谈的纨绔子弟，没有一个有真才实学的，所以她用一句委婉、美妙的话语作为挡箭牌，拒绝了他们。她的回答是——"我早已嫁给真理了！"

希帕蒂亚对于那些想娶她的贵族子弟，用自己已经嫁为真理之妇为挡箭牌，巧妙地拒绝了他们的追求，为自己免去了不胜其烦的烦恼。

美国第三十三任总统哈里·杜鲁门喜欢用"朴实"的语言讲话，并因此带有传奇色彩。他有一次在华盛顿的一个园艺展览会上得罪了他妻子的朋友，原因是他一再说要把花养好，就必须施用"好粪"。

这位妇女对此很反感，对杜鲁门的妻子说："贝斯，你能不能请总统用'肥料'代替'粪'字？"

总统夫人回答说："天哪，这我可办不到。我用了二十五年的功夫才教会他说'粪'。"

总统夫人对于来自对方的无理要求，采用了迂回的说话方式，没有直接说"不行"，而是借助对方提出的改变总统"朴实"的言语的要求，对总统的"朴实"进行夸张并反用，以此为挡箭牌，拒绝了对方提出的要求。

总而言之，合理地利用挡箭牌是一种巧妙的拒绝方式，能在拒绝对方的时候减少伤害。既能在一定程度上减少对自己的人际关系的伤害，又能减少因为拒绝而对对方造成的伤害。所以，有时在拒绝他人时，我们还是可以适时选择做乌龟，用"挡箭牌"作为龟壳，保护好自己的同时也维护了他人的面子，使双方都免于被言语的锋芒伤害。

能得到对方理解的拒绝艺术

生活中的我们总是会很快地讲"是"。之后，我们就要为履行自己的诺言而疲于奔命，没有任何闲暇。然而，你有自己的事要忙，也需要休息，倘若处理不了对方的问题有时真的很烦。你不想承诺的时候，需要勇敢地向对方说"不"。但是生硬的拒绝，把每个向你求助的人都得罪，这显然也不是明智的做法。这个时候，就应采取既拒绝别人又能得到对方理解的拒绝艺术。

公司出现了一个空缺职位，于是乔治向上司提出升职的申请。他在公司已经工作多年，却一直没有得到晋升的机会，这次有职位空缺，他对升职抱有很大的期待。但是公司经过考察之后，认为他的能力还不能达到胜任的标准。这件事如果处理不好，可能会严重地打击乔治的工作热情，甚至可能损失一位忠诚的员工。上司是这样对乔治说的："是的，乔治，我理解你希望升职的心情。可是，要顺利升职，你必须先使自己变得对公司更重要。现在，我们来看看对此你还要干点什么……"

在你不能满足别人的要求时，可以给出建议，显示出你愿意帮助对方和关心对方的诚意。这样的拒绝易于取得对方的理解。案例中的那位上司虽然未能对乔治的要求给予满意的答复，但是他告诉乔治努力的方向，使其始终看到希望，与此相比，上司的拒绝就显得轻微些，不至于太挫伤乔治的自尊心，也不会伤害彼此之间的感情。

拒绝的艺术归根结底要做到这一点：要用正面的话语去传递拒绝的信息，也就是让对方感到你虽然希望给予帮助但却爱莫能助，不让对方觉得你冷漠无情，无视他的请求。除了刚才例子中所用的给予对方以解决的建议的方法外，还有几个拒绝的小窍门，如果运用得好也能给我们带来很大的帮助。通过这些方法，你可以在维持自己的前提下完美地拒绝对方。

首先要让对方把话讲完，让对方感到他已经把你逼到了尽头，让人感觉你实在是爱莫能助。人们都不希望被拒绝，但那些明明是举手之劳却不愿意帮的忙，最让人记恨。而那些由于不得已的原因而无法提供帮助的人，往往能得到对方的理解和认同。那么怎样能让对方感觉到你是无能为力，而不是不想帮忙呢？先别急着说"不"，用倾听者的姿态让对方把话说完。然后再适当增强气场，表现出对对方的事情很关心，但是经过反复的交谈和考虑，你还是无法答应。这样做，一方面可以让对方建立一种把你逼到极限的地步的心理优势，再被拒绝时他们也不会那么难受了。另一方面由于你已经反复考虑，对他的事情总是很关心，你表现的是自己想帮而帮不上。于是对方就会在心里想："我已经把他逼到最大限度了，他还不帮忙，不是因为他不想帮，而是因为帮不了。"另外，明确告诉对方你的理由，说明你的难处——这时候你的气场强一点也无妨，反而不能太弱，要有理直气壮的感觉，用话语去说服对方，才能让对方容易接受你的理由而不是怀疑你的话只是一种推脱和敷衍。

如果你只是单纯地不想给自己找麻烦，不愿意帮助对方时，你就要依据情况灵活应用了。比如，你可以用语气表达善意，你也可以巧妙地转移话题，甚至可以先诚恳地道歉——总之，要在气场为正的前提下尽量与对方的气场产生共振，这样才能维持对方对你的好感，对于你的拒绝其也能以"可以谅解"的态度接受。

如果实在不好拒绝时，还有一种似是而非的拒绝法。你也可以这样说："没问题，等我完成了这几件工作就去做。"你虽然没有拒绝对方——甚至看上去你已经答应了对方，但对方会认为你很忙，而且等你完成了手头的工作不知要多久，或许你根本没有时间去帮他做事。你没有拒绝对方，你的立场是正向的而且没有压力，但你传递出的信息分明是拒绝。对方如果是个知趣的人，会放弃自己的要求。

完美的拒绝可以起到这样的效果：虽然你没有帮忙，但却表达了想要帮忙的意愿，甚至把不能帮忙当成是一件令人遗憾的事。淡化了拒绝而强调了帮忙的意愿，不仅不会得罪他人，甚至增加对方对你的好感。这从某种意义上来看，是一种以语言为载体的正向能量的互通，也是人际交往中的一种双赢。

不想借给别人钱时怎么说

在人际交往中，借钱本来是个十分敏感的话题，尤其是好朋友向你借钱时，那个"不"字就更难说出口了。如果借，自己可能会遇到一些困难，而这些困难可能会给自己带来深重的为难，并使自己的气场逐渐萎缩；如果不借，就会伤害朋友之间的情谊，阻断双方的正常沟通。为此，我们经常陷入两难的境地。

这时，你可以借鉴下面的几个方法，让借钱之人知难而退。

1. 我们可以尝试义正词严、揭穿对方的老底

小王的一个很久不曾联系的高中同学跑来向他"借"钱，声称等存款到期了就立刻还钱。小王听后哑然失笑，当即毫不留情地说："你别坑我了，我听说你现在到处借钱，两年前你向同学辉子借了 2000 元，到今天还没还，你还有什么存款来还我呀！"听完这番话，来"借"钱的人只好灰溜溜地走了。

有些人借钱时喜欢虚张声势，不会承认自己没钱，而是声称自己很有钱，只不过暂时拿不到，因为"急用"让你暂且"借"一下。这时，这些人就传递出了虚假信息。而这个虚假信息并不能成为沟通双方气场的基础和纽带。面对这种人，你不妨根据自己掌握的信息，毫不客气地揭穿对方的老底，让对方无法再蒙骗过关。

2. 我们可以提高警惕，辩驳对方

老李的一个朋友来找老李借钱，说生意势头很好，只是本钱比较紧张，希望老李能借 2 万元作本钱，并声称每月的利息高达 5 分。

老李是个处世稳重的人，他觉得如此高的利息确实诱人，但利息越高可能风险也越大，于是他心里开始琢磨这事的可信性。他问对方："我借你 2 万元本钱，一年可挣回多少利润啊？"

"5000 元。"没做准备的对方信口开河，接着又说，"一年期满后我连本带利分文不差归还！"

这下老李严肃起来，辩驳道：

"你向我借这笔钱，一年的利息高达 12000 元，而你利用这笔钱仅能挣 5000 元利息。那么，你是专程来为我挣利息的还是在为你自己做生意的？"

老张的辩驳让对方哑口无言，只得狼狈而逃。

有些人专门利用大多数人想以钱生钱的发财心理，假借"高利"的幌子向朋友"借"钱，实则是在骗钱。这时，你千万不能被这些人制造的假象所迷惑，不要对他们放出来的虚假的正面能量所吸引，一定要果断地斩断与他们的话语交流。对此，你一定要头脑清醒、提高警惕，在心中盘算盘算事情的可信度，当场辩驳了对方，就会让他的诡计落空。

3. 我们可以利用索债转移的方式来吓退对方

当有人向你借钱，你又不好意思直接拒绝的话，不放试试这"索债转移"的技巧，不是你不把钱借给对方，你只是给向你借钱的人设置了一个帮你把债务讨回来的前提条件，让对方知难而退。

当你不想把钱借给他人时，我们一定要勇敢地说出"不"字。不过，要特别注意表达拒绝的方式方法，这同样要因人而异。当对方虚张声势，制造假象时，我们一定要发挥自己话语气场的强大气势，使他们的诡计当场落空。当遇到我们不好直接拒绝的人时，我们注意用词婉转。只有将我们话语的优势充分发挥出来，才能既表达了自己拒绝的意思，也能保证自己安然无恙。

第十九章

赞美口才：
让赞美恰到好处

人类之足引以自傲者总是极为稀少，而这个世界上所能予人生以满足者亦属罕有。

——林语堂，曾任北京大学教授，当代著名学者、文学家、语言学家

寻找对方值得称道之处

在变化如此迅速的现今社会，每个人被认可的需求更加强烈。我们在人际交往中要做的，就是满足对方对于认同感的渴求，以此获得他人对我们的认可与信任。从某种意义而言，与人交谈就是一种探求对方心理需求的过程，通过这种过程，可以知晓对方的心理渴求，依此对症下药，制定谈话内容，从而达到传递正能量同时获取对方信任的目的。

那么，我们通过什么样的语言才能给予对方正能量呢？答案当然是赞美。赞美就像是加油站，能源源不断地输出正能量。赞美是一种慰藉，是一种肯定，它能使人际关系和谐，增强彼此的亲近感。所以，我们在人际交往中，要学会寻找别人值得称道之处，适时给予赞美，以此为我们赢得良好的人际关系。

法国雕塑艺术家罗丹说，世界上并不缺少美，而是缺少发现美的眼睛。如果用心去观察，任何一个人都有他的可赞之处。甚至，在此场景中的缺点，放到别的地方就可能是优点。所以，赞美别人并不难，只要善于观察、善于思考，总能发现对方的闪光之处。

只有先发现对方身上确实值得称道之处，才可以使自己的赞美显得真诚而恰到好处。否则，就很有可能起到反效果，导致对方面对你的赞美不但不领情，反而觉得你虚伪不可靠。

被誉为"销售权威"的霍依拉的交际诀窍是：初次交谈一定要扬人之长，避人之短。有一回，为了替报社拉广告，他去拜访梅伊百货公司的总经理。寒暄之后，霍依

拉突然问道："您是在哪儿学会开飞机的？总经理能开飞机可真不简单啊。"听到霍依拉这样说，总经理兴奋异常，谈兴勃发，广告之事顺理成章地安排给了霍伊拉。

霍依拉找到了总经理身上的过人之处，那就是会开飞机，并依此对总经理进行赞美，使其在得到了肯定之后内心愉悦，从而顺利为报社拉到了广告。由此可见，寻找、发现对方值得称道之处，并依据这些亮点对其进行恰到好处的赞美，可以使对方感到愉悦并对自己产生好感，从而促进人际交往能顺利进行。

每个人都希望得到别人的赞美，赞美是人们生活中不可或缺的营养剂，可以给人动力，滋润心田。赞美他人关键是寻找到对方值得称道之处，让我们的赞美贴切、自然。有些人很善于找到别人身上的优点，但因为没有掌握住分寸，喋喋不休地赞美，这样，也会取得负面的效应。日本超级保险推销员原一平在刚开始运用赞美时就犯了这方面的错误。

原一平到一位年轻的小公司老板那里去推销保险。进了办公室后，他便开始赞美这位年轻老板："您如此年轻，就当上了老板，真了不起呀，在我们日本是不太多见的。能请教一下，您是多少岁开始工作吗？"

"17 岁。"

"17 岁！天哪，太了不起了，很多人在这个年龄时，还在父母面前撒娇呢。那您什么时候开始当老板呢？"

"两年前。"

"哇，才做了两年的老板就已经有如此气度，一般人还真培养不出来。对了，你怎么这么早就出来工作了呢？"

"因为家里只有我和妹妹，家里穷，为了能让妹妹上学，我就出来干活了。"

"看来你妹妹肯定也很了不起呀，你们都很了不起呀。"

就这样一问一赞，最后赞到了那位年轻老板的七大姑八大姨，越赞越远了。最后，这位老板本来已经打算买原一平所推销的保险，结果因为原一平不厌其烦而不买了。

后来，原一平才知道，本来那位老板在听到几句赞美后，心里是很舒服、很高兴，可是原一平后来说得太多了，没完没了的赞美搞得他由原来的高兴变得不胜其烦了。

由此我们可以看出，对他人进行赞美时，要找出对方身上所具有的值得称道之处并不难，关键是要依此进行适当的赞美，要适可而止，见好就收，不要将赞美之辞演变成老太太的裹脚布，又臭又长。这样，就违背了我们赞美他人的本意。

赞美之辞要发乎情而止于礼，赞美得恰到好处，使对方感到愉悦即可，若是一味地只顾赞美，则会使赞美失去原本的色彩，变得暗淡无光，也使听者觉得索然无味。

例如，平时我们到朋友家中做客，看到客厅的沙发很是别致，并且以前听朋友对自己谈起过这套沙发，于是便说："呀，这套沙发真是颇有情趣呀，使整个客厅的氛围都活跃了起来，算得上是室内装修的点睛之笔呀。很少见这样造型和颜色的沙发，价格一定不菲吧？"这样的话虽是带有一定的客套成分，但是却也是我们有感而发，但又点到为止，既让对方脸上有光，又不显得过分，且将赞美之辞确实用到了对方自认为值得称道之处，对方恐怕是想不开心都难。

总而言之，赞美之辞就如春风雨露，能给人能量，让人愉悦。我们在人际交往中要善于发现他人值得称道之处，并依此适当地向对方表达出我们的赞美之情，以营造良好的社交氛围与人际关系。一句赞美，既不用花钱，也不会有所损失，却能使对方得到无限的快乐，何乐而不为呢？

赞美对方引以为豪的事

人们对自己一般都有一个自我认识，对于自己的得意之处，总是希望能得到别人的认同。俗话说，好钢要用到刀刃上。我们在赞美别人时，就要赞美对方引以为豪的事，将赞美之辞说到对方的心坎里，这样对方就会感受到强烈的认同感，从而使我们收获对方的信任与认可。

乾隆皇帝喜欢在处理政事之余品茶、论诗，对茶道有一定见地，并颇以此为豪。有一天，朝中宰相张廷玉散朝回家，刚想休息一下，乾隆忽然来造访，张廷玉感到莫大的荣幸，立即命令把家里的珍藏的雪水挖出来煎茶。乾隆很高兴，并招呼大家坐下："今儿个我们都不要拘君臣之礼。论道品茗，不亦乐乎？"水开了，乾隆还亲自给大家泡茶，并讲了一番茶经，张廷玉听后由衷地赞美道："我哪里知道这些，只知道喝茶可以解渴提神。一样的水和茶，却从来没有闻过这样的香味。"李卫也乘机称赞道："皇上圣学渊博，真叫臣大开眼界呀，小小一杯茶竟然有这么多的学问！"乾隆听后心花怒放，更是谈兴大发，从"茶乃水中君子、酒乃水中小人"开始论起"宽猛之道"，滔滔不绝，众臣自是洗耳恭听。

乾隆的话刚结束，张廷玉便称赞道："今天皇上这番宏论，从孔孟仁恕之道发端，譬讲三朝政纳，虽然只是三个字'趋中庸'，却发聋振聩令人心目一开。皇上圣学，真是到了登峰造极的地步。"其他人也都随声附和，乾隆大大满足了一把。

张廷玉和李卫深知乾隆的喜好，并知道他把自己的杂经和"宏论"引以为豪，二人便以此为依据，对乾隆进行大肆赞美，从而达到了取悦乾隆的目的。

由此可见，抓住他人引以为豪的东西，并以此为目标对其发动猛烈的赞美进攻，往往能收获美妙的交流效果。其中，关键是要抓住对方明显强于他人之处，也就是所谓的"个性"之处，这往往也是其最引以为豪的地方。对这一方面进行重点的赞美，就会达到很好的效果。

一次，曾国藩吃过晚饭后与门下的几位幕僚闲谈，评论当今英雄。他说："彭玉麟、李鸿章都是有大才干之人，我很不如他们。我所能引以为豪的，只是平生不诣媚、奉承别人罢了。"一个幕僚说："只是各人各有所长而已：彭玉麟勇猛强悍，人们不敢欺负他；李鸿章精明聪敏，别人欺负不了他。"说到这里，他说不下去了。曾国藩又问："你们以为我怎样？"众人皆低头沉思。忽然走出一个管抄写的后生插话道："曾师是仁义宏德，人们不忍心欺负您。"众人听了齐拍手称是。曾国藩听后，十分得意地说："不敢当，不敢当。"后生退出去以后，曾国藩问在座的幕僚："这个人是谁？"幕僚告诉他："他是扬州人。曾入过太学学习，家境贫寒，办事谨慎。"曾国藩听完后说："这是个有大才之人，不可埋没呀。"不久，曾国藩升任两江总督，就派这位后生去扬州任盐运使。

这位管抄写的后生正是抓住了曾国藩的个性中最与众不同、令他引以为豪的"仁德"，并以"人们不忍心欺负仁德的曾师"对曾国藩进行了赞美。这不仅挠到了曾国藩的痒处，使他感到愉悦，而且这位后生也因此获得了曾国藩的信任与认可，做了盐运使。可见，赞美之辞在涉及对方引以为豪的事情时，会使赞美的效果大大增强。

拥有不同经历的人，往往对自己、对人生的认识也不尽相同，因此，他们所引以为豪的事情也会不同。赞美他人时，要对不同的人说不同的话，切不可使赞美变得千篇一律、虚无空洞，这样既会降低赞美他人所达到的效果，甚至还会适得其反，造成负面影响，给自己的人际关系带来危害。

诚诚是刚入大学的一名大一新生，对于住在同一宿舍的其他几位同学都还不太了解。一天，诚诚和室友小毅一起去学校教务处处理关于学籍的事情。因为常听长辈们对他讲，"在大学里要学会办事，学会跟老师和同学搞好关系，提高自己的交际能力……"所以他觉得大家对自己的交际能力都很重视。办完之后，诚诚觉得这是拉近和小毅的关系的好机会，于是对小毅说："别人老说咱们年轻人不会说话、办事，只会直来直去，不懂交际。我是这样我承认，但我看你刚才在政教处里的言谈举止颇有游刃有余的感觉，很成熟，根本不像一个大一新生。"小毅平时也对自己的交际能力颇引以为豪，对人际交往方面也比较重视，所以听到诚诚这样说，自然很高兴，俩人的关系也就近了一步。

又有一天，诚诚和另一名室友周仁一起外出，路上遇见了辅导员，俩人就和辅导员聊了几句。过后，诚诚觉得这是用赞美和周仁打开话题、拉近关系的机会，于是说道："刚才看你说话，我觉得你挺会来事的，交际能力很强啊，我以后还得多向你学习。"周仁一听，不但没有因此而开心，反而对诚诚产生了些许厌恶。因为周仁是属于有些清高孤傲的文艺青年一类，一向对人际交往不太在意，甚至有些反感，所以诚诚的赞美不仅没有打动他，而且在一定程度上让他觉得这是对他的侮辱。

诚诚在对周仁缺乏了解的情况下，对小毅和周仁用了同样的语言赞美，并且没有分清说话场合。实际上是想赞美对方，拉近彼此的关系，结果不但没有达到预期的目的，反而招致了对方的反感。所以，赞美的对象要是对方引以为豪的事情，这样才能达到比较好的交际效果，否则，极有可能适得其反。

对于一名老师而言，他引以为豪的事情往往是他教过的学生很有出息，取得了很大的成就。这时，你就要赞美他教出的优秀学生。对于一位一生都默默无闻的母亲，引以为荣的往往是她抚养的孩子个个都有出息。赞美她，从她的孩子入手才能达到最好的效果。

总而言之，赞美之辞不可泛泛而说，赞美对方引以为豪的事，比说一堆毫无意义的称赞之词有用得多，这种方式下，赞美发挥的作用也是最大的。首先，对方因为赞美感到愉悦，然后也会对赞美他的人产生好感，甚至给予全心的信任，可以说是营造良好人际关系的一种绝技。

借他人之口赞美异性

赞美的言辞，若是经自己的口说出，在一些情况下会容易让人觉得像是刻意奉承。特别是在与异性交谈时，若是将自己的赞美之情表达得太露骨，会让对方觉得有刻意讨好与夸张之嫌。这时，若是借助一个跳板，将自己的赞美之词，经由他人之口说出，则既可以达到赞美对方的目的，又能有效地避免刻意恭维、奉承。

在一般人的观念中，总认为不在场的"第三者"所说的话是比较公正、实在的。因此，在赞美异性时以"第三者"的口吻说出赞美的话，更能得到对方的好感和信任。

例如，一位男士与一位美丽的女士初次相见，可以这样说："早就听谁谁说您的气质不凡，今日一见，果然名不虚传。"一位女士对一位男士表达赞美之情，可以这样说："经常听我先生提起您，说您年轻有为、成就非凡，今天可算是让我一睹了真容，果然所言不虚呀。"

这是借助对方认识的第三方表达我们的赞美，此外，还可以借助对方不认识的第三者对异性进行赞美。这样会使对方产生更高一层的精神享受。一般来说，人受到不认识的第三者的赞美时比受到自己身边的人的夸奖更为高兴。因为当他听到自己不认识的人也赞美自己时，会觉得在自己所属的天地之外也得到了承认，从而感到异常欢欣，强烈的荣誉感进一步得到了满足。例如："我们经理上次看见你了，对你大加赞赏啊，说你不像一般的庸脂俗粉，有一种超脱的气质。""我的一个朋友对你很是看好，说你有大才，将来肯定成就不凡。"

　　小吴是公司的公关部经理，一次，她负责跟一位大客户任总进行洽谈。小吴对这位任总的耿直性格早有耳闻，知道他不好沟通，于是少不了先做了些功课。

　　见面之后，任总果然气势逼人，好在小吴早有准备。见到任总，小吴先说："任总，您好，经常在报纸上看到关于您的报道，说您身上有一种'凛然正气'，今日一见，果然威风凛凛，有大将之风啊。"任总听她如此说，微笑早已挂在脸上了，这时爽朗地"哈哈"一笑。说："哪里哪里，你过誉了。"小吴一边请任总坐下，一边接着说："您请坐。我也经常听我们王总提起您，说您和许多的商人不一样，不只是一名生意人，而是一位有作为的企业家。每次提起，言语之中总是充满敬意。"任总此时早已卸下了防备，满面和气，不像刚见面时那么严肃了，小吴也顺利地完成了洽谈任务。

　　小吴虽然身为公关部经理，但毕竟是位女士，对任总不便进行直接的热情赞美，否则不仅可能达不到赞美的效果，而且还有可能让对方觉得自己不够庄重，产生反感，给双方的沟通带来障碍。借助他人之口对任总进行赞美就是比较好的选择，既加强了赞美之辞的强度，又很好地规避了风险，可谓一举两得。

　　另外还有一种借他人之口赞美异性的方法，就是在与他交好的朋友面前赞美他，直接借其朋友之口将自己的赞美之情传递给对方。

　　例如，男士要赞美女性，则可以将赞美之言适度地说给她的闺蜜听："谁谁真是不一般啊，巾帼不让须眉，比男人都有本事，我对她很是敬佩！""她是我见过的最清新脱俗的女生了。"而女士赞美男士，则可以将话说给他的哥们儿听："你们那个谁谁挺不简单呀，不仅博学见识深，而且取得了那么大的成就，真是让人不得不佩服。""你那个朋友真是气宇轩昂、英姿勃发。""某某不像那些油腔滑调的男孩子，是个实在人。"这样，被赞之人的好朋友一定会将我们的赞美传达给对方，进而从侧面获得对方的好感。

　　这种赞美适合那些你有心结交但又不好意思当面直接夸赞他的人，这时候不妨多在第三者面前对他进行赞美，这是表达你的赞美之意有效而中肯的方式。如果有一天，身边的朋友对他讲："某某经常跟我提起你，说你是位令人尊敬的人。""某某经常在我面前夸你，说你不仅人长得漂亮，而且才华横溢，将来一定大有成就。"相信听者的愉悦与自豪感一定会油然而生，对你自然也就多了几分信任与好感。那么，你下次再和他进行交流时就容易多了。由此可见，我们若想与异性朋友巩固关系加深感情，不妨多在第三个人面前赞美他，让我们的赞美通过第三方传达给对方，这样，既避免了当面赞美可能产生的尴尬，又使得赞美的效果大大提高，可谓一举两得。

　　借他人之口赞美异性时，要注意赞美的程度不要超过普通朋友的界限，若是赞美得过头了，则容易造成误会，甚至使对方刻意疏远自己。当然，若是对自己所赞美的异性有更进一步的想法，则另当别论了。

总之，在对异性进行赞美时，间接、直接借助他人之口说出赞美之辞会比从自己口中说出来更合适。因为若是自己直接对异性进行赞美，出于一种自我防护的意识，或者为了维持谦逊矜持的形象，对方可能对你的言辞不会全信，甚至全部不信。若是巧妙地借助于第三方之口说出自己的赞美之辞，则会使对方放松警惕，放下对你的防备，坦然接受你转述的"他人的赞美"或他人转述的你的赞美。

公开的赞美最令人激动

俗话说，好事不出门，坏事传千里。虽然说话应谦逊低调，但对于让自己颇为骄傲之事，人们还是希望被别人知道甚至被别人称赞。所以，我们若能找准时机对别人进行公开的赞美，则会正中其下怀，收到意想不到的效果。

在公开的社交场合，由于参与交流的人较多，谈话所产生的传播效应也会较大。在这种场合下对他人的赞美也会更加有分量，也比私下里的赞美取得的效果更好。

朋友之间，往往对彼此都有一定的了解，对彼此的优点也会相互肯定，这也是人们在大多数情况下只与朋友交心的原因。因为其他人的不了解，所以在公开场合对朋友进行赞美就成为了必要。对生活中的朋友进行公开的赞美时，可以采用对比的方法，但最好用自己作垫脚石，这样既可以做到赞美朋友，又不会得罪被拿来对比之人。例如："我在这方面实在是不太擅长，他行，你们别看他平时话不多，那是深藏不露，在行着呢！""我是破罐子破摔惯了，没什么追求。咱们小李可跟我不一样，他是一个有梦想、有追求的人，将来一定能成事。"但是也应该注意，这些赞美必须是对方真的能胜过自己的地方，否则，不仅听的人会觉得你刻而虚伪，有奉承之嫌，就连被称赞的朋友也不会领情。

小刘喜欢上一个姑娘，可姑娘总觉得小刘不是认真的，只是闹着玩玩，所以对他一直是不冷不淡的，小刘为此很郁闷。可是突然有一天，姑娘对小刘转变了态度，不再若即若离的了，小刘喜不自胜，但又有些纳闷："我做了什么？是她突然想通了吗？"一直也没明白是怎么回事。后来，姑娘的一位闺蜜告诉小刘，是小刘那天的话打动了她。小刘想了想，那天当着姑娘和一帮朋友的面，他说："小清（姑娘名字）真是个好姑娘，踏实善良，待人真诚，不物质，大家说是不是？……"

小刘当着大家的面，公开赞美自己喜欢的姑娘，让姑娘感觉到了小刘的真诚，因此转变了对小刘的看法。可见，公开的赞美更能取得打动人心的效果。

对于家人来说，往往更需要公开的赞美。受中国的传统风气所影响，家人之间在感情表达方面很拘谨，并且很少肯定的赞扬，多是否定的批判，特别是父母对于孩子。在一些公开的场合，有些大人总是会说："你看那谁谁谁家的孩子，人家怎么怎么样。"这不仅会对孩子造成长久的负面影响，而且会对孩子积极的人生观的塑造带来困难。因此，对孩子进行公开的赞美，给予其正面的肯定就成了必要。对孩子进行公开的赞美会使赞美的分量加大，从而对孩子造成的积极影响也会加大。我们可以在公开场合说："我们家孩子最近懂事了不少，经常主动帮我干家务。""我女儿在学习方面一向很自觉，这是我比较欣慰的一点。"或者说："儿子，今天咱们的邻居都夸你呢，说你不仅懂礼貌，而且还乐于助人。"另外，对家庭中其他成员的公开赞美也是必需的，它还是一种调节家庭氛围、加深感情的好方法。

这里有王熙凤的一则事例，非常值得我们借鉴。

黛玉初进贾府，在贾母房间见过各位长辈与姐妹，王熙凤见到黛玉，便赞叹道："天下真有这样标致的人物，我今儿才算见了！况且这通身的气派，竟不像老祖宗的外孙女儿，竟是个嫡亲的孙女，怨不得老祖宗天天口头心头一时不忘。只可怜我这妹妹这样命苦，怎么姑妈偏就去世了！"

王熙凤是贾府中炙手可热的人物，她的权势多半来源于贾母的宠信，所以王熙凤行事说话时时刻刻都依据贾母的爱憎好恶，揣测其心理。对黛玉的赞美既将贾母捧到了至高的位置，又衬出了对黛玉的夸赞，还不忘顾及到贾母的孙女们，可谓是公开赞美他人的典范之作。

对于同事，当我们在公开场合对他们进行赞美时，除了要以我们自身为跷板烘托他们，还要注意不要涉及敏感话题，更要兼顾四方，不要因为赞美一个人而无形中得罪另一个人。为了在公司中能顺利的工作，一定要将赞美之辞说得客观而中正，为我们的人际关系加分。除此之外，在对上司进行赞美时，要以公众的语气说出赞美之语。有人想要通过赞美上司取得他的好感，于是就不失时机地表达自己的赞语，直接对上司说"我觉得您怎样怎样"。这样的称赞其实是一种既不高明而又带有危险性的说话方式。因为这样说等于是把上司放在了被你评判的位置，上司需要你来"评判"吗？答案显然是否定的，上司需要的是公众的肯定和赞美。所以，高明的赞美就要以公众的语气说出。例如，"大家都说您的这项决策对提高公司的效益很有帮助"、"同事们都说您领导有方，使我们早早地就完成了这个项目，也为我们带来了福利"，等等。这样的赞美才能让上司更受用，也更加乐于接受。

另外需要注意的是，在以公众的语气向上司表达赞美时，必须保证自己所说的观点符合实际情况，可以进行一定的语言修饰，但大体方向不能与实际有出入。否则，若是颠倒黑白地乱说，早晚会有露馅的时候，那时就会使自己陷入难堪境地，违背了当初赞美的本意。

总而言之，公开的赞美会使被赞美者产生更高的荣誉感，获得更高层次的满足。但也需要一定的说话技巧，掌握好了这种技巧，会使自己在人际交往中更加如鱼得水、游刃有余。

赞美越具体越好

抽象派的绘画往往让人很难一下就说出它的好，它的美是需要领悟的。而写实派的绘画则让外行也能一眼看出像与不像。这一规律放到说话方面也同样适用。抽象的赞美，如"你很好"、"你不错"、"你很优秀"等，这些话虽是对他人的全面赞美，但总让人感觉不太受用，甚至有敷衍之嫌。若是能将赞美具体化，赞美对方的某一方面，其效果会马上大不一样。例如，"你对色彩的感觉很细腻，衣服搭配的颜色总是让人赏心悦目"、"你对待工作的态度真是认真"、"你的逻辑思维能力真的让人叹服"等，如此，对方立马就能听出你的赞美之意，从而将你的赞美化为信任与认可，最终达到愉快交际的目的。

所谓具体，就是指言之有物。与其泛说"久仰大名、如雷贯耳"，不如说"您上次主持的讨论会成绩之佳，真是出人意料"等话，直接提及对方的具体工作。若恭维别人生意兴隆，不如赞美他推销产品的努力，或赞美他的商业手腕；泛泛地请人指教是不行的，你应该择其所长，集中某点请他指教，如此他一定高兴得多。再者，赞美的话一定要切合实际，比如到别人家里，与其说一些空洞的恭维话，不如赞美房子布置得别出心裁，或者赞美他的宠物乖巧可爱，或者赞美对方最近的工作成绩等，这比说上许多无谓虚泛的客套话效果更佳。

李鸿章在清朝位居中堂，位高权重，朝中官员都想讨好他，好让他多多提携自己。这一年，李鸿章的夫人要过五十大寿，这对于那些想讨好他的人来说自然是个大好时机，寿辰未到这些人就开始行动了，生怕自己落在别人后面。

这个消息传到了合肥知县那里，知县觉得这是拉近和中堂大人距离的绝好时机，也决定备一份礼送去。但他一个小小知县，囊中羞涩，中堂大人什么没见过，若是礼送得轻了，等于没送，送贵重的又送不起。知县一时不知如何是好，直犯愁，于是便请师爷前来商量。

师爷看透了知县的心思，胸有成竹地说："这好办，您交给我。保准一两银子也不花，而且送的礼品让李大人刮目相看。"

"是吗？送什么礼物？"知县一听，喜不自胜。

"一副寿联即可。"

"寿联？这，能行吗？"

师爷说："您尽管放心，此事包在我身上。保管您从此飞黄腾达。这寿联由我来写，你亲自送去，请中堂大人过目。"

知县满口答应。

师爷写好后，知县就带着对联上路了，日夜兼程赶到了北京。到了李鸿章夫人寿辰的这一天，知县跪到中堂大人面前，将对联双手奉上。

李鸿章顺手接过，打开上联：

"三月庚辰之前五十大寿。"

李鸿章心想："这叫什么句子？也敢拿来献作寿礼？且看他下句是什么。"于是，李鸿章又打开了下联：

"两宫太后以下一品夫人。"

"两宫"指当时的慈安、慈禧，李鸿章见"两宫"字样，不敢怠慢，连忙跪了下来，命家人摆好香案，将此联挂在《麻姑上寿图》的两边。

这副对联深得李鸿章的赏识，自然对那合肥知县另眼相待，称赞有加。而这位知县也因此官运亨通了。

合肥知县的这副对联，没有泛泛夸赞中堂夫人是如何高贵，而是直接以两宫太后作比，既具体翔实，又不偏不倚，太后是何等的尊贵，以此来衬托中堂夫人的地位，既生动具体，又简单明了，可谓高明。

赞美越具体，就越能体现你的真诚与所说的话的真实性，从而增加可信度，当然也就更加能打动别人。

小李与小王是同事，他们同时喜欢上了公司的一名女同事。两人都使出浑身解数对其百般讨好，希望自己能赢得美女的芳心。俩人性格不同，采取的方式也不尽相同。

小李是个细致的人，每每见到这位女同事就针对其特点进行具体的赞美，如，"你今天的衣服颜色很衬你的气质"、"你耳钉的颜色搭配得很漂亮，我也喜欢蓝色"、"你的项链是蒂芙尼的吗"，等等，使女同事每天见到自己都能脸上堆满了笑意。

而小王则是个大大咧咧的人，总是鲜花攻势，赞美的话也多是："你今天真漂亮"、"你气色不错"等之类空泛的言辞。

最后的结果，当然是细致的小李赢得了美女的芳心，最终抱得美人归。

小李的赞美都是具体的，而小王则是泛泛地对整体进行赞美，而把两人放一起对比，小李的赞美就好比每次都找准一个点用力，小王则是把劲使在一个面上，自然是没有小李的赞美显得更有力度，更深入人心。由此可见，赞美是越具体越好。越具体，就显得你对对方越了解，你的赞美之言也更加可信。

总而言之，人人都喜欢来自他人的赞美，但不一定所有的赞美都会让听者喜欢。而事实证明，相对于虚泛的空头赞美，具体的赞美更能让被称赞者受用并因此对赞美者产生好感。因此，当我们赞美他人时，要尽量使赞美之言言之有物、具体翔实，能让对方有迹可循，这样才能使赞美完全发挥其功效，为我们营造良好的人际关系。

反语赞美的方法与效果

反语是指运用与自己原本要表达意思相反的言辞，表达出对他人的肯定的评价。简言之，就是用反面言辞表达正面的论点。反语赞美往往能比正面赞美取得的效果更好。例如，某制药厂的厂长，赞美一位药剂师大胆实验、大公无私的献身精神时，说道："为了减少药物的副作用，在正式投产前，你长期泡在实验室里，对新药不择手段，抢吃抢喝，多吃多占，在自己身上反复试验，我这个厂长真是拿你没办法。"像这种用反语赞美他人的方式，不仅令人感到幽默有趣，而且从反面加强了赞美的力度，使听者感到如沐春风。

那么，如何具体运用反语对他人进行赞美呢？下面我们将通过几个例子来进行说明。

一次，小林去参加同学聚会，宴会上，一位老同学举着酒杯朝小林走来，边走还边说："你这个家伙，在学校时就那么优秀，什么问题都难不倒你，现在都工作了，还是像以前一样，你就不能谦虚点，给别人留些活路啊？时不时地也偷偷懒，别那么勤奋，那么能干干吗？"

几句话，虽是带着嗔怪的语气，但明眼人都明白这是在赞美小林，小林听了心里也喜滋滋的，于是顺着这位同学的话说："好，我知道错了，我一定听从你的教训，把这个臭毛病给改了。"同学们都报以会心的微笑。

这是在同学和朋友间运用反语赞美对方的事例，从这则事例我们可以看出，朋友间的赞美大可随意一点，若是正儿八经地向对方表示赞美反倒会显得很做作、假惺惺，似乎背后藏着什么不可告人的目的的似的，令人不舒服。用反语赞美对方既不会让彼此感到别扭，还能达到很好的幽默效果，与常规的赞美方式相比更具特色，令人眼前一亮，耳目一新。

老郭在一个公司担任总经理，手下有两三百人由他指挥。由于老郭在国外进修过管理学，又是从底层一步步走到今天的位置的，所以很有一套自己的管理方法。他认为，赞美是对员工最大的激励，而且越是不常规的赞美越有效果。公司的业务员小吕，工作非常有热忱，常常为了工作而放弃休息，甚至有时候节假日也不忘为公司揽业务。老郭便故作严肃对地他说："小伙子，为公司招揽这么多业务是不是想把公司的资金都给了你做提成啊？你野心够大的呀！我警告你，工作是公司的，身体可是自己的，该休息就休息，别妄想着把你的健康也介绍进公司工作，我可不答应。"小吕听后，会心一笑，回答道："经理教训的是，我一定改正'错误'，请经理放心。"说罢，两人相视而笑。

老郭运用反语对小吕进行赞美，既不像常规的"嗯，干得不错"、"很好"等那么平淡而又有敷衍的成分，又能让对方感到亲切随和，在赞美对方的同时，拉近了彼此的心理距离，同时还产生了幽默的效果，可谓一举三得，委实高明。由此也可看出，在对下属表达赞美时，运用反语这一说话方式，往往能取得更加丰富的立体效果。

需要注意的是，用反语的形式对他人表示赞美要在特定的环境和背景下才可使用，脱离了一定的环境，可能就不能发挥其特有的效果。例如，运用反语表示赞美的方式本身就具有一定的幽默色彩，不适合在庄严肃穆的场合中使用。

老宋是一个有点大男子主义的人，平时在家里都是说一不二的，但不幸因为车祸去世了。小梁是老宋的外甥，来参加舅舅的追悼会，他想安慰舅妈，顺便讨舅妈的欢心，就说道："舅妈，您节哀啊，人死不能复生，当心自己的身子。"听到这里，小梁的舅妈还是挺受用的，心里多少得到点安慰，但是小梁接下来的话却把这点安慰全说没了。小梁说："要说这也怪您太温柔了，如果您也像那孙二娘那样是个母夜叉，管住他，舅舅说不定就出不了这个事了。"小梁的舅妈心里本来就难受，一听他这样说，心想："你说这不冷不热的夹生话是来看我的笑话的吗？"顿时感到厌恶，冷冷地对小梁说："你工作忙，还是早些回去吧，别在这儿耗着了。"

小梁本来是想赞美舅妈温柔贤惠的，但是却因为在这种场合错用了反语赞美的说话方式，使自己的话偏离了本来的用意，使对方不但没能领会到他的安慰之意，反而感觉到他的不友善，给自己造成了不必要的人际损失。首先，在比较严肃的场合，说话内容和语气都应该符合气氛，反语赞美的幽默性根本就不适合在这里用。然后，在这种时候，小梁的舅妈本来就很伤心、敏感，小梁的话很容易让人理解为奚落与嘲笑。所以说，反语赞美是高收益、高风险的说话方式，要充分辨清形势才能出口，否则，若是像小梁这样不分场合地乱用，最终可能会造成与预期相反的结果。

总之，运用反语表示赞美的表达方式属于剑走偏锋，使用得当会取得特殊的效果，赢得满堂彩。若是使用不当，取得意料之外的反面效果也是有可能的。所以，若想运用反语出奇制胜，就要保持清醒的全局头脑，分辨出环境是否合适，这样才能达到预想的效果，使赞美的语言发挥它独特的魅力。

背后比当面赞美更有效

由于人际交往的需要，人们当面评价他人时，免不了会说一些恭维话、客套话。而在背着人的时候，言论中的评价才是自己心里最真实的想法，这些想法可能会与人前之话不尽相同，甚至还可能产生为当面所说的话进行翻供的欲望。或抱怨、或指责、或愤怒、或"反动"，等等。这是人之常情，处于人际关系中的人几乎都对这一现象心知肚明。所以，有时人前的面子话别人只是一听而过，大多不会当真。对通过"小道消息"等其他途径传入自己耳中的言论倒是分外在意，认为这种言论的可信度更高，对自己来说也更有价值。

因此，若是能经常在背后赞美他人，则会大大增加赞美之辞的可信度，使赞美之语更能打动人心，同时也更容易增加对方的好感与认可。

《红楼梦》中有这么一段描写：史湘云、薛宝钗都劝贾宝玉做官为宦，贾宝玉大为反感，对着史湘云和袭人赞美林黛玉说："林姑娘从来没有说过这些混账话！要是她说这些混账话，我早和她生分了。"

凑巧这时黛玉正来到窗外，无意中听见了贾宝玉说自己的这些话，不觉又惊又喜、又悲又叹。结果使宝黛二人的心理距离更加缩短了，又因此互诉衷肠，感情大增。

对于林黛玉来说，贾宝玉在史湘云、薛宝钗和自己三人之间，单单赞美自己一个，已是让她感动不已。而这些赞美的话又是他在明知林黛玉不能听见的情况下说的，愈发显得难能可贵。若是当面对她讲这些话，虽然受用，但依林黛玉的性格，难免会因将自己与他人相比而有所猜疑，所产生的效果肯定会大打折扣。

由此可见，背后的赞美往往能取得意想不到的效果。当面说人家的好话，对方可能会认为你只是处于礼貌的客套，而当我们的好话是在背后说时，则会给人一种真诚可信的感觉，并因此对我们心存感激。假如我们在其他同事和上司都在场的情况下当面赞美上司，既会让同事们觉得这种行为是在讨好上司，溜须拍马。而且也会让上司觉得你是在做"面子活"，目的是让上司觉得你比其他同事更优秀，甚至还会给上司造成你不顾其他同事的感受、不团结同事的感觉。所以这种当面的歌功颂德往往效果甚微，甚至还会引发其他反面的效果。与其如此，还不如将溢美之词在上司不在场时讲出来，既可避免当面赞美的负面效应，又能使我们的赞美更可信、更有分量。

在生活和工作中，背后说人坏话，诋毁别人的人是小人，而背后赞美他人则是光明磊落的表现，这样的人无论是在生活中还是在工作中往往能得到他人的敬重。

王导是一名非常著名的导演，他做人很随和，做导演却极富个性。另一位著名的导演方导，同样是一位极富个性的导演。因为两位导演出类拔萃，经历又有些相似，所以媒体常常把他们二位放在一起作对比。一次，王导在媒体的要求下谈及方导时，对其做出了这样的评价："方导是一位非常出色的导演，我跟他的特点在于，我们都保持自己的个性。这个个性别人可以不喜欢、不欣赏，但他从不妥协，他保持他的个性。而在我们国家这样的导演很少。不能因为方导演的作品没有得奖，就说这说那的，我觉得这是一种短视。"

相信方导听到这段话后一定会感叹王导是他的知音，感受到对方的惺惺相惜。试想，若是这段话是王导当着方导的面讲出的，其所达到的效果恐怕就没有那么单纯了。方导会认为王导对自己的赞美之言有一定的成分是为了彰显他自己的高风亮节与胸怀坦荡，也是为了大家的脸面。而当王导在方导不在场而且有可能听不到这段说辞的情况下，给予方导的个性与作品充分的赞美，就大大提高了其赞美之情的纯度，同时也使自己的人格显得更加高尚、可敬。

世上背后道人闲话者不少，赞美他人者不多，人们心里对此大都一清二楚。听到了别人在背后说自己的闲话，会觉得不足为奇，但若是听到别人在背后赞美自己，那就完全值得激动莫名了。

所以，在日常生活中，如果想赞扬一个人，不妨在他背后向他的朋友和同事赞扬其一番。直接赞美的力度有时会使对方感到意犹未尽或者不过瘾，甚至过些时间再回想起还有可能演变为虚假的恭维，而背后赞美则可以很好地避开这些当面赞美的不足。所以，多在背后赞美你要赞美的人，能使你与对方的关系更加融洽。假如，有一个人跟你说："谁谁谁经常跟我说，你是一位热心肠的人，古道热肠，很有侠者风范。"相信这时你的心里会感到一股暖流，顿时温暖了许多。

我们何不多在背后赞美别人呢！这样既可以让他人感到愉悦、开心和世界的美好，又可以为我们的人际关系加分，赢得一个好人缘，何乐而不为呢。

直接赞美女人，间接赞美男人

郁达夫说："人的情感，人的理智，这两重灵性的发达与天赋不一定是平均的。有些人是理智胜于情感，有些人是情感溢于理智。"而从性别来区分的话，女人是感性的，男人则是理性的。感性是直接的，而理性则是用来思考的。所以，对于男女的赞美也应该区分开来。

赞美对于女性来说是不可或缺的，而对于男人来说，虽没有女性那么"明目张胆"式的需求，但也是必不可少的。女人对自己的自我欣赏与定位往往集中在自身条件上，如外表、衣着、妆容等，而男人则是集中在自己所创造的成就与事业上，如一个项目、一次投资、创造的资产等，以此来体现自己的卓越才能。男人和女人一样，都是虚荣的，都需要赞美，所不同的是女人需要的是扑面而来的溢美之词，而男人需要的则是通过对其所做的事情的赞美所间接体现出的对其自身的赞美。所以，对女性来说，要直接赞美其自身，而对于男人，则要通过赞美事实间接赞美他。

可以毫不夸张地说，每个女人都认为自己是美女，而且不是一般的美女，是大美女。有这种观点，自然也希望能得到他人的认可。所以，对于女性的赞美，大可直接让对其美貌的赞美之词以狂风暴雨之势扑过去。无论深刻的还是肤浅的女人，即使不在意这些，也不会对这些赞美反感。也说不定是表面不在意，实际上心里偷着乐呢。

另外，只是对女性的美貌进行赞美还是不够的。女性都需要关于美貌的赞美，但又不止需要这些。还需要对其其他方面进行赞美，这些方面是突出其能力与个性的方面。赞美其美貌是必需品，而赞美其个性、能力则是锦上添花。当然，对于在美貌方面有明显缺陷的女性的赞美可以有所不同，应小心谨慎，不要哪壶不开提哪壶。但是，不管是对于女性哪一方面的赞美，都应是直接的，这样才能使其自我审美意识得到肯定，使其感到自己的能力和个性被赏识，从而更加愉悦、自信，同时也会对你增加好感。

有一位女领导，快50岁了，但是保养得不错，看起来比实际年龄要小一些。一天，一个下属在跟她聊天的时候说道："我头一次见您的时候，您看起来也就三十岁左右的样子。我还想着既然是做了这么高职位的领导，怎么也得有个三十七八了吧。后来才知道……"女领导听后心里非常高兴，过段时间就把这位下属升了职。

这位下属很聪明，懂得逢人减岁的道理，特别是对于女性，这条道理更是要时刻放在心上。这位下属不仅赞美了女领导的外貌，同时也对其能力进行了肯定，可谓有主有次，赞美得很立体。最重要的一点是，他将赞美之辞直接说出，表达得很直白，若是他扭扭捏捏、含蓄闪烁地欲语还休，恐怕得来的就不是升职，而是女领导的厌恶、反感了。因为，对于女性的赞美若是含蓄、犹疑，不够直接，则可能会引起女性的误会与猜疑，认为你并不是在真心赞美她，甚至可能会认为你是在讽刺、挖苦她。所以，对女性的赞美大可直接宣之于口。

而男性则不同，男人虽然好面子，但他们的面子是体现在对名利、声望的追求上的。对其外貌的直接赞美很难让他们开怀，特别是对有本事的男人。俗话说："粗柳簸箕细柳斗，世上谁嫌男人丑。"说的就是男人不以外貌论短长，而是以自身的能力与成就为评判标准。

秦先生是一名大学老师，不仅学识渊博而且气宇轩昂，称得上是既有内涵又有相貌的谦谦君子。前两天，秦先生应兄弟院校之邀，去做了一场学术讲座，引起了很大反响。

王林是秦先生众多学生中的一名，一天，他在校园中与秦先生偶遇。寒暄之后，王林说："老师我听了您前两天的那场讲座，受益匪浅。您对我们专业的研究真是深刻独到，我辈只能望其项背。听了您的讲座以后我更加知道自己的浅薄与不足了。还有您在讲座时的风采，因您的渊博学识而更加充满魅力，真是令学生叹服。"

秦先生听后，连说："哪里哪里，你过奖了……"嘴上虽如此说，脸上却已堆满了笑意。

不久之后，秦先生就接受了王林的申请，接受了他做自己的研究生。

王林没有直接对老师的个性及外形进行赞美，而是对其讲座的成功以及他在专业方面的成就进行了肯定，而且这些还是通过讲述老师的讲座对自己所产生的影响间接表达出来的。试想，若是王林直接对老师说："老师您的风采在讲座时更加魅力四射，而且您很有个性。"那么，秦先生不会那么爽快地接受王林的申请。

有人说男人和女人之间的差别比天和地的差别都大。虽不完全准确，但也能说明一定的问题。女人需要的赞美和男人需要的赞美是不同的。例如，女人买衣服时，售货员往往会说："这件衣服真的是太衬您的气质了，优雅沉稳，肤白貌美，穿在您身上真是太完美了。""这件衣服是今年的新款，而且是限量版，可遇不可求。你要是穿上它，不仅能彰显您的独特气质和时尚品位，更能使您成为众人羡慕的对象哦！"而当男人在试衣服时，售货员则通常会说："这款衣服是意大利某品牌发售的纪念款，是成功人士的标志。""这套衣服是上流社会的宴会装，来我们店里的顾客能驾驭这套衣服的强大气场的人不多，您是其中一个。"从这里我们可以看出，直接的赞美对女人有效，而间接的赞美往往适用于男人身上。

总之，在赞美他人时，要针对对方的性别的不同而适当选择不同的说话方式。对女性的赞美要尽量直接，而对于男性的赞美则要尽可能的间接。这样，才能收获更加有效的赞美效果。

偶尔也需要"虚假"的赞美

郑板桥说，聪明难，糊涂更难，由聪明转入糊涂难上加难。可见，有时候装糊涂是很不容易的。有首歌唱得好："生活，就是一团麻。"生活本就没有太多规则可循，最终目的都是为了使人更愉悦、更舒适。在生活中，有时候不必太较真，较真了反而就失去了生活的意义与乐趣。所以，我们偶尔也需要以无伤大雅的"虚假"赞美来维持人际关系的和谐，赢取别人的信任。

人都有趋吉避凶的本能，当真相对他人来说是一种伤害时，我们大可以选择不说或说一些无关紧要的"谎言"、借助一些"虚假"以及他人所期望的语言对他人进行赞美，以此来营造和谐的人际关系。

夫妻之间也是如此。当然，真诚是夫妻相处的前提，但偶尔一些夸张的赞美，却是生活中的润滑剂、调味品，让彼此之间的关系更和谐，生活更快乐。

乔珂和小悠刚结婚不久，虽然新婚燕尔，但日子长了也难免产生些小摩擦。一天，小悠正在做家务，洗衣、拖地、擦桌子……忙得不可开交，而乔珂则坐在沙发上看电视。小悠心里感到不平衡，气愤地冲着乔珂说："你可不可以把眼睛稍微离开电视机里面的美女一下下？以前也没发现你这么爱看电视！真是婚前婚后两个样！"乔珂一听小悠生气了，才发觉自己看得太入迷了，赶忙笑着说："以前我看你还看不够，哪还顾得上看电视？现在……""现在怎么样？"小悠把眼一瞪，等着他说下去。"现在一看，"乔珂说，"发现电视里的人真是都不如你！我以后再也不愿意看电视了！"说得小悠笑了。

电视节目中美女如云，肯定不是都不如小悠，但乔珂却夸张地说都不如小悠，显然不符合实际，小悠也不会相信。但是，这种"虚假"的赞美却收到了很好的效果，博得了对方的欢心，缓解了夫妻间的矛盾。

季羡林先生也曾说过"真话不全讲"，就是说真话也要有选择地说。一些不涉及重大原则问题的真话，可以不说。因为说出来并无太大的现实意义。相反，若是以"虚假"的赞美、善意的谎言将其代替能产生更多的积极意义，那么我们大可选择"虚假"的赞美来代替具有杀伤力的真话。

王芳是一名公司会计，可能是因为职业的缘故，她凡事都爱较真，眼里容不得半点沙子，遇事从不打马虎眼。这是她工作上的优点，但同时也是她人际交往的缺点。为此，她没少得罪人。

一天，单位的一名女同事小张买了条新裙子，是较短的那种，第一天穿来上班。其实小张的身材是比较丰满的那种，特别是腿比较粗，穿上并不太好看。大家都围着她看，有的说："呦，这质地一看就是高档布料，肯定不便宜吧？"有的说："穿上它显得你更高了呢。"还有人说："这跟你以前的风格不太一样，别有一番风味呢。"说得小张心里乐开了花，心想虽然很贵，但也值了。而王芳看到了，却不以为然，认为大家都在欺骗小张，于是说："这样的裙子腿细长的人穿上才好看，不适合你穿。"办公室的气氛瞬间凝固了，大家面面相觑，小张更是觉得尴尬；脸涨得通红，不知如何是好。

王芳说这样的话也本无恶意，并不是要讥讽小张，但却没有意识到小张的本意。女人购物买衣服，本就是为了使自己高兴。小张穿着新裙子来上班，就是要接受赞美，以满足自己的虚荣心。但王芳却给她浇了一盆子冷水，让本来满心欢喜的小张心情一下子落到了谷底，让本来欢乐融洽的气氛顿时变得僵硬。此时，若是王芳换一种说法表达："你穿这条裙子也挺不错，不过，我还是觉得长裙更加适合你，更衬你的气质。"那结果肯定会大不一样。因为你既给了她肯定，又给了她建议，说明你平时对她是有关注的，这样对于你而言没有丝毫的损失，又能使你们的关系更上一层楼，何乐而不为呢。

由此可见，在某些情况下，说一些"虚假"的赞美之言往往比说出大实话更容易让人感到你的真诚。当然，并不是鼓励大家虚情假意，相反，正是为了体现你的真诚。我们为了避免对他人的心理造成言语的伤害，才在一定情况下选择了"虚假"的赞美，可见"虚假"之下是一颗为他人着想的温暖的心。

在很多时候，说实话都会令人感到扫兴，甚至会让人感到尴尬、下不来台。尽管你说的句句在理，而且完全发自内心，但在别人看来，你完全是一个不通情理、惹人讨厌的"怪胎"。

其实，你完全可以换一种比较聪明、委婉的方式来表达你的观点。这样说既可以不得罪他人，给别人增添不快，又可以用一种他人更乐于接受的方式说出你的观点，可以对人际交往能起到积极的正面作用。

总而言之，在人际交往中真话有时候不可以全讲出来。就像徐志摩说的那样：如果真想是种伤害，请选择谎言。这里的谎言是为了避免对他人伤害而说的谎言，因此，是善意的谎言。"虚假"的赞美在有些情况下就是善意的谎言，是为了让他人同时也让我们自己生活得更好。所以，在一定的情况下，"虚假"的赞美是"正义"的，是可以创造美好、消除不幸的，我们可以放心大胆地说。

第二十章

窘境口才：
说好有挑战的话

我受了十年的骂，从来不怨恨骂我的人。有时他们骂得不中肯，我反而替他们着急。有时他们骂得太过火，反而损害骂者自己的人格，我更替他们不安。如果骂我而使骂者有益，便是我间接于他有恩了，我自然很愿挨骂。

——胡适，曾任北京大学教授，现代学者、文学家、历史学家

摆脱险境的说话技巧

俗话说："人有失足，马有失蹄。"处于复杂的社会中，难免有遇到语言陷阱或遭遇窘迫的尴尬时刻。这时候，若想化险为夷、全身而退，就需要发挥你的智慧，有效地利用说话技巧，巧妙地使自己摆脱险境。

那么，怎样的说话技巧有助于我们摆脱说话时面临的险境呢？

首先，幽默是润滑剂。幽默可以说是说话技巧中的"战斗机"，在合适的场合、合适的时机只要能巧妙地运用幽默的说话方式，就能获得说话方面的成功。在面临窘境时也不例外。当说话的氛围变得僵硬而尴尬时，不妨找好方位，幽他一默，化解窘境。正所谓"山重水复疑无路，柳暗花明又一村"。

1984 年，里根以 73 岁的高龄参加美国总统的竞选。有记者针对里根的年龄问题做文章，向他发问道："您认为年龄是否会成为影响竞选结果的一个因素？"这位记者想表达的意思是，里根的年龄大了，这会成为他竞选的一个不利因素。年龄问题是明摆在那里的，里根无法回避。虽然如此，他却对此问题给出了一个完美的回答。他用调皮的语气说："哦，不，我并不主张为了政治的目的而利用我的对手的年轻和缺乏经验。"巧妙地用对问题的曲解幽默地化解了记者犀利的提问。

可以看出，里根既回答了问题而又没有掉进记者的语言圈套，以略带调侃的幽默化解了尴尬，使气氛重新变得活泼。顺便还通过将对手的年轻与缺乏经验对等强调了

自己的经验丰富。由此可以看出，幽默确实是说话时的润滑剂，可以使我们脚底抹油，轻松地从对方的圈套中溜之大吉。

福特总统将自己的窘事以自己"政治活动家"的身份巧妙地进行解释，看似牵强附会的望文生义，却以幽默的方式使自己摆脱了险境，可见幽默在化解谈话危机方面的强大作用。

其次，是护身符。有时候装糊涂是避开语言锋芒的良方，能使你避开"言语炸弹"的正面进攻，保留实力以寻找时机从侧面迂回包抄，再以幽默等说话方式，彻底使自己摆脱窘境。

法国剧作家贝尔纳有许多为人羡慕的好习惯，可也有很难被人理解的怪癖。例如，他素来讨厌女记者，并从不解释是什么原因。

在一次新闻界举行的午餐会上，碰巧一位漂亮的女记者被安排坐在他旁边。

这位女记者知道贝尔纳的脾气，看着他闷声不响，便热情地对他说：

"贝尔纳先生，随便些，你暂且不把我当一个女人，就像对待你的男同事那样对待我好啦。"

同桌的人对她的大方报以赞赏的微笑，同时也以嗔怪的目光扫向贝尔纳。似乎在等着贝尔纳表明态度或作出解释。形式看来对贝尔纳很不利，大家都站到了那位女记者的一边。可贝尔纳并没有对自己的怪癖进行辩解，只是一味埋头吃饭，似乎没有注意到周围发生了什么事。

吃完午饭后，贝尔纳就像平时和男同事打招呼一样，拍了拍女记者的肩说："走，撒尿去！"

贝尔纳面对即将发生的语言讨伐，选择了装糊涂的方式进行回避，巧妙地避开了"攻击"，然后又找准时机，后发制人，达到了自己的目的。由此可以看出，贝尔纳明显在语言交锋中占了上风。可见，用装糊涂的方式掩护自己能使我们快速地摆脱社交的险境，所谓大智若愚，便是如此。

最后，直白式障眼法。有选择性地坦白是迷惑对方的障眼法，类似于弃卒保帅。在谈话过程中，直接坦白一些相对来说不太重要的信息，使对方的状态放松、警惕性降低，使自己有空可钻，从而达到在保留重要信息的同时又使自己摆脱险境的目的。

马文是一名小白领，每天朝九晚五，生活平淡而有规律。由于工作关系，也因为他的性格比较腼腆，所以一直没有交到女朋友。跟他同一部门的同事们都比较热情，闲来无事总会八卦马文的个人问题，甚至张罗着给他介绍女朋友，但一直机缘未到。

一天，一位同事在街上偶然看到马文跟一个女孩走在一起。第二天马文一到公司，就感觉到了空气中浓浓的八卦味。几名同事对马文发起猛烈的进攻，其中夹杂着讨伐。"老实交代，那女孩是谁？你们到底什么关系？为什么偷偷摸摸不让我们知道？"

其实，那个女孩是他们公司董事长的侄女，因为机缘巧合，和马文相识了。虽然都有进一步发展的想法，但是毕竟关系还没有确定。马文不想让同事们知道了以为他是攀高枝，借机往上爬，更不想在没确定的情况下让其他人知道。于是，他只好说道："我说、我说。那女孩是通过一次偶然的机会认识的，不是故意不让你们知道，只是我们认识的时间不长，还没有发展到你们期望的那一步。"随即红着脸又羞涩地补上一句，"尽管我也期望能发展到那一步。"同事们听后随即爆发出一阵调侃的赞叹。马文趁机转移话题，说："感谢各位长久以来对我的关心，我都记在心里。等我这儿有了好消息，一定第一时间告诉大家。"

话说到这儿，大家的八卦热情得到了一定的排遣，也就不再穷追不舍了。

马文利用部分坦白的方法，将最重要的信息保留了下来，顺利摆脱了同事们的追问，可见直白的障眼法对摆脱险境是有不可小觑的作用的。若是马文没有对一些无关紧要的事实的坦白，直接说最后一句话，恐怕他的同事们肯定不会过瘾，还会穷追不舍。

生活中遭遇窘境在所难免，但此时不要慌张，让自己稍作冷静，再运用合适的说话技巧，让自己一步步摆脱窘境。其实人人都有语言方面的天赋，只是生活中不太注意总结运用。只要稍加注意，适当运用，就能使自己的口才更上一层楼。

应对揭短行为的说话技巧

俗话说："打人不打脸，说人不揭短。"可见，揭短的行为在人际交往中是多么令人不待见的一种行为。但是，我们总会遇到被别人揭短的情况。无论对方是有心还是无意，其结果都使我们陷入了尴尬而又不得不有所回应的境地。面对这种情况，要怎样说话才能全身而退呢？这里，主要可以分四步来实现化解尴尬，走出被人揭短的窘迫境地。

第一步：坦然承认。揭短的人最想看到的无非就是你恼羞成怒的样子，面对被揭短，这时你若是泰然自若、面不改色、坦然大方地承认对方所说的情况，会给对方的心理造成无形的打击，也会降低揭短所带来的负面影响。揭短的行为没有达到预期的效果，对方会暂时乱了阵脚，下面你就可以接着一步步地掌握主动权，化解被人揭短所带来的尴尬与窘迫。总之，先承认，再伺机翻供。

第二步：接过话茬。在表明了自己"无所谓"的态度的同时，要趁机自然而然地接过话茬，掌握话语的主动权。接下来便可以充分发挥自己的聪明才智，向对方进行回击。

第三步：伺机补救。掌握了话语权以后，就要将话题引向对自己有利的一面，抓住机会通过言辞对被揭短一事进行补救。或做适当解释，或做补充说明，总之，不仅要让他人知其然，还要使他们知其所以然。

第四步：转移话题。最后的反戈一击是应对揭短行为的说话技巧的高潮部分，也是实现华丽逆转的关键一步。在前面三步的铺垫下，实时将话题引向揭你短的人一方，将语言的矛头转向他人，利用华丽的说话技巧，实现戏剧性的逆转，完美摆脱窘境。

曾任美国国家安全特别助理的基辛格博士，是一位足智多谋、善于应付任何尴尬场面的外交家。1972 年 5 月 30 日，他随尼克松总统访苏结束后，前往德黑兰作短暂停留。当天晚上，伊朗首相胡韦达邀请基辛格去看舞女帕莎表演。帕莎的高超舞艺使基辛格看得出了神，末了，他还和帕莎交谈了一阵子。

第二天，在总统的专机上，美国《纽约时报》记者马克思·弗兰克尔向基辛格打趣地说："你喜欢她吗？"

如此唐突和不怀好意的戏弄，一般人准会窘态百出，而基辛格却不假思索，一本正经地回答道："她是个媚人的姑娘，而且对外交事务有着浓厚的兴趣。"

这位记者错误地领会了他的意思，追问道："这是真的吗？"

基辛格更认真地说："那还有假？我们一起讨论了限制战略武器的会谈。我费了好些时间向她解释怎样把 SS—7 导弹改装成在 V 级潜艇上发射……"

那位记者听到此时，才感到上了当。基辛格所谓的"向她解释"的那个问题，正是这些记者们一直追踪不放而基辛格一直守口如瓶的那个国家机密问题的名称。

事例中，基辛格先是坦然回答了记者所提出的问题，并且顺势为自己下面的言语反击埋下了伏笔。接着面对记者的追问，将话语权抢到了自己手中，在成功转移话题的同时，也对开始时记者不怀好意的问题进行了反击。不仅使自己摆脱了窘境，还给对方一个回马枪，杀了个措手不及。

生活中也是一样，当我们面临来自他人不怀好意的刻意揭短行为时，我们可以灵活地运用以上说话技巧，使自己摆脱窘境。

王倩倩和杜若华以前同是市剧团的演员，由于杜若华那时总是被安排演 A 角，而王倩倩总是演 B 角，致使王倩倩一直跟杜若华有些不对付，现在虽然都离开剧团好多年了，偶尔见了面，还是针尖对麦芒。一次，以前同剧团的老张给孙子摆满月酒，王倩倩和杜若华都去参加。席间，王倩倩当着很多人的面，故作关心地问杜若华说："老杜啊，听说你女儿离婚了？怎么会这样呢？那孩子不是嫁得挺好的吗？怎么就离婚了呢？"杜若华的女儿是离婚了，她早料到王倩倩会在今天这个场合说出来让自己难堪，于是镇定地说道："是，离婚了。"王倩倩说："孩子没事吧？我听说有些人离婚后会产生心理方面的问题的。"杜若华说："哦？是听你女儿的前男友说的吧？孩子好得很，没事，吃一堑，长一智嘛，她这也算是经历过了。倒是你女儿呀，有三十了吧？怎么还没个正经男朋友呢？也不小了，差不多该结婚就得结婚了，别老剩着了。"

杜若华在面对来自王倩倩的揭短时，通过一步步地将"祸水"转移到对方的身上，从而成功地使自己摆脱了窘境。

可见，揭短行为并不可怕，面临他人的揭短所带来的窘境，首先要保持冷静，坦然面对，此时若是扭扭捏捏、羞得满脸通红反倒是合了对方的心意。接着便要使用上述的说话技巧，一步步化解尴尬。

另外需要说明的是，在生活中，一般那些揭你短的人大都是出于无意，而是朋友、亲人间开开玩笑。存心要通过揭短来中伤你的还是极少数。所以，对于这种情况，我们还是要尽量以轻松的内容对其进行化解，若是火药味太浓，使双方关系破裂就不太好了。

针锋相对，变被动为主动

困难像弹簧，你弱它就强。身陷窘境时，面对他人的诘难，若是一味软弱妥协，只会使自己越陷越深，最后完全失去对自己处境的控制力，沦为砧板上任人宰割的鱼肉。这时候，若是进行反抗，奋勇一击，所谓置之死地而后生，可能就会反败为胜，变被动为主动，扭转对自己不利的局面，从而使自己摆脱困境。

那么，针锋相对、变被动为主动有哪些具体的方式呢？

第一，绵里藏针反驳式。中国人擅长含蓄，说话听声，锣鼓听音。绵里藏针式的说话方式便是一种在说话时将与对方针锋相对的意思透过和缓的话语表达出来，让对方领会到我们的反驳之意而主动"撤退"的说话方式。在不得不与人针锋相对以捍卫自己的正当利益时，这种说话方式能在不直接损害双方的面子的情况下达到威慑对方，维护自己尊严的目的。它是在摆脱窘境时一种充满智慧、不卑不亢的反驳方式。

春秋时期，秦国在攻打完别国之后准备偷袭郑国，走到渭同时，这个消息被郑国的商人弦高知道了。弦高原打算去周国做买卖，但他不忍心自己的国家蒙受机失，便打算去劝秦国主将改变主意。

弦高知道，秦强郑弱，如果以硬对硬，肯定会适得其反。于是，他带着4张熟牛皮作礼物，又赶了12头牛去犒赏秦军。

面对怒目圆睁、一脸威仪的主将，他恭敬地说："我国国君听说您行军将经过敝国，想您长途跋涉兵马劳顿，特地派我来慰问三军将士，以尽地主之谊。"其弦外之音是：你们要偷袭郑国，但这个消息已经走漏出去了，郑国已经做好了应对的准备，你方已然失去了先机。况且你军长线作战，又刚刚跟别国激烈交战，三军将士已是疲惫不堪，战斗力定是损减不少，虽然秦军兵多将广，但我军准备充足，又是以逸待劳，秦国胜算几许将军自己掂量吧。

弦高是给强秦的主将留着面子，表面恭恭敬敬，还带了礼物去犒赏秦军将士，实际上他说的话绵里藏针，暗含杀机，想来秦国主将也会领会到郑国的针锋相对，进攻与否还要深思熟虑一番。由此可见，绵里藏针反驳法是在为双方保有颜面与风度的前提下，改变我们的被动处境的一种不卑不亢的说话方式，可以以最少的资源获取最大的胜利。

第二，顺势引导诘问式。当他人在交谈中向我们施难时，并不是只有以疾言厉色的驳斥才能达到改变处境的目的。有时候，找准时机，利用与之针锋相对的诘问，使对方的话语自相矛盾或归于荒谬，也能使我们的处境得到改变，变被动为主动。

赫尔岑是俄国著名的作家，有一次应邀参加一个音乐会。可是，这场音乐会是浅俗的流行音乐，赫尔岑很不喜欢，甚至感到有些厌烦，以至于打起瞌睡来。坐在他旁边的一位女士看见赫尔岑有这样的反应感到很奇怪，于是便问他："先生，你不喜欢音乐吗？"

他摇了摇头："不，我喜欢音乐。"

"那您为什么有这样的举动呢？"这位女士充满疑惑并且略带不满地说道，"您不认为您这是对音乐的不尊重吗！"

"您误会了，我喜欢音乐，但是并不喜欢流行音乐。"赫尔岑说道。

"啊！"这位女士似乎很愤怒地惊叫道，"您竟然不喜欢这么高尚的音乐？"

"哦？您觉得这是高尚的音乐？"赫尔岑说。

女士说道："是啊，不高尚的东西怎么会流行呢？"

"那您的意思是流行的就是高尚的吗？"

女士略带自豪地说道："当然！"

赫尔岑笑道："那么，照您这么说流行性感冒也是高尚的了？"

赫尔岑对于那位女士的指责并没有退让，而是根据女士的话语顺势进行引导，利用归谬法对其进行诘问，使其最后的结论归于荒谬，从而改变了自己被指责的被动处境。

第三，以其人之道还治其人之身。在社会交往中，当遭受到刻意地为难与羞辱时，一味退让有时候会显得好欺负，让对方更加得寸进尺，而太过"野蛮"地反击又容易失了身份。这时，以其人之道还治其人之身的说话方式就是较明智的选择，既可以还击对方，使我们变被动主动，又显得恰到好处、不失分寸。

春节期间，火车上一般都十分拥挤。一位年轻姑娘中途上车，好不容易才找到一张空座位，正要坐下，岂料对面座位上的一个男青年突然把脚伸了过来，搭在了姑娘要坐的空座位上。见此情景，姑娘意识到这可能是男青年同伴的座位，自己倒忘了先问一下了。于是姑娘放下东西，向那位男青年问道："你好，请问这个座位有人坐吗？"

对面的男青年装出一副茫然的样子，说："没有啊。"

姑娘忍着内心的反感，依旧客气地说："那请您把脚拿下去，我要坐在这儿。"

没想到对面的男青年却无动于衷，还阴阳怪气地"哼"了一声。

姑娘有点受不了了，便问道："你这是什么意思?"

"没什么意思，你太没礼貌，惩罚一下你。"

姑娘此时已是满腔怒火，但这是公共场合，对方虽无耻但自己不能失了风度，于是强压怒火，说道："哦，我倒要听听，我怎么没礼貌了?"

对方将双手抱在胸前，猥琐的眼睛露出奸笑，装腔作势地说道："小妹妹，让哥哥教教你，来到这儿你应该先客气地问我：'大哥，请问这个位子有人坐吗? 没人的话小妹我可以坐在这里吗?'哈哈哈……"说完，竟肆无忌惮地大笑起来。

姑娘见状，是又羞又恼。但转念一想："哼，你耍嘴滑，我长一张嘴也不是只为吃饭的。"于是，姑娘说："哦? 这就是你独特的礼貌方式吗? 既然如此，你怎么只会要求我一个姑娘家家的，自己却不按照你的礼貌方式办事呢?"

对面的小青年一愣："什么意思?"

姑娘接着说："没什么意思，只是你一个堂堂男子汉，自己规定的礼貌方式自己都不能做到，不是有失你作为男子汉的威严了吗? 我来教教你吧，按照你的方式用到你身上，见到我来了，你就应该起身肃立，躬身致礼，面带微笑地说：'姐姐，这位子没人坐，小弟请您赏脸，坐在这儿可以吗?'可惜呀，自己的原则都不坚持，还在这儿装大尾巴狼想欺负人，真是让我一个女子都为你感到汗颜!"

这位姑娘很机智，采用以其人之道还治其人之身的方式，既没有失风度，又有力地驳斥了无耻的小青年，可谓是"沉着机智有胆量"，使自己成功摆脱了窘境。

总之，面对来自他人的语言"挑战"，我们虽要保持风度，但也不能一味谦让，适当的时候要该出口时就出口，与对方针锋相对，杀杀对方的嚣张气焰，变被动为主动，从而达到摆脱窘境的目的。

失言后，如何用话语弥补

说话是一项脑力劳动，大脑需要高负荷运转才能高谈阔论、妙语连珠。但是，人脑也有疲倦的时候。当人脑疲倦的时候，就容易出现失误，这种失误表现在说话方面，就是失言。失言并不可怕，关键是要知道如何弥补。有的人话一出口便意识到了自己的失言，但是却因慌乱而不知所措，甚至变得语无伦次，这就使自己陷入了更加尴尬的境地，还有可能引起他人的误会，造成矛盾。在意识到自己的失言时，是完全可以用话语进行弥补的。那么，怎么弥补失言呢?

失言的行为在日常工作、生活中的任何一种场合都有可能发生，而在不同场合，虽然用以弥补失言的语言有所不同，但其说话方式却是具有共性的。

首先，在意识到自己失言之后，我们立即要做的应该是为失言行为进行道歉并且对其加以纠正。毕竟人非圣贤，孰能无过，出错了并不可怕，关键是要及时改正。若是在失言后及时向听者致以真诚的歉意，并对自己之前的话加以纠正，相信他人也不会故意为难，揪住你的失误不放。所以，失言后首要选择的弥补方式便是及时道歉并纠正。

一次，美国总统里根访问巴西，由于旅途疲乏加之年岁又大，在欢迎会上，他脱口说道："女士们，先生们！今天，我为能访问玻利维亚而感到非常高兴。"有人低声提醒他说错了，里根忙改口道："很抱歉，我们不久前访问过玻利维亚。"他的这个小失误，很快就淹没在了他的滔滔大论中。

里根总统在面对自己的失言时并没有自恃身份而不肯承认错误，而是对于自己讲话时的语言失误及时向听众道歉，并解释了原因，这样做不仅没有使他丢脸，使失言带来不必要的尴尬，反而因为总统的身份使他真诚的道歉显得更加难能可贵。

有时候，不需要把自己看得太重要，使自己背负上没必要的负担，你并没有想象中的那么多观众，即使有，他们对于你在说话时的一次失言也不会刻意放在心上。有时候，偶尔的一次失言，没有你想象中的那么严重，它很快就会被人们接收到的其他语言信息所淹没。所以，放开自己的束缚，失言后可以尽情地用话语去纠正，以此达到对其进行弥补的目的。

及时道歉并纠正的弥补方式还包括意会式的道歉：当意识到自己的失言后，说："真对不起，你看我忘了……"、"真抱歉，我不知道您……"、"我真该死，您看我这话说的……"等。这时并不将自己失言的具体内容说出来，而是以道歉为主，内容让对方意会，既避免了将对方忌讳的言辞说出来加深尴尬与误会，又能对我们的失言行为进行弥补。

另外，失言时以真诚与坦率赢得他人的谅解的说话方式并不是适用于所有场合所有人。对于特别爱面子或者没有立即发现自己失言的人或者客观条件不允许做出纠正的情况来说，这一说话方式就显得不那么适用了。这时候，就可以采取一错到底、将错就错的弥补方式，置之死地而后生。这需要一定的机智，也具有一定的危险性，所以要在有把握的情况下才可以使用。若是没有准确把握情况而贸然使用，可能会弄巧成拙，使气氛变得更加尴尬。所以，在失言后试图对其进行弥补时，要根据现场的具体情况和自己平时积累的经验选择说话方式。若是在对整体情况把握不足的条件下选择了将错就错的弥补方式，不仅无法对失言行为进行弥补，甚至还可能会加重失言所造成的后果，给我们带来不必要的损失。

对失言进行弥补的说话方式还有很多，但以上这两种方式是主要的解决之道。还可以分为很多，例如将错就错的弥补方式还包括：移花接木，就是将自己所说的失言之语巧妙地转换成另外一种意思；文字游戏，利用汉字的同声别义、一词多义等特点，对造成我们失言的词语进行巧妙地解释，从而达到弥补失误化解尴尬的目的。

总之，人际交往中难免失言，失言后我们要积极地进行弥补，至于选择何种说话方式进行弥补还要根据具体情况和日常生活的经验、素材的积累而定。

把别人的奚落拒于门外

当面对来自他人的刻意奚落时，一味地忍让是懦弱无能的表现，只有充分发挥自己的聪明才智，运用语言的力量将其"阴谋"粉碎，才是强者的做法。当别人挖苦你、讥讽你的时候，你可以用语言作为护身符，筑起防卫的堤防。俗话说，"兵来将挡，水来土掩"，视不同的来者选择相应的应对之法，把别人的奚落拒之门外。

若判明来者不善，是怀有恶意，故意挑衅，那我们可以采取以柔克刚，以打太极的方式有理、有利、有节地回敬对手。其中，装糊涂是实现这一目的的有效的方法。

听说晏婴要出使吴国，吴王夫差听说晏子身材矮小，便想羞辱齐国一番。

晏子到了吴国，要拜见夫差，等了好久才有吴王的侍卫过来不冷不热地喊道："天子接见——"

晏子心里一震：吴国和齐国都是周朝的诸侯国，只有周君才能称天子，吴王怎敢冒称天子，他是天子，我齐国岂不成了他的属国？这是对周朝的不尊和对齐国的侮辱。晏子像没听见一样，坐着动也没动。侍卫瞪了他一眼，又扯开嗓门高喊："天子接见！"还是"天子"，晏子坐得更稳了。

侍卫见晏子旁若无人，只好走到跟前，施个礼说："天子接见您。"晏子仰脸四处看看，自言自语地说："哎呀，我晏子怎么糊涂得这样，你看，今天我受齐国国君派遣，到吴国去商量事，怎么连方向都弄混了，竟然走到周天子的大殿里来了，抱歉，抱歉！"

这是一种以"自杀"杀人的辞令，侍卫当然对付不了，他正在思考怎么办，晏子又主动问起来了："卫士，我要找吴王，请问该怎么走啊？"

侍卫好像有了下台的台阶，赶紧说："您等等，我去去就来。"

吴王听了侍卫的报告，知道晏子不好惹，只好传话："夫差请见。"

晏子这才气宇轩昂地进宫去见吴王。

晏子在面对吴王的奚落时，并没有当面揭穿他的把戏，而是采用了装糊涂的方式将错就错，有效地回击了对方的奚落，同时又给对方留了台阶，让吴王能就坡下驴，既维护了齐国和自己的尊严，又打击了吴王，一举两得，很好地化解了他人的奚落。

如果对方来势汹汹，以一副兴师问罪的样子前来指责、辱骂你，而你确信自己坚持了原则，正义在手，则大可不必与之爆发激烈冲突，尽管让他先发泄个够。有时沉默无言比滔滔不绝更具有震慑人心的作用。以静制动，将对方的指责奚落各个击破。

人们总是更倾向于信任从容淡定的一方。所谓山不言其高自高，水不言其深自深。笑脸相迎最后再给其沉重一击，这种说话方式的力量往往比歇斯底里更有威慑力。

小刘因为工作积极负责，能力突出而被经理提拔做了部门主管。这天，碰见了同公司的同事小黄。小黄与小刘是同时进的公司，但境遇就比小刘差多了，这也主要是因为小黄将太多精力放在了钻营人际关系上，对工作马马虎虎。小黄本来就嫉妒小刘，现在更是看不过去了。于是酸溜溜地说道："哎呀，小刘现在是主管了，将来肯定是平步青云、步步高升喽，跟我们不是一个档次的啦。"小刘听了，并没有辩解，而是针对他的预测，同样酸溜溜地说："哦，你竟然这么能掐会算？那你怎么不算算你什么时候能把精力放在工作上？"小黄一听，又羞又恼，但一时又不知如何回击他，"哼"了一声，气呼呼地走了。

小刘以避实就虚，躲开主要问题的方法，将对方的奚落挡了回去，很好地化解了尴尬，同时又给对方以沉重的一击，可以说胜得很漂亮。

在人际交往中，这种避实就虚的说话方式可以让我们很好地躲开他人言语中的锋芒，挽回对我们不利的局面。

当面对他人的奚落时，无动于衷、面不改色首先会让对方感到被蔑视，接着避实就虚，抓住对方的薄弱部分进行的回击更是会让对方感到自讨没趣、无地自容，这样，我们就很好地使对方对我们的奚落化解于无形。

此外，若是对方的奚落并无恶意，只是言辞比较犀利的玩笑而已，那我们最好也是以幽默的方式对其进行化解。

有一次，马克·吐温应邀参加一个宴会。席间，他赞美旁边的一位夫人说："您太漂亮了，夫人。"

不料那位夫人却说："哦，很遗憾，先生，我却不能用同样的话来回答您。"

面对这位夫人对自己相貌的奚落，头脑机敏、言辞犀利的马克·吐温笑着说："这没关系，你也可以像我一样说假话。"

马克·吐温在面对那位夫人对自己相貌略带奚落的调侃时，用幽默的语言对其进行了回击，既化解了尴尬，又让人觉得恰到好处。

总之，面对他人的奚落，不要慌张，也不要一味避让。要沉着应对，运用机智和说话技巧，给以对方回击，就可以使自己摆脱尴尬。

面试时说错话如何自圆其说

无论有没有过求职经历，人们几乎对求职时的面试情况都会有所了解。面试时，面试者经常会遇到一些古怪刁钻的问题。面对这些千奇百怪的面试问题，能做到沉着冷静、从容应对的恐怕不多，更不要想着以严防死守做到滴水不漏了。所以，面试时的言语失误也是常有的事。在我们遭遇了言语的失误之后，是要及时加以改正呢，还是要顺着错误的意思继续往下说呢？这时，无论我们选择何种说话方式，关键是要能够做到自圆其说。

面对面试时说错话的现象，我们的本能反应就是将错误改正。这是大家最常用到，同时也是最易使用的方式了。只要面试者态度诚恳，真诚地道歉并及时对错误进行纠正，那么说错话的行为对面试效果的影响一般而言不会太大。例如，在意识到自己出现了口误或说错了话时，我们可以说："不好意思，我刚刚这句话所表达的意思有些偏差，请允许我进行纠正，我想说的是……"、"对不起，我刚刚漏说了一个词，这个词是……"、"不好意思，我稍微有些紧张，刚刚那句话没有将我的意思表达清楚，我想表达的是……"，等等，这样一来，一般就能把自己的失误圆回来，使其不会对我们的面试造成太大影响。

但是，由于面试场合的特殊性，面试者由于紧张而不能有效地对言语失误进行纠正是一方面，另一方面，与其承认自己说错话而进行纠正，倒不如在神不知鬼不觉的情况下将错误的说成正确的。所以，下面就重点论述一下在不承认自己说错话的情况下能有效地使自己自圆其说的说话方式。

一种方式是将说错的话当成正确的话来说，顺着不是自己本意的观点继续往下论述，并在论述的过程中逐渐地将其转移到自己本来要表达的意思上面。这样的方式不仅可以对说错的话进行圆场，而且会使论点显得更加全面客观，从而在面试官面前为自己加分。但是这需要面试者在平时注重积累，沉着冷静地进行临场应变，所以也要量力而行。

王生是一名刚毕业的大学生，毕业后四处投简历，总算得到了一个面试的机会。这是王生第一次面试，所以心里不免有些紧张。这一紧张，就出了错。面试官让他谈谈对大学生卖猪肉、当保姆等就业现象的认识，他本来要说的是大学生在就业环境改变、就业压力增大的情况下，改变就业观念适应变化的观点，结果嘴一滑说成了人才的浪费。王生话一出口就意识到了自己的失误？怎么办？王生灵机一动，顺势说道："当然，造成这种人才浪费现象也是有一定的社会原因的，不能将责任全部归咎到大学生身上。他们这种择业观念的形成也是受到环境变化的影响，是顺应时代变化而做出的观念上的改变……"就这样，就把话题转移到了自己所熟悉的主题上，顺利地化解了言语失误所带来的危机。同时，也使得自己的论点更加丰富、全面，给面试官留下了很好的印象。

王生在意识到自己说错话的情况下，并没有不知所措，而是顺势而为，因势利导，使自己说错话的行为没有出现在面试官的眼中，保证了自己在面试时的良好形象，同时又使自己的论述显得客观而全面，为自己加了分。可以说是一举两得，很好地做到了自圆其说。

另一种方式是对说错的话进行续接补救，在错话结尾，用否定的言辞对其进行不着痕迹的补救。

还有一种方式是对说错的话进行别出心裁的解释，达到自圆其说、化错为正的目的。

在一次电视台主持人招聘面试中，考官问一位女学生："三纲五常中的'三纲'指什么？"这名女学生答道："臣为君纲，子为父纲，妻为夫纲。"她刚好把三者关系颠倒了，引起哄堂大笑。

可她镇定自若，幽默地说："我指的是新'三纲'，我们国家人民当家做主，领导是人民的公仆，当然是'臣为君纲'；计划生育产生了大量的'小皇帝'，这不是'子为父纲'吗？如今，妻子的权利逐渐升级，'妻管炎'、'模范丈夫'流行，岂不是'妻为夫纲'吗？"

这位女学生机敏幽默的回答，用新时代的特色重新解释了三纲五常中的"三纲"，这不仅让面试官的眼前一亮，而且她灵巧地显示了她的口才与智慧，显示了她竞争的实力，最终顺利通过了面试。

事例中这位女学生的做法可谓是机智幽默、别出心裁，不仅成功化解了因言语失误而带来的尴尬，而且还为自己的形象加了分，可谓是一次成功的自圆其说。但是这样的说话方式对个人的应变能力与智慧有更高的要求，若是没有把握做到恰如其分，则要谨慎选择使用这种说话方式，以免弄巧成拙。

以上在面试时解决语言失误的方式，大家可以根据具体情况进行选择，能在不知不觉中对说错的话进行补救是最好的，但若是由于紧张等原因而不能做到不着痕迹地纠正，那么，坦白承认并做出修改也能达到自圆其说的目的。总之，量力而行，随机应变。

巧说妙解，为双方留台阶

俗话说，"与人方便，自己方便"。在人际交往中，说话给他人留个退路，也是给自己留退路。若是说话时不顾一切把人往绝路上逼，不仅与他人无益，对自己恐怕也是没有太多帮助的。因此，在人际交往中，对于那些无论我们由于何种原因而陷入的社交窘境，不妨通过我们的巧说妙解来进行化解，通过我们的一番巧说妙解，为双方都留个台阶，这样既能展示我们的宽容豁达，又能使气氛更加和谐，增进彼此间的感情，对我们的人际关系只能有利，不会有害。

中国文化博大精深，只要有心的话，想要对其进行一番巧妙地解释也不是什么难事。对其进行巧说妙解的方式也非常多，我们无法一一进行列举，但总结起来的话可以大致地归为两类，一是对具体的语言中的关键词的别解，二是对一些具体的事物与现象做出与谈话主题相符的另类解读。下面我们通过具体的事例来说明这种通过巧说妙解愉快地化解尴尬的说话方式。

正值上班早高峰，公交车上的人满满的，小健也正挤在人群中。突然，公交车来了个急刹车，小健猝不及防，一下子撞到了前面站着的一位姑娘身上，小健感到窘迫不已，正要道歉，姑娘回过头来嗔怪道："德行！""对不起，姑娘，这并不是因为'德行'，是因为'惯性'。"小健解释道。这话一说完，车厢里一阵笑声，姑娘也忍不住"扑哧"一声，乐了。

小健通过将姑娘的"德行"一词置换成"惯性"，既对自己的无意冲撞的原因做了恰到好处的解释，又给姑娘留了面子，幽默而贴切，愉快地使自己摆脱了窘境。此时，若是小健一本正经地向姑娘解释，则未免让气氛僵硬，姑娘脸上也无光。若是回敬姑娘一句不好听的，那局面将变得更加不堪。所以，这时，利用巧说妙解来化解尴尬是聪明的选择，这样给双方都留了台阶，气氛一片风和日丽，让人们在一天的开始都有一个好心情，小健的做法可谓是"利国利民"了。

老诗人严阵有一次和一位青年女作家一同访问美国。一天，在一个博物馆前的广场散步时，恰巧有两位美国老人在休息。看见有中国人走过来，他们就很热情地迎上来与严阵和女作家交谈。交谈进行得很愉快，但是在聊天结束时，其中一位老人为表达对中国人的感情，热烈地拥抱了女作家并亲吻了一下她的脸颊。女作家对此显得十分尴尬，不知所措。另外一位老人也抱怨那位老人说："中国人是不习惯这样的情感表达的。"气氛一时变得凝滞了，那位拥抱过女作家的老人像犯了错误似的呆立在一旁。这时，老诗人严阵赶快上前微笑着说："呵，尊敬的老先生，你刚才吻的不是这位女士，而是中国，对吗？"老人一听，马上笑道："对！我吻的是中国！"尴尬气氛就这样在笑声中烟消云散了。

严阵的解释充满了浪漫的诗意，让双方的尴尬在诗意中化为乌有。可见，通过巧说妙解，窘境和尴尬是可以轻而易举地得到化解的。

这是通过巧说妙解为他人留台阶的例子，同样，我们也可以通过巧说妙解为自己在社交场合找到台阶，避免尴尬。

一位很有名气的演讲家有一次作演讲，因为某种原因，说到这样的言词："男人，像大拇指……"说着便竖起了大拇指，"而女人，像小拇指……"说着就竖起了小拇指。这下子，全场哗然，女听众们对他的比喻强烈不满，因为大家都知道小拇指是具有侮辱性的手势。怎么办？这位演讲家立刻补充说："女士们，人的大拇指粗壮有力，而小手指却纤细、灵巧、可爱，不知哪位女士愿意颠倒过来？"

这位演讲家借助自己对小拇指与大拇指的巧说妙解，成功地平息了女听众们的不满情绪，化解了尴尬。所以，无论是围绕他人产生的尴尬还是与我们自身相关的窘境，都可以通过巧说妙解，为双方留有退步的台阶的方法进行有效地解决。甚至，当遇到对抗性的刻意的不友善行为，我们也可以用这一说话方式对其进行化解。这样既能使我们摆脱窘境，又能彰显我们的豁达宽容，使我们的人际关系更加和谐。

考尼茨—里特伯格是奥地利的政治家和外交家，对东欧的外交起到过支配作用。女皇玛丽亚·特里萨对他极为信赖，但却不满意他的品行。一次，她指责考尼茨—里特柏格竟然骑马带着情人在维也纳大街上招摇过市。

对于女皇的指责，考尼茨—里特柏格不免觉得有些尴尬，于是说道："夫人，我来这里是商讨您的大事，而不是我的小事。"

考尼茨—里特柏格对于女皇的指责，用"大事"和"小事"做比，暗示女皇是处理大事情的，不必太拘泥于小节，既给对方留了台阶，又巧妙地化解了自身的尴尬。

可见，巧说妙解的说话方式，可以帮助我们在很多场合化解社交危机，使我们自身和他人都成功地摆脱尴尬。

总之，用巧说妙解的说话方式给双方留有台阶，是在尊重他人的前提下化解自己的尴尬处境，于己于人都是有益的，所以，若是能找准时机加以运用，必定能为我们的人际关系加分。

面对挑衅，忽视并岔开话题

在人际交往中，许多话题都具有即时性，只是群体中的人随性而想到的。若是在谈及这些话题的时候突然被打断或者是并没有得到足够多的重视，那么这个话题则会被淹没在其他的话题中，不再被深度探讨。所以，在面对来自他人的言语方面的挑衅时，忽视并岔开话题是巧妙地化解窘境扭转局面的良策。

那么，我们具体应该如何做到忽视并岔开话题呢？下面我们将通过几个事例来加以说明。

小李结婚，在单位散发喜糖，大家都喜气洋洋地凑在一起吃喜糖。刚巧该单位有一位尚未结婚的33岁的大龄女青年小王。中年科员老孙平时跟小王有些矛盾，于是便想趁机当众奚落她一下。于是对那名女青年说："小王啊，你比人家大了有10岁吧？你还准备把自己剩到什么时候啊？别到时候成了老姑娘，就没人要了。"小王听了她的话，脸上挂不住，但马上若无其事地对老孙说道："嗯，好像是。哎，小李，你是属什么的？"小李说："我属鸡。"小王说："哦，那你老公属什么呀？我听人说过好像属鸡的和属蛇的是叫'龙凤配'……"接着大家就顺着属相问题聊到了其他的事情上面。

这位大龄未婚女青年小王在大庭广众之下被别人奚落自己嫁不出去，处境确实十分尴尬，回答得不恰当就有可能引起大家的闲话。小王采取了忽视老孙的话题并将话题转移到另外一件事情上的态度，大家也明白小王不愿意谈及这个话题所以不再追问，于是小王就自然而然地摆脱了尴尬的处境。

小磊因为身体比较肥胖，经常被同学当作取笑的对象。一天，小磊刚走进教室，同学王亮和孙明就开始"大冬瓜、大冬瓜"地叫他了，还时不时地朝小磊做出不怀好意的笑脸。这样的行为实在是有些过分，小磊更是感到愤怒不已。但这时若是愤怒地去制止他们，定会爆发激烈的冲突，不仅会损害同学之间的关系，而且还会正中他们的下怀、合了他们的意。于是小磊稳定了一下情绪，若无其事地走了过去，走到王亮和孙明的旁边的时候，故意煞有介事地说道："咦，王亮，你有一米八高吗？"随后，一边坐下一边漫不经心地问道："孙明，早上吃的什么？"全然不理会二人的无礼行为。王亮和孙明见此情况，愣了，一时竟不知如何是好，好不尴尬。这时，同学们哄堂大笑，为王亮和孙明的行为画上了句号。

小磊面对王亮和孙明的无礼嘲弄，采取了忽视并岔开话题的方式，使二人意识到自己的失礼，同时也表明了自己无视他们的嘲笑的态度，使二人的嘲笑变得毫无意义。可见，有时候，忽视别人的言语挑衅行为并岔开话题，是我们摆脱窘境、化解尴尬的有效方法。

当我们说出令别人感到出乎意料的话时，他人就会瞬时进入一种思考停顿的状态。因为我们的话说得突然而没有来由，所以对方的大脑就会陷入空白。心理学的数据也显示，当出现预料之外的事件，或者他人给出意想不到的回答时，人的大脑就会处于一种无法及时应对的状态，会陷入恐慌，无所适从。

因此，化解他人对我们的言语攻击或刻意挑衅，只要适时地采用忽视并岔开话题的方式，就能很好地避开窘境。

例如，"你们竟然卖这种劣质产品给我们！叫你们老板出来！"当客户跑到店里来责难时，你跑上前对对方说："哎呀，外面正在下雨，从车站走到这里来，一定很不容易吧？我给您倒点热咖啡吧？"对方听到如此温柔而且与自己的愤怒言辞完全无关的话语，定会稍稍冷静下来，不再怒气冲天。

在日本运动非常激烈的年代，经常可以看到学生批判教授的场景。许多学生聚集在讲堂周围，对教授们怒声呵斥，目的是要让对方听取自己的主张。

那时曾经有过这样一段小插曲。当大多数教授被学生们的气势所压倒，只是默不作声地低着头的时候，一位教授朝着身边大吵大嚷的学生感叹道："年轻真好啊！""你们看起来真是充满了青春的活力！"……既表现了自己大无畏的精神，又化解了学生们的敌意。

这位教授面对学生们的恶语相向，并没有像其他教授那样低头忍受，也没有奋起反抗，而是采用无视学生们的态度，转移话题的说话方式，使自己保有了尊严，化解了敌意。沉默是最大的蔑视，当你不对对方的挑衅做出任何相对的反应时，那么对方的恶语也就得到了最大程度的蔑视。所以，面对言语挑衅，忽视并岔开话题是使自己摆脱窘境的有效方法。

对于一些情绪激动的人来说，一旦发作起来，就很难自动平静下来，需要一定的外部条件才能使他们有所觉醒。当我们面对这样的人的时候，若是与之针锋相对，吵嚷起来，恐怕不但不会使事情得以缓解，反而会加重事态，给我们造成不必要的损失。所以，这时候，最好是能用避免冲突的和缓的方式使对方平静下来，这将会使我们在对双方造成最小伤害的情况下化解矛盾，摆脱尴尬。

总而言之，适时地将对方的言语挑衅忽视，并转移话题，会使对方在一定程度上冷静下来并意识到自己的失礼，这时候，我们的态度也得到了表明，尴尬的窘境也得到了化解，可以说是在面对挑衅时有效地扭转不友善局面的良策。

面对埋怨，不妨高抬对方

当一个人心有怨愤的时候，往往逆反心理比平常时强烈。在其诉说心中的怨愤的时候，若是遭受到批判，只会加重他心中的怨气，有点脆弱的甚至会感到孤独绝望，造成不可挽回的后果。所以，面对来自他人的埋怨时，不妨适时高抬对方，使对方感到自己被肯定、被尊重，从而化解对方的怨气，同时也使自己避免了陷入窘境。

小周的妻子什么都很好，就是虚荣心太强。有一次，小周的一位好朋友结婚，邀请小周夫妻俩出席。小周妻子就缠着小周要买一顶昂贵的花帽。此时他们家正处于"经济危机"中，小周自然不愿多花这无谓的钱。于是两人争吵了起来，争吵中，小周妻子说："你看人家小兰和小于的爱人多大方，她俩说买，二话没说就给他们买了，哪像你，小气鬼！"小周不愿跟妻子继续争论下去，转念一想，说："那是啊，她们俩有你漂亮吗？她们俩要是有你这么美得冒泡，还用买帽子来装饰吗？"小周太太一听这话，"扑哧"一声转怒为喜，一场争吵就这样化解了。

小周面对妻子的埋怨，并没有大动肝火，理论一番，而是运用高抬对方的说话方式，让妻子的虚荣心得到了一定的满足，顺利地化解了矛盾。

他人对我们心生埋怨，大多是认为我们能力不足或做得不够好。这种时候，适当夸张地高抬对方的某些方面，让对方觉得不是我们不够好，而是对方太优秀、太好了，可以对我们摆脱窘境起到意想不到的作用。

小玲是某百货公司时装专柜的售货员，接待的顾客多了自然也免不了听到抱怨与不满。刚开始时，小玲一点就着，听到这些就尴尬万分，一肚子气，甚至有时候还给顾客甩脸子。渐渐地，顾客自然就少了。这时小玲开始反思了，认为自己的方法确实不对。于是，当再听到顾客的指责、抱怨时，小玲就换了应对的说话方式。这天，一位身材略微有些发福的中年女性来到小玲的专柜，小玲给她拿了几件衣服，试完后感到都不满意，渐渐地也有点不耐烦了，抱怨说："唉，你们这儿就这么几件衣服吗？还是不舍得给我拿出来？"这明显是在指责小玲服务不周，小玲见状，并没有像以前那样与之针锋相对，而是说："哪里，您可冤枉我了。我是看您气质比较高贵，就先拿出了几件比较衬您的气质的，你要是不满意，我再去给您多拿些款式过来，您稍等。"

小玲面对顾客的埋怨与指责，并没有大动肝火，而是将对方抬高，说对方"气质高贵"，并以此作为自己没能让对方满意的原因，想来那位顾客不会拒绝小玲的这一评价，自然也就消了气，小玲也顺利使自己摆脱了窘境。

当人们表达他们的不满或抱怨的时候，心里已经存在一定的怒气了，这时，如果再对他们加以指责，会让他们感到更加的委屈与愤怒。对于女性来说，尤其如此。但是，若能在他人埋怨时把握时机，针对对方的优点将对方高抬，甚至略有夸张也无妨，他们便会感到自己得到了肯定，负面情绪也会随之一扫而光。

老林在市电视台工作，最近电视台策划了一项选秀节目，老林是负责人。老高是老林的好朋友，同时也是传媒界的人。老高知道老林负责的这档节目以后，对于老林没有给他个评委当当颇有怨言。一天，老高见到了老林，向老林抱怨说："你也太不够意思了，早就跟你说过我想弄个评委当当，这么好的机会你却不安排，你什么意思啊？"老林见状，总不能直说老高没有当评委的资格吧？于是和颜悦色地说："我怎么会忘了你呢？只是这种选秀节目太小儿科了，根本显不出档次来，你去当评委会使你在传媒界的威信受损的。放心，有好的机会我不会忘记你的。"

老林面对老高的抱怨，适时将老高身价抬高，既解决了自己的窘境，又化解了老高的怒气，维护了老朋友的友好关系。由此可见，以高抬对方的说话方式，可以很好地达到化解埋怨、摆脱窘境的目的。

夫妻之间难免有磕磕绊绊，吵架拌嘴也是常有的事。这时，面对对方的埋怨，我们可以向上述事例中的小周一样，适时将对方高抬，既幽默有趣，又化解了彼此的怒气。本来小两口吵架就不记仇，一句夸张地将对方抬高的话，就能使彼此破涕为笑，握手言和。

顾客是上帝，商家在面对"上帝"的埋怨时，更得谨慎选择说话方式。将对方高抬的说话方式在奉承、取悦"上帝"的同时，也使矛盾与尴尬得到了化解，可谓一举两得。

老朋友之间，虽然坦诚相见是必需的，但有时候互相赞美也是少不了的，特别是在面对对方的埋怨的时候，把对方进行适当地抬高，对方即使察觉了，也并不会戳穿你的"诡计"。即使戳穿了你的"诡计"，也会谅解你的。

总而言之，面对他人的埋怨时，我们要根据具体情况来选择高抬对方的哪一方面，使对方处于一定的高度，得到一定的满足，从而原谅我们，达到我们摆脱窘境的目的。

自嘲可以收到意外效果

荀子说，言语之美，穆穆皇皇，说的是语言的魅力在于美好而正大。而美好正大的语言，必定是以其充满善意的目的给人以温暖，使人与人的心理距离更近。自我解嘲便是充满了言语之美的说话方式。通过拿自己的短处开涮，带给他人开心和欢乐，会让他人不自觉地对你产生怜爱，觉得你既聪明洒脱又亲切温暖，从而拉近彼此的心理距离，营造良好的人际关系。

自嘲的说话方式可以有很多类别，主要有两种：一种是根据自身的明显缺陷而进行的有事实依据的自嘲，另一种是根据对方所说的话而顺势衍生出的对不一定是事实的"虚假"缺陷进行的自嘲。前者主要是在他人有意或无意但大多数情况下是无意冒犯了我们的时候经常被用到的化解窘境与尴尬的自我解嘲方式。这种自我解嘲幽默而温暖，可以安抚因无心之失而冒犯了我们的人，同时也可以使我们从尴尬之中解脱。而后者则主要是在来者不善的情况下所采用的自我解嘲方式。针对对方的刻意嘲讽等不友善行为，我们采用这种略带戏谑、逢场作戏式的语言，既显示我们对对方的无谓的态度，又能使我们摆脱尴尬。当然，遇到后一种情况的时候，我们也可以选择使用前一种自我解嘲的方式，一切视具体情况而定。

王飞是电视台的一名主持人，因为脸黑、搞怪、乡音重、嗓门大，在电视台显得比较另类，特别是与其他的那些潇洒俊朗、口音纯正的男主持人相比，更是显得有点"不拘一格"。在他担当某次主持人大赛的主持人时，与那些"赏心悦目"的同行一比，王飞显得更"可怜"了。即便如此，他却能使自己成为电视台不可或缺的一名主持人，并一直走到今天，可见他是有他的过人之处的。

在比赛进行时，出现了一个小插曲，一名选手被淘汰出局，想流泪，但还是极力忍着不让眼泪流出来。这时候王飞说："别憋着，哭出来吧！憋着容易把眼睛憋小，我从小就刚强，有眼泪就憋着，所以就把眼睛憋小了。"此话一出，全场沸腾，都被王飞的话给逗乐了。刚说完这句话，碰巧现场有一个灯泡坏了，等灯泡修好，王飞开口说的第一句话不仅化解了这次意外带来的尴尬，而且把现场观众又逗乐了："我一说话，就把灯泡给憋坏了……"话音还未落地，忽然一下又停电了。虽然没过几分钟就来了电，但尴尬总是难免的。这时王飞又扔出了一个自我解嘲的"幽默炸弹"："不能再说了，全场的灯都憋了！"

在舞台上遇到意外是令人非常尴尬的事，王飞作为节目的主持人，接二连三地发生尴尬事件对他来说是个挑战。王飞的外形不佳是他的明显的缺陷，他就以自我解嘲的方式对这些尴尬的事情一一进行了化解，不仅维持了舞台效果，而且给观众带来了出乎意料的欢乐。可见，自我解嘲的说话方式确实可以收到意外的交际效果。其实这也并没有秘诀，重要的是随机应变、随手拈来。

著名科学家爱因斯坦风趣幽默，很受人爱戴。一次，曾由他证婚的一对年轻夫妇带着小儿子来看他。孩子看了爱因斯坦一眼就号啕大哭起来，弄得这对夫妇很难为情，场面也变得有些尴尬。

但幽默的爱因斯坦却摸着孩子的头高兴地说："你是第一个肯当面说出你对我的印象的人。"

爱因斯坦用对自己的形象进行自嘲的说话方式，很好地化解了尴尬。不论孩子是否因为爱因斯坦的形象太过"吓人"而哭闹，这样的哭闹总是会让双方都陷入小小的尴尬之中。爱因斯坦适时地把原因归结到自己身上，并夸赞孩子的诚实，使窘境顺势瓦解，皆大欢喜。由此可见，自我解嘲的说话方式的确可以收到与众不同的谈话效果。

而当我们面对来自他人的不友善的语言攻击时，自我解嘲的说话方式同样可以发挥很好的作用。

著名喜剧女演员卡洛·柏妮，有一次坐在餐厅里用午餐。这时，有一位老妇人走向她的餐桌，举起手来摸摸卡洛的脸庞。当她的手指滑过卡洛的五官时，还带着歉意说："哦，我看不出你有多好看。"如此无礼的行为和语言，在旁人看来绝对是侮辱，拍案而起愤怒反击也不为过。但卡洛却用自我解嘲的方式，既使自己摆脱了窘境，又很好地回击了对方。"还是省省你的祝福吧！"卡洛说，"我看起来没有你好看呢。"

卡洛以"虚假"的自嘲，说出了老妇人的心里话。但是因为卡洛自嘲的话与事实很不相符，旁人只要一眼就可以看出卡洛绝对比老妇人美貌，所以卡洛的话中便带有了浓浓的讽刺意味，使老妇人无地自容。在粗鲁蛮横的侵犯面前，卡洛既保住了尊严，同时又表现出一种豁然大度的宽容厚道之气，不仅在语言上，而且在精神上已然战胜了对方。

总而言之，自我解嘲的说话方式能使自己化解尴尬、摆脱窘境的同时，营造一种和谐的氛围，以我们的宽容豁达和幽默的自嘲给他人带去如春风般的温暖，融化因尴尬和窘迫而带来的冰冷和僵硬。

有时难以启齿的话反而能缓和场面

在每个人心里，都会或多或少地存着自己的一些小秘密，这些小秘密对他人来说或许是无关紧要，但对于自己来说却是"最高机密"，是不可以轻易说出来的。但是，具体情况要具体对待，当我们在谈话中遇到尴尬的场面，使自己陷入窘境时，说出这些平时难以启齿的话所带来的尴尬和窘迫或许能以毒攻毒，化解你正在面临的语言困境。

那么，哪些难以启齿的话能帮助我们缓和谈话的氛围？主要是与正在谈论的尴尬话题相关的一些话题，是一些说出来会使你或多或少感到尴尬的话语。例如，曾经发生在自己身上的糗事、曾经的狂野青春或者不好意思向对方说出口的话。这些事情并不一定是什么了不起的大事，只要能在一定程度上转移他人的注意力，使原先不愉快的场面得到一定程度的缓解就可以了。总之，选择与什么有关的难以启齿的话还是要以造成尴尬场面的话题为根据，对症下药。

职场中，同事之间在聊天的时候，难免会一时无所顾忌，说出一些带有褒贬的话语。这虽然在职场中属于不太好的行为，但人有失足，马有失蹄，难保没有一时大意的时候。这些话若是碰巧被他人听到，我们便不免陷入尴尬，甚至对自己和同事的关系造成比较大的损害，使我们在职场中处于被动地位。若是能用一些说话技巧化解尴尬，挽回对自己不利的局面是再好不过了。这时，说出一些平时难以启齿的话，有时候能起到很好的效果。

小楚是一家公司的小白领，平时工作积极努力，但是升职加薪的事却总是轮不到他。为此，小楚也渐渐地有了些怨言。但抱怨归抱怨，却总不好意思亲自开口向经理提出升职加薪的要求。一天，小楚与同事在休息时间聊天，聊着聊着就抱怨起来，说道："唉，你说说我整天任劳任怨，哪项任务不是又好又快地完成？我有哪里不如那些又升职又加薪的吗？为什么活都是我干，功劳和好处都是别人的呢？"正说着，小楚没有看到，经理早已经站到了他的身后。当小楚和同事注意到了经理的到来，场面已经尴尬地像结了冰一样。这时，小楚恨不得找个地缝钻下去。但，转念一想，索性豁出去了，于是就说道："经理，您来得正好，我一直想跟您谈谈我申请加薪的事情……"经理听了小楚的话，说道："小楚，你的能力是大家有目共睹的，放心，只要你继续好好干，加薪、升职少不了你的。"小楚说："是，是，我一定好好干，您放心经理。"就这样，小楚背后的埋怨所带来的尴尬被自己一直以来不好意思说出口的加薪要求给化解了。

小楚无意间的抱怨被经理撞见，在这种尴尬的情况下，他选择了说出自己一直以来难以启齿的话，以此来缓解自己的窘境。从事例中我们可以看出，小楚也成功地用这一说话方式摆脱了窘境。由此可见，当我们处于窘境和尴尬之中时，一些平时难以启齿的话在这时反而能帮助我们摆脱窘境，化解尴尬。

朋友之间，有时候会开一些无所顾忌的玩笑，说者或许无意，但当事人却或多或少会遭受些尴尬，这时，一些平时难以启齿的话能很好地起到化解尴尬的效果。

一次，阿展和几个好朋友约了几个女孩一起去郊游，女孩中有一个叫小英的，文静美丽，阿展很喜欢她。于是一地向小英献殷勤。几个哥们儿看出了阿展的心思，存心要爆他的料。于是他们对女孩们说："你们知道吗，我们阿展可是个响当当的人物！"几位女孩便说道："看不出来呀，这么厉害。""那是，"阿展的哥们说道，"记得有一次，阿展请一个女孩吃饭，结果最后发现钱包没带，身无分文。给几个哥们打电话求救，结果都有事帮不了他。你们猜他最后怎么办的？他跟女孩说去一下卫生间，其实是把女孩先押给那老板，自己飞奔回家取钱去了。"大家听完，一阵"赞叹"。虽然朋友们是当作玩笑说出来的，但当着喜欢的姑娘小英的面，阿展还是觉得这使自己有些难堪。想缓和一下气氛，于是便说道："你们知道后来怎么样了吗？""怎么样了？"大家好奇地问。"后来，那女孩就和那老板好上了。唉，看来我的失误不是忘了带钱包，而是选错了吃饭的地点。"大家听了，都"哈哈"一笑，阿展的尴尬处境也就顺势得到了缓解。

阿展在面对朋友们的揭短给自己所带来的尴尬情境时，说出其他的一些令自己发糗的情况来化解面前的尴尬，从而使大家关注的焦点转移，收到了很好的交流效果。

可见，有时候难以启齿的话在一定情况下说出来能起到帮助我们化解尴尬、摆脱窘境的作用。所以，在我们遇到一些令我们难堪的场面的时候，不妨试着把平时不好说的话说出来帮助我们化解尴尬。

另外，我们要注意的是，当我们遇到尴尬场面要用平时难以启齿的话来进行化解的时候，要根据引起尴尬的话题对一些难以启齿的话进行选择，若是选择的话题与引起尴尬的话题风马牛不相及，对缓解尴尬场面也是不会起到很好的作用的。从以上事例我们可以看出，当我们遭遇尴尬和窘境时，若是能因势利导，将其加以利用，说不定还能有意想不到的收获，将一些难以启齿的话说出来，解决一些一直未曾得到解决的事情。所以，当我们面临尴尬的场面时，不要只顾紧张不安，要充分利用自己大脑中的信息，选择一些难以启齿的话作为突破口，化解窘境。

用让对方语塞的话扭转局面

在交谈时高谈阔论、妙语连珠的人总是让人羡慕，我们也总是希望自己能做到那样，使自己在社交场合里大放异彩，成为焦点。但，现实总是很残酷，即使是那些被我们所羡慕的侃侃而谈者，也难免会遇到一些令人或尴尬或难堪的一时语塞的情况。要想摆脱语塞的境地，最好的做法是找到能使对方语塞的话语，并全力还击回去，所谓围魏救赵，对方陷入了窘迫的语塞境地，你的窘迫自然就得到了化解。这样一来既能报了你的"一箭之仇"，又能扭转对自己不利的社交局面，可谓一举两得。

让对方语塞的说话方式有很多，但如果要扭转局面，还是要根据具体的情况进行随机应变。最好的方式便是顺着对方的话，将对方挑衅的言辞衍变成让对方语塞的话。

古时有一个秀才，很瞧不起和尚。有一天，他在路上遇到一个和尚，就问那个和尚说："和尚我来问你，秃驴的'秃'字是怎么写的？"这明显是无礼的侮辱！只见秀才用轻蔑和嘲讽的目光看着和尚，等着和尚出丑。那和尚却是不慌不忙，面不改色地回答道："就是把秀才的'秀'字屁股转过来，再往上翘一翘。"秀才一听，出乎自己的意料，一时也找不出什么话来回击，只好面红耳赤地落荒而逃。

和尚的话说得很是巧妙，让秀才无言以对，只好落荒而逃，既化解了自己的窘境，又奚落了秀才，达到了很好的化解尴尬和窘境的效果。

在应对那些通过对比向我们发出挑衅，想以此贬低我们，使我们陷入尴尬的境地对手时，我们可以通过对其言辞进行否定，改变其原来的褒贬含义，以此来还击对方，使自己摆脱窘境。

苏联著名外交家莫洛托夫是贵族出身，他很善于在外交场合应付突然发生的情况。在一次联合国大会上，英国工党的一位外交官向他发难，说道："你是贵族出身，我家祖辈是矿工，我们两个究竟谁能代表工人阶级呢？"这明显是对苏联工人阶级领导的社会主义的挑衅与污蔑。莫洛托夫面对挑衅，不慌不忙地说："你说得对，我出身贵族，而你出身工人。不过，我们两个现在都成了各自阶级的叛徒。"这位外交官一时语塞，无言以对。

莫洛托夫面对对方的诘难，从容地以两人身份的对立关系，以"两人都成了叛徒"进行化解，巧妙地堵住了对方的嘴，使自己摆脱了窘境，扭转了对自己不利的局面。

在人际交往中，那些刻意挑衅，当面跟你叫板让你难堪的人总是有的，所以我们不得不有所防备。遇到这种情况时，可以综合前面所提到的有关说话技巧进行化解。同时，在这种时刻，必须鼓起勇气，迎接挑衅。最好是能做到让对方在语言方面是搬起石头砸了自己的脚，自食其果。

萧伯纳是法国的文学家，他的脊椎有毛病，来为他看病的医师检查过后对萧伯纳说："有一个办法能治疗您的病，就是从你身上的其他部位取下一块骨头来代替那块坏了的脊椎。"说完，这名医师又特意补充道："这手术很困难，我们从来没有做过。"显然，医师的意思是，这次手术的费用也会不同一般。

萧伯纳听了医师的介绍，明白他的意思，但对他这种行为很不满意，于是淡淡地回答道："好呀！不过请告诉我，你们打算付给我多少试验费？"

萧伯纳明白医生的意思，但他却机智地运用了逆向思维，让医生不仅无话可说没有捞到好处，而且还搬起石头砸了自己的脚，以让对方语塞的话达到了扭转局面的目的，使自己占据了主动。

佛教创始人释迦牟尼经过多次的人生选择，终于在菩提树下顿悟，达到超我境界。与他得道的艰苦经历一样，他的传道也远非一帆风顺。

有一次，有个男子用肮脏话谩骂释迦牟尼，打断了他的讲道。释迦牟尼等他骂完后问他："如果一个人送礼物给另一个人，被送礼人拒绝收下这份礼物，那么礼物应该归谁呢？"

"当然应该归送礼的人了。"那男子摸不着头脑地回答。

"好吧，"释迦牟尼说，"那么我拒绝接受你的肮脏话，现在把它归还给你吧。"

可以想象，那位男子在听到释迦牟尼的话之后，肯定是窘迫难当，说不出话来。释尊将对方的侮辱悉数还给了对方，堵住了对方的嘴，使自己摆脱了窘境，成功扭转了不利局面。

从以上的这些事例可以看出，当在人际交往中遇到窘境时，利用让对方语塞的话噎住对方，可以很好地达到扭转不利局面的目的。每个人都希望自己能在社交场合中从容不迫、洒脱大度，但是在现实生活中我们难免会遇到一些尴尬的场面，自己感到不自在，别人也不自在，从而使交谈氛围凝滞。如聊天时无意谈及了别人的忌讳，或者不留心讲了使别人难堪的话，抑或喜欢说大话的人被别人揭露了原型，导致难以收场，这些都是令人感到窝心的社交窘境。面对这些情况，若是能以一些能让对方语塞、噎住对方的话语使对方陷入尴尬境地，那么扭转窘迫的局面就会变得轻而易举了。不论对方是怀有恶意还是无心的玩笑，这一说话方式都能发挥很好的效果。如此，想在人际交往中给人留下洒脱睿智、妙语连珠的印象也就不是难事了。

用"易被拆穿的谎言"化解尴尬

在人际交往中，说谎者最怕的就是谎言被拆穿，因为吹起的气球一旦被扎破，自己就会从空中跌落下来，面对令人难堪的尴尬。而对于处于窘境中的人来说，抛出一个设计好的谎言，尽管有时候这样的谎言看似很容易被拆穿，但是可以让谈话的双方心照不宣，都不去戳破这个谎言，从而达到化解尴尬的目的。

那么，如何运用"易被拆穿的谎言"来化解尴尬呢？下面我们具体通过事例来进行说明。

每个人都有不想让别人知道的隐私，若是在机缘巧合的情况下别人的隐私被你知道，那么对彼此来说都是尴尬的。这时，我们能做的就是假装自己没有注意到对方的隐私，用一个"谎言"来表明我们的立场和态度，既可以解除对方的尴尬，也可以使我们摆脱窘境。这其中最经典的一个案例就是关于酒店服务员面试的一则试题。

一家酒店招聘服务员，经过层层筛选最后进入最终面试阶段的是三名男士。这时，面试的考官问了三人这样一个问题："假如你们去打扫一个房间，一开房门看到一名女士正在换衣服，这时你们要怎么做？"其中，第一位面试者回答说："我会'说对不起，我什么都没有看到'，然后关门出来。"接着第二位面试者回答说："我会彬彬有礼地说，'对不起女士'，然后关门出来。"而第三位面试者回答说："我会从容地说'对不起先生'，然后关门出来。"结果，是第三名面试者被录用了。

第三名面试者的说话方式是用一个谎言巧妙地为对方保住了面子，虽然这是个很明显的、易被拆穿的谎言，但却能在这种情况下很好地维护对方的尊严和面子，同时也可以表达说话者的歉意和态度，可以说是在上述的尴尬情况下最完美的说话方式。

沈龙因为工作业绩突出，年底被公司评为了明星职员，并被送去新马泰游玩了一圈。这沈龙回来后免不了向亲朋好友们吹嘘一下。朋友们羡慕的目光更是成了沈龙情绪的催化剂，不知不觉便让他为自己的新马泰之行添加了许多虚构的东西。但是，当沈龙正在吹嘘自己所住的五星级酒店如何高级的时候，他的一名朋友却指出沈龙去的那个地方最好的酒店也就是四星级，没有五星级酒店。

沈龙这时脸上有点挂不住了，怎么办呢？他灵机一动，继续以更加夸张的口气说道："你不知道，这是刚刚修建的，是泰国公主的私人休闲会所。"接着，他就绘声绘色地讲述了自己与泰国公主的浪漫经历。这下子，所有人都听出沈龙是在说谎编故事了。沈龙也哈哈一笑，表示到："当然是编故事了，不然光讲一些景点多枯燥啊。"就这样，沈龙用一个易被拆穿的谎言为自己化解了尴尬。

当谎言被拆穿，说谎者总是尴尬的。但若是像沈龙那样，将这个谎言继续"发扬光大"，以显而易见的夸大其词来表明自己是故意说一些无伤大雅的谎言来娱乐大家的，这样，不仅不会使大家对你先前的说谎行为感到反感，还会觉得你是个幽默的人，从而达到化解尴尬的目的。

从以上事例中我们可以看出，有时候一些谎言是不怕被拆穿的，就像这种易被拆穿的谎言，反而因为其容易被拆穿，而使我们收获了意想不到的交谈效果。我们在一些特殊的情况下，完全可以用这样的谎言来表明我们的立场与态度，化解彼此间的尴尬与不快。

吴锋为了在参加同学聚会的时候不失面子，所以特地买了一件非常昂贵的西装。参加完同学聚会，吴锋想："这么贵的西装我平时也穿不着，放着也怪可惜的。现在只是稍微有点污渍，不如拿到干洗店洗一下，再退回商场。"于是，干洗了以后，吴锋便拿到商场的男装专柜要求退货。细心的售货员在检查了西装后发现这套西装有洗过的痕迹，但又不好当面揭穿他，于是对吴锋说道："哦，对不起，先生，一定是您的太太弄错了，这套西装已经送去洗衣店洗过了，我们是不能退的，请您谅解。我也有过类似的情况。有一次，洗衣店的人来了，我正在忙着烧菜，稀里糊涂地就把一大堆衣服让人抱走了，大概和您太太的情况差不多。您看，您的衣服上有洗过的痕迹。"吴锋听了售货员的话，无可辩驳，心里倒还有些感激这位售货员，给自己留了些面子。于是说道："哦，那可能是我太太弄错了，不好意思，给你添麻烦了。"

这位售货员在面对顾客不合理的退货要求时，并没有直接说明自己的意思，而是通过一个谎言，给了这位顾客一个台阶下，这样既让吴锋避免了尴尬和不愉快，又让售货员顺利地解决了问题。这个谎言虽然一眼就能被看穿，但是却在当时的情况下给对方留足了面子，让对方心甘情愿地去接受。可见，有时候，一个易被拆穿的谎言能使我们轻松地化解尴尬，摆脱窘境。

有时候一个善意的谎言，会比直言相告产生更加令人轻松、愉快的交流效果。所以，当我们面临尴尬的情景时，要想做到既给对方留面子，又能化解尴尬，我们不妨说一个谎，一个易被拆穿的谎言就可以很好地帮我们摆脱窘境，化解尴尬。

第二十一章

批评口才：
掌握批评的艺术

若真要评判一个人的成绩，那么应该看他们今天比昨天长进了多少，从前的缺点补正了没有，从前未发展的能力和兴趣现在发展了没有。

——胡适，曾任北京大学教授，现代学者、历史学、文学家

批评应做到对事不对人

沟通中既需要热情的赞美也需要中肯的批评，合时宜的批评可以帮助我们总结错误，避免下次再犯。但批评不是为了拿别人出气或显示自己的威风，而是帮助对方认识错误、改正错误，使对方能够积极地把工作做好。可不是人人都能正确地理解他人的批评的，盲目的批评很可能会造成紧张的气氛，使对方产生逆反心理。因此，为了使批评产生积极的效果，批评者需要掌握一定的批评技巧，从而做到对事不对人，这是诸多口才技巧中极为有效的一种。所谓的对事不对人就是在批评他人时，只针对某个人的行为、行动和表现，而不能针对这个人。

人无完人，金无足赤。日常生活中，每个人都有可能出现错误，而如果在犯错的时候，还劈头盖脸地挨一顿臭骂，换了谁也高兴不起来。所以如果身居高位，作为一个领导者就要学会善于处理手下的错误，做到对事无情、对人有义。对事无情是坚持原则，错就错了，要坚决处理；对人有义则反映了善于处理人际关系，做到不伤害他人的自尊，有谋事的手段和头脑。

老曹是某公司的老业务员，一直勤勤恳恳，深受公司同事的信赖，可是在一次很重要的洽谈合作中，他居然哈欠连天，连连打瞌睡，最后让客户非常不满意，觉得这家公司太不专业，最后拂手而去，不欢而散。这个事情发生后，高层震怒，业务经理更是气得七窍生烟，将老曹喊到办公室里骂得狗血淋头。熟料，面色苍白的老曹在这暴风雨般的斥责下，悔恨交加，当场昏倒了。

经理立即让人送老曹去医院，并给他的家人打了电话，还询问了老曹如此萎靡虚弱的原因，原来老曹的父母最近都生病了，双双住进了医院，老曹这么忙上忙下，还熬过几次通宵，因此导致身体虚弱。了解到这个情况以后，经理当场拍板，给老曹家中送了3000元慰问金，并还带了大大小小的礼品。老曹一家感激涕零，对公司的关怀十分感动。

经理摆摆手，有点惋惜地说："老曹啊，不过按照公司规定，你这次造成的损失极其严重，公司决定扣除你今年年底的奖金。"一听到这里，老曹的脸色暗淡起来，经理拍了拍他的肩膀，沉稳地说："公司的制度你不是不知道，我只能按规矩办事，不能有一点例外。不过我可以在制度允许的范围内给你半个月的带薪假，你安排好家里的事情，再回来上班吧。"听到经理这一席话，老曹的眼圈又红了。

过了一段时间，老曹将家中的事情善后了便回到了公司，生活和工作又回到了正规，他又成了那个风风火火的核心员工。看到这一幕，经理心中也由衷地感到高兴。

对事认真，对事无情。经理对于老曹所犯的错误以及连锁引发的恶劣后果的处理，毫不留情；但了解到他家里的实际困难，又体现出自己富有人情味，关心下属的一面。这个故事的道理也适用于我们，比如你的同事、你的朋友有做得不对的地方，你就要从讲原则的角度出发，该批评的就批评、该处罚的就处罚，这样既可以做到一视同仁，也能对其他人起到警示的作用。

某位领导在大会上对几个老迟到的人进行批评，可以有两种说法。一种是针对人而言："我们单位有几个出了名爱迟到的人，这几个人脸皮特别厚，组织上已经三令五申开会不能迟到，可他们偏偏迟到，这种人头脑中毫无组织纪律观念、自由散漫、吊儿郎当，他们的行为危害整个集体……"另一种是对事而言："最近开会经常出现迟到现象，虽说人数不多，但迟到往往浪费大家时间，你等我，我等你，大好时光被等掉了。迟到也往往影响会场纪律，影响其他同志的情绪，希望同志们能重视这个问题，杜绝迟到现象。"

两种批评语相比，显然第二种优于第一种，前者用词尖刻，使当事者难以接受；后者语气比较委婉，既批评了不良现象，又团结了人。在每次的批评中，我们要顾全当事人的面子，不能让他下不来台。很多人会因为这样的举动而增强对领导者的好感，从而改正错误并更加努力地工作。

一个公司正在筹备一场新年晚会，负责人在最后采办物品时将发给大家年终的礼品买错了，顶头上司批评他："本来很轻松就能解决的事情被你搞得这么复杂，这晚会还能不能办？我看要不就算了吧！看你这样的表现，这台晚会的水平肯定不行，我们这样大的一个公司面子都让你丢尽了！"

听到上司这样的批评，负责人感到自己之前的努力全被否定了，在以后的工作中也没有了干劲……这样的批评就是没有针对具体事情，而是笼统地否定了一个人的其他努力。这样往往会造成一个人失去信心，以后再也没有动力去努力工作。严重的甚至会造成一个团队内部凝聚力的下降。

任何人都有获得别人尊重的需要，批评、责怪一个人本身与批评、责怪一个人做出的行为与事件有很大的区别，给人留下的印象也极为不同。例如，一个学生解一道化学方面的题目，由于不小心，将分子式写错了，如果老师批评他："你怎么这么笨，这么小的问题也会出错！"被批评者心里肯定极不舒服。如果老师只针对他写错了分子式这一行为来批评，末了提醒他以后多加小心，被批评者一般会心服口服。

总而言之，为了让批评取得良好的效果同时避免伤害他人的自尊心，在批评时就要做到对事不对人。如果仅仅抽象笼统乱点一通，会让被批评的人弄不懂你的意思。只有对事不对人，被批评者才能知道自己什么地方做错了，并心悦诚服地去改正。

先批评自己，再批评别人

有位哲学家说过："人们在批判社会的时候，往往忘记了自己的责任。"同样的道理，人们在批评别人时，往往也会忘记自己的责任，而这正是被批评者反感的原因。懂得批评智慧的人在批评他人的时候总是先诚恳地进行自我批评，指出自己曾犯过同样的错或对自己责任内的过失进行自我批评，从而引导对方进行自我反省，使对方容易接受他人的批评。

著名文艺评论家傅雷曾说过："批评他人，从批评自己开始。"的确，如果我们可以在批评他人之前先谈一谈自己从前做过的类似错事，一方面可以为对方提供活生生的例证，让他从例证中认识到犯错的严重后果；另一方面也可以带给对方一定程度的认同感，拉近彼此的心理距离，营造出心胸开阔、坦诚相见的良好批评氛围，从而使对方更容易接受。

有个叫约瑟芬的食品店店员，在一次运货时因不小心而使食品店损失了两箱果酱。为此，领导对他进行了如下一番批评："约瑟芬，你犯了个错。但上帝知道，我犯的许多错误比你还糟。你不可能天生就万事精通，那只有在实际的经验中才能获得。而且，你在这方面比我强多了，我还曾做出那么多愚蠢的事，所以，我不愿批评任何人，但你难道不认为，如果你换一种做法的话，事情不会更好一点吗？"约瑟芬愉快地接受了领导的批评，从此做事认真多了。

领导最好首先自责，进而再点出下级的错误，使其有领导与他共同承担错误之感，由此产生负疚之情。这样，在以后的交谈中领导说多说少、说深说浅，下级不仅能承受得了，而且融洽了彼此之间的感情，不至于弄得不欢而散。

1964 年，日本轻型电器业界因受经济不景气的影响而动荡不安，于是松下电器企业公司决定召开全国销售会议。

由于会议中反映出不景气的状况，所以空气中充满了火药味。在 170 家公司中，只有二十几家经营良好，其他 100 多家的经营都出现极严重的亏损。

"有什么意见都可以说出来。"松下一语未了，某销售公司的经理立即冲破水闸般地发泄他的不满："今天的赤字到这种地步，主要在于松下电器的指导方针太差，作为公司的负责人一点都不检讨自己是否有不足之处……"

"我方的指导当然有误，可是再怎么困难也还有二十几家同仁获利。各位不觉得你们太缺乏独立自主的精神，太依赖他人，才招致今天的后果吗？"松下反驳道。

"还谈什么精神、我们今天来的目的不是听你说教，是钱！"也有人这么露骨地反唇相问。

三天十三个小时，松下就站在台上不断地反驳他们的意见，而他们也立即反击，大骂松下公司。就在会议即将结束，决裂的局面即将出现时，情况发生了转折性的变化。

第三天最后一次会见，松下走到台上，"过去两天多时间大家相互指责，该说的都说了，我想没有什么再说的了。不过，我有些感想，给大家讲讲。过去的一切，走到今天这个地步，所有责任我们要共同负责。松下电器有错，身为最高负责人的我在此衷心向大家致歉。今后将会精心研究，让大家能稳定经营，同时考虑大家的意见，不断改进。最后，请原谅松下电器的不足之处。"说完，松下向大家鞠躬。

突然间，整个会场出现了不可思议的现象——整个会场顿时静了下来，每个人都低着头，半数以上的人还拿出手帕擦泪。

"请董事长严加指导。我们缺点太多了，应该反省，也应该多加油去干！"

随着松下的低头，人人胸中思潮翻涌。随后又相互勉励，发誓要奋起振作。

由此可见，自我批评比针锋相对的辩论、指责效果要好得多。

先批评自己再批评别人，可以给人一种同甘苦共患难的感觉，让被批评的人有一种更加愧疚的感觉，认为本来就是自己的错误对方却帮自己担下，大恩不言谢以后要加倍努力工作。自我批评不见得会降低身份，反而会从中提升自我，并且说出的话会让他人更加信服。用自我批评的方式让别人明白"不听老人言，吃亏在眼前"的道理，可以大幅提升批评的效果。

作为长辈或上级，把自己曾经的过错暴露在晚辈或下属面前，目的不在于做自己检讨，而在于以自己的感悟来教育对方。这种借己说人的方法，让我们看到了融自我批评于批评中的魅力与力量。

胡适曾经说过："合群有一条基本规则，就是时时要替别人想想，时时要想想假使我是他，我应该怎样？我受不了的，他受得了吗？我不愿意的，他愿意吗？"所以，任何人在批评别人的时候，都应该首先对自己与别人有一个正确的认识。要想到自己应承担的责任，想到自己的不足。同时，应以理解的态度去看待对方的过失，考虑一下自己在同等条件下是否也会出现过失，不要以一贯正确的口吻去批评别人。尤其是自己也确有或大或小的失误时，自我批评更应该诚恳。正如一位哲人所说，我们只有用放大镜来看自己的错误，而用相反的方法来对待别人的错误，才能对自己和别人的错误有一个比较公正的评价。

经典批评技巧：表扬，再批评，再表扬

相关的研究结果与实践经验都表明，大多数人在听到批评时，总不像听到表扬那样舒服。这是因为，人在本能上对批评都有一种抵触心理，人们喜欢为自己的行为辩解，尤其是一个人在工作中已付出很大努力时，对批评会更为敏感，也更喜欢为自己辩解，以便使自己和他人都相信他是没有错误的。从心理学角度来看，这也是认知不协调的一种表现。即在认识上，人们确信自己是不可能不犯错误的，而在行为上却试图为每一次过失辩解。

为了避免批评产生上述负面作用，减少人们对批评的抵触情绪，保证批评效果尽可能的理想，欧美一些企业家主张使用"三明治策略"，即表扬——批评——表扬。也就是说，在批评别人时，先找出对方的长处赞美一番，然后再提出批评，而且力图使谈话在友好的气氛中结束，同时再使用一些表扬的词语。由于这种方式是两头表扬、中间批评，很像三明治，故由此得名。其实，这种方式也比较符合人的心理适应能力。其优点就在于由批评者讲对方的长处，起到了替对方辩护的作用。对方的能力、为人、工作的努力等方面，有很多可以肯定的地方，批评者如果视而不见，对方可能会觉得不公平，认为自己多方面的成绩或长期的努力没有得到应有的重视，而一次失误就被抓住，大概是对方专门和自己作对。而批评者首先表扬对方，就是避免对方的误会，表明上级、同事对他所做工作的承认，使他知道批评是对具体事而不是对人的，自然也就放弃了用辩解来维护自尊心的做法。

比较典型的"三明治"式，就是标准的三段论。

某领导发现下属写的总结有不妥之处。他是这样批评下属的："小李，这份总结总的来说写得不错，思路清楚，重点突出，有几处写得很有见地，看来你下了功夫。只是有几个地方提法不妥，有些言过其实，有的地方尚缺定量分析，麻烦你再修改一下。你的文笔不错，过去几次写总结也是越修改越好，相信你这次也一定能改出一个好总结来。"

听到领导这样说，小李心想："原来领导看到了我的优点，那我一定要改正不足，更加努力地工作了。"

这种将批评置于表扬中间的批评方式，将小李不足的地方点得既清楚到位又合情

合理，不仅不会让小李产生抵触，还会让他觉得领导对自己充满期望，进而他就会尽最大努力去改正不妥当的地方。

美国著名企业家玛丽·凯在《谈人的管理》一书中说道："不要只批评，同时也要赞美。这是我严格遵守的一个原则。不管你要批评的是什么，都必须先找出对方的长处来赞美，批评前和批评后都要这么做。"用表扬，再批评，再表扬的方式处理批评，就不会使对方太难为情。

1923年，约翰·卡尔文·柯立芝成为美国总统，他有一位漂亮的女秘书，人虽长得不错，但工作时却经常出错。

一大早，秘书走进办公室，柯立芝说："今天，你穿的这身衣服真漂亮，正适合你这样年轻的小姐。"这几句话让秘书受宠若惊。因为这可能是沉默寡言的柯立芝对她的最大夸奖了。但柯立芝话锋一转，又说："另外，我还想告诉你，我希望你的公文能像你一样漂亮。因为你具备让他们变得更漂亮的能力。"

从那天起，女秘书在工作中就很少出错了。

一位朋友知道了这件事，就问柯立芝："你的方法很妙，你是怎么想出来的？"柯立芝说："这很简单，你见过理发师给人刮胡子吗？他要先给人涂肥皂水，为什么呢？就是为了刮起来使人不痛。"

案例中柯立芝采用的就是在批评之前先表扬对方，最后又以表扬结尾的批评方式。柯立芝以表扬为批评营造了良好的氛围，让对方在愉悦的表扬中同样愉悦地接受批评。因为人在听到别人对自己的某些长处的表扬之后，再听到他的批评，心里往往会容易接受。

正面地批评他人，对方或多或少会有一定的压力。如果一次批评弄得不欢而散，对方一定会增加精神负担，产生消极情绪，甚至对抗情绪，为以后的沟通带来障碍。所以，每次的批评都应尽量在友好的气氛中结束，这样才能彻底解决问题。在批评之初以表扬切入，在谈话结束时，再对对方表示鼓励，提出充满感情的希望，就能让他对这次批评当成你对他的一次赞许而不是一次打击，这样会帮助他打消顾虑，增强改正错误、做好工作的信心。

美国著名的女企业家玛丽·凯·阿什在对待员工工作中出现的问题时，采取的做法就是"先表扬，后批评，再表扬"的"夹心饼"批评艺术。这就是说，无论批评什么事情，必须找点值得表扬的事留在批评前和批评后说，决不可只批评不表扬，即加在两大赞美中的小批评的"夹心饼"式批评，这是玛丽·凯·阿什严格遵循的一个原则。她说："批评应对事不对人。在批评前，先设法表扬一番。在批评后，再设法表扬一番，力争用一种友好的气氛结束谈话。如果你能用这种方式处理问题，那你就不会把对方臭骂一顿，要让当事人确切地知道，他们对他的行为是怎样的气愤。主张这样做的人认为，经理应当把怒火发泄出来，让对方吃不了兜着走，决不可手软，发泄过了以后，或许以一句带有鼓励对方的话结束谈话。尽管一些研究管理办法的顾问鼓吹这种办法如何有效，但是我不敢苟同。你要是把人臭骂一顿，那他也必定吓得浑身哆嗦，绝不会听到你骂够了之后才补充的那句带点鼓励的话。这是毁灭性的批评，而不是建设性的批评。"

"三明治策略"犹如糖衣药片，使人先尝尝甜，然后再接受批评，这样心里容易承受。

从"三明治策略"的表达形式看，表扬——批评——表扬，也是符合人的心理适应能力的。人们希望别人的赞赏，表扬就应该在他的心里留下比较深的印象。两头表扬就能起到这种作用。当批评者在诚恳而客观的表扬之后再进行批评时，人们会因为表扬首因效应的作用，而觉得批评不那么刺耳。但是，如果你需要比较透彻地分析他的错误时，表扬的作用可能会被冲淡，批评又会产生比较强的近因效应，被批评者可能会产生一种被戏弄的感觉。

批评≠指责，别把二者搞混

专业人士在管理心理实践的过程中发现，很多组织之所以死气沉沉、机制僵化，组织成员缺乏积极性与创造性，其原因都是批评不当造成的。如果管理者懂得如何应用批评，让批评比赞扬对员工的工作更起到激励的作用，无疑，批评就会起到改善管理不力状况的奇效。

孔子说："闻过则喜。"然而，生活中有几个人能够做得到呢？俗话说："良言一句严冬犹暖，恶语半声酷夏犹寒。"趋利避害是人的本性之一，如果被批评者能真正理解到批评者批评中的好意，他自然会从善如流。然而，批评者往往好心却难以获得好报，原因是那个被批评的人没有真正意识到其中的"好"，反而认为批评者的话对其是有害的。批评是一门艺术，批评也是一门科学。因此，要利用好批评，以利于促进管理的绩效，我们就必然要遵循一定的方法与技巧。

为人处世都要有个"度"，批评下属也是如此。在实际生活中，人们习惯于称度为"分寸"，为人处世要适当、适度，要讲究分寸，过与不及都是应当避免的。被人批评总是心里不舒服的，被人指责也同样如此。批评不等于指责。指责只会让人与人之间陷入恶劣的情绪之中，导致影响理智和判断力。这样的话最好以后不要再说了："我都跟你说过多少遍了？""你为什么总犯同样的错误呢？""我看你真的是无可救药了！"批评的目的在让他人发现问题并解决问题，而不是打击别人，而指责的程度则更深一些，两者有根本性的不同，所以在工作中，切勿混淆。

陈文凯是上海一家工程公司的安全协调员，他的职责之一是监督在工地上的员工戴上安全帽。每次他只要一碰到没戴安全帽的人，就立马很严肃地批评他们没有遵守公司的规定。员工们虽然表面上接受了他的训导，但却感到非常不愉快，常常在他离开后就又将安全帽拿了下来。知道这种情况以后，他又把所有的员工召集在一起，严厉指责他们，并威胁下次发现就进行处分，这样做的结果反而越弄越糟。经过思考以后，他决定改变方法。当他再发现有人不戴安全帽时，就问他们是不是帽子戴起来不舒服，或有什么不适的地方，他会以令人愉快的声调提醒他们，戴安全帽的目的是保护自己不受伤害，所以建议他们工作时最好戴上安全帽。从这以后，遵守规定戴安全帽的人愈来愈多，而且也不再像以前那样出现怨恨或满肚子的不满情绪了。

受批评与得到正式的处分、惩罚毕竟是不同的。最为恰当的批评方式是：在批评时不能一刀切，要分清情况，不要随意批评，更不要严厉指责；要善于发现对方的闪光点，有时哪怕是微小的进步，都应给予肯定和恰当的表扬，使其及时了解自己的进步，从而增强信心，唤起获得成功的愿望，促进他们更好、更快地改正自己的缺点。

当我们发现领导的某些行为有不当之处想要指出时，宜采用曲缓而不是"放大炮"式的指责。

宋朝知益州的张咏，听说寇准当上了宰相，对其部下说："寇公奇才，惜学术不足尔。"这句话一语中的。张咏与寇准是多年的至交，他很想找个机会劝老朋友多读些书。

恰巧时隔不久，寇准因事来到陕西，刚刚卸任的张咏也从成都来到这里。老友相会，格外高兴。临分手时，寇准问张咏："何以教准？"

张咏对此早有所考虑，正想趁机劝寇准多读书。可是又一琢磨，寇准已是堂堂宰相，居一人之下、万人之上，怎么好直截了当地说他没学问呢？张咏略微沉吟了一下，慢条斯理地说了一句："《霍光传》不可不读。"

回到相府，寇准赶紧找出《汉书·霍光传》，从头仔细阅读，当他读到"光不学无术，阇于大理"时，恍然大悟，自言自语地说："此张公谓我矣！"

是啊，当年霍光任过大司马、大将军要职，地位相当于宋朝的宰相，他辅佐汉朝立有大功，但是居功自傲，不好学习，不明事理，这与寇准有某些相似之处。因而寇准读了《霍光传》，很快明白了张咏的用意。

张咏与寇准过去是至交，但如今寇准位居宰相，指责式的批评一定不会取得好的效果，而且传出去还会影响寇公的形象；但批评太轻了，又不易引起其思想上的变动。在这种情况下，张咏的一句赠言"《霍光传》不可不读"，可以说是绝妙的。别看这仅仅是一句话，其实它能胜过千言万语。

无论是批评者还是被批评者，在那种特定的氛围中或多或少都有些尴尬。实际上，批评的真正目的并不在于伤害对方，使其体无完肤、彻底被打败，而是纠正对方的错误。然而，指责的目的是指出对方做得不好的一面并责备他，语言更有分量，指责本着惩前毖后的原则维护制度的权威，不能放弃原则使纪律松弛。不过两者的用词都有讲究，如果轻描淡写地批评或指责，那么语言就没有分量。嘻嘻哈哈不了了之，这也就失去了批评指责的意义；如果说得过重，有可能对对方造成过深的伤害。同样地犯错误，轻重可能不同，所以语言也应随机而变。

怎样批评能够做到批评不等于指责呢？以下是语言大师们多年来总结的一些原则，希望能够帮助你在批评别人时，既能提醒到别人的错误，但又不至于让对方不高兴，甚至因为理解你的批评从而与你的关系更加融洽。

下面是 4 条颇有艺术性的批评方式，对批评者具有较强的启示作用。

1. 请教式

有一个人在一处禁捕的水库网鱼。远处走来一位警察，捕鱼者心想这下糟了。警察走来后，不仅没有大声训斥，反而和气地说：“先生，你在此洗网，下游的河水岂不被污染了！”这情景令捕鱼者十分感动，连忙道歉。

2. 安慰式

年轻的莫泊桑向著名作家布耶和福楼拜请教诗歌创作。两位大师一边听莫泊桑朗读诗作，一边喝香槟酒。布耶听完后说：“你这首诗，句子虽然疙里疙瘩，像块牛蹄筋，不过我读过更坏的诗。这首诗就像这杯香槟酒，勉强还能吞下。”这个批评虽严厉，但有余地，给了对方一些安慰。

3. 模糊式

某单位为整顿劳动纪律，召开员工大会，会上领导说：“最近一段时间，我们单位的纪律总的来说是好的，但也有个别同志表现较差，有的迟到早退，有的上班吹牛谈天……”这里，用了不少模糊语言：“最近一段时间”、“总的”、“个别”、“有的”、“也有的”，等等。这样既照顾了面子，又指出了问题。它没有指名，实际上又指名，并且说话又具有某种弹性。通常这种说法比直接点名批评效果更好。

4. 说服式

作为一个单位的领导者应善于用别人的眼光观察世界，设身处地地替别人着想。在批评别人时，也要产生同感。当自己完全没有责任时，要进行批评，就要考虑对方的实际情况，如能力、环境等对他所犯过失的影响，以及批评者自己在相同条件下可能达到的水平。

同时，需要注意的是，对新员工的要求与老员工也要有所不同，对年轻的领导者的工作失误也不应仅以自己的经验、能力去衡量。而应该承认自己的不足，以己之短，比彼之长，再去批评，对方就会欣然接受这种考虑别人处境的自我批评，便会很自然地缩短彼此的距离，再进一步提出批评，其效果就水到渠成了。

批评是指导他人从错误中走出来的良好方式，我们要利用好这个工具，让它变成助人成功的利器，而非“五指山”一般遏制了他人前进的步伐。我们要将批评变成错误的指路明灯，记住“人非圣贤，孰能无过，过而能改，善莫大焉”，不要让批评变成指责，指责只会起反作用，好的批评才能让人从错误中走出，前往光明大道。

给批评穿上幽默的外衣

批评犹如良药，但有时"苦口"的良药未必能治"病"，却适得其反。苏霍姆林斯基说过："生硬的话语，粗暴的行为，强制的办法，这一切蹂躏人的心灵，使人对周围的世界和自己都采取漠然的态度。"所以，针对一个人的缺点和错误，我们决不能动辄在他面前大发雷霆，而应讲究批评的方法和艺术，善于借错误临场发挥，给批评穿上幽默的外衣，重话轻说，却又一语中的，让对方在笑的同时，深思其内在的含义，领悟其中的道理，在诙谐、愉悦中接受批评，改正缺点。

幽默是让他人接受批评的催化剂。幽默是给被批评者的遮羞布，让他可以在一片欢声笑语中，轻轻松松接受你的批评。运用幽默所涵盖的手法，能收到语言风趣、语意深刻、引人发笑、振聋发聩的效果。

一次，伟大的生物学家达尔文被邀赴宴。宴会上，他恰好和一位年轻美貌的女士并排坐在一起。

"达尔文先生，"坐在旁边的美人带着戏谑的口吻向科学家提出疑问，"听说你断言，人类是由猴子变来的，我也属于您的论断之列。"

"那当然！"达尔文看了她一眼，彬彬有礼地答道。

"我像猴子吗？"美人带点嘲弄地说。

"不过，您不是由普通的猴子变来的，而是由非常漂亮的猴子变来的。"

在这里，达尔文机智、巧妙地揭露了这位美貌女士的无知和自命不凡，善意地进行了批评。

善于批评的批评者，即使批评他人，也能做到"忠言不逆耳"，每个人都乐意接受。就像药丸很苦，但是如果在外面裹上糖衣，就没有苦涩的口感了，这样就更容易使患者一口吞到肚子里去。于是，药物进入胃肠，药性发生了效用，疾病自然也就好了。幽默是一个人的智慧、学识、才华、灵感在语言表达中的表现。使用幽默的语言可以使我们内心的紧张和重压释放出来，化为轻松一笑。同时，幽默也可以成为批评者和被批评者之间的润滑剂。

语文课上，李老师正带领学生朗诵课文，因为是下午课，同学们的朗诵显得无精打采、有气无力，于是李老师想调动一下气氛，正好发现坐在后排的小方趴在桌子上睡觉，李老师灵机一动，说："同学们，你们的朗诵已经把小方同学催眠了。"同学们都把目光投向了小方，在一片笑声中，小方不好意思地抬起了头。李老师用幽默打破了沉闷的局面，激活了课堂，使同学们暂时忘却了疲倦，以兴奋的精神状态重新投入到学习中来。

当学生犯了错误时，老师批评学生的方式是多样的，但最好的方式就是采用幽默式批评。因为幽默的批评常常能使人在发笑的同时，深思其内在的含义，领悟其中的道理。

粗暴的批评不但无法达到让他人改正错误的目的，还有碍于你的人际关系，严重时甚至会毁掉一个人。给批评穿上幽默的外衣往往能有效中和批评中的粗暴因子。在生活和工作中，我们不可能没有批评，但要学会巧妙地批评，让他人既意识到自己的错误，同时也理解你善意批评的意图，使他从内心里对你心存感激。

对于人们来说，生活中的一些训斥、责骂或惩罚都是令人难以接受的东西，而这种苦药如果没有了美丽的糖衣也是苦的，但是后者在加上糖衣之后就感觉不到苦了。如果我们给批评也裹上美丽的糖衣，那么在受批评者心目中就会演变为乐于接受的礼物，这样就可以使批评变得不那么苦涩。

幽默本身是一门艺术，是美感的外在表现，是道德的自然流露，是理智的具体体现，是教师人格美的示范。在批评对方时加上点幽默，便能变被动为主动，收到意想不到的效果。可能有人会问："我平常不懂得运用幽默怎么办？"其实，想在批评他人时发挥点幽默，并不难。一些有趣的双关语、一个暗示性的动作、一则富有哲理的故事、一个形象的比喻……都能起到既点出对方的错误，又不失风趣的效果。总之，在批评他人时记得给人一个台阶，尽量用幽默使你的批评妙趣横生，既精辟入理又轻松愉快，这样才能起到事半功倍的效果。

想用批评去改造对方，有意无意去揭他的疮疤，对方听了当然很不痛快，即使知道自己的错误也不会承认，结果会越闹越僵。只有给批评穿上一层糖衣，对方才会欣然接受。

建议性的批评，让对方更容易接受

批评是使被批评者认识并改正错误的一种手段，恰到好处的批评能够有效地纠正对方的不良行为和缺点，但如果掌握不好尺度。则会使对方失去自尊、自暴自弃。林语堂说："学术上的批评是容易使人进步的，但在处世方面，批评很容易引起人家的反感，很容易闹出乱子。"所以说，苦口良药学问深，作为批评者应该抓住时机，采取适当的批评方法才能药到病除，收到良好的效果。

事实上，大多数人都明白批评别人容易产生摩擦，但是发生错误后如果没有当场纠正，一旦累积到非常严重时才开口，往往容易变成破坏性的批评，批评者语带威胁或言语刻薄，被批评者因而心生反感，批评者又觉得受辱而积怒，造成恶性循环。因此，及时而公正的批评是必需的。尽管如此，批评还要小心，最好是建议性地批评。

建议性的批评是指批评时带有商量、讨论的口气，与被批评者交换意见的一种批评方式。一般的做法是批评者以商量问题的态度，把批评的信息传递给被批评者，与对方交谈时，平心静气，创造一种宽松、愉快的气氛，使对方打消顾虑，与你配合，达到圆满解决问题的目的。

建议性批评强调对方的功劳及可改善之处，而不是借问题进行人身攻击、批评对方个性上的缺陷，以防止对方采取防卫性姿态，听不进忠告。批评时应具体说明问题之所在。同样，称赞对方时也要具体说明，否则对方也不容易从中学习。解决方案：批评时应针对问题，提出对方未曾想到的方向、症结所在以及相应的措施，让被批评者去思考自己的问题。这是解决问题的方式，而不是引起新的问题的手段。

建议性的批评就在于它的目的是解决问题。企业的领导在员工遇到发展障碍或绩效欠佳时，如何与员工进行沟通，还要讲究一定的方式和方法，处理得好，将激励员工发挥出更大的潜力；稍有不慎，不但会打击员工的士气，甚至还会影响到企业整体的绩效。这种情况下，我们就需要建议性的批评。如果是恶言恶语地批评，员工可能不会改正错误，反而会自暴自弃、变本加厉，工作更难以进行下去。

那么，建议性批评应该怎样来进行呢？

首先，就对方的优点和成绩给以充分的肯定，批评仅局限于对方所犯的错误，切忌东拉西扯将一些不相关的事情扯进来。

其次，在批评中传递真诚，否则只会把事情越办越糟。这就要求领导者不论在口气与还是在态度上都要让员工感到你是真心诚意在为他着想。正如中国台湾的台达集团（世界头号电源供应器制造厂商、世界上最大的零组件厂商、世界上最大的计算机业周边产品供应商）董事长郑崇华在一次记者访谈中所说："让年轻人做事就要容忍他们身上的毛病，犯了错误他们会自动改正，如果不是故意犯错的话，我们不会故意惩罚他，因为他自己心里已经很难过了，你就不要再刺激他。"

再次，要尽量采用与当事人私下面谈的方式。在公开场合批评，较容易令对方不自在或有受辱的感觉。私下谈的效果较佳，一方面使对方了解所犯的错误，另外也提供对方说明或澄清的机会。当然，批评时应有同理心，考虑别人听到批评后的感觉。如果以打压或贬损等方式来批评别人，不但不容易被接受，反而引起怨恨、自我防卫与反弹现象。如果有机会让不同专长与背景者，以工作小组的方式为共同的目标努力，将有助于团队。

最后，组织的领导要培养组织形成一种学习的氛围，把犯错误当成是一种员工学习、成长的机会。一个企业，只有在它的大部分员工都在成长和发展时，它才有可能实现真正的发展和壮大。要使批评具有建议性，实施起来并无多大难度，也不会花费企业太多的人力与物力，而它所产生的潜在的、长远的效益是不可估量的，关键就在于企业领导和主管的足够重视和要在实施过程中真正体现对员工成长的关怀。

妙用修辞，给批评多一些修饰

在生活中我们发现，批评者往往心情急躁，容易忽视方式方法。心理学专家的建议是：人们的反应不仅取决于你说话的内容，表达时的语气同样是成功与否的关键。如果语气透露出的是善意而非敌意的信号，别人也会积极地回应你的要求。批评是为了让他人认识并改正错误，你的帮助才能完成。

某人在一家餐馆就餐时，发现汤里有一只苍蝇，不由得大动肝火。他先质问服务员，对方全然不理。后来他亲自找到餐馆老板，提出抗议："这一碗汤究竟是给苍蝇的还是给我的，请解释。"那老板只顾训斥服务员，却全然不理睬他的抗议。他只得暗示老板："对不起，请您告诉我，我该怎样对这只苍蝇的侵权行为进行起诉呢？"那老板这才意识到自己错了，忙换来一碗汤，谦恭地说："你是我们这里最尊贵的客人！"显然，这个顾客虽理占上风，却没有对老板纠缠不休，而是借用所谓苍蝇侵权的类比之言暗示对方："只要有所道歉，我就饶恕你。"这样就十分幽默风趣又很得体地化解了双方的窘迫。

修辞在批评他人的过程中，起着很重要的作用。很多人都知道，修辞是运用语言的艺术，目的在于提高语言的表达效果。它与语法的区别在于，语法管的是语言对不对，修辞管的是语言好不好。修辞要求准确、富有表现力，包括对语言的调整和选择两个方面。但是有很多人都不会用，所以在求人办事的时候往往会因为自己的语言缺少说服力而失败。

修辞方法是制造幽默的"酵母"，使用合适的修辞方法可以使语言风趣幽默、发人深省。

达尔文提出进化论以后，赫胥黎竭力加以支持和宣传，并与宗教势力展开了激烈的论战。教会诅咒他为"达尔文的斗犬"。在伦敦的一次辩论会上，宗教首领见赫胥黎步入会场，便骂道："当心，这只狗又来了！"赫胥黎轻蔑地答道："是啊，盗贼最害怕嗅觉灵敏的猎犬！"

赫胥黎以比对比，巧妙地戳穿了宗教首领的丑恶本质和害怕真理的面目。比喻之功用，在运用已知之材料，以说明未知之事物，或以具体事物来比喻抽象之理论，使条理分明以加深读者印象。比喻所必须具备之条件，为比喻者与被喻者，须有共同点。而其本质须是截然不同者，方能成为良好的比喻。

逻辑方法要求我们具有缜密的逻辑思维能力，能根据一切有关的参考材料，使所有正面的、反面的论证形成一个整体，尤其不要忽略一些重要的细节。

爱尔兰哲学家伊里杰纳任法国宫廷学校校长时，查理二世时常同他开玩笑。一次，查理二世与伊里杰纳共进午餐，两人频频举杯。查理二世突然问他："一个爱尔兰人和一个酒鬼有何区别？"

查理二世的问话是双关语，因为伊里杰纳是爱尔兰人，爱尔兰人的在英文中是 SCOT，而酒鬼则是 SOT，二者发音很相近。查理二世的意思是指伊里杰纳是酒鬼。

伊里杰纳机智地回答说："一张桌子。"意思是说桌子这边是爱尔兰人，那边是酒鬼，反而把查理二世奚落了一顿。

伊里杰纳用双关的逻辑，将"酒鬼"的称号还给了查理二世。在伊里杰纳不否认自己是爱尔兰人就得承认自己是酒鬼的前提下，唯一被对方所忽略的条件就是当时的情景，伊里杰纳就抓住了这一情景，从而还击了查理二世。在特殊情况下，不愿明言指责，运用谐音法可达到委婉批评的效果。

有一次，一位小伙子向老人问路："喂！去索家庄该走哪条路？还有多远？"老人抬头看了他一眼，对小伙子的傲气和无礼很不满意，随口应道："走大路一万丈，走小路七八千丈。"

小伙子听了摸不着头脑："怎么这儿论丈不论里？"老人笑着对他说："小伙子，原来你也会讲'里'（礼）？"小伙子知道自己失礼了，连忙给老人赔礼道歉。

谐音是我们对于批评的语言修辞的一种方式，而批评的话语还要力求简明，最好只用一两句话就使对方明白，然后立即转到别的地方去。不要喋喋不休地列举对方的过错，以免别人老是觉得你揪住他的辫子不放。

修辞的艺术正是批评的艺术，要学会运用修辞为你的语言着色，这样更能让人接受并更具有说服力，进而他才会做出行动帮助你。想要成功，就要运用好的口才，这样方能让你在求人的道路上顺利进行，方能实现你的最终目的。

批评本来就是一种惩罚，一个人犯了错不但要去改正还要接受批评，这样双重的惩罚会对个体的内心造成严重的伤害。实际上改错才是解决问题的根本办法，所以，我们必须要让批评的惩罚力度最小化，妙用修辞使批评的语言听起来不那么不入耳，简单并且容易让人接受。

想让别人听之任之就要会说话，看到他人犯了错，我们需要去提醒他而不是骂他。如果我们在批评和提醒之间画个等号的话，自然就可以降低语言的犀利性，让语言变得温和舒适。错误本来就是一件不可挽回的事情，你不可能在他犯错后让他别犯这个错误，你只能提醒他别再犯同样的错误。故而，在批评别人的时候尽量多用一些修辞，让严厉的批评变成一种善意的提醒。其实，有时候多用修辞也会让你有一种妙语连珠的感觉，既批评了别人也让双方都有了开开心心的收场，何乐而不为呢？

妙侃巧批，让他自惭形秽

波特定律原是经济管理方面的术语，由美国心理学家莱曼·波特提出。本意是指当遭受许多批评时，下级往往只记住开头的一些，其余的就不听了，因为他们忙于思索论据来反驳开头的批评。正因这个原因，在口才交际方面，在批评他人时，就必须照顾到被批评者的心理感受，注意批评的方式，以较为缓和的语气来表达自己的意见。因此，批评他人，宜曲缓而不是直接"放大炮"。

智者通过巧妙的批评方式来实现对他人的批评，会让他人在感激你的宽容与善解人意的同时，更加深刻地认识到自己的错误。委婉的批评可以帮助他人用更短的时间来纠正错误，用更积极的心态来接受进取的洗礼。

有一次，几个属鼠的男同学在期中考试中考了满分，挺得意，有点飘飘然。这种状态被他们的班主任发现了，就对他们说："怎么，得意了？你们知道得意意味着什么吗？请注意今天下午的班会。"那几个男学生猜想：糟了！在下午的班会上，等待他们的准是狂风暴雨！可奇怪的是，在班会上，班主任的批评却妙趣横生，他说："树林子要是大了，就什么鸟儿都有，自然，天下大了，就什么老鼠都有。我就听说过这么一个故事。有只小老鼠外出旅游，恰好两个孩子在下兽棋，小老鼠就悄悄地看。

"它发现了一个秘密，那就是，尽管兽棋中的老鼠可以被猫吃掉，被狼吃掉，被虎吃掉，却可以战胜大象。于是立刻认定，自己才是真正的百兽之王！这么一想，小老鼠就得意起来了，从此瞧不起猫，看不起狗，甚至拿狼开心。

"有一天，它大摇大摆地爬到老虎的背上，恰好老虎正在打瞌睡，懒得动，就抖了抖身子。小老鼠于是更加得意，它还趁着黑夜钻进了大象的鼻子。大象觉得鼻子痒痒，就打了个喷嚏，小老鼠立刻像出膛炮弹似的飞了出去。就这么飞呀飞呀飞，好半天才'扑通'一声掉在臭水坑里！好，现在就请大家注意一下，'臭'字的写法，怎么写的呢？'自''大'再加一点就是'臭'。有趣的是，今年正好是鼠年，咱们班有不少属鼠的同学，那么，这些'小老鼠'们会不会也掉到臭水坑里呢？我想不会，但必须有一个条件，那就是永不骄傲！"

说到这儿，这位班主任还特意看了看那几个男同学，那几个男同学当然明白，老师的批评包含在那个有趣的故事中了。

间接指出别人的错误，要比直接说出口来得温和，且不会引起别人的强烈反感。那些对直接的批评会非常愤怒的人，间接地让他们去面对自己的错误，会有非常神奇的效果。

要学会巧妙地批评，让他人既意识到自己的错误，同时也理解你的善意并心存激。妙侃巧批，能让批评取得意想不到的效果。

清人郑板桥在潍县做县令时，逮捕了一个绰号叫"地头蛇"的恶棍。恶棍的伯父和舅舅（与郑板桥是同科进士）带着酒菜连夜登门求情。在酒席上，进士提出要行个酒令，并拿起一个刻有"清"官的骨牌，一字一板地吟道："有水念作清，无水也念青，无水添心便念精。"郑板桥更正道："年兄差矣，无水添心当念情。"进士听了大喜。郑板桥猛然感到中了计，紧接着大声说道："酒精换心方讲情，此处自古当讲清，老郑身为七品令，不认酒精但认清。"那两人见状，只好告辞。

这里，这位进士巧用谐音求情，而郑板桥却妙用谐音变化，表明了为官一身清、决不徇私情的态度。严厉的批评不能让他人心甘情愿地接受，还容易引起他人的逆反心理，有碍于人际关系发展。

在一次数学考试之后，老师发现班上的女生普遍考得比男生好，就在班会上给大家讲了个故事："昨天我做了个梦，梦见我的老师在课堂上问我，来生当男生还是当女生，我就回了一句，当女生！我的老师就问我，为什么？我说，男生与女生下棋时，要是女生赢了，她就会立刻被大伙称为女才子，要是输了，人们也不会责怪她；可男生就惨了，要是他下赢了，肯定没人说他是男才子，可要是下输了，人们又立刻会说他是个大草包。你说亏不亏？"

听到这个奇怪的梦，大家全都笑出了声，他仍旧从从容容地接着说："不过今天我不说梦，而是要表扬咱们班的女生，为什么？因为她们考得好，超过了男生！这说明，无论下棋，还是考试，女才子特别多！因此，我既要为我们班女生们的胜利而骄傲，也要为我们班男生们的谦虚而骄傲！"哄的一声，大家又一次快活地笑了。

女生们笑，是因为老师在夸她们；男生们笑，则是因为老师的幽默是对自己的一个极巧妙的批评。虽然大家都在笑，但是笑声中暗含的道理，大家已经心知肚明。这位老师和蔼可亲的形象也被同学们牢记在心。

任何一个谈话高手都知道，批评的话最好不超过三四句。批评教育三言两语见好就收，不忘给对方留有一定的余地，而有的人就不是这样了，他们总是不肯善罢甘休，非把对方批得体无完肤不可。

学会妙侃巧批可以减少冲突和不满，让被批评者自己感到惭愧。当我们妙侃巧批我们所收获到的是对方发自内心的理解。批评的最高境界不是把自己气得要上对方觉得这件事就是自己错了，批评得太对了，最终自惭形秽，再不

第二十二章

办公室口才：
职场达人这样炼成

自己生存，也让别的动物生存，这就是善。只考虑自己生存不考虑别人生存，这就是恶。

——季羡林，曾任北京大学副校长，历史学家、思想家、作家

消除同事间隔阂的说话技巧

俗话说，同行是敌人。身处职场，同事之间的关系是非常微妙的。既是朋友，同时又可能是竞争对手，难免会出现误会与隔阂。我们若是要取得更好的工作效果和人际关系，在职场上走得更长远，就必须要处理好与同事之间的关系，消除彼此间的隔阂。

那么，消除同事间隔阂的说话技巧有哪些呢？

第一，便是坦诚相见的说话方式。这虽然不是最好的方法，但在一定情况下却能达到最好的说话效果。

同属公司高层的吴经理和韩主任因为在一项方案上的观点有些不同，在会议上闹了点不愉快。会后，两人也都渐渐地冷静了下来，觉得有些后悔。于是韩主任叫住吴经理，说："刚才我的话可能有点过激，你的观点也有一定的道理，这样，我们再商量商量，想出一个两全其美的办法，你看怎样？"吴经理说："刚才我也是太冲动了，说话有些急躁，欠考虑。好，我们再商量商量。"说着，两人又坐了下来。

吴经理与韩主任不愧是做到了管理层的人，也都不是心胸狭隘的人。有了隔阂，大方地承认分歧并想办法解决是心胸开阔的表现。对于心胸开阔的人，坦诚相见的说话方式是解决彼此间隔阂的最有效的方法，若是采用其他方式的话，可能效果还没有直接说出来的好。但是，如果对于较敏感的同事来说，这种说话方式可能就没那么有效了。所以，对于这种坦诚相见的直接说话方式，还是要根据说话的对象来进行选择，不可对所有同事盲目使用。

第二，幽默的说话方式。幽默是一种最生动的语言表达形式，可以在欢快和谐的氛围中使人们的关系更亲近。所以，在同事之间有了矛盾的时候，幽默是消除隔阂的必备良方。

小李与小夏是公司同一部门的同事，这天，因为工作上的一些分歧闹得有点不愉快，一直不理对方，还影响了工作。小夏的老公姓周，下午茶时间，部门的同事一起聊天，就讨论起了小夏将来宝宝的名字。一位同事幽默地说："简单一点就叫'周一'。"大家齐声说说："哎，这个不错，不错，这个名字还有延续性，一口气可以生七个，从周一到周日。"这时，小夏问："那如果生了第八个怎么办呢？"小李顺口接到："那好办呀，第八个就叫'夏周一'喽！"小李幽默的话语令大家捧腹不已，同时也让小夏和小李之间的隔阂一扫而光。

小李准确的幽默，顺利地化解了自己和小夏之间的不愉快，一举消除了彼此的隔阂，省时省力。可见，幽默的法宝在处理办公室的人际关系方面是多么有效。

幽默风趣的人很少不被人喜欢。所谓"一招鲜吃遍天"，若是能很好地掌握幽默的说话方式，就可以很好地解决许多交际问题。幽默的说话方式与坦诚相见的说话方式有所不同，这一方式几乎可以用来化解跟任何一个同事之间的隔阂。

第三，利用第三方或旁敲侧击的说话方式可以为消除隔阂做好铺垫，然后再伺机解决矛盾。如果矛盾的产生是因为误会，我们可以通过向其他同事解释原因让对方得知，在确认对方听到了我们的解释之后，再找机会给对方台阶，向对方坦白说明，最终达到消除隔阂的目的。

小春与小东虽不在同一个部门，但经常有工作方面的接触。一次，两人因为工作上的事而起了争执，闹得有些不愉快。事后，双方都觉得因为这点小事闹矛盾不值得，毕竟以后还要一起工作，但又不好意思向对方道歉。

这天，小春与小东部门的小何在一起聊天。聊着聊着小春就瞅准时机将自己和小东的矛盾说给小何听，并说道："唉，我当时也有些冲动，一直想向小东道歉，但又拉不下脸来。这芝麻大点的事，硬是闹得我们到现在都互相不搭理。"

小春是故意说给小东听的，因为他注意到小东朝这边走了过来。这时，小何也看见了小东，于是，小何一把拉过小东，说道："这有什么不好意思的，来，我给你们做主了，握手言和了吧！"他二人不好意思地笑了笑，小春说："那天的事，对不起了。"小东说："什么呀，该是我说对不起。"说完，三人你看看我、我看看你，大笑起来。

小春利用同事小何，避免了道歉时的尴尬和不自然，很好地消除了自己和小东的隔阂。可见，借助他人来化解矛盾也不失为一种有效的说话方式。这一说话方式主要是针对一些比较敏感的同事，对于那些大大咧咧的同事则大可不必如此，想必只消前两种方式就可以轻易消除彼此间的不愉快了。

总而言之，身处职场，光有专业技能是不够的，要想在职场中取得更好的发展，还要掌握和同事沟通交流的技巧。当我们和同事因为这样那样的原因产生了矛盾、隔阂后，这种说话技巧就显得更为重要了。无论你从事何种职业、在哪个部门工作，时间久了，同事间产生矛盾与隔阂都是在所难免的，有了隔阂要及时消除才能保证工作的顺利进行。针对对方的性格和特点，可以选择不同的说话方式和技巧来化解矛盾、消除隔阂，营造和谐愉快的工作环境，对彼此以后的工作都会有帮助。

消除同事嫉妒心理的说话技巧

在职场中，当你的能力明显比周围同事强很多时，其中有些人便会自觉地与你拉开距离，因为你的优秀让他们产生了自卑感，他们在羡慕你的同时，可能也会对你的能力和际遇产生嫉妒的心理。更有甚者还可能会暗放冷箭，暗中给你使绊。这时，为了使工作能更好地完成，利用良好的沟通与交流消除同事的嫉妒心理就尤为重要。

那么，怎样做才能消除同事的嫉妒心理呢？

第一，要掌握低调的说话技巧。在工作中能力强、业绩好，自然是值得骄傲的事，也免不了收到其他人的夸赞，但如果别人稍一表露赞许之色，你就马上洋洋得意、喜形于色，却是万万不可取的。

"小江你挺了不起的呀，毕业才一年多就提了业务经理，大有前途！祝贺你啊！"老同学陈希来找小江玩的时候毫不吝啬自己的溢美之词，对小江大肆夸赞。

但陈希只顾夸奖自己的朋友了，没有注意到和小江同一部门的小吴也在办公室。小吴是和小江同一年大学毕业同一年进的公司，但境遇没有小江好，一直没有得到提拔。听小江的朋友这么说，心里多少有点嫉妒小江。

于是小江就将陈希对自己的夸赞全部压在了心里，谦虚地说道："哎呀，你把我夸得也太好了吧？主要是同事们都很照顾我，大家配合得好。来，我给你介绍，这是我的同事小吴……"

小吴听小江这么说，对自己的狭隘也有些不好意思了，便连忙热情地跟陈希打招呼。

小江面对朋友的夸赞，并没有在同事面前表露出得意之色，而是谦虚地选择了低调的态度，将功劳归于同事们的配合，并适时地转移了话题，将小吴介绍给自己的朋友认识，很好地消除了小吴对自己的嫉妒心理。

第二，要适时地赞扬同事，而且要诚恳、属实。每个人都有自己的过人之处，只要善于发现，总能找到他人的闪光点。将高帽带到同事头上，那么我们的优位给他们所带来的不快就能很好地得到化解，从而达到消除对方嫉妒心理的目的。

小叶是名牌大学刚毕业的年轻教师，对新的教育理念有一定的研究，讲课方式亦颇受同学欢迎。这使他在无形中受到那些有经验的老教师的嫉妒。为了改善自己的处境，小李总是在办公室里向各位前辈教师请教经验，例如："王老师，我今天在班上遇见这样一个情况，您经验丰富，能不能帮我分析分析……"、"张老师，有一个学生今天问了我一个这样的问题，你能不能帮我分析一下我这样回答好不好……"，等等，在请教经验的同时，便将高帽给同事戴上。这样一来，小叶的处境就好多了，办公室里的同事们都觉得小叶不像其他的年轻人那样浮躁、张狂，小叶的能力也渐渐地得到了他们的认可。

小叶以老教师们的教学经验为突破口，适时地将高帽给他们戴上，以此减少了小叶带给这些老教师们的自卑感，同时，也让自己的能力得到了他们的客观评价，很好地消除了他们对自己的嫉妒心理。

第三，适当地暴露自己的小瑕疵。有时候有瑕疵的东西比完美无缺的东西更加具有美感，也让人感觉更舒服。人也一样，一些小瑕疵、小缺点会让周围的人觉得你生动可爱、亲切平实，愿意与你亲近。因此，与同事相处时适当地暴露自己的一些不足之处，甚至将这些不足拿来调侃，比找理由和借口掩盖缺点更能得到大家的认同。例如，将自己一些曾经的窘事和"犯二"的糗事拿来供大家一乐，既可以展现你的风趣幽默，又显得你具有亲和力，无形之中会增进和同事们之间的感情。

范先生是公司里的骨干、精英，是公司老总所倚重的人。由于老总很看重范先生，所以范先生在公司难免受到其他同事的嫉妒。范先生为了和同事们维持良好的关系，总是时不时地暴露出一些自己的小瑕疵或曾经的糗事，拉近自己和同事之间的距离。一次，同事们正在聊天，范先生走了过来，大家便有些兴趣索然，都不说话了。于是范先生说道："我听大家在聊饮料啊，要说饮料，我最不喜欢喝橙汁。记得我刚上班的时候，有一天下午，到办公室里就闻到一股橙汁味，后来看到桌子上有杯橙汁，连食堂的榨汁机也跑进办公室了，我高兴地问：'哟，这是谁请客呀？'当时的同事王姐说道：'我啊，喝吧，百分百新鲜，现榨的。'我就一口气灌了下去，然后连声道谢。王姐道：'客气啥，要谢，你得谢小武，要不是他一屁股坐到我的橙子上，把橙子压得都变了形，你也喝不上。'唉，心理阴影啊。"说完，本来对范先生有些抵触的同事们都被他的糗事给逗得哈哈大笑起来，范先生与同事们的关系自然也就更近了一步。

由此，我们可以看出，自我调侃是展现自己职场的低调姿态的一个妙招，合理利用可以达到事半功倍的效果。这样，你的能力和优位便会逐渐得到同事们的认可，同事们的嫉妒之心自然也就随之消除了。

总之，同事之间，当你获得比他人多的东西时，无论这些东西是不是与你的能力相符，总是会容易引起别人的嫉妒的。这时，我们就要合理地运用一些说话技巧，将同事的嫉妒消除，为自己的职业发展扫除障碍，营造良好的办公室氛围。

有利于升迁的说话技巧

身在职场，升迁之事大多是由上司决定的，所以，能否在与上司的交流中取得上司的信任与认可就是我们能否平步青云的关键。那么，在与上司的交流中我们要注意哪些问题、掌握哪些说话技巧才能有利于升迁呢？

第一，在汇报工作时，不要说出带有决定性的结论，而要重点分析客观条件并给出可行性解决方案。

王腾是某市一个建材公司的采销部职员。一天，他从客户那里考察回来，就向经理汇报考察的情况。

"怎么样？那边是什么情况？"经理见他进来就问道。

王腾回答道："情况有些不乐观。我这次下去了解到，这家工厂之所以决定不再用我们的建材，是因为他们找到了一个离他们工厂更近的进货渠道，是一个乡镇建材厂。"

经理听了，皱起了眉头，说道："是这样啊。那你说说你对这件事有什么看法。"

王腾此时早已心中有数，他从容不迫地答道："我认为是这样的，我们公司是全市的知名老品牌，价格也公道，客户主要是因为我们的服务不如离他们较近的那家建材厂，若是我们在送货服务方面加以改善，肯定还能使客户回流，重新订购我们的建材。"

经理听了，紧锁的眉头渐渐舒展，说道："那你说说怎么才能改善我们的送货服务呢？"

于是王腾又说道："我这次下去考察，发现下面有许多乡镇建材厂。我们可以与这些乡镇建材厂建立联系，在每个乡镇找一个代理商，为客户提供送货上门服务，从而打开我们公司在下面乡镇的市场，您看这个办法可行吗？"

经理听到这里，脸上早已阳光灿烂，赞许地说道："小王，你的思路很好，下去考察不仅找出了问题的症结所在，还找出了解决办法，很好啊，你说的方法很有可行性。"

"经理您过奖了，这些都是我应该做的。那经理您忙，我出去工作了。"王腾说。

经理说："嗯，好，你先去忙吧。"

不久，王腾就升任了采销部的主管。

王腾面对经理的询问，回答得从容不迫又有条理，将自己考察所得的情况进行了客观的分析，并想出了可行性解决方案，这是一个员工的责任心和能力的体现。另外，王腾并没有将自己的方法作为最后的决定说出来，而是提供方案，供经理裁夺，最后可行与否还是要经理决定，这就是一种赢得上司好感的说话方式。试想，此时若是王腾当仁不让地说"这个方法绝对能解决问题"、"这是最好的解决办法"等类似的话语，经理即使采用他的意见也可能并不会这么高兴，因为这种替领导做决定的语气，会让领导觉得有越权之嫌，从而对他产生反感。所以，在向上司汇报工作时只需提出客观意见即可，而上司是否采用不要过多干涉，更不要说出替上司做决定的话。

第二，接受上司分配的有一定难度的工作任务时，先表明自己肯定会完成，然后再把其中存在的困难一并指出来。上司交代给你任务是对你信任的表现，你应该抓住机会好好表现。但是面对有难度的任务时，也要让上司对你的难处心里有数。你可以这样说："这个任务涉及的某个方面我还不太熟悉，可能需要某个部门的协助。""我一定尽全力完成任务，但是某个方面存在不稳定因素。"等等，既表明了积极的态度，又表明了事情所存在的难度，这样，你在上司心目中的形象就是稳重而可靠的，也更容易得到上司的赏识。

第三，工作出现失误挨批评时，不要反驳，要坦率承认失误并给出问题的解决方案。人有失足，马有失蹄，在工作中难免会有失误。当因为工作失误受到上司的训斥时，不要找借口、找理由只顾为自己开脱，而是应该适时承认错误，并简要分析原因，重点是给上司一个补救方案。例如，当你负责接洽的一个客户因为你的失误而放弃了合作，上司因此大发脾气的时候，你要说："对不起，经理，这确实是我的责任，我保证不会有下次。另外，这个客户还是有办法挽回的。我是因为给客户的材料上出现了纰漏才使客户不满意的。我会重新整理一份材料，然后联系客户请求他再给我们一次重新洽谈的机会。您看行吗？"这样，上司的怒气想必也会消下去大半，也不会因此而认为你是个成事不足、败事有余的无能员工，从而堵住你的升迁之路了。

第四，与上司进行工作以外的谈话时，要轻松但不能随意。上司也是人，也有七情六欲，平时交往中也可以和上司聊聊闲话增进彼此的感情，加深上司对自己的了解以助自己升迁。但这个谈话内容也讲究分寸，不能太过随意。太过随意会让上司觉得你不够成熟，甚至有些不把他放在眼里。

在工作之余和上司闲谈是不可避免的。但是，在和上司闲谈时要注意一些问题。例如，不要和上司开黑色玩笑、不要主动问及上司的财产收入与婚姻状况、不要主动谈论上司的身材相貌，等等。要根据上司的性格特点选择谈话内容。例如，上司是个慈父，你就可以和上司适当地聊聊孩子的事情。这样，上司在与你闲谈时获得了轻松愉悦的感觉，自然就会对你产生好感。

总而言之，工作能力是我们职场能力的一部分，跟上司交流时的说话技巧也是职场实力的一部分。在努力工作之余，若是在与上司说话的时候注意了上述问题，那么，在职场中平步青云也就不是什么难事了。

处理好和同事的关系

在职场中说话就要注意分寸，遵循中庸之道，不能和同事树敌。那么，要做到这一点，应该怎样把握好分寸呢？

首先，不要和同事发生言语冲突或争吵。工作中若是和同事之间发生了争执，最后导致不欢而散甚至反目成仇，无论事后怎样妥善处理，总是会在心理上、感情上蒙上一层阴影，影响正常的工作交往，为自己的职场生涯平添障碍。所以，在和同事进行交往时，要和气为先，尽量避免和同事产生正面冲突，更不要爆发激烈的冲突，甚至吵架。

某公司的一个部门里有两位职员，工作能力难分伯仲，互为竞争对手，在科长即将调任之时，俩人谁会升任科长是部门内十分关心的话题。但这两个人竞争意识过于强烈，凡事都要对着干。人事变动即将到来时，他们的矛盾已经激化到了不可收拾的地步，言语冲突不断，多次互相指责对方，揭对方的短处。经理及同事们劝都劝不开，最后的结果是两个人都没有得到提升，因为他们在争执中互相揭短，在众人面前暴露了各自的缺点，让领导认为两个人都不够资格被提升。两人不仅因此失去了升职的机会，也失去了彼此之间良好相处的同事之情。

吵架是最伤感情的交流方式，吵一次就伤一次，最后等于为自己树立了一个敌人。所以，在职场中，要尽量避免和同事发生言语冲突和争吵，不和任何一个同事树立敌对关系。退一步说，即使和同事之间没有竞争关系，没有提升的前途问题，而只是彼此看不惯，也不必非说一些撕破脸皮伤人心的话。相互之间有了不同的看法，最好以商量的口气提出自己的意见和建议，语言得体是十分重要的。

其次，不要和同事交谈过深。同事是我们在工作上的合作伙伴，若是掺杂了太多的私人情感在内，不仅会处于一种完全暴露自己的危险之中，还会在工作中不能做到公私分明，从而影响工作。若是遇到特别投缘的人，彼此成为了知心朋友的话，也要注意在交往中分清工作和私交的关系，切不可为了私交而使自己不能在工作上保持清醒的判断。

小孟是公司的会计，是个细心的女生。她和妍妍是同时进的公司，在陌生的城市里，两个刚出来工作的同龄小女生自然就走得比较近一些。虽然不在同一个部门工作，但是平时一有休息时间，两人就跑到一块聊天，俩人的关系也比跟其他同事来的亲密。这天，妍妍对小孟说："小孟，咱们公司关于进材料方面的账目是你负责吗？"小孟说道："是我负责，我整理好了以后主任再进行审核。"妍妍听了说："哦，是这样。小孟，你能不能帮我一个忙……"

妍妍让小孟帮她把一笔材料的款项在账目上给隐瞒过去，虽然这样做违反规定，但因为两人的关系小孟觉得好朋友的忙应该帮，于是就答应了。结果，事情败露，两人都为此付出了惨痛的代价。

小孟因为和妍妍走得太近，相交过深，而使自己将感情因素掺杂到工作中，影响了判断力，从而犯下了大错。由此可见，在和同事交往的过程中，要管住自己的嘴，和同事的交谈要适度，公私分明，不能将工作和生活混为一谈，否则只会使自己在职场中陷入被动。

再次，评论同事时，要客观公正。无论当着某位同事的面，还是在他不在场的情况下对他进行评论，都要保持一个客观公正的态度，既不可过誉，也不可过毁。当然，无论是当面还是背后，评论别人都是一种不太礼貌的行为，如果因为某些原因决定我们必须要评论同事，应该注意使自己的话说得没有棱角，最重要的是客观公正，不要带个人感情。

马良是公司总经理的助理，因为平时说话办事都比较稳重，所以很得领导器重。这天，总经理要确定人事部门的主管职位，拿不定主意，于是问马良："小马，你觉得老王和老张两个人怎么样啊？"马良想了想，说："两个人都是公司的老人了，对公司比较了解，工作能力也不分伯仲。但若是两人放在一起比较的话，老王为人更灵活一些，在人际交往方面比较活泛，而老张则原则性更强一些，对于纪律性要求很高。"总经理听了后，若有所思，连连地点头。

马良针对总经理的询问，并没有做出谁好谁不好的极端评价，而是将两人对比后的各自优点说出来，这样的评价既能给经理以参考，又能避免将来老王和老张知道了心有怨恨，影响自己在职场中的人际关系。所以，当我们不得不需要对同事做出评论时，一定要注意说话方式，不诋毁任何一个人，也不大肆赞扬某一个人，要客观事实，公平判断，否则，很容易为自己招来麻烦。

总之，在职场中，我们要掌握了说话技巧，使自己维持良好的职场人际关系，才不会影响以后的工作发展。

跟很多同事交流时，要照顾到每一个人

在职场中，我们需要接触的人不止一个，有时候往往要面对与很多人一起交流的场面，例如集体讨论、同事聚会、休息时的闲聊等。这时候，人们往往处于一种兴奋的交谈状态，虽然可能会刺激我们发挥出比平时高超的说话技巧，但却也可能因为太兴奋而照顾不到每一位同事的感受。这样就会在无形中为自己和同事间的关系埋下隐患，影响我们在职场中的发展。因此，与同事间进行群体交流时，就要做到使所说的

话照顾到现场的每一个人。那么，要运用怎样的说话技巧才能做到这点呢？

第一，不要和某个人窃窃私语。其实不止是和很多同事交流，即使很多老朋友在一起聊天，也要注意这一点。当我们处于群体交流的氛围中时，若是和某个人窃窃私语，好像两人之间有什么秘密不能让其他同事知道似的，就容易使其他同事自动将你们排除在群体交流之外，甚至渐渐疏远你，从而影响到和其他同事的关系，影响自己的职场发展。

一次，公司的同事们午餐后坐在一起闲聊，小良和小冷也在内。聊着聊着，小良想起了一件好笑的事，就跟自己身边的小冷"亲密"聊了起来，两人还不时发出低低的笑声。这时，一起聊天的张姐看他们这样，就说道："呦，你们亲兄热弟的在聊什么有趣的事呢？说出来让大家一起乐乐嘛！"其他同事也跟着说："是啊，说出来乐乐。"因为小良说的正是在场的一位同事身上所发生的糗事，说出来怕引起误会，所以说："没什么、没什么，张姐，一些无聊的事而已。"同事们见他这样说，也就不再多问，但脸上都有点不高兴，恐怕心里是对他们有了怒气了。

小良在和多个同事进行交流时，不顾其他人的感受，却和小冷窃窃私语，这本就会使其他同事感到不满，再加上他们两人独自偷笑还不告诉其他同事发笑的原因，这就更使其他同事感到嫉妒与不满了。所以，当我们在跟多个同事进行群体交流时，不要主动将自己排除在群体之外，宁可不说话，也不要和某个人单独"私聊"。

第二，带有人身攻击性的语言不要说，善意的语言要巧妙地说。在和同事进行群体交流时，千万要管好自己的嘴，不要什么话都往外说，否则很有可能因为你一句无心的话，伤害到在场的同事。所以，对于一些带有人身攻击性的语言就不要说。例如，同事说到"肥胖"时，你想到了一个很好笑的笑话，但是这个笑话对身材肥胖的人有嘲笑的意味，而在场的同事中就有一位身材比较丰满的女士，那么，这个笑话就不要拿出来说了，以免引起同事的误会，为自己的职场关系带来不必要的麻烦。

对于善意的语言，要使每一位同事都能感受到这份善意，照顾到每一个人，不要因为想表达对某一位同事的善意而无意中使另外的同事陷入尴尬。

第三，自己说话时要尽量用眼睛扫射每一个人，别人说话时要正视说话的人，在我们发言时，不要只盯着某一位同事看，也不要自顾自地闷着头说，要尽量使自己的目光"照射"到每一个人，让群体中的每一个人心里都会想："嗯，他是在跟我说话。"这样就不会使任何一位同事感到受到了冷落。而当其他同事发言时，我们就要正视发言的同事，让他知道我们在认真倾听，以此表达我们对每一位同事的尊重。

江林是公司的业务员，平时工作很积极，很得领导看重，但是和同事们的关系就没那么好了，甚至有些同事对他有些蔑视。造成这种情况的原因就是江林在集体的交流中，无论是开会讨论还是同事聚会，他的目光总是只聚焦在领导身上，从未想过要照顾到其他同事的感受，甚至有时候还会在无形中伤害其他同事。

有一次开会，他甚至不惜中伤一位同事而表明自己有多高明。同事间的闲谈他更是不会加入，就这样，渐渐地，同事们都知道江林是一个眼里只有自己、谄上欺下的自私的家伙，他自然也不会有好的职场人际关系了。

江林在和同事之间进行的交流时，没有照顾到每一位同事的感受，眼睛里只有领导、只想着讨好领导，所以失去了职场中的良好的群众基础。因此，我们在跟同事交流时，无论是否有领导在场，我们都要用自己的眼神照顾到每一个人，让每一位同事都感受到我们的善意与尊重。

第四，察言观色，尽量多听少说。在和多个同事进行交流时，因为我们不能清楚地了解每一位同事的情况，所以，为了免于出错，我们要尽量多听少说，在不得不说的情况下才说，其他时间就做一个真诚的倾听者。这样，虽然不会让我们在和同事的交谈中大放异彩，但也不会让我们承担忽略、得罪同事的风险，从而与同事保持和平稳定的关系。

总之，我们在与同事一起交流时，要做到谨慎说话，巧妙发言，宁可不发言也不要发错言，以免伤害到同事，同时，运用一些说话技巧，让自己在跟同事的群体交流中能照顾到每一个人。

第二十三章

赢得领导好感的口才：
做好领导的左右手

我认为一个团队的领导人本身要有吸引团队成员的能力，俗称个人魅力，必须大气、有判断力，能在关键时刻带领大家打拼；第二，要有一个目标，值得团队成员愿意跟你一起奋斗；第三要有利益期待，保证每个人做到一定程度就得到一定的利益。

——俞敏洪，毕业于北京大学，新东方创始人

领导尴尬时，及时打圆场

领导位居高位，经常是鲜花与拥护同行，假如真的遇到什么尴尬的事情，所产生的羞愧之情只能比普通人要强烈，不仅仅是一笑了之。作为下属，要适时地替领导打个圆场，这是应该的，也是必然的，这会让领导更加喜欢你。假如你和领导在一起，正好赶上领导出现尴尬的局面，你没有出面及时打圆场而是袖手旁观，那么领导对你的印象肯定会大打折扣。

2005 年，北京某公司的李经理率领代表团到韩国参加订货会。韩国企业的总裁专门举行了宴会来招待李经理一行。在双方交谈的时候，当李经理所带的公司翻译在给他复述韩国总裁的话的时候，他正在走神，一时没有听太清楚，当韩国企业总裁问他觉得怎么样的时候，他就随口说了句，"嗯，很好呀，我们很高兴能够认识××总裁……"完全牛唇不对马嘴。对方是在问李经理公司有哪些货物可以推荐的。听了李经理的回答，这位韩国总裁脸马上就阴沉下来，李经理在旁边人小声告诉他的时候也明白过来了，但是就是不知道该如何圆场。

这时，这位翻译就说："两国语言存在较大的差异，完全理解对方的语言并将其全部翻译出来难度比较大，可能是我刚才在听的时候没有把握好整个句子的基调，能不能麻烦总裁再说一遍，谢谢！"

不管之后的结果如何，至少在当时化解了李经理的尴尬。在和对方代表交谈的时

候走神，没有全身心地投入到工作中，这是一个多大的工作失误。翻译及时顶罪、打圆场，将责任转移，适时降低了后果的严重性。

及时替领导打圆场，让领导获得心理上的慰藉，让他将你看作是懂他了解他的人。在领导不知道怎么做的时候，为领导打好圆场，也会让领导欠自己一个人情。公司出现晋升、加薪或者技能培训时，领导第一个想到的人就是曾经帮助过他、给他打过圆场的人。

一天，夏利奉命陪领导去见一批女客户，但是当天北京的交通实在是太堵了。他们虽提前一个多小时出发，但是到达目的地的时候还是迟到了。约定的时间迟到本来就是一件不愉快的事情，更何况这些女客户比较重要，她们掌握着公司20％的订单，领导急得不知道怎么办才好，也不知道该怎样化解双方见面时的尴尬局面。

这时候，夏利想到了她曾经的一个朋友，在一次聚会的时候迟到了半个多小时，见面第一句话就是自己请罪，自罚三杯，结果这帮朋友在起哄的过程中，缓解了尴尬的气氛。夏利觉得这是个好主意，就向领导进行建议。领导觉得也还行，相当于让大家高兴一下，缓解一下气氛。于是就采纳了这个建议。

到达目的地的时候，夏利在双方见面的时候帮领导打圆场，说："各位美女，不好意思呀，都是我不好，今天北京城真的太堵了，不好意思让大家久候了，我自罚，你们说罚什么吧……"这些女客户听了也不好意思再生气了，于是逼着夏利喝酒道歉，在一片哄笑声中，大家很快就忘记了夏利他们迟到的事。经过这件事以后，每次领导外出都会带上夏利，夏利也从一个刚入职的菜鸟逐渐地成熟起来，成了公司的主要力量。

自罚尽管对自己的面子有所损伤，但是在很大程度上化解了彼此面对的尴尬局面。所以说，适当地帮领导打圆场，运用较为幽默诙谐的方式，不但能够保全领导的情面，而且也为自己的前途发展奠定基础。夏利的升迁不是偶然，是她明白领导更重视自己的脸面，特别是有下属存在的场合中。如果在公众场合碰到了尴尬，是十分令人沮丧的事情。这时作为下属就应当站出来，替他打个圆场，随机应变，缓和这种尴尬，让自己在领导心中有更好的印象。

某公司部门经理田某由于办事不力，受到公司总经理的指责，扣发了他们部门所有员工的奖金。大家很不满，认为田经理办事不当，造成的责任却由大家来承担，心里很不痛快。田经理也忧心忡忡，他的秘书日子也不好过。

这时，秘书站出来对大家说："其实田经理在受到批评的时候还在为大家据理力争，要求总经理只处分他自己而不要扣大家的奖金。"接着又说，"田经理表示下个月一定要想办法补回奖金，其实这次失误除田经理的责任外，我们也有责任。请大家体谅田经理的难处，共同努力，将公司的业务做好。"听完秘书的话，部门员工逐渐消除了对田经理的埋怨。

秘书及时对大家的情绪进行调解，让部门员工不再抵触田经理，也开始正常工作。之后又采取了一系列措施，激发了大家的工作热情，很快使大家的不良情绪得到了化解。领导喜欢的是能为自己排忧解难、出谋划策的人，不是见事就躲、将尴尬境地硬推给领导的人。

当领导处于尴尬的时候，及时替领导打圆场。聪明的下属在关键时刻能够挺身而出，在为领导开脱的同时也是在为自己说话，在为自己的事业与前景说话。

领导面前，不只要做得好，还要说得好

工作，不仅要完成得漂亮、出色，还要更好地与领导进行交流与沟通。做好是一回事，说得好又是另一回事，有时候说得好比做得好所起的作用要大得多。当我们顺利地结束一项任务的时候，就希望获得领导的表扬与赞美，但很多时候，由于种种原因领导看不到我们所做的努力，这时候就要靠一张会说能说的嘴来帮助你了。反之，如果只会做不会说，领导不仅看不到你的功劳，还会因为你不会说话而放弃你。

小美是网络公司的美编。工作半年了，成绩做得不错，但是薪水依然没有提高。于是，小美就开始在领导面前有意无意地提起这个问题，上司一直装傻。一次，小美看到办公室其他的同事都出去了，就剩下小美和上司两个人，小美故意说道，这个月的房租又涨了，饭票也涨了……言外之意是，工资什么时候涨呀？

上司笑着说："别抱怨了，好好工作吧！大家的工资都是一样的！"

"是吗？真的一样吗？怎么是一样呢？我好像比其他同事少了好几百块呢！而且他还经常不认真工作呢，为什么别的同事拿的比较多呢？不要以为别人不知道，大家做的工作都是一样的，凭什么拿的工资不一样呢？要说工作经验，我也已经在这里半年了，什么经验没有呀？"上司听了，盯着小美看了一会儿，好像有点质疑。小美觉得自己没有做错什么，一点也不心虚。

事实上，小美做错了。职场上私自询问他人的薪资待遇本身就很难得到领导的认可，小美反而将这一情况情绪激动地讲述给领导，使自己有充分的理由与理直气壮的语气来和领导谈加薪。其实，这些偏激的语言不管是对同事还是对上司说，都逃不开上司的眼睛。他们嘴上虽然不说，心里其实已经在开始为你打分了。因此，在领导面前，不但要做得好更要说得好，但不能信口开河、滔滔不绝地对周围的人抱怨。

俗话说得好，在领导面前永远不要太把自己当回事，哪怕你身上有很多的闪光点、有很多的优点，做得很好，也不能沾沾自喜、随意说话，在领导面前要掌握好说话的分寸与语气，为了自己的事业与前途，改变自己的说话风格，做一个会说话的下属。

小明是公司的老员工，但是工资一直没有增加，他心里也比较纳闷。一天，在和

同事交流的时候，听同事 A 在那边说："现在物价涨得太快了，苹果都涨到 10 多块钱一斤了，但是工资还没有什么变化，这让我们怎么生活呀，上有老下有小的。领导就是听不到我们的意见……"同事 B 也回应着："是呀，物价涨的真快，前几年，房价还不到 1 万 1 平呢，现在连郊区都达到两三万 1 平了，更不要说学区房了，哎……"小明也准备加入到他们的谈论中，也想抱怨关于领导要听取员工的建议这种情况，但是转念一想，自己在公司也工作这么久了，已经产生了很深厚的感情，就对大家说："其实，公司也挺不容易的。金融危机之后，公司的产品出口量降低不少，公司运营也存在一定的难度，我们应该体谅。领导不是不听取我们的建议，而是没有办法对我们的建议作出什么决定。"听了小明的话，大家想想是这么回事，也就不再说了，都继续回到岗位上工作了。

在小明说话的时候，公司领导刚好走到办公室门口，听了小明对大家说的话，很有感触，也对他有了进一步的认识，想把他培养成公司的中层。在以后部门和公司有外出与培训的机会时，领导首先考虑的就是小明。

同是职场员工，不同的语言与语气产生了两种不同的命运。一是像小美那样不知轻重地和上司针锋相对，不受领导欢迎；一是像小明这样的顾全大局识大体，获得领导赏识。由此可见，在领导面前不但要工作做得好，有一定的成绩，也要说得好、说得正确。

工作中和上司说偏激的话，是很不明智的做法。尽管非常生气，但也不要说出来。如果真的发现每个人的薪资待遇不同，不应该用偏激的言语表达出来，毕竟人家是你的上司。你可以以别人的待遇为参考，但绝不能以抱怨的方式向上司提出要求。

穆阳在职场上一向如鱼得水，工作比较顺利。一次，他带领着团队奋斗了一个多月，终于将

一个很棘手的项目搞定。领导看到他们做出来的成果，说："嗯，不错，再接再厉，你们做得不错，公司是不会亏待你的。"

穆阳本来有向领导要提薪的打算，听到领导这样说，也就顺水推舟地对领导说："王总，我希望能够在我下个月的口袋里得到体现……"

王总听了穆阳的话，回之一笑，说："没问题，一定的。"说完就笑着走开了。下个月开始，穆阳的工资真的提高了。

同样是想让薪资提高，不同的说话导致了不同的结果。气势汹汹地和上司提薪资，结果使得双方都不愉快。平静幽默的说话却让领导心甘情愿地把自己的薪资提高，这足以说明在领导面前，说得好比做得好发挥的价值要大。

要想获得领导的认同与赞扬，不但要有一定的工作成绩，更要具有说话得体的本事。甚至有时候说得好产生的影响比做得好具有的作用要大。说话是一门学问，尤其是在领导面前，更要三思而后行。

如何让领导听进你的意见

不论你和领导的关系如何好，领导始终是领导，总是想要对所有的事情拥有绝对的决定权。作为其部下，如何向领导提建议，并让领导采纳与接受，而且不会产生反感情绪，这就是对个体语言运用水平的考验。在对领导提出某些要求或者建议的时候，应该用商量的语气，让领导觉得最终的决定权还是在自己手中。

小惠是一家化工公司的财务，坐在办公室与数字为伍，但是和她的专业并不一致。小惠觉得有点不值得，也不是自己所感兴趣的，想换个职位。于是在一个上午，她瞄准老板在办公室没事干，敲门走了进去。老板看到小惠走进办公室，就说："小惠，有什么事吗？"

"老板，我有个小小的要求，不知您是否会答应？我……我想换个环境，想到外面跑跑，可以吗？"

"可你对业务不熟，你想跑什么呢？"老板面有难色。

"业务不熟我可以慢慢熟悉。如果老板能给我这个机会的话，我会好好珍惜，一定不会让您失望。"

接着小惠又说："我想换到公关部，可以吗？而且我的朋友大多数都在媒介行业，还可以借助他们的力量，对公司进行宣传……"

"嗯，既然这样，你就试试吧，到时候可是要看你的工作业绩的。"

"好的，老板，我一定不负您所望，谢谢老板！"

小惠笑着离开了老板办公室，也成功地进入公关部门工作，贡献了一份力量。

在对领导提建议与意见的时候，不能语气强硬地进行要求，而应该运用商量的语气进行询问，将决定权放在领导手里，不能自己先做了决定再去上报给领导，最终的决定权始终在领导手里。

由于对领导的畏惧，一些想说的话不知道该怎么说，这时候，你要怎么办？一定要说，并不是要不分场合、不分对象进行讲述，尤其是在和领导说话的时候，要想让领导接受你的建议，就要在提意见的时候兼顾一下领导所在的位置。

李先生是一家知名外企的总经理助理。他的顶头上司王总是搞学术和技术出身，对企业管理

运营不熟悉，又喜欢干涉技术部的事情，将管理弄得很混乱，大家都很有意见，但是敢怒不敢言，使得李先生和其他团队出现了很大的沟通困难。

面对这一情况，李先生决定向王总讲述这种情况，就对王总说："其实真正的领导权威含有两个方面：技术权威和管理权威。您是技术上的权威，这是毋庸置疑的，但是在管

理层面由于经验较少，相对较弱，这是要提高的方面。"王总听了，陷入了深思。

李先生考虑了王总所处的位置，并联系了实际的情况，最终获得了成功。之后，王总将主要精力放在了企业其他层面的管理，如人事、财务与营销等，逐渐地让企业运作走向正轨，得到了快速发展。李先生的职业生涯规划也越走越顺。

所以，在对领导提建议的时候，要想得到领导的认可与接受，不但要采用商量的方式，还要考虑领导的立场，维护其权威，让领导觉得你的出发点是善意的。而且，这种方式比较温和，不会发生较大的冲突，能够考虑到领导的尊严，很容易被领导者所采纳。

要想成功与上司交手，了解他的工作目标和其中的苦衷是极为重要的。有些人说话过分夸张，事关领导的尊严与权威，一时尺度掌握不准，容易被领导误以为心怀不满、另有所指。因此，下属在和领导说话的时候一定要注意自己的语气，语气尽量和缓，显示自己的诚恳和尊敬之情。

小李是某公司的程序设计员。一天，由于一个软件的价值问题和他的上司发生了争执，双方始终不能形成统一的意见。小李说："我认为这个软件最大的价值在于其算法比较独特，能够运用不同的模型进行建构。你的算法存在一定的缺陷。"这时上司就说："你的算法也存在不同，在语音识别方面效果不佳，因此，你就不能说我地算法是不可以的……"

公说公有理，婆说婆有理。小李始终语气坚决地和上司争论，两边都没有妥协的倾向。

其实，如果小李语气平和一些、措辞委婉一些，小李的意见就可能会被采纳，至少会被领导考虑。因此，在和领导说话，让领导接受自己的意见的时候，要以对方的立场进行考虑，为领导设身处地地着想，要顾及领导的尊严。

身在职场，要记住这样一个道理，那就是无论怎样，你的一切都操持在上司手中。在向领导提意见的时候要注意采用商量的方式，从对方的立场运用温和的语气，这样效果会更好。如果双方过分争执形成僵局，不但领导不会听取自己的建议，反而会造成恶劣的结果，随时都会被解雇。因此，要想领导听取自己的意见，一定要注意自己说话的语气，不能强硬，要采用商量的语调，让领导觉得自己的权威没有受到损害，自己仍然掌握着最终的决策权。

如何与领导谈加薪问题

薪资始终是员工最关心的问题，每个人都希望自己的工作和薪资成正比，但是有的时候这个愿望并不总是能够实现的。如何向领导提出加薪要求，是采取直截了当地提出加薪，还是委婉地表达自己的要求，其中的说话方式关系到加薪是不是能够成功。如果提法不合理，不但自己加薪不成，反而会引起上司的反感，影响自己在公司的发展前途。

在向领导提加薪要求的时候，可以采用幽默的口吻来说，通常三言两语、轻描淡写的三两句话就把加薪的要求给说了，表达了很深、很广的含义。幽默的语言，能让领导感觉心情愉悦，这时的他也会比较愿意和下属交谈。如果要向领导提出加薪的要求，说话语气幽默的话，获得满足的几率会很大。

在向领导要求升职加薪时，一定要注意方式方法，尽管没有提出加薪要求，或者时机并不成熟的时候，也不能消极地对待工作，说些对公司不满的话。

丁玉大学毕业后在一家外贸公司上班，因为是第一份工作，她工作很努力，也获得了领导的认可，并受到了领导多次的表扬，但她一直没有等来升职加薪。一天，她知道和她同时进公司的女同事的薪资已经是她的三倍了，而且大家工作表现都差不多，心里很不高兴。

一次，在同事聚会的时候，她就把这种情况向另外的同事说了："大家都是同时进公司的，工作表现都差不多，为什么她的工资是我的3倍呢，这里面存在什么猫腻呢，谁知道呢？"说完这些话，其他同事都一笑了之。

不久，领导听到了这些话，就让丁玉到她的办公室，这时的丁玉开门见山地表达了她的不满："为什么大家工作表现差不多，薪资差别会这么大呢，况且那个同事的工作整体来说还没有我做得好，是不是我也消极一点，做成她那样，也会得到较高的薪资？"她还要求上司给他加薪，否则她就辞职。可上司并没有理会她的要求，她因此对工作失去了热情，开始敷衍应付起来。大约过了一个月的时间，领导将她的工作移交给了其他员工，丁玉也觉得再做下去没什么意思，就辞职了。她之后找到的工作也遇到这种情况，尽管工作业绩不错，但很难获得加薪。

其实，根据按劳分配的准则，做出一定的成绩也必然会获得相应的报酬，当你付出了辛勤的劳动，你就应该从领导那里得到应有的报酬，要勇敢地向领导提出加薪的要求，但是要采用合适的方式，让领导能够心甘情愿地给你加薪与升职。

像丁玉这样的情况，会经常出现在职场上。加薪是职场的重要问题，纵然不是唯一的目的，也是至关重要的。因此，下属在要求加薪的时候，往往会感到极度尴尬和紧张，不知如何开口，担心薪资没有升，反而让领导不愉快。

小丽是公司的老员工，工作业绩一直不错，也得到了领导的认可，但是薪资和以前相比并没有多少提高，职位也一直保持不动。这时的小丽有点不甘心还在这个岗位上，还拿这么少的工资，就想提出加薪的要求，但是直接去提又有点担心，怕领导反感。一天吃饭的时候，小丽正好看到领导朝这边走来，就不经意地对另一个同事说："唉，今天有猎头公司的人给我打电话了，问我要不要换个公司与职位，这样可以拿到高薪。你看我要不要趁机向领导提出加薪申请呢，现在的工资水平在同行业里已经很低了。"另一个同事也说："咱们公司的薪水好像不高，不少人想走呢！也不知道什么时候公司能够增加工资呢？"领导听了这句话，也陷入了深思。这些人都是公司的骨干，如果这些人辞职了，虽然可以招聘一些新人，但是让其熟悉公司业务开展工作还需要一定的时间，况且这些人在公司待这么久了，工作能力又比较优秀，是时候升职加薪了。最后，小丽既提高了工资，又获得了高职。

在对领导提加薪的要求时，可以采用侧面敲击的方式来打探领导的意向，让他间接地对此要求加以考虑，实现加薪的目的。当然也会存在领导假装不知道的情况，置之不理，这时下属就应该采用直接的方式，向领导提加薪的请求。

向领导提加薪，是一门艺术。提得好不但能够获得升职加薪，还能得到领导的重用；提得不好，就会引起领导的不满，甚至还有失业的可能。可以采用幽默的语言，用最简洁、最明了的语言向领导表达出自己的意思，也可以采用旁敲侧击的说话方式。

如何向领导打报告

身在职场，肯定会遇到各种各样的问题，会对领导提出要求，为了公司发展得更好，向领导提出自己的建议与看法；为了自己能够升职与加薪，向领导提出一定的请求；为了更好地提高团队的工作绩效，把周围同事的表现告诉给领导，让领导能够针对具体的真实的情况进行调整与改进，这就是所说的向领导"打报告"。但是如何将这个"报告"打好，需要一定的说话技术，也需要一定的技巧。

丁香是一家公司的经理助理，工作努力，也获得了经理的认可。一天，经理看到只有丁香一个人在办公室，就对她说："丁香，你觉得现在工作得怎么样，其他的同事表现的怎么样，这个月的工作绩效没有上个月的高，具体的原因你认为在哪些方面、应该在什么地方进行调整……"丁香听了，知道经理是想让她说说各个同事最近的表现，好知道他的部下都在做什么。这时的丁香就陷入了困境，不说吧，经理在等着听；说吧，又好像在给经理打"报告"，将同事的表现告诉给经理。况且世上没有不透风的墙，总有一天同事会知道的，那时候该怎么和同事相处呀。

灵机一动，丁香于是这样对经理说："经理，这段时间为了这个项目，大家没事的时候都自觉地来公司加班，一些同事经常加班到晚上9点多，你看这几天，小李、小王都瘦了一大圈，小吴也是，周六还会加班赶进度，大家都挺努力的。"丁香接着又说，"上次，孙姐的父母过来要让她陪着去逛天安门，她都把这个安排给了老公，她自己来公司工作……"听了丁香的话，经理心里也有些明白了。对于她说到的这些人表现都比较好，对于那些没有说到的人用"大家"这个模糊的词语来说明，经理心里明白，其他的同事也没有指责丁香的理由，可谓是比较巧妙的向领导打了个"报告"。

在向领导打"报告"的时候，可以采用委婉的话语来说，用一个大家心知肚明但又没有明确挑明的话语来说，既达到了向领导打报告的目的，也可以让自己在和同事的相处过程中不受影响。

在向领导打"报告"的时候，要抓准一定的时机，把握有利的场合，如在刚刚完成了一项艰巨的任务，刚刚突破了某种推销"瓶颈"，刚刚引进了某种足以令公司节省大量开支的生产方法或生产工序的时候，在举办庆功宴的时候提出一些意见，这样不但不会遭到领导的"另眼相待"，不会引起领导的反感，还能让领导觉得你做事比较灵活、懂得随机应变，可以应对其他一切可以处理的问题。

洪雨毕业于复旦大学，现在香港一家大公司任职，主要是做会计审计工作，工作比较忙，常常加班到很晚。但是公司有一项制度是不管加班到多久都要准时上班，迟到一分钟都不行，如果迟到了，要按照一定的比例扣除当天的工资作为惩处措施。洪雨觉得这个制度一点都不合理，但是也没有机会去找领导谈。

终于在项目结束，整个团队的组员一致决定拉上领导去庆功，在酒桌上，洪雨觉得这是个比较好的机会，就私下对领导说："李总，小红等都在私下了议论呢，说我们每天都加班到很晚，回到家的时候基本上都是晚上 12 点或者凌晨了，每天早上还要那么早来上班，身体扛不住呀，经常这样的话，铁打的人也经不住，大家都有想换个岗位的打算了，经理，你说怎么办才好呢？"

洪雨的一席话，就将自己觉得存在的问题和其他同事的意见报告给了领导，将自己和同事的抱怨报告给了领导。这种场合气氛比较愉快，一般来说，领导也不会刻意地去反驳，对于其他同事也不会存在很大的影响，可以说在这个时候向领导打报告，说一些话还是有利的。

第二天上班的时候，团队负责人发了个通知，如果第一天晚上加班到比较晚的时候，第二天 10 点前到单位就行。洪雨的报告就打得比较成功，不但为自己争取到了福利，也稳定了团队队伍，一举两得。

在向领导打报告的时候，一定要表现出是从公司的角度出发，是为了公司的利益才说的，这样会在一定程度上减少领导对你的负面评价，免得让他觉得你是个扰乱同事关系、破坏工作气氛的人，因此在向领导打报告的时候，要表现出对公司的忠诚与认可。

谢云是一家高科技公司的管理培训生，一直在各个岗位进行轮值培训，经过一段时间的工作，对公司的情况有了一定的掌握。有一天，他的直属上司问他："小谢，你觉得最近工作怎么样，各个部门合作水平如何？"作为一个新人，小谢知道不能开门见山地指出本部门与其他部门的不足，尤其是在这个领导做事风格自己还不太清楚的时候，于是，小谢就说："经理，通过这次轮岗，的确看到了各个部门存在的一些问题，比如会计部在整理各种票据与凭证的时候比较混乱，常常需要四处去寻找；在行政部门的时候，时间安排可能不太合理，有时松紧度不一……"小谢仅仅将其看到的普遍情况说了一遍，没有指名道姓的。其实小谢心里明白领导的意图是什么，他是想知道每个人的表现，但是在当时的情况下，小谢不能也不会那么做。

虽然小谢没有按照领导的心思将其想听的话说出来，但是在其讲述过程中极大限制地表现出了他对公司与部门的忠诚，是从提高公司与部门的工作效率这个角度出发了，在某种程度上缓解了领导对他存在的意见。

如何向领导打报告，是一门艺术，也是一种能力。可以运用委婉的语气回答领导的问题，也可以在一些愉快的场合用非正式的语言讲述自己与同事的抱怨，在对领导打报告的时候，一定要表现出对公司、部门与领导的忠诚与认可，这样会收到意想不到的效果。

灵活应对领导对你的不满

在长期的工作交流和合作中，由于身份地位的差别，领导和下属肯定会存在一定的摩擦，对同一事情存在不同的看法，这时候领导和下属就可能会出现言语上的冲突与矛盾。一旦处理不好，下属的职业生涯就会受到影响，甚至前途未卜。

和领导关系不好，也会影响自己工作的情绪，影响自己的工作效率。那么，如何处理领导对下属的不满，关键在于下属怎么说、以什么样的方式来说。聪明的下属一般都会用幽默的语言巧妙提出自己的看法，从而成功化解领导对自己的不满情绪。

李洋是公司市场方案的主要策划人，在一次公司策划案讨论的时候，经理与李洋的意见出现了不一致的情况。刚开始的时候，李洋还据理力争，坚持自己的观点，令经理对他有些恼怒，双方一下子陷入了僵局之中。后来李洋意识到对方是领导，而当众反驳领导是不对的，于是决定主动化解这场矛盾，把领导对自己的不满降到最低。

他笑着对经理说："经理，我仔细考虑过了，俗话说，不管黑猫白猫，抓到老鼠的就是好猫。这个策划案说到底是为了公司的发展考虑，而且照目前来看，您的提议才是最好的，才是那只最好的猫呀。"经理一看自己的提议得到了认可，而且李洋运用的比喻还挺有趣的，就笑着说："李洋，其实你的方案也不错，具有一定的可行性，那我们再考虑一下吧，可以将两者的长处进行综合，可能达到的效果更好。"

在领导对自己产生不满的时候，李洋运用幽默的语言成功地让领导消除了对自己的不满，既让自己的方案得到通过，又避免了和领导发生冲突。在职场中，我们常常会碰到各种各样的矛盾与难题，这就需要我们妥善解决。在领导对自己不满的时候，可以用幽默的语言转移话题，让领导有尊严与面子，让领导觉得自己是被尊重的。

在工作中，我们可能会在无意中得罪领导，我们自己可能没有意识到，但有些时候是"说者无意，听者有心"，一些自己看来并无恶意的话语，可能在领导的心里会产生不一样的感觉，也会导致领导对我们的不满。这时候就需要我们采取一些有效的对策，在话语间积极挽回不利的局面。

大学毕业后，罗杰被分配到某工厂。一次，在与车间主任闲聊中，罗杰随意地说道："我大学期间，曾到一家单位实习，那家单位的技术力量太弱了，只有几个专科生……"

不料，这个车间主任的学历也只是专科而已，听到罗杰的话后，他冷冷地说道："是吗？没想到你知道得还真多。"主任说完转身就走了，罗杰愣在那里不知所措。后来才知道，这个车间主任认为他在指桑骂槐，以为说的专科生就是指他，于是心里很不满，在今后的工作分配中都对罗杰采取一些措施，把他分到不好的工种，指标定得也很高，几乎没有提职的机会。罗杰知道这是自己那次说话得罪了领导，心里很担心，就想着找车间主任解释一下，告诉领导自己当时并没有想那么多，就是对一些现象发表了看法。但又转念一想：主任生性多疑，弄不好反而会越描越黑，在以后的工作中慢慢表现吧。

从那以后，罗杰对车间主任表现出很大的尊重，见面就跟主任打招呼，还经常跑到主任的办公室向他请教："主任，这个问题我不是很清楚，您能给我指点指点吗？"主任看到罗杰的态度还不错，在之后的工作中，罗杰有什么问题的时候都会向车间主任请教，一段时间之后，车间主任认为罗杰当初说那话的时候并没有针对自己，也就对他不像之前那样了。

当领导对自己存在不满情绪的时候，我们要主动去化解，不能选择一味的等待。不管谁是谁非，无论从哪个角度来说，让领导对你产生不满都不是一件好事，当出现这种情况的时候，要主动想办法去挽回局面，用自己的诚意和话语缓和这种情况。

要及时地和领导进行沟通，让领导明白你的真实意思，向领导做解释，表明自己希望继续得到领导的关心和指导。要在较为宽松的场合，用委婉的方式将自己的看法告诉领导：是自己一时冲动考虑的并不周全，还希望领导原谅。

小君是公司的开心果，说话大大咧咧。一次，公司市场部调来了一个新领导，看起来比较严肃。介绍完新领导后，大家都回到了自己的工作岗位上，小君就对同事说："原以为会来个年纪比较大的，显得成熟一点，没想到新领导这么年轻……"小君说这话的时候并没有什么别的意思，只是想说新领导年纪不大，但是被恰巧过来的新领导听到了，其很不舒服，但还是面带笑容幽默地说了一句："你这是在嫌我年轻，没有经验，带不好你们吗？"于是，在之后的工作中就对小君百般指责，对其工作要求非常严，一点小小的差错都数落上一个小时，而这种情况也没有在其他同事身上发生过。

于是，小君开始在自己身上找原因，开始回忆自己在什么地方得罪过这个新领导。但是自己刚来不久，和新领导还没有什么接触。这时，旁边的同事就对他说："小君，我觉得可能是领导刚来的时候，你说他比较年轻的话让他误会了。"小君想了想，可能是。于是就到领导办公室将话说开了，小君说："经理，您可能对我有意见，可能是我最初说您比较年轻让您误会了，您可能觉得我说这话的时候认为您没有什么经验，不能很好地进行团队管理。我当时真的没有想这么多，只是看着您真的很年轻。我性子比较直，看到什么就说什么，您别往心里去……"

不管最后领导怎么处理，小君都在努力消除和领导之间的矛盾。运用合适的话语，在适当的时机和场合，诚恳地用话语向领导挽回不利局面，减少领导对自己的不满，职场工作也就会比较顺利。

敢于向领导承认错误

人非圣贤，孰能无过。身在职场上，特别是工作过重、精神不佳、压力沉重的时候更容易出现错误，这时候该怎么办？是不断地隐藏错误，还是勇于向领导承认错误，这考验的是下属的品质，更考验的是下属如何运用合适的语言将错误进行承担。

在工作上出现失误以后，不要撒谎否认，或者将责任推到其他同事身上，这不是一个合格的职场人做的事情。如果我们能在犯错之后正确地面对，对于提升你的形象，对你日后的交往会有很大的帮助。

小李刚刚大学毕业，没有社会阅历。他所在的公司是一家知名的外资企业，一次，领导安排小李去订新闻发布会的场地，至少要容纳200人。小李联系了几家，也没有找到一家合适的。在之后的一个电话联系中，发现了一个可以容纳150人的场地，对方说如果挤挤的话，200人是没有问题的。小李信以为真，也没有再去找其他场地，就认为把这项工作完成了。

第二天，领导问小李场地找得怎样了。小李说："孙总，场地已经找好了，本来是能够容纳150人的，对方说如果安排得当的话，200人是没有问题的。"听了这话，领导有些质疑，但没有说什么，又问："那其他家的情况呢？"

"什么，还有其他家，不是找一家就可以了吗？现在已经找到了呀！"

"一般来说，找会议场地的时候要多找几家，对服务、设施、场地价格等进行比较之后才能定，不可能只找一家的。"领导这样回应着。

"孙总，这一家已经不错了，不需要再找其他家了，这样还省时省力……"

听了小李的话，领导没有说什么，但是在以后的工作中很少将任务交给他，小李在工作中也不是很顺利，于是辞职了。

　　人都会犯错误，尤其是职场新人，关键在于犯了错误以后该如何做、如何说。如果小李在领导说多找几家进行比较的时候认真听取领导的意见，而不是采用差不多的语调说"找到一家就行了"，其职业生涯之路不会像现在这样。因此，在职场上犯错误的时候，要勇于承认并在错误中吸取经验，让领导看到你是一个可塑之才，并加以重用。

　　李林是一家钢铁制造广销售部负责人。由于受到金融危机的影响，钢铁出口量不断降低，这就导致公司钢铁销售量与利润极度下滑。一个订单往往对公司的生存都会造成重大的影响。但是就是因为李林团队中的小刘在和客户签合同的时候迟到了，让客户很不高兴，于是这个单子当时没有签成。之后，李林主动找到这个客户，将这个单子又拿到了，这是因为这个客户只中意这家的产品，相信他们的质量。

　　这次虽然没有造成什么损失，但是在某一天，公司领导询问李林这个到底是怎么回事，为什么第一次没有签成，当时销售部的所有成员都在。这时的小刘心里在打鼓，要不要承认是因为自己迟到没有签成单子呢，如果承认的话，自己会不会被辞退？这时，就听李林说："经理，第一次没有签成单子是因为我安排不周，没有想到可能会出现一些意外情况，下次再做具体安排的时候，我一定会认真考虑可能发生的问题，保证下次不会出现这样的错误。"小刘听了，知道李林是在为自己开脱，就说："对不起，经理，主要是我的原因，因为出门比较晚，路上又堵车，到达目的地的时候已经比较晚了，客户已经不高兴地走了。对不起……"

　　李林和小刘都主动地承担了错误，也决定从这次失误中查找自己的不足，在今后的工作中进行改正。当我们犯了错时，要主动向领导承认错误，适当地运用一些软话比为自己争辩好很多，既对得起自己，也在领导面前留下了一个好印象。

　　当工作中出现问题的时候，要勇于向领导汇报并承认错误。虽然可能会遭到批评，但是在领导心目中将你定位成是一个诚实的人，可以给予重用，信任度也会增加，或许得到的比失去的要多。

　　犯错误并不可怕，可怕的是不承认错误。在职场上要勇于向领导承认错误，在别人还没有来得及把你的错到处宣扬之前，尽早对自己的行为负起责任。这不但会得到领导的赞同，还会让你的职业之路走得比较顺利。

第二十四章

与下属相处的口才：
让管理发挥效果

管理者都应该熟知孔子的"仁爱"哲学，并且巧妙地将"仁爱"思想运用到管理中，使得整个管理充满人性，这是赢得人心的关键。

——王选，曾任北京大学教授，著名计算机专家、科学家

没有沟通就没有管理

沟通指的是人际间思想和信息的交换，把信息由一个人传达给另一个人，逐渐广泛传播的过程。在对组织活动进行管理中，领导要管好下属，关键是要做好沟通工作，但是沟通是靠口才来完成的，假如在较短的时间内尽量较多地将自身的能力、魅力和管理水平告诉给下属的话，下属就会对领导产生较好的信任感和依赖感，这个领导就做得比较成功。那么如何才能成为一名优秀成功的领导呢？关键是要做好沟通工作。

蒋方毕业于中国人民大学，后来在一家外资制造业企业工作，发展空间很大。经过几年的努力，她终于成为市场部总监。初入领导层，蒋方心里自然是很高兴，也始终把做好工作当作主要目标。但是事与愿违，在她带领整个团队进行市场活动的时候，市场销售额在半年内都没有多少提高。于是，蒋方开始寻找原因。

一天，她偶然间听到部门员工在说如何进行新产品的推广，觉得这个方案做得挺不错的，心想，估计这两天下属就会将这个方案提交上来。所以，她也就没有着急地去催。但是等了一周，方案还没有提交，蒋方有点急了，就对小李说："小李，听说你做了一个很好的方案，怎么没有见你交上来呢？"

小李一听，心里很是惊讶，就说："总监，您也没有说要交呀？"

"我没有说吗？半个月之前，我就对大家说，如果有什么提案的话，可以让大家看看，是不是能够进一步应用，这个大家当然也包括我呀！"

小李听到这就说："总监，我们当时没有明白你的意思，就想着在部员之间进行交流了，忘了您了，下次不会了。"

良好的沟通，是领导和下属建立优秀关系的基础。著名组织管理学家巴纳德认为，"沟通是把一个组织中的成员联系在一起，以实现共同目标的手段"。没有沟通，就没有管理。正是不良的沟通，使得基层的许多建设性意见未及时反馈至高层决策者，便已被层层扼杀。有时候领导的意见也会因为没有良好的沟通机制，常常也无法以原貌展现在所有员工面前，造成信息的退化。

沟通是组织的生命线。通过沟通可以了解下属的需求，对各种资源进行整合，实现机体的良性循环。领导和下属建立良好的沟通机制能够让公司获得更好的发展机会，也培养下属对公司的认可度与忠诚度。

财务部陈经理对上月部门招待费进行了统计，看到还有1000多元的剩余，通常情况下，剩下的钱就会请员工吃一顿，于是就到员工办公室说："同志们，这个月大家辛苦了，我们的招待费还有剩余，今天晚上大家一起去吃饭。"

中午的时候，陈经理走出自己的办公室，听到财务部的小马在和其他部门的同事交谈，"小马，听说你们经理今天晚上要请你们吃饭，对你很关心嘛，我看见他经常用招待费请你们吃饭。"

"得了吧，"小马不屑地说道，"他就这么点本事来笼络人心，遇到我们真正需要他关心、帮助的事情，他没一件办成的。就拿上次公司办培训班的事来说吧，谁都知道如果能上这个培训班，工作能力会得到很大提高，升职的机会也会大大增加。我们部门的几个人都很想去，但陈经理却一点都没察觉到，也没积极为我们争取，结果让别的部门抢了先。我真的怀疑他有没有真正关心过我们。"

"别不高兴了，走，吃饭去吧。"

听到这些话，陈经理也为自己鸣不平，本来是好心，没想到遭到了埋怨，而且培训的事情又不是自己说了算的。

正是因为陈经理和其下属之间没有建立良好的沟通机制，让下属对陈经理有一定的误解，这种误解可能就会使下属在工作中带上一些负面情绪，甚至影响今后的工作。

没有沟通，就没有管理。这是因为沟通有助于进行管理创新，改进领导与下属给出的决策、消除误会，让企业员工和谐高效地工作。

小刘是一家公司的办事人员，一天，主管马林叫小刘到自己的办公室。马林问："小刘，今天业务办得顺利吗？""马主管，非常顺利。"小刘兴奋地说，"我详细地向客户介绍我们公司产品的性能，这些客户了解到我们的产品是最适合他们的，也决定要购买，明天就签订合同。"

"很好，继续努力。"马林接着说，"你完全了解了客户的情况了吗，会不会出现反复的情况呢？你知道业绩是和推销出的数量相关，如果货退回来的话，影响很大的。"

"嗯，没问题的，我先在网上进行了搜索，又找了一些有关的朋友进行实地考察了一下，然后打电话到他们公司进行业务联系，并且得到了您的审批。"说这话的时候，小刘已经不再兴奋，带有一点个人情绪了。

关心下属的业务，是一个领导应该做的，也是其重要的职责所在，但是因为领导口头表达的欠缺而被下属认为是在怀疑自己的业务能力，因此产生负面的情绪或者是冲突摩擦，影响了双方的心情，就影响了工作的继续进行以及以后的相处配合。如果马林和小刘能够建立起良好的沟通的话，就不会在小刘谈好订单时将一个本应是愉快的场合变得大家都不欢而散了。

相关研究指出，管理者70％的时间用在沟通上。开会、谈判、谈话、写报告是最常见的沟通方式，也包括对外拜访与约见。沟通管理是创造和提升企业精神和企业文化，领导水平的高低主要体现在沟通能力上，尤其是和下属的沟通，没有良好的沟通就构建不出优秀的管理。

增加自己说话的分量

领导与下属工作的时候，有时候需要展示自己的身份与地位，让其他人能够很明显地知道谁是员工、谁是领导。领导要想保持自己的威严，让员工对你保持尊敬之意，就要增加自己说话的分量，让下属在你面前谨言慎行。

吴经理是一家民营企业的销售部经理。他刚上任3个月，其部门的销售员小李就被客户投诉贪污返利，同时也得到了核实，而且返利单据上面还有吴经理的签名。这件事让总经理张总很是火大，虽然他和吴经理平时私交不错，但张总还是亲自到销售部质问此事。

张总找到吴经理之后说："你身为经理，手下的销售代表竟然贪污客户的返利，这么长时间了，你居然不知道？而是等到客户投诉到我这里才知道，你是不是应该为自己的失职负责？"

这时吴经理说："我也是才知道这件事，按照流程小李把返利单报给我的助理，得到她审核后我签字，可能是当时工作太多了，一时没有看清楚。"

张总说："没看清楚你就签字呀，如果出现重大的失误，责任谁来承担。虽然这次事故的直接责任人是小李，但你身为领导没有及时发现问题，也有不可推卸的责任，关于对你的处罚就按照公司规定来，你不要怪我不讲情面，咱们公私分明，该怎么办就怎么办。"张总仍然很生气。

"对不起，张总，我保证没有下次了。您说得对，公事公办，我接受处罚。"

当下属出现失误的时候，不要因为这个人之前的工作成就或者你们的私交很好就网开一面，应一视同仁，依照公司的章程进行处理，给予批评指正，这样才会增加领导自身在属下心目中的分量，无形中也就增加了领导说话的分量，为工作顺利地开展创造条件，员工也会时时提醒自己，处处尊重领导的意见。尤其是当他们执行任务有困难时，会主动与领导商量，而不会自作主张、自行其是。

领导也要注意自身的说话方式，要注意自己的言谈有没有让下属感到不安。在平时的时候，跟下属讲话要诚恳用情，要尊重对方，不能让下属过于紧张，以便更好地让其领会自己的意见。而在一些公开的、比较严肃的场合，比如召开新闻发布会、员工大会的时候就要有一定的威严与震慑力。

在日常交往中，尤其是跟下属交谈的时候，作为领导更应该设身处地为下属着想，谈话时要掌握好分寸，避免带有伤害听者的成分。即使是在批评对方的不足或是缺点，也不能喋喋不休，尽量做到婉转指正，点到为止。这样才能有效避免让听话者感到不安，或是觉得领导不尊重人。

作为一个领导者，"震天下者必震之于声"。要想向下属表达意图，传达政策，就得有良好的语言表达能力及高超的口才，这样才能增加自己说话的分量和震慑力。

商朝明君盘庚迁殷几乎遭到举国上下的反对，大多数贵族贪图安逸，都不愿意搬迁。一部分有势力的贵族还煽动平民起来反对，闹得很厉害。盘庚面对强大的反对势力，并没有动摇迁都的决心。盘庚抓住"天命"和"先王"两面大旗，口口声声鼓吹为人民打算来争取民心。在当时，"天命"和"先王"无疑是有威力的，使盘庚得以迁殷。他把反对迁都的贵族找来，耐心地劝说他们："我要你们搬迁，是为了想安定我们的国家。你们不但不谅解我的苦心，反而发生无谓的惊慌。你们想要改变我的主意，这是办不到的。"将迁之时，盘庚发出警告："乃有不吉不迪，颠越不恭，暂遇奸宄，我乃劓殄灭之，无遗育，无俾易种于兹新邑"，就是说，有奸诈邪恶，不听话的人，我就把他们斩尽杀绝，不让这孬种遗留在新邑蔓延滋长。最终他以生动质朴、雄辩有力的语言，说服了民众，成功迁都。

领导就是领导，不管在哪种情况下，领导都要时刻注意自己的言行，不时地表明自己的身份，增加自己说话的分量。领导为了能够增加自己说话的分量，还可以从以下几个方面多加注意。首先，如果能够在谈话中加入确切的数字，比如用能够辅助论证观点的已知的数字来描述事情，或是明确约会的时间等，可以给人以确定感，令人折服。其次，措辞婉转，避免使用会给人带来负面情绪的词语或是令人反感的否定句式，比如当要批评犯错误的下属，说"做得不太好"比直接说"犯了错误"要让人更容易接受。而说话委婉并不意味着就要大量使用"可能"、"大概"、"也许"这样表示可能性的词语，为了增加说话的分量，就要给人一种确定感，让人明确自己的立场及角度，而不是模棱两可。最后，跟下属交谈，即使是要求下属去做某件事情，说话的时候也要给人留有选择的余地，让人发自内心地去完成一件事情；而当下属处于主动地位，领导也不要唯唯诺诺，被对方左右。

相信做到以上的几点，便能在谈话中增加自己说话的分量的。领导要充分利用交谈的场合，通过话语的分量显示其管理智慧与领导威严。

赢得下属人心的说话术

管理者都应该熟知孔子的"仁爱"哲学，并且巧妙地将"仁爱"思想运用到管理中，使得整个管理充满人性，这是赢得人心的关键。那么，"仁爱"之心如何体现出来呢？说话无疑是最简单、最快捷的一种方法。领导在和下属说话的时候，也许一味地指责和批评能够赢得下属的尊重与认可，但那只是表面上的功夫，而且这不是一个优秀的领导要做的。一味地指责和批评只会加大管理的难度，因为世界上没有几个人喜欢听批评自己的话语，更何况这关系到自己的职业生涯的发展。

身居高位的领导，在人们的心目中往往存在一个高不可攀的形象，懂得赢取下属人心的领导通常会采取幽默的话语来与下属交谈，从而赢得下属的爱戴，得到他们的认可与信任。幽默的话语不但能够改变领导者在下属心目中"遥不可及"的形象，还能改善员工对他所领导的公司的看法。

珊珊是刚毕业的大学生，现在在一家生产塑形材料的国企工作，她所在公司的经理对下属非常严厉，公司员工都叫他雷公。有一天，珊珊办完事后从外面回到办公室，看到经理位子是空的，以为他不在，就对同事说："雷公不在吗？"说完发现屏风的另一边，经理正与客户谈生意。珊珊心里很是害怕，以为经理不知道要怎么批评她呢。经理与客户谈完事以后，微笑着对珊珊及其他同事说："我们的雷公并不一定夏天才会响的。"

珊珊听了这话，觉得经理并没有想象中的那么可怕，还挺可爱的，这比以往被骂的效果好很多，而且经理也通过幽默的语言改变其在同事中的形象，大家工作得更为愉快。

作为公司的管理者与领导，如何获得下属的尊敬与认可，得到下属的人心，对于工作的正常开展是至关重要的。领导如果借助幽默的话语去帮助与影响下属，就会发现，不仅更容易将工作安排下去，而且能更自由去发挥创意的进取精神。这是由于你的幽默话语，让属下认为你是绩得信任的，是开放的，是乐观的，能够时刻保持昂扬的斗志去拼搏、进取，值得他们将自己的职业生涯给予托付的。

富兰克林·罗斯福曾经说过："幽默是人际沟通的洗涤剂。幽默能使激化的矛盾变得缓和，从而避免出现令人难堪的场面，化解双方的对立情绪，使问题更好地解决。"幽默可以在很短的时间内摆脱尴尬局面的窘境，调整好热烈的气氛。

有一次，在柏林欢迎乌代尔将军的酒会上，有一个新兵不小心把酒洒在了乌代尔将军的秃顶上，当时士兵吓得失魂落魄、不知所措，现场的人们也是目瞪口呆。可是乌代尔将军笑着说："这位老弟，你觉得这样的办法可以治好我的秃头吗？"将军的话音刚落，现场的听众都笑出了声，酒会的气氛也恢复热闹场面。

将军面对士兵的冒犯，不但没有发火，还巧妙地用了一句自嘲的幽默化解了尴尬的局面，令人赞不绝口。

运用幽默的语言能够使指责显得比较温柔，不会过分强硬，让下属容易接受，提高其自信心与责任意识。这是因为上级对于下属的批评与责备，有时是必需的、不可缺少的。但是在实际工作中，很少有人希望自己被批评。运用夹带着浓厚的幽默语气，较为平和地说出来，就减少了批评与责备的色彩。在说者无意、听者有心的情况下，保全了对方的自尊，也达到了自己要求对方改进的目的。

某市无线电厂由于长期亏损，即将倒闭。一天，该市电视机厂要对无线电厂进行兼并，并给予一定的经济补偿，这个兼并大会就在无线电厂召开。无线电厂的职工很受伤，坚决反对兼并，愤怒的人群争吵着，拥挤在厂门口不让这些人开会，场面十分混乱。

这时电视机厂的吴厂长用扩音器扯着嗓门对陷入失控状态的人群喊道："我告诉你们，下个月银行抵押贷款就要到期，无线电厂马上就要破产，上千名职工就要失业！难道你们愿意这个具有几十年历史的我市唯一的一家收录机专业生产厂破产吗？难道我们厂上千名职工情愿失业，重新到社会上待业吗？请问，谁能使无线电厂不破产？谁能使上千名职工不失业？是能人，请站出来说话，有高招，请拿出来！你们反对兼并，拿出主意来！"

人群渐渐地平静下来，他看着台下的众多职工，接着说："我吴某人不是资本家，是国家干部。就我个人而言，叫我兼并无线电厂，我才不干呢！我又何必自讨苦吃？可我是共产党员，看到国家受损失，我于心不忍啊！"这时候，有职工提出异议，说：你能确保我们不失业，厂子还能继续发展下去吗？吴厂长说："有些同志对我不信任，这是可以理解的，因为不了解嘛。请大家放心，从并厂后第一个月起，如果再亏损，由我吴某人负责。我和大家同舟共济。如果要下海，我第一个带头跳！至于具体办法，我这里就不说了！"

人群渐渐地平静下去，大家听了吴厂长的话，也开始渐渐地明白对于无线电厂比较好的出路就是兼并重组，逐渐认可了这一做法。

人头攒动，场面极度混乱的情况下，任何的制止与指责都会加重局面的混乱程度。这时，领导要从整体的利益出发，找到下属最为关心的个人利益问题入手，打破人们的认识障碍，镇住混乱的场面，消解大家的怨气。

要想赢得属下的人心与认可，不但可以使用幽默的语言缓和气氛，还要掌握"晓以利害"的方式，抓住属下最关心的问题，将其作为出发点，说明利害关系，让属下觉得领导的决策才是真正有助于维护其自身权益的，这时候也就赢得了人心。

认真对待下属的牢骚

每个人都会对某事、某人存在不满的情绪，尤其是在工作的过程中大家意见并不统一，容易出现矛盾与冲突，而化解下属的牢骚与不满，体现领导的处理能力，关键在于领导的说话艺术。领导在认真听取属下的牢骚的时候，要了解这些属下的关注点是什么，根据关注点，抓住实质，对症下药处理问题。

冯玉祥当旅长时，在四川顺庆驻防的时候和一支"友军"产生了冲突。这支"友军"将骄兵惰，长官穿黑花缎马褂、蓝花缎袍子，在街上招摇过市。一天，冯玉祥的下属说："我们的士兵在街上买东西，他们说我们穿得不好，骂我们是孙子兵。"冯玉祥看到自己穿的灰布袄，便说："由他们骂去，有什么可气的。这正是他们堕落腐化、恬不知耻的表现！"

为了防止部下因为心里不平衡而生闷气，冯玉祥立即集合全体官兵，进行训话："刚才有人来报，说第四混成旅的兵骂我们是孙子兵，听说大家都很生气，可是我倒觉得他们骂得很对。按历史的关系来说，他们的旅长曾做过20镇的协统，我是20镇出来的，你们又是我的学生，算起来，你们不正是矮两辈吗？他们说你们是孙子兵，不是说对了吗？再拿衣服说，绸子的儿子是缎子，缎子的儿子是布，现在他们穿绸子，我们穿布，因此他们说我们是孙子兵，不也是应当的吗？不过话虽这么说，若是有朝一日开上战场，那时就能看出谁是爷爷，谁是真正的孙子来了！"

幽默诙谐的话语让士兵的牢骚一点点地化解，不再生气了。下属的抱怨被成功化解关键在于冯玉祥抓住了问题的关键与实质，说到了下属的心里，让这些士兵们心里明白他们是来打仗的，不是来比穿衣服的，也就不再有什么埋怨了。

领导要正确对待下属的抱怨，也要帮助这些下属找到适当的发泄途径。当他们心里有负面情绪，不能发泄出来的时候，心里是不好受的，工作效率也就比较差。优秀的领导者要懂得帮助员工找到适当的发泄口，让其保持愉快的心情。

王静是一名公司的文员，已经工作了3年，第一年错过了调薪，第二年公司只给那些升职的员工加了薪，第三年公司以业绩不佳没有加薪。相同的工作岗位薪资却不一样，这样王静觉得特别不平衡，她总是抱怨："就知道让牛拉车，不知道给牛添草，有活先让那些多拿薪水的人干。"她的经理知道王静的这种情况后，主动将她单独找来，向她了解详细情况，认真倾听王静的牢骚后，他对王静说："目前情况就是这样，公司今年的业绩不佳，很难跟老总提加薪的事情。好在你们加班还可以倒休，至于加薪的话，我看看有没有机会为你争取争取，但是活是一点也不能少干的，你只有把工作做得更出色我才有理由向老总提议为你加薪，而且公司还需要我们共同努力呢。"与经理交流后，王静心理也好受一些了，开始认真工作。

在领导对公司进行管理的过程中，肯定会发生下属对领导或者公司不满的情况，领导要适时构建一个诉说渠道，让彼此相互了解，这样才能让员工更好地为公司服务，彼此之间更好地合作。当下属抱怨的时候，领导除了要认真听外，还要进行尽力开导，将这种负面情绪的消极作用降至最低，这样才能削弱这些不满情绪对工作、对人际关系等造成的影响。

诚如美国密歇根大学社会研究院提出的有名的"牢骚效应"学说：凡是公司中有对工作发牢骚的人，那家公司或老板一定比没有这种人或有这种人而把牢骚埋在肚子里的公司要成功得多。企业中，领导或者管理者遇到下属或是员工发牢骚，是很正常的，并不是什么大问题，要知道，一个成功的管理者，是会视牢骚为改变不合理现状的催化剂的，他们会正确而认真地对待牢骚，从而避免矛盾激化。

当下属存在不满情绪的时候，领导不但要学会倾听，更要及时进行疏通，将经常抱怨、带有负面情绪的下属的心结打开，使其将不满情绪得以释放，才能让他们豁然开朗，不能放任其毫无节制地发牢骚。否则，在一个团队中，如果有一两个这样被消极情绪覆盖的人很容易动摇团队的士气，带坏风气，使得整个团队积极性大减，更难以管理，就别谈为企业或是集体出谋献策了。

如何平息下属的怨气

任何一个人都可能会犯错。做领导也难免会有犯错误的时候。作为领导，如何才能让下属化解心中的怨气，而又不失自己作为上司的尊严与威信呢？主动自责是最有效的方法之一。

做领导的在意识到自己犯错之后，如果能够做到主动承认自己的错误，就会使下属受委屈的情绪散去大半，而由委屈情绪激发的负面能量也会逐渐散去，开始萎缩封闭的个人气场也会重新开放，恢复同他人以往的交流。同时，主动承认错误还能树立自己的威信，扩大自己的影响力。

彭湃是一家公司的总经理。有一次，他去外地的分公司进行常规巡查。当他走进公司的大门时，门口的保安很礼貌地向他问好，并按规定检查了他的证件，问他是否预约。当他悄悄进入办公区时，发现大部分人都在埋头工作，偶尔会有人去主管那里请教。看到这里，彭湃感到非常地满意。于是，就向分公司的经理室走去，准备表扬经理一番。可就在走到临近经理办公室的时候，他突然发现有一个员工正在用电脑不停地下软件，制作 flash（动画）。顿时，彭湃火冒三丈，他严厉地批评这个员工在上班时间不务正业，一定要这个员工写出检查。

发了一通火之后，彭湃余怒未消地走进了经理室。一进门，就要经理帮他找那个员工的资料，他决定一定要给这个不知深浅的年轻人一个教训。等彭湃的火气稍稍平息，经理问彭湃遇见了什么事如此生气。彭湃就把自己所见告诉了分公司的经理。经理听完彭湃的话，马上向他作出了解释。

原来那个下软件制作 flash 的员工是公司的业务尖子，他正在设计一种新的方案，为的是帮助公司获得全市举行的设计大赛的冠军，以得到市政府奖励的 300 万元重点扶植企业的启动资金。经过分公司经理委婉而耐心的解释，彭湃终于明白是自己错怪了这个员工。为了表示自己的诚意，彭湃决定亲自向这位员工道歉，求得他的原谅。

第二天，彭湃早早来到了分公司，等候在昨天被批评的员工的工位旁。这位员工刚来到办公区，彭湃就走过去对着员工深深地鞠躬，并就昨天的事情诚挚地向他道歉，并请求原谅。受委屈的员工对总经理的行为十分感动，并向总经理保证一定要让自己的设计帮助公司取得专项启动资金。等彭湃走后，这位员工悄悄地撕掉了自己准备好的辞职信。

在这个例子中，彭湃取得了"危机公关"的胜利，没有因自己的错误而失去一个对公司来说相当重要的人才。其实，彭湃成功的关键就在于能够主动道歉，承认自己的错误。这样，可以将自己错误造成的伤害降低到最低。当彭湃批评这个技术骨干时，无疑会给员工带来相当大的压迫感，而这种压迫感会产生很多的负面能量。这些负面能量就会导致员工个人情感出现萎缩或者封闭，使员工的内心受到很大的伤害。如果彭湃没有及时道歉，那个受委屈的员工很可能就会交上自己的辞职信，另谋高就。

可见，当下属因为领导过激的批评而心怀怨气时，如果能主动找到下属，做出真诚的自责，就有利于在对方本已紧凑的心理空间辟出一块"缓冲地带"，让命令得以执行，工作能够顺利地开展下去。因为这可以使员工感觉到领导的关怀和体贴，从而解除下属对领导产生的排斥，重建双方和谐沟通和互动。

要想让自己成为出色的领导，凝聚和团结整个队伍，就不能允许下属心中有怨气。当领导因为自己的过失冤枉或者是伤害了下属，给下属造成了一定的伤害，领导必须出面向下属承认错误，顾及下属的感受，这样才能让自己的队伍更加团结，让自己的公司取得长远发展。

对下属要先商量，后命令

根据马斯洛的需求层次论，人们的基本生活需求得到满足之后，就会出现更高层次的需求，对安全、尊严与自我价值实现的追求。每个人都喜欢赞美和鼓励，不管职位多低、经济条件多差，都希望得到别人的尊重，都有自尊心。

《伊索寓言》中曾经讲了这样一个故事：太阳和北风打赌，看谁能先让行人把大衣脱去，于是太阳用它温暖的光轻而易举地使人们脱下大衣；而北风使劲地吹，反而使行人的大衣裹得更紧。这则故事同样适用于公司的管理中，领导在对待下属的时候要给予其太阳一般的温暖，用温暖去感化他们，使他们自觉地敞开心扉，而不是像北风那样使劲地吹，一味地压制，令下属不愿对领导打开心扉，存有戒备之心。

于莉是公司营销部总监，喜欢听取下属的建议，在遇到问题的时候喜欢先和下属进行商量之后再决定，很受下属的欢迎。一次，小芳有了好点子，决定用于这次丰田新车的发布会上，就将其告诉了于莉。碰巧，于莉对于这个新车活动策划也有了一个相当不错的想法，觉得这个想法比较新颖，能够很好地突出主题。但是和小芳的提案有点相左，两个方案都有各自的利弊。小芳的提案视角比较独特，能够很好地突出车的实用性，这是广大客户比较关注的，一定会在商家那边通过的。但是于莉的提案具有较强的创新性，在业界还没有这么大胆的创意，如果成功的话，肯定会轰动整个广告界的。于莉一时很难进行抉择。

这时，于莉就说："这样吧，我们两个的方案都有一定的优势，一时也很难进行选择，我们可以具体做个详细的规划，让第三方来决定，之后再商量一下吧。"

在决定活动策划方案的时候，于莉并没有因为小芳的提案与自己相左而直接命令小芳放弃她的方案，反而先用商量的语气和小芳说，要经过讨论考虑，这样也让小芳不会因为意见被否决而难以接受，下属有被领导尊重的自觉，同时也为领导赢得了下属的信任。

在职场上，领导要想很好地和下属相处，一味地命令是收不到好的效果的。除了在制订工作计划、活动方案的时候，领导要和下属先商量后命令外，即使下属犯了错，在不影响原则的前提下，也要先商量后命令。威胁和严厉的警告虽然能够保证工作水准，但在日常工作中有时行不通，领导刚转过脸去，大家又我行我素了。

老李是一家国有企业产品部的经理。由于在公司待的时间最久，工作成绩也很好，得到了领导的重视，于是他自己也开始飘飘然起来，常常用命令的口吻告诉下属什么地方做错了、应该要怎么做，弄得大家心里很不满。

一天，部门小王在做产品规划的时候，弄错了一个次要环节的数据，有点张冠李戴了。虽然在第二次检查的时候发现并纠正过来了，但是这件事还是传到了老李的耳中。老李将小王叫到办公室说："小王，听说你在做产品规划的时候弄错了一个数据，虽然这个数据关系并不大同时也得到了纠正，但是这体现出了你的工作态度不认真，下次一定要进行认真的检查，在检查完3遍之后再提交，知道了吗？"老李在那边说着，小王在这边想着，这件事是我做错了，我也从这件事中得到了教训，以后会认真对待每一个数据，有必要专门把我叫进来跟我说要我检查3遍吗？虽说如此，小王还是点了头说："下次一定会认真检查的，请领导放心。"出了办公室的门，小王长舒一口气，可是就当没有发生过这件事，他心里想着："检查 3 遍多浪费时间呀，我还有其他的事要做，我才不管呢。"

金无足赤，人无完人。每个人都可能会犯错，错误的产生更多的是无意。在下属犯错的时候，领导要先和下属进行沟通，帮助其查找错误出现的原因，给下属改正的机会与时间。而不是进行严厉的批评与命令，要求他应该怎么做。但是若反复不改，就必须采用命令的方式，在命令的过程中要把利害关系反复强调。不能一味地软，也不能一上来就硬，否则就会导致下属产生抵抗情绪，所以在管理下属的时候要先商量后命令。

在工作中，肯定会出现领导意见和下属意见不一致的情况，要想让下属心甘情愿地服从领导的命令，最有效的方法是让对方觉得受到了尊重，所以领导在和下属说话的时候不能只采用命令的语气，如，"你一定要这样做，不然……"、"你一定要对这个地方进行修改，不修改的话就会出现重大的安全责任事故"，而应该采用这样的话，"小李，你看到这个地方是不是存在什么问题，仔细检查一下"，这样会很容易让下属接受领导的命令。

领导管理员工要有技巧，一时的命令可能会产生较好的效果，但是总是用命令的语气，就会给下属造成一些不满和反抗，不能激发下属的工作积极性。因此，领导要学会先商量后命令，让下属将内心的想法说出来，不但可以让下属觉得领导亲切，还能让下属觉得自己的意见被领导听取，就会有被采纳的可能，心里就会出现一定的自豪感，从而更加努力工作。

领导采用先商量后命令的管理技术，所产生的效果比那些直接板着面孔进行命令的效果来得快，也来得好，也融洽了和下属之间的关系，得到尊重与爱戴。

开会演讲，开场白很重要

俗话说，好的开始是成功的一半。领导在开会或者演讲的时候，开场白做得好不好决定了这次会议或者演讲是不是能够成功，是不是可以吸引并集中听众足够的注意力。开会或者演讲的最初几分钟是决定这次活动成功与否的关键，这是因为在这几分钟内，听众就知道这次开会或者演讲的主题是什么。假如在开场白的时候不能抓住听众的心，听众对你的话不感兴趣，注意力就会分散。即使演讲的内容再精彩，也都将因为没有人在意而黯然失色。

1990 年，央视邀请凌峰——台湾影视艺术家参加春节联欢晚会。但是那个时候，人们对这位凌峰并不熟悉，但是在他说完别具一格的开场白之后，就得到了观众的认识与认可了，也受到了热烈的欢迎。这位台湾的影视艺术家是这样说的："在下凌峰，我与文章不同，虽然我们都获得过'金钟奖'和'最佳男歌星'称号，但我却是因长得难看而出名。一般来讲，女观众对我的印象都不太好，她们认为我是'人比黄花瘦，脸比煤炭黑'。"幽默的话语让观众哈哈大笑，一时间就记住了这个人，也给观众留下了为人坦诚率真、风趣幽默的良好印象。在之后的"金话筒之夜"文艺晚会，凌峰又充满笑容地告诉给观众说："很高兴又见到了你们，很不幸你们又见到了我。"刚说完这些话，全场出现了热烈的掌声。独特幽默的开场白，不但让观众记住了这个人，也给观众留下了深刻的印象。

休斯顿曾经说过："据我了解，幽默的目的在于让听众喜欢上讲演的人。如果他们喜欢讲演的人，那么你也必定喜欢他所讲的内容。"凌峰正是借助了幽默的力量，在开场的时候就和听众建立了良好的关系。

同样，好的开场白对于领导开会与演讲也是至关重要的，好的开场白能够在会议或者是演讲开始的时候引起听众的兴趣，让听众印象深刻，控制了全场的气氛在短时间内集中听众的注意力，使其能够很好地听取全部的内容。

在整个会议与演讲的过程中，好的开场白是点睛之笔，有时甚至会决定演讲的成败。但是，什么样的开场白才是好的、具体的衡量标准是什么，那就是要吸引住听众的注意力，直接影响听众的心态，这样的开场白才能达到效果、才能发挥很好的作用，否则就会让听众心不在焉，发挥不出会议或演讲应有的效果。

弗朗克·赖特，世界知名的建筑学家。在很久之前，他曾经到匹兹堡做过一个演讲。他的开场白是这样说的："这是我见过的最为丑陋的城市。"刚说完这些话的时候，在场的所有当地市民都很震惊，不知道他为什么这样说，有了好奇心，使得这些人从头到尾都很认真地倾听赖特道出其中的缘由。这也说明了赖特很会运用开场白。他很清楚地明白如果循规蹈矩地像很多人一样开场"女士们、先生们，下午好，今天我很高兴能够站在这里"，或是仅仅为了幽默而以一个毫不相干的玩笑开场，可能都不会让听众产生认真倾听演讲的兴趣。

赖特在演讲开始的时候将自身和听众对立起来，引起了听众的好奇心，这种新颖的开场白，收到了意料之中的效果。因此，不管是在开会，抑或是演讲，开场白都是比较重要和关键的。他决定听众是不是会继续认真地听下去，所以在开场的时候一定要说好开场白，吸引听众的注意力。

迈克斯·艾萨克松，麦克米兰石油公司副总裁，他在一次演讲的时候借助名人的话语吸引了听众的注意，达到了良好的效果。他是这样说的："我们都知道，演讲是一件很难的事情。但是，我们请听一下丹尼尔·韦伯斯特是怎么说的吧：'如果有人要拿走我所有的财富而只剩下一样，那么，我会选择口才，因为有了它，我就能够拥有其他一切财富'。"这话一说完，听众的好奇心产生了，全场也都安静了，人们开始认真期待他的精彩演讲。

出色的口才高手往往都能在开场的时候一鸣惊人，他们习惯在演讲的第一时间就紧紧抓住听众的心。而对于要开会或演讲的领导来说，开场白同样是抓住听众内心的关键环节，领导如果在会议或者演讲的时候没有引起下属的注意，那么这次活动就难以吸引下属，当然最终也不会收到好的效果。

因此，要想让会议或演讲发挥其应有的效果，开场白是吸引下属注意力的最佳时机。新颖独特的开场白，会让下属有一颗好奇心，期望接下来会讲到的内容，期待看到一个出人意料的结果，因为谁都不希望因为一个无聊的会议而浪费自己的时间。所以，领导在主持会议或者演讲的时候，要想让听众认真对待，就要想方设法在开场的时候引起他们的关注与注意。

切忌在盛怒下让人丢面子

"盛喜勿许人物，盛怒勿答人书。"皆是告诫人们在极度的兴奋或是非常生气的情况下，都不要为人承诺或是背书，这些都是不可取的。人在盛喜或是盛怒之下很容易失去理智，容易冲动而为，所以在遇到这种情况时，更应该谨言慎行，才不至于做错承诺、下错决定。

当下属违背明确的规章制度或是做错事情时，领导肯定是很生气的，但是如何在生气的情况下处理这些事情，这时候考验的是领导如何在盛怒的情况下和下属相处的方法，既能让下属认识到缺点错误所在，又可对其他人起到警示作用。遇到这种情况的时候就要注意场合，要尊重下属顾及到下属的面子，不要在盛怒的时候让下属丢了脸面，这会让人很受伤害的。

作为领导，在合适的场合采用合适的方法，对下属进行批评教育，而不是在盛怒下不留情面地指责斥骂下属。这样，既能很好地顾及到下属的面子，又能让下属真正认识到自身的不足和错误；既保全了下属的尊严，也使下属觉得领导是真正为自己着想的，从而赢得下属的忠诚与尊重。

有一位脾气很不好的经理，他说："我对工作从不含糊，向来是一丝不苟。因此，只要看到不负责或不满意的员工时，我就忍不住要发火。"有一次，卖场渠道部出了差错，他很生气，当场就骂了起来："你们这些人真笨，企业聘用你们真是失策！"卖场渠道部的主管听了，心里十分不舒服。

作为领导，即使在遇到下属出差错的当下很生气，要对下属进行批评与指责的时候也要分清场合，判断此刻盛怒的情况下，能否当场发脾气、斥责下属。这位经理的处理方式显然是欠妥的。下属出现差错，肯定是有某方面的失责原因，领导虽然生气，但也应该静下心来，协助其分析，而不是一上来就指责，而且还以一件事来论及个人，把下属说得一无是处。也难怪那位主管听后心里会不舒服。

　　领导在生气要对下属进行批评的时候，要时刻提醒自己，领导者与被领导者在人格上是平等的，不要伤害了下属的自尊心。每个人都有尊严，都会保护自己的自尊心不受伤害，这是其内心深层次的需要。因此，领导要避免在盛怒的情况下对下属进行批评，而批评的时候一定要切记批评下属的目的是为了帮助其改正偏离目标的言行，要注意保护好对方的自尊心与脸面，运用巧妙的批评方式，才能让对方心平气和地接受。

　　如果一个领导动不动就发怒，那么他的下属很难以有信心为他工作；另外，一些本来情绪就比较消极的下属，会容易受到喜形于色的领导的情绪干扰，消极度日；动辄迁怒的领导，很可能会失去人心，因而令人悔恨不已。

　　下属做错了事情，有时会令人生气不已，作为一个领导者，要学会控制自己的脾气，要明白，发怒并不能替代批评，只会令下属产生怨气；而且，当一个人在愤怒中批评的时候，往往只是根据自己的情绪来说话的，而没有根据事实、尊重事实，这样的批评只会引发下属的抵触情绪，是难以让下属信服的。

　　因此，人性化的领导在下属犯错误的时候，会控制好自己的脾气，不轻易发怒或是在盛怒的时候先转移自己的注意力，之后再在私下单独找下属谈话，指出其错误所在，让他在今后的工作中注意不要再犯相同的错误，提供给他正确做事的方式。这样，领导才会在下属心目中树立良好的形象，下属也因为得到尊重而愿意在出现问题的时候及时找上司或领导反映或沟通。

　　当下属犯错误的时候，要对其进行批评指正，可以采用私下里沟通的方式，而不是当面批评或宣扬，不仅会让他感受到你的礼貌，而且也会让他更加尊重你。因此，优秀的领导要在盛怒的时候将一定的尊严与面子留给下属，这样才能进行很好的管理。

第二十五章

销售口才：
成为超级销售高手

> "急不择言"的病源，并不在没有想的工夫，而在有工夫的时候没有想。
>
> ——鲁迅，曾任北大讲师，无产阶级文学家、思想家、革命家

不要给客户施加压力

要成为优秀的销售人员，就要练就好的说话技巧。弗兰克·贝特格这个美国的超级推销大王曾经这样说过："交易的成功，往往是口才的产物。"由此可见，销售人员口才的重要性。要想将产品或者服务成功地销售出去，销售人员在和客户打交道的时候要懂得如何把语言的技巧融入到商品销售中，让顾客能够很愉快地接受这个产品或服务，而不是给客户施加压力，将销售变成"强买强卖"的闹剧。

销售人员在向顾客销售产品或者提供服务的时候，不能给客户施加压力，更不应该在和客户出现矛盾的时候口出恶言，和对方争吵起来。这可能使双方在当时会感觉得很痛快，但是这种痛快只是暂时的，受到伤害的是双方长远的关系和自己的声誉，客户可能再也不会接受你或者公司的产品与服务，这样的损失是无可估量的。

一位顾客在商场看到一种新型的香皂，香皂上边挂了一个长长的毛线绒，做成了十二生肖的形状，非常小巧可爱。他就问营业员："这香皂是干什么用的？"营业员不耐烦地回答道："洗澡洗手用的。"语气还带着点像是在责备顾客怎么会提出这么愚蠢的问题。

这位营业员的回答和语气在无形中给客户增加了压力，这是非常不明智的。这样不耐烦的服务态度只会令顾客远离自己销售的产品。而且，事实上这位营业员还不熟悉自己销售的产品性能，这种香皂不是用来洗澡和洗手的，而是吊在浴室里，或挂在别的地方，利用水蒸气让香皂慢慢挥发，从而达到满室芬芳的效果。因此，销售人员在工作中，一定要掌握正确的商品知识，注意不要给顾客施加压力，要尽可能地降低

其心理压力，让顾客愿意接受销售人员提供的产品与服务。销售人员如果语气强硬地与顾客交谈，那么顾客的语气可能会比销售人员更硬，如果语气缓和的话，对方可能也会容易接受，有话好好说了。

销售成功与否，靠的就是一张嘴。话说得好，说服了顾客，那么就有可能推销出你的产品与服务，但是在说话的过程中，如果不会说话，让顾客觉得有压力，心里不好受了，就有可能什么也推销不出去了。因此，销售人员在和客户打交道的时候，要能够了解对方的心理与需求，对症下药，这样才能很好地促成交易，满足双方所需。

小林是一家商场珠宝柜台的售货员，每天都会接待形形色色的顾客，熟知各类顾客的心理。一天，一对年轻的男女来到柜台前，准备挑选结婚的戒指。浏览了一遍之后，女方看中了一枚钻戒，不过价格有点高。男方选中了一枚较为普通，而且现在购买还有优惠活动的戒指，不过中间的钻相对来说不大，只能说是中等水平，总体来看这个性价比还是挺高的。于是男方就对女方说："你看看这个，我觉得不错，比你那个好多了，价格又适中。"女方就说："婚戒你还不顺着我的意思呀，不，我就要这个。"语气态度并不好。负责接待两位顾客的小林对他们说："其实，两位选的戒指都是本店性价比较高的婚戒，只是一个用于定亲的时候或者求婚的时候，一个用于真正举行婚礼的时候。请问两位是订婚还是举办婚礼仪式呢？"这时女方说："是订婚啦！""那小姐可以按照先生的意思来这枚戒指就可以了，等到结婚的时候再来买另一枚。"小林这样说。听了小林这样说，本来男方没有打算买这个大的戒指，也开口了："那我们全买吧，订完婚之后就举行婚礼了。"于是，小林同时卖出去两件商品。

其实，这种情况存在于日常生活中的方方面面。如果小林这样说："你们决定买哪个了吗？你看这么多人，我还有其他的顾客呢，快决定买哪个？"可能小林一单生意都做不好。因此在和顾客打交道的时候，要对顾客进行观察、聆听客户的需求，不要让顾客有任何压力，让其愉快地享受这个购物过程。

顾客就是上帝，销售人员要想做成交易，成功地进行推销，就要培养自己的语言魅力，让自己拥有一流的口才。最为首要的便是在进行推销的时候，要让顾客能够毫无压力地聆听你的介绍，从而接受你的产品与服务。在和顾客进行交流的时候，尽量站在对方的角度考虑问题，这样能让顾客感受到被尊重的感觉，这样更容易促成双方交易。

只卖好处，不卖产品

销售人员要想和顾客建立买卖关系，不但可以采取直接进行产品销售的方式，也可以间接地从客户购买商品或者服务入手，从侧面得到客户的认可与接受，完成这次交易活动。

顾客在购买商品或服务的时候会深思熟虑、思前想后，如果能够成功地说服顾客购买商品或者享受服务，就需要销售人员发挥其聪明才智与过人的口才了。只有让顾客接受你的理由和解释，才会让顾客心甘情愿地购买商品或服务。阐述购买商品或者服务得到的好处，证明这件商品或者服务对顾客来说是有价值的，是有意义的，让顾客明白你是从他的立场与角度来考虑的，并不是一味在进行产品推销，其自然就容易接受你的建议了。

迅捷电子公司主要生产数据机，由于技术的更新与改进，公司新推出一款产品，其速度之快，远远超过市场上同类产品，这种产品的零售价为 2000 美元。一天，该公司的销售人员去拜访他的潜在客户——凯萨琳，他是一家市场调查公司的老板。这位销售人员和凯萨琳相互寒暄了几句后，直接进入主题，说："凯萨琳，我们最近新出了一款数据机，新产品的速度非常快。"说完就展示了它的效果。凯萨琳和公司现有的数据机进行了比较，发现速度是快了很多，但是他仍犹豫是否要购买，就对销售员说："是挺快的，我想买，但是我的员工一直加班，但还是忙不过来，我得赶快找些兼职的员工来帮忙，现在我实在无力添购新配备。"这位销售人员吃惊地说："你要花多少钱呢？那个兼职员工每周得来多长时间？""大约一年 12 万美元吧！大概 15 个小时吧。"凯萨琳回应道。"让我算算看，我们的新产品比你们现在用的款式、速度快三倍，能让你的员工每人每天节省 2 小时。也就是说，两人一天可节省 4 小时，一星期共可节省 20 小时。这样看来，你根本不需要另外聘请兼职人员，对吧？"这位销售人员将使用这台数据机的好处告诉给了凯萨琳，凯萨琳问了下这个数据机的价格，销售人员说："这台机器 2000 美元一个，你买 2 台的话，就可以处理那些工作了，这样算下来，你一年就可以节省 9000 美元呢，更何况这台机器的性能好，性价比高，可以使用的时间肯定会超过一年的，你看看……"最后，凯萨琳从这个销售人员的手中订了 2 台数据机。

作为销售人员，在想要和顾客建立买卖关系的时候，不应该以推销产品为目的，更关键的可以从顾客的角度出发，介绍顾客使用这个产品会有哪些好处、得到哪些帮助，这样就会引起顾客的注意，容易让顾客产生兴趣，进而成功地将产品推销出去。

在进行产品推销的时候，不仅仅是要介绍产品的特点与性能，还应该介绍这个产品或者服务会给顾客带来什么好处。有些销售人员就会常犯一个错误，总是认为他在卖产品，经常说这个产品有多好，他的手册、他的节目、他的服务有多棒……但是却忽略了顾客产生购买欲望的前提是看中了产品能够给他带来什么直接的好处，或者是在不久的将来，这个产品能带来的好处又是怎样的。

王勃是一家安全玻璃生产企业的销售人员，他的业绩一直都保持着华北地区的第一名。王勃之所以能让业绩维持顶尖，是因为他每次去拜访客户的时候，除了向客户介绍产品之外，还会在皮箱里放上许多截成 15 厘米见方的安全玻璃，随身也带着一个铁锤子。当到达客户面前时，就会问他："你相不相信安全玻璃？"客户摇摇头说："不相信。"听完客户的答案，王勃从包里取出一块安全玻璃，放到客户面前的桌子上，再拿起锤子往桌上一敲，说："我现在就用实际效果告诉你，这个安全玻璃是不是安全的。"顾客大吃一惊："确实不错。"王勃还会让跟他们说："你自己亲自试试，看看这个玻璃是不是像刚才那样打不碎。""而且应用这种玻璃，你就不会担心玻璃突然碎掉造成人员伤亡，从而减少许多不必要的麻烦了。"王勃接着向客户介绍，"当然，这种安全玻璃的价格也十分合理。"听完王勃的介绍后，大多数客户都会被王勃说服而当场签下订单。

王勃掌握了顾客的心理，明白要让顾客看到实实在在的效果与好处之后才会购买产品。正是基于这种想法，他在向顾客推销产品的时候就引起了顾客的注意力，证明给顾客看这个产品是可靠的，也给顾客讲述了这个产品带来的好处，让顾客产生了强烈的购买欲望。所以，在对顾客进行产品销售时，把好处说给他听，比报上产品的规格材质重要得多。

如果销售人员能引起客户足够的好奇心，让顾客对商品或者服务有了很大的兴趣时，推销的过程得到了响应，那么销售人员就可以趁机和顾客商谈价钱，并成功地将产品推销出去。

要时刻记住，在对产品或者服务进行销售的时候，要关注的不仅仅是产品或者服务，更重要的是这些产品或者服务所带来的好处。无论是什么情况，要为对方着想才能获得对方的兴趣。

销售人员要改掉说话啰嗦，抓不住重点的毛病

销售人员要想成功地将产品销售出去，关键要有过硬的口才与说话艺术。而对顾客所说的前几句话是非常重要的，这是因为在和顾客交流的前30秒顾客得到的刺激信号，通常比之后的数十分钟得到的效果要好得多。但是一些销售人员在和顾客交谈的时候，意识不到开头几句话的重要性，有时说话啰里啰嗦，抓不住重点，不仅达不到想要的效果，也对销售本身起不到应有的作用。

说话啰嗦、抓不住重点的销售人员无法直接将销售的产品或服务展示给顾客，另外过于啰嗦的话容易使顾客的注意力被分散到无关紧要的信息上面，很少再有精力注意下面的内容。而且，如果销售人员说的这些"废话"正好是顾客不喜欢听的，那么可想而知，这次销售活动注定是要困难重重的，甚至无功而返。因此，销售人员应该改掉说话啰嗦的毛病，面对顾客的时候，可以直接开门见山地介绍产品。

肖华在一家专门给乳业公司提供酸碱供应的公司做销售。一天他在拜访顾客的时候，为了吸引对方的注意，他是这样介绍他所推销的产品："说真的，我一提起它，

也许你会不耐烦而把我赶走的。"这时这个顾客吃了一惊，怎么要推销产品，还会说出这样的话，潜意识就引起了顾客的兴趣，客户自然给出了提问："噢？为什么呢？照直说吧！"一句话，就将顾客的注意力一下子集中到要讲的话题上了，肖华就把产品介绍给了顾客。

要在最初和顾客接触的时间内，抓住客户的注意力，吸引客户的兴趣，就应该多动脑筋，从开场白上做文章。去掉空泛的言辞和一些多余的寒暄，摒弃冗长啰嗦的话语，采用与众不同的开场白来吸引客户的注意力，从而成功地进行推销活动。这是因为多余的啰嗦的话语会让顾客觉得比较烦，而且容易转移话题，很难回到产品销售上来。

要想避免顾客走神或对销售语言不感兴趣，销售人员除了要在开场白上多动些脑筋，尽量减少一些比较啰嗦的话语，还要言简意赅地讲那些必须讲的要点，向客户推销产品。表述时最好生动有力，句子简练。这样才有可能给顾客留下一个好印象，进而能够很好地进行产品宣传。

李方是一家印刷机械制造业的销售人员，自从入职以来，销售业绩一直不错。一天，他去拜访一个姓何的客户，这个客户关系着他这个月的绩效与薪资，如果可以拿到订单的话，他会有一个很大的红包。在开始拜访之前，他提前了解了一些关于客户的资料，知道他和公司的老客户张安平是好友，关系很密切，而张安平一直对自己公司的印象不错。李方想用张安平作为沟通的桥梁和这个客户进行交谈。于是，李方见到客户就说："你好，何先生，您的好友张安平要我来找您，他认为您可能对我们的印刷机械感兴趣，因为这些产品为他的公司带来很多好处与方便，或许您也会用到，这是我们的产品简介。"一句话，就将这次要来的目的、产品的实际效果告诉了顾客，引起了对方的注意，也避免了啰嗦的话语。

销售人员推销商品时，一定要注意话语的言简意赅性，用较短的话语让顾客明白你要做什么、你的产品性质与效果如何，而不是一上来就啰啰嗦嗦地说一些无用的话，这样可能会起到事倍功半的效果。果断明白的话语能够让顾客觉得这个销售人员对自己公司的产品很有自信，那么，他购买的几率就会有很大的提高。因此，销售人员在和顾客进行交流的时候，一定要注意少讲啰嗦的话，表现出自信而谦逊、热情而自然的态度，切不可拖泥带水、支支吾吾。

李姐是一家化妆品专柜的销售人员。作为刚入职的新人，李姐并没有什么销售经验，一切凭着自己的感觉在做。一次，正好有个带小孩的年轻妈妈要买化妆品，但是不知道要买哪一种，而且旁边的小孩也一直哭闹。这时，李姐就对这位年轻的妈妈说："你好，这位女士，你想要买什么样的化妆品、哪个系列的、想要达到什么效果呢？我可以给你推荐一下。"这位年轻妈妈说："我也不知道要哪一款，你能都介绍一下吗？"于是，李姐就把大部分的产品功效都介绍给了这个顾客，但是旁边的小孩一直在哭闹，这位顾客兼顾不暇，也没有仔细听完具体的内容，最后，虽然李姐把每种产品的功效都讲了一遍，但是顾客却什么也没有买就带着哭闹的小孩离开了。

其实，李姐在一开始的时候就应该当机立断，快速切入销售主题，而不是啰里啰嗦全面介绍各种产品的功效。顾客的小孩在旁边一直哭闹，可想而知，她是不会停留很久的时间来听销售人员的介绍的。如果李姐在刚开始的时候直接开门见山地让顾客试用某一款产品，让其感受产品的性能与功效，不说啰嗦的话，反倒是会有很高的机会促成交易。

因此，销售人员在推销自己的产品时，要尽可能地快速进入销售主题，讲那些重要且非讲不可的话，这样能吸引客户的注意力，不至于因为说话没有重点而被分散注意力，这是一个优秀的销售人员必练的功夫。

想要成交什么就从什么角度入手

销售依靠的是销售人员的口才，但是如何让口才更好地发挥作用，关键看销售人员在面对顾客的时候怎么说、从什么角度和顾客进行交谈。销售人员要想轻松地把产品销售出去，就要知道自己的销售目的是什么、主要消费人群有哪些，然后有目的地进行销售，这样才会收到事半功倍的效果。

露露是某商场皮鞋柜台的销售人员，她知道，想要卖出更多的皮鞋，就要引起顾客对皮鞋需求的注意。她对从自己柜台前漫不经心走过的顾客说了一句："先生，请当心摔跤！"顾客不由得停了下来，看着自己的脚面。这时露露就会趁机凑上前去，对客户会意地一笑："你的鞋子旧了，换一双吧！""这双鞋子式样过时了，穿着挺别扭的，我这儿有更合适的皮鞋，请试试看。""我觉得这双鞋子挺适合您的，而且物美价廉，要不您试试看。"

露露的目的很明确，就是想让顾客购买她家的皮鞋，于是就从脚入手，通过"先生，请当心摔跤"说起，让顾客自然而然地注意自己的脚下，因此就能对顾客进行推销了。目的性明确，想要成交什么就讲什么、让销售人员的话语为产品的销售服务。有时候顾客的购买欲望并不强烈，但是由于销售人员的话语，可能就促成了这场交易活动。因此，销售人员在推销产品或者服务的时候就要针对顾客的真实想法来交谈，了解顾客的真实心理。

产品是销售人员和顾客建立联系的重要媒介，销售人员要想促成一个订单，就要明白顾客真正需要的是什么，应该如何针对顾客的需求，再结合产品进行销售，从而确定具体的成交视角在什么地方。在具体的销售过程中，应该强化销售人员与顾客交流的针对性，能够有目的地把话题引到最终的产品销售上面。

　　玛丽是自行车行里一位年轻的促销员。一天，有一对夫妇带着孩子来车行看车。玛丽热情地接待了他们。当然，玛丽极少说话，只是请他们自己慢慢看，其实玛丽是在观察这对夫妇具体想要什么。最后，这对夫妇选中了一款车子，但他们又嫌这辆车比其他类型相近的车子贵了50元，一直在犹豫要不要买。细心的玛丽看到这种情况，她知道这对夫妇给小孩买车看中的就是耐用与安全，要想让自行车耐用，就要买个结实的，之后，便做了如下的介绍："我和你们的想法是一样的，你们以后就会发现，这50元是你们花得最值的部分。因为这辆车有一个非常好的名字，叫作'请您放心'，它有一个很好的刹车器，经久耐用，方便简单，更为重要的是，它安全可靠。"看到这对夫妇没有显得不耐烦，玛丽就接着说，"太太，小孩骑自行车，您最担心的是什么？应该是安全问题吧？多花50元买一个安全，您难道不觉得很值得吗？而且这辆车可以让您的孩子至少使用5年，5年才多花了50元。这样算起来是不是就不贵了？"这对夫妇听后觉得玛丽说得非常对，便买下了那辆自行车。

　　玛丽知道自己销售的目的是什么，就是让顾客购买这辆自行车。基于顾客的要求，从安全与耐用出发，对于其顾虑的价格也给出了很好的解释，这就比较容易让顾客接受，自然就达成了交易。在具体的交易活动中，销售人员的话语要有一个明确的方向，知道从什么地方入手来销售产品，然后再去说服顾客，往往会起到意想不到的效果。

　　推销是一门学问，需要一定的技巧，销售人员要明确知道自己的目的，在和顾客交谈的过程中始终贯彻这样一个理念，就是从顾客心理的角度入手，让顾客心甘情愿地选择自己喜欢的商品。销售人员应该集中精力，针对目标点，直接找到关键所在，抓住顾客的情感因素，有的放矢地进行产品销售。

　　小李是一家汽车公司的推销员，多年的销售经验让他明白了了解客户心理的重要性。一次，他了解到有个客户十年来一直开着一辆车，从来没有换过。而且期间也有其他的汽车销售人员和他联系过，让他考虑换辆车。汽车销售人员说的理由大致都是："你这种老爷车很容易出现车祸。""像你这样的老爷车，修理费用是很贵的。"这些话让这位客户很生气，事实上，他一直想换辆新车，却不想与这些来找他的汽车销售人员打交道。

　　一天，小李对这位客户说："我看你这辆车子还能用上半年，现在要想换辆新的，真是有点可惜。"小李从这位客户对车子的感情入手，感受到了客户对这辆车子的珍惜之情，毕竟这辆车陪伴着他度过了十年的风风雨雨。听了小李的话，这位客户感觉很新奇，没想到销售人员居然没让他换车子，反而为他着想。这种与众不同的话语拉近了小李和客户之间的距离，最后促成了交易。

　　销售人员要了解顾客的需求与心理，有针对性、有目的性地进行销售，这样才能产生意想不到的效果。这是因为要想获得顾客的认可，产生交易行为，就一定要明白应该从什么视角出发，了解顾客的心理需求，关注对方的兴趣，这样才会让交易进行得更轻松、更愉快。

应对愤怒的客户，从倾听开始

顾客就是上帝，这是销售人员在进行产品推销时必须遵守的信念，也是达成交易活动的重要理念。但是并不是所有的交易都能完美地结束，作为销售人员，肯定会遇到一些由于对产品或服务不满而情绪激动、生气愤怒的顾客，如何和这些顾客进行沟通与交流，平息他们的愤怒情绪呢？首先要学会倾听这些顾客的意见，了解他们发怒的原因。

倾听别人说话，胜过一千句争论，金钱不能解决的问题，却可以通过倾听顺利完成。尤其是在面对愤怒的客户时，倾听他们的意见更为重要。这时，销售人员不用一言一语就可能有效地处理好这个问题，无言胜似有言。偶尔附和一声，比争吵产生的效果要好得多。

夏利是一家制鞋公司的销售人员，主要负责卖场的铺货。一天，他去某商场检查鞋的销售情况时，正好碰上一个消费者怒气冲冲地拿着一双有质量问题的皮鞋来到商场，质问柜台人员："你看，这是我昨天才买的鞋，穿了一天鞋边就开裂了，你们的鞋质量都是这么差吗？"顾客一直怒气冲冲地质问着柜台人员，越说越生气。在这个过程中，夏利一直在倾听，并没有和这个顾客争论，当夏利听完这位消顾客投诉后，他马上说了一句："这样的鞋我买了也会很生气。"一句话使那位消费者的火气立刻消了一半，由刚开始坚持退货到后来答应换一双。

在顾客愤怒的时候，要学会倾听他们的投诉与抱怨，并进行适当的附和，要让自己的话语能够让顾客接受，尤其是心理上接受。这样就有可能不用你动一刀一戈，就能够缓解与顾客之间存在的摩擦与冲突。人通常都是吃软不吃硬的，尤其是面对较为愤怒的顾客时，用先倾听的方法去处理问题，效果会更好一些。

纽约电话公司最近遇到了大麻烦，一位顾客毫无理智地大骂公司的接线员，并且拒绝缴纳电话费。他甚至向媒体写信，恶毒地攻击电话公司，最后还向公众服务会投诉。电话公司不想惹这样的麻烦，于是派了一个销售人员去拜访这位顾客。

"你好，我是纽约电话公司的工作人员，你对公司的哪些方面不满意呢？"这位销售人员是这样开场的。接下来这个顾客就在那儿不停地说，大概过了三个小时，期间销售人员什么都没说，一直在听顾客抱怨。之后这位销售员又连续去了三次，每次都是只带耳朵不带嘴巴。在第四次的时候，这位顾客说："你们公司的工作态度的确有了很大的改变……"这位销售人员在顾客抱怨的时候认真的倾听，没有和顾客进行争吵，终于圆满地解决了这个问题，最后这位顾客答应撤销诉讼，并且还缴纳了电话费。

从这件事中可以看出，这个顾客并非真的想跟电话公司作对，而是需要得到一种被尊重的感觉。而这个公司的工作人员在顾客抱怨的时候没有针锋相对，让顾客的要求获得了满足，自然就很容易化解彼此之间存在的矛盾与冲突了。

面对愤怒的顾客，销售人员不应该和他们寸步不让地进行争论，而应该认真地听取顾客的意见，了解其真实的需求，有时候顾客需要的并不是什么补偿措施，而是得到理解。

高明的销售人员面对愤怒的客户时，会先倾听客户的意见。当客户有所批评或抗议时，与其费尽唇舌解释说明，不如静静地听其诉说，即使再严重的抗议，我们只要谨守静听的原则，尽量让对方说，对方就会觉得满足。而且当销售人员主动询问客户存在什么问题的时候，客户就会有一种被重视的感觉，也满足了顾客喜欢表现的欲望，愤怒逐渐降低了，问题也就容易解决了。

当客户生气愤怒的时候，要耐心地听他们的抱怨，当他们突然对有关问题进行提问的时候，要能够明白客户的看法。越是善于耐心倾听他人意见的人，推销成功的可能性就越大。倾听，无言胜有言，这是会说话、有好口才的另一种表现。

用热情化解客户的冷漠

销售人员与客户之间的关系并不紧密，销售人员如何化解客户的冷漠，使其愿意接受产品与服务，就要看销售人员采取什么样的说话方式、说什么样的话。一般来说，面对客户的冷漠，可以说一些客套话，最好是态度诚恳、充满热情，让客户感受到你的真诚，他们的态度也会逐渐改变。

商场、卖场等这些交易场合，人来人往，销售人员和客户之间基本上都是一面之缘，没有亲密关系。在缺乏热情的卖场里，销售人员的语言就比较简单，说几句话就无话可说了，或者找不到可以谈论的话题，有时候顾客就会觉得很不自在，自然也就很少去了。如果销售人员亲切热情，话说得自然不做作，就有可能招揽很多回头客。

张秉贵，北京百货大楼的劳动模范，对待顾客很热情。从他嘴里说出来的话，不管是客套话，还是恭维顾客的话，都会让人们觉得比较舒服。

一天中午，商店里的人不多，一位女顾客气呼呼地来到糖果柜台前，张秉贵含笑迎上去："您想买点什么糖？""不买，难道不能看看吗？"女顾客这样回答着。说完，这位顾客连看都不看张秉贵一眼，绷着脸从中间柜台向东头柜台走。张秉贵也随着她向柜台东头走去，边走边想：她准是遇到了什么不顺心的事，越是这样，我越是要热情接待她。张秉贵一边走，一边和颜悦色地说："看着您气质不错，应该是办公室白领，一般大家都会选这几种糖果，而且最近从上海来了几种新糖果，味道还不错，您想看看吗？"女顾客听到他这么说，心理抵抗情绪也逐渐地消解了。她抱歉地说："刚才我冲您发火，您没见怪吧，我那孩子不吃饭就去游泳，气得我真想揍他。您瞧，刚进大楼那阵儿，我的气还没消呢！"

"您教育孩子是应该的，可要注意方法，不能打孩子。"

这位顾客感动地说："您的服务态度真好，我无缘无故向您发火，您还这样耐心做我的思想工作……"

从此以后，这位女顾客每次来百货大楼，都要到糖果柜台前来看望张秉贵。

没有热情做不好销售，化解不了顾客的冷漠，从而很难达成交易。由此可见，在和顾客交流的时候，化解顾客的冷漠是至关重要的。一些客套话，如："王总，您这房子真漂亮。""王总，这房子的大厅设计得真别致。"……这些话语能够让对方觉得自己的成果得到了别人的认同，心情自然就会比较愉快，和这个销售人员在心理上自然就拉近了距离，以后的交流也就比较顺畅了。

李华是一家布料制造公司的销售人员，经常和顾客接触。一天，他要拜访一个服装厂的经理，听说这位经理对销售人员比较冷漠，不爱搭理。于是，他见到这位经理时说："林经理，我听华美服装厂的张总说，跟您做生意最痛快不过了。他夸赞您是一位热心爽快的人。"这位林经理一听这话，心里很高兴，逐渐缓和了面色上的严肃情绪。"谢谢，张总也不错，人也很好的。你们公司主要的产品是什么，可以详细介绍一下……"听了林经理的话，李华开始介绍本公司的产品、性能与效果。因为刚开始的时候，用客套话化解了林经理对销售人员的冷漠，让对方觉得心里比较愉快了，自然销售活动就能很好地进行了。

作为销售人员，要打动顾客，化解顾客存在的冷漠情绪，在面对顾客的时候一定要充满热情，适当地运用客套话缓和彼此的紧张关系，化解对方的冷漠态度。

每个人都喜欢听好话，顾客也不例外。而且顾客对销售人员本来就存在一定的认识误区，认为销售人员的每一句话都是为了让自己购买产品，基本上靠的就是忽悠。如何打破顾客的这种错误认知，就要销售人员作出一定的努力，让顾客感受到你是在真心为他着想。

晓丽是一家机械制造企业的市场营销部负责人，一直想和当地最大的吊车供应商李总进行一次面谈，希望他们公司能够采用本公司的产品。每次预约的时候，李总的秘书都说李总最近在出差没有时间而未能进行面谈。

一天，在另一个公司的商务宴会上，晓丽见到了李总，就走过去，说："恭喜您啊，李总，我刚在报纸上看到您的消息，祝贺您当选十大杰出企业家。"听了这样的话，李总回过头来问："您是……"这时晓丽递上了名片，并说："一直想和您进行一次面谈，每次预约的时候，您的秘书总是说您比较忙。""嗯，我想起来了，是的，那段时间是比较忙，经常出差，预约的事秘书也告诉我了，可能是我一时忙忘了，没有给您回复。这样吧，你后天下午去我办公室详谈。"

"好的，那李总后天下午见，您先忙着……"

李总是一个比较严肃，不怎么喜欢当面向他推销产品的人，但是晓丽通过赞美之辞恭维他，他听完心里自然就比较高兴了，化解了冷漠的面具，事情也就好办多了。

销售人员要多讲称赞的话与客套的话，而且要比较真诚，有诚意，通过有针对性地对选定的既定目标说话，让对方觉得你是出自真心实意的，这样才能从根本上化解对方的冷漠，从而收到事半功倍的效果。

按照顾客的性格进行沟通

许多销售人员把"你希望别人怎样待你，你就怎样对待别人"视为推销的黄金准则。问题是，销售人员的性格和处世方式并非与客户完全一样，销售人员按照自己喜欢的方式对待客户，有时会令客户不愉快，从而给成功投上阴影。而销售人员按照客户喜欢的方式对待客户，就会赢得客户的喜欢。

销售人员在面对一位潜在客户时，必须清楚地了解自己和客户的行为方式是什么，使自己的行为恰如其分地适合于客户的需要。销售人员要学会用客户希望的方式与之交往，要学会调整自己的行为、时机选择、信息、陈述以至于要求成交的方式，以便使自己的行为适合于对方。所以，在沟通过程中要求销售人员及时分析客户的性格以便适应。

为了更形象地判断对方的性格，我们将人的性格特征和行为方式按照行事的节奏和社交能力，分为4种类型，并分别用四种动物来表示：

1. 老鹰型的性格特征

老鹰型的人属于做事爽快，决策果断，以事实和任务为中心，他们给人的印象是不善于与人打交道。这种人常常会被认为是强权派人物，喜欢支配人和下命令。他们的时间观念很强，讲求高效率，喜欢直入主题，不愿意花时间同人闲聊，讨厌自己的时间被浪费。所以，在电话中同这一类型的客户长时间交谈有一定难度，他们会对事情主动提出自己的看法。

这种性格的客户主要是追求高效率，不希望在没有用的事情上浪费时间，所以销售人员在和这种类型的客户接触时，就不要浪费客户的时间，要和对方多谈一些主要的相关事项，尽量让客户在最短的时间内了解你的想法和产品的相关情况。

2. 猫头鹰型的性格特征

这类人很难让人看懂，做事动作缓慢。他们在电话交流中音量小而且往往处于被动的一方，不太配合通话工作。如果对方表现得很热情的话，他们往往会难以接受。

他们喜欢在一种自己可以控制的环境下工作，习惯于毫无创新的守旧的工作方式。他们需要与人建立信任的关系。所以，销售人员和这些人打交道时，就需要建立应有的信任关系，因为他们是"慢热"的人，只有在他们心中建立一定的信任关系，销售人员才能进一步展开工作。

3. 鸽子型的性格特征

该类人友好、镇静，做起事来显得不急不躁，讲话速度往往适中，音量也不大，音调会有些变化。他们是很好的倾听者，也会很好地配合对方，他们需要与人建立信任关系。他们喜欢按程序做事，且以稳妥为重，即使要改革，也是稳中求进。所以，销售人员在和这类人打交道的过程中，说话时要保持清晰的逻辑，让他们明确地了解产品，以及需要做哪些方面的手续和工序。这样，才能让对方认可销售人员，也许就能轻易地促成生意。

4. 孔雀型的性格特征

孔雀型的人基本上也做事爽快，决策果断。但与老鹰型的人不同的是，他们与人沟通的能力特别强，通常以人为中心，而不是以任务为中心。如果一群人坐在一起，孔雀型的人很容易成为交谈的核心，他们很健谈，通常具有丰富的面部表情。

孔雀型的人作决策时往往不关注细节，凭感觉作决策，而且速度很快，研究表明，三次接触就可以使他们下决心。同时，他们也喜欢有新意的东西，那些习以为常、没有创意、重复枯燥的事情往往让他们倒胃口。所以，销售人员需要带着饱满的热情做好相关的准备，多多与他们进行交流和沟通，只有把话说到对方的心坎里，这样才能让对方为之动容，从而愿意接受销售人员的东西。

以上只限于面对面的交流，销售人员在电话中又该如何区分客户是哪种性格的人呢？在电话中，由于我们看不到对方，所以，我们只能依靠对方的声音和做事的方式来进行判断。但由于我们第一次与客户在电话中交流，可能对客户的做事方式了解得还不够，所以，声音要素就成了我们在第一时间判断客户性格特征的重要依据。

对方讲话的速度是快还是慢？声音是大还是小？一般来说，老鹰型的人和孔雀型的人讲话声音会大些，速度会快些，而鸽子型和猫头鹰型的人则相反。所以，通过对方讲话的速度和音量可以判断他是属于老鹰型和孔雀型的人，还是鸽子型和猫头鹰型的人。

对方是热情还是有些冷淡？对方在讲电话时是面无表情呢，还是眉飞色舞？（即使我们看不到对方，但通过声音，我们还是可以判断出这一点）对方是否友好？一般来说，老鹰型和猫头鹰型的人，在电话中会让人觉得有些冷淡，不轻易表示热情，销售人员可能会觉得较难打交道；而孔雀型的人和鸽子型的人则是属于友好、热情的。

我们现在已经基本可以通过电话来识别客户的性格特征，接下来我们如何适应客户？答案就是尽可能地配合客户的性格特征，然后再影响他。举例来说，如果客户的讲话声音很大，我们也要相应提高自己的音量；如果客户讲话很快，我们也要相应地提高语速。然后，我们再慢慢恢复到正常的讲话方式，并影响客户也将音量放低或放慢语速。

任何一种客户性格都要在我们进行分析后才会得出结论，分析来源于资料，资料来源于聆听。不同的客户往往具有不同的行为方式和性格特征，这就要求销售人员要能在电话中适应客户的性格，并给客户一种自己同他是一类人的感觉，这无疑对销售是有极大帮助的。

第二十六章

应酬口才：
一张嘴巴赢天下

求人办事，有着八股般起承转合的优美，不仅有风格，而且有结构。其中的第一段便是寒暄和客套；第二段是叙往事、追旧谊；第三段是谈时事、发感慨；最后一段才是提出所求之事。

——林语堂，北京大学教授，当代著名学者、文学家、语言学家

相互引见，要懂礼数

礼数在人与人之间的交际中占有十分重要的地位。如果一个人举止粗野，即使学问满腹，也会使人"敬而远之"；相反，如果一个人彬彬有礼，给别人的第一印象温文儒雅、落落大方，那么即使他不开口说话，人们也乐意与之相处。可见，只有当优秀的说话技巧和高雅的行为举止相得益彰时，才能使彼此达到理想而完善的交流目的。

生活中，人与人的接触交往就能形成社交往来，这时候，难免会遇到需要给两个不认识的人相互引见的情况，比如在办公地点，接待彼此不相识的来访者或者是引见新员工；在家中接待彼此不相识的客人；陪同亲友，前去拜会不相识的友人；与家人外出，路遇家人不相识的同事或朋友，而作为中间人，怎样介绍、引见才能让双方高兴认识一个朋友呢？或者是怎么说才能让双方彼此高兴地认识呢？这其中也有一些学问，首先就是要懂礼数。

一般来说，都是由认识双方的第三者担当起介绍人的重任，来为他人做介绍。首先介绍人态度要友好热情，相互引见时不能厚此薄彼，尤其是不要详细介绍一方，但另一方却只是粗略的只言片语就带过。比如介绍之前，先向双方打招呼，让其心理先有思想准备。然后介绍时，说话准确清晰。这时，就要掌握正确的介绍顺序了。必须遵守"尊者优先"的原则，即使在为他人做介绍时，要坚持受到特别尊重的一方有优先了解对方的权利的原则，以显示对尊贵客人的尊重和重视。这个"尊者优先"的原则是非常重要的，在社交场合中尤为注意，以免闹出笑话。

姚岚是某大型企业的公关经理，一次，公司举办一个大型的新品展示会，会后安排了大型的酒会，接待从全国各地前来参会的客户。

席间，美丽开朗的姚岚很好地担任了公关人的角色，从容游走于众多客户之间，针对公司的最新产品，与客户们进行了大量细致的交流，获取了众多的反馈。这时，席上的一位李主任要求姚岚帮他引见某知名企业的王董，因为李主任他们单位希望和王董旗下的公司进行业务合作，但双方多次谈判未果，李主任他们公司大为苦恼，却又找不到好的突破口。由于李主任也是姚岚公司的重要客户，姚岚便欣然应允了。

姚岚和李主任来到王董面前，姚岚先和王董打了个招呼，接着对李主任说："李主任，这是××公司的王董。"王董脸色一变，李主任也一脸的尴尬，"红灯警报"顿时响起，姚岚这才意识到自己犯了介绍礼仪的大忌，忘记了"尊者优先"的原则。

幸好姚岚脑子反应够快，随后自嘲道："你看我这个人哦，就是没见过什么大世面，一见到王董和李主任两位尊贵的大人物，我就太激动了，开始语无伦次起来。来，我自罚三杯，既是惩罚我的语无伦次，也敬王董、李主任，你们就大人不计小人过，多多包涵啊！"

此时，紧急的红灯警报转换为平和的绿灯，一场危机就此解除了。

上面的例子中，在介绍他人时，姚岚忘记了"尊者优先"的原则，造成了场面的尴尬，一时间王董和李主任都不知道如何接下去，使得气氛很尴尬，本是善意的帮忙差一点起到了反作用，幸好姚岚反应及时，用幽默的自嘲话语打圆场，用自罚三杯挽回了错误，解除了红灯警报，化解了一场危机。

可见，在社交场合中为他人做介绍，一定要懂得礼数，遵守礼数，遵循"尊者优先"的原则：把年轻的介绍给年长的；把职务低的介绍给职务高的。如果介绍对象双方的年龄、职务相当，就要遵从"女士优先"的原则，即把男士介绍给女士；对于同性，可以根据实际情况灵活掌握，比如把和你熟悉的介绍给和你不熟悉的；也可以从左到右或从右到左地介绍等。客人应被介绍给主人，迟到者应被介绍给先到者；把未婚者介绍给已婚者，把家人介绍给同事、朋友，等等。

而作为被介绍者，也是要注意相关的礼仪。在被介绍给他人时，一般要面向着对方，并做出礼貌的反应。比如，可以说"久仰大名"、"幸会"、"认识您非常高兴"，或者是致上自己的名片，互相握手等。

遵照社交场合的礼数为他人做介绍，懂得怎么说，这是展现个人魅力、获得双方认同的绝佳机会。因此，一定要识大体，懂礼数，语速不要太快，述说别人身份信息时一定要吐字清晰，自然得体。

掌握说客套话的技巧

社交场合中，人与人交流客套话必不可少。正如培根所说："得体的客套同美好的仪容一样，是永远的艺术。"然而将客套话说得诚恳耐听、得体到位，还真不是一件简单的事情。

恰到好处的客套能促进人与人之间情感的沟通，打破尴尬的气氛，建立融洽的人际关系，并且迅速拉近双方的距离，使得友谊更进一步。

日本松下电器公司的松下幸之助是个很讲客套，很会运用客套的人。他在交托下属去执行某一件事时，会说："这件事拜托你了。"遇到员工时，他会鞠躬，并说"谢谢你"、"辛苦了"之类的客套话。有时，他还会亲自给员工沏一杯茶，或者送给员工一件小礼物。

客套是社交场合中人与人交流的敲门砖，松下幸之助就是用这种客套来加强与员工的沟通，激励员工为公司效力做事的。

客套确实可以拉近双方的关系，缩短彼此的心理距离，那么，在说客套话的时候，应该注意些以下几点。

第一，要端正对客套话的态度，客套绝不是言之无物。

对于客套，有人不以为然，会觉得"关键是要双方互惠互利，客套有什么用"，甚至有人把客套、寒暄、应酬当成了庸俗、虚伪、毫无意义的东西，思想上有些排斥说客套话。其实这样的态度是不正确的。客套是人与人之间最起码的一种礼貌，看似平常的几句客套话，却能引起人与人之间的良性互动，符合人际交往由浅入深、由表面到内心的规律，促使交际的成功。

虽然说客套话能够拉近人与人之间的距离，但不是在说话中就漫无目的地夸夸其谈，说上一番虚应之词，而是要找到符合事实的内容，言之有物地客套一番。比如根据实际情况，通过直接赞颂对方的美德，满足对方的自我成就感，表扬对方的优点，感谢对方的热情和诚意，表示自己的虚心和谦让，还可以通过曲折迂回的方式向对方表示客套。这样才能有效避免无中生有的客套话让对方尴尬，甚至是反感。同时要注意客套话仅仅是起到调剂的作用，而且也是为客套话后边的对话主旨服务的，绝不能让客套话占据了对话的主要内容，却把到访的目的忽略掉。

第二，应当熟悉通用的客套话，注意说客套话的时机。

在社交场合，掌握一些通用的客套话是非常有用的。比如：向人祝贺，要说"恭喜"；赞人有见解，要说"高见"；初次见面说"久仰"；分别重逢说"久违"；请人指教，要说"赐教"；求人解答，要说"请问"；求人原谅说"包涵"；求人帮忙说"劳驾"；请人勿送，要说"留步"；送人离开，要说"慢走"；等候客人，要说"恭候"；来不及欢迎，要说"失迎"……虽然这些只是交际的应酬话，却能表示说话者的谦虚、尊重和礼节，在对话中起到调剂的作用。

掌握了一些通用的客套话后，就要注意说客套话的时机。如果在一个正式庄重的场合，从头到尾都讲客套话，会让人感觉是在拍马屁，从而产生厌恶感。那么什么样的时机才是适合说客套话的呢？一般来说主要有两个时机：第一个时机是双方刚刚见面的时候，必要的客套话是与人交谈的前奏曲，作为即将展开对话的踏脚石。尤其双方第一次见面的时候，说客套话能与对方拉近感情，如果一见面就直奔主题，少了客套话的缓冲，对方会觉得有些突兀，感情上也难以接受的。第二个时机则是在正式的活动和仪式结束的时候，抓住人们紧绷的心理放松下来的时机来说客套话，也许会收到意想不到的效果。因为经过正式的活动后，人们的身心刚刚得到放松，态度自然比较轻松，也就会很容易和别人展开客套的闲聊，联络感情，自然而然地进行下一步的内容。

第三，说客套话的态度和语气，要自然、真诚，富有艺术性。

客套话原本就让人觉得有一定讨好的意思，而如果过分地客套，就会让人觉得是在拍马屁，会引起对方反感。在社交场合中，如果说话的态度过于谦卑，语气过于阿谀奉承，就会令整个谈话变了味道。因此，说客套话的时候要注意自身的态度和语气，要真诚、积极，但又不过分谄媚，让人觉得说出来的客套话是真心实意的，而不是虚情假意。晚清名臣张之洞是这样相人的："客套话说得很多很重，甚至有些阿谀奉承的那些人，第一种是小人，第二种是有求于你的人，这两类人都需要提防。"由此可见，把握好说客套话的态度和语气是多么的重要。

除了要注意说客套话的态度和语气外，还要注意灵活运用客套话，不要太机械化，要自然而真诚。

北京知源大酒店的服务员晓玲在灵活运用客套话上表现得非常出色。美籍华裔舞蹈家郭一凡第一次到酒店时，晓玲向他微笑致意："您好！欢迎您光临知源大酒店。"第二次来时，晓玲认出他来，边行礼边说："郭先生，欢迎您再次到来，我们经理有安排，请上楼。"随即陪同郭一凡上了楼。时隔数日，当郭一凡第三次踏入酒店时，晓玲脱口而出："欢迎您又一次光临。"

虽然晓玲的欢迎致辞很简单，但是3次之间确实采用了不同的表述方式。由第一次说的"欢迎光临"，到第二次说的"欢迎再次到来"，到第三次说的"欢迎您又一次光临"，让郭一凡感受到这位服务员记住了自己，从而倍感亲切，也为酒店赢得了顾客深刻的印象。不是生搬硬套地运用客套话，而是通过自然的方式，真诚地说出客套话，令人耳目一新。

聚会时如何说才能赢得他人好感

在人与人之间的各种社交应酬中，聚会是有效发展人际的绝佳场合，也许就因为你的一句巧妙的话语而使对方留下了良好的印象，在以后的工作生活中，也许际遇就不一样了。所以在聚会中会不会说话就显得尤为重要，那么，如何说才能在聚会中赢得他人好感呢？

首先，要谦和低调，遵守尊重、平等的人际交往的基本原则。无论一个人的名气有多大、地位有多高，只有遵守了这一原则，才能赢得对方的好感，使得彼此在和谐的气氛中促进融洽的交际。这也是在聚会中赢得他人好感的前提条件。

其次，人们总是渴望得到别人的聆听。有心理学研究表明，越是善于聆听的人，与他人的关系就越融洽。也许，这是因为耐心地聆听对方的讲话，就像是在向对方说，"你是一个值得我尊敬的人"，是在给对方的一种褒奖，对方也会因此而对你表示好感。

当然，善于聆听还是不够的，要想在聚会上赢得他人的好感，最重要的还是要投其所好，在聚会上根据不同的人选取不同的话题，言辞表达的内容和方式也要因人而异。

美国哲学家杜威曾经说过："人们最迫切的愿望，就是希望自己受到重视。"不管是名声远扬的大人物，还是名不见经传的平凡人，都会有或多或少为之自豪的事情，如果在聚会中想要尽快获得对方的好感，可以先抓住对方的得意之处投其所好，那么对方就有可能因为觉得受到了重视而对你刮目相看。

为了"投其所好"，获得对方的好感，可以从以下三方面着手。

第一，根据对方的性格特点说话。对于性格乐观、开朗、外向的说话对象，可以与其开玩笑、斗嘴，相信对方会自然地接受，同时也会因为这种没有距离感的说话方式赢得对方的好感。但对于性格内向而且敏感的说话对象，就要注意开玩笑的尺度。要诚恳地表现出自己的关怀之情，真诚地挖掘出一些对方隐藏在内心深处的话题，从而获得对方的好感。

第二，根据对方的知识背景来说话。对于识字不多的人却摆出一副知识分子的架子，而且还之乎者也说个没完，这会让对方觉得被轻视，而且也不知所云，这样还怎么获得对方的好感呢？对于文化修养较高的人，却是满口的江湖道义，这要让对方情何以堪呢？

第三，根据对方的性别、年龄来说话。

对于男人和女人，同样的话所起到的作用是大不一样的。比如，在聚会上，如果对男人说："你人胖了。"也许大部分男人会一笑了之；可是跟女人说这样的话，就大不一样了，听到这话的女人可能会很生气，因为对于大部分女人来说，爱美之心人皆有之。因此，要特别注意性别带来的差异，从而在聚会上针对性别不同的说话对象选取不同的话题，赢得他人的好感。

对于不同年龄的人也要特别注意说话选取的话题。上了年纪的人喜欢回想旧事，那么可以和他们说一说当地市政的改革、风俗的演化、民情的变迁等；还可以和他们聊一聊其子孙后代……对于事业有成的中年男士，选取的话题可以是事业，或者是房子、车子……对于家庭美满的中年女人，可以夸赞其和美生活或是夸她的孩子聪明伶俐……如果说话的对象是青年小伙子，倒是可以一起憧憬美好的未来；而大多数青年女子最关心的话题却是衣物、发型、美容和流行趋势等。

无论选取什么样的话题，最关键的是找到的话题要和对方引起共鸣，只有这样，才能给对方深刻的印象，从而赢得其好感。

一次朋友聚会，小如和小军聊起"花卉"的话题。小如是一个爱花之人，不仅喜欢赏花，自己还在家养了很多花。小如兴致勃勃地对小军说："前几天，我去了花博会，没想到兰花的种类有这么多，真是大开眼界啊！"

小军："是吗？有多少种啊？"

小如答道："几百种呢，听说兰花的种类是世界上最多的。"

小军："没想到兰花的种类还是世界之最呢！"

小如："洋兰中，新毕吉鸟姆兰、蝴蝶兰为大众所熟知，还有斑达兰、密福托尼亚兰，还有一些其他的珍奇品种，五颜六色，漂亮极了。不过，概括起来，兰花是属于热带花卉。"

小军接着说："你说到热带，我想起来了。我的一个同事前几天刚去斐济玩了，那里的风景非常美，他都想在那里定居了。"

小如兴致勃勃地说："是啊，热带风光真的很迷人，我非常想去马尔代夫玩玩呢，你什么时候有时间，我们一起去吧。"

知道小如是爱花之人，小军能够很好地投她所好，顺着小如的话意与她谈论能引起共鸣的话题，比如询问兰花的种类数量，通过讲到热带花卉而转到热带旅游胜地，进而获得她的好感，从而使得对话得以顺利开展。

在聚会上，有些人不知道在一起的时候应该谈些什么。其实，一方面，中间人可以为不相识的客人互相介绍，以便大家一起谈些共同感兴趣的话题。另一方面，在必要的时候，自己也可以带头谈一个大部分人感兴趣的话题，从而活跃气氛，促进大家的共同讨论。

在聚会上如果能做到以上的几点，再态度真诚、举止大方，相信定能在聚会上给人们留下深刻的印象，并且获得大家的好感，从而为以后交际的良性发展打下一个很好的基础。

无法出席宴会，如何谢绝

在我们的日常生活中，常会收到亲朋好友宴会邀请的帖子，有些是喜庆宴会，有些则是丧祭吊唁，有些是因为商业合作，还有些只是单纯的朋友聚会。但无论是什么类型的宴会，当收到请帖时都应该准时赴宴，以示尊重对方。但是，我们常会遇到一些工作中或者是生活上突如其来的事件，使我们不能按时赴宴，若因此不能接受亲友的邀请，就应该及时谢绝，那么，如何做才能既不用赴宴又能得到亲友的谅解呢？

一般情况下，当事人发来邀请，心里肯定是希望被邀请人能够到场出席。而如果当场直接拒绝出席宴会，这就像当场驳了当事人的面子，让其颇为难堪。但如果以工作繁忙为由来拒绝出席宴会，也许当事人表面上可以谅解，但心里多少还是会有些不好受，可能会因此误认为被邀请人是不够尊重他，因而影响了彼此之间的友谊。

真正能够得到亲友谅解、有礼数的谢绝宴会邀请的方法是，说恰当的话，向对方表明自己的心情，又说明无法出席的理由、真相，再通过其他行为来表达自己心中的诚意，从而让对方在心理上能够有所过渡，从而真正体谅被邀请人的难处。比如，当收到朋友的结婚请帖时，自己因为工作关系没法出席婚礼宴会，一定要亲自跟朋友说："嘿！我收到你的结婚请帖了，恭喜恭喜！我很高兴能接到接到你的邀请，到时的婚礼宴会一定很精彩，真是迫不及待想要参加呢。可惜到时我刚好出差在××地方，没办法亲自到场了，真是抱歉。等我出差回来，再约你和嫂子一块吃饭，庆祝你们新婚！"经过这一番的解释，相信当事人能够体谅被邀请者的难处。

一位青年作家想同某大学的一位教授交朋友，以期今后在文学艺术创作和理论研究方面携手共进。作家热情地说："今晚6点，我想请你在海天餐厅共进晚餐，我们好好聚一聚，你愿意吗？"事情真凑巧，这位教授正忙于准备下星期学术报告会的讲稿，实在抽不出时间。于是，他微微地笑了笑，又带着歉意说："对你的邀请，我感到非常荣幸，可是我正忙于准备讲稿，实在无法脱身，十分抱歉！"他的拒绝是有礼貌而且愉快的，但又是那样干脆。

这位教授虽然拒绝了青年作家，但态度热情诚恳，因此，并没有让青年作家产生不快，而是愉快地接受了对方的理由。

这个例子是年龄辈分高者向后辈谢绝，这种情况较容易得到谅解。但是在我们的日常生活中常常是身份高者或是同辈好友的邀约，实在难于处理。

子梦是一家公司的董事长助理，一次董事长的朋友张总打电话邀请子梦参加他们公司的酒会，说："下周末正好是我们公司的酒会，你可以过来热闹热闹！"她对张总的公司不熟悉，加之难得的假日很想慵懒地调整一下，但张总热情满怀，且为公司的重要往来客户，如果处理不当不仅会使个人形象大打折扣，更会有损公司利益。于是，子梦非常抱歉地说："张总您能邀请我，我真的是荣幸之至，但是下周末恰好我母亲从老家过来，我不能把她一个人留在家，再者她行动也不是很方便。这次实在不凑巧，下次一定登门拜访以表歉意。"

"年轻人有孝心还是值得表扬的，'百善孝为先'说明你是个善良的人啊。没有关系，你只管安心陪伴老人家，咱们下次再聚！"

子梦利用借口推脱了邀请，并且得到了对方的赞赏。这是因为子梦明白张总这样的长辈肯定也为人父母，对尽善尽孝的传统美德肯定持支持态度，因此婉言谢绝并且以改次登门拜访作为补偿，以谢欣赏之情。

收到他人的宴会邀请时，如果谢绝的话说不好就很容易得罪人。因此，无法出席宴会时，要有策略地表示谢绝，最为重要的一点就是含蓄委婉。而幽默的方式能巧妙地体现这一点。用幽默的方式谢绝他人的宴会邀请，可以通过先故作神秘，然后突然点破的方法，让对方在毫无准备的大笑中接受你的谢绝。

只要措辞委婉，诚意一片，从字里行间表现出诚恳的态度以及高度的重视，就可以巧妙地谢绝他人出席宴会的邀请，而且也不至于得罪邀请人，进而也获得对方的谅解。

如何辨别对方的酒后之词

酒精会令人亢奋，对人的大脑神经产生影响，具有麻痹大脑的作用，从而使过量饮酒的人做出不同于平时的举动。人醉了，就会把他潜意识里的痕迹再现出来。人醉了，迷迷糊糊地放松了自己，抛开了道德，没有了约束力，就像决堤的泄洪一样一发不可收拾。俗话说得好："酒后吐真言。"毋庸置疑，这是由许多人的真实经历证实的这种现象。当一个人喝醉后，意识会渐渐失控，心里也就不会太在意一些事情，所说的话基本就是脱口而出的"酒后胡言乱语"。假如那个人继续豪饮，到了烂醉如泥的程度的时候，大脑中意识的挥发因为受到阻碍而感觉不到外界事物的刺激，这时进入深度睡眠状态的大脑，就会开启无意识运动，不由自主地将过往深藏在内心最隐秘的影像或者语言表达出来。那么，要怎样才能辨别一个人酒后说的话是"酒后吐真言"，还是"酒后胡言乱语"呢？有一个小笑话。

有一个平时做派很文雅的男士喝高了，去一棵小树旁方便，完事了抽身要走，却感觉有人扯住了他，他回头推辞："不，不，太晚了，我该回去了，妹妹再见。"无奈就是走不脱。等他的人看他一个人忙活，等得不耐烦了，也过来跟他一起劝解："小姐，你松手吧，我们以后再来，机会有的是。"来来回回推辞一个多小时之后，他们才发现，他其实是把腰带连人带树一起捆上了，还跟树好一阵情意绵绵……

这个简单的笑话中，隐约可以看出这位男士不一样的表面和内心，而且还是通过醉酒后的言语反映了出来。

现代社会中，大多数人喜欢通过酒精来排解工作、生活中遇到的烦恼、压抑等。比如大多数人在面对问题时，也愿意通过用酒精"一醉解千愁"，从而麻痹自己。毕竟醉酒后意识模糊，可以胡言乱语，这才是最好的发泄方式。只是在社交场合中，怎样才能辨别清楚，醉酒后对方是否口吐真言还是依然胡言乱语？

若是对于长期时运不济或屡遭挫折的人，由于其运势处于停滞阻塞的状态，颇有怀才不遇的意味。这类人倒是有可能借着酒后"一醉方休"的机会而吐露真言。那么，如果是在社交场合，便可以借着这样的机会与其亲近，看看能否获得对自己有利的讯息。

对于经常抱怨或是发牢骚的人，由于这种人情感丰富，常以自我为中心，但是个性又略带消极，也许是生活上曾遭受了严重的轻视。有这种心理的人，很有可能在喝醉后吐露真言。

对于生活起居比较有规律性的人，即使是酒醉了心也不会醉的。这种人酒后是不会口吐真言的。因为其个性会偏向温和内向，只有通过全面的了解才能接近他们不被轻易打开的心门。即使他们内心深处会产生疯狂的想法，但也不会随意吐露，只有那些通过深入了解的人才能令其吐露心声。

对于带有消极倾向的怯懦的人，表面上看，这种人好像对什么都不在意。但是一旦醉酒就开始胡言乱语、信口开河了。可能等到最后，还是难以听到其吐露真言。

虽然社会上形形色色的人各不相同，但很多人还是深知，当人醉了的时候，往往是不用对所说的话负责任的。因此，会有不少喝得酩酊大醉的人借着这个机会去表述自己平时不怎么好开口的话，或者是实在压抑很久的话。由此可见，大部分时候酒后之词还是口吐真言的，而不是胡言乱语。

酒桌上切忌私语

私语，是指私下里谈话，低声说话。《史记·田敬仲完世家》："晏子数谏景公，景公弗听。已而使於晋，与叔向私语曰：'齐国之政，其卒归於田氏矣。'"对于酒桌文化中，当场私语是非常不可取的，这是需要避忌的。参加社交场合、出席宴会邀请的时候，必须谨记酒桌礼仪，切记在酒桌上私语。

本来是热热闹闹的酒席，可是由于大部分情况下，大家对酒桌上的客套话的理解还不够充分，总认为酒桌上的客套话只是针对每个具体的人而言的，不可避免地就这样产生了在酒桌上私语的现象。

酒桌是一个大"舞台"，我们能在酒桌认识更多的人，能借机会和其他人搞好关系。大多数酒宴宾客都很多，所以应该尽量多谈论一些大部分人能够参与的话题。只有这样，才能得到多数人的认同。因为每个人的兴趣爱好、知识面不同，所以话题尽量不要太偏，避免唯我独尊，天南海北，神侃无边，出现跑题现象，而忽略了众人。

在一次重要的晚宴上，小刘陪同上司谈业务，就餐之人都是权威人士，非富即贵，让小刘感到有很大压力，恰巧坐在旁边的小张也是相同年龄，让小刘备感亲切。于是便与小张窃窃私语，聊起平日在工作中的一些愁苦和受欺负的经历，不时发出笑声。满桌的领导当然不满意，甚至晚宴结束后小刘的上司更是对他不理不睬，甚至有些怒视他。

事后，小刘仍搞不懂自己到底哪里做错了，但是不久后小刘就失去了工作。

这便是小刘不懂得酒桌礼仪的后果。满桌的贵客齐聚一堂是为了合作，这是主题。而小刘不合时宜地溜号，与小张窃窃私语，给人一种不礼貌的感觉。这让小刘的上司很没面子，让对方认为公司职员的素质不高，影响了企业的形象。

另外，即使不是如此重要的场合，就算是家庭聚会、同事聚会也切记，不要与人贴耳小声私语。这样会给别人一种神秘感，往往会产生"就你俩好"的嫉妒心理，觉得你们是在防着别人，或者炫耀自己的亲密关系，影响酒席宴会的真正目的。

善意的谎言适时说

有时，在社交场合的应酬中，面对有些情景，讲实话对人、对己、对事都无益。既然说真话会伤害别人，那么在必要的时候就要带着真诚的神色，说一些善意而体贴的谎言。善意的谎言在社交场合中出现的频率更高，有时是碍于面子不想让对方失望，有时候只是不好直接回绝，但是更多时候也许是畏惧直接拒绝所导致的后果，所以宁可选择无伤大雅的谎言而不得不说谎。

善意的谎言是真诚而美丽的。当为了他人的幸福或是满足他人的希望时，选择适度地扯一些小谎，这样的谎言不能说是欺骗，而是具有神奇力量的理解、尊重甚至是宽容。这是因为这样善意的谎言，是丰盈人生的营养品，更是支撑人生信念的动力。善意的谎言能让人更加乐观地面对生活，更是体现了一个人细腻的情感和渐渐成熟的思想，还能令人不由自主地去执着、去努力、去争取。正是因为善意的谎言有着这么多的作用，是无伤大雅的谎言，所以在必要的时候，说上一两句善意的谎言还是很有益处的。

善意的谎言不会扭曲人性，没有任何的不纯洁，更不是居心叵测。那么既然要说谎，就不要露出破绽，就该表现得真诚、自然。

首先，从面部表情上着手，要表现得自然，避免不经意的抿嘴，甚至是皮笑肉不笑的假笑等。要知道，真正的笑容不仅是嘴唇的动作，还要眼睛周围的肌肉来配合，这样才是发自内心喜悦的笑容。

其次，眼睛要炯炯有神，注意要与对话的人有眼神的交流，切记眼神飘忽不定。只有这样，才能表现得一脸真诚。飘移离散的眼神会让人一眼就辨别出是在撒谎。

再次，说话的时候要保持在同一个速度、同一个声调。不要忽快忽慢，或者说话的中间声音发哑变尖，这些不同于平常的说话声音，就像是在跟人主动"招供"一样，会很容易被识破。

最后，应该是最容易被人忽略的行为举止的细微变化方面。既然要一脸真诚，就要在平常表现的基础上继续保持，而不要一下子变化太大，比如耸肩动作与平时不一致；或者平时最爱说话的人遇到关键话时却缄口无言；或者平时沉默寡言的人却变得滔滔不绝地说话。否则，这会很容易就被识清破绽，被人揭穿谎言。

海潮是广告部经理，一次，他去一家五百强汽车企业谈广告代理业务。经过几番争取之后，终于有些眉目，眼看就要成功，但是对方突然提出一项极为刁钻的要求：必须出具机场 15 块户外广告的合同，不然免谈。海潮当机立断，笑着说道："巧了！我们跟机场户外牌的负责人也是熟人，他前几天还问过我关于户外牌的事呢。但是他最近出国忙业务了，大约一星期后回来，您看到时候再把合同给您过目，成不？"对方仔细打量海潮，眼神专注而闪光，语速声音手势没有丝毫不自然，便相信了他说的话。当走出办公室，海潮的助理问他："经理，我们真的有那 15 块广告牌的合约吗？""当然没有！"正当助理不知该如何处理时，他们已经来到机场广告部。海潮又跟其负责人兴高采烈地说："老吴，我跟你说有好事了！我们现在跟××公司合作，他们已经答应把广告给我们了！而且很有利润……"海潮一直看着他，谈笑得体，并且很有逻辑地分析此事的可行性，以及可以带来的好处，丝毫没有任何紧张以及怯场，胸有成竹地就像真的一样。此负责人很快答应了此事。

在社交应酬中，常会出现不得已说谎的情况。虽然善意的谎言情有可原，但是如果在表述的时候不够自然、真诚，还是会让对方察疑甚至怀疑，从而影响了在对方心中的印象。

婚宴上用美好的词语祝愿

生活中，婚宴喜庆的场面成为日常生活不可或缺的一部分，也是除节假日之外最为隆重、热闹的日子。这几乎是每个男女都要亲自感受或亲自参与的一个节目。

在这一天，新郎、新娘的盛装、美服就不用说了，单是那济济一堂的男女老少，哪个不是穿戴得齐齐整整、面带笑容地来为新郎新娘贺喜捧场？所以，关于这方面的祝词的使用就最普遍、最频繁。

受邀到结婚的场合去的人，事先一定要以合适的身份准备好祝福，即使新郎新娘没有委托你代表众人讲话，你也可以把准备好的短短的祝福词献给他们。恰当的祝词会有效地增加现场充满喜气的积极能量，使人们话语气场的交流变得更加和谐。同时，也会使你的话语充满了甜蜜的吸引力。这样在无形中你会多了两个朋友，那又何乐而不为呢？

婚宴的祝词常见的有以下 3 种：

第一种，长辈的祝词。

在婚礼当中，长辈的祝词应该是最正规、最必不可少的，它是婚礼仪式上的一项很重要的程序。作为长辈，不能在婚礼上说几句客套的祝词就算了事，他们既是你的晚辈，也是你的亲人，所以你的谆谆教导是最合适的祝词。

谆谆教导会让两位新人和各位亲友深深地感到你的深情厚谊，充满真情的积极能量在人群之中无声地传递。你的教导不仅会让新人们感到幸福，同时也会使你的话语的风采得到甜蜜地展现。

第二种，领导的祝词。

若你是以领导的身份讲话，又是在这种喜庆的场合，人们大多会希望你说些鼓励、赞扬的话语；如果你确实又有诸如对新郎或新娘提拔、晋升、分房以及别的什么奖励的心愿，不妨在此刻顺便说出来，这不仅增加他们的愉快心情，又能烘托出各方气场交流的欢快气氛，真可谓锦上添花。但是，如果没有这些方面的想法，就不能勉强许诺，否则，此时的喜庆许诺就会变成他日的气场压迫，会对你今后的工作产生很不好的影响。

第三种，同事及同窗好友的祝词。

在婚宴上，当事人最感高兴的是友人的祝福，因为大家同是年轻人，且彼此又相知、相交甚厚，所以祝福的语言自然不会是虚伪的客套。真挚活泼可信是友人祝词的最大特点。如果再加入一些适当的幽默，就可以将喜庆的气氛推向高潮，并使现场众人的话语气场中充满了喜庆之气。

婚宴承载的是一个美好的场面，它凝聚着新人的喜悦和亲友们的祝福。当我们参加别人的婚宴并致辞时，就要注意要用美好的话语将自己的祝福传达给新人。这样，才会将喜悦传递给在场的每一个人，从而将现场的气氛推向高潮。

合适的话题是"侃"热气氛的助力

应酬吃饭其实是一件苦差事，特别是单枪匹马主持饭局，既要点菜配酒面面俱到，又怕冷落了宾客，真的分身乏术。尤其是商务饭桌上面对的都是一些新近谋面或各怀目的之人，既不可推心置腹，又不可直奔主题。在饭局中，也许有人一味奉承低俗不堪，有人黄色段子层出不穷，有人海阔天空不着边际，有人自言自语狂妄自大，也有人穷追不舍誓达目的令饭局索然无味……作为饭局的主持人，能否察言观色，雅俗共赏，分别对待，往往是饭局成败的关键。因此，如何在饭局上寻找合适的话题，引发大家的欢声笑语或者热烈讨论才是饭局的关键！

那么，该怎样找话题呢？总结起来不外乎两点：一是找共同话题，二是投其所好。

1. 寻找共同的话题

主人要想调动饭局的气氛，防止出现冷场的尴尬局面，寻找到共同话题是最重要的。所谓共同话题，就是能够促使聚会者津津乐道、相谈甚欢的话题，归纳起来不外乎两种：一种是大家熟知的话题，一种是大家关心的话题。

找寻大家熟知的话题其实并不难，关键是要抓住聚会群体的基本特征。例如同学聚会，大家所熟知的话题自然是昔日学生时代的同学、老师、种种趣事等，只要有人提到了往昔的那些人和事，那么很快就会激发大家连绵不断的回忆与联想，这样你一言我一语，大家的谈兴自然就浓起来；再比如家庭聚会，大家所熟知的话题则是家庭内部新近发生的一些琐事，要么就是关于往事的一些回忆，这至少会勾起第一代、第二代家庭成员的兴趣；又如单位同事聚会，不妨引导大家谈一谈单位的业务问题，让大家畅所欲言……

找寻大家关心的话题。除大家熟知的话题之外，大家关心的话题也能够迅速调动应酬饭局的气氛。对这类话题大家可能并不十分熟悉，但出于关心还是忍不住想说一说、问一问，一个人可能讲不出个所以然来，但大家七嘴八舌就马上热闹起来，聚会的气氛也随之活跃起来。

那么，什么样的问题才是大家所关心的呢？粗略归纳，不外乎有两种：一种是牵涉到个人利益的问题，例如对同在一个单位的同事来说，工资的涨落、领导的更换，本月是不是要多加班、国庆节是否组织公费旅游，等等，这些都牵涉到每个人的切身利益，因而大家都很乐意发表一番自己的见解。另外一种易为大家所关心的话题是能够让大家感兴趣的话题，这主要和聚会者的职业、个人爱好有关。

2. 学会投其所好

应酬中，选择话题要因人而异，投其所好，也就是人们常说的"见人说人话，见鬼说鬼话"。为客户的耳朵制定话题套餐，才能把话说到他的心坎上，才能在应酬中活跃气象，为彼此的感情添砖加瓦。

（1）谈论他人感兴趣的话题。在我们的生活中为什么有的人外表形象并不出色，却让我们如此喜欢，以至于我们称之为"朋友"和"知己"，而有的人貌似出众，我们却不愿意接近他们呢？其实，这是因为每个人都喜欢那些喜欢自己的人，所以他们成了我们的朋友。每个人都有被认同的需求，他人对我们的欣赏与认可使他人在我们眼中显得如此美好。有影响力的名流都在无意识中运用了这个原则，这也是他们受到公众喜爱的原因。所以在应酬中，试着去谈论对方感兴趣的话题，然后肯定对方，让对方产生遇见了知己的感觉，对方肯定会如沐春风。然而，看似简单的事情做起来并不是那么容易，这里面也是有技巧的，要求你会察言观色，知道对方内心真正感兴趣的事。尤其是在和别人初次见面的时候，你很难知道对方在想什么，所以要利用机会，善于观察，以便寻找话题。

（2）寻找拉近距离的私人话题。在应酬上，如果能够多谈一些私人话题，在某种程度上会促进双方之间的情感，促进进一步的交流，这样才能有力地调动场上的气氛，做一个受欢迎的人。

在一次商务宴会上，大家坐在一起吃饭、敬酒，其间业务谈了，合同也签了，但是宴席还没有结束，大家就无话可说了。突然，一个客户闲聊起这样的话："我儿子上课老搞小动作，光这一周，我就被老师请到学校3次了，估计他们校长视察都没我这么勤！"另一方完全愣住了，心想：原来这么大的客户也是普通人啊，原来他的孩子也和我孩子一样不听话啊。

接着客户又讲道："最近一周特逗，昨天我的车限行，打算坐公交去公司，结果挤了几次车都没上去，还把扣子挤掉了，我一想总不能让员工看到领导扣子掉了，就跑到最近的服装店等人开门买了一套，一早上冻的啊。你说现在这公交怎么这么挤呀！"听者干脆目瞪口呆了，于是，也不讲"八股文"了，开始分享起自己的趣事，场上的氛围立刻就热闹起来，最后双方决定如果这次合作愉快，下次就签长期合作合同。甚至散了场，双方还约定下次带两家"不争气"的孩子一起出来吃个饭，俨然已经像哥们儿一样亲密。

当然谈私密话题也不能无所禁忌，不要因为聊得熟了就追问女士的年龄，至于不雅的话题就更不要拿来在饭桌上和人家讨论了。毕竟，聊私人话题只是增进感情的工具，是表演的一个道具，不能无所顾忌、信口开河，免得搬起石头砸了自己的脚。

聪明的人要懂得运用私人感情去拉近与他人之间的距离来体现自己的人情味，增加双方的亲密感，因此，在赴宴之前，不妨整理一些自己的趣事以备用。

总之，在饭桌上吃的是饭，谈的是话，增进的是情感，只有掌握话题技巧，在饭局应酬上准备一些好的话题，才能做一个能引爆视听的交际明星。

第二十七章

恋爱口才：
为情感加分的口才课

真正的爱情应该是不带任何功利目的的，爱情应该是自然产生的、自然存在的，自然而然产生一种爱慕、喜悦、眷恋的情感。

——孔庆东，北京大学教授

首次约会该说什么

当心仪的女子或是心之所系的男人站在自己的眼前，忍不住就会脸红心跳手心冒冷汗。也许，很想上前与对方即兴攀谈，从而引起其注意力，也想让对方赶快了解自己，明白自己的心意，可这样会不会太过于唐突了呢？对于初次约会的人，又该说些什么，才能给对方一个好印象？

那么，当与自己所喜欢的人第一次在一起时，该如何张口说第一句话来打破僵局呢？该说哪些话，不该说哪些话呢？

1. 坦率地说出想说的话

在喜欢的人面前，往往由于过分在意反而不知如何开口，精神紧张，话在嘴里又被咽了回去，反复思来想去，使气氛更为尴尬，加之对方不明白你的心意有可能没等到你说话就走开了。好不容易能够与（她）在一起，却因为自己的原因，使这一次本该美丽的邂逅化为泡影，这样的情景就会显得颇为遗憾！

与其如此，不如先深吸一口气，首次见面后，通过一两句能够凸显自己优点与幽默的客套话后，便直截了当地坦率说出心中所想，做最真实的自己。但切记不可太突兀，如果一上来就说"你好，请做我女朋友好吗？"女孩子不被吓跑才怪，除非对自己各方面条件都比较有信心。

硕是公司新调来的职员，她性格开朗、多才多艺，是同事小马心仪的对象。小马一直苦于无单独和硕相处的机会。一天，小马终于鼓起勇气打电话给硕，约她在宿舍楼下见面。见面后，因为硕不方便出门，只好在楼下散步。小马一高兴，一路上竟开始滔滔不绝，"我目前工作还算得意，最近正在负责一个项目，你知道吧？"

"不好意思，不太了解。"硕回答。

"其实就是……"就这样小马一直旁若无人地说着自己的事，甚至没有注意到硕穿着单薄，已经好几次哆嗦得抱臂了。

最后，硕实在忍不住打断小马的话，说："天不早了，也有些凉了，我要回去了，有什么事情明天到公司再说好吗？"于是，她径直上了楼。

其实，小马平时是个很谦和、细心的人，只是因为要在喜欢的人面前尽量展现自己的优势，在短时间内让对方了解自己，加之紧张，便自顾自地说了一些在硕看来是故意卖弄、自以为是的话，从而遭到了厌恶，结局自然不言而喻。这是因为小马没有很好地掌握首次约会应该怎么说话的技巧，可见，在第一次约会上，会说话显得多么的重要。

的确，站在对方的立场想想看，以学者自居，说些很难懂的话，不但会让人感到讨厌，也会让人扫兴。与其这样，倒不如用自己的语言，坦率地按自己想的去说，这样会显得更具有魅力。最好不要装腔作势地将自己确认为好的、感兴趣的事情拿来作为主题强加在对方的身上。

一些传授恋爱技巧的书籍，喜欢罗列一些万能模板让人背诵。也有人愿意尝试背诵那些万能台词、诗词名言之类，因其不是出自自己的话语系统又不能熟练运用，加之害怕忘词，表情古怪不自然，反而使得气氛尴尬可笑，最终爱情也一败涂地。实际上，做真实的自己、说自己平常最熟悉的话语，才能真正表现你的自信与风采。

2. 赞美对方的优点

如果上面的交谈告一段落，对方很仔细地聆听。那么接下来又要展开什么样的话题了呢？总不能一股脑儿地谈论自己。如果找不到话题，那就找一个最简单的方法——说一些对方的优点。毕竟是自己喜欢的人，所以对方的魅力或优点，会立刻浮现在脑海中，这样，用不加修饰的语言就能脱口而出，也能赢得对方的心。

例如，同样是追求硕，小李与小马的方法截然不同。小李故意等在硕下班回家的路上，借故去朋友家与硕结伴而行。刚开始，气氛有些僵，只是各走各的路。硕有些不自在，这时小李打破僵局，说："硕，你是个漂亮清秀的女孩子，你刚一到单位，办公室就雀跃了。"硕莞尔一笑，说"哪有！你夸张了！"小李凭借着一股朴实劲儿接着道："真的！你看我是个嘴笨的人，夸张的话我可不会说！好多人私下里都打听你到底有没有男朋友呢，你有男朋友吗？"硕会心一笑："正在寻找中。"

就这样，僵局被打破，小李给硕也留下了良好的第一印象：亲切近人、又比较体贴。而小李也可以通过这一次愉快的交谈，发出第二次第三次的邀约，在成追求硕的道路上一步步地前进。

挑对方的优点说，夸赞对方，并不是夸大事实。夸赞也要讲究适度，太过明显的逢迎拍马是行不通的。要结合事实，称赞对方最打动你的几个优点，如果把对方夸得像个神仙，对方肯定以为你有事求他，就会加紧防备。至于对方的长相和身材，最好避免在第一次的约会时就称赞，这样会显得比较轻率庸俗。如果你是男性，就称赞对方发型、服装的装扮、气质与众不同；如果你是女性，就称赞对方的知识、技术，或者是其所使用的名牌打火机、所戴领带等的不凡品味。

3. 措辞客气些

第一次约会时，言辞要谦和有礼貌，措辞要客气些，以维持一个和谐温馨的相处情境。如果说话时刻意装腔作势，故意用粗暴的语言，或是用自来熟式的语言说话，都是不允许的。特别是男性，更要谨慎地使用谦逊的语言，女性也不要常说"撒谎"、"讨厌"之类的话。虽然没有必要故作文雅，但与异性朋友说话时，最好还是注意恭敬点好。

在第一次约会的时候，"尊重"和"收敛"这两词必须一直在心头浮现，好让自己开口时有所顾忌，不会过于放肆。相互尊重，又能坦诚相待，这分寸必须掌握好。有人情味，又不能太呆板，这当中要有一个"度"。不同的对象，彼此之间不同的熟悉程度，都会直接影响到"度"的把握。如果太过于露骨，说话放肆，就会引起对方反感，不利于进一步交往。

小徐已经 28 岁了，自从 4 年前和前女友分手后，一直单身。家里屡次催他结婚，他自己也很着急。前段时间有个热心的朋友帮他介绍了一个女孩，非常贤淑。两人约好在湖边公园见面。见面后开始还聊得非常投机，因为双方的兴趣爱好竟然如此相似。聊着聊着就聊到了以后怎么发展的话题上。小徐突然来了句："你说我们以后有了孩子，是男孩好还是女孩好？"女方听了这话大吃一惊，说自己要去洗手间，就再也没有露面。第二天，朋友给小徐打电话，说女方认为他说话太过随意，预祝他找到一个更好的女孩。

很明显，本来小徐是可以和这个女孩子有很好的发展的，可是就是因为没有把握好说话的分寸，从而与幸福擦肩而过。

对于一对男女来说，第一次约会之前，相互之间一般不会很了解，因此，你第一次约会的一言一行，直接影响着对方对你的印象。自始至终说话有节和一句放肆话之间，相差是非常大的。如果流露出你的狂妄和斤斤计较，那第二次约会很可能会遥遥无期了。

如何向心上人表白

甜蜜而浪漫的爱情是人人都向往的，但是，想要得到一份甜美的爱情却是可遇而不可求的。有人把爱情看作一次冒险，因为往往要经历很多的挑战和挫折才能赢得对方的爱情，也才能为自己和心爱的人经营一个幸福的空间。有些人可以制造浪漫的氛围大声说出"我爱你"，但有些人并不确定对方能否接受。那么，怎样才能向心仪的人表达自己的感情呢？

一个小伙和一个姑娘从小一起长大，可谓青梅竹马。等到情窦初开的年龄，小伙子一直想寻找机会对姑娘表达爱慕之心。但是，内心又忐忑不安，不知道害羞的姑娘会作何反应。一天，他终于灵机一动，想出了表明自己心意的方式。

他约自己心仪的姑娘出来，故作深沉地对她说："我心里一直有个秘密，你愿不愿意知道呢？"姑娘好奇地说："当然想知道了。"

小伙子说："我爱上了一个美丽的姑娘，她是我见过的最美丽的人，我已经爱她很久很久了。"

姑娘一听，心里不免有些紧张，着急追问道："是哪个姑娘？我认识吗？"

小伙子说："你肯定认识的。我一直把她的照片视为珍宝，你也来看看吧。"

说完，小伙子就从衣服的口袋里拿出一个做工考究的小盒子，说："她的笑容已经深深地扎根在我的心里。"

姑娘赶紧拿过来，急忙打开，却发现里面根本不是照片，而是一面小镜子。姑娘正在纳闷呢，发现自己的脸就在镜子里，回过头来再看看小伙子，顿时明白了，害羞地笑了。

这个故事中的主人公就是马克思和她的夫人燕妮。马克思巧妙而幽默的示爱方式不仅向燕妮表明了自己的心迹，而且给心爱的人带来了出其不意的惊喜和幸福，为自己的爱情增添了莫大的幸福感，开启了一段相依相偎的幸福旅程。

其实，向心上人表达心意的方式是多种多样的，如果细心观察，随机应变，总能找到恰如其分的方法。

对于性格开朗、豁达直率、喜欢开门见山表达感情的人，可以采用直接倾吐的方式。通过大胆的方式，毫无保留地向对方表达自己的爱意，简明直白，又不虚伪造作。当然，运用这样的方法要注意，双方有一定的交情或者是暗地里互相倾慕，这样才能成功有效地表白。

对于领悟能力及文化素质较高、性格谨慎的人，倒是可以采用委婉的方式，含蓄地表达心意。比如可以机智地运用幽默的语言来表白，既能体现自己的水平，又能将自己的情感包含在话语中，传达爱意。即使对方无意接受，采用这样的表白方式，还能巧妙地避开了出现尴尬难堪的局面。

还有一种方式是将情感含蓄地包含在并不直露的话语中，通过运用某一事物或者人物的形式，小题大做，传递自己的真情，让对方感受到爱意的同时又能体验爱情的甜蜜。

国外一位知名的影星也是因为一直难以表达自己对心上人的爱慕而感到苦闷。一天，他绞尽脑汁终于想出了用巧妙和幽默来表达的方式。他约姑娘到公园里散步，周围不时有满头银发的老年夫妇相互扶持着走过，他指着他们问姑娘："你愿不愿和我一起成为他们呢？"姑娘看着那些恩爱的老年夫妇，会意地笑了，羞涩地点了点头。

这正是巧妙地运用老年夫妇的人物形象来寓意相伴一生、白头到老，含蓄地向对方表达自己的爱意，为自己的感情营造了浪漫而温馨的氛围。

一位男生看上了艺术系一位漂亮的女孩，却不知道她的名字，也一直苦恼没有机会与她搭讪、接触。有一次，机会终于来了，他看见那位女孩走进一家牛肉面馆，他毫不迟疑地跟着进去了。他走到那个女孩身边，鼓足勇气看着她，心跳得厉害。他想和她搭讪问好，却不知说什么好，就只好问名字了。他有点紧张地向这位女孩开口问道："经常在校园见你，请问你叫什么？"那女孩很纳闷地抬头看着他，说："我叫牛肉面啊！"她显然不想报上真名，但这位男生没有气馁，他红着脸"哦"了一声，改口道："那么，我就叫阳春面。"女孩冷漠的脸上立刻露出灿烂的笑容。

这位男生机智地利用"面名"的意象，成功向女孩表白心意，果然，后来这位"牛肉面"成了"阳春面"的妻子。

无论采用哪一种表白方式，说话的语言可以幽默且充满智慧，但感情要真挚，眼睛盯住对方，眼神温柔而坚定，让对方感受到你认真的态度以及对未来的肯定。向心上人表白是一种最甜蜜但最伤神却也最微妙的情感，所以在表达爱情的过程中，一定要把握好性别和情感，只要大胆主动、锲而不舍，总能迈进爱情之门。

如何拒绝别人的求爱

爱情是一件美好的事，如果爱你的人正是你所爱的人，那么被爱是一种幸福。但是，假如爱你的人并不是你的意中人，被爱就不是一种幸福了，可能会是负担，甚至是痛苦。别人向你求爱，他没有错；你拒绝他的爱，你也没错。最关键的是怎样拒绝，如果拒绝得恰到好处，对双方都是一种解脱。如果你不讲方式，不但伤害他人，说不定也会伤害自己。

初次交朋友，你也许有过这样的难题，由于对方是你的上司介绍的，或者是上司的子女，使你在拒绝上产生了犹豫，虽然见面都会使你感到不舒服，但一想到对方的身份、上司的威严，总是难以开口说出那个"不"字。你被这份"多余"的爱折磨得痛苦不堪，迟迟犹豫不知如何是好。而对方则感情加深，还以为你已经默认，便开始进一步地邀约，碍于面子迫于各种压力的你将事情处理得越来越糟糕，最后不但伤害了当事人，也得罪了领导，爱情事业双受打击。

不愿拒绝他人似乎是一种人类的本能。一般人总是在拒绝他人的时候表现得有礼而不粗鲁。有时我们不希望因拒绝别人而显得粗鲁，但最终还是让自己显得粗鲁。虽然是情有可原，但其实也是一件可以避免的麻烦事。

喜欢一个人并不是他的错，相反是他看到了你身上的闪光点与独特之处，从这个角度来讲他应该是伯乐，只不过不是你的伯乐，但无论如何，拒绝的时候你仍要感谢他的欣赏并报以微笑，而不是态度恶劣粗鲁，拼命地挖苦嫌弃、逃跑。有爱情圣手曾说，男女相恋讲求的是缘分，缘分是可遇而不可求的。正如你爱的人他不爱你时，对你冷若冰霜，也会造成你心中不快一样，面对你不喜欢的人，你一定要顾及他的面子，千万不要弄得灰头土脸，因为他爱你并没有错，正如你爱别人没有错一样。

有一位男生对一位女生穷追不舍，但是，女生对他一点儿都不感兴趣，屡次对他说出实情，而男生依然顽固不化。女生每天对他恶语相向，没事儿总是数落他，让男生毫无面子可言。男生想不明白的是，自己如此珍惜她，视她如珍宝，为何她却像见了苍蝇一样避之不及，最后男生受不了刺激，甚至产生轻生的念头。

很多人遇到不喜欢的人的示爱都不知该怎样拒绝，由于处理得不当，造成了害人害己的后果。可见，掌握一定的拒绝方法是相当重要的。对于爱你的人来说，你的每一句话都可能对他产生重大的影响，如果你并不爱他，那么快刀斩乱麻是最好的方法。但在拒绝对方时一定要深思熟虑，掌握好分寸，既要明确表达出自己的意愿，又要尽量避免伤害对方。

最委婉的拒绝方法莫过于漠视对方。例如表现得对对方不那么感兴趣、心不在焉、赶时间或者是对答的不在意等。因此，最简单的方法莫过于直接的明示："谢谢你的欣赏，但我想你不是我要找的人。"其他解释的话语无须赘述，例如经常有一些女生喜欢托词"性格不合"，但如若遇到那种执拗的男生就会想：你都还不了解我怎么知道性格不合？另外，借口说"年龄不对、家庭背景"等条件，很有可能会刺痛对方的自尊心，使对方对你产生不良的印象。

当然，上面的方法也非百试百灵，拒绝的人形形色色，而你的方式也要随机应变。总之，最根本是要尊重对方，让其看到你坚定的态度。

下面一些拒绝他人的方法仅供大家参考：

（1）若已有意中人，又遇到求爱者，就直接明确地告诉对方，你已心有所属，请他另选别人。但切忌向求爱者炫耀自己恋人的优点、长处，避免对方的自尊心受到伤害。

（2）倘若你认为自己年龄尚小，或是有学业上的压力或事业上的追求，暂时不想考虑个人恋爱问题，那就讲明情况，好言劝解对方。

（3）不要直接指出或攻击对方的缺点或弱点，也不能以一种"对方不如自己"的优越感来拒绝对方。要在尊重对方的基础上，婉言谢绝。

（4）遇到自我感觉良好的人，有些人个人条件中等，但自我感觉良好，甚至自信对方一定会看重自己，便开始拿自己不当外人地干涉对方的个人生活，这样的人真的很让人头痛。面对这样的人，什么办法似乎都是徒劳的，唯一的办法就是直接明示自己的态度，请他不要过于干涉自己的生活。

（5）遇到不来电的好男人，他对你关怀备至，一心一意对你，但感情不能勉强，你对他只有感谢与感激，并无其他。对于这样的男人态度可以委婉些，不妨尝试暗示。当有合适的机会时才告诉他，自己已经有人了，因把他当成好哥哥让他帮忙参考一下；二是对他的关照麻木一些，偶尔开一些这样的玩笑：你这样做让未来嫂子知道了，会吃醋的。

邀约心上人有技巧

生活中的男女，如果遇到心仪的人就会想要与其进一步发展，比如愉快地与对方约会。那么要怎么开口才能够顺理成章地向心上人提出邀约，并且不会显得太过突兀，又不会遭到对方的拒绝，从而成功邀约呢？这是需要一定技巧的，比如在邀约问题、提出邀约的形式、邀约时间以及邀约时需要注意的事项等方面，都要靠良好的口才为自己保驾护航。

首先，要想成功地约到心上人，最为关键的是要获得对方初步的信任。在平时多沟通、多联系，才会在提出邀约的时候，不至于显得很突兀。尤其是男孩邀约女孩的时候，更应该注意。平时不怎么跟女孩联系，如果很突然地对女孩说："今晚有空一起看电影吗？"这样提出邀约的问题会让人一头雾水/不知所云，还会让人觉得提出邀约的人没有礼貌，结果是难以成功的。这样邀约，约到的不是心仪的人，而是失望。

其次，对于提出邀约的技巧和形式，还得好好琢磨。如果想约刚认识的人，那么在其生活场地（比如工作的地方或是住的地方）附近见面会显得更为合理自然。毕竟刚认识，在太正式的场合会增加对方的压力，令人不自在。

至于提出邀约的形式，倒是可以通过打电话或发信息进行。这可以在与对方日常的聊天中，自然而然地提出约会的邀请。

最后，在提出邀约的时间上，要恰当把握。对于邀约在条件允许的时候，当然是要提前邀请，但提前邀约的时间又不能太早。邀约的时间最好是提前两天，这样既不会因为太早邀约，对方没有计划那么长远的事情而遭到拒绝，又不会因为临时邀约，让对方以当下有其他活动安排而直接推辞，从而促成邀约的成功。

向心上人提出邀约的时候，还有需要注意的问题。如果已经被拒绝了好几次，就先暂停邀请。遇到这样的情况，如果不是恰巧双方的时间节奏不一致，总是遇到对方非常忙的时间；还有一种可能，就是对方通过委婉的方式，在暗示谢绝。既然是这样，就不要贸然行事了，不如放缓节奏，先把邀约放一放，让彼此增加沟通了解，等到时机成熟，再提出邀请。

如果是男孩子主动提出约会，可以从以下 3 种方式向女孩子提出邀约：

第一种：单刀直入。这种方法适用于比较大胆的男孩子。直接当面向心仪的女孩子提出约会的邀请，说："如果你不答应我就不放你走。"大多数女性是无法抵挡这样坚决的态度的，当然，为了保险起见，最好是在邀约性格爽直的女孩子时使用。

第二种：迂回进取。这种方法适用于口才好的男孩子。先跟女孩子打开话匣，侃侃而谈。在一次又一次的投其所好中越聊越亲密，直至万事俱备时随口而说："过几天我约你去××地方玩好吗？"

第三种：借题发挥。这是适用于不善交谈的男孩子的方法。如果男孩子不善于跟女孩子海阔天空地交流，可以采用向她借书借文具或者借一切男孩子可以借的东西，从物质上互通有无，借还东西的契机而成功约会，从而发展到感情上的互相贴近。

当然，由男孩子提出邀约是最理想的，但若是偏偏遇到一些生性木讷的男孩子，始终不能理解女孩子各种明示暗示时，女孩子也不用一直沉默等待而干着急，可以发挥主动权，向对方提出邀约。那么，该怎么约他才好呢？

女孩子主动向男孩子邀约，既要能够邀约成功，又不能显得过于主动，要注意矜持，这是非常讲究技巧的。可以运用"看似主，实为宾"的说话方法。也就是在对话上先强调这是以对方的时间为主的，不过却是通过半命令的句型来表达希望他能做某些事。这样的方法，既显得客气有礼，表面上是女孩子有求于他，但本质上却是更加有利于自己，万一对方不答应，也不至于让自己没有台阶下而显得难为情。例如，女孩子可以稍微带点为难地问："你周末有空的话，可不可以陪我去一趟诚品书店？"女孩子略带些许苦恼表情会激发男孩子的同情心，即使不确定对方是否会答应，但采用这样的方法，就算对方对邀约的内容没兴趣，仍会因为不忍心而排除万难来赴约。

无论是男孩子主动还是女孩子主动，总是希望能够成功约到心上人而得以令两人的关系更进一步，唯有充分掌握了邀约的技巧，才能水到渠成。

做错了，如何向恋人道歉

爱情生活中，总会出现一些磕磕绊绊。你一句无心的话，对方却听得仔细，有时触动了对方脆弱敏感的神经却浑然不知，结果隔膜越来越大。其实相爱的双方会因为太在乎彼此而特别在意对方的每一句话，有时也会为了逞一时之气而说一些很伤害对方的话。这时，做错的一方应该主动向对方道歉，不要因为放不下面子而羞于启齿，更不要因为是熟悉的恋人而忽视了对他的伤害。要知道，恋人的眼中是特别在乎另一半的看法的，他们希望展现在另一半面前的自己是完美的。所以，恋人之间出现矛盾，应该及时处理，主动退让一步，轻轻地对其说一声"宝贝，对不起"，然后紧紧拥抱他，就能消除隔阂。

道歉说起来简单，做起来就不那么容易。

爱情中没有谁对谁错，错误的造成并不仅仅是一个人的责任，可能是客观原因造就或者是别人的间接影响，又或者只是玩笑而已。一旦矛盾产生，一方总要先退让，但双方都拉不下脸，觉得不服气，不情愿道歉认错。本杰明·狄斯拉里说："世上最难做的一件事，便是承认自己错了。要解决这种情况，除了坦白承认错误，没有更好的办法。"

也许你会很冤枉地说："我明明认错了，可她还是生气，真是没办法了！"那么你的"对不起"是不是心不甘情不愿？是不是依然有着强烈的火药味？是不是并无掺杂一丝的歉意与真情实感？要知道，只有真诚的歉意才能熄灭对方愤怒的火苗，才能避免事态的扩大。

因此，在向恋人道歉时，还要掌握适当的方式方法，以下几点要格外注意。

1. 真诚，不可敷衍了事

俗话说，精诚所至，金石为开。只要你真心实意地向对方表示歉意，一般说来，你的另一半是会原谅你的。道歉时切忌敷衍了事，只说一句简单的"我错了"就认为万事大吉了，这样不仅无助于挽救局面，还可能会激起对方的深层不满，甚至起到火上浇油的作用。所以，道歉一定要诚恳，语气一定要真诚，否则就起不到道歉的效果。当你说"对不起"时，不要低头看着地面，要把头抬起来，看着对方的眼睛，一定要让对方看到你真诚的歉意，从而原谅你的过失。

2. 把道歉作为一种美德

道歉表现了一个人的诚实和成熟，做错了事，向对方道歉，这是一种值得赞扬的美德，尤其是若能主动向女性道歉，更是体现了对女性的尊重，会因此而博得对方的好感。

3. 直截了当，不到处找借口

向恋人道歉时，就应该直截了当，不推三阻四，尤其注意不要为自己找借口。一味地强调客观原因或是其他方面的理由，只会让对方觉得你的道歉不够诚意，即使对方口头上是原谅了，但多少还是会心存芥蒂。不管你应该负全部责任或部分责任，你都要心甘情愿地负起全部责任，这样就会令对方觉得你是一个心胸大度的人，这样的话，对方还有什么理由不真心地原谅你呢！

4. 不要怕碰钉子

一般的人，在别人面前都特别爱惜自己的面子，尤其是在心上人的面前。深恐道歉的时候对方会让自己下不了台，因此迟迟不敢去向对方道歉。其实，这种担心是不必要的。毕竟，对方未必会如此不通情理；再退一步来说，即使对方在你面前发泄一下，真的让自己下不了台，那也是可以理解的，因为是你做了对不起对方的事！

5. 不要一再道歉

向恋人道歉，要大方明了，不要忸忸怩怩，更不要一再地向恋人表示歉意，这会让人觉得啰里啰嗦。如果你是男性，更应注意这个方面，否则，对方会觉得你不像一个真正的男子汉。

6. 抓住道歉的时机

当知道自己错了的时候，就应马上向对方道歉，让对方知道，自己非常在意是否获得原谅，这是在心理上给对方的一种满足，从而为自己获得原谅赢得筹码。当然，这也不是说道歉就要一味求快，而不用区分场合和地点。抓住道歉的时机，还要注意选择对方最能接受的心理状态和周围环境。

7. 适当赔偿

你犯了错，做了有损于对方的事，就应该向对方有所补偿。让对方如此大动肝火、如此伤心，难道不应该在一个适当的场合以一种特别的仪式予以挽回，或是赠送小礼物来表达自己最真诚的歉意，从而拯救处于危机边缘的爱情吗？

现实生活中，向恋人道歉的方法多种多样，要根据具体的情况选择适当的方式方法才能取得对方的谅解。

萝丝在下班回家的路上遇到了一个许久未见的闺蜜，二人相谈甚欢。临时决定与闺蜜一同去吃饭，想好好与她聊聊。结果直到午夜，方才心满意足地回家。进了家门她才发现，老公准备了满满一桌的丰盛饭菜，等着她一同庆祝二人的结婚纪念日。

这样重要的日子还回来得那么晚，老公自然怒不可遏。一番唇枪舌剑，吵得不可开交。谁都认为对方有不可推卸的责任，一时之间闹成了僵局。

萝丝突然感到，这样只会让夫妻关系变得恶化，而对已经发生了的事情来说毫无解决的余地。于是她率先做出了让步，小声道歉："对不起，是我错了，因为我觉得跟你相处的每一天都是快乐的节日，以至于把今天给忽略了。"

听到刚才还像头河东狮的妻子说出了这种话，老公愣了一下，满腔怒火顿时烟消云散，一把将萝丝揽进怀里："亲爱的，我做得也不对，不该冲你发火。这不过是一时的情绪激动而已，并没有什么大不了。"

萝丝能够很好地运用向恋人道歉的方法，使得一场剑拔弩张的家庭战争，完美地化作了云烟。

日常夫妻间的拌嘴没有谁对谁错，就像是一场辩论，公说公有理，婆说婆有理，谁也没办法说服对方。只有一方先找个巧妙的台阶在口头上做出让步，才能在不伤害感情的情况下化干戈为玉帛，才能让夫妻关系变得更加和美。

如何打破沉默，消除冷战

"冷战"一词是指 1947 年 1991 年间，以美国为首的西方资本主义国家和苏联为首的社会主义国家两大阵营除直接交战以外，在经济、政治、军事、外交、文化、意识形态等各方面都处于对抗的状态。而男女恋人之间出现的冷战，虽然说也是一种沟通方式，但却被心理学家认为是最不当的沟通方式。男女恋人在日久天长的相处中，双方会渐渐了解对方，发现对方更多的缺点或者开始对对方产生抱怨，当意见有冲突的时候，就会出现冷战这一种极具破坏性的沟通方式。这个时候，就要动动脑筋看看怎样才能打破沉默，消除冷战，避免两人的关系恶化。

如果两个人因为意见不同而产生矛盾时，使用了冷战的方式，那么首先要搞清楚沉默的原因。正常情况下，一个人是不会无缘无故就用沉默来抵抗他人的。如果两个人沉默以对的时候，要先弄清楚是不是争吵后引发的。若是确实因为争论的关系，那么就该反思一下，多听听对方的意见，从而打破沉闷的气氛。如果双方都认为自己有理而不愿退让一步，一方沉默，另一方也用沉默作为反击，这种相当恶劣的沟通方法是很不利于问题的解决的。

其次，恋人之间要改变论输赢的错误认知。冷战中先打破沉默的那一方，并不意味着就是输了，丢面子了。主动打破沉默的一方恰恰是懂得沉默的背后隐藏着愤怒的不良情绪，如果处理不好，会爆发更加不可收拾的局面。因此，主动打破沉默并不丢脸，真正解决问题才是关键所在。

最后，通过恰当的方式进行沟通。即使心里已经认识到不能一直保持沉默，但是要采用什么样的方式来打破沉默，进行沟通呢？比如主动接近对方，试着给对方一个深深的拥抱，告诉对方你有多需要他；或者通过听轻音乐、看电视等娱乐形式来转移对方注意力的方式，减轻对方的心理压力，从而打破沉默；或者买一份对彼此具有特殊意义的礼物送给对方，让对方知道你的感受；或者和恋人相约到两人曾经游玩过的对彼此有纪念意义的地方旅游，等等。当然，最重要的还是要归于两个人言语的沟通。要态度诚恳，委婉措辞，再用幽默却充满智慧的语言来化解危机，消除冷战，让对方破涕为笑，让怒气化为浪漫。

彤与舟是通过产品策划推介会认识并且相恋的，正当彤怀着迫不及待的心情准备与舟共筑爱巢时，彤的同事却告诉她，最近经常看到舟与一个很摩登靓丽的女孩子在一起。彤立马醋意大发，指责舟说："你对爱情不忠贞，见异思迁。""那是我表妹，她来这个城市找工作，求我帮忙找工作。"舟赶忙解释道。可彤根本就听不进去，她不想理睬舟。深爱着彤的舟眼看着如果再不说点什么，两个人就要陷入冷战了，灵机一动说："朋友都说你是才貌双全的美女，你怎么不想一想呀，除你之外，还有哪个愿意跟我恋爱的。你瞧，我老气横秋，长相有损市容，写尽了人生的沧桑和苦难，再瞧我这条件，一下子就让人联想到是刚经过洪水洗礼的困难户、重灾户，我现在最向往的是如何尽快脱贫致富，以报小姐您的知遇之恩，哪敢花心哟。"一席话逗得彤转怒为喜，忍俊不禁。

幽默是爱情的和事老。舟的这番爱情表白，虽然看着是贬损自己，但可谓妙语连珠、谐趣横生。这样的幽默，能有效打破恋人间的沉默，化解恋人的怨气，从而消除冷战。

要打破冷战，还要讲一些对方爱听的话。这样会使对方紧张的神经松弛下来，并产生想继续听到更多这方面的话的念头。假如对方穿了一件漂亮的衣服，你就说："这件衣服很漂亮，太适合你了。"也可以借助邻居曾夸对方的某个优点，转告给对方而获得打破沉默的契机。

恋人之间产生了隔阂，不管对错，作为男人，都应该主动去缓解，放下面子，该道歉时就要及时道歉，开启尊口，智解危机。适当的时候还要学会采用幽默的方式来解围。女人是不会厌烦男人用幽默的方式来巧妙道歉的。当然，有智慧的女人也要懂得退让，在恰当的时候说一些幽默的话语，来奖励男人的主动，缓解僵局。

雅倩非常喜欢跳舞，男友小张偏偏是个好静的人，正参加自学考试，却常被她拉去"看"舞。雅倩有个很不好的习惯，不跳到舞厅关门不尽兴，久而久之小张就受不了了。有一次，他们从舞厅出来已是夜里12点多了，小张说："你的慢四跳得很棒，我还没看够。你一路跳回宿舍怎么样？"雅倩撒娇说："你想累死我啊？"小张一副认真的样子："不要紧，我用快三陪你跳。"雅倩扑哧一乐："亏你想得出，丢下我一个人也不怕我碰上流氓。"小张这时言归正传："那你在舞厅丢下我一个人也不怕我打瞌睡被人掏了包。"雅倩这时才知道男友压根儿对跳舞没有兴趣，以后就有所收敛了。

小张是很机智的，通过利用在舞厅出来的契机与跳舞相结合，运用幽默的战术将自己心里的怨气发泄出来，也让雅倩知道自己不喜欢跳舞的原因。既诙谐轻松，又避免了双方发生争吵而陷入冷战。

人有悲欢离合，爱有阴晴圆缺。在爱情的世界中，并不是从头到尾都是那么的和顺甜美。当两个人之间出现了小矛盾、小争执的时候，巧用机智幽默的话语主动打破沉默，不仅可以让恋人和好如初，还能使爱情迅速升温。

别把"分手"挂在嘴边

男女交往的过程中，有些人习惯把"分手"俩字当作赌气的工具，两个人一旦闹矛盾，就会脱口而出"分手"二字，其实心中根本没有分手的意思，无非是想以此要挟降服对方，让对方说句软话哄哄自己罢了。岂不知"分手"这句话犹如微小的水滴，虽然一时不会对磐石产生影响，但说得多了，坚如磐石的心也会被蛀空，而放开的双手也就真的很难再续前缘了。虽然逞了一时之强、泄了一时之气，但由此造成的情感悲剧，不久就会让你感受到它的苦涩，那时后悔已经来不及了。

嘻嘻是大学三年级的学生，刚进大学时，她就遇到了心目中的白马王子。两个人在课业上互相鼓励，生活上互相照顾，都是品学兼优的好学生，感情一路都很顺利，可是最近两个人却突然分手了。

当然，事出有因，嘻嘻最近忙着准备留学考试，又因为没有时间和男朋友约会，两人也因为留学的事情冷战过。面对这些巨大的压力，她跟男朋友说："我们分手吧！"虽然嘻嘻一开始这样说，并不是出自真心，只是希望男朋友能关心自己，或者能说出"一辈子不放手"的承诺来安抚自己的心而已。可是男友没有意识到这只是嘻嘻情绪上的发泄，而使自己内疚起来，开始怀疑自己的存在是不是成为嘻嘻的负担。为了不影响嘻嘻的发展，男友最终答应了嘻嘻分手的请求，选择了离开。

恋人之间发生争吵、冷战都是很正常的事情，只有合理沟通、互相理解才能真正解决隔阂，不能决绝地以"分手"来下定论，更不要时常把"分手"挂在嘴边，这是很不可取的。

女人喜欢男人的宠爱，常会使出一些招数来试探对方，确定自己的情感付出是值得的，动不动耍点小脾气，来点小性子当作调剂品，使平淡的爱情生活来点滋味，唯有自作聪明地把分手当歌唱的蠢事，最能两败俱伤。一般情形下，越是吵着闹着天天把分手挂嘴边的人，越是没有真分手的打算。经常说分手的人，一部分是年轻气盛，口不择言，另一部分是明知对方爱自己，恃宠而骄，恃骄而无理取闹。女人爱用这招威胁男人，是因为她知道男人对自己的爱，知道男人离不开自己，所以威胁才有效力，男人才会服软。男人偶尔也会用这一招，当然也是因为男人知道女人爱自己，这是讨价还价的砝码。

两个人能够相知相识、相爱相伴，是如此美妙的旋律。"前世的五百次回眸才能换得今生的一次擦肩而过"，大千世界人海茫茫，于千万人中遇上一个爱自己的人实属恩赐，遇上了，爱了，结合了，是多么不容易，为什么还要用语言来伤害彼此，甚至动不动就说"分手"？

爱的路上有风也有雨，赌气、吵架是很正常的事，偶尔两三天不说话，把对方晾一边，也算是热情高涨中一种冷却的方式。但是，聪明的人懂得把握分寸，不一意孤行。口无遮拦乃是恋爱的大忌，"分手"二字虽短，但分量却极为沉重。逞一时之畅快，只怕会付出一生遗憾的苦痛。

因此，如果你还不打算放弃这段感情，如果你还珍惜这难得的缘分，如果你确定你仍然深爱着对方，就不要再把"分手"当作生气时的口头禅。你应该学会控制自己的脾气，毕竟，甜美的爱情不是威胁出来的，而是珍惜经营出来的。

第二十八章

家庭口才：
让幸福走进家庭

在人生的旅行中，我们需要冒险，也需要休憩，家就是供我们休憩的温暖港湾。在我们的灵魂被大海神秘的涛声陶冶得过分严肃以后，家中琐碎的噪声也许正是上天安排来放松我们精神的人间乐曲。

——周国平，毕业于北京大学，著名哲学家、作家

耐心倾听爱人的心声

在爱人面前愿意发声，愿意倾诉自己的苦闷，分享自己的快乐是两个人增进感情，使生活更加融洽和谐所必需的，既然有人在倾诉，那么就一定要有一个人在听。爱人和爱人之间的主动沟通很重要，但是被动地聆听也很重要，我们常常忽略了这一点。

一位对自己的生活还有家庭尤其是自己的先生都很满意且有信心的主妇，有一天在买菜时看到了自己的先生和一位年轻貌美的女子在咖啡店里聊天。

她看见自己的先生一直在不停地说，而他对面的那个女孩只是偶然搭一句话，主妇看到这一幕，心仿佛碎了一样，她万分伤心地走回家去。

晚上，先生回家了，看到太太红红的眼圈，凭着直觉，仿佛已经知道了什么，果然太太开口说道："你们俩什么时候开始的，为什么要这样？这个家难道给不了你想要的吗？"

先生不做争辩，默默地坐下，然后缓缓开口，说道："你还记得上周五晚上的情景吗？"

太太的思绪飘到了上周五晚上。

那天晚上，先生下班回到家里，一副心事重重的样子，太太以为他是工作压力太大，但她已经习惯了他这个样子，所以并没有怎么在意。饭后，先生坐到太太的身

边，主动说道："今天，我遇到一件……"

可是先生还没说完，太太就说："哎，亲爱的，你看我新做的指甲好看吗？"

先生拉过太太的手，说道："好看，真好看，我跟你说，我们公司那个财务……"太太再次打断了先生的说话，说道："我今天去超市，发现什么都涨价了，以后再也不能吃那个牌子的橄榄油了，开销太大，你说呢？"先生顿了顿，说道："喜欢吃哪个就买哪个，我还没到养不起家的地步吧，今天那个财务……"这时，太太打开了电视，说："哇，这个综艺终于开始了，别说话了，赶紧看吧。"

于是先生只得起身，默默走到阳台抽了根烟。

先生见太太想起了上周五晚上的事，他开始说话："我上周五其实特别烦，财务算错了好大一笔账，估计要很久才能把账平回来，事关人情关系，我十分气愤却不能在公司发牢骚，本来想回家跟你说说，让你安慰我一下，但是你连说话的机会都不给我。"

太太张了张嘴，却不知道要说什么。

先生又说道："我总觉得，只要你有一天发现了我一直在听你说那些生活琐事、邻里八卦，那你也会同样听我倾诉一下，可是你没有。有多少次，我想跟你聊聊，想跟你说说，可是，要不就是你一直抢我话，要不就是你自己说个不停，更可恨的是，你居然为了看电视而不理我，你可知道每次你要跟我说什么的时候，我即使在工作也会听你说完。"

太太在悲痛之时，想到了今天早上她去菜市场的路上看到自己的先生和那个姑娘交谈的场景：那个女孩除了点头、微笑外，很少说话。大部分时间都是他在说。太太现在明白了，就是这样耐心的倾听，激起了心里的千层浪花，他觉得找到了一个真正关心自己的人，在她的面前，他体会到了从未有过的轻松和快乐。

原来我们的心，都有一种被放大的习惯，对于遇到让自己不舒服、不愉快的事，我们会把它扩大，就好像一点点小事，能让你不愉快很久一样。若一次次遇到同样的让自己不愉快、不舒服的事，时间一长，就可能扩大到方方面面，就会遮蔽掉其他好的地方。

通过上面的故事，我们可以看出倾听的重要性。倾听不但能让倾诉的一方发泄自己的感情，抒发自己的情绪，牢固两个人的感情，善于倾听还能让我们发现爱人的心绪、问题甚至是缺点，这样我们可以更好地帮助自己的爱人解决问题，让两个人的关系更稳固。

通过这个故事我们还明白，倾诉的欲望和倾听的责任，并不是单向的而是双向的，有些人一直错误地认为，只有女人才需要向别人倾诉，才需要获得别人的同情和安慰，才需要别人的建议和支持。其实，男人也需要倾诉，他们需要有一个对象静静地坐在身旁，用期待的目光听他细细诉说。

倾听，并不是坐在那儿听别人说、自己不说话，真正的倾听是要认真倾听讲述者的话，对讲述者感同身受，深入对方内心，细心地注意对方的言行，注意对方如何表达问题、如何谈论自己与他人的关系，以及如何对所讲的问题作出反应。同时还要注意对方在叙述时的犹豫停顿、语调变化和伴随言语出现的各种表情、姿势、动作等，并且在适当的时机给予应有的反馈。在对方讲述结束后，根据自己对对方话语的理解，和自己观察到对方可能存在的问题，给予建议和意见，这样才算是一次完整的倾听。事实证明，仅仅是顺畅的，不被打断的诉说就可以治愈相当一部分心灵创伤。

倾听从理性层面上来说，具有如上的作用；从感性层面来说，倾听也是自己向爱人表达爱意的一种体现。

当一方需要倾诉时，一方陪在身边默默地听他说，给他鼓励和支持，这是相爱之人所为。

不可否认，每个人都是自私的，向别人诉说、被人理解和认同的需求是我们想得到的。而仅仅聆听确实需要我们处于爱意"强迫"我们自己去做的，我们不能把聆听这种责任推到对方身上，而自己"片叶不沾身"。

夫妻不是独舞，而是双人舞，两个人相互配合，你若进我就退，你若退我就进，一方要是倾诉，另一方就要责无旁贷地倾听，这样才能愉快长久。

夫妻吵架不说伤人话

夫妻之间虽然亲密无间，但是毕竟两个人在相识前是彼此陌生的，并没有和另一半在一起，所以，各自的性格、人生观、价值观是不同的，由此，夫妻间的差异就会存在，吵架也在所难免。

俗话说，"谁家灶头无烟火"。说的就是这个道理，只要是夫妻，不管感情多好，都会有吵架的时候，但是夫妻间的吵架和普通的吵架不同，夫妻间的吵架不是要争个你死我活，也不是恶意伤人的吵架。

"良言一句三冬暖，恶语伤人六月寒。"这句话不但在我们和他人交往中是正确的，在我们和爱人相处时也是如此，不要因为对方是爱人我们说话就无所禁忌。

有一对90后的小夫妻，经朋友介绍后相处了半年时间，两人觉得时机到了就结婚了，一开始两个人生活得和谐幸福，可是渐渐地，就出现了问题。

一天，丈夫下班回家看到妻子在看韩剧，于是丈夫就说："你又在看那不动脑子，满脑袋幻想的电视剧了。"妻子针锋相对说道："你才没脑子呢，你有脑子也没见你写一部电视剧啊。"丈夫听完气呼呼地到电脑桌前坐下开了罐啤酒喝，喝完后很随意地把啤酒罐放到了脚边，这时妻子说道："你能不能尊重我的劳动成果，别一看见干净屋子就受不了，非要像狗一样，越乱越高兴。"这时丈夫说："我一会儿就收走，你别像个母鸡一样唠叨个不停，真是看韩剧看得越来越没脑子了。"原本躺在沙发上的妻子，"噌"一下坐了起来，说："你说谁没脑子啊，我天天上班累得要死要活的，回家看个韩剧招你惹你了，我让你注意卫生你说我没脑子，这日子没法过了。"丈夫也不让，说道："那破韩剧本来就没脑子，哪来那么多灰姑娘和白马王子啊，家里的活十天干不了一次活，干一次活要叨叨十天，你烦不烦。"

这时，妻子彻底发火了，和丈夫声嘶力竭地吵起来，最后两家大人都来劝，也没劝住，两人非要分手离婚。

这样的例子在我们生活中很常见，夫妻间吵架很正常，但我们要学会怎么吵。

首先，我们说话不能像故事中的小两口一样语中带有诋毁，这位丈夫可以直接说，韩剧和现实生活脱轨太多，可以直接说过一会儿会把啤酒罐拿走，同样地，妻子也可以直接说，让丈夫注意卫生，这都是可以接受的。但是，如果语中带有诋毁的话，像"没脑子"、"像母鸡一样"、"像狗一样"就会大大伤到对方，这个时候两个人吵架的焦点就不在原本引发吵架的这件事情上，而是在于双方肯定会想"他/她怎么可以这样说我"。实质性的问题，转化成了情绪性的问题，而情绪性的问题又夹杂着实质性的问题，所以场面很容易失控。故而夫妻吵归吵，千万不要诋毁对方。

其次，夫妻吵架无非有两个原因，第一，确实有问题要解决，平和的时候没有解决，那么通过吵架能解决吗？那么，无论是基于哪种原因吵起来的，夫妻双方千万不能有一种起哄架秧子的心态，不要像别人吵架一样抱着一种"谁怕谁啊，吵就吵吧，放马过来吧"的心态，否则事情会越闹越大，不好收场。这时我们再来看看引发夫妻吵架的原因，为了解决问题和情绪发泄，这样"无所畏惧"的吵架值得吗？所以双方一定要克制，不能"放开了"乱吵一气。

除此之外，夫妻吵架切忌翻旧账，因为夫妻不是仇人，没有什么不共戴天的仇恨，不是说谁要把谁置于死地，所以之前吵架的内容没有必要记住，如果在吵架过程中提起旧事，那就会让人觉得对方一直记着一方的不好，对方并没有宽容，然后两个人就会扯来扯去，到后来非但没解决现存的问题，还会让问题变得更糟糕。

一旦双方陷入了不可避免的吵架，除了要避免诋毁对方，不能翻旧账之外，如果我们能运用一些技巧，把吵架化解，大事化小，小事化了，那才是最高明的做法。

如果在夫妻争吵到一定程度的时候，一方能投之以幽默，则另一方也会还之以幽默，这样才能够将矛盾化解，让争吵平息。

一次，丈夫陪妻子上街买衣服，从早上逛到了晚上也没有买到合适的衣服。因为无论妻子试穿哪一件衣服，丈夫总显出一副心不在焉的样子，附和着说好看。疲惫不堪的妻子，最后质问道："你这个人怎么能这么随便？"

丈夫看到妻子发火了，赶忙补救说："当初我也是这么随随便便就把你选上了，可是你挑中我却是经过精挑细选的啊。"

妻子听到这话，一下子笑出声来，怨气消了一大半。

丈夫巧妙地把自己的"随随便便"说成是妻子的"精挑细选"的结果。不仅指出了挑中自己对妻子来说是件不容易的事情，也将妻子"精挑细选"的结果幽默了一把。

夫妻间的吵架如果吵得好不但能解决一些悬而未决的问题，还能增进两个人的感情，但是我们要时刻铭记于心的是，夫妻间的吵架不是社会上你死我活的利益争夺，故而要就事论事，克制地处理，再假以幽默，相信每次吵架都可以尽快结束，甚至还可以促进夫妻之间的感情。

不要将"离婚"当成口头禅

前世五百次回眸，换来今生擦肩而过，一对陌生人从相知相恋，再到成婚、生子，要经历太多的磨难、太多的艰难。两个人能走进婚姻的殿堂实属不易，如果是因为爱而在一起的夫妻，就一定要好好维护自己的婚姻生活，这是对两人一路走来的艰辛的回报，也是两个人能一起走下去的基础。

当两个人步入婚姻生活后，会发现生活并不如恋爱时那么简单，不可否认的是男人会逐渐松懈，因为他的重点已经转移到维护家庭上，这是无可非议的，但是这样就会带来一些冲突。与此同时，女人也会逐渐褪去青涩，慢慢由女人转变成家庭主妇或职业女性，在这个过程中会丧失一些耐心和细心，这也会带来冲突。

除了两个人自身的原因，结婚以后，还会给原本相对轻松的两个人加载一些别的负担，比如生活压力、双方的父母，以及将来有了孩子的压力，所以，很多人相恋时感情非常好、如胶似漆的情侣一旦结了婚，就会出现一些意想不到的问题。

如果是两个人因爱而结婚，那么他们的婚姻就不会有什么根源性的问题，但是即使没有根源性、毁灭性的问题，仅仅是日常生活中的怄气、吵架就足以毁掉婚姻。

20世纪初的英国，阶级划分还十分明显，有一个富家女孩和他们家的司机相爱了，这遭到了包括司机父亲在内的所有人的反对，但是好在女孩的父亲是个善良正直的人，虽然他也不同意让他的女儿和他的司机在一起，但是为了让男孩一家维持生计，他没有解雇司机一家。

富家女善良可爱但是唯一不好就是脾气有点暴躁，爱耍小性子，男孩虽然出身卑微，可是勤学上进，爱思考，在工间之余，他上了夜校。

他们的爱情一方面处于贵族的讥笑之中，一方面处于另一个阶级嘲笑男孩攀高枝之中。再加之男孩一方面要在女孩家工作，一方面又要上夜校，两个人能够相处的时间少之又少。可是在这么艰难的情况下，他们还是在坚持着。

终于有一天，男孩夜校结业后，在当地的报社找到了一份工作，一开始他写些花边新闻，写些小简讯，渐渐地他开始写时评，起初青涩，没人追捧，后来男孩见解深刻，预期准确、针砭时弊，他成为报社的股肱之笔。这时，女孩的父亲看女孩已经到了出嫁的年龄，而男孩也诚实可靠，正值社会风气趋向开明，两家的大人就默许了两人的感情。

又过了几年，男孩存了一点钱，可以负担得起一次婚礼同时有能力买一处小公寓和女孩一起生活了，他们就结婚了。婚礼上，两人回忆起他们一路走来的点点滴滴，在牧师面前泣不成声，男孩默默发誓，一定要对女孩好。

婚后，男孩工作很忙，女孩做起了全职太太，女孩把男孩照顾得很好，但是，渐渐地两人还是产生了矛盾。一天晚上，男孩回家看到女孩做了饭，就高兴地吃了起来，他吃到一半时，女孩从厨房出来看到这种场景，说道："我为了和你一起吃晚饭，做好饭后一直等你回来，而你一进门怎么不招呼我一下，自己就直接吃上了。"

男孩觉得不好意思，忙说："对不起，亲爱的，你快来吃吧。"女孩这才不情愿地坐到桌前，她刚要动叉子，却看到她精心做的摆盘被男孩已经弄得一塌糊涂，汤盆边缘也粘着汤汁，她顿时没了吃饭的兴趣，就说："你看看你，人家把晚饭弄得这么漂亮就是为了和你一起吃的时候心情能好一点，你现在把饭弄得乱七八糟的，缺少了美感，真受不了你。"

男孩赶紧说道："对不起啦，亲爱的，今天已经这样了，明天晚上我们出去吃，就当补偿你好吗？"可是女孩还是不依不饶继续说到："哼，你以前可不是这样的，你以前偷偷跟我去吃冰淇淋的时候，我先不吃你绝对不动，你现在怎么变成了这个样子，你是不是不爱我了。"

男孩听到这话，严肃地说："我没有不爱你，以后我注意，明晚带你出去吃，别闹了，赶紧吃吧。"

女孩说："我闹什么了，你就是对我不如以前好了，现在就这样，以后怎么办，我没法跟你过了。"

这时男孩"噌"一下从餐桌上站了起来，看着女孩一字一句说道："我没有对你不好，我没有不爱你，但是请你尊重我，更尊重我们的感情！"说完就拿起衣服对女孩说："我去报社加班。"留下了呆若木鸡的女孩。

其实，夫妻间吵架、怄气，在所难免，谁家烟囱不冒烟？双方激烈的言辞交锋，在某种意义上能让双方都明白对方想要什么、想表达什么，不兜圈子也不失为一种解决夫妻矛盾的方法，也可以让双方好好发泄一下。但是要切记的是，夫妻吵架要顾及双方的感受和感情，不能无所顾及地大吵，不能把"离婚"、"不过了"、"分家吧"这样的话挂在嘴边，轻则伤害到对方，重则真的会"话语成真"，到那时候，后悔就来不及了。

做贤惠媳妇，更要做会说话的媳妇

许多人都说天底下最难处的就是婆媳关系。一般来说，都是女方嫁入男方家，相当于男方家"多"了一个人，虽然有很多夫妻最后都会自己出来单过，不和男方的父母住在一起，但是还是避免不了婆婆和媳妇必要的相处和沟通。

婆婆作为长辈，要想去改变她们的想法和做法恐怕有点难，那么，要维护好婆媳关系还是需要媳妇多多提升自我修养，当然丈夫的作用也不可小觑。

作为儿媳妇，怎样让婆婆喜欢自己呢？

首先，我们不能忘记婆婆也是女人，只是年纪比较大而已，那么我们在跟她们交流的时候，要时时刻刻提醒自己，把婆婆当女人看。

其次，要做讨人喜欢的儿媳妇就要会看人下菜，要说对话。世界上没有两个同样的家庭，你在自己家可能是被爸爸妈妈宠爱的小公主，可是在老公家，就要根据实际情况来调整自己的言行。

有一个出身于刑警世家的女孩，爸爸妈妈都是刑警，他们一家常常在家里讨论案情、讨论罪犯，即使在饭桌上讲到类似的话题也不会避讳，一家人早已习以为常了。

女孩到了出嫁的年龄，嫁给了一户厨师世家，男孩的爸爸妈妈包括他在内都是厨师。

一家人一起吃饭的时候，男孩的妈妈说道："现在鲫鱼真是不如以前新鲜了，肚子里的膜越来越黑，真是环境不如以前好了啊。"男孩说道："恩，那层膜一定要扯掉，那是重金属聚集的地方。"

女孩这时搭腔说道："哎，你看这剖开的鱼肚子，里面跟人的好像，红红的，大鱼刺就像人的肋骨。"

饭桌上的气氛顿时就凝固了，但是女孩还不自知，继续说道："我们组最近在跟一个案子，一起交通肇事，那叫一个惨，被害人脑壳都被车碾开了，就跟这豆腐一样。"

男孩的母亲终于听不下去了"嘭"一下，把碗重重地往饭桌上一搁说："我不吃了，你们慢慢吃。"就回房了。

女孩还没反应过来是怎么回事，还问他丈夫："妈这是怎么了？"

很明显，女孩把在自己家里的生活习惯带到了丈夫家里，生活习惯的不同导致矛盾的发生，这需要在以后的生活中不断磨合与相互包容。

语言是最能拉近婆媳双方关系的工具，也是最容易使婆媳关系失衡的媒介，想要做讨人喜欢的儿媳妇，和公公婆婆相处时的语言是最重要的。

会说的儿媳妇一般来说都是讨人喜欢的儿媳妇，而讨人喜欢的儿媳妇肯定会说话。

有一则民间故事，说的就是一个会说话讨人喜欢的儿媳妇的故事。

这个儿媳妇的丈夫常年在外做生意，家里就她和她公公婆婆。她的公公秃顶，婆婆眼瞎。这位儿媳妇与公婆的关系处得不错，而且远近闻名，于是就有人要一探究竟。

一个人来到他们家，对这位儿媳的说："我找你家公公。"儿媳妇说道："我家公公在后屋，我进去转告他，请问您贵姓?"那人说道："我姓涂，劳驾你去叫一下。"于是那人便在前屋偷听她要怎么向她公公转告他的姓氏，因为"涂"和"秃"谐音，说不好的话，就好像在说她公公"秃"一样，这时他听到儿媳妇说道："爹爹，外面有位先生找您。"公公说道："是谁啊，他姓什么。"儿媳妇说道："公公，您说'水多'，是指哪个字?"公公说："'水多'那不是涂吗?"媳妇点点头，公公也明白了媳妇的苦心，欣然一笑就出去了。

在外面听的那个人，心想这个女人果然名不虚传，真会说话。

又有一天，另一个大嫂来到这位儿媳妇家，说："我来找你婆婆。"媳妇说道："婆婆在后屋，我去给您叫，请问您贵姓?"大嫂说道："我姓夏，有劳了。"这位大嫂见她进去了，她也开始偷听她是怎么转达的，因为夏和"瞎"谐音，当着婆婆的面说夏，可能会惹怒婆婆，她听见儿媳妇说道："阿娘，外面有个大嫂找您。"婆婆回答到："哪位大嫂，她姓什么?"儿媳妇说道："那位大嫂姓'春秋冬缺一季'。"婆婆听完很高兴说："知道了，好孩子。"门外偷听的大嫂也不得不佩服起这位儿媳妇来。

不管你是还没有结婚的"准儿媳"，还是已经嫁作人妇的儿媳妇，总而言之，和婆婆的关系是一个家庭中最主要的关系，只要能和婆婆融洽地相处，那么这个家庭就会和谐愉快。

做一个讨岳父、岳母欢心的聪明女婿

每个女孩子都是父母眼里的小天使、小公主，从小就被父母呵护备至，看着自己的女儿即将成为别人家的人了，心里对自己女婿的感情总是复杂的。生怕自己的女儿会委屈，怕女婿照顾不好自己的女儿。

要想讨岳父岳母的欢心，其实有两个方面，一方面是让岳父岳母放心，自己能照顾好他们的宝贝女儿；另一方面就是对岳父岳母的尊重和关爱。

要想做到这些，为人夫者一定要为家庭撑起一片天，用行动让岳父岳母放心。

取得岳父岳母的欢心，跟岳父岳母的沟通也很重要，俗话说"光说不练假把式"，获得岳父岳母的欢心一半在行动上，一半在沟通上。

要想讨岳父岳母欢心，跟他们沟通要注意以下几点：

首先，对待岳父岳母也要学会察言观色，挑他们感兴趣的话说。有的父母或许对未来女婿的外貌、家庭背景不做过高的要求和挑剔，却对学历及事业上有没有发展前途比较关注，因此他们考察你的时候，希望你能不断学习；或者在事业上有所追求并渴望有所建树。如果你恰恰在这两方面立有雄心壮志并的确在努力着，那么他们就会认定你是可造之才，对你未来的前途充满信心，把女儿托付给你，他们也就放心了。那么面对这样的父母，在跟他们聊天或者介绍自己的时候，就可以多说一说自己在学业、事业方面的进展和优势。有的父母可能对自己女儿和女婿的生活细节比较在意，那么聊天时不妨多说一说两个人生活中的点点滴滴，比如两个人如何分工家务、平时休息日都做什么、对未来的规划等等。

总之，岳父岳母爱听什么、对什么感兴趣，那就说他们爱听的、感兴趣的，满足他们对这方面信息的需求。

其次，作为女婿一定要向岳父岳母"示弱"，不要显得自己能把他们的宝贝女儿照顾得比他们还照顾得好。

一方面来说，向老人示弱，可以博得老人好感，在长辈面前，显得太聪明的言行未必能博得好感。这反而让人觉得这个人太轻浮，不可靠。毕竟年纪大的人生活经验丰富，所以我们向他们示弱并不丢人也不吃亏，适当的示弱会让老年人觉得这个年轻人懂礼貌尊重老人，且诚恳，是值得托付的人。

从另一方面来说，在照顾妻子方面，没有人能跟妻子的父母相比，父母会无条件地把最好的留给自己的女儿，当他们好不容易把女儿拉扯大，现在却要被女婿带走，所以，千万不要试图去证明，自己对妻子比岳父岳母对他们的女儿更好。

有一个年轻人初次见女朋友的父母，但他很有信心能让女朋友的父母同意他们的婚事。

一到女孩家里，男孩看到家里的状况就说："这房子太小了，雯雯是不是憋屈坏了，我已经在着手买婚房了，起码比这大一倍。"

女孩的父亲笑笑说："那好啊，不过屋子太大，你可不能全让我女儿一个人打扫。"

吃饭的时候，女孩的妈妈说道："雯雯从小就挑食，不吃的东西可多了。"男孩搭腔说道："哎，阿姨，这您就不对了，怎么能惯着雯雯这不吃、那不吃呢，要是我肯定让她从小什么都吃，现在雯雯的身体也不会这么弱了。"女孩的父母听完后些微有些不悦，但是没有表现出来。

饭后女孩的母亲端来了水果，四个人边聊天边吃水果，男孩拿起一个苹果说道："吃苹果还不如吃蛇果呢，雯雯在我那一直吃进口水果，从不吃这些。"

女孩子觉得男孩说话有些过分，示意男孩别说了，男孩子却没领会，继续自顾自说道："雯雯跟我说，她长这么大还没出国玩过，从小看见她的好朋友出国玩她都特别羡慕，我们结了婚之后打算每年出国转转……"还没等男孩说完，女孩的父亲开口了说道："我们家房子是不大，我们是给雯雯惯出了一点坏习惯，我们也没能力负担她出国玩，但是我们把雯雯照顾得很好，她知书达理，身体健康，性格平和有家教，见到她的人没有一个不说她好的。我和我爱人也是花费了所有的心力来照顾她，只要我们能办到，她要星星我们不给月亮，她要喝汤我们绝对把渣儿都滤干净了给她喝，你要怎么对待雯雯是你的事情，但是我们怎么对待女儿还轮不到你一个外人来说三道四，小伙子，坦白说，我觉得你跟我女儿不合适。"

这回男孩愣了，他没想到他说的话会让女孩的家长这么生气，他只是想向雯雯的父母表示他会好好照顾她，他会给她更好的生活，但没想到，他会让雯雯的父母这么生气。

这个例子说明，我们要跟女孩的家长示弱，不要妄图证明女儿跟你在一起会比跟他们在一起更幸福。

总而言之，要想做一个讨岳父岳母喜欢的人，首先要给自己的爱人稳定的可依靠的肩膀，其次我们要尊敬爱人的父母，跟他们沟通时，有意说一些他们爱听的话题，并且要对他们心生敬意。

赞美是挖掘孩子潜能的工具

俗话说，良药苦口利于病，忠言逆耳利于行。这是毫无疑问的，但是，我们可别忘了，苦口的良药外面总包着一层糖衣，这层糖衣使人先感到甜，才容易一口吞下药丸。那么同样地，关于"忠言"我们最好也要这样处理，才能让他们发挥最大的作用。

父母是孩子的第一任老师，不论是孩子的生活习惯还是学习以及性格培养，都需要父母去奠基夯实。孩子做得不好或者做错了，家长要责无旁贷地去规劝、去纠正，那么，家长该如何去教育自己的孩子呢？

父母对孩子都是有天然的爱的，恰到好处的赞美是父母与孩子沟通的润滑剂。家长对孩子每时每刻的欣赏、赞美、鼓励会增强孩子的自尊、自信。

南京某厂技术员周宏用赞美的办法，把双耳几乎失聪的女儿婷婷教育成了高材生。

周宏第一次看小婷婷做应用题，十道题只做对了一道，他在婷婷唯一做对的地方打了一个大大的红钩，并由衷地赞扬她："你太了不起了，第一次做应用题十道就对了一道，爸爸像你这么大的时候，碰都不敢碰呢！" 8岁的小婷婷听了这些话，自豪极了，从此学习的劲头特别足。

在父母这样的鼓励教育下，10岁那年，婷婷就写作出版了六万字的科幻童话。消息见报后，不少残疾儿童被送到周宏门下，在周宏的"赏识教育法"下都得到了很大进步。周宏有句很著名的话："哪怕天下所有人都看不起你的孩子，你都应该眼含热泪地欣赏他、拥抱他、赞美他。"

周宏对孩子的赞美是发自内心的，正是这发自内心的赞美让他在教育女儿的过程中取得了成功。赞美开发了孩子内在的潜力，激起了他们学习上的热情，唤起了他们强烈的进取心，使得孩子变"要我学"为"我要学"，从而在心理上彻底解放了孩子，让孩子无拘无束地徜徉在知识的海洋中，自由自在地成长。

孩子作为我们社会的未来和希望，每个人都有义务和责任教育不懂事的孩子往好的方面发展。当孩子的教育角色落到社会人身上时，我们也要奉行多鼓励孩子，多赞美孩子。

古语云："数子十过，不如奖子一长。"说的也是这个道理，我们跟孩子讲道理，最终的目的是想让孩子听进去，让孩子好，那么我们就要用孩子能听进去的方法对孩子的过错予以纠正，这样孩子就容易接受。相反，如果只是一味地数落孩子、批评孩子只会让孩子产生自卑心理和逆反心理。

赞美、鼓励使孩子进步，批评、指责使孩子消沉。对孩子赞美的影响之大，超乎我们的想象。

罗杰·罗尔斯是美国纽约州历史上第一位黑人州长。他出生在纽约声名狼藉的大沙头贫民窟，这里环境肮脏，充满暴力，是偷渡者和流浪汉的聚集地。在这儿出生的孩子，受环境影响，他们从小逃学、打架、偷东西甚至吸毒，长大后很少有人从事体面的职业。然而，罗杰·罗尔斯是个例外，他不仅考入了大学，而且成了州长。

在就职的记者招待会上，一位记者对他提问："是什么把你推向州长宝座的？"面对300多名记者，罗尔斯对自己的奋斗史只字未提，只谈到了他上小学时的校长——皮尔·保罗。

1961年，皮尔·保罗被聘为诺必塔小学的董事兼校长。当时正值美国嬉皮士流行的时代，他走进大沙头诺必塔小学的时候，发现这儿的穷孩子比"迷惘的一代"还要无所事事。他们不与老师合作，旷课、斗殴，甚至砸烂教室的黑板。皮尔·保罗想了很多办法来引导他们，可是没有一个是奏效的。后来他发现这些孩子都很迷信，于是在他上课的时候就多了一项内容——给学生看手相，他用这个办法来鼓励学生。

当罗尔斯从窗台上跳下，伸着小手走向讲台时，皮尔·保罗幽默而一本正经地说："我一看你修长的小拇指就知道，将来你是纽约州的州长。"

当时，罗尔斯大吃一惊，因为长这么大，只有他奶奶让他振奋过一次，说他可以成为五吨重的小船的船长。这一次，皮尔·保罗先生竟说他可以当纽约州的州长，着实出乎他的预料。他记下了这句话，并相信了它。从那天起，"纽约州州长"就像一面旗帜，罗尔斯的衣服不再沾满泥土，说话时也不再夹杂污言秽语。他开始挺直腰杆走路，在以后的40多年间，他没有一天不按州长的身份要求自己。51岁那年，他终于成了州长。

孩子的心灵是简单而脆弱的，却更是充满潜能可以塑造的，简简单单的一句打击的话可以毁掉一个孩子的人生，而一句鼓励的话能成全一个孩子的未来。

无论有多淘气、有多不听话、多让人不满意，也不要总是给予严厉的批评，否则必然会引起孩子的逆反心理或者在潜意识里让孩子认为自己就是如大人口中所描述的这么差劲。相反，在与孩子的沟通中，多给孩子说一些正面、积极、幽默的激励，时时赞美孩子会让他充满信心、充满希望，从心里认定自己的价值，为了做到真正如别人鼓励的那样，他们就会主动加强自我约束，让自己成长。

多为孩子讲故事，少为孩子讲道理

人类的思维规律是从具体到抽象，也就是说小孩的思维易于接受具体的东西而难以理解抽象的东西，了解了这个认识规律后，我们可以说明很多问题。很多家长经常埋怨自己的孩子："道理我都已经讲了很多遍了，可他还是没有变化。真拿他没办法。"我们的老师也经常说："我都已经讲了 N 遍了，他还是做错。"

这就是因为道理是属于抽象的东西，比较不易于孩子理解，所以，可能家长或者老师说了很多遍，可是孩子还是不理解，这不是孩子有意不听家长或者老师的话，而是小孩真的不理解大人们在讲什么，既然不理解大人在讲什么，那么必然也不会根据大人的话语来修正自己的行为。

既然我们找到了孩子"屡教不改"的症结所在，那么我们就可以对症下药解决问题。我们少给孩子讲空洞的道理，多给孩子讲故事。但是，不是单纯地讲故事娱乐孩子，而是把我们试图说明的道理蕴含在故事中，通过故事这个外壳，把道理和知识传递给孩子。

道理是人类发展了逻辑思维之后才出现的，故事里的意象活动体现的是更原始的认知功能，孩子能理解并接受故事中意象的含义，因为孩子的情感更容易被意象所打动。逻辑思维推导出来的道理与情感是分离的，难怪孩子听不懂，表现出无动于衷的样子。只有在我们附加了强烈的情绪和肢体语言之后孩子才被触动了。

无论是孩子做了一些"不对"的事情，还是需要安慰和鼓励，如果我们能把自己变成"故事大王"，那么就能更好地达到目标。

孩子最喜欢的是听故事，对于一些道理父母完全可以不用说教的形式表现，而是以讲故事的方式传达给孩子。这样不但能起到教育孩子、启发孩子思想的作用，还能让孩子在听故事的过程中领悟人生、认识世界。

比如孩子吃饭习惯不好，吃得慢或者有剩饭，一味地说吃饭习惯不好带来的种种危害，或者为什么要养成良好的吃饭习惯必然过于空洞，而且每天都重复这一套理论，别说小孩了，就连大人都会不耐烦。

那么如果把这样的教义和道理编进一个故事里，在吃饭前像娱乐一样把编入了吃饭要养成好习惯的故事娓娓道来，把吃饭习惯不好的地方也编到故事里，那么孩子就会容易接受，最起码他能记住这个。

再到吃饭的时候，如果孩子吃饭还是吃得一塌糊涂，这时家长就可以提醒小孩，刚才故事中的人物是如何做的，故事中的人物做对了有什么结果，做错了有什么结果，然后引导孩子像故事中的正面角色学习。

这样向孩子灌输正确的理论就会顺畅很多。

同样地，当孩子遭遇挫折困惑时，当孩子和小朋友闹矛盾时情绪变得不好，我们也要改变以往的做法，不仅仅是理性地去鼓励、去安慰，孩子可能接受不了这些很抽象的精神慰藉，这时如果我们也能为他讲一个有治疗意义的小故事，那么也能起到很好的作用。

孩子都爱听故事，故事讲的是"别人"的事情，但是，小孩子有模仿和学习的天性，孩子和故事中的角色会产生关联、发生共鸣，他会自觉去认知故事中角色的言行。

给孩子们讲故事寓教于故事，有几点需要注意：

首先，要拉近故事和孩子们生活的距离，具体来说，就是故事开头，别说从前，能用人物角色说明的，就不要把动物拟人，只有让孩子觉得像，那么他们才会去学，才会把自己带入故事中，才会用故事里的角色来校正自己的行为。

其次，不要把道理和故事性的内容分开，边讲故事边讲道理，不要把情节说完后，最后把情节中的道理点出来，这样其实还是把抽象的东西呈现在了孩子面前，要在讲述故事情节的过程中，把道理揉进去，这样才能达到故事的效果。

最后，我们为孩子们讲述的故事，一定要有趣味、生动，不然的话，孩子根本不会被你的故事吸引，孩子都不听你的故事，那你说故事还有什么用？

给孩子讲故事，开头就抓住孩子的吸引力是最好的。有位父亲的做法值得借鉴，他经常借用一些灵活的表现方式来引起孩子的注意。比如，有一次他在讲故事前，就放一个盛满水的杯子在孩子面前，又在水中放上一些盐，然后拿了根玻璃棒在水中搅动，再把玻璃棒的另一头放在嘴里，问孩子："你说我尝到了什么味道呢？"孩子往往会说是咸的。这位父亲这时就说："没有啊，我没尝到咸味，因为这是玻璃棒的另一头，没有沾到水怎么会咸呢？观察事情一定要细心，今天我就给你讲一个《粗心的故事》。"这位父亲的做法一下就吸引了孩子。

此外，要想让故事生动就需要我们多用形容词，多多描述主人公的心理活动，设置一些悬念和疑问，不要平铺直叙。

在讲故事的同时也要看看孩子的反应，如果他听得很入神，那么就可以继续用现有的模式讲下去，如果孩子已经开始左顾右盼，不耐烦甚至打瞌睡，那么就要调整自已讲述的策略，不要失去孩子的注意力。

无论是从人的认识规律出发，还是从实践情况来看，把做人或者做事的道理通过讲故事娓娓道来，是让孩子听进去话最有效的方法，故事的情节性和知识性并不对立，讲故事和讲道理更不能相悖。故事中包含着道理，道理体现在故事里，故事和道理水乳交融，让孩子自觉地用故事中正确的言行来校正自己的行为，自觉地去改变、去学习。

孩子也要面子，不要当众斥责

父母与孩子的关系是世间最亲密的关系。虽然亲密，家长和孩子说话也不能随随便便。虽然说话随便是父母和孩子关系亲密的表现，但是我们不能忽视，孩子虽小但他们也有感情和基本需求，父母的爱是孩子需要的，吃饱穿暖是孩子需要的，最重要的一点，面子和尊重也是孩子需要的。但是在生活中，父母在和孩子交流的时常常忽略了这一点，父母在与孩子交谈时应注意自己的措辞。

小红的父亲带她去军军家串门，正赶上军军的父亲在考他算术题，军军有一道题做不上来，他的父亲便让小红做，小红很快答对了。军军的父亲没好气地数落起军军来："你真是个笨蛋，这么简单的题都不会，你看人家小红，比你还小半岁呢，学习又好又听话。你呢，除了吃、玩，什么都不会……"

军军父亲当着外人的面，对儿子劈头盖脸地一顿责骂，使得军军很难堪，心里也很委屈，他终于忍不住了，跑回自己的屋子哇哇大哭起来，边哭还边说："我以后再也不做算术题了。"

俗话说："关门教子。"说的就是这个道理，不管孩子有多顽劣，做了多么不好的事情，都要给孩子在外人面前留点面子，不要因为他们还小就可以任意地说教，其实孩子从很小的时候就有自我意识了，所以不要羞辱孩子，不管多大年龄的孩子，都不愿意受到家长的训斥和羞辱，他们会感到这是一种耻辱。他们非常在乎别人对他们的看法，特别是他们的朋友。即使该说，也应私下善意地给他指出，当众说教只能引起反感。

不要以为小孩子不懂事，不知道什么叫作面子。事实上，所有的小孩跟大人一样都希望别人尊重他，而只有在受尊重的环境中成长的孩子才知道如何尊重别人，才能对自己有信心。

但是孩子毕竟是孩子，难免会做出不好的事，让大人生气，这时，大人要与孩子真诚相待，生活中难免会遇到一些麻烦，当孩子的行为明显有错误甚至十分严重时，作为父母生气无可厚非，甚至感到受了伤害，此时最好的办法是找孩子谈谈，真诚地交谈，迅速使他们走出误区。

父母对孩子自尊心的伤害尤甚于其他人对孩子自尊心的伤害，因为孩子从未对父母的伤害有过防备，因为天性使他们认为，父母只会爱他们，不会伤害他们。

家长很少意识到，那些不经意的话不仅伤了孩子的面子，更伤害了孩子的自尊。儿童时期的孩子，对自我的评价大多数来源于家长和周围人的评价。如果家长忽略了孩子的感受，则不利于孩子健全人格的发展。

当众斥责孩子，不仅打击了孩子的自尊心，还会导致孩子出现自卑倾向。苏联教育家苏霍姆林斯基曾说："如果不去加强并发展儿童的个人自尊感，就不能形成他的道德面貌。"家长站在孩子的立场去尊重他，这有益于孩子形成一种自重、自爱、自尊的品格。具有这种品格的孩子，在人际关系上，既能尊重自我又能尊重他人，所以也容易得到他人的尊重。在生活中，自信心会比较高，责任感也比较强，并且具有很强的进取精神。

乐乐今年 7 岁，他觉得自己已经是个小男子汉了。和邻居家小妹妹玩的时候，他总像个小大人，小妹妹很喜欢和他玩。

这天，小妹妹来家里做客。乐乐热情地招待她，并且骄傲地跟她说："我很早就自己单独睡觉啦！一点儿也不害怕！"

"哦，好棒啊！"小妹妹用特崇拜的目光看着乐乐，这让乐乐很得意。

没想到，妈妈却说："你还好意思跟小妹妹说，人家 6 岁都不尿床，你还尿床呢。"

乐乐霎时红了脸，他瞪着眼睛直嚷嚷："谁说我尿床了，没有的事！"说完就跑进了房间。

当天晚上，妈妈让乐乐自己去睡觉，可是乐乐就是不去，在家撒泼打滚，弄得一家人都不得安宁。

其实，孩子就像父母的一面镜子，你不给他面子，他也不会给你面子。

乐乐的自尊心受到了伤害，他就用很原始的方法向家里人"报复"，他从未想到家人会这样对他，这样揭他的短。

有的家长会认为，孩子还小，出现错误不及时指正是不行的，让越多的人见证孩子的错误，那就越能让孩子改正。因此，家长常常在外人面前揭孩子的短，希望孩子能改正。其实，揭孩子的短，看似是父母以爱的名义教育孩子，实际上是在伤害孩子。

孩子在 1 岁多就有了自我意识，到了三四岁就已经能理解别人的评价了。父母触及孩子的隐私和痛点，即使是以说笑取乐的方式说出他经历的糗事时，也会让他觉得丢了面子，感到难堪、屈辱、气恼甚至无法接受。因此，家长一定不要在外人面前揭他的短。

有的父母有这样的疑问，为了保护孩子的面子就不教育孩子，这样是不是得不偿失？其实教育孩子和保护孩子并不矛盾。

要保护孩子，不是说在孩子出现问题的时候及时提醒纠正。在保护孩子的前提下进行批评，指的是父母教育孩子不能随时随地批评。如在早晨起床、三餐饭前、睡觉前不能批评孩子，避免影响孩子一天的心情或睡眠。不要在众人面前批评孩子。

尤其是家长批评孩子，不要在众人面前进行，更不能因为孩子的某些举动损伤到大人的自尊而批评孩子。最好是家长和孩子单独在一起时，通过温和的方式让孩子认识到自己的错误和不足。既然批评孩子的目的是为了帮助孩子纠正不良的行为习惯，那么为了使批评能够达到目的，父母要在没有外人的情况下，搞清楚孩子的问题后再进行善意的批评，这样才能完成一次有效的批评教育。教育孩子不仅要注意"天时"、"地利"，更要注意"人和"，这样才能起到事半功倍的效果。

父母吵架时的劝说艺术

英国作家劳伦斯说："爱得愈深，苛求得愈切，所以爱人之间不可能没有意气的争执。"是的，即使世间最美满的家庭也难免有矛盾，父母发生摩擦闹矛盾，甚至公开吵架时，作为儿女的你该怎么办？其实，最重要的是当好中间人，因为在任何家庭中，父、母、子女三者的关系总是最亲密的，子女是父母感情的纽带，在父母面前，孩子始终处于被爱护、被关心的地位。

有一位教育家这样说："我小的时候，隔壁邻居家夫妻两个经常吵架，而他们吵架的时候两个孩子通常只是在一边傻傻地看着，或是流泪，夫妻俩总是小事吵成大事，大事就更不得了，一直到有人劝为止。"通常夫妻吵架有时会陷入双方谁也不服谁的僵局。这个时候，如果孩子能很好地劝架，那么夫妻的吵架问题就很容易解决。

那么，作为成年子女，当见到父母吵架时应该怎么做呢？

首先要做好思想准备，摆正自己的心态，这是非常重要的。和所有夫妻一样，生活的琐碎事物很容易让两个人产生矛盾，父母整天生活在一起，摩擦是不可避免的，或者甚至可以说是必不可少的，从来不吵架的夫妻显然很少。认识到了这一点，你就具备了正确地处理父母吵架问题的思想基础。

具体到实践当中，可以分情况来对待父母吵架的问题：

如果父母吵架只是平常的小吵小闹，并不涉及原则问题时，你大可不管，吵架也是夫妻间生活的一项内容，正是在这样的吵嘴磨合中，夫妻之间才能达到身心的默契，增进两者之间的感情。所以，当你遇见父母的这种小打小闹时，可以选择视而不见、听而不闻。吵闹自会停止，矛盾自会解决，这是处理父母吵闹的最初的方法，是最基本的，也是最简单的。

如果父母吵架的话题涉及老问题、难问题，但并不是原则问题，而且吵架的情景并不激烈，而是类似辩论的时，比如因观看什么电视节目而起争执。你可以选择插上几句话来调节气氛，但要记住，言多必失，过犹不及，一定不要说多。说的时候要持中立立场，千万不要有所偏袒，否则可能会激化矛盾。

如果父母吵架的话题涉及原则问题时，你应该表明自己的立场观点，要选择支持态度正确的一方，而不要因为其他原因偏袒另一方。比如在做家务的问题上，父母可能会经常发生争吵。面对这种吵架时，你应该明确自己的立场观点，即每个人都有做家务的义务，不管其在家中权力有多大、地位有多高。这样更利于输理的一方停息争吵，回到谈判的方式上来和平地解决争议。

如果父母吵架的话题涉及一些无关紧要的问题，但是又吵得很激烈时，就不要漫不经心地简单说几句，你同样应该体现出自己的立场，即站在弱者一方。比如在吵架中，如果妈妈是弱者，你应该坚定地站在妈妈的身边，并争取让爸爸认识到事情的无关紧要，退一步并不妨碍什么，这时候矛盾自会消解。

如果父母吵架的话题涉及原则问题并且情节激烈严重，矛盾不可调和时，就要根据实际情况来选择解决方法，因为这时候简单地支持或偏袒都不能解决问题。

第一种情况，强者有理，弱者没理。这时候，你要做的不是完全坚持正确的道理，也不是完全地同情弱者，最好是采取折中的方法，即在坚持真理的同时，同情弱者。比如，同样是在做家务的问题上争吵时，爸爸勤快但比较强势，妈妈懒惰但处于弱势，你应该首先劝说一下妈妈，表明你是支持爸爸的，每个人都有做家务的义务。同时，你再劝说一下爸爸，可以通过找借口为妈妈开脱，例如妈妈每天也挺忙、挺辛苦的，或者妈妈身体没有爸爸强壮，就让妈妈偶尔休息一次，暂时别做家务了。注意劝说的言辞要尽量使爸爸容易接受，态度也要诚恳，这样容易使有理的一方消气，矛盾也自然会消解。

第二种情况，弱者有理，强者没理。这种情况下，你要坚定不移地支持弱者并坚持真理，要从情理上说服没理的一方，这种情况比较简单，只要态度坚决、语气严厉，能让输理的一方知难而退就可。

第三种情况，弱者强者公说公有理，婆说婆有理。这种情况大概也是最常见的，因为俗话说"清官难断家务事"，生活中的问题很难说清究竟是谁对谁错。但是吵架终归不好，这时候可能坚持真理就不太好用了，因为很难分出到底谁是真理，所以不妨利用强者的同情心，站在弱者的角度对其进行劝说，互相不否定，但让他们为了家庭的和睦分别做一点让步。当然这种情况也是最复杂，很难用一种方法解决所有问题，作为子女能做的就是发挥子女的作用，利用感情牌平息战争。

总之，当父母争吵时，我们绝不可以意气用事。不能把自己置于局外人的地位，对父母的争吵毫不过问、冷眼旁观；也不能不分青红皂白跟着大吵大闹，把父母双方都责怪一通，两人吵变成三人吵。

张俊是家里的独生子，平时仗着父母的溺爱，他对父母说话时很少注意方式。有一天，张俊父母因为给结婚的朋友送红包的事发生了口角，一个说送得多，一个说送得不多，张俊不耐烦了，大声对父母说："不就是送个钱吗，值得你们吵吗，烦死了。"父母听了更加生气了，只听见妈妈说："你知道什么，一送就是一千，钱有那么容易赚啊？"爸爸也开口了："烦就滚出去，老子养了你一辈子了，还嫌我烦。"……

就这样两个人的口角变成三人争吵。其实，这时父母最需要的是子女的安慰，张俊应立即做好劝说工作，而不是任性地吵闹，导致原本的小矛盾变得不可调和。

任何夫妻都有吵架的时候，这时孩子的态度是很重要的，因为没有父母不疼自己的孩子的，所以他们往往会因为孩子的一句话而休战议和。

另外，每一个人在成长过程中都遇到过这样的问题，父母当着自己孩子的面吵架。面对这种情景时，年幼的孩子大多感到不知所措，或者会感觉非常害怕。父母在幼小的孩子面前吵架会对孩子产生不好的影响，甚至可能会留下心理阴影，影响他们健康成长。所以，为人父母应该尽量避免在小孩子面前争吵。

怎么说，孩子才会听

生活中，总有很多父母在不停地抱怨自己的孩子，而且他们抱怨的内容也是大同小异：现在的孩子真是不像话，好好地同他讲道理，他却不以为然，道理比你还多，有时还把父母的话看成是毫无意义的唠叨。那么，问题的症结究竟在哪里呢？

一位教育专家说得好："没有不听话的孩子，只有不会说话的父母。"在现实生活中，有些父母在与孩子沟通时，只顾宣泄自己的情绪，缺乏对孩子个性的了解和起码的尊重，不注意说话的方式和效果。这样的方式并不能找到父母和孩子的契合点，而且也不能使双方的话语得到有效沟通。结果孩子还会产生排斥、逆反心理，甚至不愿意和父母交流。那么，父母如何说才能使孩子乐意听从呢？先让我们来看下面的这个小故事。

小杰最近迷上了游戏机，妈妈一催他，他就以"还差一点就过关"为由磨蹭半个小时，妈妈当场训他几句，可是下一次仍旧不改。妈妈决定改变策略。周末，邻居家的太太带着儿子来访。小杰问妈妈："我们能不能打一会儿游戏？""可以。""不要。"两位妈妈几乎同时作答。"你怎么让孩子打游戏呀？我家儿子上了瘾，连学习都顾不上，气得我把电脑都搬进我屋里了。"邻居家的太太满脸疑惑地说。小杰妈妈则笑着说："我家小杰倒是能管住自己，说一小时就一小时。"一小时后，妈妈提醒小杰时间到了，小杰痛痛快快地退出了游戏。送走客人，妈妈立即表扬小杰："你今天真守信用。如果你每次都是这样打游戏，妈妈就不会干涉你了。"

果然，以后小杰每次打游戏，都自觉地上好闹钟。闹钟一响，就及时地退出。

故事中，在孩子提出玩游戏的情境下，妈妈没有当着邻居母子予以批评，而是满口答应，并说他"能管得住自己"，表扬中蕴含尊重和信任，向小杰发出了积极肯定的信号，使小杰高兴得自觉配合。这种信号就带来了母子双方进行气场交流的同频信息，会促使母子二人的交流变得更加和谐。"你今天真守信用……"一句，则是在表扬的同时提出希望和建议，忠言顺耳，小杰也会被这种宽松的气场交流方式所吸引，最终小杰改掉了迷恋游戏的坏毛病。

俗话说："金无足赤，人无完人。"每个孩子身上都难免有这样或那样的毛病。对孩子身上的毛病，做父母的当然应当及时纠正，但须注意说话的方式。如果一味地批评，特别是有外人在场的情况下，就会大大伤害孩子的自尊心，引起孩子的反感和抵触。孩子的心中就会充满了愤懑的负面能量，精神也会变得萎靡不振。

但如果能给批评穿上表扬的外衣，从正面引导孩子修正自己的不足，就能用积极的正面能量对孩子进行引导。孩子对此也会欣然接受，他们会主动开放自己的话语与你进行交流。这样就能收到既帮助孩子改正错误又保护孩子自尊心的理想效果。

缺少沟通的生活是枯萎的生活，父母与子女的沟通是情感的需要也是成长的需要。话语的交流正是沟通中的一种最为有利的方式。有一位教育家说过："父母教育孩子的最基本的形式，就是与孩子谈话。我深信世界上好的教育，是在和父母的谈话中不知不觉地获得的。"因此，为人父为人母者不妨在与孩子的沟通上动点心思、讲点艺术，这样双方之间的话语气场交流就会在平和的氛围中展开。切忌总是通过"眼（瞪眼）、口（责骂）、手（动手）"三位一体来完成对孩子的交流！

第二十九章

闲聊口才：
闲聊最能体现口才

大学生应该学会沟通，和各式各样的人交流，所谓"三人行，必有我师"，在交流中你总会有收获的。

——撒贝宁，毕业于北京大学，央视著名主持人

闲聊是自身资源的一次挖掘

英国的斯坦福德郡大学的研究者声称，爱说长道短的人，会感觉在朋友里更有立足之地，更有得到支持的感觉。而且，如果在狂聊期间，能聊出一些较为正面的言论，传播一些积极的消息的话（如夸奖某人），自己的自信心在短时间内会有所升高。

在英国的这项调查中，160个人参与了调查，研究者用调查问卷的形式询问了参与者对闲聊的喜爱程度、他们的自信心、感受到的社会支持度和人生满意度等。调查显示，越喜欢闲聊的人，自我感知的社会支持度会越高，觉得更受朋友拥护，但是对于自信心和满意度并没有太直接关系。然后，研究人员又让140个参与者谈论别人的好和不好，结果发现，常谈论别人的优点的人，自己的自信心和自尊心能得到提高。

或许聊天被有些人看作是极为浪费时间的事，事实上，闲聊是一种积极的沟通方式，不但可以了解彼此而且还能得到一定的情感回报。除了可与同代人、近年龄的人闲聊以外，还可以与隔代人、不同年龄的人交朋友。不少家庭和睦、尊老爱幼、尽享天伦之乐的群体，与几代人的思想沟通，乐于闲聊是分不开的。

同时，那些能说会道、关系广泛的人，大多在生活中都具备很好的"闲聊"功夫。

一般的交谈总是由闲谈开始的，说些看起来好像没有什么意义的话，其实就是先使大家轻松一下、加深了解，营造一种有利于交谈的气氛。比如说天气，因为天气对于人生活的影响太大了。天气很好，不妨同声赞美；天气太热，也不妨交换一下彼此的苦恼。如果有台风、暴雨或是季节性流行病的消息，更值得拿出来谈谈。闲谈在拉

近彼此距离、进行思想沟通有很好的作用。很多时候，通过闲谈可以让彼此陌生的人交上朋友。文方怎么也想不到一个偶然的闲聊帮他圆了留学梦。

文方坐火车去南方，到一个叔叔的公司打工赚学费。上车时见到一位大爷拎了不少行李，顺便帮了把手，没想到座位还是邻座。对文方抱有好感的大爷饶有兴趣地打听起这位小伙子。

文方的儒雅和得体的谈吐让二人一路上成了忘年交。话语中自然使用的敬语，不经意间为大爷加满水杯，对法律工作的热爱和现状的分析以及谦逊的请教都深深地让大爷产生了爱才之心。后来大爷了解到文方在一所著名大学念书。自从开始上大学，就立志要出国念法律，他为此考了托福，成绩很好，相继收到了哈佛、耶鲁法学院的通知书。但是，两个学校都只能提供一半的奖学金。他还需要支付 20 万元的学费和生活费。

知道文方的困难后，大爷主动说先借给文方 20 万，有钱就还，没钱就算资助了。自己的公司已经交给儿子管理，自己没事到全国各地转转，还表示遇到文方这种上进的年轻人自己感到很欣慰。当然后来文方学成归来，并在一个著名跨国企业法律部担任要职。

萍水相逢的陌生人成了帮助梦想起飞的贵人，文方以出色的闲聊能力拉近了与大爷的距离，让他与大爷结缘。聊得好成朋友，聊不好，好朋友也能变成陌生人。

艾琳决定和她的朋友苏珊断绝来往了，因为她实在受不了苏珊的毛病。

"我和苏珊经常在一起闲谈，本来女人之间闲谈也没什么，可是苏珊总喜欢在我面前说别人的是非，而且还都是一些鸡毛蒜皮的小事，令人难以忍受。

"有一次，她在我面前大谈婚姻问题，还提到现在的女孩喜欢和比自己大很多的男人恋爱，她觉得那样的婚姻没有互相理解的基础，有隔代的差距，是不会幸福的。虽然我知道苏珊的话并没有针对任何人，但是当时我妹妹就在和比她大很多的男人恋爱，这苏珊也知道，她的话让我非常不舒服。

"所以我不打算和她继续做朋友了，与其把时间浪费在听她闲谈别人的是非上，不如和别的朋友在一起聊一些有意义的话题。"

闲聊是为了认识更多的朋友，加深彼此之间的感情。在闲聊时千万不要因为闲谈中的无心之举而失去了朋友。闲聊中口无遮拦，把握不好分寸，甚至说一些不负责任的闲话，而这些闲话中难免会涉及别人的是非，如果说得多了，难免会伤害到一些人。最后导致两人的感情不但没有加深，反而产生误解，甚至出现危机。

闲聊不是八卦，也不是菜市场大妈们之间的聊天，注意不要随意地评价别人，即使这个人并不在现场。注意不要抢对方说话的机会，还要关注对方的谈话内容，这也是对别人最起码的尊重。说一些大家共同感兴趣的话题，避免说一些容易让大家感到消极的、不愿意谈及的话题，更不要把自己或别人的隐私当作公共话题来议论。特别是在说笑话或者调侃的时候，不要让别人感觉你是一个不够稳重和没有教养的人。另外，还要注意闲聊也要有个愉快的气氛，要注意和谐。对于某问题看法不一，可以争论但不要伤和气，使闲聊不欢而散，不然就失去了闲聊的意义。

闲聊是对一个人自身资源的一次挖掘，考验一个人的知识水平和文化层次，平时除了最关心、最感兴趣的话题之外，你要多储备一些和别人闲谈的谈资。这些资料应轻松、有趣，容易引起别人的注意。除了天气之外，还有一些常用的：自己闹过的无伤大雅的笑话，惊险故事，健康与医药，家庭问题，运动与娱乐，轰动一时的社会新闻，等等。

闲聊不是无聊而是沟通

现实生活中很多人都意识到口才的重要性，但却忽略了闲聊的重要性。在他们看来，闲聊只不过是一些应付或寒暄，并没有实际作用。然而，这种观念是错误的。对于一个不善于闲聊的人来说，如果没有正事总是不知道和别人说什么的时候，他们往往也不知道怎么表达。

实际上，闲聊不是简单地谈话聊天，而是一种沟通，一种认识他人、了解他人，同时让对方认识和了解自己的沟通，我们都知道沟通的重要性。撒贝宁说："大学生应该学会沟通，和各式各样的人交流，所谓'三人行，必有我师'，在交流中你总会有收获的。"其实不仅仅是大学生，每个人都应该重视交流的作用。生活中，人们往往乐于与那些喜欢闲聊的人沟通。心理学研究表明，一个人的言行反映了其内心，言行、眼神等语言的传递都在向他人传达着某种信息，让他人读出我们是否友善、是否愿意与人交谈。没有人愿意与一个孤傲的人闲聊或者深入地闲聊，因为没有人愿意看到自己被拒绝的场面。

有一位青年到一家公司应聘。在等待总经理的时候，他与前台闲聊了起来，通过闲聊他了解到该公司总经理的一些事情。原来，公司的老总当初也像他一般，到处应聘却处处碰壁，求职之路可谓坎坷心酸。于是在应聘时就与老总畅谈自己的求职经历，以及自己的怀才不遇。这一席话博得了老总的赏识和共鸣，最终他被录用为业务经理。

闲聊是提升一个人的社会性技能，是一种非常实用的社交能力。很多时候，人们都会把闲聊作为一种人际试纸，以此去判断一个人是否容易亲近、是否应该与其进一步交往。

与其说闲聊是谈话，不如说闲聊是人际交往的一种沟通方式。在闲聊中，双方更多是表现自己的本性和特质，而不是"秀"自己那舌灿莲花的口才。那些闲聊高手注重与对方的良好互动，善于化解交往中彼此因不熟悉而沉默、无聊、不自在的窘困，也善于营造出和他人轻易变得熟悉的气氛。

一项调查表明，一个人如果具有卓越的闲聊能力，不仅会在职场上拥有更加强大的人脉资源，也会在生活中拥有更加深厚的友情、更加甜蜜的爱情，更会在人际交往的方方面面硕果累累。

很多人或许是谈判场、演讲场上的高手，但却不一定善于闲聊。不会闲聊的人总是难以很好地融入群体当中。在生活中处处有人缘的人大多都是善于闲聊的人，他们与周围人的关系总是非常融洽，因为他们总能随时随地与任何人聊天。他们用闲聊这种沟通方式，打开了与他人交往的大门。善于闲聊的人或许口才说不上好，但和他闲聊时一定会觉得很有意思；善于闲聊的人或许没有长篇大论，但和他闲聊会觉得轻松而愉快；善于闲聊的人或许说的并不是什么大事，但他能让闲聊的气氛变得很热烈……

闲聊是和谐人际关系、促进幸福生活的必要工具之一，是我们必须拥有的沟通能力。闲聊能帮助人们很好地融入社会、建立社会联系、增进与他人感情、不动声色地建立好交情的能力。因此，我们要意识到闲聊的意义和重要性，并有意识地培养自己的闲聊能力。

我们在不知不觉间，会受到闲聊的影响

很多人认为：闲聊要么单纯地配合对方，要么口若悬河地展示自己地好心情，对他人和自我并不会产生什么影响。其实，这是完全错误的看法。看似无意的只言片语，我们会不知不觉地被影响。回想一下你有没有像小张那样和上司请过假呢。

上班路上堵车是常事，小张家离公司较远，必经之路又在主干道上。这次没那么幸运，看来要迟到了，小张想着还是和领导先打个招呼比较好。

"真不好意思，李总我今天路上堵车，可能会晚到20分钟。我早上的工作都在昨晚做好了，如果有什么事情，我到了马上去找您。"

10分钟之后，小张就站在了李总面前，这让李总很惊讶："小张，这么快就到了，路上要注意交通安全啊，车不要开太快了。"

"谢谢领导关心，"满头大汗的小张说道，"一想到马上要展开一天的工作我就不由自主开快了。"

李总点了点头，满意地看着小张离开办公室。

小张虽然比上班时间迟到了10分钟，但比和李总打招呼的时间提前了10分钟，不但没有受到批评，反而得到了领导关心，给领导留下了一心扑在工作上、绝不偷懒的印象。原因就在于小张在预感事情发生之前主动和领导打好了招呼。否则试想一下，迟到了10分钟的小张在没打任何招呼的情况下在公司门口被李总抓个正着会是

什么结果，当头一顿批评肯定是少不了的。

很多时候，我们就像李总一样在闲聊中不知不觉地被影响，对外界的态度、喜好等一点一点地改变。如果我们能够很好地利用闲聊影响他人，那么我们与他人之间因喜好、观念、经历等所产生的隔阂将迅速消除，我们与他人之间的交情也会轻松地建立起来。

有意识地运用闲聊来影响他人，拉近彼此间的关系，将带给我们更加和谐、轻松的人际交往。办公室交往也是如此。当我们新到一家公司上班，想要拉近与同事的距离，那么，闲聊就是很好的工具。结合日常工作，在办公室向领导汇报工作属于正式沟通，而工作之余与领导闲谈属于非正式沟通。这种闲谈可以在一本正经的工作之外，增进领导与下属的各方面了解，当然，也是下属推销自己的大好时机。

又到了校园招聘的季节，作为去年刚刚大学毕业进入公司的招聘助理张晴来说，在这一年中就就业业做了好多其他老员工不愿做的工作，默默无闻地加了很多次班，可是升职加薪似乎仍然和她没关系。

这一天，公司董事长亲自来人力资源部过问今年校园招聘的准备工作，午休时间，就顺便和员工们一起去食堂用餐，张晴刚好坐在董事长旁边。

第一次与董事长距离这么近，张晴却表现得落落大方，很自然地和董事长聊起来："董事长，从这次准备校园招聘工作的一开始，我就不断想起去年您在我们学校做校园宣讲会的情景，至今仍对您说的话记忆犹新。当时您讲完了自己的创业史，说道，只有同企业一同成长，员工才能取得更快、更大的成就。"

董事长显然很高兴有员工能够准确地记住自己说过的话："你说的还真是一字不差，我的确这样说过。"

张晴接着说道："当时我备受鼓舞，特别渴望有一种成就感，能够有一天在事业上做一名像您一样的成功者。所以，这几天我一直在想，能不能把同企业一同成长变成我们公司的一种正式的文化理念，运用到这次校园招聘中，一定能够起到吸引应届生、鼓舞士气的效果。"

董事长听了，顿时眼前一亮："这个创意非常好，具体就由你来执行。执行的过程中如果有什么困难和要求，可以直接向我汇报。"

得到董事长的"尚方宝剑"后，张晴更加努力工作，将创意完美地运用于校园招聘工作中，取得了良好的效果。校园招聘工作结束后，董事长直接授权人力资源部经理，将张晴任命为企业文化专员，张晴的才能终于有机会得以进一步发挥了。

闲聊还能变成机遇，原本是一次不经意的与领导午间闲谈，却给张晴的职场之路带来了意想不到的发展契机。在相对轻松的氛围里，董事长不知不觉地被影响，并加深了对张晴的印象。这种看似偶然的机遇当中，实际上蕴含着种种必然，我们在此可以逐条分析、加以学习。

首先，张晴与领导的闲谈，看似闲，实则不然。张晴挑起的闲谈话题并不落俗套，不评价衣着打扮，不打听私人状况，而是不经意地谈起了工作。而所谈的工作，张晴又早有准备，有自己成熟的想法和建议。张晴轻而易举地把和领导的谈话引入到自己擅长的领域中。

其次，张晴与领导的闲谈始于对领导的含蓄恭维。无论是真是假，张晴的确一字不差地背出了董事长讲话的原文。作为领导，当然会对如此尊敬自己的员工另眼相看。既然是与领导闲谈，当然要找领导喜欢的话题，这样一个好的开始，才能够引发领导的谈话兴趣，赞成自己的想法。

最后，与领导的交流机会是宝贵的，起于闲谈而不能止于闲谈。在向领导推销了自己的想法之后，要积极地去落实，拿出切切实实的工作成绩来回报领导。这样才能起到闲谈的最终目的——让领导注意到你的才能，并委以重任。

领导日理万机，作为下属，能够直接介入其中的部分很少。而如果下属抓住了和领导闲谈的机会，就等于抓住了以另一种方式向领导推销自己的敲门砖。

闲聊时，人心往往是不设防的。这时，我们所说的话能够让他人在不知不觉中受到影响，有利于我们更好地掌握交际的主动权。并且，通过闲聊，我们自己也能够开阔视野，提升自己做事的动力。

要懂得适时闲聊

有科学研究指出，大脑集中精力的最长时间为 25 分钟，之后人就会感到疲惫，精力涣散，效率降低。而闲聊也能够帮助我们转换思维，让大脑得到休息，为下一阶段全神贯注地工作奠定基础。

冬天，天气非常寒冷，某写字楼的办公室里，王芬已经处理了差不多两个小时的财务报表了。渐渐地，她感到有些浮躁，在做财务报表的时候也总是出错，效率越来越低……

于是王芬忍不住抱怨道："这天怎么这么冷啊？暖气怎么也不热呢？"

王芬的一个同事附和道："是啊！是不是暖气出问题了，要不给物业打个电话问问吧！"

"呵呵……这就叫屋漏偏逢连夜雨！"另一个同事笑着说道。

听到同事们的附和，王芬说道："可千万别来'雨'，我这儿可没伞。"

听了这话，一个同事说道："其实咱们办公室还算好的，就今天比较冷，我有个朋友他们办公楼的暖气老化需要大维修，这都快半个月了还没弄好呢，把他们冻得呀……里面真跟个冰箱似的。"

听着同事们你一言我一语，王芬突然觉得没那么冷了，烦躁感也没那么强烈了。

就这样，在与同事的闲聊中，他们又各就各位地重新投入了工作，此时的王芬心浮气躁的感觉也离她而去，工作又变得高效起来。

闲聊随处可见，只要你提高注意力，就能找到插入的时机。故事中的王芬在做"有意义的事"时，适当地穿插闲聊，她的闲聊不但没有耽误正经事的办理反而让王芬提高了工作的效率。

我们常常会遇到这样的情况，本来有一肚子的话想跟领导说，可话到嘴边又说不出来，就算好不容易把话都说出来了，领导只是"嗯"了一声就没下文了。这种尴尬状况的出现，很大程度上是由于下属没有掌握好交流定律。

张力大学毕业后幸运地进入了一家知名的世界500强公司人力资源部工作，应聘的时候，张力发现这家著名的外企真的是人人效率至上，每个人都在忙着手上的工作，几乎看不到闲谈的人和休息的人。

上班第一天，张力早早地到公司办完入职手续，被人带到自己的工位上，大家就各自去忙了。张力一时间不知道工作该从哪里入手，而他刚好就坐在招聘主管的旁边。张力看了一眼招聘主管的名牌，问道："李主管，我们人力资源部每天的工作内容都有什么？"

招聘主管的眼睛甚至都没有离开电脑屏幕看张力一眼，淡淡地说："工作很多，你自己上公司网站看一下吧。"

张力碰了个软钉子，只好讪讪地答应了一声，自己上起网来。一上午下来还是没有什么收获。午饭时张力反省了一下自己和领导的说话经历，又想到了大四刚刚学过的公共关系学那门课，便打定主意下午再跟招聘主管进行进一步沟通。

下午上班后，招聘主管刚刚走到自己的工位上，张力就迎上去说："李姐，刚刚我去公司食堂吃饭，咱们的自助餐真是又好吃又便宜。"

招聘主管笑着说："可不是吗，我待过的几家公司就咱们的午餐好，我的朋友都羡慕我。"

张力趁机又说道："吃完饭有点困，李姐您这有招聘助理做的工作吗？我帮你吧。"

主管也不客气，递给张力一本打印资料说："这是招聘组本月的招聘计划，你先熟悉一下，然后把所有数据帮我做成一个Excel表格吧。"

张力做起了他来公司后第一个正式的工作。从那天起，张力跟着招聘组的李主管学习招聘工作技巧，为以后的职业发展打下了扎实的基础。

张力的成功之处在于他善于开动脑筋，在与领导沟通不畅的情况下，张力趁机插入话题，和领导闲聊并与领导的单向谈话变成了互动的双向谈话，使沟通能够自然、顺利地展开。

实际上，闲聊时间随处可见，只要你提高注意力就一定能发现这一点。比如，当一个人精神懈怠、疲懒的时候，闲聊也是不错的选择。"正经事"、"有意义的事"会给人带来疲累感，因此在从事这些工作的时候，虽然我们知道要认真、要用心，但仍会下意识地抗拒。而闲聊却不一样，它不会给人带来疲怠感，能够让人的思维活跃起来，让人变得更有活力。

面试也能放松地自在谈话

就"口才对求职的影响"有人曾经专门做过一项调查，调查的题目为《根据自己或周围朋友的求职经历，你认为求职的成败和口才有无关系》，统计数据显示，约有75％的人认占有很大关系，有22％的人认为两者有一点关系，只有3％的认为关系不大和一点关系都没有。这些数字意味着，和学历与工作经验相比，口才在求职的过程能够发挥更重要的作用。倘若在面试的时候，求职者不能与面试官很好地沟通，无法说出他们想要的答案，就不太容易得到面试官的赏识。

换句话说，如果求职者在面试的过程中能够与面试官闲聊自如的话，一定能够为自己的面试加分。

一名刚刚从英国留学回来的大学生，一腔抱负开始了自己的求职之旅，信心满满地觉得自己一定很快就能找到合适的工作。可是十几天下来，他几乎快要绝望了，他的"留洋"经历似乎没能为他带来任何优势，投出去的简历都石沉大海，毫无音讯。

他不甘心就这样失败，于是苦思冥想后有了一个主意，他去了一家自己早就心仪的广告公司，以求职的名义要求见该公司的经理。当然，见面的过程并不顺利，对于他这样一个名不见经传的小人物，那些经理们通常都不放在眼里，单是保安那一关他就过不了。此时他急中生智，对保安说道："你听说过古代的毛遂自荐吗？"保安点了点头，他继续说道："我相当于古代的毛遂，你如果不让我进去，迟早会后悔。"看他说得这么坚决，一点也不像开玩笑的样子，保安只好将此事告诉了经理。经理对于这个胆大的年轻人也非常欣赏，便同意和他见面。

见面之后，这个人始终不提自己求职的事情，而是和经理拉家常似的聊起了天。在谈话的过程中，他有意无意地将自己对广告的见解融入其中，看似漫不经心，实则酝酿已久，经理也被他的独特见解所吸引了，颇有兴趣地听他述说。后来，经理主动向他抛出了橄榄枝。

凭借自己闲聊的能力，这名大学生实现了求职的目的，实在不得不让人对"闲聊"另眼相看。现实生活中，无数事实也证明，闲聊在面试中也有着很大的作用。很多打开求职大门的人，就是因为在关键的时候闲聊帮了大忙。从言语谈吐中，别人可以看出你的才华，从而了解你、赏识你，直到重用你！

一家物流公司在招聘考试时，发现一位应试者在校成绩不太好，主考官无心问道："你的成绩不是很好，是不是不太用功？"应试者腼腆地一笑说："说实在话，有的课我认为脱离实际，所以把时间全花在运动上了，所以身体特别好，还练就一身好功夫。"主考官很感兴趣，让他表演一下。应试者脱下衣服，一口气做了100多个俯卧撑，使主考官大为吃惊，立即录用了他。

在被考官问到自己的弱点时，应试者凭借自己机敏的闲聊能力让考官将注意力转移到自己的优点上去。正是这种闲聊的能力，应试者才能在这种情况下与考官轻松地谈话。

当然，拥有过硬的才能是将工作做好的前提，但如果具备闲聊的能力，在面试中也能自在地谈话，成功无疑会来得更快一些。因为许多机遇都需要通过口才来赢得，良好的口才，既可以完美自然地展现自己，也能赢得他人的欣赏与关注。

无意义的话也重要

有些人不喜欢闲谈，因为在他们看来"今天天气怎么样"和"吃过早饭了吗"这一类的话，都是无聊的话。他们不喜欢谈，也不屑于谈。其实，他们闲聊中看起来好像没有意义的话，是有一定作用的。这类无意义的话，不仅能为加深朋友间感情的准备作用，还能调节聊天的气氛，为闲聊的人们提供新的话题。就像每天出门的时候，你和小区的保安闲聊几句，说一些没有实质意义的话就能逐步拉近彼此的关系。

闲聊不是演讲，即便在闲聊的时候说话没有中心，逻辑性欠佳也没有关系，闲聊的目的本来就是为了让谈话双方轻松愉快。因此，闲聊不需要主题，也不需要结论，只需要让彼此轻松而愉快即可……

A和B在小区门口碰到，B外出刚回来，A刚要外出。

A：回来了？

B：嗯，回来了，你这是要出门？

A：是呢，出去买点菜。

B：哦，那我就先回家了啊。

A：嗯，拜拜。

B：拜拜。

上面的这番对话想必很多人在实际生活中都碰到过，乍一看，他们说的话都没有什么实际的意义，但这样的闲聊其实有着很大的作用。

有实质内容的谈话在日常生活、社会生活的所有谈话中所占的比率是极小的，大部分的谈话都是没什么实质内容、不那么必要的。如果我们每天只说有实质内容的话，与他人不是开会，就是契约的洽谈和交涉，或者是必要的联络和报告，那么，作为社会性的人，我们与他人交往的本能需求势必无法得到满足，同时，我们与他人感情的发展也会受到束缚。

在我们与人交往的过程中，没什么实质内容的闲聊是不可缺少的，缺少了闲聊我们就有可能会遇到麻烦。回顾一下生活中的场景，我们就会明白这一点。

例如，在找对象的问题上，母女有矛盾。女儿不愿也不能和母亲闹僵，只好等待时机再说。这天吃饭时，母亲又唠叨起来："你这孩子，怎么就不听妈的话呢？人家局长的儿子，人长得不错，又有现成的房子，你为什么不和人家谈，偏要……""妈，喝水吗？这饭有点干，我去给您倒水……"然后女儿又说了一些类似的无意义的话，与母亲闲聊起其他的话题来……

无意义的话是一种看似不重要实则了不起的能力。在人际交往中，那些善于闲聊的人往往能够让他人感受到其人格上的安定，让人觉得可以信赖、可以安心地与其交往。在此基础上，他们与他人之间的关系或联结就衍生出来，他们所具有的人类共有的社交需求得到满足，寂寞、孤寂等消极心理感受退散。而这种愉快的关系如果再进一步发展，他们就会得到他人的喜爱、认可，会让他人心甘情愿地给予支持、帮助。这样一来，他们不仅内心更加满足、幸福，而且因为有了他人的支持和帮助，也更容易成功。

商务交往中，彼此的交流通常是由两部分构成：一是合作的细节洽谈、确认等与生意息息相关的、有实质内容的谈话；二是诸如"你看起来气色很好哦""听说你高尔夫球打得很好，最近有去吗"等与生意无关、没什么实质意义的闲聊。而在整个商务交往的过程中，我们始终要贯穿闲聊，也正是闲聊为我们营造了良好的交往氛围，拉近了彼此的距离，建立起彼此的交情，让细节洽谈、确认等能够更加顺利地进行。

不论多么有能力的人都不可能自己一个人生活。每个人不可避免地会与周围的人互动，并且在这种良好的互动中幸福、快乐地生活。而最基本的互动就是日常生活中没什么实质意义的话，每天我们说"正事"的时间往往少之又少，大多数时间都在与他人闲聊，在这样的闲聊中，我们作为人类的固有社会性需求得到了满足。闲聊所带来的安全感、联结感、归属感是我们获得幸福快乐的前提。当我们通过闲聊也带给他人积极的心理体验时，好人缘、好交情的到来便顺理成章了。闲聊些什么内容呢？比如说可以谈谈大家都有兴趣的话题：看昨晚的球赛了吗？有什么看法？现在某处的风景真好，应该旅游一番。早上看新闻了吗？对股市情况是否满意？另外，还可以点到为止地谈谈私人问题。"我儿子真淘气！你的孩子怎么样？""最近某某身体怎么样？"……

实际上，这些看似没什么意义的闲聊实则体现了我们多方面的特质，如个性、人格、社会性、对外界的态度等，进而在很大程度上决定了他人将以何种态度对待我们，决定了我们与他人的相处状况。除了每天打招呼外，再多加几句闲聊的话，就能逐步拉近彼此的关系；说话没有中心、逻辑性欠佳，也没有关系，闲聊本就不是演讲，不需要主题，也不需要结论，只需要让彼此轻松而愉快就足够了……

总的来说，很多时候闲聊的确没什么实质内容，但却是不可或缺的沟通元素，能让我们与他人的交往顺畅、没有障碍。

避免总结，让话题随意延伸

生活中，或许是因为长期专注于工作，或许是因为性格方面的原因，有一部分人在闲聊时往往不懂得将话题延伸开来，说完一个话题之后就开始总结、下结论，结果只能让彼此无话可说。换句话说，在闲聊中避免做结论性的发言，是让闲聊愉快地进行下去，进而加深彼此交情的前提。

我们经常看到在街头、餐厅、办公室……聚在一起的家庭主妇、白领们，只要有闲暇时间她们似乎就能一直聊下去，而且聊得无比和谐。很多人都有这样的疑惑：为什么她们能如此善于闲聊呢？其实要做到这一点并不难，如果你仔细聆听她们的闲聊就能发现，她们所聊的内容往往没有什么逻辑，话题是发散的，从天气到养颜秘方，从孩子的学习成绩到谁的老公有了外遇……种种话题层出不穷，最关键的是，她们的闲聊几乎不会确切地说出最后结论。

如果在闲聊的时候总是给予总结话题的话就会出现下面这种情况：

小程、小王和小高在一起闲聊，小高说道："昨天我看了××电影，很不错。"小程问道："谁演的？"小高说："××主演，我特别喜欢他，他给人的感觉不是在演而是真实地再现。"这时小王说了一句："对，你说得没错。"

小王说完后，小高和小程突然不知道该说什么，于是便沉默了。本来很愉快的闲聊就此戛然而止。

想必这样的情况在现实生活中大家经常会遇到，小王结论性的总结让其他人不知道该说什么，众人无话，闲聊也只能就此打住。事实上，在闲聊中结论性的总结不仅会让话题过早地结束，还会伤害闲聊者彼此间的感情。结论性的发言往往会给他人一种领导在做总结的感觉，这样一来，他人就会心生反感，不愿意再进一步交往。甚至，他人很可能将内心的反感直接表现出来，如持相反的观点与之进行针锋相对的辩论，又或者直接争吵起来。相反，如果我们能够避免做结论，换一种互动方式，闲聊就能愉快地进行下去，就能聊出好交情。比如，几个同学就某同学通过英语级别考试问题聊了起来。

"听说××以高分通过了英语四级呢？"

"是啊，真让人想不到啊！"

"其实，这也正常，他为了通过四级考试可是下了苦功夫了，每天早起晚睡大家也是有目共睹的。"

"看来努力做一件事的确会有收获的。对了，除了花时间外，他还用了什么好的学习方法吗？他刚开始的英语成绩可真是不怎么样啊……"

就这样大家又就英语的学习方法展开了讨论。

没有了结论，闲聊就能轻松而愉快地一直进行下去。虽然话题似乎跳来跳去，但就是在这样的随性、轻松、愉快的交谈中，彼此最容易产生共鸣，进而在共鸣中加深交情。

总的来说，闲聊不是讨论，结论和对错并不重要，重要的是彼此在轻松、随性、愉快的闲聊中沟通、交流、加深交情。避免总结，让话题有效延伸，顺着大家都感兴趣的方向延伸，不仅是闲聊中我们应该遵循的基本礼仪，也是让闲聊顺畅而愉快进行的有效保证。

因此，在闲聊时，请不要统整话题，不要做出任何抽象的、普遍观点的结论；要避免总结，让话题自由地向各个方向延伸。男性尤其要注意这一点，千万不要让自己那根深蒂固的"即使闲聊，到了某个程度或阶段也会不由自主地来个结论"的习惯破坏了彼此的交情。

快速缩短距离的闲聊

从心理上来讲，每个人的潜意识中都有一种排他性，对自己的或与自己有关的事物往往不自觉地表现出更多的兴趣和热情；跟自己无关的则有一定的排斥性。因而在交谈中这类关系的点出就使对方意识到两人其实很近。这样，大家都能较好地形成坦诚相谈的气氛，打通初次见面由于生疏造成的心理上的设防。

找好话题用处大。有人说："交谈中要学会没话找话的本领。"所谓"找话"就是找话题。也许，很多人会想，没话找话也说说明某个人会说话，也不能说明什么。其实不然，试想，很多人都处在一个非常尴尬的局面中，这时有人突然找到了大家都感兴趣的话题，让气氛一下子活跃起来，这是一件多么有意思的举动。

写文章，有个好题目，往往会文思泉涌，一挥而就；交谈，有了好话题，就能使谈话自如。好话题的标准是：至少有一方熟悉，能谈；大家感兴趣，爱谈；有展开探讨的余地，好谈。

闲聊是人际交往的润滑剂，是我们拥有好人缘，与他人建立好交情所不可缺少的工具。更重要的是，闲聊不需要满腹诗书，不需要引经据典，只需要我们拿出一些勇气，注意一些技巧，并且在与他人闲聊的过程中，使其能力不断得到提升。但很多人都在为自己不具备随时随地闲聊的能力而烦恼。

其实引发话题的方法有很多，诸如"借事生题"法，"即景生题"法，"由情入题"法等。可巧妙地从某事、某景、某种情感引发一番议论，类似"抽线头"、"插路标"，重点在引，目的在导出对方的话茬。寻找自己与陌生人之间的媒介物，以此寻找共同语言，缩短双方距离。让自己具备快速拉近距离的闲聊能力并不难，比如从"今天天气真好"这类话也是日常生活中常用的一种寒暄方式。特别是陌生人之间见面，一时难以找到话题，就会说类似于："东北天气很冷吧?"这样就能打破尴尬的场面。言他型是初次见面较好的寒暄形式。这是对初次见面者尊重、仰慕、热情有礼的表现，如"久仰大名!""早就听说过您!""您的大作，我已拜读，得益匪浅!""您也精神多了!""小姐，你的气质真好，做什么工作的?""你设计的公关方案真好。"

巧用"攀关系"打破尴尬。通过亲戚、老乡关系来拉近距离，由于亲戚老乡这类较为亲密的关系会给人一种温馨的感觉，使交际双方易于建立信任感。特别是突然得知面前的陌生人与自己有某种关系，更有一种惊喜的感觉。故而，得知与对方有这类关系，寒暄之后不妨直接讲出，这样很容易拉近两人的距离，使彼此一见如故。

除了展示自己的话题能力，也要注意闲聊对象的差异。

与不同性格的人说话要采用不同的说话方式。比如，和性格外向、开朗的人闲聊，你就可以和其开玩笑、斗嘴，他会很自然地接受;但与性格内向、敏感的人交流，你就要有所顾忌，说话的时候一定要避免触及他的敏感之处，另外，你还可以讲一些适合的笑话，让他开朗一些，最重要的是真诚与他闲聊，让对方感觉你是在真心地关心他。

第三十章

即兴口才：
即兴说话不再怕

> 说话的时候，最要紧的是不可闭着眼睛瞎说。虽然在说话的时候，谁都没有闭着眼睛，可是你虽然睁着眼睛，如果没有把事理看清楚，或是没有把说话对象的态度认清、环境认清，这说话仍旧是等于闭着眼睛说一样。
>
> ——林语堂，北京大学教授，当代著名学者、文学家、语言学家

即兴说话技巧并非"才能"而是"技术"

说话是一门技术，即兴说话更是一门高超技术，一门高超的语言表达技术，也是口才优秀的表现。但有人说，即兴说话的本事是一种才能，是自然形成的，其实不然，即兴说话技巧是可以训练的，是能够通过后天培养的。

之所以有些人不能即兴说话，突然被点名发言时脑子空空，不知道说什么，最大的原因可能是面对突如其来的发言要求感到紧张，本来是一个熟悉的话题，一旦在事先不知情的情况下被要求当众讲话，就会因为紧张而忘记说什么，所以不是不会说，而是被紧张"所害"，这样看来，即兴说话并非是才能，而是一门技术，是可以通过长久的学习练成的。

寇蒂斯医生是一位热心的棒球迷，经常去看球员们练球。他已经和几位球员成为好朋友。有一次，他被邀请参加一个为球队举行的宴会。在侍者送上咖啡与糖果之后，他听到宴会主持人宣布说："今晚有一位医学界的朋友在座，我特别请寇蒂斯医生上来向我们谈谈棒球队员的健康问题。"寇蒂斯完全没有准备，突然听到这样的邀请，感到有点措手不及。他一生中从未作过演讲，而他脑海中关于医疗保健的专业知识，现在仿佛全长着翅膀飞走了。

他不知道怎么办，这时宴会上的人全都鼓起了掌，大家都望着他，他摇摇头，表示谢绝。在观众更加热烈的掌声中，寇蒂斯医生站起身来，一句话也没说，转身背对

着他的朋友，默默地走了出去。这次经历让他深感难堪，更觉得是莫大的耻辱。

于是，他回家后立即搜索相关资料，找到一个评价很高的口才培训班，并报了名。因为寇蒂斯存在较强的学习欲望，而且刻苦努力，上一段时间的课以后，他紧张的情绪消失了，信心也越来越强。两个月后，他已成为班上的明星演讲家，而在以后的生活中，即兴讲话对他来说也成了小菜一碟。

日常生活中，多半是以即兴说话为主的，即兴说话是指事先没有准备的，临场因时而发、因事而发、因景而发、因情而发的言论。自如地站在人群面前，随意地进行即兴说话，这不是一种才能，而是一种技术，一种能够在后天进行自信心、勇气以及能力等方面培养的口才技术。学好即兴说话这门技术，其实并不像人们想象的那么困难，所有的人都能够展现出自身的潜在能力。熟练掌握了即兴说话的技术，才能做到言之有物、有的放矢，才不至于一遇事就脑门充血，无言以对，说话也语无伦次，不知道自己在说什么。由此可见，掌握一门即兴说话技术是何其的重要。

一名优秀的即兴说话者能够口若悬河、妙语连珠、谈笑风生的主要原因是其掌握了较为丰富的文化知识，能够自由地引经据典，搜集了即兴说话所必需的常用素材，内容涉及名言警句、生活常识、天文地理、历史典故、科学技术、文化艺术等诸多领域。当一个即兴说话者用众多领域的知识武装自己后，他便自然而然地对自己充满信心，即使临时面对一个全新的主题，都能从容自如地应对，侃侃而谈，滔滔不绝。由此更能说明，即兴说话是一门技术，而非才能。因为人并不是生来就会这些知识的，它们是通过天长日久的积累才被人们掌握的。

即兴说话的技术，不仅表现在说话者自身所掌握的知识上，还体现在即兴说话中所采用的技巧。比如采用"直入式"、"引用式"、"提问式"等方法来引发听众的注意，开启一个良好的开头；或者是在说话中从各方面事例以及说话者日常训练出来的语气、语调等展现出说话者的自信心；或者是巧用数字来增强言辞的说服力；或者在结尾的时候通过总结、升华、启发或是号召等方式来进行，最好是在听众兴趣未尽时戛然而止，从而为通篇说话带来预想不到的效果。

即兴说话是一种综合能力的表现，涉及一个人的观察能力、记忆能力、分析能力、推理能力、机敏能力等方方面面。加强基本技能训练，可以全面提高表达能力。如何才能更好地进行即兴说话？掌握这门技术，需要我们拥有一定的方法，要在社会环境中进行练习与锻炼，拥有较为丰富的文化底蕴，建立一定的自信心，这样才能很好地进行即兴说话。

心态会转向积极乐观

一个人如果即兴说话能做得很好的话，其心态也会转向积极乐观，从容不迫地将之很好地完成，这是自信的表现，这种自信能够促进即兴说话者心态逐渐变得阳光，进而转向积极乐观。

小红是一个初入职场的大学毕业生，刚开始工作，面对学校环境与社会环境的种种不同，小红一下子很难适应角色的转变，仍然以为自己是一个大学生，完全没有进入社会的感觉。虽然经过了半年的工作与锻炼，但是面对领导的时候，仍然不能准确地表达自己的建议。在回答领导的问题时，也是"嗯，这样做应该可以吧……"，很少给出较为明确的答案。刚开始的时候，部门经理与领导以为小红刚参加工作，还不太适应，但是这么长时间过去了，小红还是如此表现，领导开始对小红有点意见了。

渐渐地，安排给小红的工作越来越少，小红的薪资始终没有得到提高，而小红个人也变得自卑起来，话语越来越少了，也很少能明确地回复别人的问话，开始采取消极悲观的人生态度。

在一次因缘际会下，做企业培训师的表姐为小红作了全面分析，考虑到可能是小红对自己不够自信，并且很少在人面前讲话，导致她面临压力时畏首畏尾，很难自如地说出自己的看法，也就是说她需要加强即兴说话的能力。表姐让她多了解即兴说话的相关知识，有针对性地训练小红即兴说话或者是演讲的技能。

小红自那以后，通过查阅相关的书籍资料、网上视频、与朋友交流训练等方式，训练自己即兴说话的能力。经过一段时间后，小红逐渐掌握了一些能力，即兴说话的能力越来越好了，消失的自信也渐渐找回来了。在工作当中，心态也转向了积极乐观，每天都以生机勃勃的姿态去迎接。

正是小红后来学会了即兴说话的技巧，才使她逐渐恢复了自信心，心态也逐渐积极、乐观起来，由此可见，拥有即兴说话的本事，不但能够随时随地发表自己的看法，还能够让自己拥有一定的自信心与自豪感，能够很乐观的面对一切，以积极乐观的心态去迎接可能存在的困难。

一个人在生活中表现出乐观积极的阳光心态，最关键的是其对自身充满了自信。而当一个人能够沉着镇定地对主题进行即兴说话或是即兴演讲时，他是充满自信的，这样一个掌握了即兴说话技能的人，其心态，自是积极乐观。

秘书恭敬地把名片交给董事长，一如预期，董事长不厌烦地把名片丢回去。很无奈地，秘书把名片退回去给站在门外尴尬的业务员。业务员不以为忤地再把名片递给秘书，说："没关系，我下次再来拜访，所以还是请董事长留下名片。"拗不过业务员的坚持，秘书硬着头皮，再进入办公室，董事长火大了，将名片一撕两半，丢回给秘书。秘书不知所措地愣在当场，董事长更生气，从口袋拿出10块钱，就说："10块钱买他一张名片，够了吧！"岂知当秘书递还给业务员名片与纸币后，业务员很开心地高声说："请你跟董事长说，10块钱可以买两张我的名片，我还欠他一张。"随即再掏出一张名片交给秘书。突然，办公室里传来一阵大笑，董事长走了出来："这样的业务员不跟他谈生意，我还找谁谈？"

从这个"10块钱卖他二张名片"的故事中可以看出，这位业务员能够在如此尴尬的场景从容地应对，并且保持乐观向上的态度，没有把名片被撕当成一种侮辱，而是具有阳光心态，巧妙地应答，让人颇为惊奇，也让董事长折服，最终赢得谈生意的机会。

即兴说话，是一种可以后天培养的技术，这是一个人语言水平的综合体现，当一个人具有良好的即兴说话的能力，在任何场合都能轻松应对时，他的自信就会提升，相应地，他的心态也会变得积极乐观，因为自信让他面对任何问题敢于正视面对，不害怕、不逃避，而且每一次发言也是愉快的，也带给听众一个好心情。

尴尬场合、尖锐提问、突然演讲都不怯场

面对即兴说话，可能一些人会说"我总是不敢在人面前讲话、发言，那会使我心跳加快，脑中一片空白……"，这就是不善于即兴说话的表现，一些人还对此颇为苦恼，认为只有自己是这样，别人不会出现这种情况，其实不然，在即兴说话的时候怯场并非某个人特有的现象，大多数人都会如此，极少有人是天生就会演讲的，即兴说话这门技术也是后天慢慢培训而成的。为了克服怯场这个问题，主要的解决方法就是把即兴说话做好。当说话者能够随时镇静地应对尴尬场合、尖锐提问、突然演讲等各种情况时，怯场的问题自然就不存在了。

其实，怯场是大部分人都会存在的心理现象，不管身处什么样的场合，有些人就是不敢当众发言，更别说是让其即兴说话了。那么要如何克服这种怯场的情况，做到自如地即兴说话呢？

卡普尔，美国电报电话公司负责人。在一次董事会上，众位董事对他的领导方式提出质疑，会议充满了紧张的气氛。人们似乎都已无法控制自己的情绪了。一位女董事发难："公司去年的福利你支出了多少？""一千万。""哦，你疯了，我真受不了，我要发昏了。"听到如此尖刻的发难，卡普尔轻松地回了一句："我看那样倒好。"就在他说完后，会场爆发了一阵笑声，就连那位发难的女董事也情不自禁地笑了起来，使得随后的会议进程在一种比较平和的氛围中开展。

卡普尔作为公司负责人，在董事会上遭遇质疑这样的尴尬场合时，面对董事的发难，他没有消极悲观怯场，而是镇定自若地巧用了三言两语就化解了当时存在的紧张气氛，而且并没有胆怯害怕，这也说明卡普尔反应较为敏捷，能够很好地运用即兴说话的技能来面对这种紧张尴尬的的场合。

米卢，中国足球队前主教练，人比较风趣也比较健谈。在一次新闻发布会上，有一位记者这样问米卢："法国队前主教练雅凯曾说过，永远不会原谅反对过他的记者，你怎么看？"米卢回答："我最大的优势就是不懂中文，类似的话我什么都不会说。"

面对这样尖锐的提问，米卢作为一个公众人物，并没有躲躲闪闪、唯唯诺诺，而是保持自己的风度与气质，沉着冷静地在谈笑风生中阐述了自己的主张和观点，既化解了提问者的刁钻，又活跃了会场的气氛，精彩迷人。

乔恩参加一个老熟人邀请的宴会。可是到了宴会场所的时候，他才意识到自己错了，他自言自语道："我真应该找个借口不参加这次宴会的，没想到还要我上台发言，怎么办呢？"面对这样突然演讲的请求，乔恩感到特别的胆怯和无力，他根本不知道该说点什么、什么时候说合适，害怕出现尴尬的情况等。最后演讲也就不了了之。

显然，乔恩即兴说话的能力是比较弱的。这与他自身的性格特点是有很大关系的，在社交场合或者与人交谈的时候，他就会觉得自己无能为力。而训练即兴说话的能力，就要大胆地与周围各阶层的人接触，并主动地进行对话，从中汲取口才营养，学习讲话技巧。因此，如果乔恩想要做到被突然要求演讲时能够沉稳应对，首先应该要先克服自己的性格缺点，充实自己，提高即兴说话的能力，才能做到不怯场，不会觉得无能为力。

怯场、紧张会让一个人的淡定与智慧在瞬间荡然无存。克服紧张，学习即兴说话的技巧需要雄厚的前提积淀，需要用心地学习、认真地练习，有了足够强的内存，才会坦然应对多种场合中的各种事情。

其实，每个人都会存在怯场的情况，并非一个人的困扰，最主要的是如何能够战胜自己的紧张和焦虑，成功地克服恐惧，这就要掌握好即兴说话的本事，让自己充满自信。在面对紧张与怯场时能够不退缩，反而会让自己兴奋起来，运用幽默的话语把握这种情况，使自己达到最佳状态。

临时发挥，化忌为喜

人们在实际的生活中都会有或多或少的忌讳。大家都不希望触犯这些忌讳，但是一旦自觉或者不自觉地说出或做出了一些有违"大忌"的话或事时，应该如何处理，这就要靠人们临场发挥、即兴说话的技术，化忌为喜，消除尴尬。由于客观的原因而带来一些不愉快、不吉利的事情时，及时地用一些双关语、名诗佳句、谐音字词等来缓解窘迫的气氛，将不吉利的事情转变成喜事，抹掉人们心头的阴影，需要的就是即兴说话的高超口才。

大刘应邀参加一位朋友的婚礼，可天公不作美，小雨从早到晚一刻也未停过。等大刘赶到朋友家时，衣服上溅满了星星点点的泥水。当新人双双向他敬酒时，朋友看到他满身泥水，略带歉意地说："冒雨前来，你辛苦了，这都怪我没选好日子。"大刘赶忙接过话茬幽默地说："老兄此言差矣，自古道：'久旱逢甘霖，他乡遇故知，洞房花烛夜，金榜题名时'，这人生的四大喜事，让你们小两口一天就赶上了两个，这才叫双喜临门呢。"一句话说得满堂喝彩，大大活跃了现场的气氛。

大刘意犹未尽，接着说道："既然说到了雨，敝人有首打油诗，借此机会赠给两位新人。"接着便吟道，"好雨知时节，当婚乃发生。随风潜入夜，听君亲吻声。"一首歪诗吟罢，逗得新娘面颊绯红，引来满座欢笑。

大刘机智地临场发挥，使本来不受婚礼欢迎的雨，瞬息之间带上了逗乐喜庆的色彩。临场发挥的幽默，让人们在无意的禁忌中忘却旧观念的忧愁。

人们说话做事情往往盼着吉利，尤其是在重要的节日里。如果你不小心说错一句犯忌讳的话，抑或无意中做了一件有悖风俗的事情，这个时候不要一味地自责或者责怪他人，要顺势将自己的无心之过转换为一种吉利的解释。

洋洋在大年初一的时候一大早便出门去找伙伴玩了，玩了一会儿，洋洋突然发现自己头上那顶崭新的帽子不知何时丢了。洋洋回家后把这件事告诉了妈妈。要是在平时发生这种情况，洋洋一定会受到妈妈的一顿责骂。可是今天是大年初一，不能骂孩子，尽管洋洋的妈妈心里很火，也强忍着没有爆发。这时，来他家串门的邻居李叔听了以后，笑着说："洋洋的帽子丢了，这没关系，这不正好意味着'出头'了吗？今年你一定走好运，有好日子过了。"一句话，说得洋洋的妈妈转怒为喜，并附和着说："对！对！洋洋从此出头了。"于是大家一阵哈哈大笑。

正月初一把帽子弄丢了，可能会让过年的高兴氛围打个折扣。但是邻居即兴说的一句话，却扭转了整个局面，化忌为喜，使所有人都变得高兴起来，呈现出一片祥和的气氛。

临时发挥是很讲究艺术性的，要发挥得出彩而又得体是不容易的。但只要在这方面做个有心人，那么，不久的将来你的口中也会妙语连珠，幽默诙谐。林语堂说："说话乖巧即是指说话不要专门从正面去表现，可以从侧面、反面或是夹缝里去表现，不只是为了避免发生性命的关系而说话须乖巧，其实，我们和朋友们随便闲谈，有时也会因为某句话而引出了事端，小则唇枪舌剑，弄得两面不欢；大则彼此绝交，弄得结成仇恨，所以我们即使在闲谈之中，乖巧也是不能没有的。"这里的"乖巧"二字正是在谈话中临时发挥的能力。

慈禧太后爱看京戏，常赏赐艺人一点东西。一次她看完著名演员杨小楼的戏后，把他召到眼前，指着满桌子的糕点说："这一些赐给你，带回去吧！"杨小楼叩头谢恩，他不想要糕点，便壮着胆子说："叩谢老佛爷，这些贵重之物，奴才不敢领，请……另外恩赐点……"

"要什么？"慈禧心情不错，并未发怒。杨小楼又叩头说："老佛爷洪福齐天，不知可否赐个'字'给奴才。"慈禧听了，一时高兴，便让太监捧来笔墨纸砚。慈禧举笔一挥，就写了一个"福"字。

站在一旁的小王爷，看了慈禧写的字，悄悄地说："福字是'示'字旁，不是'衣'字旁！"杨小楼一看，这字写错了，若拿回去必遭人议论，岂非是欺君之罪？不拿回去也不好，慈禧太后一怒就要自己的命。要也不是，不要也不是，他急得直冒冷汗。气氛一下子紧张起来，慈禧太后也觉得挺不好意思，既不想让杨小楼拿错字，又不好意思再要过来。

旁边的李莲英脑子一动，笑呵呵地说："老佛爷之福，比世上任何人都要多出一'点'呀！"杨小楼一听，脑筋转过弯来，连忙叩首道："老佛爷福多，这万人之上之福，奴才怎么敢领呢！"慈禧太后正为下不了台而发愁，听这一说，急忙顺水推舟，笑着说："好吧，改天再赐你吧。"就这样，李莲英为二人解脱了窘境。

慈禧作为当时的最高掌权者，稍有不慎就会招致杀头之祸。在慈禧赐字的现场，小王爷、杨小楼和李莲英等人心中肯定在想着如何能够做好应急处理，为太后打圆场，讨得她的欢心，将当下的窘境进行转化，化忌为喜。幸好李莲英的灵机一动，临时发挥，巧妙地将慈禧错写"衣"字旁的"福"字解释成"老佛爷之福，比世上任何人都要多出一'点'"，进而化解窘境。

生活中不可避免会遭遇一些尴尬的事，也会不小心触犯忌讳，这种时候，先不要忙着道歉赔罪，因为一道歉尴尬的场面更加不好收拾，也就等于承认了这种忌讳会带来不好的结果，所以最好的方法就是临时发挥，化忌为喜。用即兴的语言消除尴尬，化解危机，为不吉利的事想一个新的说法，让坏事变好事。这样，接下来的气氛才不会被破坏，在场的人也会被你的机智口才所折服。

即兴说话技巧就是在合适场合说合适的话

说话要分清场合，认清说话对象的态度，根据具体环境的不同说不同的话，而不是闭着眼睛说话，这是练就好口才必须掌握的一门技术。即兴说话的时候更是如此，要注意说话的场合。不同的交际场合，有不同的言语表达方式，不可将言语表达的基本原则变成僵死的程式。在合适的场合说合适的话，话随境迁，通常都会收到良好的效果。

生活中，总是会在不同的场合遇到不同的人，而对着这些场合和人该怎么说话、说什么，其实是需要好好研究学习的。又因为想要实现的目的不同，所以说话方式就显得尤为重要，只有做到在合适的场合说合适的话，才能收到理想的说话效果。

李宇是某局的新任局长，一天，他在酒楼宴请退居二线的老局长，酒过三巡之时，服务员端上来了一盘炸田鸡。这位老局长看了一下炸田鸡说："李宇呀，青蛙是益虫，不应该吃掉呀……"李宇听了，没有经过大脑的就随口说了一声："不要紧，都是些老田鸡，已经退居二线了，不当回事了。"老局长听了这些话，顿时就不高兴了，沉下脸，筷子一扔，连声问道："你刚才说什么？"李宇本来是想用幽默的语气来调节一下氛围的，没想到一不小心触犯了老局长的自尊，一时间愣在那里不知道该怎样解释了。这时，坐在一旁的处长连忙出来打圆场："老局长，他说您已经退居二线了，吃点田鸡自然是不当回事的。"李宇赶忙附和道："是的是的。不当回事。"

在这个故事中，李宇就是一个说话不顾场合和对象的人。如果是在同学聚会上，面对一群老同学，他这句话可以算是幽默有趣的，但他面对的是一位"退居二线"的老局长，李宇那句话很容易让人联想到是在借机讽刺老局长，老局长身为当事人更加敏感，当然也会想到这点。所以他才会生气，而实际上李宇不是有心的，由此可见，说话分场合、分对象是多么重要。

一个人只有学会分场合说话，才会受人欢迎。会说话并不表现在说话量的多少，主要是要看所说的话是不是关键、是不是合适、是不是符合场合氛围。

每个人在生活中都要面临各种不同的场合，而即兴说好话的关键，就是要在适合的场合说合适的话。

莉莉与小刘是一对新人，正在一家大饭店举行婚礼，正赶上大雨下个不停，新人和客人们觉得很懊丧，婚礼气氛有点不愉快，这时餐厅经理来到新人和诸位宾客面前，微笑着高声说："老天爷作美，赶来凑热闹，这是入春以来的第一场好雨。好雨兆丰年，这象征着这对新人的未来是十分幸福的。雨过天晴是艳阳天，这说明今天在座的所有客人都将迎来更加灿烂的明天，我提议，为了创造和迎接雨过天晴的明天，大家干杯！"话音一落，整个餐厅的气氛发生了 180 度的大转弯。沉闷的婚礼场面一下子活跃起来。

显然，这位餐厅经理是一个会说话的人，而且也具有很好的场合意识，巧妙地借用"春雨"、"雨后天晴"的意象，为新人人生的美好典礼带来愉快的氛围，令人赏心悦目。

根据场合来说话，体现的是一个人即兴说话的技术，彼此交谈话题的选取、一些观念的形成都和场合有一定的关系。因此，在说话的时候，一定要考虑场合的因素，在合适的场合说合适的话。

可以即兴但不能随性

很多人在即兴发言时，刚开始还说得挺好，但是越说越跑题，有时都不知道在讲什么，这就是我们通常所说的信口开河。要知道，即兴说话可以即兴，但是不能随性地乱说、想说什么就说什么，甚至说一些风马牛不相及的话。因此，在即兴发言的时候，一定要控制好自己所说的话，不能任由自己的思绪乱跑，这样才能有效地避免自己跑题或者是偏题。

在实际的讲话中，我们需要注意哪些方面来避免随性乱说呢？以下的几点仅供参考和借鉴：

1. 迅速地奔向主题

很多人在即兴发言的时候喜欢绕来绕去、旁敲侧击，就是不讲主题或者是说一些和主题无关的话，让听众云里雾里，不知其所以然。这样的随性一定不能任其发展下去，如此的发挥并没有引出主题，反而是得到相反的效果，只会遭到听众的讨厌。要知道，一个成功的即兴讲话者能够直接奔向主题，让听众迅速地了解到他的意思，这样就能控制他的随性发挥。

2. 端正态度，尊重听众

有这么一些人往往因为自己的身份和地位，在即兴发言的时候很随性，想说什么就说什么，也不考虑听众的感受，即使听众因为他们的讲话而受伤，他们也不在乎。其实，这样的随性是不正确的，你不尊重听众，听众也不会尊重你，这样的信息是相互的，你的即兴发言自然不会得到听众的认可。所以，不管你是什么身份的人、处于什么地位，都应该端正自己态度，尊重在场的每一位听众，只有赢得他们的掌声，才能说明你的演讲是成功的。

3. 简明扼要，不要废话连篇

即兴发言通常以简明扼要的语言来彰显其力度，以生动活泼的叙述给听众留下深刻的印象。不过简明扼要并不是说话空洞无物，恰恰相反，即兴发言要求话语信息密度大，要言之有物。而只有做到思想性、知识性与趣味性三者统一，才能够吸引听众。要知道，言简意赅的讲话，往往能使人受到启发、令人肃然起敬。美国前总统林肯有一次演讲，只讲了 2 分钟，却赢得了长达 10 分钟之久的热烈掌声。而现实生活中，一些人即兴发言的时候，废话太多，这不但浪费了自己的精力，而且也占用了别人的时间。所以，我们在演讲的时候要注意言简意赅、准确传神。

4. 清晰条理的顺序

有些脱稿讲话者之所以随性地说，就是因为在他们的内心没有清晰的条理。思维混乱而不知道自己该讲什么，说着说着就和主题无关了。所以，为了控制混乱随性的表达，我们需要在即兴演讲之前理清自己的思路，脑中的思路清晰了，说起来就不会那么随性了。

5. 用心讲话，不要流于形式

常言道："语为情动，言为心声。"以情感人，更能达到讲话的效果。然而，有不少人在即兴演讲的时候说一些空话和套话，很少讲出自己的观点，更别说其中带着一些情感。这样空洞的讲话必然让听众感到乏味，导致听者出现打瞌睡的现象。

"愚蠢的人用嘴讲话，聪明的人用脑讲话，智慧的人用心讲话。"即兴讲话是最能体现智慧的表达方式，因为它的原则就是要用心讲话，不能流于形式。马克思曾经说过："语言是思想的直接外衣。"用心讲话，动心思，讲真话，独具匠心，打动人心，这是即兴讲话的最佳境界。

总之，即兴讲话最重要的是中肯实在，能够让听众感同身受，句句说到听众的心里，自然会得到更多听众的赞赏。

先消除当众说话的紧张感

在公共场合讲话，许多人都会感到紧张，一上台就会怯场。其实这是一种普遍存在的心理现象，即使成功的演讲者都会经历这个阶段。就拿林肯来说，他初登演讲台时窘迫不已，恐惧得连一句话都说不出来，直到被轰下台去。又如雅典著名的演讲家狄里斯，在最初走上演讲台时，尽管经过周密细致的思索，做了充分的准备，但仍然遭到了失败，正是因为极度的恐惧让他语无伦次，别人都不知道他在说什么，这种情形在即兴讲话中会时常发生。

美国教育家戴尔·卡耐基曾说："成人学习当众讲话，最大的障碍便是紧张。"的确，人的身体向来就会对外在的刺激保持警觉，一旦感到不利于自己的情况发生，就会出现紧张反应，比如肌肉绷紧、心跳加快、手心出汗，等等，所以，我们要想让自己即兴讲话讲得精彩，首先需要消除即兴讲话的紧张感。

破除即兴讲话的紧张感，需要从自己身上找原因，只有清楚地了解自己为什么紧张，才能对症下药，采取相应的措施来缓解自己的紧张感。

调查表明，人在即兴讲话时产生的紧张感，主要原因有以下几个方面：害怕做得没有想得那么好；准备得不太充分；害怕人们（听众）反应不佳；早期有失败的经历，等等。从这些方面，我们也可以用一句话进行概括"有期望，但自己却没把握"。举个最简单的例子，很多人经历过高考，高考的时候一般都会特别紧张害怕。为什么会害怕呢？首先看这个人有没有期望。答案当然是肯定的，有的人想考上大学，更想考上好大学。但是很少有人会有把握，万一发挥失常，万一考试那天发烧拉肚子，万一题目超出了自己复习的范围……很多偶然情况都可能会出现。这样，就没有把握了。人一旦感觉到对事情没有把握，不安全感就会产生，所以大部分人高考会紧张。当众讲话也是如此，一旦担心现场会发生一些意想不到的事情，自己掌握不住就会立马紧张起来。

要知道，紧张是正常的，很多人在某种情境下可能比你更紧张。不要与这种不安的情绪对抗，而是体验它、接受它。要训练自己像局外人一样观察你害怕的心理，注意不要陷入到里边去，不要让这种情绪完全控制你。那么，我们具体需要采用怎样的方法和措施来应对紧张呢？以下的方法仅供参考和借鉴。

第一，做一些放松身心的活动。

选择一个空气清新、四周安静、光线柔和、不受打扰、可活动自如的地方，取一个自我感觉比较舒适的姿势，站、坐或躺下；活动一下身体的一些大关节和肌肉，做的时候速度要均匀缓慢，动作不需要有一定的格式，只要感到关节放开，肌肉松弛就行了。

第二，允许紧张。

要接受紧张而不是控制紧张。紧张的表现本来就是正常的，是应该的，要正确对待它。可是我们很多人认为紧张不正常，为了不想让人看出自己紧张，就拼命掩饰，刻意控制，故作镇定，结果不仅紧张控制不住，反而因为掩饰紧张加重了心理负担，变得更加紧张了。不要跟紧张对抗，它是身体对外在环境的一种应急反应，说明你的身体正常。如果上台紧张了，不妨在讲话前跟听众坦然承认："今天看到这么多专家、领导在座，我真的感觉有点紧张。"这样说，放弃了掩饰的心理，接下来你的表现反倒自然了。一旦我们允许紧张出现，最大的好处就是人会变得真实。所以，不要想着去控制紧张，紧张就随它去吧。

第三，放下自我。

有一位音乐家，他说自己是个内向的人，不太习惯在公众面前讲话。有届国际音乐节上他要展现音乐作品《蝶恋花》，这次展现的方式与以往不同，采用"音乐会现场解说"的特殊表现形式，由他自己亲自登台讲解。演奏是他的长项，但对着观众讲话其心里就打鼓了，感觉很紧张。但他想到了一个方法立刻调整了紧张的心情，是什么方法呢？他说："有时候我想，音乐会台上有一百多位音乐家在拉琴，好像是一百多只猴子在那里搞表演，台下有一千多名观众，也就是一千多只猴子在看表演，这些猴子在看的时候还会鼓掌。这次更特别的是，还有两只猴子在说话。猴子们在一起玩，所以没必要那么认真。"咦，你看，大家都不是人了，还有必要那么一本正经吗？

因此，在即兴讲话上，我们也可以把听众想象成一个动物，或者根据自己的需要想象成其他的都可以，只要是能够消除内心的紧张就行。需要注意的是，作为演讲者的我们可以天马行空地想，但是在说话的时候一定要照顾听众的感受，不要用不礼貌的言辞激怒听众。

第四，积极的自我暗示。

在当众讲话时，要从内心给自己打气，这就需要积极的心理暗示，增强自己的自信心，像"我说话大家都爱听"、"我对他人有特别的吸引力"、"我在讲话的时候是轻松、快乐的"，而不是否定或者负面的评价，同时用内心语言告诉自己："都是一样的人，他行，我也行；他能做，我也能做。"

第五，允许犯错。

在即兴讲话时，有时因为曾经失败的经历给自己留下了"不良情结"，这就在心中留下了阴影。一旦即兴讲话时，就会担心再次会出现同样的现象，所以自然就会紧张起来。因此，我们要想消除当众讲话的紧张感，就必须允许自己犯错误。因为我们不是专职老师，更不是职业演讲家，又不是天天以讲话为职业，话讲不好是正常的。

只要你每天花几分钟在内心反复诵读前面提到的那些肯定句，边读边想象自己正在改变，那么用不了多久就会在众人面前不那么紧张了。

胆子是锻炼出来的

丘吉尔被誉为"世纪的演说家"，但很多人不知道，他原先讲话结巴，口齿不清，根本不是当演说家的材料。他本人身高五英尺半左右（约 1.65 米），没有堂堂的仪表和风度，他那难听的叫喊声又不像道格拉斯·麦克阿瑟或是马丁·路德·金那样洪亮。丘吉尔没有受过大学教育，他曾经在下院最初的一次演讲中，讲了一半便垮下来了……然而，他并不为此而自卑、一蹶不振，不认为自己不是这块料。经过多次的主动练习，经验和胆量大大增加了，他终于成了举世皆知的演说家。

面对陌生的事物或人，我们总是很容易退缩、害怕，想要让自己大胆地表达，最好的方法就是让自己习惯开口说话，如何让自己开口说话呢？在任何场合，你都应该积极把握或创造与人交谈的机会，试着与他人闲聊、寒暄、攀谈，说话的次数多了自然也就习惯了，胆怯就会逐渐消失。

成功的推销员、演说家并非一开始就对说话习以为常，著名的演说家也是从无数次演说经验中不断掌握演讲的技巧，从而赢得满堂彩。如果一个人能抓住机会努力练习口才，那他的说话胆量一定会得到很好的训练。

有人说，口语是社会生活的入场券，这话是很有道理的。交际能力的核心是说话能力，因为交际的最直接形式是说，不会说或说不好怎么交际？会说，说得巧，答得妙，其交际成功的可能性自然就大。可以故意提出一些不正确或片面的观点，据理反驳；平时话语中的差错，也不要那么刻意。有机会可以多参加演讲赛，生活中或者开会时积极发言。

家庭是练习口才的第一个场所。家庭不免会有些经济收支问题、子女教育问题、卫生保健问题、饮食起居问题，你能平时就这些问题与你的妻子好好谈一谈吗？如果你能时常提出一些有益的意见或帮助她解决一些或大或小的困难，那说明你的口才练习有了明显进步。社会是由男性和女性组成的，男女间的相互交往、夫妻间的良好相处，都是练习口才的极好途径。同时，和自己最熟悉的人练习说话，也不会有太大的难度，这样很方便训练说话的胆量。

广结良友，与朋友频繁往来，是练习口才的又一途径。我们的朋友可能来自不同的地方，处于不同的年龄，属于不同的阶层，从事不同的工作，因而与他们相处时会遇到各种不同的问题。如果想练习好自己的口才、训练自己的说话胆量，最好能找他们谈谈，尽量想出如何帮助、开导、启发他们的谈话内容来。这样，无形之中，你拥有的朋友、你了解的谈话内容都会渐渐增多，你说话的胆量也会渐渐大起来。

总之，胆子是练出来的，要想拥有好的口才，就要抓住一切机会，锻炼自己的胆量。只有不懈地锻炼才能取得成功。

内心建立自信的技巧

众所周知，恐惧是许多人不能很好地进行演讲的主要心理障碍，那么，如何搬掉这一"绊脚石"，充满自信地走上讲台，在即兴讲话上精彩地展现自己呢？首先需要我们消除紧张，对自己充满自信，这样才能让自己表现得更加出色。

那么，我们如何在即兴讲话中树立自信呢？以下的几点仅供参考和借鉴：

第一，要点记忆法

初次上台演讲的新手往往把能够背诵演讲稿认为是充分的准备。熟读记忆，对于初学演讲者来说可能是一种必要的准备手段，但如果只是机械记忆，那么不仅会耗费演讲者大量时间，而且容易形成演讲者的心理疏忽。实际演讲时，如果因怯场、听众情绪波动、设备故障等突发事故打断演讲者的思路，机械记忆的链条就会被截断。于是演讲者便会处于记忆的空白状态，或者思维短路，导致演讲无法继续下去。此外，单纯的背诵还极易形成机械的"背书"节奏，并且不能灵活运用恰当的手势语，不能根据观众情绪适时调整自己的节奏、情绪，使演讲呆板、乏味，而丧失了演讲应该具有的战斗性和人性味。

丘吉尔是英国著名的政治家、演讲家，年轻时也曾依靠背诵演讲稿发表演说。在一次国会会议的演讲中，丘吉尔突然忘记后面的内容，不断地重复仍然无济于事，最后只得挫败地回到座位上。从此，丘吉尔放弃了背诵演讲稿的准备手段。

因此，在即兴演讲中，以采用提纲要点记忆法为宜。首先，就有关演讲的主题、论点、事例和数据整理成翻阅方便的卡片，然后针对演讲稿进行比较和适当的补充，整理出一份简略的提纲，并在提纲里注明各段的小标题，最后在各段的小标题下按序补充重要的概念、定义、人名、地名、数据和关键性词语。

至此，一份演讲提纲就算基本完成。在整理和编排的过程中，演讲者应反复思考和熟悉自己的演讲内容，而演讲时仅仅需要将该演讲提纲作为提示记忆的依据即可。

第二，目光回避法

刚学演讲的人往往害怕与听众进行眼神交流。因为一看到听众的眼神于自己不利，就会心慌意乱，而无法继续演讲下去。于是出现了侧身、仰望、低头等影响演讲效果的不正确姿势。因为，演讲要求演讲者正视听众，这既是出于一种礼貌，又是演讲者与听众全方位交流的需要。拉近演讲者与听众的距离，是演讲成功的必备条件。刚学演讲的人不妨采用虚视方式处理自己的目光，将视线移至演讲场后排上方，以避开听众的目光，让目光在会场上方缓缓移动。这种方式既能避免演讲者与听众目光对视所产生的局促和窘迫，又能给听众留下演讲者稳重大方的印象，使演讲获得成功。

第三，自我鼓励法

演讲者首先要对自己的演讲充满信心，在精神上鼓励自己成功。演讲者可用如下语言反复鼓励自己，比如"我的演讲题材很有吸引力，听众一定会喜欢"、"我的口才很好，我一定会成功"、"我准备得很充分了"，等等。

演讲者在演讲前不应过多考虑演讲失败的后果，如"我演讲差了怎么办？""听众乱起哄怎么办？"这种负面的自我暗示往往会影响演讲效果。应努力做到"放下包袱，轻装上阵"。

现代心理学实验表明，若由自我鼓励、暗示产生了学习及工作的动机，那么即使这动机是强装的，也是学习、工作取得良好成绩的有效措施。

第四，情绪调节法

适度地深呼吸有助于调节紧张、烦闷、焦躁等情绪。当演讲者在临场时出现怯场反应，可以运用深呼吸法进行调节。即使全身放松，双眼望着远方，做绵长的腹式深呼吸，同时，随呼吸节奏心中默数1、2、3……

第五，试讲练习法

试讲练习可纠正语音，矫正口型，锻炼遣词造句能力，又可训练形体语言。演讲者可以自选一个演讲题目，或模仿名家的演讲，在静僻处独自练习。著名演讲家、美国第十六任总统林肯，青年时代经常独自一人对着森林或空旷的原野模仿律师、传教士演讲，并反复练习。

在参加正式的演讲或比赛规格较高的会议上发表讲话之前，也有必要进行试讲。这种试讲最好请一些朋友同事充当听众，一是可以增加现场气氛，二来可以听取一些好的意见和建议。

试讲练习可以帮助演讲者拥有充分的自信心，避免因准备不充分或不适应演讲环境而引起的惊慌失措。

第三十一章

打招呼口才：
如何快速拉近彼此的距离

人与人之间，部落与部落之间，种族与种族之间，国家与国家之间，为什么会有仇恨？因为利益的争夺，观念的差异，隔膜，误会，等等。一句话，因为狭隘。一切恨都溯源人的局限，都证明了人的局限，爱在哪里？就在超越了人的局限的地方。

——周国平，毕业于北京大学，著名的哲学家、作家

打招呼是沟通的绝佳时机

打招呼是生活中最常见的一种礼貌，虽然只是一种简单的问候，但却代表着双方之间的友好程度。打招呼可以增进人和人之间的感情，拉近人和人之间的距离，因此我们不能轻视和小看打招呼。而要想更好地发挥打招呼的作用，就要学会积极主动地去和别人打招呼，这样才能让对方意识到你的诚意，更加有利于彼此之间的沟通。

打招呼虽然是很平常的事情，但是只要你有效去运用，照样可以发挥不平凡的作用。打招呼是沟通的最佳时机，比如你想和一个人谈论些事情，但是又苦于不知道如何开口，这个时候先打个招呼，拉近彼此的距离，顺理成章地就可以谈自己想要说的事情。通过打招呼和别人沟通，才能拉近距离，让别人更加了解你。

小郑高中毕业后，因为家里条件不好，所以没有继续上学，进城在一家公司当保安。每天早晨，他都会和每个进公司的人主动打招呼说"早上好"；每天晚上，他也会和每个离开公司的人主动打招呼说"再见"。他不在意打招呼的对象是领导还是普通员工，他只在意自己真诚地去对待每个人。

李经理是这个公司里的元老，每当从保安室经过看到小郑打招呼，都会微笑。因为好多保安对待工作都不是特别积极，所以面对热情的小郑，他不禁对这个新来的小伙子多了几分好感。有时候也忍不住和他聊上两句。小郑也就实话实说，虽然保安工作很平凡，但是自己觉得任何岗位都应该去认真对待，必须干一行爱一行。李经理对

他的心态很是欣赏。

就这样过了两年的时间，李经理手下刚好缺一名助手，这个时候，他想起了小郑，虽然他只是高中学历，但是工作认真积极，也是不错的人选。每每谈及此事，李经理都说小郑当保安的时候，不管见到谁都打招呼，这是懂得和人沟通，而且对待所有人都一样，可见有一颗平常心。小郑就这样通过简单的打招呼获得了李经理的好感，最终得到他的认可。

其实原本只有高中学历的小郑，要想直接做李经理的助手是一件不容易的事情，但是正因为小郑坚持每天和别人主动打招呼，才获得了和李经理沟通的好时机，从而让李经理了解到他的为人，进而得到一个好的工作机会。

职场命运虽然靠能力，但更多的时候在于你能不能把握住机会。打招呼如此小的事情，却也可以改变一个人的职场命运。职场中主动去打招呼，等于创造了良好的沟通机会，拉近了自己和领导之间的距离，让领导更加了解你，得到领导的认可和赏识，升职还会无望吗？

主动向别人打招呼，不但可以让他人心情大好，同样会为自己创造出绝佳的沟通机会，让自己有更好的发展。和别人打招呼，可以表现出你尊重他人；和别人打招呼，可以表现出你心里有他人；和别人打招呼，可以表现出你关心他人。人人都乐意你和他们打招呼，因为主动和他们打招呼说明你重视他们。你重视他们，他们同样也就会重视你，在打招呼的这个过程中，因为有了沟通的契机，所以也让别人更加了解你，缩短了你和别人之间的距离。

很多人都乐意和领导层主动打招呼，不愿意和职位比自己低的人主动打招呼，其实就是瞧不起职位比自己低的人或者认为他们帮不上自己的忙，但是有时候并非是这样的，职位比自己低的人也能起到一定作用的，有时候和职位比自己低的人主动打个招呼，会让他们感到你的敬意，也是一种间接的鼓励，可以让他们对你安排的工作更加用心。

小周参加工作一年了，工作认真，业绩也不错，但毕竟还是个新人，所以在原来的岗位上，一直没有变动。

小周是个非常有礼貌的年轻人，平时他见到公司上上下下所有人都会主动打招呼，比如公司里给老总开车的张师傅，每次小周见了也都会十分热情地聊上一会儿，这也让张师傅很开心，因为他觉得自己就是个开车的，也知道很多人并不怎么看得起他，而他从小周的态度中看到了尊重。所以小周每次打招呼，他都拉着小周聊会儿天。通过聊天张师傅了解到小周既是个孝顺懂事，又特别有上进心的人。张师傅很是欣赏小周这份十足的干劲。

张师傅因为给老总开车时间长了，老总难免也会和他说一些烦心事。一次，公司想要提拔一个新人，有意从小周和另外一个年轻人中选出一个，老总觉得有点为难，不知选谁好。张师傅就把平时小周和他打招呼并聊天的事说了，还夸小周人品好，工作上热情负责而且很有自己的想法。老总点点头，后来工作调动计划公布出来了，被选中的人是小周。

平时小周主动和张师傅打招呼，在闲聊的时候彼此有了心灵的沟通，让张师傅了解到他的为人，因此在老总做决定的时候，张师傅的一席话起到了一定的作用。可见打招呼真的很重要，通过打招呼和别人建立良好沟通，让他人认可你、欣赏你，没准就会为自己赢得一次幸运机会。

主动打招呼是沟通的一座桥梁，经过这座桥梁到达彼此的内心，让人与人之间的距离变得更加近了。好的口才，有时候就如此简单，简单到一个小小的招呼。只要你用心就可以给自己创造良好的契机。

根据谈话对象改变说话风格

俗话说，"到什么山唱什么歌，见什么人说什么话"。人际交往中，有的人特别会说话，面对不同的人会采取不同的说话方式。当然也有人觉得"见到什么人说什么话"是一种特别虚伪的表现，实际上这仅仅是一种片面的理解。很多时候，根据谈话对象改变自己的说话风格是一种睿智的表现，也是一种说话技巧。

大千世界，芸芸众生，每个人都有不同的心理，所以不可能用一致的说话方式来沟通，因此，根据谈话对象改变自己的说话风格显得尤为重要。面对不同的人选择与之相应的说话风格，更加有利于沟通，能够拉近彼此的距离，也让对方更加容易认可和相信你。

我们和他人交谈的时候，必须要弄懂对方的脾性，这样我们可以适时调整自己的说话风格。比如面对喜欢隐晦的人，我们和他们说话的时候就要相对委婉一些；而面对干脆的人，我们和他们说话的时候就要相对直接一些。这样一来，更容易让不同性格的人愿意去接受我们的谈话内容。只有根据谈话对象改变说话风格，才能缩短彼此的距离，让交谈更加顺畅地进行下去。

《三国演义》中就有这样的一个例子：

马超带领士兵去攻打葭萌关的时候，诸葛亮告诉刘备："唯有张飞、赵云二位将军可以应对马超。"

这个时候，张飞知道了马超前来进攻的事情，就主动请求出兵应战。

诸葛亮假装自己没有听到张飞的话，依然对刘备说："马超这人有勇有谋，怕是无人能敌啊，除非把荆州的关云长唤回来，才能够对付马超。"

张飞这个时候耐不住性子说："军师奈何小瞧于我？我曾经独自抵抗曹操百万大军，难不成还会畏惧马超这个匹夫吗？"

诸葛亮说："你那时候之所以能够取胜，是由于曹操搞不清状况，不清楚虚实，假如知道虚实，你还能这样安然无事吗？马超智勇双全，全天下人都清楚，他那个时候渭桥六战，将曹操逼得割须弃袍，差一点丢了性命，可不是等闲之辈，即使是云长来了也不一定就能取胜。"

张飞说："我现在就去会会那个马超，假如我失败了，甘当军令。"

诸葛亮见自己的话起了作用，就顺势说："既然这样，你都立了军令状，可以当先锋了。"

诸葛亮对张飞急躁的脾气是最了解的，他知道，如果他直接和张飞说打仗的事情，可能以张飞的性格没有耐心听，也听不进去，张飞很容易因为轻敌，最终失败，因此诸葛亮每每遇到十分重要的战事，都会一改以前的说话风格，用这种"涨别人志气，灭自己威风"式的示弱法激他立下军令状，从而收起轻敌心态。

世人皆有别，如果都是千篇一律的谈话方式，必定不妥。所以，说话是需要因人而异的，要根据对方的性格、爱好，以及说话的目的等适当地选择不同的表达方式，也就是要根据谈话对象改变自己说话的风格。

一位记者到一家机床厂采访一个工人，因为这个工人曾经去过埃及，所以记者就想让他谈一下埃及人民是如何反对英国殖民主义的。但是这个工人没有什么文化，所以他压根就听不懂记者的意思，支支吾吾地说不出话来。后来，记者灵机一动说："埃及人是如何看待英国人的？"这样一问工人一下就懂了，然后开始滔滔不绝地说了起来，那位记者也得到自己想要的材料。

本来记者文绉绉的说话风格，让工人无法理解，所以没办法回答。但是记者通过改变自己的说话方式，让工人瞬间明白自己的意思，然后滔滔不绝地说出了记者想要的答案。这就是面对文化低的人，说话要更加简单明了，如此才能拉近彼此的距离，更容易达到说话的目的。

人的地位有高低之分，面对不同的人，说话的风格也是要有区别的。面对知识分子，就要采用文雅、委婉的说话风格；面对工人，说话就要用直接、爽快的说话风格；面对乡下百姓，就要用通俗、朴实的说话风格。只有这样，根据谈话对象来改变说话风格，才能更容易让他人明白和接受，拉近自己和他人距离的同时，让他人认可自己的观点。

谈话是要讲究艺术的，需要做到恰当有礼，也就是要做到得体。话是讲给别人听的，所以说话的时候一定要注意"因人而言"，要根据说话对象来改变说话风格，做到"上什么山唱什么歌，见什么人说什么话"。只有有针对性的谈话，才更加容易引起共鸣，缩短和谈话人之间的距离，方能更加顺畅地沟通。

人们因为职业以及特长不同，所以接触的信息和感兴趣的话题也有所区别，因此谈话的时候，就要学会根据谈话对象改变说话的风格，抓住每个人擅长或者感兴趣的东西，会更容易拉近彼此的距离，更好地去沟通。

用"我们"代替"我"

"我们"与"我"看起来虽然差不多，仅仅是多一字少一字的区别，但是实际上却相差甚远。口才好的人在说话时有一个共同特点，就是更多的时候用"我们"代替"我"。因为"我们"给对方的感觉要更加亲切一些，而"我"字明显有有了分界线，把自己和对方分开了，容易使谈话双方产生距离感。

人的内心是特别微妙的，与人交谈的时候同样的事情不同的表达就会产生不同的效果，用"我们"代替"我"可以制造双方的共同意识，缩短彼此之间的距离，促进交流，对人际关系也会有特别大的帮助。

公司里的员工更要经常用"我们"代替"我"，这样才能有集体意识，同样领导也更加欣赏这种富有团结意识的员工。

一家公司招聘职员，最终需要从三个人里面录用两个。于是给他们出了这样一个选题：

如果你们三个一起出发去沙漠探险，在返回的路上，车子突然抛锚了。这个时候，你们仅仅可以携带四样东西往回走。你会选择哪四件呢？这些东西是：镜子、刀、帐篷、水、火柴、绳子、指南针。但是帐篷里面只可以容纳两个人休息，并且只有一瓶矿泉水。

甲男选的是：刀、帐篷、水、火柴。

面试经理于是问他，为何他首选的是刀呢？

甲男说："害人之心不可有，防人之心不可无。既然帐篷只能住下两个人，水又只有一瓶。假如有一个人为了争夺生存机会起了歹心想害我，因此我身上有刀，就可以防身了。"

乙女和丙男选了这四样东西：水、帐篷、火柴、绳子。

乙女说自己选择这四样的理由是："水是生活必需品，同样是生命之源，是必不可少的，尽管只够两个人喝，但是相信只要节省一点，相信也可以让三个人一起支撑下去；而帐篷尽管只能容纳两个人休息，但是三个人可以轮换着来休息，让一个人出来放哨，另外两个休息；火柴也是路上必需的；另外绳子可以将三个人绑在一起，如此在风沙特别大、看不清东西的时候，队伍依然可以在一起。"丙男给出的解释和乙女一样。

最后，甲男被淘汰了。

乙女和丙男凭借着"我们"的团结意识得到经理的青睐，而甲男却因自我意识太浓，没有团队意识被淘汰。

甲男选择刀，为的是保护自己，防的却是自己的同事，自我意识太强，却没有集体意识。但是乙女和丙男却一心想着三个人怎么一起走出沙漠，"我们"这个集体意识特别强烈，更加注重团队的团结，而并非是分裂。这样的人在工作的时候，也会注重和同事一起合作，从而更有利于工作的进行，所以他们被成功录用。

一个"我们"拉近了自己和别人的距离，让自己和别人有了更加亲密的关系，好像彼此捆绑到了一起，从此荣辱与共，不分彼此，这样会给人更加亲切的感觉。所以要想集体意识更加浓厚，团队之间的人距离更加近，合作的时候更加愉快顺利地进行，那就要学会说"我们"而不是"我"。

无独有偶，所有领导都喜欢有共同意识的员工，更多的时候乐意员工说"我们"而不是"我"。

有一位华人青年，美国留学毕业后去了当地一家大公司做总经理助理。有一回，这个公司下属的一家分公司产品质量出现了问题，华人青年向总经理汇报说："他们分公司的质量出现问题了，被顾客投诉，我觉得……"

青年的话还没有说完，总经理就眉头紧蹙地说："你刚才说什么？"

青年还是不明白经理什么意思，就又把刚才的话重复说了一遍。

总经理特别不高兴地说："你说他们的分公司，那你是谁啊？"

青年立刻意识到自己的错误，马上改正说："对不起，我们的分公司质量出了问题……"

本来分公司就是总公司的下属公司，其实就是整体当中的一部分，和总公司是一个集体，当提及分公司的时候，年轻人却说他们的分公司，年轻人如此不会说话，该用"我们"的时候，却自私地说到他们分公司，这样的表述让总经理感到很不高兴。

同样在工作中，当你取得一定成功的时候，无论你是领导还是普通员工，当说到这项功绩的时候，假如你说这是"我们一起的功劳，没有大家的支持和帮助，我一个人也无法取得这样的成绩"，别人听到这话就会特别开心。但是，如果你只是说这是"我"的功劳，别人也许就会觉得你很自私，只会显示自己的能耐，结果很容易拉远和别人的距离，也会导致自己失去好人缘。

当人们说"我"的时候，表现出的感觉是置身事外、事不关己，但是当人们说"我们"时，表现出的感觉却是同甘共苦、荣辱与共。特别明显的就是"我们"亲切感要强，而"我"却显得比较自我。因此，谈话的时候多用"我们"，才能让听者有一种同是"一路人"的归属感，更乐意接受你的谈话邀请。

一般情况下，处世成熟老练的人通常不会轻易将自己和别人划清界限。他们不会把别人的事情只当成别人的，而是心里有共同环境这个概念，自然会用"我们"代替"我"，不会让自己和别人产生距离。

要与对方有眼神交流

人际交往中除了最常见的语言交流以外，还有很重要的一种交流就是眼神交流。与他人谈话的时候，更多的时候是彼此看着对方的，因此，眼神交流在信息传递中起到了非常重要的作用。俗话说，"眼睛是心灵的窗户"。因此，一个人的眼神直接表现出了他内心的想法。人们相互交谈的时候，如果一个人眼神飘忽不定或者目光呆滞，肯定让另一方不舒服，觉得不被尊重，甚至产生不信任感，因此谈话中的眼神交流特别重要。

眼神交流之所以如此重要，是因为眼神可以辅助人的言语，更加真切地表现出人们想要表达的内容和情感，比如父母对孩子的鼓励，也许只是言语上有时候可能显得有些苍白，这个时候如果父母对孩子加上眼神交流，这样的鼓励会给孩子更加坚定的力量。

之所以要学会和对方有眼神交流，是因为有时候仅仅是单纯的言语表达在力量上可能没有那么强劲，而恰当运用眼神交流可以加强自己说话的力量，更容易拉近彼此的距离，促进双方之间的交流。

人处在社会当中，不仅家庭生活需要有眼神的交流，职场工作更需要与对方有眼神交流。

斌斌去一家公司面试，面试官是一位 30 岁左右的女性。经过一番自我介绍以后，他们开始了交流。斌斌不知道是因为心虚还是一直以来都不敢和别人有正面交锋，在最初的 15 分钟里，他都是看着面试官的手与她交流。

最后，面试官特别生气地对他说："既然来找工作的就应该认真对待，可是你眼神飘忽不定，一种玩世不恭的状态，对我来说你这是对我的不尊重、不礼貌。很抱歉我对你这种游戏心理，表示不喜欢。"最后尽管斌斌一再解释自己是很认真对待的，压根不存在什么游戏心理。但是他的面试还是失败了。面试官的答案是，即使是没有勇气也是不可以的，因为工作中需要有信心、有胆量，即使以后工作中和别人沟通也是需要眼神交流的，因此，斌斌的面试还是失败了。

尽管斌斌并非是不认真对待，只是因为没有勇气和对方进行眼神交流，但结果却被误认为对面试存在游戏心理，最后面试官了解到斌斌是信心不足所以没有勇气进行眼神交流，考虑到以后工作中和他人沟通眼神交流是必不可少的，还是没有录用斌斌，最终导致斌斌面试失败。因此，无论是生活还是职场当中，与他人谈话的同时进行眼神交流也是很重要的，眼神交流可以让沟通更加顺畅，拉近彼此之间的距离，促进人际关系的发展。

与对方谈话时进行眼神交流之所以如此重要，是因为眼神交流不但能促进双方之间的沟通，有时候还可以被应用到破解犯罪之中。

一户人家被抢劫了，女主人被打倒在地昏迷不醒，最后警方锁定怀疑对象有两个人，一个是这家过去保姆的男友，因为保姆是因为过失被辞掉的，当时颇有怨言，所以存在作案动机，另一个就是经常来送快递的快递员，因为快递员很容易敲开住户的门。

后来警方将保姆的男友和快递员一起叫到警局去盘问，虽然刚开始两个人都否定不是自己，但是后来警方还是很快审讯出了结果，警察问快递员："你老实交代，是不是你袭击了那个女户主，不要存在任何侥幸心理，法网恢恢，疏而不漏，你不要想着能蒙混过关，其实我们已经掌握了一些证据，你知道法律面前坦白从宽，抗拒从严，劝你还是赶紧交代实情。"警察说这话的同时，眼神严厉地看着快递员，快递员听到警察的话本来已经心有忌惮，再看到警察那严厉的眼神，完全被警察所震慑住了，最后交代出了事情的经过。后来，快递员说每次送快递，这家女主人脾气都不好，上次送快递的时候，女主人还摆弄自己的金项链奚落自己说是个穷快递，凭什么得到言语尊重，所以后来打倒了女主人，抢劫了她家。警察之所以能够顺利破案，除了言语上严厉的逼供以外，严厉的眼神同样起了不可磨灭的重要，对快递员起到了震慑作用。

其实，本来警方没有证据，女主人又昏迷不醒，所以案件没有什么头绪，也没有证据证明是谁做的案，但审问之中，警察审问有方，言语上既有逼供又有劝说，另外严厉的眼神，让罪犯心里发虚、害怕，最后只能交代实情。可见与他人谈话的时候，加上眼神交流是很有必要的，更容易达到自己说话的目的。与对方进行眼神交流，可以拉近彼此的距离，让对方认可相信你；与对方进行眼神交流，同样可以读懂对方的心，明白对方的心理状况。

谈话就像传接球

人与人之间的谈话就像传接球，要想让谈话顺利流畅地进行下去，就需要找到一个合适的话题。比如，你见到一个朋友，看到她新穿了一条裙子，就不妨从她今天的打扮谈起，慢慢谈及装扮心得、时尚潮流等。或者你看到她手里拿着一本书，那就谈谈这本书的故事情节、你的观点，如果你没有看过这本书，正好可以请她介绍一下，并由此谈一下市面上的畅销书以及你们各自的读书习惯。总而言之，就是让一切有利于交谈的事物成为谈话的内容，这样既可以不断地交流下去，又不会让局面因冷场而尴尬，也能让双方之间的谈话如传接球似的进行下去。

俗话说，三思而后行。人们说话之前也需要考虑一下什么该说、什么不该说，而不能随心所欲地想说什么就说什么。只有想好了再说，才能避免说着说着就没话可说了，通过说才能让谈话像传接球似的进行下去，自然双方顺利沟通才能拉近彼此之间的距离。当然别人说话的时候，如果你表现出浓厚的兴趣，在对话中不停地与对方互动，也能做到让谈话像传接球，让对方的谈性更加浓厚，缩短双方之间的距离。

小莉和小刚是姐弟俩，在一个班上学。有一次，小刚放学后兴奋地回家告诉妈妈说有个特大新闻，妈妈充满好奇地问是什么特大新闻。小刚说他们数学老师昨天结婚了，他说得特别兴奋，好像全世界就他第一个知道这个消息似的。其实昨天小莉就已经把这个消息告诉妈妈了，而且还讲述了婚礼豪华、热闹的场面。

看着小刚兴奋不已的样子，妈妈并没有扫他的兴，没有说这事情她早知道了，而是表现出特别好奇、充满兴趣的样子，问："是吗？快给我讲讲是怎么回事啊。"

小刚就说数学老师个子特别矮，很严厉，所有人都觉得他没法找到好媳妇，可是现在居然结婚了，而且找的媳妇很漂亮，让很多未婚老师特别嫉妒。小刚说的时候，妈妈也时不时地回应一下，表示对此很感兴趣。

最后，小刚说："等我长大了，我也要有个更加豪华的婚礼。"妈妈回应道："那是自然，小刚这么聪明，长大了肯定比数学老师更厉害。"小刚笑着一个劲地点头。

妈妈面对明明早已了解的事情，仍然表现出浓厚的兴趣，在和小刚的对话中不停地与小刚进行互动，让小刚的谈性更浓，得以让自己和小刚的谈话像传接球一直进行下去。

如果小刚开始说的时候，妈妈就说已经听小莉说过了，不想听了，肯定会打击小刚的积极性。但是妈妈始终在鼓励小刚说话，并且充满兴趣还时不时地去回应一下，这让小刚和妈妈的谈话非常顺利，拉近小刚和妈妈之间的距离。

如果两个人之间的谈话断断续续，局面会变得十分僵硬，也会让两个人都特别尴尬，很难顺利沟通下去。但是如果谈话像传接球似的一直进行，会让两个人沟通很顺畅，交谈得很开心，越是打开话匣子越是有得聊，这样谈话就可以进行下去。

妍妍的女上司是商界的女强人李总，公司里人人都称她为"李莫愁"，因为李总平时对工作要求严厉苛刻，而且脸上总是冷冰冰的，公司里人人都畏惧她，认为她不好相处。妍妍是新来的，刚来就听到上司严苛，心里难免也有些犯怵。妍妍心很细，平时就留心同事们说女上司的一些事情，比如上女司高龄产下一个儿子，特别疼爱自己的孩子。

有一次，妍妍去逛商场，在不远处看到了自己的上司，旁边还有一个男人和孩子，作为新人的妍妍前去打招呼觉得不知道说什么，何况李总那么难以相处，可是不打招呼又显得不礼貌。这个时候，妍妍只好硬着头皮上前和上司打招呼，她说："李总您好，您也出来逛街啊！"上司说："是啊。"这个时候突然局面尴尬起来，因为自己是新人，估计上司也没有什么可说的。这个时候妍妍就说道："这是您儿子和爱人吧？"上司说："是啊，儿子叫阿姨。"妍妍赶紧说："您儿子可真可爱，很是招人喜欢，我第一次见面就喜欢得不得了。"上司听了妍妍说的话高兴极了，连忙说："你这是过于夸奖他了，谢谢啊！"妍妍又说道："您爱人也是玉树临风，您可真是好福气啊！儿子可爱，老公帅气。"上司听着妍妍的话，心里早已乐开了花，就这样妍妍和上司你一言我一语，谈话很是开心。从那之后，上司对妍妍还真是不错，工作上给予她很多支持和鼓励。

原本妍妍在商场见到为人严厉的上司实在不知道说什么，但是聪明的她，很快从眼前找到话题，那就是以上司喜欢的儿子作为谈论的话题，又接着说到上司的老公，就这样一直让谈话进行下去。

让谈话像传接球，可以让谈话充满乐趣，让人际关系更加和谐。无论是陌生人还是自己的朋友，都讨厌尴尬的沉默与冷场的局面，所以，适当学会谈话让你受益无穷，在与人交谈中如鱼得水。

逗笑别人之前，自己先笑

有些人在熟悉的人面前开开玩笑，幽默一下，活跃气氛的事情做得很自然，而在陌生人面前就比较拘谨。但是，和陌生人交流也免不了需要幽默的方式，因为幽默可以促进双方之间的交流。但是，因为不熟悉我们不能一上来就开对方的玩笑，这样很容易弄得双方比较尴尬。所以最好的办法就是自己先笑，然后再逗笑别人。

倘若自己都觉得不好笑，别人怎么会笑呢？其实笑是可以传染的，在你笑的时候，别人感受到你的快乐，也就比较容易跟着一起笑起来。而笑容是沟通最好的桥梁，很容易拉近彼此之间的距离。

要想逗笑别人其实不是一件简单的事情，有的人特别冷漠孤傲，很难被逗笑，这个时候逗笑别人就需要动动脑筋了。最好的办法就是自己先把自己逗笑了，然后再去感染对方。

通常开朗乐观的人很容易让自己发笑，自己笑了才能逗笑别人，这样就能够得到别人的认可、肯定，受人欢迎，也能拉近彼此的距离。

有一次，林肯在白宫接见某国的总统，按照正常程序，应该是双方见面后先握手再寒暄，但是谁也没有想到林肯居然没有按常理出牌，他冷不丁地说："令我万万没有想到的是总统先生的个头比我还高啊，怎么样，您感觉当总统的滋味如何？"

那位总统本来是正准备握手的，让林肯的这一举动搞得当时就愣住了，不禁大吃一惊，一时之间搞不懂林肯什么意思，但也无法直说，只好反问说："您觉得呢？"

"我觉得就像是天天吃了火药，总想不断放炮。"林肯说完了自己就大笑起来，全场人当时忍不住都笑了，气氛也活跃起来。

如果林肯和那位总统只是像平常那样握手寒暄，虽然表面和气，但是心里都揣着各自的利益，难免面和心不合，但是林肯打破常规，突然制造出的小幽默，让气氛活络起来，让那位总统因笑意而放下戒心，缩短彼此之间的距离，让会谈顺利进行。

口才高手，文学大家们同样会运用逗笑别人之前自己先笑的这种幽默技巧。

有一回，纽约一家报社和马克·吐温开起了玩笑，愚人节那天刊登了他逝世的消息。很快，马克·吐温的亲朋好友从各个地方赶来吊唁，但是，却发现他好好地活着，在家里写作呢。亲友们先是破涕为笑，后来就谴责那家造谣的报社，还说要控告那家报社，恨不得马上让报社受到惩罚。马克·吐温劝告了亲友好长时间，大家仍然愤怒不已，这个时候他笑着说："报社报道我死并没有错，只不过把日期搞错了，提前了而已嘛。"说完马克·吐温哈哈大笑起来，亲友也被他逗得大笑，怒意也渐消。

马克·吐温看着亲友们气愤不已的样子，奈何劝解也不管用，他就以一句小幽默，先让自己笑起来，然后感染大家一起笑，缓解了当时愤怒的气氛，拉近亲友和自己的距离。

想要说服他人就得先说服自己，同样，想要逗笑他人就得先逗笑自己。倘若自己都不觉得搞笑，又如何能让别人觉得搞笑呢？因此，无论是说搞笑的话还是讲搞笑的故事，首先都得让自己笑，然后才能让别人有同感。笑是会传染的，你笑了同样可以感染到别人，而笑容令气氛愉快轻松，自然容易拉近彼此之间的距离。

第三十二章

道歉口才:
如何道歉最容易被谅解

你要包容那些意见跟你不同的人,这样子日子比较好过。你要是一直想改变他,那样你会很痛苦。要学学怎样忍受他才是,你要学学怎样包容他才是。

——海子,毕业于北京大学,著名诗人

自我批评态度好

通常情况下,自我批评态度好,主动承认错误比那种死不认错的更加容易被谅解。其实错了就是错了,不狡辩什么,反而能够显示出一个人有担当,做事光明磊落,尽管做错了事情也可以得到人们的尊重和理解。

因为别人本来想要狠狠地批评你,但是你主动进行自我批评,而且态度良好,别人就不好意思再对你进行指责了。自我批评态度好,给人的感觉就是你认识到了自己的错误,会去改正,那么,他们就会给你一个改过的机会,所以,道歉时采用自我批评,而且认错态度好就更容易被谅解。

法不外乎人情,有时候轻微的错误,警察也会因为你良好的自我批评而谅解你的。

傍晚的时候,卡耐基领着自己的小狗去公园散步。因为公园人特别少,再加上小狗特别乖巧,因此,卡耐基就没有给小狗系狗链。

一天,警察看到了卡耐基带着没有系狗链的小狗,就严厉警告他说:"狗不系狗链是违法的,如果下次再被我看到,你就有必要和法官解释一下了。"

可是,卡耐基讨厌用狗链束缚着自己的狗,那件事情过后,他还是一切照旧。又过了几天,卡耐基带着小狗在公园散步的时候,果然,他又遇到了那个警察。

卡耐基还没有等警察开口说话,就抢先一步说:"先生,很抱歉,现在被你当场抓住了。我的确违法了,你上星期就警告过我,如果我再不给狗系狗链,你就会惩

502

罚我。"

"你这么做确实是很不应该的，"警察的语气很柔和，"尽管我可以理解大多数人都不忍心给小狗拴上狗链。"

卡耐基说道："虽然我知道这是违法的，但是真的很心疼，特别不忍心把它拴起来啊！你处罚我吧。"

"鉴于你的态度很好，主动承认自己的错误，而且没有造成什么大的过失，你交200元的罚金吧！并且以后绝对不允许再发生这种事情。"很明显警察对卡耐基的处罚是比较轻的，正是因为卡耐基自我批评态度好，所以相对容易地被警察谅解了。

倘若卡耐基被警察看到没有给狗拴狗链，却又不肯认错，警察很有可能因为生气给予他特别严厉的惩罚。由于卡耐基抢先认错，自我批评态度好，警察觉得也没有造成什么严重后果，爱狗之心可以理解，所以警察只是惩罚他交了罚金。

自我批评的态度，代表着一个人的修为和素质。当一个人能够放下自己的高姿态，去进行自我批评的时候，去给他人道歉的时候，相信很多人还是会宽容地选择谅解的。世人都会犯错，都需要具备良好的自我批评态度，都需要被人谅解，就算是伟大的总统也不例外。

林肯为了取悦一些自私自利的政客，于是就签署了一次调动兵团的命令。但是军务部长史丹顿不但不肯听从林肯的命令，拒不执行，而且还指责林肯签署的这项命令愚蠢不堪。

有人把这件事情告诉了林肯，林肯特别平静地说：史丹顿真的骂我特别愚蠢吗？如果是这样，那多半真的是我蠢了，因为大多数情况下他都是对的，我必须亲自去和他谈谈。

林肯见到史丹顿，他首先承认自己的举措确实是不正确的，进行了深刻的自我批评，然后悉心接受了史丹顿给予的意见，知道了自己命令的错误之处并收回命令。史丹顿见林肯有良好的自我批评态度，而且采纳了自己的意见，所以很容易也就谅解了他。

所有人都难免会犯错，面对错误，大多数人都会觉得错在别人而不在自己身上。总是想找各种各样的理由为自己开脱，其实，真正的智者是懂得进行自我批评的，而且自我批评的时候态度很真诚，这样才能更勇敢地去面对，去自我改正，也更容易被别人谅解。

政界之中自我批评态度好，容易被谅解，家庭亦是如此。

妻子今天过生日，邀请了很多朋友到家里做客，宴席还有5分钟就要开始了，但是丈夫因为手头工作出了一点小问题，因为明天要交，所以今天必须要赶出来。尽管他知道妻子的生日派对马上开始了，也得耐着性子做完手头的活。怕妻子来电话催，他发了个信息简单说明情况后，就关机了。

妻子收到信息，特别生气，时间到了，朋友们都说再等等吧！就这样过了半个小时，丈夫总算回到家里，他开开门就笑脸赔不是，说实在是对不起，都是自己的错，工作出了点问题，耽误大家时间了，自己首先自罚三杯，说着自斟自饮地喝了起来。

本来大家也是有点不耐烦的，妻子更是火冒三丈，但是看到丈夫进门就先自我批评，所有人都不好意思生气了。

丈夫的举动是十分明智的，进门之后自我批评态度良好，让大家不好意思再因为他回来得晚而生气，很容易取得了大家的谅解。

道歉是需要技巧的，除了雄辩的口才，有时候更需要一个良好的自我批评态度，态度很关键，如果不懂得自我批评，即使说得天花乱坠有时候在别人看来也不过是一种狡辩罢了，相信也不会取得别人的谅解，但是自我批评态度良好，用真诚打动别人，就容易取得谅解。

放弃自以为是

人们无法避免犯错，其实犯错本身没有什么令人担心的，最应该担心的就是犯错了，却连承认错误的勇气都没有。人应该放弃自以为是，然后去诚恳地道歉才能容易被人谅解。否则人际关系是很难处理好的。

主动道歉并不会比别人矮一截，或者显得屈服懦弱，而是代表了真诚和勇气。与人相处时，一旦犯错了要放弃自以为是，不要以为自己的话和做法总是对的，而是虚心地去接受别人的意见，去诚恳道歉，这样更容易取得原谅，避免造成人际不和导致的损失。放弃自以为是，主动承认错误，不只是一种勇气，更是一种口才策略。既可以很好地解决发生的问题，又能得到相应的满足感。

朋友、同学在一起的时候，有时难免会因心情不好说出伤人的话，这个时候放弃自以为是，意识到自己说得不对的地方然后去道歉，这样既可以打破僵硬局面，又能顾及朋友、同学之间的感情。

一次老同学聚会，大家许久未见，显得格外亲热，聊得十分开心。这个时候，一位男士对一位女士开玩笑说："那个时候你可是主动追求过我啊，不知道现在可否还会想我？"本来老同学重逢，按理说，这样说话是有所欠缺的，但是玩笑也无伤大雅。不巧那位女士心情不好，竟然脸色一变，气愤地说："你有病吧！谁会追求你这种人啊！"她的声音特别大，当时在场的所有的人都吃惊地看向她，当时场面尴尬极了，一下子也冷场了。

后来这位女士冷静下来，认识到自己误会对方了，于是略带微笑地说："很抱歉，我刚刚才意识到你那句话是在和我开个玩笑而已，我自以为是你故意让我难堪所以说话过分了，实在太抱歉了。同学们都知道，我这大大咧咧的性格说话一向不经大脑，年龄是长了，可智商没跟着长，千万别和我计较。"说到这，同学们都跟着笑起来，那位男士也说没有关系，后来他们都想起了大学时候的事情，互相开起玩笑来。

一场同学聚会，男同学的一句玩笑，女同学却对男同学产生误会而口出恶言，如果她没有道歉，只能让这次同学会不欢而散，场面尴尴无比。但是，后来女同学认识到自己错误，诚心道歉，没有一味坚持自己是对的，最终取得了男同学的原谅。

人有时候难免会有些自以为是，但是聪明的人知道，必要的时候需要认识到自己言语和做法上的不足，正视自己的错误，然后向别人道歉才更容易取得谅解，从而拥有良好的人际关系，更加有利于和别人的沟通，拉近彼此之间的距离。

做错了事情，却仍然自以为是地不肯去道歉，其实这并不能成为一种骄傲，反而会让人唾弃，被说成自大不知悔改。相反，如果做错事情，及时承认自己的错误，然后去道歉，人们反而觉得你有担当、有勇气，更容易谅解你。

小松去参加朋友的生日宴会，没想到酒喝多了，一不小心把女主人最喜欢的一个花瓶打碎了，以小松的经济实力他根本无力去赔那个花瓶。但是小松并没有以自己喝多了为借口而逃避责任。事后，他挑了一张精美的贺卡，写上自己的道歉：我知道自己喝醉了犯下了无法挽回的错误，让你们失去了心爱的花瓶，但是请相信我是无意的，如果当时我是清醒的，是绝对不会让那种事情发生的，所以请接受我真诚的道歉。小松把贺卡交给朋友，并且带了一瓶朋友喜欢的酒，不是弥补那个花瓶的过失，只是为了表现出自己道歉的诚意。朋友也表示谅解他了，让他别太自责。

小松喝醉不小心打碎了朋友的花瓶，虽然是无心之过，但是毕竟造成了不好的后果。这个时候，他能够及时意识到自己的错误，放弃自以为是，即使是无力赔偿，至少自己真诚的道歉也会让人感觉到真心的歉意从而取得朋友的谅解。

自以为是通常不能给一个人带来多少好处，带来的是自大和无知。同样面对自己的错误，只有真正意识到自己的不妥之处，诚恳地去道歉，才更容易取得别人对自己的谅解。

道歉也是一种艺术行为，好的道歉方式不但可以取得对方的原谅，而且还能进一步拉近双方之间的距离。

当自己因为犯错而给别人造成麻烦的时候，最重要的不是躲避，而是勇敢地承认自己的错误，认识到自己的问题，放下自以为是，用自己的真诚化解矛盾。首先要知道自己错在哪里并认真反省。然后真诚道歉，当然不能屈膝卑躬，也不能理直气壮，而是诚诚恳恳地取得别人的原谅。这样更容易达到道歉的目的。

有些人特别爱面子，即使做错了事情，也常常会因为自己的固执，不敢去正视自己的错误，因此始终不肯去真诚地承认自己的错误。只有放下自以为是，才更容易取得别人的原谅，同时也为自己打开一个全新的局面，促进人际关系的发展。

抛开不是自尊的"自尊"

俗话说得好"智者千虑必有一失"，即使再有智慧的人，也不可能事事完美，也会有犯错误的时候。通常人们犯错之后，会有两种相差甚远的态度，一种是死不认错，找各种理由为自己开脱；另一种就是诚恳地认错，主动道歉，并且想办法弥补自己的错误。

有些人拒不认错是为了保留自己所谓的"自尊"，当然一个人应该有不卑不亢的自尊，但是做错了事情不肯低头算不上顾及自己的自尊，因为那种"自尊"只是用来给自己辩解开脱的一个借口罢了。而真正的智者，在做错事情之后，会抛开自尊诚恳道歉，只有真心实意的道歉才能更容易被谅解。而且道歉不仅仅是对别人的尊重，同时也是对自己的一种尊重、不仅可以弥补自己犯下的错误，还可以促进沟通、化解矛盾。

一位妈妈带孩子去少年宫学画画，美术老师布置的任务是通过自己的想象，画关于葫芦的主题画。后来妈妈说："宝贝，赶紧画，你画一个葫芦架，再画上七个葫芦，就这样画。"说完之后，这位妈妈刚好有个电话，就出去接电话了。

等这位妈妈接完电话，再进来的时候，看到孩子完成的画，突然大发雷霆，呵斥孩子说："你这是画的什么啊？乱七八糟的，这么奇怪。"孩子听了妈妈的话之后，都快哭了，解释说："妈妈，我画的是葫芦家族一起去畅游世界，你看有葫芦爷爷，还有葫芦宝宝，而且葫芦宝宝正在换牙……"听到孩子的描述之后，妈妈意识到自己错了，但是她觉得自己是大人，如果承认自己错了岂不是很没有面子，并且自己刚才曾经那样斥责自己的孩子。最终经过她的再三考虑，她还是给孩子道歉了。她认识到不该因为只顾及自己的颜面，就不在乎孩子的感受，所以对孩子说："宝贝，对不起。妈妈错怪你了，你的想象力很丰富，妈妈不该责怪你，通过你这么一说，你画的真棒。"孩子听了妈妈的话之后，闪动着一双泪眼说："妈妈我没怪你，我真的画得很好吗？"妈妈点点头，表示再次肯定。孩子开心地说："谢谢妈妈，妈妈是世界上最好的妈妈。"

这位妈妈因为误解而呵斥了孩子，但是，当她听了孩子的描述后才明白孩子想象力很丰富，尽管她知道给孩子道歉会让自己的斥责变得很可笑，自己很没面子，但是最终她还是抛开了不是自尊的自尊，主动给孩子道歉，不但取得孩子谅解，更加给予了孩子精神上的鼓舞，缩短了和孩子之间的距离，加深了彼此之间的感情。

一般情况下，面对地位高的人，我们更容易去承认错误，因为我们本身就在"仰视"这些人，所以在他们面前低头并不困难，可以马上道歉。相反，当面对比我们地位低的人的时候，因为在乎自己所谓的高姿态，却很难放下身段去道歉。其实，无论什么时候，道歉都不是有损自尊的事，那些因为自尊而不认错的借口都不能站住脚，抛开这些不是自尊的"自尊"，勇于认错，主动道歉才能更容易被谅解，促进彼此之间的沟通。

领导做错事情，抛开领导身份给下级道歉，不但很容易被谅解，而且可以得到下级的尊重和忠心。老师做错事情，抛开为人师的"骄傲"给学生道歉，既容易取得学生的谅解，又能使师生关系更融洽；长辈做错事情，抛开德高望重的"矜持"向晚辈道歉，不但容易被谅解，而且可以得到晚辈的敬重。可见，做错事情，放下自己所谓的自尊去道歉，不但没有损失，反而会收获意想不到的效果，增加彼此之间的交往密度。

男女朋友之间其实是最应该平等的，但是有时候却因为性格原因，其中一方做错了事情，碍于自己所谓的颜面，在乎自己所谓的自尊不肯认错，这个时候就要学会抛开不是自尊的自尊，去道歉取得恋人的原谅。

林枫是小西的男友，林枫平时特别忙，是一家房地产公司的老总，可能是性格使然，也可能是他习惯了公司下属们的言听计从，总而言之，林枫有些大男子主义。平时他和小西相处的时候，就比较强悍。而小西是一家幼儿园的老师，为人善良，善解人意。都说他们是天生一对，虽然林枫对小西很好，但是，他有时候过分强悍，也让小西很头疼。

这天，林枫打电话约小西去常去的广场散步，电话快要挂断的时候还说了句不见不散。不巧林枫正要去赴约的时候，突然公司正在施工的工地出了点问题，林枫因为着急没有来得及告诉小西就去了工地，后来小西一直等，给林枫打电话却总是无法接通。小西等了好久，一直没有等来林枫，后来天开始下雨，小西就回去了。第二天，小西感冒了，林枫去看小西，却只是说她怎么这么傻，电话打不通回家不就完了，怎么还一直傻等啊！小西特别委屈，觉得就算是忙，也不能看见自己这样不关心只是责备啊！看着落泪的小西，林枫也意识到自己的错误。他放下自己所谓的自尊，给小西道歉，希望小西别生气了。后来，小西看到一向强悍的林枫都放下自尊道歉了，也不生气了，他们之间的感情更加深厚了。

每个人都有自己的尊严，但是面对尊严，是让自己的尊严升值还是贬值，就要看你的举措了。不该低头的时候不低头，是维护自己的尊严。该低头的时候，却倔强地抬着头，就不是维护自己的尊严，而是固执和自大。因此，面对犯下的错误，抛开不是自尊的自尊，低个头，道个歉，不会让你颜面尽失，反而显出自己的气度，赢得别人的好感。

用彩虹般多样的方式道歉

每个人都会做错事、说错话，当然也容易得罪人。当犯下比较严重的错误时，可能会给别人造成很大的经济损失或者精神痛苦。一个正确的认错态度，既要真诚地道歉，又要主动承担责任，如此一来，就比较容易取得别人的谅解。如果自己做错了，却仍然坚信自己是正确的，宁愿发生争吵也不肯道歉认错，不但无法让别人谅解，还会影响自己的人际关系，可见道歉很重要。而道歉的时候，单一的道歉方式也许比较单调而且效果不好，但是，如果采用彩虹般多样的方式道歉，就更加容易获得原谅了。

道歉的时候一定要真诚，必须要知道道歉并非是可耻的事情，而是一种诚恳的表现。

道歉尽管本质上就是犯了错误然后承认错误，说出抱歉，但是采用多样的道歉方式更容易取得别人的原谅，当然道歉的方式是多种多样的，无论采用什么方式，心诚是最重要的，最容易打动人，取得谅解的。

北宋时期，有一次，苏东坡去访问王安石。恰逢王安石不在家，苏东坡看到书桌的砚台底下压着一首未写完的诗：昨夜西风过园林，吹落黄花满地金。苏东坡想：菊花有傲霜之骨，花瓣怎么会四处飘落？看来王公是江郎才尽了啊！于是他挥笔续诗：秋花不比春花落，说与诗人仔细吟。然后拂袖而去。这一举动，惹得王安石十分不高兴。

一个月之后，苏东坡去自家后花园赏菊。正值刮了几天大风，园中的菊花枝上全部光秃秃的，倒是地上落英层叠，满地铺金。苏东坡一时瞠目结舌，想起自己给王安石续的那两句诗，不觉羞愧万分，想亲自去给王安石道歉，又担心解释不清，自讨没趣。最终苏东坡想了一个好办法，他邀请王安石最亲密的诗友王令来家做客。然后向他说了那天乱改诗句的事情，随后感叹迄今对王安石深感羞愧内疚，并说："这事给我教训太大了，凡事不可自恃聪明，随便讥笑他人啊！"后来，王令将苏东坡的歉意转告给了王安石。王安石知其良苦用心，也就原谅了苏东坡。

当你冒犯了他人，明知应该向对方道歉，而由于自己自尊心太强，碍于颜面，当面道歉很难为情，或者双方因为其他原因不方便亲自对话时，可以像苏东坡这样借用第三者来为自己传达歉意。自古以来文人相轻，如果苏东坡亲自登门，啰嗦解释一番，或许会被王安石视为虚伪假意，难以收到预期的效果。而苏东坡巧借第三者之口，转告自己的歉意，不只使王安石原谅了自己，而且保全了自己的面子，可谓一举两得。

很多人以为道歉就是简简单单的三个字：对不起。其实，这仅仅是是一种最简单的表现形式而已，实际上道歉是心灵美的一种外在表现。有勇气道歉的人，是懂得体谅别人的，能够站在别人的立场为他人考虑的。因此，当意识到自己犯错的时候，必须要快速、诚恳地表达歉意，如此更容易取得别人的谅解。当然，道歉也需要讲究方式，不同场合不同人物的道歉方式是有区别的，多种多样的道歉方式是可以产生更好的效果。

道歉的时候态度诚恳这是第一位的，如果是直接道歉，即使有客观原因也要先道歉，而后可以略作解释。当然还有赞美式道歉，让对方获得一种自我满足感，从而轻易获得对方的谅解。另外，新颖的道歉方式，可以让对方意外感动，不再计较，欣然接受。除此之外还可以采用风趣幽默的道歉方式，让别人更加容易原谅你。

多种多样的道歉方式，在面对不同人的时候，可以表现出更多的真诚，更容易取得别人的谅解。

战国时期，赵国的蔺相如能言善辩，凭借自己的机智和勇敢，为赵国争得不少面子，因此赵王特别看重他，封他为"上卿"。而廉颇见到赵王如此器重蔺相如，特别不服气。他对别人说："我廉颇攻无不克战无不胜，立下了许多汗马功劳。他蔺相如有什么能耐啊！不过就是靠着一张嘴而已，就爬到了我的头上。等我见到他的时候，非让他下不来台。"

廉颇的话传到了蔺相如的耳朵里，蔺相如就请病假不去上朝，避免和廉颇见面。有一天，蔺相如坐车出去，老远看见廉颇骑着高头大马过来，他就立刻让马夫把车往回赶。蔺相如手下的人实在看不下去了，觉得蔺相如见了廉颇就跟老鼠见了猫似的，为何要怕他呢？蔺相如问他们说："请问诸位，廉将军和秦王相比，谁更厉害呢？"他们说："当然是秦王厉害。"蔺相如说："秦王我都不怕，难道会怕廉颇吗？大家心里都清楚，秦王不敢攻打赵国，就是因为武有廉颇，文有蔺相如。假如我们两个关系不睦，就会削弱了赵国的力量，秦国势必会趁机攻打我们的。我之所以避开廉将军，为的是我们赵国啊！"

后来这些话传到了廉颇的耳朵里，廉颇冷静下来想了想，觉得自己仅仅为了争一口气，而不顾及国家的利益，真不应该啊！还是蔺相如识大体，顾大局，是自己错了，于是廉颇决定去给蔺相如道歉。他脱下战袍，背上荆条，蔺相如见到廉颇来负荆请罪，热情迎接他，表示并未生他的气，并且两人成了好朋友。

廉颇的负荆请罪，取得了蔺相如的谅解。

廉颇只为争一口气，没有顾及国家大局的利益，廉颇意识到自己心胸狭窄，觉得对不起蔺相如，于是他采取了负荆请罪式的道歉，足以表达出他道歉的诚意，顺利取得了蔺相如的谅解。

多种多样的道歉方式，使得道歉这种行为不再那么紧张和窘迫，相对更加轻松和自然，为双方营造和谐的交流氛围，更加容易取得别人的谅解。

你的态度决定对方的态度

一个人说话时的态度，可以直接影响别人的态度。同样，你的态度直接决定别人是否愿意原谅你。假如你道歉的时候，却依然盛气凌人不但没有办法令人接受，还会更加激怒别人；假如过分的低声下气，同样会让对方觉得你懦弱缺乏骨气，会因此而看不起你。当一个人诚恳道歉的时候，最好站在和对方同等的地位上真诚道歉，但是必须要不卑不亢，这样更容易取得别人的谅解和尊重。

说话需要讲究态度，道歉自然也要注意态度，很多人道歉的时候简单一句"我错了"，一点都不真诚，最后不但没有表达真正的歉意还让对方觉得你缺乏诚意。因此，要想很好地表达歉意，取得对方的谅解，道歉的时候一定要真诚，该说的说、不该说的不说。

3·15晚会的时候，苹果被指责其在华售后服务存在中外双重标准。随后，央视、《人民日报》、《环球时报》等媒体密集播发节目或刊发文章，严词炮轰苹果公司的"傲慢"态度。

后来苹果公司在官网发布了一封特别正式的致歉信，上面签着首席执行官库克的名字。库克表示，因为对外沟通不足，致使外界觉得苹果态度傲慢，不在乎或不重视消费的反馈，对此苹果表示诚挚的歉意。苹果真诚道歉的态度以及保修政策的调整，使得苹果在中国某些媒体眼中曾经为人不齿的态度得以改变，先前一直对苹果口诛笔伐的多家报纸现在也转变了态度。

因为苹果积极真诚的道歉态度，所以直接决定了中国官方媒体的态度，苹果真诚道歉，中国媒体和消费者的态度也得以缓和，谅解了苹果。

原本苹果不公平的售后服务待遇，是被中国官方媒体所谴责的，苹果傲慢的态度也是被不齿的。后来苹果积极真诚的道歉以及保修政策的调整，直接决定了中国官方媒体的态度，赢得官方媒体的原谅而且获得赞许。苹果的道歉缓和了形式，软化了苹果和中国市场之间的紧张关系，同时获得了中方的肯定。

假如你的道歉态度积极真诚，那么自然容易获得他人的谅解和肯定。相反，假如你的道歉态度消极虚伪，那么不但没办法获得谅解，而且会让他人不齿和鄙视。可见，道歉态度直接决定了道歉对象的态度，要想得到别人的谅解，必须拿出足够的诚意去道歉。

公交车上司机师傅为了避开其他车辆，来了一个急转弯，车上的乘客因为毫无准备都跌跌撞撞的歪了一下，乘客甲只觉得向后一仰，不知道踩了谁一脚，可是身后那么多人就算道歉也不知道该和谁道歉，所以他就什么都没说。

正当乘客甲以为没事了的时候，乘客乙怒气冲冲地向甲嚷道："你这人怎么这样啊？有素质吗？踩到别人都不知道道歉吗？"乘客甲见状赶紧道歉说："哥哥，真的不好意思，我刚才确实不小心踩到别人脚了，但是人太多，我也不知道踩的是谁，所以就没有说话，现在知道是你了，我向你道歉，我真不是故意的，你别生气了。"乙见到甲诚心和自己道歉，而且态度非常良好，也就不像刚才那么生气了，也态度缓和地说："我知道，刚才是因为车辆急改轨道造成的跌撞，只是你踩完我，抱歉的话也不说，这是不对的，既然你因为不清楚是谁，现在也道歉了，我就不和你计较了。"甲微笑着说："确实是我的错，对不住了。"就这样，一场冲突避免了。

本来拥挤的公交车上，乙被踩了之后，却没有及时听到道歉的话，感到十分愤怒，但是甲知道自己踩到了乙之后，他的道歉态度特别诚恳，决定了乙同样用一个良好的态度来回应甲。可见，你的态度决定了对方的态度，如果你踩了别人还理直气壮，对方肯定更加愤怒，如果你诚心诚意，对方也会好言相待，道歉的目的也就更容易实现了。

俗话说，"投之以桃，报之以李"。你对别人真诚，别人才会对你友好。道歉的态度同样是这样的，你虚伪地说句抱歉，难道还想获得别人真心的谅解吗？只有恳诚的道歉态度，才能获得别人真正的谅解。

拥有一个正确的态度很重要，因为你的态度直接决定了对方的态度。因此，当你想要道歉的时候，首先要了解一下自己到底错在哪里了，然后进行针对性的道歉。勇敢承认错误的时候，不是去骗取别人的宽恕，而是要富有责任感并且真心道歉。另外，站在对方的角度去考虑问题，抱有如此真诚的道歉态度才能比较容易取得对方的谅解。

对付棘手的人：礼物包装讲话法

很多时候，道歉并不是简单地说句"对不起"，就能得到对方谅解的。世间人形形色色，有的人心胸宽广，比较容易宽恕别人，给这样的人道歉，相对来说也要容易一些，只要诚心说句道歉的话，也许很容易就被对方原谅了。但是遇到心胸狭隘或者特别难缠的人，有时候简单的道歉，他们是不买账的，也就是说遇到比较棘手的人，因为难以对付，因此就连道歉都要格外用心。这个时候我们就需要用到礼物包装讲话法，也就是把自己道歉的话先进行包装再说出去，这样提前想好的精美道歉词更有效果，更容易取得他们的谅解。

礼物包装讲话法，不但适用于官场职场这样的社交场合，即使是在日常生活中也是非常适用的。平时夫妻之间有着很多琐碎的事情，因为一些小事发生矛盾也很正常。如果男人惹女人生气了，该怎么道歉呢？这时候，运用礼物包装讲话法道歉就特别奏效了，很容易取得女人的谅解，并博得女人的欢心。

男人和女人结婚五年了，五年虽然经历了风风雨雨，有过心酸也有过快乐，有时候也会因一些琐碎的小事而吵架。而且女人是个比较较真的人，每次两人发生矛盾，都要男人哄很久才能得到原谅。有一次，他们又因为某件事意见不统一而吵起来了，男人想尽了法子，女人仍然不肯原谅他。

后来男人请女人的朋友帮忙，让朋友叫女人去看电影，她们从电影院出来后，却看到本来流浪歌手唱歌的地方，男人却站在那里拿着话筒，当男人看到女人出来的时候，开始了一段伴着音乐的道歉朗诵。

他这样说道：老婆谢谢你为我做的每顿饭、洗的每件衣服，那不是普通的小事，而是充满爱的大事；老婆我一直想告诉你，我有两次生命，一次是出生，一次是遇见了你；老婆我是永远环绕着你旋转的一颗卫星，我的生命将永远运行在你的轨道上，既受你的排斥，又受你的吸引，亲爱的，这就是我们之间永恒的美和割不断的牵系；老婆白天有你就有梦，夜晚有梦就有你。可是现在我却把你弄丢了，因为你生气，所以你的心躲开了我，没有了你，我也没有了梦，没有了希望和快乐。我只想说我错了，没有你，我就是失去港湾的船只，我的心无法独自漂泊太久，请让我靠岸吧！

男人说到这捧了一束鲜花单膝跪在女人面前，结果可想而知，男人成功获得了原谅。

其实男人并没有采用多高明的手段，也没有送多么名贵的礼物，他之所以在想尽办法无法让女人原谅自己，却在一瞬间打动了女人取得了谅解，就是因为他采用了礼物包装道歉法让朴实却动人的语言感动了女人，因此很容易就取得了女人的谅解。

很多时候棘手的人对付起来比较困难，但是如果想让对方知道你真的错了，你可以让对方了解到你的歉意是发自内心的。但是除了心诚以外，如何道歉特别关键，这个时候礼物包装道歉法就是个不错的选择。比如道歉的时候，用第一人称更加具有诚意，另外道歉的话一定要精致，并非需要多么华丽，但是一定要打动人心。用漂亮的语言将道歉的话先进行包装然后致歉，更加容易获得别人的谅解，促进人与人之间的沟通。

礼物包装道歉法如带有美丽包装的糖果，先不要说味道如何，看着就会让人垂涎三尺，特别有诱惑力，礼物包装道歉法同样如此，因为看着就吸引人，所以它特别容易打动别人，取得别人的谅解。

小凡是一家公司的销售人员，她刚刚接手的一个项目客户是个十分棘手的人，她已经约了好几次了，先前几次客户总是因为忙或者其他事情而拒绝见面，这次好不容易约到了这个客户，小凡一早就准备好了一切，只为了中午 12 点和这个客户一起吃饭的时候顺便谈谈项目，哪知道中间因为孩子生病耽误了时间，等到她到达约好的饭店的时候，已经 12 点 10 分了，她给客户打电话，客户很生气地说，最讨厌不守时的人了，所以已经离去了。

小凡感到很无奈，后来她再去约见客户，客户始终不愿意见她，每次都是让秘书转达说没有时间。后来小凡想出了一个道歉方法，她先给客户写了一封道歉信，然后买了一束鲜花，把道歉信放在鲜花里面，送给了客户。当客户打开鲜花里的信封时，看到了这样的内容：首先，我要向您道歉，因为确实我迟到了，只是我想和你解释一下，我迟到并非是出于对您的不尊重和工作的不负责，而是我孩子突然生病，老公又出差，我送孩子打点滴，结果赴约的路上又赶上了堵车，希望您能原谅我。

最终，客户还是原谅了小凡，主动约见了她，并且谈成了他们之间的项目。

小凡知道，不管怎么样她的迟到是错误的，但是她直接道歉，以客户的性格肯定不愿意接受，也不愿意听她说。所以，最终她通过礼物包装道歉法获得了客户的谅解。可见对付棘手的人，礼物包装道歉法是特别适用的，也比较容易取得谅解。

道歉是种行为，但是要想很好地驾驭这种行为，是需要下一定功夫的。道歉人人都会，但是面对棘手的人要想达到最好的效果，我们必须学会礼物包装讲话法道歉，这样更容易取得别人的谅解。

把握道歉的最佳方法

与人交往，不可避免地会说错话、做错事，得罪人也就在所难免了。严重时，甚至给别人造成沉重的精神痛苦和巨大的经济损失，使他们紧紧闭上与外界交流的大门。对此，我们需要及时认识到自己的错误，诚恳道歉，并主动承担责任，一般而言，总能得到别人的原谅。

如果你错了，就要及时承认。与其等别人提出批评指责，还不如主动认错道歉，更易于获得别人的谅解宽恕。凡是坚信自己一贯正确，发生争端总是武断地指责对方大错特错而自己从不认错、道歉的人，只会让事情变得越来越糟，负面能量越来越多，双方气场的交流之门彻底封闭，他们根本不能服众。

道歉也需要真诚，道歉并非耻辱，而是真挚和诚恳的表现。因为人人都会犯错，道歉的时候也不要总是为自己的过失寻找借口，以保住自己的面子。这样做，只能让人觉得你没有诚意。没有诚意的道歉是不会获得他人的谅解的。

道歉最重要的是真诚。真诚会唤起充满感召力的积极能量，而真诚的道歉就是道歉者发出的一种善意的信号。通常情况下，人们对于善意的信息都会做出友善的回应。这样，充满善意的积极能量就成为双方气场互动的一个支点。道歉者就很容易得到对方的谅解。

另外，道歉，并不只是"对不起"简简单单三个字，还是一种心灵美的外在表现。勇于道歉的人，也是善于体谅别人，善于设身处地为他人着想的人，善于释放积极能量勇于进行友善的气场沟通的人。所以一旦发现自己做错了，一定要及时地、真诚地表达歉意，这样更容易得到别人的原谅。当然，道歉也需要讲究方式方法，这样才能产生更好的效果。

第一，道歉态度要诚恳。诚恳的态度是取得谅解的前提。真心实意地认错、道歉，不要归咎于客观原因、做过多的辩解。即使的确有非解释不可的客观原因，也必须在诚恳的道歉之后再略为解释，而不宜一开口就辩解不休。

第二，要将道歉寓于赞美中。在道歉的时候，称赞对方，让对方获得一种自我满足感，这样能轻而易举地获得对方的谅解。

第三，道歉要别出心裁。直接道歉，在某些情况下可能会使自己和对方都会产生尴尬，造成不太好的局面，如果采用巧妙别致的方式道歉，可以使对方在感动之余，不计前嫌，欣然接受。

第四，要学会在幽默中道歉。采用风趣幽默的方式进行道歉，可以使别人更容易接受你的歉意。

第五，道歉要及时。发现自己的错误并及时道歉，才能迅速弥补言行失误带来的不良后果。

与他人交往时，我们难免会做错一些事情。这时，我们就要以诚挚的态度及时向对方道歉，取得对方的谅解。只有如此，我们才能进一步加深他人对我们的信任，并放心大胆地与我们交往。

怎样向朋友道歉才能不影响友谊

人非圣贤，孰能无过？但是有的人却认为承认错误暴露了自己的缺点和错误，尤其在朋友面前，是一件有失身份的事情，所以即使犯了错也不肯承认，遮遮掩掩，甚至在朋友当面指出的时候都不肯承认，更不要说道歉了。

然而，你要清楚与其等朋友提出批评、指责，还不如主动认错、道歉，这样更易于获得谅解、宽恕。凡是坚信自己一贯正确，发生争端总是武断地指责对方大错特错，不知道怎么说抱歉的人，根本交不到朋友，或易交难处，永远缺乏知心朋友。

道歉并非示弱，一个人要承认自己的错误是需要勇气的。人际关系是生活中最难处理的事情，人都免不了有出错的时候。一旦错了就得道歉，只有如此才能避免更大的损失。

有些人明知道是自己不对，可是碍于所谓的身份或者面子，不肯主动认错，觉得认错是没面子的事情，所以发生冲突也就无法解决。其实一个人能主动承认错误，就是一种勇气，更是一种能说会道的策略。这不仅有助于解决相关的矛盾，也能取得一定的满足感。

说"对不起"的时候，眼睛一定要直视对方，只有这样才能传递出你的心意。如果一边做事一边道歉，或者用回避的方式都无法让对方感觉到你的歉意。没有辩解的道歉才能让对方感觉你的心意，达到道歉的目的。

小雯借朋友的衣服穿，却不小心因为疏忽把衣服刮破了，小雯觉得很抱歉，就在还衣服的时候，很诚恳地对朋友说："对不起，我不小心弄破了你的衣服，这是一个裁缝的电话，我已经联络过他了，他说可以补得像新的一样。"

　　这种正面的直接道歉是最好，也是最佳的方式。假如小雯在还衣服的时候只是说："衣服破了，我赔钱给你吧。"对方肯定会婉言谢绝，但心里绝对会不舒服，觉得小雯的"道歉"只是形式上的，不够真诚，他们之间自然也就有了隔阂。

　　我们要真心实意地认错、道歉，不要强调客观原因、做过多的辩解。即使有非解释不可的客观原因，也必须在诚恳地道歉之后再略作解释。一开口就辩解不休绝对不是一种聪明的说话方式，因为你对自己的错误实际上是抱着抽象否定、具体肯定的态度。这种道歉，不但不利于弥合双方思想感情上的裂痕，反而会扩大裂痕、加深隔阂。

　　向朋友道歉，并不是有失身份的事，观念上要扭转。道歉要真心诚意并且要及时，不要拖拖拉拉。不宜开口就辩解不休，只需略为解释即可。

第三十三章

口才的逻辑：
说话方式比说话内容更重要

　　说话有正经和随便的两种，所谓正经的，大都是拉长了面孔说话的；所谓随便的，大都是带些嬉皮笑脸的态度来说话。然而，也并不一定完全要拉长了面孔。因为拉长了面孔，使得听者严肃而拘谨起来，在听者看来是一件感觉不大舒服的事情。如果完全嬉皮笑脸，那又失之庄严，人家也就不当一回事了。所以，在说话的时候能够在庄严之中带些轻松的话，能使人在拘束之中也可以自由随便地透一口气，这是最要紧的。

　　　　　　　　　　　　　　——林语堂，北京大学教授，当代著名学者、文学家、语言学家

怎么说比说什么更重要

　　曾经有人说过："用什么方式说话，永远比说些什么重要。"一句话百样说，想要表达的内容与含义是相同的，但是由于说话的方式不同，收到的具体效果就存在一定的差异，由此可见，怎么说比说什么更为重要。在和对方进行言语交流的时候，重视语言的力量，讲究说说话的艺术，要让对方认同你，说的时候就要层次鲜明、条理清楚、思维严密、逻辑严谨，这样才会形成较好的说服力，体现说话的方式对说话效果产生的最大效力。

　　在说话或者言语交流的时候，一个人的思维模式或者说话的方式决定了其最后所要达成的效果。注重语言之间的逻辑关系，构建严谨的说话结构，严守逻辑方阵，并将逻辑关系应用到语言中，环环相扣，自然会达到事半功倍的效果。

　　据冯梦龙的《智囊》记载：宋仁宗庆历年间，国子监直讲石介作《庆历圣德诗》，褒贬十分严厉，尤其是对枢密使夏竦批评斥责非常苛刻。

　　不久，石介受朋友株连而遭祸，被判罪，罢官回乡，不久就死去了。当时恰好山东举子孔直温谋反。有人说孔直温曾拜石介为师，于是夏竦就宣扬说石介其实并没有死，往北逃到契丹那里去了。

宋仁宗于是下诏将石介的儿子拘置在江淮，由地方官加以管制，不得自由行动，又派中使和京东转运使打开石介的棺材检验虚实。

当时，吕夷简正任京东转运使，就对中使说："如果棺材是空的，石介真是逃到契丹去了，那就将他的子孙全部杀掉也不算残酷。万一石介真的死了，朝廷无缘无故打开人家的坟墓，是不能以此示范后人的。"

中使说："那该如何回复朝廷的圣旨呢？"

吕夷简说："石介死了，必然有负责验尸装棺之人，加之内亲外戚，以及参加葬礼的学生，不止数百人；至于抬灵柩埋棺材，必然雇佣葬仪社的人。现在发公文命令他们全都来受审，假如没有不同的说法，就命令他们都立下军令状，官府出具保证书加以证明，也就足以回复圣旨了。"

中使便按他说的去办了。

宋仁宗看到奏报，也醒悟是夏竦在诬告，旋即下旨把石介的妻子和儿子都释放了。

吕夷简运用因果联系的说话方式，存在一定的条理性，能够全面地考虑问题，并力求在谈话过程中没有漏洞，最终让宋仁宗醒悟并将石介的妻子与儿子都给释放了。在和对方进行交谈的时候，一定要让对方听到有理有据的事实资料，具有一定的逻辑性，让对方听得明白，这样才能使自己立于不败之地，才可以稳扎稳打，达到自己想要的效果。由此可见，怎么说要比说什么重要得多。

要想发挥自己的说话技术，我们不但要掌握一定的说话方式，在说话的时候具有一定的条理性与逻辑性，还应该确保说话的方式能够引起对方的兴趣，如果能制造让听众听下去的悬念，就能让对方受到吸引而追着话题听下去，更容易接受你所说的话。

小李是一个出了名的直肠子，刚上大学的时候，宿舍的老三穿衣服勇于挑战色彩。有一天，她喜滋滋地穿了一件绿色的毛衣来问小李："我穿这件衣服漂亮吗？"小李斜了一眼："不，就像春天里的一棵大葱。"而老五的评价显然要比小李聪明得多："非常的超前，我刚刚看过一本时尚杂志，某位著名设计大师说绿色将是他接下来设计的主打色……"

尽管对于老三穿这件衣服的评价，小李和老五都没有说谎话，但由于两人说话方式的不同，引发的效果也就是截然不同的。小李的审美眼光从此被老三列入"农民"的一类，而老五呢，却因此而成了老三的知音！

与人说话或者是谈判的时候，从对方立场的考虑，巧妙地运用灵活且合适的说话方式，有理有据地说服对方，让对方知道自己是真心实意地为其出谋献策，而不是为了自己的利益来和他谈判的，这样可以从一开始就消除对方的戒心。之后再条理清晰地阐述自己的观点，罗列各方的权益，这些话要说得井然有序、有头有尾，使人一听就信服，从而说服对方就变得容易多了。要注意的是说话必须有一定的逻辑性，不能东一句西一句没有一定的逻辑性，听众听了不得要领，就没有说服力了。

由此可见，说话方式对说话效果具有关键性的影响，发挥着极其重要的作用。不同的说话方式表达的意思可能相同，但是具体的效果可能会有天壤之别。在说话的时候，说话者要想好怎样说才能把话说到听众的心里去，采用怎么样的说话方式，这比说什么内容更为重要。因为掌握正确的说话方式，学会合适的说话技巧，可以改变一个人的命运，让他从此拥有不同的人生。

坦白讲委婉说

坦白就是对事物的情况给予明确的阐述与说明，没有丝毫的隐瞒。委婉指的是说话的方式，是人们把不愿直接说明的话或者应该说但是不能明说的话利用相关的同义语言婉转曲折地表达出来的一种方法，是一种含蓄的说话模式，在对话的过程中故意说些与本意相关或相似的事物来烘托想要表达的意思，让本来明说可能造成的尴尬与不良局面得以扭转，还达到了告诉对方某些事情的目的。

在人与人的交往中，经常会遇到各种让人想要直接坦白指出错误的情景，可是当你发现领导或长辈确实犯了错误，但又不能直接说出来的时候，就需要采用委婉的说话方式。通过借助含蓄的说辞来起到劝导的作用，这比直接指出所带来的效果要好得多，既达到了劝解的目的，也让自己从两难的局面中解脱出来，不至于受限于尴尬局面。

齐景公比较喜欢滥用酷刑，百姓怨声载道。晏婴一直想借机劝谏。一天，齐景公对晏婴说："先生的房子离集市太近，狭小潮湿，喧闹而多尘土，我想给你换一处好房。"晏婴推辞说："离集市近，也有好处，买什么东西出门就到，再说，怎么敢烦劳众乡里帮我盖房搬家呢？"景公笑了笑，道："你离集市近，了解市价行情吗？"晏婴点点头。景公说："那你说现在市场上什么东西贵，什么东西贱？"当时齐景公对百姓采用的酷刑是砍掉双腿，因此市场上卖假腿的很多。于是晏婴趁机说："踊贵履贱。"意思是说市场上假腿需求量增大而不断涨价，而鞋却十分便宜。

晏婴通过借用齐景公询问自己市价行情的契机，婉转地向其传达了市面上因为他滥用"砍腿"的酷刑而导致假腿（踊）需求量增加而涨价，鞋（履）却无人问津而价格低廉，从而含蓄而间接地劝诫齐景公慎用刑罚。这样的说话方式是很有效果的，齐景公最后取消了砍腿的酷刑。

运用委婉的说话方式进行含蓄间接的劝服，最能达到理想的效果。培根说过，谈论应当像一片宽广的田野，人们可以在里面东西行走，而不应当像一条大道，直达家门。在表达自己的意见与看法不方便直言不讳的时候，不妨采用委婉含蓄的方式进行表达，这样可能会收到意想不到的效果。

委婉不是似是而非、故作高深，而是要把握一定的度，要让对方听出言下之意、弦外之音，达到劝说的目的，而不是毫无节制，随意转达。否则，就容易闹出笑话。

楚阳医学院毕业后被分配到某医院。第一天上班，主治医师对他说："116 病房的 XX 患者得的是晚期肝癌，他只能活 6 个月了，你去病房对他说一下病情。"带着初次上班的兴奋，楚阳跑到病房大声宣布："××患者，你只能活 6 个月啦！"患者接受不了打击，当场惊吓而死。事后，主治医师狠狠地批评了楚阳，并教导他说："我们作为医生，不能那样大声地叫喊，尤其不能对患者直接说出实情。"

在遇到一些很难处理或者棘手的问题时，比如医生向患者说明病情这样的情况，就不能够用直接的方式对患者说出来，要照顾听众的心理可承受力，维护各自的尊严，可以采用委婉的说话方式，体现委婉说话的魅力。做到含而不露，让听众自己去体会，但是也不能婉转过度，让人难以捉摸。在向别人传达信息，提出意见或是批评他人时，要讲究修辞，以委婉而含蓄的话表情达意，让听众听得出话外音，收到更好的效果。

在人际交往中，肯定会存在一些这样的场合：有些事情一定要说，但是，如果明着直接说可能会发生一定的冲突与摩擦，这时候委婉的说话方式就是个不错的选择，可以帮助解决这个难题。

Alex 在广东一家著名的大酒家吃饭，吃完最后一道茶点，顺手把精美的景泰蓝食筷悄悄插入自己的口袋。服务员不露声色地迎上前去，双手擎着一只装有一双景泰蓝食筷的绸面小匣说："我发现先生在用餐时，对我国景泰蓝食筷颇有爱不释手之意。非常感谢您对这种精细工艺品的厚爱。为了表达我们的感激之情，经餐厅主管批准，将这双图案最为精美的景泰蓝食筷送给您，并按'优惠价格'记在您的账上，您看好吗？"听到这里，Alex 当然明白这些话的弦外之音。在表示了谢意之后，说自己多喝了几杯，头有点发晕，误将食筷插入衣袋了，说着就将食筷放回到原处。

这位服务员并没有直接说不能带走食筷，如果直接说的话，这个客户可能会不承认，甚至可能会以人格受到侮辱而与服务员发生冲突。这个服务员恰到好处地采用委婉的说话方式，间接地告诉客户不能带走食筷，让其有了一个台阶下，使事情有了圆满的结局。

委婉地说出一定要说的话，既能使当事者体面地下台阶，又尽量不使在场的旁人觉察，产生的效果比那些直接的说辞要好得多。因此，我们要根据不同的场合，选取不同的表达方式，是直接说还是间接说，是坦白讲还是采用委婉的说辞来讲，都能体现一个人的说话艺术与口才水平。

迂回战术免冲突

在与他人交流的时候，每个人的心思是多种多样的，不可避免地会出现一些摩擦与冲突，这种冲突的表现形式众多，如反问、责问、嘲笑、谩骂等。但是言语冲突对于人际关系来说是十分有害的，它容易造成关系破裂，甚至为自己带来一些不必要的麻烦。因此，在日常的人际交往中，要想尽可能地避免冲突的发生与出现，可以采用旁敲侧击的说话方式，将说服与幽默捆绑在一起，运用幽默的说话、采用迂回的战术，在言语交流之中不自觉地将冲突与摩擦进行化解，使对方接受自己的意见，从而收到很好的效果。

在语言表达中，迂回战术就是不直接将要表达的意思说出来，而是绕一个弯或者从侧面表达，最重要的是，这种方式让人们接受起来也比较容易。例如，一些直白的话，用委婉的方式说；老套的话，用创新的方式说；想要批评别人，用赞扬的方式说。和直言直语相比，迂回的表达方式能减少听者的心理压力，能使交流氛围更愉快。

公元前 265 年，赵国的赵太后刚执政不久，秦国便发兵进攻赵国，赵国只好求救于齐国。齐国提出必须以赵太后的小儿子长安君作为人质，才肯发兵相救。但是赵太后舍不得小儿子，坚决不允。赵国危急，群臣纷纷进谏。赵太后依旧坚决地说："从今日起，有谁再提用长安君当人质，我就往他脸上吐唾沫。"大臣们便不敢再多说什么。

有一天，左师触龙要面见赵太后，赵太后认为触龙一定是为了劝谏此事而来，于是她便摆开了吐唾沫的架势。不想，触龙慢条斯理地走上前，见了太后，关心地说："老臣的脚有毛病，行走不便，因此好久未能拜见太后，我担心太后的御体健康，今天特地来看望。最近太后过得如何？饭量没有减少吧？"

太后答道："我每天都吃粥。"触龙又说："我近来食欲不振，但我每天坚持散步，饭量才有所增加，身体才渐渐好转。"

赵太后听触龙不提人质的事，怒气也渐渐消了。两人于是亲切、融洽地聊了起来。聊着聊着，触龙向赵太后请求道："我的小儿子叫舒祺，最不成才，可是我偏偏最疼爱这个小儿子，恳求太后允许他到宫中当一名卫士。"

太后问触龙："他几岁了？"

触龙答："15 岁。他年岁虽小，可是我想趁自己在世时，赶紧将他托付给您。"

赵太后听到触龙这些爱怜小儿子的话，深有同感，便忍不住与他闲谈。

太后说："真想不到你们男人也疼爱小儿子呀。"

触龙说："恐怕比你们女人更爱小儿子。"

触龙见时机已到，于是把话题深入一步，说："老臣认为太后爱小儿子爱得不够，远不如太后爱女儿那样深。"太后当然不同意触龙的这个说法。

触龙解释道："父母爱孩子，必须为孩子作长远的打算。想当初，太后送女儿远嫁燕国时，虽然为她的远离而伤心，可是又祈祷她不要有返国的一日，希望她的子子孙孙相继在燕中为王。太后为她想得这样长远，这才是真正的爱。"

太后信服地点了点头。触龙接着说："太后如今虽然赐给长安君许多土地、珠宝，但若不使他有功于赵国，太后百年之后，长安君能自立吗？所以说，太后对长安君不是真正的爱护。"

触龙这番话说得赵太后心服口服，同意给长安君准备车马、礼物，送他去齐国当人质，并催促齐国出兵。而齐国也很快就出兵解了赵国之围。

触龙说服赵太后同意让长安君去齐国作人质，采用的就是迂回的说话方式，避免了正面谈论这一问题会和赵太后出现的言语冲突的可能，这种曲径通幽的说话技巧，没有损害赵太后的面子，也达到了自己的目的。采用迂回的说话方式，主动创造契机，使得说服在不自觉间被加入了强大的影响力。

迂回的说话技巧，可以在一定程度上化解言语上可能出现的摩擦与冲突。英国军事家哈利曾说过，在战略上，漫长的迂回道路常常是达到目的的最短途径。与此相同，采用迂回的说话战术可以灵活而巧妙地实现说服对方的目的，也不会出现言语上的冲突。

以退为进更能达到目的

《孙子兵法》上说，作战如治水一样，须避开强敌的锋头，就如疏导水流；对弱敌进攻其弱点，就如筑堤堵流。这句话用在说话中同样适用，以退为进的妥协首先是从退让开始的，但是最终却以胜利而告终，表面上看重的是对方的利益，实际上是为自己的利益开道，以小步的退让换取大踏步地前进，收到意料之中的效果。这个道理鲁迅也曾说过："在行进时，也时时有人退伍，有人落荒，有人颓唐，有人叛变，然而只要无碍于进行，则越到后来，这队伍也就越成为纯粹、精锐的队伍了。"由此可见，以退为进更能达到目的。

在人与人的交往中，有时候采用以退为进的说话方式，不但能够站在对方的立场上进行心理层面的交流，还能让彼此获得一定的快乐，使彼此之间的交往得以继续，说不定还能给你带来意想不到的结果。以退为进这一言语上的示弱肯定了对方的优点，也说出了自己的劣势，但是其主要的目的是让对方获得一种心理上的满足后更容易实现自己的说话目的。这种以退为进的说话方式，在生意场上运用得最为频繁，其效果也是比较明显的。

小王是一个卖皮鞋的生意人，有一天，有位顾客到他店里来买鞋子，看来看去，东挑西拣，非常挑剔，将小王的皮鞋说得一无是处。顾客头头是道地说："××牌子的皮鞋最好，而且价格适中，他们的式样与做工很精致。"这时，小王并没有因此而据理力争，而是微笑着回答道："很可惜，店里没有您说的这牌子。不过，您的眼光确实独特，现在您手上的这款皮鞋虽然在款式上不够新潮，但是穿上脚会很舒服；鞋底也不是牛筋底制成的，不会踩出笃笃的响声，不过，柔软一些，穿的时候倒不会弄伤脚。或者我再向您另外介绍几款皮鞋看看……"最后，在小王的劝说推销下，这位顾客满意地买到了自己想要的皮鞋，小王也因此成功地做成了一笔生意。

小王的"善于示弱，以退为进"的方式正是他销售量一直居高不下的秘诀。顾客愿意花心思在挑剔商品上，证明这个商品还是有让他们动心的地方的，所以可以在恰当的时候向顾客"示弱"，展示商品，进而吸引顾客。这里的退并不是真的示弱，只是顺着顾客的思路，抓住顾客的心理，得到了其认同，俘虏了对方的心，进而达成了销售的目的。

明为退，实为进，以退为进，这是一种说话的大智慧，在这方面如果运用得好，就能使说服变得更为容易，这也是一种极好的公关技巧。尤其是在商业行为中，假如一个危机处理不当，不但会伤及对方的自尊，严重的甚至会直接影响到商人的声誉和成败。因此，在商场上处理意外发生的危机事件时，如果能够借助以退为进的说话方式进行解决，将会收到意想不到的效果。

一天下午，一位外国人突然气势汹汹地闯进日本某饭店的经理室："你就是经理吗？刚才我在大门口滑倒摔伤了腰。你们的地板这么滑，连个防滑措施都没有，太危险了，马上领我到医务室去。"

见此情景，经理很客气地说："实在很抱歉，您的腰部不要紧吧？我马上领您到医务室，请您稍坐一下。"

外国人坐在椅子上，继续抱怨个不停。饭店经理见对方已经镇定下来，便温和地说："请您换上这双鞋，我已和医务室联系好了，现在我就领您去。"

早在外国人闯进来时，经理已经看清他的腰部没有多大问题。所以当外国人离开经理室时，经理就把换下的鞋悄悄交给秘书说："这双鞋后跟已经磨薄了，在我们从医务室回来以前把它送到楼下修鞋处换上橡胶后跟。"

检查结果正如经理所料，未发现任何异常，外国客人也完全冷静下来，随后他们一同回到经理室。经理说："没有什么异常，你就放心吧。请喝杯咖啡！"

外国人也感到自己方才太冒失了："地板太滑，太危险，我只是想让你们注意一下，别无他意。"

经理说："很冒昧，我们擅自修理了您的鞋，据鞋匠说，是后跟磨薄以致打滑。"

外国人接过刚刚修好的鞋，看到修补合适的橡胶鞋跟时，便高兴地说道："经理，实在谢谢您的厚意，对您给予的关怀照顾我是不会忘记的。"外国人再次向经理道谢，这才走出经理室，经理送他出门，说："请您将这个滑倒的事忘掉吧，欢迎您再来。"外国人频频道谢，消失在人群中。从此，只要这个外国人到日本，必定住进这个饭店并到经理室问候。

这位经理运用以退为进的说话方式，成功避免了可能会与顾客发生冲突的危机，不但打消了顾客一肚子的怨言，还赢得了一个长期的顾客，这就是以退为进说话艺术的魅力所在。美国乔治·奥尼尔曾经说过，任何事物都不是十全十美的，一种变化往往要求先退一步，才能再进两步。以退为进的说话方式不是真的妥协与退让，而是采用这样一种迂回说话方式达到自己想要的目的，而且所需成本相对较小。

以退为进的说话方式就是首先使对方的心理得到一定的满足。因为一时的退让与妥协能够显示出对对方的尊重，让对方心理上有了一定的认可，这样就比较容易进行接下来的说服工作了。

适当"留白"，谈话间的自然调整

语言的存在是为了表达意思，而很多意思由于语言的先天限制无法表达清楚，这就需要留白——不完全把意思表达出来，留出一处空白，让接受信息的人自己领悟所要表达的意思。说话适度"留白"指的是在和对方交流的时候言语间要留点余地、留点空间，不要喋喋不休、说起来没完没了、将话说得太满或太过，中间要有适当的停顿、间隔、缄默等，要留有回旋的空间，这样也许会获得更好的效果。跟一个寡言的人共处 1 个小时会很沉闷；但跟一个喋喋不休的人共处 10 分钟，同样让人难以忍受。在说话的时候适当留下一些空当，这是一种说话的技巧，要想让自己拥有一副好口才，就必须掌握这门技术，在谈话间进行自然调整，留有一定的空间。

如何才能在说话或者谈话中适当留白？可以运用一定的技巧，可以在说话的时候留有一定的悬念，留给对方一定的思考空间，这样能够吸引对方的注意，还能让具体说话者对自己的言语进行适当的调整，从而更好地把握对方的心理需求。

普列汉诺夫，俄国早期的马克思主义者。有一次，他在日内瓦进行演讲，演讲的题目是《无产阶级和农民》，当时会场中有人蓄意搞破坏，将场内的秩序搞得十分混乱，基本上没有人在认真听演讲。

面对这种情况，普列汉诺夫并没有慌乱，只是沉着冷静地大声地说："假如我们也想通过这种方式来同你们斗争，那么我们来的时候就会……"说到这里，他没有继续说下去。在演讲中留出了很大的想象空间，给听众造成了悬念，也让场内的秩序突然安静下来，人们都在思考之后会发生什么，普列汉诺夫也对自己的演讲思路进行了调整，他本来是想直接涉及演讲的主要内容，将无产阶级与农民如何进行斗争，但是事实是不允许的。现场上所有人都看着普列汉诺夫，想知道他接下来会说什么。普列汉诺夫说道："那么我们来的时候就会带着冷若冰霜的美女！"就是这段空白的时间吸引了所有人注意力，演讲也得以继续下去。

普列汉诺夫就是在演讲中利用适当的留白，形成一定的悬念，引起了听众的关注，因为他们十分期待停顿后面的话究竟是什么，于是他们的无意注意便转化成了有意注意。而且演讲者也可以根据实际情况在头脑中进行构想接下来要讲的内容，从而让演讲或者谈话能够继续下去。

说话时的留白很重要，因为在说到关键点或要点的时候，适当的停顿能够让听众及时消化当下所接收到的讯息，又能在大脑中留下极为深刻的印象，"没有一点声音，没有任何喝彩，只有那震耳欲聋的寂静"，这就是说话时停顿所能达到的最佳传播效果，也是留白的妙处所在。

美国总统林肯在他的最后一次演说中，突然停顿下来，默默站了一分钟，望着他面前那些半是朋友半是旁观者的群众的脸，他那深陷下去的忧郁的眼睛跟平常一样，似乎满含未曾流下来的眼泪。他把自己的双手紧紧并在一起，仿佛它们已太疲乏了，无法应付这场战斗，然后，他以他那独特的单调声音说道："朋友们，不管是道格拉斯法官或我自己被选入美国参议院，那是无关紧要的，一点关系也没有。但是我们今天向你们提出的这个重大问题才是最重要的，远胜过任何个人的利益和任何人的政治前途。朋友们，"说到这儿，他又停了下来，听众们屏息以待，唯恐漏掉了一个字，"即使在道格拉斯法官和我自己的那根可怜、脆弱、无用的舌头已经安息在坟墓中时，这个问题仍将继续存在、呼吸及燃烧。"

《记者眼中的林肯》一书中写道："林肯在强调某一要点时最喜欢的方法之一就是：他会以很快的速度说出几个字，当说到他希望强调的那个单词或句子时，他会让他的声音拖长，并一字一句说得很重，然后就像闪电一般，迅速把句子说完……他会把他所要强调的单词或句子的时间尽量拖长，几乎和他说其余五六句不重要的句子的时间一样长。"

在说话中适当地停顿，留有一定的空间，对言语进行一定的调整，能够在说话中设置悬念，吸引听众的注意力，给人留下深刻的印象。

要想在谈话或者演讲的时候适当的留白，可以在开头的时候设置悬念，也可以在谈话间适当地停顿，这些都能发挥很好的作用，能够对言语进行自然调整。适当地留白，是为了让谈话更好地进行下去，因此要正确运用留白的方式，不要给人留下矫揉造作的印象。

改变一下表达方式，让对方更感兴趣

"说话有正经和随便的两种，所谓正经的，大都是拉长了面孔说话的；所谓随便的，大都是带些嬉皮笑脸的态度来说话。然而，也并不一定完全要拉长了面孔。因为拉长了面孔，使得听者严肃而拘谨起来，在听者看来是一件感到不大舒服的事情。如果完全嬉皮笑脸，那又失之庄严，人家也就要不当一回事了。所以，在说话的时候，能够在庄严之中带些轻松的话，也可以自由随便地透一口气，这是最要紧的。"林语堂这段话道出了说话方式对谈话是否顺利的重要性。不同的说话方式产生的效果是不同的。谈话结构不同，也会导致最终的表达效果存在一定的差别。因此在交谈的时候，适当的变化一下言语的组合与表达方式，或许更能吸引对方的注意，让对方感兴趣。

春秋时期，晋国和秦国联合包围了郑国的都城，郑国危在旦夕。烛之武受郑文公的委派，面见秦穆公，说："秦、晋两国联军围攻郑国都城，郑国人知道自己死定了。如果灭掉郑国能够对您有好处，您劳师动众自然还值得。但是，隔着晋国的大片疆土来把远方的郑国作为贵国的边疆，您肯定知道这是不容易管理的。何必帮助晋国灭亡掉郑国来便宜它呢？邻邦的版图扩张，就是贵国的实力削弱啊。如果能够保留下郑国，作为您东方通道上的接待站，这对您也并没有害处。再说，晋国哪里会有满足的时候呢，等它在东方向郑国开拓了疆土，就会再向西方去扩张。如果不去损害贵国，它又向哪里去夺取土地啊！像这样损害贵国来养肥晋国的做法，您要多考虑啊！"秦穆公听完他的话，打心底同意，于是便跟郑国定了和约，晋国看到这种情况，也就撤兵回国了。

为何烛之武这一番话就让郑国免了亡国之祸呢？最主要的是他表达的方式的不同。烛之武并没有直接站在郑国的角度，而是从秦国的利益出发，讲明灭郑对秦国的利弊，突出了问题的关键，抓住了秦穆公最感兴趣的点，引起了秦穆公的重视与关，进而层层剖析，最终让其接受了烛之武的观点。

一个真正会说话的人，不仅可以用适当的词汇表达自己的意思，还能够运用不同的言语表达方式，以期实现自己的目的。大凡能够吸引人的对话，通常都是充斥着智慧和活力的，这是由于说话者运用了能够引起对方兴趣的表达方式，能够让听者产生极美好的幻觉，进而收到良好的表达效果。

正确合适的说话，要针对不同人、不同场合、不同时间选择最为恰当的方式。在和对方交谈的时候，要采用对方可以接受的表达方式，考虑表达方式的新意，也要考虑对方的感受及最后的效果，这样才能让谈话进行得更顺利。

富兰克林年轻时，在费城开了一家小的印刷所。那时，他参加了宾夕法尼亚州议会的选举。在选举前夕，困难出现了。有个新议员发表了一篇很长的反对他的演说，在演说中，竟把富兰克林贬得一文不值。虽然对于这位新议员出其不意的反对，富兰克林很不高兴。可是，对于这样一位既有学问和声誉，又在议会中颇有影响的绅士，富兰克林又不能表现出对他一种卑躬屈膝的阿谀奉承。所以在数日之后，富兰克林写信给这位议员，信中说："我听说您的藏书室中有几部很名贵又很少见的书，我想借此机会拜读一番，希望您能慨然答应借我数天。"议员收到信后被富兰克林的表达方式吸引，大有好感，立刻回信答应了他的请求。后来在借书与还书的来往中，议员对富兰克林的印象也慢慢改观。

富兰克林假如在和这个议员交谈的时候卑躬屈膝、阿谀奉承，直接说出自己对这位议员的称赞，可能并不会得到这个议员的好感，没准还会招致这个议员更坚决的反对。通过用一种不露痕迹的赞美方式，赞美新议员收藏珍贵书籍并通过言语表达想借书的意图，从侧面体现了这个议员学识深厚、素质较高，引起了对方的兴趣，也让对方自然觉得你很会说话，恰如润物细无声。由此可见，不同的言语表达方式，语言结构的不同，产生的效果是存在很大的差别的。

话语表达中，语句排列组合的位置不同，所表达的效果也是不同的。要想让对方清晰地了解自己的思想，就要采用明确的表达方式，让对方理解并接受。

某中学为了迎接校庆，作整队的练习。一个学生会干部负责整队。他高声宣布："高中、初中的分开；校运动员、校文艺队员分开；男同学、女同学分开，一律按高矮排队。"

大家听后，吵吵嚷嚷，都问："我站在哪里？我站哪里？"该干部还以为大家没听清楚，又重复宣布了一次，同学们还是不知道往哪里站，队伍始终没有整理成形。最后体育老师来到，说："整个队伍按照男女分成两队，各个队分为高中组与初中组，各个组中校运动员、校文艺队员站成两排。"这样才把队伍整理好。

为什么这个学生会干部不能整好队呢？主要原因是他的语言表达有问题，没有清楚地让学生知道自己要站在什么位置上。表达不明确，学生不理解，他们就不知道应站在哪里。适当地改变表达方式，相同的言语产生的效果是不同的，因此，在和对方说话的时候，要运用明确的、不含糊的表达方式将话说出来，才能准确地快速地把信息输入对方的大脑里，使其明白说话目的。

关于表达方式的不同差异，有个简单的例子，就是屡战屡败和屡败屡战。前者突出的是一个"败"字，说明战者昏庸无能。而后者突出的是一个"战"字，说明战者不肯认输。很好地说明了言语结构不同，最终的效果也是不同的。

有位父亲回忆他女儿小时候一件往事，说："从那个时候才注意这个问题。大约1岁多一点吧，过国庆放焰火，1969年吧，一岁零四个月吧……"

在这短短的一段对话中，就出现了四个时间点，而且语言顺序比较混乱，如果变化一下语言结构，将其调整成"记得那时候是 1969 年的国庆期间，我们去看烟火，那时候孩子才一岁多点，16 个月大……"这样就能够较为清晰地表达自己的意思，也将所有的时间点更为具体地告诉给对方。相同的意思，不同的话语表达方式，最后产生的语言效果是完全不同的。

多样化的言语表达方式，词汇的不同组成分配，可以让说话者说出来的语言产生多元化的效果。改变一下表达方式，采取合适的言语表达，就会让对方对自己的语言更加感兴趣，也就会产生较好的表达效果。

用身体的感觉作答

在工作和生活中，我们会采用不同的方式进行沟通，使用最多的要算语言了，这是人类特有的一种沟通模式。除此之外，还会借助身体的感觉来沟通，表达自己的看法与意见，如用我们的眼神、面部表情和手势去沟通与交流，将信息、思想和情感传递给对方，让对方知道自己的想法与建议。用身体感觉来作答，这是非常好的沟通工具。

在和别人沟通的时候，不但要借助语言这些直接的沟通方式，也可以借助身体的感觉来传达自己的意思，比如强硬的手势表示："我是对的，你必须听我的。"面带微笑传达出来的意思是，"我比较同意你的看法，就照你说的去办吧……"不由自主地抖动或移动双腿，会泄露出漠不关心到焦虑担忧等情绪。无论面部和躯干多么的平静，只要叉着双臂，都会显露出内心的不安。皱眉则表示怀疑和不满意……可以用肢体语言对对方的说话内容给出反应，双向沟通，这才是科学合理的沟通模式。

用身体的感觉来说话，虽然不像语言说话这样直接，但是在一定的时候可能发挥的效果比直接说要显著得多。实验发现，一个人要向外界传达完整的信息，单纯的语言成分只占 7%，声调占 38%，另外 55% 的信息都需要由非语言的身体语言来传达，而且因为身体的感觉通常是一个人下意识的举动，很少具有欺骗性。人的姿态、表情、手势经过不同的组合后，能表达出近 70 万种不同的信息，比任何一种语言所能表达的意思都要丰富。

在方纪的散文《挥手之间》中，描述了主人公去重庆谈判前与延安军民告别时的一系列动作："这时，他也举起手来，举起他那顶深灰色盔式帽，举得很慢，很慢，像是在举一件十分沉重的东西，一点一点地，一点一点地，等举过头顶，忽然用力一挥，便在空中一动不动了。"

这一系列的动作中，"举得很慢，很慢"既体现了主人公在革命重要关头对重大决策严肃认真的思考过程，又反映了主人公和人民群众的密切关系和依依惜别之情；

"忽然用力一挥"又是体现了其英明果断和一往无前的英雄气概。在这个欢送过程中，主人公一句话也没有讲，但从他的肢体语言中，却胜过了千言万语。

在生活中一定不能忽略人与人交谈之间的身体语言与身体的感觉，身体语言传递的信息比单纯的语言传递的信息要多得多。不同的身体语言能为沟通的内容增色或减色，往往你的谈话深陷困境但是还不知道为什么，就需要你赶快检查自己的身体语言是不是出了问题。有时候不用说一句话就可以影响对方的情绪，并且运用肢体语言来回答还能增强自己原有话语的力量，让这些话能够进入对方的心中，并产生一定的影响。在不同的场合使用一种或者多种手势来加强自己的表达效果，从而强化自己的语言信息。

身体的感觉也是表达方式的一种，这种较为沉默无声的方式如果充分运用的话也会产生意想不到的效果。因此，人与人之间在进行沟通的时候，合理适当地运用身体感觉来回应是比较重要的。

第三十四章

口才的美感：
语气中肯，不带偏见

遇事必须深思熟虑。先考虑可行性，考虑的方面越广越好。然后再考虑不可行性，也是考虑的方面越广越好。正反两面仔细考虑完以后，就必须加以比较，做出决定，立即行动。

——季羡林，曾任北京大学副校长，历史学家、思想家、作家

不要滥加鼓励，也不要乱出主意

每个人都有迷茫的时候，在这个时候适当地给予意见，但是切记一定要语气中肯，不带偏见，不能任何事情都滥加鼓励，也不能乱出主意。因为你毕竟是个局外人，无法真正了解其中的内情，也并不知道究竟什么才是最适合对方的、究竟什么才是真正正确的。

很多时候，别人也许真的会因为你的一句随意鼓励的话，就真的听信于你，觉得自己可以做到，然后去做了，但是最后却发现自己不适合做，甚至会出现更糟糕的结果。因此，生活中我们不可以乱出主意的，因为一旦你出的主意不正确，可能的会毁掉别人的一生。

不要说给亲朋好友同事乱出主意，就算是自己的女儿都不可以滥加鼓励、乱出主意，很多时候父母在子女报志愿的时候，就特别容易犯这样的错误。

叶子以前是一个品学兼优的学生，在高中分文理科时，叶子原本是想报文科的，因为她觉得自己更加擅长文科，而且文科相对没有那么费脑子。但是她爸爸却对她说："叶子，文科没什么前途的，理科前途更好一些，而且只要努力点，理科也没有那么难的，你还是报理科吧！"爸爸坚硬的口气，不容叶子辩解，就这样叶子只能听从爸爸的话报了理科。分科之后，原本就不是特别擅长的科目让她觉得更加吃力了，而且随着课程的展开，她的成绩不仅没有前进反而有下滑的趋势，她对自己也越来越没有信心了，再加上从优秀到落后的落差，让叶子越来越厌烦学习，当初的大学梦也

被抛弃了。

叶子的爸爸对文科有偏见，所以给叶子出主意的时候语气就带有偏见，乱出主意让她报了理科，结果，间接地毁了女儿的前途。

假如当初叶子征求爸爸意见的时候，叶子的爸爸语气中肯，不带偏见，只是给叶子分析文理科各自的利弊，而不是乱出主意，也许结局就不会这样。父母望子成龙，望女成凤，固然是希望子女有好的前途，但是要明白，只有孩子自己才明白什么是最适合自己的、什么是自己最想要的，因此，即使身为父母，也不能妄自干涉，乱出主意。

别人征求你的意见是信任你，但是不能因为别人的信任，就全权给别人做主，任何人都有自己的路，该怎么走、该走哪条路，还是由他们自己做决定。而你要做的只是客观给出你能想到对事情的全面的看法，不可以乱出主意，因为你的想法不一定适合别人。

诚然，有时候对于迷茫中的朋友，需要鼓励他们勇敢一点、自信一点，但是面对危险系数比较高的事情，真的不可以滥加鼓励，否则可能好心办了坏事，给朋友造成一定的伤害。

一个女孩刚刚考下驾照时间不久，作为新手对于开车还不是特别熟练，所以当伯伯要求她开车去码头的时候，最初她是拒绝的，她觉得自己还需要在车少宽敞的地方多加练习，才能开车去车多路远的地方，但是伯伯却坚持说："你不敢开车去码头，只是因为你缺乏勇气，不够勇敢罢了，不用怕，你大胆开吧！只要心里没有畏惧，肯定就没问题的。"于是女孩带着忐忑的心情载着她的伯伯去码头乘船。

当她快驶进码头的时候，看到海水就在眼前，由于紧张导致手脚发软，结果撞在了路边的栏杆上，导致她和伯伯都受了伤。

每个人都有自己的人生，都应该有自己的选择，任何人都无法做主，因此提意见的时候一定要语气中肯，不带偏见，既不滥加鼓励，也不要乱出主意，这样可以避免给别人造成麻烦。

收起命令式语气

许多人说话的时候习惯命令或者要求别人，但是结果往往都是令对方产生逆反心理或抵触情绪。因为任何人都不愿意受到其他人的指挥和命令。因此，当需要别人帮你做任何事情的时候，最好的方式就是选择中肯的语气请求别人说服对方，以此来达成自己想要目的。

只有收起命令式语气，在互相尊重的前提下去请求对方，才能够打开沟通的大门，顺利交流达到最终想要的结果，实现双赢的局面。收起命令式的语气，会让对方更容易接受你的意见，这样才能拉近你和对方之间的距离。

职场中收起命令式的语气，更容易让下属愉快地接受并完成任务，比如向下属安排任务时不用命令式的语气说"这些文件在下班之前你必须要给我整理好"，而是用缓和的语气说"这些文件很急，我希望在下班之前你可以整理出来"，给下属的感觉不一样，收到的效果也会不一样，前者会给下属造成一定压力，而后者让下属心里更轻松，在工作时也就更顺利。其实同样的意思，收起命令式的口吻不仅有利于塑造亲切的形象，也让对方更愿意去配合你。命令式语气更多的时候只能让人做到口服，而收起命令式语气则可以做到让人心服。父母在教育孩子的时候，如若能够收起命令式语气会达到更好的教导效果。

一个16岁的特别出色的男孩正在读高一，他和同班的一个女孩谈起了恋爱，男孩的父亲没有直接命令男孩不要谈恋爱，要好好学习，而是和男孩单独进行了一次谈话。

父亲说："儿子，你是否认为她是最好的女孩子？"儿子回答说："至少她是我认识的女孩里最可爱的。"父亲接着说："爸爸相信，我儿子看上的女孩肯定错不了。可是，你现在仅仅是高一，你才见过多少女孩？"儿子低头说："可我的心里只有她。"父亲想了想说："你会上大学还可能出国留学，你会步入职场之中，你不清楚你将来会遇到多少更好的女孩。爸爸并非是反对你现在谈女朋友，只是将来如果你遇到更好的，你能保证不会见异思迁吗？以后遇到更多更好的，你后悔了怎么办？"儿子说："我知道，但是如果现在让我离开她，我会感到很痛苦。"父亲又问儿子："你上初三的时候，我给你买的随身听呢？"儿子不解地说："前两天你给我买了个高级的，比以前的音质好多了，我就把原来的送人了。"父亲点点头说："就是了，一山还比一山高。假如你可以把握好属于你的每个机会，你以后会有比现在更好的成就，你会看到更广阔的的世界，有更好的选择，可能也更适合你。假如那个时候，你仍然喜欢现在的女孩，那你经历过了考验，到时候再让这份爱情开花结果多好。每个人也许都会做让自己后悔的事情，但是人生几件大事，后悔了，会抱憾终身。"儿子点头说："爸爸，我明白了。"

假如爸爸一上来就命令儿子不准谈恋爱，要好好学习，那么儿子很可能会产生抵触心理，不但无法成功说服儿子，还会影响父子之间的关系。但是父亲和儿子谈话的时候，语气中肯，丝毫不带任何偏见，而是平心静气地和儿子说，最终成功说服了儿子。

命令式的语气是任何人都会反感的，无论是大人还是孩子，无论是长辈还是晚辈，都不喜欢被命令。因此说话的时候，尽量不用命令语气，而是采用温和的请求或者商量，这样会让听者没有压力，容易接受，也能促进双方之间的关系。

父母对子女如此，恋人之间更要做到这点。

小歌和小枫是一对恋人，但是最近他们两个经常发生争吵。小歌觉得小枫对她说话的口吻实在有些无法忍受，会让自己烦躁不安。因为小枫总是用命令语气让她做这做那，即使是出于关心，那不容拒绝的语气态度也让人高兴不起来。

小歌一直认为恋人之间也是需要好好讲话，彼此尊重的。那些强硬的命令话语让小歌觉得小枫不是自己的男朋友，而是主人在吩咐佣人。一天晚上，小歌躺在床上觉得头疼，就一直用手敲头，小枫说她："你别敲了！"这次小歌没有听小枫的，因为自己本来就头疼而且心烦，所以她继续敲着头，这个时候小枫站起来说："我让你不要再敲了，你听到没有？"小歌看到小枫不仅不关心自己，还一副理直气壮的语气命令自己，再也无法忍受了，她和小枫大吵了一架。虽然后来小枫解释说是想让小歌早点休息，但小歌还是难以接受小枫的说话方式，觉得自己没有被公平对待。两个人之间的感情也出现了危机。

小枫虽然出于关爱小歌，但是小枫的命令式语气，让小歌无法接受。如果小枫收起命令式语气，语气中肯地和小歌好好说，相信他们之间也能够更好地进行沟通，也有利于两人之间的感情发展。

既然命令式的语气只能产生距离和隔阂，我们何不收起命令式的语气呢？既可以做一个平易近人的人，又能够让别人更加容易接受自己的观点，达到我们想要的效果。很多时候，只要把心态放得平和一些，让自己的语气中肯一些，和别人说话时商量着来，相信周围的人际关系也会变得更融洽。

中肯语气，温情话语

生活中，不同的人有不同的说话习惯，有些人说话比较刻薄、语气冷漠，而有些人就比较擅长说温情话。相对来说，当然后者更受欢迎。冷漠苛刻的语言，容易对听者造成心理上的伤害，还会对他们的人生产生负面影响。而温情的话语则会给予别人关爱，让人感觉到温暖，产生正面的积极影响，同时也有利于谈话的顺利进行，促进双方更好地交流。

俗话说，"良言一句三冬暖，恶语伤人六月寒"。因此，在人际交往之中，说话时尽量用温和的语气，语言也不要太过严肃苛刻。林肯曾经说过："你不可能强迫别人同意你的意见，但却可以用引导的方式，温和而友善地使他屈服。"所以，温和的语气就像滴穿石头的水滴，看似温柔无力，实则是最锋利的"兵器"，所谓以柔克刚就是这个道理。

燕子和妈妈正在享受饭后水果，妈妈觉得现在很多孩子只知道从别人那里索取，不懂得自我付出，于是就尝试着问燕子："燕子，你可以帮妈妈剥一个香蕉吗？"燕子却回答："妈妈你自己可以剥啊，我要给自己剥。"

这个时候妈妈并没有斥责她不懂事，而是语气中肯、温情地对她说："燕子，你看妈妈平时是不是帮你做了好多事情啊！你帮妈妈一回不过分吧！我知道我们燕子剥香蕉的技术是最好的！燕子可心灵手巧了！"

在妈妈温情地劝说下，燕子点点头，放下自己的香蕉，拿起一根香蕉剥了起来，很快就将剥好的香蕉交到了妈妈的手里。妈妈特别欣慰，因为她用自己中肯的语气，温情地劝说了女儿为自己做事，让她懂得付出和感恩。

妈妈想让燕子为自己剥香蕉，但是女儿却以自己的事情自己做来反驳妈妈。妈妈假如当时斥责燕子说，自己为她付出那么多，让她为自己剥根香蕉都不肯，也许燕子心里就会感觉特别难受，因为她毕竟不是不想做，只是不解妈妈说过自己的事情自己做，为什么还让自己来剥香蕉。正是因为妈妈面对燕子的反驳，采用温情地讲解让她剥香蕉的道理，这样一来，燕子明白了其中的缘由，就高高兴兴给妈妈剥香蕉了。

心平气和地以理服人，带给别人不只是你的一种态度，也表现出你的素质。谁不愿意给他人留一个好的印象呢？既然如此，和人讲话的时候，就要做到保持语气上的平和及肯定，而不要靠大喊大叫取胜。

高三的一名学生张某连续被同学们宴请之后，心情特别沉重，他感觉不回请同学会被看不起，没有面子。但因为家庭条件不好，他实在没有钱请客。有一天晚自习下课后，张某抢劫了一个下夜班回家的女孩，获得500元钱之后，回请了他的同学。但是没过多久，张某的抢劫行为就被公安局破获了。

女警狄艳接手了这个案子之后，并没有就案件而论案件，而是去学校和老师进行谈话，得知张某学习一直特别出色，仅仅是虚荣心强了点，于是狄艳帮助张某分析了他犯罪的原因和教训。

狄艳在和张某谈话的时候，她语气温和地说："人生的道路虽然漫长，但关键的时候只有几步，特别是年轻的时候。你已经走错了一步，但是你还年轻，你有机会，所以一定要吸取教训，改过自新，不要辜负父母的期望，好好学习，成就一个全新的自我。"狄艳中肯的语气，温情的话语，让张某流下悔恨的泪水，他不断地点头说："我错了，以后一定改，好好学习。"

假如狄艳只是苛刻地行使自己的权利，严厉批判张某的违法行为，很容易让张某在这次犯罪中彻底无法抬起头来或者更加叛逆，从此走上不归路。但是狄艳照顾到了青少年的心理，用温情的话语和张某进行谈话，让他接受法律教育的同时，也受到法律的人文关怀，真正认识到自己错了。

每个人都是讲述者和聆听者，假如我们处于聆听者的位置上，肯定也不愿意对方用苛刻的语气和冷漠的态度和我们说话。俗话说："己所不欲，勿施于人。"自己都不愿意接受的待遇，何苦去对待别人呢？因此，作为一个讲述者，一定要善于用温情的话语说话。这样更容易和别人去沟通，促进人际关系的发展。

腔调，你这个幽灵

有的人说话像动听的音乐，入耳令人舒服；而有的人说话则像刺耳的噪音，入耳令人烦躁。其实同样的话不同人说出来，之所以会产生两种不同的效果，是因为说话的腔调不同。腔调虽然是看不见也摸不着的，但是它却如同一个幽灵般真实地存在于我们的话语之中。

腔调在语言沟通中所起到的作用是不容忽视的。沟通的时候说什么固然重要，但是怎么说却是特别关键的。而腔调却是怎么说的一个重要因素，当然也是有利有弊的，说得好，会让你打开全新的局面，收获想要的效果；而说得差，则会堵死当前的道路，无法达到想要的目标。

腔调这个幽灵却可以把无趣变为有趣，比如有些枯燥乏味的话，如果变换一种腔调，就可能使听者乐意接受。

20世纪50年代的时候，中国电影代表团去苏联访问，受到了获得最高荣誉称号"苏联人民演员"的电影表演大师邦达尔丘克的设宴款待。吃饭的时候，中苏两国艺术家们一起谈论起了关于悲剧的表演。当时在座的大明星赵丹、白杨、秦怡等，都请求邦达尔丘克表演一段悲剧的台词。大师略微考虑了一下，忽然眼前一亮，然后他站了起来，没过多久，他的眼里就浸满了泪水。邦达尔丘克用特别煽情的腔调，以气贯长虹、汪洋肆意的台词，靠着声情并茂的表演功力，瞬间，就让在场的以演戏为生、见惯不惊的艺术家们泪流满面，无法自己。

当有人从深沉的悲痛之中渐渐调整过来的时候，有人用嘶哑的声音问翻译：请问，邦达尔丘克先生，表演的是哪部剧的台词？翻译却告诉大家他朗诵的是餐桌上的菜单，令大家特别震惊。

这就是邦达尔丘克的腔调带给大家的力量，简简单单的菜单名朗诵，也会让大家陷入悲情之中。很显然，平时如果有人朗诵菜单名，大家会感觉枯燥无味，甚至会感叹这个人的无聊。但是邦达尔丘克前提是说朗诵悲痛台词，在人们不理解意思的情况下，仅仅靠着他煽情的腔调，就被深深打动，陷入了悲痛之中。可见腔调巨大的力量，可以改变人们聆听之后的感受。

腔调可以说是语言表达的一大技巧，它表现在某个语言片断在语音上的抑扬顿挫，或者句中某一片声音的高低变化，以及说话的快慢和轻重。人和人交流的时候，语调有时候可以表现出更多的信息，对听众的心理产生一定的影响。

腔调这个幽灵常常还能够起到润色语言的作用，可以促进情感的交流，让自己想要表达的意思更加清楚，并且使语言更加具有表现力，因此学会适当运用腔调，会大大提高一个人的语言表达能力。

一个人的语言魅力不仅仅表现在他话语多么华丽、多么犀利上，他的腔调也是一种魅力所在。

波兰有位女明星，人人都叫她摩契斯卡夫人。有一回，她去美国演出，有位观众请求她用波兰语讲段台词。当她站起来开始用流利的波兰语念台词时，尽管观众们不明白她台词的意思，但是感觉听起来让人特别开心。

紧接着摩契斯卡夫人往下念的时候，腔调慢慢地转为低沉，最后在慷慨激昂、悲痛万分的时候突然停止了。台下所有的观众都悄无声息，和她一起沉浸在刚才的忧伤之中。这个时候，台下一个男人突然笑起来了，他就是摩契斯卡夫人的丈夫，原因很简单，刚刚他夫人用波兰语背诵的是九九乘法表！

因为人们不知道摩契斯卡夫人背诵的台词是九九乘法表，因此随着她的腔调不同，变得由愉快转为悲伤。试想如果九九乘法表这么枯燥无味的东西，由别人口中平稳地念出，很有可能让人没有感觉，但是正因为摩契斯卡夫人腔调的变化，让人们内心产生了两种极为不同的感情变化。

腔调产生的影响不仅仅是作用在听者身上，让听者发生改变，同样对自己也有着一定影响。因为腔调可以反映出你说话时的内心，表露出你的感情。你的腔调，会让人感觉出你是否值得别人信任，当然也能感觉出你是否是自私自利、喜欢挑衅、封建保守的人。因此，腔调在与人沟通中起着无可替代的作用，合理运用，会让你的声音富有感染力，同样会让别人喜欢你这个人，进而愿意和你交流。

合理运用腔调，就要做到说话的时候有停顿，使话语有调节气息，能突出话题，从而让人们更加清楚说话者要表达的意思，做到更好地沟通。当然找准重音也很关键，运用合适的力度进行表达，可以让语句更加准备鲜明地表达出来，也使感情表达更加充沛，促进交流。另外，腔调中的语速快慢也很重要，或紧张或缓慢，让听者能感受到你的情绪。这些都是腔调的魔力，能够帮助说话者和听众进行更轻松愉快的交流。

腔调的多样化，让同样的话语产生不同的意思。亲近的人即使用不礼貌的语言，也会因为腔调的缘故表现出亲切之情。口才高手懂得充分运用腔调这个精灵，让它为自己的言语锦上添花。所以，任何一个想要培养高超口才技能的人都应该重视腔调的运用，因为它有着比语言更强大的魔力。

腔调 DNA

我们都知道每个人的 DNA（脱氧核糖核酸）是不同的，同样每个人也都有自己独特的腔调 DNA。腔调笼统地说就是人们说话的声音，而每个人的腔调是自己说话的识别标志，表现出说话人独有的特征。腔调是能够根据交流的需要进行调整的，它是更好地表达意思的一个主要手段。不同的腔调，所表达的意思是千差万别的。

要想真正运用好腔调，就必须要了解腔调DNA所包含的要素，第一点就是沟通角色的差别，面对不同身份的人，需要用不同的腔调。比如你是个老师，在学校里教育学生会用教导的腔调，但是回到家中面对自己的爱人，就不能用老师的口气和爱人说话了，否则爱人会产生反感情绪的。第二点是根据沟通目的采取不同的腔调，比如你想请求别人帮你完成某件事情，不能用命令的腔调。第三点就是要注意沟通态度，来调整自己的腔调。第四点沟通情感的时候，腔调是情感的载体，传达什么情感决定了什么腔调。第五点注意信息传递的时候，什么样的信息要采用不同的腔调。比如喜讯你可以高兴地说，但噩耗就需要悲伤地说。除此之外，还有音质、音量、音调，等等，都是腔调DNA的一部分，不同场合、不同人物、不同环境我们要适当调整好自己的腔调。

其实，就腔调本身来说是无所谓好坏的，只要能达到交流目标的腔调，就是好的腔调，反过来说破坏了最终交流目的甚至让结果更糟，就是坏腔调。可见，腔调是为达到交流目的而服务的，当然也是实现交流的一个关键手段。因此，和别人沟通的时候，必须要注意自己的声音，好的腔调代表着一个人的口才技能。不同的环境，对不同腔调是有要求的。比如闹市之中，如果你还细声碎语地说话，不但会无法沟通，还会引起别人的反感，明明吵得听不到你还那么小声，不是故意引起别人的反感吗？但是如果是寂静的课堂，你却用大声嚷嚷的腔调说话，同样也会引起他人的反感。

苏珊是一家广告公司的高级业务员，最近公司要从业务员中选拔一名业务经理，苏珊很有希望得到这个职位，她对待工作认真积极，能力强，业绩也比较突出。但唯一的缺陷就是说话的腔调让人听起来不舒服，因为她的声音尖，平时说话还喜欢发嗲，明明是一张成熟干练的脸，说话却一股孩子气。她的老板私下就说过，其实自己对她的工作态度是予以肯定的，也特别想提升她，但是她的说话腔调又尖又嗲，让人感觉她说出来的话不够认真，用这样的腔调和客户谈合作不容易被认可。因此，只能找一个声音听起来更加成熟果断的人来担任这个职位。

苏珊工作认真负责，本来是无可挑剔的，但是她的说话腔调让人感觉不够认真，因此老板无法让她担任更加重要的职位。可见，说话腔调还是很重要的。所以，腔调也是影响口才的一个重要因素，必须掌握好，该高声讲话的时候，就放开自己的声音；该和声细语的时候，就要轻声陈述。

尽管每个人的腔调不同，但只要进行适当的训练，就能化不利为有利，让人听到优美的声音，同时也给自己带来想要的效果。因此，口才好的人，不仅仅具备好的话语能力，还拥有好的腔调。

而且不同的腔调会让人产生不同的情感色彩，温柔轻声的腔调会让人烦躁的内心安静下来。面对一个愤怒得失去理智的人，如果和他们大声嚷嚷讲道理，只会让他们更加愤怒，但是以轻声和缓的腔调解释，就容易让他们躁动的情绪平静下来，从而怒气也就容易消了。可见腔调在沟通之中，起到了令人出乎意料的作用。而且这种作用，不是单纯的话语所能替代的。所以说，选用什么样的腔调，是根据不同的沟通对象和沟通目的所决定的。不同的腔调，就像人与人之间的 DNA 差异一样微妙。在运用时，真是"差之毫厘，失之千里"。所以，我们要用心去体味、去揣摩。恰如其分地运用腔调，核心就是一个"度"。

腔调 DNA 有众多构成要素，每一种要素都决定了一个不同的腔调，要想成为一个好的口才高手，就要做到了解腔调 DNA 的每个要素，并且学会更好地运用它，使之为我们服务。无论从说话的语速还是从声音的高低，都要根据不同的语境以及人们心情的起伏变化来进行调整，更好地运用腔调的作用，达到我们的目的，让自己在说话的时候更加富有感染力、说服力。

莫要开腔"打死人"

平时人们在说话的时候，在熟悉的场合也许已经形成了一些不良的说话习惯，尽管这些说话习惯在自己生活的小圈子里是无所谓的，可能亲近的人之间，偶尔的粗话或者玩笑还能拉近彼此之间的距离。但是，如果进入陌生而正式的场合，不良的说话习惯就会导致一些不良的后果，因此说话的时候要注意，莫要开腔"打死人"，一说话就让听者反感，那么，接下来的谈话注定会以失败告终。

许多不良的说话习惯都会开腔"打死人"，比如最常见的坏习惯之一，就是讲粗话。也许说话的人自己意识不到，随口说了还觉得没有什么，但是别人听到会后很不舒服，觉得那是对自己的一种不尊重，不愿意再和这样的人交流。开口就是粗话，不仅影响彼此之间的谈话氛围，还会给对方留下粗俗不堪的印象，不利于以后的交往。也许一次谈话就让人对你敬而远之，所以，习惯说粗话的人一定要改掉这个毛病。

另外，说话语速过快或过慢都不是好习惯，说话太快，容易导致对方没听清楚，影响交流进程；但是讲话太慢，对于一些急性子的人来说，实在没有耐心，可能压根儿就不会听你说。因此，说话速度太快太慢，都会影响情感和内容的表达，只有根据实际情况选用适当的语气语速，才能完美地表达出自己的思想，并吸引听众，而不是开口就让对方失去听的兴趣。

小郁大学毕业后去一家公司面试，面试过程中，她自认为表现很好，每个问题回答得都很到位，最后面试官告诉她，她的面试没有通过。小郁特别不能理解，为什么自己失败了。因此，她问面试官，是不是因为自己是新人没有经验，所以公司不愿意录用她。但是面试官给出的答案却是让她出乎意料的，面试官说：我提问的时候，你说话的语速太快了，当然你可能自己意识不到这有什么问题，但是我必须提醒你，像你这个语速接待客户的话，容易出现几个问题：第一，你很有可能因为语速过快而说错话。第二，感觉你不尊重客户。第三，客户听不清你说什么，最终只能导致失败。

小郁终于明白了自己面试失败的原因。

其实，小郁表现还是不错的，她之所以面试失败，就是因为她开腔"打死人"，语速过快，因此面试官没有录用她。可见开腔莫要"打死人"，否则，结果很有可能是害人害己，别人不高兴，不愿意继续和自己沟通，而自己也没有办法达到自己的目标。

说话的时候，还必须要注意口头禅的运用，我们平时和别人说话或者听别人说话，常常会听到"那个、这个、然后"之类的话，这些口头禅不停地重复，会让人感觉烦躁和乏味，这样的说话方式也是会"打死人"的。因为这些词语反复被提到，会让人感觉麻烦，所以，尽量少用口头禅。

另外，说话风度也是腔调中重要的一个因素，一个人说话的风度是由外在语言和内在气质配合表现的，一个人的说话风度表现出他的内在修养，如果开腔没有风度，那这个人肯定缺乏修养，人们都愿意和有内涵的人说话，一旦你开腔没风度，别人会认定你这个人也是没素质的，自然不愿意和你交流，双方的关系也会疏远，因此莫要用没风度的腔调说话。

安安是一家服装专卖店的店员，她聪明伶俐，心思细腻，但是，有一个缺点就是说话缺乏风度。

有一次，她接待了一个售后，顾客从店里购买的衣服褪色，来这里要求给个说法，安安接过顾客手里的衣服，看了看，她知道这衣服大概销售了有半年，而且衣服是纯棉的，她就口气生硬地说："这衣服是纯棉的，掉色很正常！你是故意来找茬的吧？"顾客一听就火了说："你这服务员什么态度啊！你说谁找茬呢？什么叫正常啊？这衣服本来是纯黑的，现在色都轻了，如果哪天掉色掉成白色的，难不成也正常啊！"

眼看安安和顾客之间火药味越来越浓，店长晓霞急忙对顾客解释："很抱歉，我们服务不周的地方希望您能多多见谅，纯棉的衣服时间长了，有点掉色是正常现象，其实每次顾客买纯棉衣服的时候，我们都会向顾客说明的，如果您当时买的时候，我们没有告知您这一点，我在这向您说句'对不起'。"顾客听了晓霞的话，脸色渐渐缓和了一些，点头说："你们要早这样说我至于发这么大火吗？刚才那个姑娘说话太不客气了。"

安安的做法就是开腔"打死人"，因为她毫无风度的讲话，一副理所应当的样子令顾客感到不满。但是晓霞的开腔却让顾客内心感到欣慰，从而有利于沟通，很好地解决了售后问题。

莫要开腔"打死人"，因为那样不但会终结谈话，甚至会使双方发生矛盾，不利于人际关系的发展。因此，与人谈话的时候除了注意语言本身的意思之外，还要改掉一些不好的说话习惯，不能因为一次谈话就让自己失去一次发展机会。

最美不过腔调韵

同样的话语不同的人说出来，产生的效果是不同的。有的人说出来给人的感觉轻松积极，但是有的人说出来却给人的感觉紧张消极。其实，这是因为腔调不同所产生的，让人听觉感到舒服动听的是腔调的韵味之美。这种腔调韵味美是发自于内心的，但是，很多时候腔调韵之美更容易被专业人士所演绎，但是我们要明白，普通人一样可以去营造和享受腔调韵之美。

当一个人说话的时候，他的语调和他所谈及的话题总是可以相互配合，而且可以恰当地表达出自己的态度。这个时候，美的腔调韵容易说服别人，达到自己的目标。当然，时刻注意自己的发音，适当的重音和语调也会表现出腔调韵之美，不仅有助于准确表达自己的思想，还能达到自己的目的。另外，要控制自己说话的音量，高兴的时候洪亮愉快地说，悲伤的时候低沉忧伤地说，如此的腔调韵之美会给他人留下深刻的印象，取得别人的好感。生机勃勃的腔调韵会给人充满活力的感觉，向别人传达或者汇报信息的时候，自己的情绪同样会带动和感染别人。这些都是腔调韵之美，能给人以美感，并且可以促进沟通。

控制好说话的节奏，渲染出说话的情绪，展示出想要展现的情节，能够做到扣人心弦，这样的腔调韵之美，是可以打动每个人的。

有一次，一个记者去某市政府采访，负责陪同他的是市政府办公室的一个女孩，人人都叫她小然，她长得算不上漂亮，但特别文静。尤其是说话的时候，腔调之中透出柔情和亲和，十分令人着迷。

有一天，记者采访结束之后，到了小然的办公室，看到她办公桌上、书柜里、窗台边上放着各种各样的卷笔刀，可以说是琳琅满目，从标签上可以看出是来自全国各地的，记者问她是否经常出差，才收藏到那么多不同地方出产的卷笔刀。

小然说自己工作两年了，还没有出过一次差呢。而这些各种各样的卷笔刀，有的是同事从辽宁给她带回来的，有的是从云南带回来的，甚至还有市长从香港给她带回来的……记者还了解到，小然之所以有这么好的人缘，竟然是因为她的说话声音。那种柔美的腔调让每一个和她说话的人都感到亲切、温暖，也更容易记住她。小然的腔调韵味简直成了她人际关系的通行证，很多人都被她那美妙的腔调所吸引，平时喜欢找她聊天，所以出差都会想着给她带份礼物。

如果仅以容貌取人，小然肯定不会那么受欢迎。而她之所以受到同事们的喜欢是因为她那迷人的说话腔调。她的腔调中的柔美韵味感染了每一个人，并让他们不觉沉浸其中，也拉近了她和别人的距离，促进了她人际关系的发展。

美的腔调就是具有如此大的魅力，即使你在其他方面没有什么特长，甚至存在一定的缺陷，但是腔调韵之美却可以让你光芒四射，更加光彩照人，为你增加一定的优势，会不自觉地拉近你和别人的距离，促进你们之间的沟通，让你在职场中如鱼得水。

腔调韵之美在职场中可以发挥如此大的优势，在生活之中同样也能够产生重大的作用。

有一天上午，一家女主人独自待在家中，她听到门铃响，打开门看到一位彪形大汉拿着一把菜刀凶神恶煞地站在门口，女主人看到当时的情形，并没有紧张地大声疾呼，而是特别淡定地面带微笑温柔地说："哟，您是来卖刀的吧！请进来吧。"进屋之后，女主人请他坐下，而且热情招呼他喝茶，这个出人意料的举动让本来想打劫的大汉突然不知道该怎么做了，紧接着女主人也坐下来温和地和大汉谈论起刀来，声音是那么温和静谧，而且还时不时地和大汉讨价还价。整个谈话的过程中，女主人一直用中肯温和的语气和这位大汉说话，她的腔调韵是那么美，透露出她内心的亲切和从容。男子的内心也慢慢地平静下来，本来想要打劫的念头也慢慢消失了，趁机将刀卖给女主人，然后跑了。

假如当时女主人看到大汉想要打劫而紧张的疾呼，很有可能让大汉紧张的心理变得更加的急躁，但是她温柔的话语安抚了大汉，她优美的腔调韵深深感染了大汉，使得大汉放弃了本来想要打劫的念头。可见腔调韵之美，有时候不但能感化别人，救了别人的同时也能救了自己。

腔调韵的魅力就是如此的神奇，很多时候让人会有意想不到的效果。因此，能说会道还是不够的，还必须要时刻注意自己的腔调，提高自己的口语发音能力。说话的时候，做到语气中肯，不带偏见，这是一种很高的语言表达能力，能让听话人躁动的心瞬间安静下来。最美不过腔调韵，腔调韵的魔力是不可小觑的，只要你能够恰当地运用，相信你会让所有听到你说话的人都会喜欢上你的声音，从而喜欢上你这个人，让别人更容易对你敞开心扉，让你拥有良好的人际关系。

奏响腔调的强音

要想让腔调音足够强，首先要具备良好的品质，坦坦荡荡的人才能真切地说话。只有慷慨激昂地去说服别人，才能让别人信服。假如品行不正即使善于言辞，也许暂时欺骗一部分人，不可能永远蒙骗所有人。可见，品行好的人能够奏响腔调的强音。

另外，有学识的人也能奏响腔调的强音，优雅的腔调是需要有丰富的学识作为基础的。没有见解的人，只能处处显露他的无知和肤浅，如何能够驾驭腔调呢？

　　人格魅力也能够奏响腔调的强音，人格魅力包含着学识、品行、胸怀，等等，并非是一朝一夕的，而是长期熏陶形成的。只有人格魅力高的人，说出的话才能够吸引别人，引起他人的共鸣。

　　人和人的交谈原本就是一种沟通，优秀的对话能够营造出良好的气氛，让别人感觉到你的真诚。当销售人员和客户交谈的时候，语调的快慢和高低会给客户产生不同的效果。学会更好地控制自己的语调和节奏性，说话时面带微笑，奏响腔调的强音，会人让对方更加信服你，接受你的意见。

　　作为销售人员，只有学识足够渊博，才能够奏响腔调的最强音，真正打动顾客。

　　小黄是一家运动服装专卖店的店长助理，平时他既负责销售，也负责收银，但是闲暇的时候他会培训一下新员工，给他们讲解关于销售的知识。很多人不愿意给新员工讲解，认为这样会浪费自己的时间，他却非常乐意，因为他觉得培训别人的时候，既巩固了自己的销售知识，也能够学到东西。就这样，他在教与学的同时，掌握的销售技巧和知识更加牢固。

　　每次他卖衣服的时候，都能准确给顾客讲解，衣服是什么面料的、存在什么利弊，比如纯棉的衣服穿着舒服，但是时间久了会产生轻微掉色，而涤纶的衣服不会掉色，但是涤纶的不吸汗，而且他能够准确根据顾客的身高和体型，拿出符合顾客的尺码，并且与顾客交谈的时候，也能够很好地把握顾客心理，说话的时候能够做到恰如其分，因此，顾客对他的服务一直都特别满意，正是因为他丰富的学识能够为他奏响优雅的腔调韵，他才能如此赢得顾客的心，回头客也特别多。

　　小黄正因为他在销售方面有丰富的学识作为基础，才得以让他接待顾客的时候发挥得如鱼得水。他对衣服面料以及优缺点的掌握，让顾客对他更加信服；他对顾客心理的了解，让他更懂得顾客想听到什么样的话，因此，他能够做到投其所好，促成交易。就这样，小黄用自己的学识奏响了腔调的强音，让顾客更加信任他，拉近他和顾客的距离，从而完成销售的目的。

　　说话掷地有声，会让人觉得有一种响当当的感觉，因为说话有力所以容易让人信服。

　　擅长说话的人之所以说得好，别人喜欢听他们讲话，就是因为他们可以奏响腔调的强音，因此他们能够做到游刃有余，可以达到说话的目的。

　　说话并不是一件容易的事情。比如说好听的话能够张嘴就来，骂人的话也能够张口就说。但是有时候你声嘶力竭地去喊未必有人注意你，仅仅是一个叹息就可以让人内心震荡，这是因为这一声叹息奏响了腔调的强音。人海如潮，想让别人听出你的声音已属不易，再让他人为你鼓掌就更难了，这一切都要求奏响腔调的最强音。

　　奏响腔调的最强音，可以让人的喜怒哀乐，甚至连最微妙的情绪都表达出来，而且准确细腻。尽管每个人生来就有自己独特的嗓音，但是只要表达有度，奏响腔调的最强音，就可以表达自己真挚的感情，达到说话的目的。

具有智慧辩才的人和普通人的区别在于，他们懂得怎样奏响腔调的强音，使自己的语言更加具有说服力。有些人脑子灵活，他们之所以能够得到上司的赏识和器重，除了良好的口才以外，不可忽视的一点就是他们知道恰当地奏响腔调的强音。

著名评书表演艺术家单田芳的评书之所以如此受欢迎，就是因为他懂得奏响强调强音。他凭借着自己渊博的学识，讲话的时候通常给人描述出真实的画面感，让人如同身临其境。听他的故事会不知不觉沉醉其中，让人拥有更加真实、通俗、丰富、深刻的历史感受，可以说简直就是听觉盛宴。单老在全国拥有很多的观众，他的评书之所以有这么大的魅力，就是因为他对艺术不停地追求，丰富自己知识的同时，恰当运用说话方式，奏响腔调的强音，使得他说话张弛有度，跌宕起伏，绘声绘色，活灵活灵，让听众更好地理解。

单老的评书艺术之所以经久不衰，就是因为他懂得奏响腔调的强音，使得他的表演更加吸引人。

自信和自卑说起话来是有区别的，明眼人一看就知道他们说话的区别在那里。自信的人在表现自我的时候更加注意表达方式，知道什么时候需要奏响腔调的强音。其实，口才也是有差别的，有的人自认为口才不错，但是他不但无法说服别人，甚至让人更加恼火，但是有的人却可以成功说服别人，并让别人心情愉快，这是因为后者懂得奏响腔调的最强音，适当调整听话者的情绪。

口才是讲究美感的，而能够让口才的美感发挥到极致，奏响腔调的强音是必不可少的。我们只要愿意去学习，去适当地运用，相信每个人都能够奏响腔调的强音，成为口才极佳的人。

用肢体语言帮助你说话

和别人交谈的时候，肢体语言的运用是特别重要的。面带笑容看着对方的眼睛，适当地打一下手势或者做一些动作，可以让聊天更加富有趣味性。用肢体语言帮助你说话，能够巧妙地营造气氛。很多时候，仅仅靠语言表达是不够的，而借用肢体语言可以很好地表情达意。

肢体语言是运用肢体动作变化来表达自己意愿的一种无声语言，它的表现力极强，应用也十分广泛，能够自由灵活地变化，不但可以辅助有声语言，有的时候还可以替代讲话。正因为这样，用肢体语言帮助你说话，可以更好地与人进行沟通，拉近人与人之间的距离。

当你觉得谈话内容让自己感到不耐烦的时候，你可以借用肢体语言帮助自己，比如一直用手摸后颈，显示出自己因不耐烦而肌肉紧张脖子僵硬，这样聪明的人就会明白你的意思，从而知趣地停止自己的讲话。另外，自己和别人交谈时遇到与自己意见不相同的时候，自己不好意思说，就可以一直双手抱胸来表明自己的意思。这些肢体语言都可以帮助我们表现出一些口头上不方便传达的意思，既让对方明了自己的意思，又能给足对方面子。

有时候，言辞上无法全面地表现出自己的真诚，而肢体语言却恰恰可以做到这一点，从而拉近自己和客户之间的关系。

濑户年轻的时候曾在大阪做过销售，但是，当时朝日啤酒的经营越来越差，市场份额也是越来越少。因为经营得不好，自己的根据地也被麒麟啤酒所占据。为此，他一方面积极主动地联系各个批发商，同时也去啤酒屋、小酒馆等地方去做一些推销。

有一次，他连续两次去拜访一家有实力的批发商都没有成功，他想自己肯定有哪些做得不够好的地方，他想到每次自己鞠躬行礼之后，那家老板都表现出不高兴的样子，难道是自己鞠躬行礼不到位吗？因此，他就去学习别人鞠躬的样子，当他看到当地最会鞠躬的人是如何鞠躬之后，他再次去拜访那家老板，这次他鞠躬的时候，将手心放在膝盖上，然后满脸笑容地和老板谈话，很显然这次老板特别满意。

后来他们合作之后，老板透露说，是第三次他的鞠躬打动了他，因为表现出了他足够的诚意。

其实，肢体语言是可以反映出一个人的内心和精神的，同样鞠躬也蕴含着一个人的内心和精神。濑户先前两次拜访都失败了，正是因为他的肢体语言表达不到位，第三次之所以成功是因为自己的鞠躬行礼帮助了他，表达出他足够的诚意，促成了合作。

肢体语言的重要性是不可小觑的，它是不可忽略的办事手段和语言工具，人和人谈话交流的同时，语言却是有声语言的载体，它直接表现出了说话人的内涵和情绪。恰当运用好肢体语言，是可以帮助我们走进别人内心的，让人更加容易接受自己，从而达到自己的最终目标。

肢体动作是千变万化的，没有固定模式，因此肢体语言所传递的信息也是特别丰富的。我们在迎接顾客的时候，鼓掌这个肢体语言帮助我们表达欢迎之意；听报告的时候，我们鼓掌则表现出我们对演讲者的赞扬；而告别会上，我们鼓掌则表现出我们的感谢和惜别之情。同样的肢体语言，却能帮助我们表达不同的意思。

交际场合之中，我们看到了自己熟悉的人，但是相离较远，我们举手招呼或者点头致意，这些肢体语言都帮助我们表现出友好之意。由此可见，固然肢体不能说话，但是肢体语言却能表达我们内心的意思，帮助我们说话。肢体语言成为谈话中重要的一部分，它成为加强语言的力量、丰富语言色调的重要因素，有的甚至替代了语言，承担了独立沟通的作用，肢体语言就这样帮助我们表情达意。

肢体语言是能够增加口头表达效果的，最常见的就是微笑，培根曾经说过，"含蓄的微笑，往往比口若悬河更为可贵"。很多时候，我们面无表情即使说得再恳切也是无力的，但是，如果我们面带微笑再加上真诚的语言，就可以深深打动别人，很容易让人感受到我们的友好诚意。因为微笑来自我们内心，这一肢体语言体现我们美好的心灵，以及我们的风度和涵养，自然给我们加分，帮助我们说话。

肢体语言表现出来的时候，往往什么都不用说就可以走进别人的心。

薇薇是一家公司的售后客服，其实，我们都知道售后是具有挑战性的工作，因为你不知道会遇到多么难缠的客户，很多时候客户刁钻到我们无法想象。但是，尽管薇薇是个二十出头的小姑娘，但是她的售后工作却做得特别好，很多人问她是如何做到的，她说的特别简单，就是微笑，不论遇到什么样的客户什么样的问题，只要微笑就能让顾客消退一半的怒气。她从见到顾客的那一瞬间就开始保持微笑，其间无论顾客说什么，她始终微笑面对，她的笑容是那样温暖可人，让人不忍心责难她，很多像冰山似的顾客都是被她的笑容所融化的，从而顺利解决售后问题。

其实很多问题，就是如此容易解决，靠着简单的肢体语言——微笑，让客户知道你的友好，了解你的诚意，这样一来肢体语言帮助你传达出你的信息，真诚友好地帮助他们解决问题，他们自然也不会太过刁难。薇薇就是用肢体语言让客户消减怒意，愿意友好解决问题，成功和客户进行交流。

我们都希望自己成为口才高手，因此我们必须要明了一个问题，就是真正的口才高手除了能言善辩以外，还懂得恰当使用肢体语言来帮助自己表情达意。相信只要你认真观察，留心学习，你可以让肢体语言很好地为你服务，助你成为口才高手。

眼神也能说话

我们都知道，眼睛是心灵的窗户。眼睛是可以透露出我们内心想法的，同样能够反映出我们情绪上细微的差别，我们的眼神是可以表现出我们的喜怒哀乐或者同意与否、信任与否，等等。很多时候，即使我们一句话都不说，但是别人依然能够读懂我们的内心。家长一个严厉的眼神代表着对孩子行为的不满，顽皮的孩子会马上安静下来一样；就像一对情侣无须多言，仅仅一个眼神，就表达出双方之间的情义。这些都是眼神在说话，并且表达各种各样的意思。

眼神在社交生活中已经成为最有力、最有效的非语言沟通工具之一。譬如，我们面试或者谈业务的时候，我们常常会用眼神传达很多信息，表现出我们对对方的敬意或者诚意。可见眼神是能说话的，而且在交流中具有不可替代的作用。

微笑的眼神说出了我们内心的高兴，代表着我们的快乐；羞涩的眼神则说出了我们内心的害羞，代表着我们的紧张；友好的眼神则说出了我们的内心的善意，代表着我们的真诚；闭眼则说出了我们内心的抗拒，代表着我们的不满；游移的眼神则说出了我们内心的思虑，代表着我们的思想；眯眼则说出了我们内心的不安甚至是愤怒，代表着我们的烦躁；闪耀的眼神则说出了我们内心的兴奋，代表着我们的激动。

眼神可以说话，特别是异性之间，很容易通过眼神表达出彼此的爱慕之情。可见陷入爱河的情侣，当自己不好意思开口表露爱慕之意的时候，一个深情的眼神就能说出你的心意了。

曾经有研究表露，其实男女之间调情过程是由男性主导的，但是最新研究显示整个过程中其实是女性在掌权，她们通过眼神说出鼓励对方追求自己的意思。比如，男女之间交谈的时候，如果女性对异性有强烈的好感时，会努力避开与对方的衍生接触，但是余光却是紧紧盯着对方的。其实这种眼神就吐露出自己的爱慕之情。

课堂上有那么多的学生，不可能做到一一发言，正是由于眼神能够说话，因此老师更多的时候通过眼神来解读学生的心理。

伟伟是一个比较自卑的学生，尽管很多时候他都有自己的想法，但是他因为 2 岁才会说话，上小学一年级全班只有他一个人需要老师给写名字，所以他的自卑心理一直持续到现在，尽管他都上了初中。

有一回，老师在课堂上提了一个问题，问到谁会，很多学生都低下头了，很多学生都不会，伟伟却有着自己独特的解法，但是他没有勇气举手回答，因此好几回他都抬头看看老师又马上低下了头，后来老师发现了伟伟的这一反复举止，然后老师把伟伟叫了起来，但是他的眼神马上变得局促起来，老师明白他是紧张的，但是老师刚才看到了他那个冒光的眼神，确定他应该是会的，只是自卑罢了，因此老师鼓励他，告诉他不用担心什么，大胆地说出自己的答案就好。就这样在老师的鼓励下，伟伟结结巴巴地说完了答案，老师满意地点点头，说回答得不错，想法很独到也很新颖，虽不常见但是正确的一种讲法，并且让全班为他鼓掌加油！

伟伟就这样通过闪耀的眼神说出了自己会解答的信息，让老师读懂之后并自己做出解答过程，成功表现自己。

伟伟这么自卑，又没有勇气举手，如果不是他用自己的眼神表明自己会解答，很有可能就埋没了他的想法。正是因为眼神也能说话，让他闪耀的眼神告诉老师自己是会解答的，老师才会向他提问，让他得以发挥自己的优势。当然他碰到的是一位不错的老师，当他站起来回答的时候最初的眼神局促说出了自己的紧张，老师没有苛责还是给予鼓励，让他有勇气说出自己的答案。

眼神能够说话，能够反映出学生内心情感的变化，而老师正是通过眼神来读懂学生，给予学生适当的鼓励，让学生感受到爱和温暖，促进师生之间信息的交流。眼神的交流也成了师生之间心灵的交流，成了维系师生关系稳定和健康发展的重要纽带。

既然眼神能够说话，我们就要学会恰当用眼神表露自己的心声，让别人读懂自己的想法，促进和他人之间的沟通。口才富有美感，不仅仅表现在话语这样的有声语言之中，同时表现在眼神这样的无声语言里。

反差越大越有效果

说话劝人并非是一件容易的事情，通常越是劝说，别人的逆反心理就会越强，有时候反其道而行不失为一个好的办法，也就是和正常思路正常言辞相差越大反而越有效果。人们都有自己的固执和坚持，如果你只是一味地讲和他相反的话，他只会更加反感，对劝说毫无意义。这个时候我们顺着他的思路讲下去，甚至更加夸张，他就会在你说的过程中意识到自己的荒谬和无知，从而自己主动改正。可见反差越大越有效果。

面对位高权重的人，我们直接讲自己的观点也许会发生冲突，不但让对方没有面子，同时也对自己不利。假如我们可以和别人拥有反差较大的意见，肯定会赢得对方的好感，让对方感觉到自己是在帮助他，而并非是反驳他，然后通过较大的反差，让他意识到自己的过错。

楚庄王特别喜欢马，其中有一匹马他特别喜欢。那匹马因为缺少运动，一直养尊处优，后来因为太过肥胖死了。楚庄王知道后特别伤心，他就想着为这匹马举办一场隆重的葬礼。首先所有大臣要向死马致哀，然后要用上好的棺椁以安葬大夫的标准来为这匹马下葬。大臣们都出面劝阻这种荒诞至极的做法，可是楚庄王丝毫听不进去，而且传下命令说："谁要再敢阻拦我葬马，一律斩首。"

宫廷艺人优孟听说这件事情之后，直接闯进宫里去，见到楚庄王就号啕大哭。楚庄王惊讶地问："你为何哭得如此伤心啊？"优孟说："大王心爱的马死了，实在让人伤心，要知道那可是大王最喜爱的马呀，如果只是用大夫的的标准给马办丧事真是太委屈马了，应该用国君的标准才对。"楚庄王很高兴地问："那你觉得应该怎样安排呢？"

优孟说："按我说，马的棺材要用美玉做，再让所有军队和百姓为马建造高贵奢华的坟墓。出丧的时候，让齐、赵两国使节在前面开路，再让韩、魏两国使节护送灵柩。并且要追封死去的马为万户侯，给它建造祠庙，当地的百姓要长年供奉。这样才能显示大王爱马心切。"

楚庄王听后，立刻醒悟过来，于是特别惭愧地说："我竟不知自己重马轻人到了这么严重的地步？我的过错竟如此大，我该如何办才好？"

优孟特别欣慰地说："这个好办，以炉灶为停，大铜锅为棺，放进花椒佐料、生姜桂皮，把火烧得旺旺的，让马肉煮的香喷喷的，然后全部填进大家的肚子里就是了。"楚庄王点头表示同意，而且改变了对马痴爱的态度。

优孟和别人说的话反差甚大，反而让楚庄王明白自己的过错，从而改变对马痴爱的态度。

当所有人都极力劝阻楚庄王不能为马大肆操办葬礼的时候，优孟没有和他们一样，而是拿出了和大家相反的意见，故意让楚庄王大操大办，越隆重越好，反而是这种过大的反差让楚庄王明白自己的荒谬之处，从而改变自己的态度。

面对讲理的人，我们可以按着正常路数，给他讲他举动的不当之处，但是面对没法讲理的人的时候，用相反的意见去说，反差越大就越能收获意想不到的效果。

娉婷今年刚刚上初一，她喜欢按照电视上明星的样子打扮自己，买名牌衣服和名牌化妆品。爸爸严厉指责她，说她小小年纪，不知道好好学习，天天学那些没用的，而且花钱如此浪费实在太过奢侈了。但是娉婷根本就听不进爸爸的话，还说什么爱美之心，人皆有之，把爸爸气得没法。

后来妈妈把娉婷叫过来，对她说："既然你这么喜欢买奢侈的东西，给你 2 万块钱去买品牌衣服和化妆品吧！几百的东西有什么好的，你直接买上千上万的。这 2 万是我一年的工资，怎么也能买几件啊！"娉婷听到妈妈的话，意识到自己买奢侈品真的很不应该，妈妈一个月才挣 2000 元钱，自己买一件名牌就花掉了好几百，对他们这样的家庭来说实在太过奢侈了。

爸爸的正面劝导对娉婷没用，反而加重她的叛逆心理，但是妈妈就很聪明，没有正面劝说，而是一反常态，鼓励甚至放纵她去买名牌衣服和化妆品，妈妈极大的反差反而让她意识到自己的荒唐举动。可见，有些时候说服一个人不能正面入手，反差越大越有效果，越能收获意想不到的结果。

极大的反差、夸张的描述，很容易让人看到自己错误放大几倍之后的明显效果，如果只是不明显的过错也许自己无法意识到，但是反差越大，表现出来的荒谬就越明显，也就容易让人因为意识到错误而做出改变。

好的口才人人都想拥有，但是学会如何适当运用是很关键的，说话的时候，必须做到语气中肯，不带偏见，这样一个权威的位置之上，然后进行反差较大的劝说，就可以收获到好的效果。

第三十五章

演讲口才：
组织一篇生动的演说词

需要注意的是时时刻刻保持相同的谈话方式，在音量和语速上保持在一定的程度上，更加有利于演说的成功。

——符国群，北京大学光华管理学院教授

三种成功有效的演讲方法

成功优秀的演说不会让听众觉得厌烦，一个好的演说要有明确的目的，既能够让听众明白演说的主题，又能够在一开始就抓住听众的注意力，从而向听众传递信息，进行交流，打动并一直吸引他们。只有说话者完全倾注于所要说的事情上，才能在一次演讲中扮演着主导的力量，进而指挥听众的思维方向，最终获得听众的欣赏。

听众是决定演讲能否成功的关键，是整个演讲活动的主体。所以，要想让演讲成功进行，实现最终目的，演讲者需要按照观众的立场采取适合听众的具体方法，才能更好地说服听众。以下介绍3种成功有效的演讲方法。

（1）在演讲中穿插亲身经历或者是精通的知识。统计发现，演讲者根据自己亲身经历的生活经验来选择最适宜的演讲的内容，是最容易引起听众兴趣的。

有一次，在芝加哥的希尔顿饭店，有一个演讲班正在学习。一位学员这样开头："自由、平等、博爱，这些是人类字典中最伟大的思想。没有自由，生命便无存活的价值。设想一下，如果我们的行动处处受到限制，会是怎样的一种生存状态呢？"他讲到这里时，他的老师想要请他停止这个话题。老师问他："你有什么可以证明并且支持你刚才告诉我们的观点呢？"于是，他讲了一个震撼人的故事。

他曾是一名法国的地下斗士，他和家人在纳粹统治下遭受了种种的屈辱。他以生动、鲜明的词语，讲述了自己和家人是如何逃过秘密警察的追捕来到美国的。他说："今天，我走到密歇根街来到这家饭店，我能随意地自由来去。我经过一位警察的身边，他不会注意我。我走进饭店，也不需要出示身份证件。等会议结束了，我还可以按照自己的意愿去芝加哥任何地方。因此请相信我，自由是值得奋斗的。"他的话获得了全场起立和异常热烈的掌声。

这正是亲身经历的魅力所在。如果没有亲身的经验，对于"自由、平等、博爱"这样一般的哲理和空泛的思想是难以理解透彻，进而叙述详尽的。正是有了早年的经历，是储藏在生命中自身领悟的重要的信念，而不是仓促而成，这才能更好地吸引听众的注意力。

（2）对演讲的题目满怀热情，认真充分地进行准备。对于一个演讲的题目，首先演讲者要有足够的热情，其次就要从生活背景中选取有意义的人生经验，按照自己的习惯组织安排，为演讲做好充分的准备。

戴尔·卡耐基的演讲班上，有一次，老师问学员们，闲暇时都做些什么，有人说去看电影，有人说去打保龄球，有人则说种植玫瑰花。其中有一位学员这么说："我喜欢收集有关火柴的书籍。"老师接着问他一些关于这个与众不同的嗜好的问题，他渐渐精神起来，不再认为自己"对什么事都提不起兴趣"，竟也滔滔不绝起来，甚至还指手画脚地描述起自己收藏火柴书籍的小房间来。等他开始对自己最喜爱的话题兴奋起来的时候，老师打断他："你为什么不对我们谈谈这个话题呢？我觉得挺有意思的。"随后，这个学员就以收藏家的身份，兴高采烈地畅谈了一个晚上。

演讲者只有对题目满怀热情的时候，才能信心饱满地娓娓道来。不要认为自己过的是平凡单调的生活，也不要妄自菲薄，否定自己耗用多年精力追求的嗜好的价值，认为不会有人对其感兴趣！要知道，一个话题有没有趣味价值，唯一的方法是问自己对它有多少兴趣、是否还能带着满腔热情。

（3）关注听众的信息，和听众保持联系，与听众产生共鸣。一个成功的演讲包括三种因素：演讲者、演讲内容和听众。演讲前，演讲者要了解听众的信息，清楚他们的身份，文化背景，有什么爱好以及关心的问题，等等，避免出现对牛弹琴的尴尬局面。演讲过程中，演讲者不要忘记跟听众沟通，时不时地利用自己的微笑、停顿或者是其他的动作来与听众沟通，与他们保持联系，防止出现僵局。随时注意听众的表情，是眉头紧皱、是激昂亢奋，还是昏昏欲睡，从而针对不同的情况采取应对措施，获得较好的演讲效果。同时，演讲的过程中还要以听众为中心，那就是演讲者必须使听众觉得，他所谈论的话题很重要。他不仅要对这个话题充满强烈的热情，还得把这种热情传递给听者。能够引起听众共鸣的演讲才能算是一个成功有效的演讲。

只要遵循正确的方法，做好充分的准备，任何人都能成为出色的演讲家。将以上三种方法运用到演讲中，更容易实现演讲的目的，完成一场成功的演讲。

成功演说的关键

进行演说的目的是要让对方知道自己的看法，从而会对对方产生一定的影响与作用。演说的主要对象是听众，听众的情绪直接影响到演说的效果。演说是一项艺术，怎样才能进行成功的演说、它的关键因素有哪些，这些都是一个优秀的演说家要考虑的重要问题。

演说者演说的主题与内容主要是通过声音传达给对方的，因此要想提升自己的演说水平，关键是要在声音与速度上给予把控，声音不能太小，使部分听众听不见演说者的声音，这样一定会影响听众的注意力，甚至会引起听众不满，从而出现交头接耳、窃窃私语的情况。成功演说的关键之一就是演说者的声音一定要洪亮、有力，甚至大到足以压倒分散注意力的嘈杂声，并且在演说时，必须牢牢地保持说话的速度和节奏，这样才能激发听众的兴趣。

在演说的过程中声音与速度是比较关键的，但是也不能忽略演说的时间与内容。通常情况下，听众注意力比较集中的时间只有 20 分钟，在这之后，一般人的注意力开始下降，一个小时以后注意力急剧下降。因此，在准备演说时，要尽量把自己的演说压缩到最短时间，在听众开始听讲时注意力非常集中的时间里，把自己所要讲的话都讲完，也可以采取一些能够引起对方兴趣的表达，以取得演说的最大效果。此外，也要注意听众是不是对演说的内容感兴趣，使用听众能够接受的语言来进行演说，采用合适的措辞、灵活的语言来吸引听众的注意力。

在一次讨论会上，一位著名的演说家为现场 200 多人带来了一场别具一格的演说。他一上台，并没讲一句开场白，而是在手里高举着一张 20 美元的钞票。面对会议室里的人，他声音洪亮的问："谁要这 20 美元？"一只只手举了起来。他接着说："我打算把这 20 美元送给你们中的一位，但在这之前，请准许我做一件事。"他说着将钞票揉成一团，然后问："谁还要？"仍有人举起手来。他又说："那么，假如我这样做又会怎么样呢？"他把钞票扔到地上，又踏上一只脚，并且用脚碾它。尔后他拾起钞票，钞票已变得又脏又皱。"现在谁还要？"还是有人举起手来。这个演说者接着说："朋友们，这就是我今天想要演讲的内容。无论我如何对待这张钞票，你们还是想要它，因为它并没贬值，它依旧值 20 美元。诚然，人生路上，我们会无数次被自己的决定或碰到的逆境击倒、欺凌甚至碾得粉身碎骨；我们会觉得自己似乎一文不值。但无论发生什么，或将要发生什么，在上帝的眼中，我们永远不会丧失价值。在他看来，肮脏或洁净，衣着齐整或不齐整，依然是无价之宝。"话音一停，现场爆发出雷鸣般的掌声。

这位演说家的这次演讲是非常成功的。本来要为听众解说，忍耐挫折、勇往直前、乐观向上的态度这样的人生感慨是会比较枯燥无趣，演说家巧妙地抓住了听众的注意力，采用了与众不同的展示方式，加深听众的印象，使得听众在不知不觉中受到了演说家的感染，领悟这一番演讲的目的。

要引起对方对演说的注意，可以在声音或者表达方式上进行改进与创新，使用听众能够接受的语言，让其能够正确地理解演说的主要内容。此外，在演说的时候尽量少说客套话，因为不但浪费时间，还会影响演说的气势。因此，成功演说的另一关键因素是要有博大的气势、较强的节奏感，让人听了有一种振奋人心的感觉。并且演说的时候切忌豪言空谈，讲些空洞无物的事情，不按照具体情况脱离实际的演说通常都会遭到听众的抵触与反感。

北京大学校友、新东方校长俞敏洪有一次在北京大学演讲《我在北大的体会》，让人印象深刻。里边提到：我常常跟同学们说，如果我们的生命不为自己留下一些让自己热泪盈眶的日子，你的生命就是白过的。我们很多同学凭着优异的成绩进入了北大，但是北大绝不是你们学习的终点，而是你们生命的起点。在 1 岁到 18 岁的岁月中间，你听老师的话、听父母的话，现在你真正开始了自己的独立生活。我们必须为自己创造一些让自己感动的日子，你才能够感动别人。我们这儿有富裕家庭来的，也有贫困家庭来的，我们生命的起点由不得你选择出生在富裕家庭还是贫困家庭，如果你生在贫困家庭，你不能说老爸你把我收回去，我不想在这里待着。但是我们生命的终点是由我们自己选择的。我们所有在座的同学过去都走得很好，已经在 18 岁的年龄走到了很多中国孩子的前面去，因为北大是中国的骄傲，也可以说是世界的骄傲。但是，到北大并不意味着你从此大功告成，并不意味着你未来的路也能走好，后面的五十年、六十年，甚至一百年你该怎么走，这成为每一个同学都要思考的问题。就本人而言，我觉得只要有两样东西在心中，我们就能成就自己的人生。

第一样叫作理想。我从小就有一种感觉，希望穿越地平线走向远方，我把它叫作"穿越地平线的渴望"。也正是因为这种强烈的渴望，使我有勇气不断地高考。当然，我生命中也有榜样。比如我有一个邻居，非常有名，是我终生的榜样，他的名字叫徐霞客。当然，是五百年前的邻居。但是他确实是我的邻居，江苏江阴的，我也是江苏江阴的。因为崇拜徐霞客，直接导致我在高考的时候地理成绩考了 97 分。也是徐霞客给我带来了穿越地平线的这种感觉，所以我也下定决心，如果徐霞客走遍了中国，我就要走遍世界。而我现在正在实现自己这一梦想。所以，只要你心中有理想、有志向，同学们，你终将走向成功。你所要做到的就是在这个过程要有艰苦奋斗、忍受挫折和失败的能力，要不断地把自己的心胸扩大，才能够把事情做得更好。

第二样东西叫良心。什么叫良心呢？就是要做好事，要做对得起自己对得起别人的事情，要有和别人分享的姿态，要有愿意为别人服务的精神。有良心的人会从你的生活中做的事情中体现出来，而且你所做的事情一定对你未来的生命产生影响。

这只是俞敏洪演讲的片段，整个演讲过程中，无数次的掌声和笑声响起。这正是说话者掌握住了演讲过程的节奏，从实际出发，向听众阐释着演讲主旨，让人不禁产生一种振奋人心的感觉。

优秀成功的演说一定要真实的反应客观情况，但也不能杂乱无章地乱说，要有条理的、运用真情实感的说话，让人们感觉到演说者的真诚。

成功演说的影响要素包含着方方面面，比较关键的主要体现在声音、语速、内容与情感等方面，因此要想变成一名优秀的演说者，就要在这些方面给予提升，使演说明白晓畅，能够抓住听众的心。

运用修辞为演说增色

成功的演说一枝神奇的枪和一柄锋利的剑。要想有一场成功且富有鼓动性的演说，就要在演说中恰当运用修辞，那么这个演说该如何组织呢？正如"诗无定法"一样，演说怎样组织才富有鼓动性也是没有定法的。通常来讲，演说要想具有鼓动性，就一定要从听众的需要出发去组织内容，演说的内容、风格一定要根据演说对象与场合来组织，有时候也要联系演讲者本人的一些特定情况。

在演讲中恰当运用修辞是极其重要的，修辞是对演讲词通篇艺术性的总体把握，可以使演讲成为一种优美而动听的语言艺术。好的演讲，既要给听众留下深刻的印象，也要给听众一种艺术美感，更要让他们随着演讲的进行，情感起伏跌宕时而紧张、严肃；时而轻松、活泼。只有恰当运用修辞，才能达到语言艺术听觉美的要求。

富有鼓动性的演说，一定要注意它的适合性，只有适合了才能易于表达，表达得更好才容易被人接受，取得应有的、更好的效果。不但如此，带有充沛感情的演说才能更富有鼓动性。可以在演说中运用排比、反问和重复等修辞手法，从而加强演说词的感人效果和说服力量。

美国著名政治家和演说家佩特瑞克·亨利在《诉诸武力》的演说中是这么讲的："我们的申请只遭到轻蔑；我们的抗辩招来了更多的暴行与侮辱；我们的祈求根本没有得到人家的理睬；我们所得到的不过是被人百般奚落后，一脚踢开阶下……如果我们渴望得到自由——如果我们……——如果我们……——那我们就必须战斗！让我们重复一遍，先生们，我们必须战斗！诉诸武力，诉诸万军之主，这才是我们的唯一前途！……"

而在演说快要结束的时候，他这么收尾："战火实际上已经爆发。兵器的轰鸣即将随着阵阵的北风而不绝于耳！我们的兄弟此刻已经开赴战场！我们岂可在这里袖手旁观，坐视不动？请问一些先生们到底心怀什么目的？他们到底希望得到什么？难道无限宝贵的生命，无限美好的和平，最后只能以镣铐和奴役为代价来获得吗？……

不自由，则毋宁死！"

不言而喻，佩特瑞克·亨利的这篇演说是极具鼓动性的。为了强调形势的紧迫，他运用了一连串的排比句式和重复句，将诉诸武力的思想和理由表达得异常鲜明、异常坚定、异常有力；另外，他在结尾时采用了责问和反问的方式，显得咄咄逼人，气势酣畅，让这篇演说富有很强的鼓动力。

富于激情的演说通常也是很有鼓动性的，不但会在演讲中获得掌声，而且具有较强的煽动性。

修辞的合理运用，对于演讲的鼓动性有很大帮助，除了排比和反问，为了使演说词生动、形象，从言辞上富有鼓动性，可以采用比喻的修辞手法，或者有时采用通篇用比的手法。

赵玉同学是全校演讲比赛第一名的获得者，要在授奖大会上做一次答谢演说，他是这样说的："在一个很大很大的瓜田里，有无数的西瓜。它们有很多很多，有的很大，而且很好。有一个西瓜恰好生长在路边。于是，它很容易便被人发现了。和瓜田的其他西瓜比起来，这个生长在路边的西瓜或许并不算最大，并不算最好。但是，由于它被人们发现了，所以，受到了一连串的称赞：'好瓜！好瓜！'

"那么，这个西瓜应该怎么想呢？如果它在颂扬声中飘飘然起来，真以为是'老子天下第一'，那么，它便是一个大傻瓜；如果它以为自己的长成完全是凭自己，而忘记了园丁们的培育、浇水、施肥，那么，它也是一个大傻瓜；如果它在颂扬声中能保持清醒，继续生长，力追同伴，那么，它才真正是一个'好瓜'。

"我，就是这个生长在路边的、已被人发现的、很大的瓜田中的一只瓜。"

这篇演说词虽然不长，但是全篇用瓜作喻，把演说者自身的那种谦虚谨慎、再接再厉，不忘园丁、不忘同伴的思想品德表达得恰如其分，非常完满，也很生动、形象，让听众在享受演说的过程中受到一定的思想熏陶，产生一定的情感共鸣，取得了很好的效果。

组织演说稿的时候，采用比的方式或明喻、或隐喻，可以给听众留下适当的思考、回味的余地，使演说精髓深入到听众的内心，形成较大的鼓动效应。

一篇成功的演说稿，除了要确保内容适合听众，适合场合与时间，也要适合演说者本身外，同时，要借助一定的修辞手法与表达方式，形象生动的比喻，气势恢宏的排比，感情强烈的反问来增强感染力，让听众有一定的情感共鸣，自然就增强了演说稿的鼓动性。

开头和结尾最关键

俗话说，万事开头难。同样的道理，演讲的开场白最不易把握，而结尾亦同样不容小觑。一场演讲的开头和结尾最能体现一个演说家的真正本领。在一个正式的演讲中，要想三言两语抓住听众的心，最困难的工作是要在一开始就能引起听众的兴趣，获得对方的信任，以及在结尾的时候所说的几句话，能让听众听完之后还在耳边回响，这些话将被保持最长久的记忆。对于一次成功的演讲来说，开头和结尾最为关键。

开头和结尾是一场演说中最具战略性的。演讲的开头是整个演讲的第一部分，在整个演讲过程中占有举足轻重的地位。好的开头，往往能唤起听众的兴趣和求知欲，紧紧抓住听众的兴头，对听众产生巨大的吸引力。结尾是演讲的最后一部分，结尾不应冗长拖沓，更不能画蛇添足，而要在达到高潮时戛然而止，给听众回味无穷的感觉，要尽可能达到与听众感情上的交融，引起听众的共鸣。

如何才能做好开头呢，开头应该短小精巧、新颖诱人，可以采用提问式的开头。演讲者在一开始就提出一个或几个人们普遍关注的急切需要解决的或者出乎意料、发人深省的问题，能够迅速地唤起听众的兴趣和注意力，引起人们深思，自然地激发听众的参与意识，缩短演讲者与听众的距离，使两者的思想感情得以迅速沟通。

当你目视着五星红旗冉冉升起时，当你聆听着雄壮有力的国歌声时，当你满怀激情高唱着《义勇军进行曲》时，你想到了什么？——烈士的鲜血、民族的发展、祖国的昌盛……毫无疑问，这些都是应该思索的。但此时此刻，你是否还想到了你自己，想到了你自己肩上的历史责任与使命；你是否想到如何为国旗增添光彩；是否想让自己的青春更加美丽、更加壮观？

这种提问式的开头不断地向听众提出问题，听众在不断地思考，自然也就引起了听众的注意和兴趣，好的开头还要与后面阐述的问题联系紧密，能巧妙而自然地引发出演讲的主体内容。此外，在设计与安排开头的时候还可以采取讲故事的方式、揭题方式、开门见山等方式，要根据演讲的内容选择合适的开头，好的开头能够引起对方的兴趣，让听众能够继续听下去。

开头如此，能够引起听众的兴趣与注意，调动听众情绪，创造气氛；结尾则会对听众给予一定的思考与启迪。结尾必须事先计划好。很多事情，如果事先把计划做好，剩下的就好办了，而且演讲的结尾不能结束得太过突然，要有自然的过渡，让听众在脑海中还会不时地回忆出来演讲者说的最后几句话。

林肯在他的就职演说的结尾这样说："我们很高兴地盼望，我们很诚挚地祈祷，这场战争的大灾祸将很快成为过去。然而，如果上帝的旨意是要这场战争持续250年，让那些无报酬的奴隶所积聚的财富完全耗尽，持续到受皮鞭鞭打而流出的每一滴血要用由刀剑砍伤而流出的血来赔偿，那么，我们也必须说出三千年来相同的那句话：'上帝的裁判是真实而公正的。'不对任何人怀有敌意，对所有人都心存慈悲，坚守正义的阵营，上帝指引我们看见正义，让我们努力完成我们目前正在进行的任务，治疗这个国家的创伤，照顾为国捐躯的战士们，照顾他们的寡妇及孤儿，我们要尽我们一切的责任，以达成在我们之间的一项公正永久的和平，并推广至全世界各国。”

林肯在结尾用了这样充满感情、充满爱意的演说辞，很容易引起听众的共鸣，给听众以强有力的触动，从而留下更多的回忆，令人回味无穷。

那么，如何才能形成较为合适的演说结尾，培养一定的结尾情感呢? 演说者要能够感觉到和谐与顺畅，关键是要多练，去培养感觉，去总结经验，这样才能不断地将自己从一个生手变为熟手。

在多伦多帝国俱乐部，威尔斯亲王发表过一个演说，在结尾他是这样说的：“各位，我很担心。我已经脱离了对自己的克制，而对我自己谈得太多了。但我想要告诉各位，你们是我在加拿大演讲以来人数最多的一群听众。我必须要说明，我对我自己地位的感觉，以及我对于这种地位同时而来的责任的看法——我只能向各位保证，将随时尽这些重大的责任，并尽量不辜负各位对我的信任。”

即便是非常“木”的听众，也会感觉到演讲结束了，这就是演讲的结尾。精彩的演讲结尾不要重复、松散、拖沓、枯燥，应尽量避免那种人云亦云的客套式的结束语，这样的结尾才会在听众的头脑中留下深刻的印象。

对于一个成功的演讲来说，开头和结尾是最为关键的。好的开头能够吸引对方的关注，让其能够继续听下去，介入演讲的内容；好的结尾是对演讲主题的神化与提升，能够激起听众的反思与共鸣，也只有这样的开头与结尾，才有可能让演讲成功，才能更好地发挥演讲者的演说艺术。

怎样组织一篇令人信服的演说稿

科学合理的安排演说稿是做好一次成功演讲的关键，是演说具有信服力的主要保证，那么怎样才能组织一篇优秀的具有信服力的演说稿，这是所有演讲者都会面对的问题。要想组织一篇令人信服的演说稿，可以借助一些技巧与表达艺术来实现，首当其冲，可以在开头的时候总结自己的观点。

通常情况下，演说者会在不知不觉间将演讲的话题或者说话的范围扩大，增加很多的内容，致使整个演讲听下来之后，听众对于他的主要论点究竟在何处仍感到有点困惑，听众只会记住一大堆事情，但没有一样能够记得很清楚。因此，要想完成一篇优秀的演说稿，演讲者就要首先陈述自己演说的主要内容与主题，让听众有个清晰的印象，可以更为认真地听演讲者是怎样阐述这个问题的。

Jan是芝加哥的一名交通经理，在一次演说中他就将演说主题首先给出，说：“各位，简而言之，根据我们在自己后院操作这套信号系统的经验，根据我们在东部、西部、北部使用这套机器的经验，它操作简单，效果很好，再加上在一年之内它阻止撞车事件发生而节省下的金钱，使我以最急切及最坦荡的心情建议：立即在我们的南方分公司采用这套机器。"

首先，陈述演说的主题，可以让听众不必听到他演说的其余部分，就可以看到并感觉到那些内容，能够让听众对演讲内容有较为清晰的认识。

其次，要想组织一篇优秀的令人信服的演讲稿，也可以在演讲内容中穿插事实，以及利用权威知识和数据等，增加演讲的可信度，让人更加信服。

北京大学校友、新东方校长俞敏洪在北京大学演讲《我在北大的体会》中，穿插了自己亲身经历的事实。演讲中他这么说："在北大当学生的时候，我一直比较具备为同学服务的精神。我这个人成绩一直不怎么样，但我从小就热爱劳动，我希望通过勤奋的劳动来引起老师和同学的注意，所以我从小学一年级就一直打扫教室卫生。到了北大以后我养成了一个良好的习惯，每天为宿舍扫卫生，这一打扫就打扫了四年。所以我们宿舍从来没排过卫生值日表。另外，我每天都拎着宿舍的水壶去给同学打水，把它当作一种体育锻炼。大家看我打水习惯了，最后还产生这样一种情况，有的时候我忘了打水，同学就说'俞敏洪怎么还不去打水'。但是我并不觉得打水是一件多么吃亏的事情。因为大家都是同学，互相帮助是理所当然的。同学们一定认为我这件事情白做了。又过了十年，到了 1995 年年底的时候新东方做到了一定规模，我希望找合作者，结果就跑到了美国和加拿大去寻找我的那些同学，他们在大学的时候都是我生命的榜样，包括刚才讲到的王强老师等。我为了诱惑他们回来还带了一大把美元，每天在美国非常大方地花钱，想让他们知道在中国也能赚钱。我想大概这样就能让他们回来。后来他们回来了，但是给了我一个十分意外的理由。他们说：'俞敏洪，我们回去是冲着你过去为我们打了四年水。'他们说：'我们知道，你有这样的一种精神，所以你有饭吃肯定不会给我们粥喝，所以让我们一起回中国，共同干新东方吧。'这样才有了新东方的今天。"

俞敏洪通过介绍自己的亲身事迹，向人们解释了他当下获得的成就一个主要原因，通过这样的阐释，令听众们心中被其事迹感动，内心不由得被折服，不得不说，这是一次令人信服的演讲。

另外，还可以采取名人语句或者是引用一些权威知识来阐述演讲的主题，突出演讲的重点。

福兰克·范德利普，著名的财经专家，在《盟国对美国的债务》的演讲中就曾经这样表述过："如果我们坚持按照条文索还债款，我们可能将永远收不回这些债款。如果我们自私地坚持作这项要求，我们收回的将是仇恨，而不是现款。如果我们大方一点，而且是很聪明的大方，那么，这些外债将会全部收回，而我们对他们的好处，将使我们获得更多物质上的好处。凡挽救其生命者，也将失去生命；但为我及福音丧失生命者，也将获得拯救。"

通过《圣经》里的名言较好地阐述与深化了演讲，用听众较为熟悉的内容来解说更易让他们产生一定的共鸣，更好地理解演讲。这通常很难控制，如果处理得当，会让整个演讲的力量越来越强大。

演讲是人类的一种社会实践活动。如何组织一篇让人信服的演说稿，能够和听众产生共鸣，关键在于要激起听众的兴趣与注意，让听众能够积极地想要继续听下去，有时也能够对若干问题进行质疑与发问，产生演说者与听众的互动。借助一些说话与演说技巧，如首先综述演讲地主题、通过演说者亲身经历或者名人名言等权威知识，这样都能够很好地抓住听众的心理，使其对整个演讲产生兴趣，这样的演说稿就可以说是比较成功与优秀的，也有一定的说服力。

演讲开头吸引人的技巧

万事开头难，而良好的开头是成功的一半。所以演讲者要殚精竭虑，全力以赴对付好开头，力求一开口就拨动听众的兴奋神经。如果能在开始就让听众产生一种肯定的心理定式就再好不过。

文章开头最难写，同理可知，作演讲开场白最不易把握，要想三言两语抓住听众的心，并非易事。如果在演讲的开始听众对你的话就不感兴趣，注意力一旦被分散了，那后面再精彩的言论也将黯然失色。因此，只有匠心独运的开场白，以其新颖、奇趣、敏慧之美，才能给听众留下深刻印象，才能控制场上气氛，在瞬间集中听众注意力，从而为接下来的演讲内容顺利地搭梯架桥。

奇论妙语，石破天惊，听众对平庸普通的论调都不屑一顾，置若罔闻；倘若发人未见，用别人意想不到的见解引出话题，造成"此言一出，举座皆惊"的艺术效果，会立即震撼听众，使他们急不可耐地听下去，这样就能达到吸引听众的目的。

平常比较常用的形式主要有这样几种：

1. 以故事开头

在开头讲一个与你所讲内容有密切联系的故事从而引出你的演讲主题。

这种方式的开场白很能引起听众的兴趣，而且在语言操作上也比较容易，这适合那些初学演讲的朋友使用。总之，你要注意的是故事型的开场白一定要摒弃复杂的情节和冗长的语言。

2. 开门见山

打开门映入眼帘的就是山，也就是一开始就用高度凝练的语言把演讲的基本目的和主题告诉朋友，引起他们想听下文的欲望，接着在主体部分加以详细说明和论述。这便是开门见山型，如《在马克思墓前的讲话》：

3月14日下午两点三刻，当代最伟大的思想家停止了思想。让他一个人在屋里总共不过两分钟，等我们再进去的时候，便发现他在安乐椅上静静地睡着了，但已经是永远地睡着了。这个人的逝世对欧美战斗着的无产阶级、对于历史科学都是不可估量的损失。这位巨人逝世以后形成的空白，在不久的将来就会使人感觉到。

在这里恩格斯以极为简略、精当的话语明确道出了他这次演讲的主题。

开门见山型的开场白适合于比较庄重的演讲场合。因此，它要求必须具备高度的总结概括能力。

3. 以幽默开篇

幽默型即是以幽默或诙谐的语言及事例作开场白。这样的开场可以使听众在演讲者的幽默启发下集中精力进入角色，接受演讲。演讲时如何巧用笑话开篇？

笑话人物鲜明，情节离奇，意义深远，俏皮幽默。在演讲开始讲一个笑话会令听众开心解颐，得到启示。在轻松气氛中领悟演讲观点。

运用笑话开始演讲要轻松地去体现，要配合以微笑，点头等态势语，表现出真实感；要用清楚而贴切的语言，不装腔作势；要正视听众，求得共鸣，讲之前不要急着做言过其实的应允或过分的谦卑，过高或过低的估计都会使听众反感。

4. 以引用开篇

演讲的开场白也有直接引用他人话语的（大多是名人的富有哲理的名言），它为演讲主旨作事前的铺垫和烘托，概括了演讲的主旨。

5. 以抒情开篇

这种开场白主要借助诗歌、散文等抒情文学的形式，通过华丽的辞藻和汹涌澎湃的激情，感染听众，把听众带入诗一般的境界。多数参加演讲比赛的朋友都喜欢运用这种类型的开场白。

良好的开头应如瑞士作家温克勒说的有两项任务：一是建立演说者与听者的同感；二是如字意所释，打开场面，引入正题。具体方法是语言新鲜，忌套话、空话；忌那些磨光了棱角的、听众不爱听的老话、旧话；语言准确，忌大话、假话；语言简练，忌空话、抽象话。

具体描绘景象让听众"看见"你的话

演讲者的首要目标是获取并把握听众的注意。要实现这个目标，有一项极为重要的技巧，这就是景象描绘。景象描绘就是使用能造成图画般景象的字眼。让人听起来轻松愉快的演讲者，无一例外都是能塑造景象于你眼前的高手。

我们来看看这样一段演讲，它用了很大的篇幅，用形象的景象来描写由于资源得不到利用，人民生活贫困乃至许多人无钱来购买生活必需品的情况。

我听说在国内有几百万的民众，他们是胼手胝足地过着日子，面目憔悴显得营养不足，他们缺乏面粉来充饥。可是，在尼亚加拉地区，每小时却要在无形中消耗相当于 25 万块面包价值的瀑布能量，我们可以想象，每小时有 60 万只鸡蛋越过了悬崖，变成了一块巨大的鸡蛋饼，跌落到飞流而下的瀑布中。如果从织机上织下来的白布，能够有 400 丈宽，它的价值也等于尼亚加拉瀑布所消耗的一样。我们还可以想象，有一家极大的百货公司，每天由意瑞河的下游，把公司里所有的货品全部抛落到 160 英尺的山洞中，这是一个多么巨大的消耗啊！对于这个无形的消耗，有人主张政府应拨出一笔款子来利用这一巨大的水力资源，可是想不到有人竟会强烈反对！

这段演说词，景象鲜明，把所说的问题形象地展现在听众眼前。

一个会演说的人，他会使他说的影像浮映在听众的眼前，而那些不会讲话的人，只是使用平淡无味的语言，结果让听众昏昏欲睡。因此，你应该把图像用在你的演说中，用在你日常的谈话中，这样，你就更能感染他人，让他人接受自己的观点了。

你可曾注意到，在那些流传了好几个世纪而且广泛使用的比喻里，也不难发现同样的图画效果："如狐狸那样狡猾"、"僵死得像一枚门钉"、"像薄煎饼那般平板"、"硬得像石头"，等等。

把眼睛看向明确而特殊的事情上，描绘出心灵的图景，使它独立突出、显著而分明，如衬映着落日余晖的公鹿头角的长影。说"一匹黑色的坛特兰小马"是否比说"一匹马"逼真了许多？"一只白色、断了条腿的矮种公鸡"，难道不比光是"鸡"一个字给人更确切而显明的图像吗？

要有勇气把你对事情的看法说出来。例如，在《圣经》记载的挪亚大洪水之后不久，一些最富创意的人首先使用了这个比喻，"冷得像条胡瓜"。这个比喻太好了，因为它极具新鲜感和生动性。即使是在后来的贝尔夏加的著名盛宴中，这个比喻可保有它的原始新鲜感，而值得在一场宴后的演说中使用。

趁你现在还有这份兴致，你可以想想你自己的比喻，用以表达寒冷的感觉。要有与众不同的勇气，把它们写下来。

在演说中穿插细节描写，会使你描述的事物生动形象地呈现出来。此方法在日常生活中可以充分使用。通过观察，你可以首先向那些很会说话、十分善于言谈的朋友学习精彩、生动的细节描写。

适当删减自己的演讲内容

受听众可接受性的制约，面对听众的独白式发言，演讲往往有一定的时间限制，所以要考虑篇幅是否符合规定的时限。如果超过规定的时限，应当压缩文字，删减篇幅。倘若不到规定的时限，有必要的话还要再增加材料、扩充内容。最好是在保持内容完整的前提下，使内容具有一定的伸缩性。这样，临场时可以根据听众的反应随时做出调整，灵活机动地把握时间。

不会删减自己的谈话内容以适应这个时代快速变化的演说者，将不会受到欢迎，而且，有时还会受到听众的排斥。

有这样一个演说者，他曾经是位医生，一天晚上，他在布鲁克林的大学俱乐部演讲。那次集会，时间拖得很长，已有很多人上台说过话了。轮到他演讲时，已是凌晨一点钟了。他要是为人机智圆滑一点，或是善解人意一点，应该上台说上十几句，然后让大家回家睡觉。但他没有这样做，反而展开了一场长达45分钟的长篇演说，极力反对活体解剖。他还没讲到一半，听众就希望他从窗口摔出去，并摔断某些部位，任何部位都可以，只要能让他住口就行。

控制好演讲的时间，就必然涉及演讲内容精练的问题，它们之间是相辅相成的。一般来说，演讲要短，要精辟，长了没人听。精练，是所有著名演说家的共同特色。即使是历史上许多具有重大意义的著名演讲，虽然内容博大精深，却大多以短小精悍制胜。

斯大林在苏联面临德国法西斯疯狂进攻的紧急关头，在莫斯科红场作动员卫国战争的演说，总共才讲了1700多字，用了不到10分钟；恩格斯在马克思墓前的演说，仅有1200多字，用了五六分钟，却把马克思光辉一生的伟大贡献概括无遗。

可与华盛顿相提并论的美国第十二任总统林肯，在他一生中发表过许多重要演说。但最引人注目、评价最高的一次演说，就是在葛提斯堡为纪念一次战役胜利和庆祝国家烈士公墓建成的大会上的演讲。这次演讲不到3分钟，共10句话。当时，新闻记者甚至连拍照都来不及，他却已经讲完了。但他的演讲观点明确，第一次明确地提出了"民有、民活、民享"的资产阶级民主革命思想，而且逻辑严谨，语言精湛深刻，有极大的鼓动力和号召力。3万多听众发出了经久不息的掌声。连在他之前演讲了2个小时的著名演说家埃弗雷特也写信给林肯："如果我在2个小时内所讲的东西，能稍微及你在2分钟内所讲的中心思想的话，那么，我就十分欣慰了。"

要想使自己的演讲语言凝练，就要在观察认识事物上下功夫，只有当你对事物的本质和规律了如指掌的时候，才可能一语道破。另外，还要学会摒弃无用信息、剩余信息，压缩次要信息，提高传递有效信息的时间和利用率。

冗长的演讲词不仅不能引起听众的兴趣，反而会让听众感到厌烦，从而忽略掉演讲者真正要陈述的重点。因此，在演讲中，根据现场的情况适当删减自己的演讲内容能够有效避免信息浪费，从而让听众快速接收演讲者的观点。

做好演讲结尾，避免听众反感

据研究，演讲的结束语简洁、大方、有力、感人才能给听众留下好的印象。演讲语开头要求能打动人心，而结尾却要求能震撼人心，供给人思考和回味的余韵，所以有时候结尾比开头更难掌握。精彩的结尾可以让全篇演讲得以升华，收到更好的演讲效果。

林肯赞美尼亚加拉瀑布的演说，就是如此。请看他怎样把哥伦布、耶稣、摩西、亚当等人的时代和尼亚加拉瀑布相比，一句比一句更有力而达到高潮的。

这使我们回忆过去。当哥伦布首次发现这个大陆，当基督在十字架上受苦，当摩西领导以色列人通过红海，甚至当亚当首次自其造物者手中诞生时，那时候和现在一样，尼亚加拉瀑布早已在此地怒吼。已经绝种但其骨头塞满印第安土墩的巨人族，当年也曾以他们的眼睛凝视着尼亚加拉瀑布，正如我们今天一般。尼亚加拉瀑布与人类的远祖同期，但比第一位人类更久远。今天它仍和一万年以前一样声势浩大。早已死亡，而只有从骨头碎片才能证明它们曾经生存在这个世界上的史无前例的巨象，也曾经看过尼亚加拉瀑布。在这段漫长无比的时间里，这个瀑布从未静止过一分钟，从未干涸、从未结冻、从未合眼、从未休息。

这个结尾给人的感觉是一浪高过一浪，使人心里难以平静，思维由演说者牵着往前走。

一般来说，对讲演结尾的要求大致可以归纳成以下 3 点：

1. 加深印象，结束全篇

当演讲基本完成，听众对你的观点、态度以及讲述的有关知识基本上已经掌握时，就必须考虑"收口"了。"收口"将从视觉上、听觉上给听众留下最后印象，将在听众的大脑屏幕上定格。"收口"的好坏直接决定了听众对整个演讲的印象。精彩的结尾往往能弥补一些不足，强化听众的总体印象。只要我们留意一下，便会发现所有的演讲家对结尾都是很重视的。

卓别林是著名的喜剧大师，也是出色的演讲家，他在 1943 年所作《要为自由而战斗》的演讲中，痛斥了妄图奴役人民的"野兽"。最后他用直接呼告的形式给听众留下了不可磨灭的印象：

"哈娜，你听见我在说什么吗？不管你在哪里，你抬起头来看哪，哈娜，乌云正在消散，阳光照射进来！我们正离开黑暗，进入光明！我们正在进入一个新世界——一个更可爱的世界。那里的人将克服他们的贪婪、他们的仇恨、他们的残忍。抬起头来看哪，哈娜，人类的灵魂已长了翅膀，他们终于要展翅飞翔了。他们飞到了霓虹里——飞到希望的光影里。抬起头来看呀，哈娜！抬起头来看呀！"

2. 言辞简洁，耐人寻味

演讲结尾切忌重复、松散、拖沓、枯燥，尽量避免那种人云亦云的客套式的结束语。结尾言简意赅应该是演讲者追求的目标。伟大的歌德曾这样欢呼新时代的到来："宽恕我吧！渗透着时代精神，这是莫大的乐趣！"看哪，从前的智者是怎样思考的，而我们最后却远远超过他们。这样的结尾犹如撞钟，余音缭绕，耐人寻味，令人感奋向前。

3. 戛然而止，余音绕梁

结束语是演讲的重要组成部分，精妙的结束语能使演讲收到意想不到的效果。通常情况下，结尾不应冗长拖沓，更不能画蛇添足，而要在达到高潮时戛然而止，给听众以余音绕梁、回味无穷的感觉。结尾时要尽可能达到与听众情感上的交融，引起听众的共鸣。在把握好分寸的前提下，满腔热情地提出希望、要求和建议。

美国《星期六晚报》的主编说过："我把文章刊登在最受欢迎的地方，就结束了；而在演说上，当听众达到最愉快的顶点，你就应该设法早些结束了！"

林肯第二次就任总统时的演说结束语，历来被称为最精彩的结尾。他说："对任何人都不怀恶意，对一切人抱宽容态度；坚持正义，因为上帝使我们懂得正义。让我们继续努力完成我们目前正在进行的事业，把国家的创伤包扎起来，关怀那些担负起战争重担的人，关怀他们的孤儿寡母——凡是可以在我们中间，在同所有国家的关系方面带来和保持公正持久的和平的一切事情，我们都要去做。"

这个结尾干净利索，凝练有力，极富人情味和鼓动性。

演讲贵在适可而止。当止不止，白费力气。当演讲因种种原因需要中止时，你仍然滔滔不绝讲个不停，必然引起听众的反感。这时，你就应设法立即中止讲话，这样会得到听众的理解和好评。

在演讲的结尾，有些演讲者不考虑如何把演讲留到听众心中，让演讲渗入听众记忆深处，却喜欢用一些没有信息含量、没有感情力度的陈词滥调，以致留下松散、疲沓无力的尾巴。这样效果不好，应该尽量避免。

第三十六章

控场口才：
如何使讲话有条理，突出重点

组织语言的能力是口语表达能力的一项基本功。要有顺序地抓住景物的特点进行描述，不要东一句、西一句，南一句、北一句的，让人听了以后能知道你描述的到底是个什么景物。

——陶小唐，北京大学公众演讲与管理沟通课题组研究员

掌握谈话进程比谈话逻辑重要

谈话进程指的是要抓住谈话的时机，要根据具体的情况与情境来把握和对方谈话的话题，及时用简短精确的话语总结想要表达的意思，尽量不要让冗长、啰嗦的话语持续下去，而是要带领大家尽快进入下一个话题，这时候，谈话进程的把握显得最为关键。

人们在和对方谈话的时候，要想得到对方的认可与赞同，就要经常注意对方的心理、周围的状况，还要随机应变。人们并不一定会经常将自己的心理状态表现在言语或具体的态度上，有些时候，人们不想说的情感希望对方能够理解，这时候，假如自己没有理解或者无视对方的心理而继续谈话，将不可避免地产生消极后果。如果看到对方的表情黯淡、恐惧，就要停止自己单方面谈话，中止此话题的谈话进程，可以进一步直接地询问对方发生了什么事情，更深一层地了解对方的内心，可以收到意想不到的效果。掌握谈话的进度有时候比谈话逻辑发挥更大的作用。

有时候，人们在表达自己看法的时候，并不会直接地说出来，会围绕这个想法间接地说一些与之相关的话题，所表达的意思都是相同的，这时候一个关键性的重要的总结就能较好地把握谈话的进度，把所要表达的话题很好地提出来，也能够很好地调控谈话氛围。

一次聚会中，小明对同时来参加聚会的女孩小惠一见钟情，很有好感，但又不好冒冒失失地上前表白，于是他不断地对小惠表示赞美，他对小惠说："你说得真是太

好了，想法周到，而且还很认真啊！"，接着说，"小惠你真是善解人意，我都被你感动了。"慢慢地，谈话的氛围有点倾斜，几乎成了小明对小惠个人的表彰大会。这时，一个朋友及时总结了一句："其实，小明你最想说的是喜欢小惠吧？"于是，场面一下热闹起来，大家开始极力撮合两人，在这种善意的调侃和美好的鼓励中，聚会进行得也十分愉快。

在谈话的过程中，适度掌握谈话的进程不但能够总结双方的谈话、把握谈话的主题，还能调控谈话的进度，能够在细节中较为全面地反应具体情况。掌握谈话的进程，不仅知道自己所讲话题的逻辑内容，更能够按照具体情景适时地进行调整，以便更好地进行交谈。

掌握谈话的进程，还能够让对方跟着自己的意见进行思考，使其做出合乎谈话进程的丰富的附和以便双方进行交流，使对方能够跟着自己的节奏，较好地进行话题的沟通。

碰到与对方议论、沟通，甚至争论的情况，要想很好地掌握谈话进程，第一点就是不要去反驳他，不要说反对意见，如果说得简单一点，就是尽量避免使用像"但是"、"可是"、"不过"之类表示转折意义的词，要附和对方的看法。这些词语会让人有生硬的、不融洽的感觉。因此，在和人进行交流的时候，为了更好地掌握说话进程，就应该尽量避免使用"不"、"但是"、"可是"等词语。虽然不用"但是"、"可是"的对话内容会感觉比较委婉，但会使对话双方谈得很愉快，互相都会有种满足感，更好地促进了谈话的进程。尽管不是要求一味附和对方的看法，但是可以借助一些词语适当地将可能尴尬的情况缓解，自动掌握谈话的进程，从而转向心之所向。

掌握谈话的进程，可以适时地对谈话内容给予总结，说出关键性的话语，将话题转向中心内容，这可以很好地把握谈话的进度。此外，尽量少运用一些转折性的词语，如"不过、但是、可是"等，当对方给出自己的意见时，适当地对其看法进行附和，同样也能很好地把握说话的进程，收到意想不到的效果。

用"三个词"排比给人的印象最深

曹文轩说："演说词这种文体有独特的修辞方式，就是大量使用排比句，因为演说的目的无非是煽动民意，而大量的排比句就能达到这样的效果。"排比是一种修辞手法，指的是利用三个或三个以上意义相关或相近、结构相同或相似和语气相同的词组或句子并排，达到一种加强语势的效果。使用"三个词"排比进行说理，能够让人觉得条理较为分明；使用"三个词"排比来抒情，让人觉得节奏比较和谐，充满感情；使用"三个词"排比来叙事写景，能够使层次较为清晰、描写也比较细致、使事物较为生动形象……总而言之，使用"三个词"排比来描写与阐述，使人们的印象最深，有极强的说服力，能增强文章的表达效果和气势。

恰当地运用"三个词"排比能够表达强烈奔放的感情，周密地说明复杂的事理，增强语言的气势和表达效果。但是运用排比的时候一定要从内容的需要出发，要从具体的情境出发，在合适的地方使用排比，尤其是在演讲的时候，会将听众的情绪推向高潮，这是表达情况的一种技巧，有时候特别重复要强调的字词，能够起到加固感情的效果。

1941 年 12 月 9 日，罗斯福在对日宣战后向全国广播进行了"炉边谈话"，他是这样说的："十年前，在 1931 年，日本入侵中国——未警告；在 1935 年，意大利入侵埃塞俄比亚——未警告；在 1938 年，希特勒侵占奥地利——未警告；在 1939 年，希特勒入侵捷克斯洛伐克——未警告；在 1939 年，希特勒入侵波兰——未警告；在 1940 年，希特勒入侵挪威、丹麦、荷兰、比利时和卢森堡——未警告；在 1940 年，意大利先后进攻法国和希腊——未警告；而今年，1941 年，轴心国家进攻南斯拉夫和希腊，控制了巴尔干——未警告；还是 1941 年，希特勒入侵苏联——未警告；而现在日本进攻了马来西亚和泰国——以及合众国——未警告。"

罗斯福多次反复使用"未警告"强烈地呼吁和唤醒人们，如果法西斯继续放任的话，他们将更猖狂地践踏人类。采用"三个词"的排比这一重复的方式，能够激发人的情感，让人印象深刻，抒发强烈的情感。

使用"三个词"排比，其实采用的是一种重复的手法，用相同的言词复述某一观点或某一句话，使用重复手法，可以加深感情的程度，加大语言的力度，强化演说的节奏。

杜鲁门，美国总统，曾经在日本投降的时候发表过这一样的演说，他说："全美国的心思和希望——事实上整个文明世界的心思和希望——今天晚上都集中在'密苏里'号军舰上。在这停泊于东京港口的一小块美国领土上，日本人刚刚正式放下武器，签署了无条件投降。四年前，整个文明世界的心思与恐惧集中在美国另一块土地上——珍珠港。那里曾发生的对文明的巨大威胁，现在已经解除了。从那里通到东京的是一条漫长的、洒满鲜血的道路。我们不应忘珍珠港。日本军国主义者也不应忘美国军舰'密苏里'号。日本军阀犯下的罪行是无法弥补，也是不应忘的……只有当他们知道亲人流血牺牲换来的胜利会被明智地运用时，他们才会稍感安慰。我们活着的人们，有责任保证使这次胜利成为一座纪念碑，以纪念那些为此牺牲的烈士。这次胜利不仅是军事上的胜利，这是自由对暴政的胜利。我们的兵工厂源源生产出坦克、飞机，直捣敌人的心脏；我们的船坞源源制造出战舰、沟通世界各大洋，供应武器与装备；我们的农场生产出食物、纤维，供应我们的海、陆军以及世界各地的盟国；我们的矿山与工厂生产出各种原料与成品，装备我们，战胜敌人。"

杜鲁门不断地运用"不应忘"、"我们的"等词语，在表达强烈情感的同时，也加深了听众的印象，出现强烈的情感共鸣。但是"三个词"的排比要想表达其强烈的情感，一定要从内容的需要出发，不能生硬地拼凑排比的形式，而且要让这些排比句读起来感到朗朗上口，有一股强大的力量，能增强文章的表达效果。这种三个词的排比能够有较强的节奏感，在增强语势、深化中心内容的同时也增加了人们的印象。

北京大学百年校庆的演讲稿曾经有过这样一篇文章，它写道："是啊，北大精神是做出来的，当我们在清晨第一个进入自习室，当我们在深夜最后一个离开图书馆，当我们熄灯后打着手电继续寻求一个公式的另一种证法，当我们为一个定理的强化条件和老师争得面红耳赤，我们不都在实践一种北大精神吗？……学习了地理学，我们知道，北大是一条河，前进时难免泥沙俱下，但进入社会的大海时，泥沙终将沉淀。但如果这条传统的河在某个重要地点淤塞了，就将腐败发臭，毒害而不是清洁靠近它的人。所以我们要继承传统，更要发展传统，才能让北大之河奔腾不止。学习了生态学，我们知道，北大是片森林，只有保持多样性，才能永葆生机。所以我们要坚持兼容并包的传统，才能让北大之林永远茂盛。学习了物理学，我们知道，能量越低越稳定，结构越规则越稳定。所以北大的同学们，请少一些浮躁，多一些严谨吧。学习了相对论，我们知道，速度越快，时间越慢，也许这就是日出而作、日落不息的北大人永葆青春的奥秘吧。学习了化学，我们知道，北大是个大化工厂，用知识之料、实践之火，将我们百炼成钢。而其中核心的催化剂，也就是北大精神，正是北大这最高学府的商业机密。学习了统计学，我们知道，我们每一个人都是北大的一个样本，别人往往通过我们来认识北大。所以我们要时刻牢记：我就代表北大！"

运用"当我们"、"学习了"等词语体现了作者在北大的生活，也体现了北大的精神，让人们能够更清晰地了解北大精神到底是什么、何谓北大精神。"三个词"的排比让读者与听众容易抒发一种情感，一种与演讲者一致的感情，增强印象。

"三个词"的排比容易调动对方或者听众的积极性，让其能够跟着自己的思路与情感进行思考，从而加深了他们的印象。

有些场合要区分男女听众

听众是由个体构成的，不同的个体存在不同的内容需求，要想成功地进行演讲，就要分清听众类别，选择听众感兴趣的话题。许多人之所以不能取得演讲的成功，有时是因为没有在某些场合分清男女听众，没有根据听众的差异选取合适的话题，致使其选错了主题。他们谈论的都是自己感兴趣的话题，而不是专门为听众准备的话题，更没有考虑男女听众之间存在的话题内容的差异。

因此，在演讲中分清男女听众，选取合适的话题这一技巧十分高明，当第一句话说出口之后，演讲者就获得了听众的关注，与听众的距离立即拉近了。

2013 年 3 月 8 日，陈燕，中国首位女盲人钢琴调律师来到三亚，在三亚国光豪生度假酒店宴会厅举行了一场"笑对人生，绽放美丽"的励志演讲，现场 200 多名女性听众听她讲述了她和导盲犬珍妮的故事。

"我出生于 1973 年，河北容城，但是在北京长大的。因患有先天性白内障双目失明遭到父母抛弃，是姥姥收养并抚养我长大，并成为中国第一位女盲人钢琴调律师……因为一场车祸，我坐在轮椅上长达一年，正当我失去活下去的信心的时候，一条黑色拉布拉多导盲犬珍妮走进了我的世界。珍妮，就是我的第二双眼睛，它给了我活下去的信心与勇气……"之后她又不断地讲述了自己和珍妮发生的故事。导盲犬与陈燕的故事让在场的听众无不为之落泪。整场演讲洋溢着浓浓的真情，生动感人的故事、富有哲理的内容，使听众们感受到了她的乐观、自尊、自强的精神。

女性听众是较为感性的生物，容易受到感情的熏染，和演讲者产生共鸣。在演讲结束后，有一名女听众这样说："她的乐观、坚强深深地感动了我。虽然她双目失明，但是，她的内心比我们正常人还要强大。以后我们要给予盲人和导盲犬更多的尊重。"为什么这个演讲有这么强大的威慑力，关键就在于其能够激发听众的激情与感动，分清演讲场合，把握听众的特征，从女性听众的特点出发选取合适的话题与场景。

男人和女人性别不同，自然男女关注的兴趣点也存在差别。女性听众多半喜欢谈论家庭、逛街、休闲等话题，而男性听众则喜欢谈论事业、人生等较为宏观的话题。因此，演讲者要想成功地得到听众的关注，就要分清演讲面对的对象是谁，有针对性地准备演讲内容，不可能在面对男性听众的演讲稿中全篇讲述家庭、小孩的内容，这样会引起听众的反感，导致演讲失败，也不可能在面对女听众的时候重点讲述事业与人生，其更多的想听的是一些休闲类、家常类的话题，这些话题才会吸引女性听众的关注，有利于演讲的进一步进行。

男女听众的差别造就了不同的演讲侧重点。在特定的场合，分清男女听众就显得尤为重要，这样能够具体有目的性地准备演讲，提升其情感熏染的效果。针对不同听众采用不同的演讲内容，既增强了演讲的吸引力，又激发了听众的兴趣。从特定的话题入手，并进行深入论证，自然就引起了听众强烈的关注和深刻的思考，表达自己的真切感受，从而产生感动人心的现场效应。

用归谬法拒绝无理要求

归谬法，这是人们常用的论证方式，先要假定对方的观点是正确的，之后从这一观点出发给予引申与推论，进而得出较为荒谬可笑的结论，从而驳倒对方的方法。将这一论证方式运用到与对方进行交流的时候，可以拒绝对方的无理要求，也是一个人语言运用本领与艺术的体现。

在演讲的时候合理运用归谬的方式，就能发挥一锤定音的功效，拒绝对方的无理要求。在运用的时候，关键在于大脑反应快，能迅速明确对方话中的原理，并由此推出一个符合这个原理的荒谬的事例。运用归谬法这一方式能够从一个荒谬的事例来推导与形成另一荒谬的事例，让自己在论辩中实现令他人百口莫能与之辩的强势。

欧伦斯庇格走进一家饭店想吃饭，因为等了许久肉还未烤熟，只好吃了一些面包后就躺在烤炉旁的长凳上打盹。当烤肉端上桌时，店主请他就餐，他却睡眼惺忪地说："你在烤肉时我都闻饱了。"店主便端着托盘要收他的肉钱，理由是他说已闻饱了肉味，所以也应该付同吃肉一样多的钱，于是欧伦斯庇格掏出一枚银币，扔到长凳上，对店主说："你听到了钱的声音了吗？"店主回答说："听到了。"他马上抓起银币，放回钱袋，对店主说："你听到了我的银币发出的响声，正好够付我闻你的肉味的钱。"店主哑口无言。无独有偶，中国也存在这样的事例。

有一天，有个地主在家里喝酒。正喝得高兴的时候，酒壶里没酒了，他连忙喊来长工去给他打酒。长工接过酒壶问："酒钱呢？"地主很不高兴地瞪了长工一眼："有钱打酒算什么本事？"长工拿着酒壶默默地走了。过了一会儿，长工端着酒壶回来了，地主暗自高兴，接过酒壶。可一看，壶里是空的。地主冲长工喊："怎么没有酒？"这时长工不慌不忙地回答道："壶里有酒能倒出酒来算什么本事？"

欧伦斯庇格与长工都是先假设对方的观点是正确的，之后给出一个合理的强盗逻辑，推论出一个新的观点，正所谓"道高一尺，魔高一丈"，给对方以沉重的打击。归谬法是以对方的论点为前提的，是从对方荒谬的逻辑出发进行反驳，让人看到对方的荒唐逻辑，以此推论出非常明显的荒谬结论，从而驳倒对方。

运用归谬法来拒绝对方的无理要求主要的特点是后发制人，在不直接揭露对方的错误的同时运用另一种方式指出对方的要求是无理的，是很难办到的。

伦琴，伦琴射线的发现者。在19世纪末的一天，他收到一封信，写信者说他胸中残留着一颗子弹，须用射线治疗。他请伦琴寄一些伦琴射线和一份说明书给他。伦琴射线是绝对无法邮寄的，如果伦琴直接指出这个人的错误，并无不可，但多少有一点居高临下的教育的意味，伦琴采用了归谬法，他提笔写信道："请把你的胸腔寄来吧。"由于邮寄胸腔比邮寄射线更为荒谬，运用这一方式既指出了对方认知上的错误，也拒绝了对方的无理要求。

这一方式与这样的回答是给对方留下了余地，避开了正面交锋。生活中，针锋相对的争执常引起不良的后果，采用归谬法，运用这一幽默的形式，使一触即发的矛盾得以缓和。

归谬法能够将戏谑的味道升级，明明知道对方错了，不但不予以否定，反而予以肯定，而肯定的结果是更彻底地否定。

《志林·记与欧公语》一文中曾经记载着苏轼与欧阳修的一段对话：

欧阳文公曾说过：有一位病人，医生问他得病原因，回答说，乘船时遇上大风，受惊吓而得病。医生就取多年的舵把子，上面浸透了舵工的手心汗，刮下细木屑，加上丹砂、茯神等药，为他治病，喝下去就好了。现今的《本草·别药性论》上说止汗用麻黄根节，以及旧的竹扇子刮末入药。文公因此说：中医以意用药多类似这样做法：初看很像儿戏，然而有时也很灵验，恐怕也不容易问出个所以然来。我（指苏轼）便对先生说：照这样说来，用笔墨烧灰给读书人喝下去，不是可以治昏惰病了吗？推而广之，那么喝一口伯夷（孤竹君之子，与其弟互相推让王位）的洗手水，就可以治疗贪心病了；吃一口比干（商纣王淫乱，比干谏而死）的残羹剩汁，就可以治好拍马屁的毛病；舐一舐刘邦的勇将樊哙的盾牌，可以治疗胆怯病；闻一闻古代美女西施的耳环，可以除掉严重的皮肤病。先生听了便哈哈大笑。

苏轼对于欧阳文公的观点并没有直接进行否定，也没有进行激烈的反驳，而是用他的观点将一些不能够成为事实的事情表述出来，让文公的论点不辩自败，也是拒绝对方无理要求的重要方式。

归谬法是一种幽默的辩驳之术，在辩论中抓住对方的谬论点，将其用类似事物来表明对方观点的不正确。运用归谬法来拒绝对方的无理要求，是用睿智的方式对对方的一种反驳，可以让人们对错误的论点或论据看得更清楚，是运用一种柔软而非硬性的标准进行反驳，更能够较为坚决地拒绝对方的无理要求。

演讲话题撞车时，重复加补充

针对相同或者相似的话题进行演讲的时候，难免就会出现话题撞车的情况，这时候要怎么处理呢，最好的方式就是对之前演说人的话题内容给予一定的复述，重复其观点与理念，从而针对其尚未提到的内容给予补充，从另一个视角来阐述演讲话题。当演讲话题撞车的时候，不应该慌张而要镇定，努力发现彼此演讲内容存在的差异，在重复对方演讲内容的同时提出具有一定新意的内容，也就是要对演讲话题进行重复与补充。

某中学针对建国60周年专门举办演讲比赛，演讲的题目范围是中国与中华民族，围绕这一话题进行演讲。其中一个同学的演讲题目是《祖国在我心中》，下面是其演讲稿：

祖国，当我们提起这个词的时候，我们的心中马上会联想到壮丽秀美的山川，历史悠久的文化，会联想到钢铁般的国防、善战的勇士；还有那鲜艳的五星红旗。对于家乡的山水，家乡的声音、语言，人们都会怀有一种特殊的感情，这种最深厚的感情，就是爱国之情最自然地流露。从古至今，祖国就涌现出无数的爱国者，他们把祖国、民族的利益看得高于一切，把个人的命运同祖国民族的命运紧紧地联系在一起。如尽忠报国的岳飞、收复台湾的郑成功，中国革命的先驱者孙中山……50多年前，一代伟人毛泽东面对祖国的壮丽河山，写下了不朽的诗句：江山如此多娇，引无数英雄竞折腰。今天，我们更有理由相信：数风流人物，还看今朝！……

另一个同学演讲的题目也是《祖国在我心中》，他是在后面开始演讲的，如何更好地将自己的演讲话题表现出来，让听众明白自己的演讲和上一个同学存在的差别，他是这样处理的，先是对上一个同学的演讲内容进行了重复，说："之前，上一个同学已经演讲"祖国在我心中"这个话题了，他主要是从中国历史的发展进程中来讲述中国与中华民族的，指出新中国的成立是无数仁人志士辛苦奋斗的成果，主要是溯古。下面我的演讲题目也是祖国在我心中，但主要是追今，讲述新中国成立之后取得的成就。"之后就开始演讲"莽莽无际的原野，奔腾浩荡的江河，苍茫辽阔的草原，为我们提供了极为生动的情感素材，我们的祖先用勤劳和智慧，创造了中华民族灿烂的文明，在哲学、历史、政治、军事、文学艺术等方面取得了无与伦比的成就。所有这些都凝聚着民族的自信心和自尊心，它激励着人们把自己的智慧、力量以及生命毫无保留地贡献给祖国和人民。两弹一星的邓稼先，驾驶"神州五号"飞向太空的杨利伟，奥运新星刘翔，等等……无数仁人志士以铁的事实抒写了一曲曲爱国之歌。他们为祖国生、为祖国死，把爱国之情化作英勇献身的实际行动，把为国捐躯、报国献身视为最崇高、最光荣的事情……"

这次演讲很成功，不但没有引起听众的反感，反而激发了听众的爱国意识，爱国不仅仅是对祖国的一种深厚的感情，更是一种沉甸甸的责任。演讲话题撞车随时都可能发生，这并不可怕，关键是要知道如何处理这一情况，可以采用对之前演讲者的内容进行重复，之后再补充自己演讲话题内容的方式来解决。

通常演讲话题的题目可能只是一个范围，如教育类或科技类，很多人会倾向选择那种气势宏大的题目，如"科技与人类"，这样就很容易导致演讲话题撞车，要想避免出现这种情况，在选材的时候最好选择自己经历过的，能激起大多数人共鸣的事，不要选一些看起来很辉煌的事，可以将伟大寓于平凡之中。这样的话题不但很有说服力，给人的感觉很真实，还能减少话题撞车的情况，尽管真的发生了话题撞车，在重复对方观点的同时也能通过自己独特的视角对其进行补充。

演讲话题相同或者类似，并不代表其内容也是相同或者重复的，这时候就要抓住自己演讲话题中的创新之处，在对上述话题进行叙述的时候重点讲述创新点，让听众觉得两者的演讲话题虽然题目相似，但是内容是完全不同的，彼此是互为补充的，能够更深刻地认识这一话题，具有较大的启迪意义。

故事开场，巧妙引入

万事开头难，而良好的开头是成功的一半，因此要想演讲能够获得较大的成功，演讲者一定要尽心尽力、全力以赴地处理好开头，力求一开口就拨动听众的兴奋神经。一位瑞士作家说，好的开头能够建立演说者与听者的同感，更能够打开场面，引入正题。因此，在开头的时候语言要新鲜，不能出现套话与空话，也不能说那些老掉牙、听众不爱听的老话、旧话，要力求语言简练、生动，能吸引人。那么用故事来引入演讲的话题不失为一个很好的方式。

借助故事，巧妙地开启演讲的题目，对听众也会形成一定的吸引力，这是因为如果在演讲的开始听众对你的话就不感兴趣，注意力一旦被分散了，那后面再精彩的言论也将黯然失色。运用合适的故事，能够给听众留下深刻的印象，控制场上气氛，在瞬间吸引听众注意力，从而为接下来的演讲内容顺利地搭梯架桥。

比如《救救孩子》这篇演讲是这样开头的：去年 5 月 24 日的某报纸披露了这样一个事实：一个四年级的小学生，每天要带由父母亲剥光了壳的鸡蛋到学校吃。有一次，父母忘了给鸡蛋剥壳，差点憋坏了孩子。他对着鸡蛋左瞅右看，不知如何下口。结果只好带着鸡蛋回去问父母。母亲十分吃惊地问他怎么不把鸡蛋吃了，他的回答很简单："没有缝，怎么吃呢？"

通过小学生不会剥鸡蛋的新闻报道，将听众很自然地引入自己的演讲主题：我们每一个人都应该把培养孩子独立生活的能力当一件大事来抓。这种方式的开场白很能引起听众的兴趣，而且在语言操作上也比较容易，这适合那些初学演讲的朋友使用。

演讲是一个信息传播和反馈的过程，开头传播的不顺利会极大地影响到反馈的质量。如果有一个精彩的开头也就获得了先机，把传播和反馈的管道一下子打通了，其意义不言而喻。运用故事开头，可以先吸引听众的注意，用别人意想不到的见解引出话题，会立即震撼听众，使他们急不可耐地听下去。

小娟在参加市里组织的关于"帮助，点燃生命的希望"的主题演讲时，是这样开始其演讲话题的："记得小时候，老师给我们讲述过这样一个故事：密密匝匝的丛林里，黑暗无边，一群人迈着艰难的步子跋涉着，他们已经走了许多天，衣服破了，肚子饿了，眼看着没有希望走出这漆黑的密林。许多人绝望地倒在地上，宁可在这呼啸的寒风中冻死、饿死，也不肯向前迈一步。就在这时候，走在最前面的丹柯把自己的红心掏了出来，通红的，烈火般燃烧的心照亮了森林。人们看到了这希望之光，顿时欢腾起来，忘记了疲劳，忘记了饥饿，紧紧地跟在这位高举着自己红心的英雄的后面，走出了密林。当他们看到林外第一线曙光时，丹柯倒下了……"

这篇演讲，用故事开头触发兴趣，引人入胜，能够吸引听众进入正题。运用这样的开头，通过生动的情节新奇的内容来吸引听众的关注，并能造成悬念，激起听众的兴趣。

在用故事引入演讲的话题的时候，要确保故事叙事简明扼要、短小精悍，并且故事本身要有针对性，和演讲话题存在紧密的联系，能触发听众的兴趣，引起他们想听下文的欲望，之后就可以根据主体部分加以详细说明和论述。

故事能够激发听众的好奇，能够启迪听众的思维，能够调动听众的想象力。用故事引起演讲话题，能够将听众带入一个和演讲内容相一致的情境中，激发起听众的共鸣，让听众对故事的发展与人物命运形成同情、关注与惊奇等心理变化，从而较快地进入演讲者的话题。

唤起听众的关注力

演讲要想获得成功，就要唤起听众的关注力，让听众觉得你所演讲的内容、所说的话对他们是很重要的。演讲者不只是要对自己的话题充满激情，也要借助自己的说话艺术将这种热情传递给听众。历史上著名的雄辩家，都具有这样的王婆卖瓜术或是传播技术，能够唤起听众的注意，让听众感觉到他所感觉的，同意他的观点，分享他的快乐，分担他的忧苦。

演讲者站在演讲台上，不是只讲自己想讲的，更多的是要讲听众想听的，要以听众为中心，从听众的需求出发，这样的演讲才具有生命力，才能引起听众的兴趣，不然听众就会渐渐地远离，这个演讲自然就不能得到听众的共鸣了。

孟杰斯·法朗士是法国的总理，他很擅长以听众为中心，从听众的需求出发，唤起听众的注意，让听众把耳朵竖起来。1954 年 8 月 7 日，他在一次电台广播讲话时，用了一段简短的楔子："8 月中旬正是你们中间很多人休假的时候，我想如果打断你们片刻的休息时间，跟你们说几个关系重大的问题，你们是不会对我反感的，因为这些问题事实上与大家都是休戚相关的。"听众一听是"与自己休戚相关的"，都打起十二分的精神，集中全部的注意力把耳朵凑到收音机旁。

只有这样，演讲者所讲的内容才会得到听众的关注，这是因为听众很在意高高站在讲台上的那个人说的话与自己有多大的联系。因此，演讲者要注意寻找和听众的共同语言，使听众和演讲者产生共鸣，同时要考虑听众、场合等因素，可以寻找大家可能的共同经历和遭遇、目前面临的共同问题、共同的需要等，作为演讲的基调，这样的演讲就不是演讲者在唱独角戏。

有人在讲到一位演说家的演说时，曾这样描述：我们曾同他围坐在一张午餐桌旁。我们素闻此人大名，听说他是个雷霆万钧的演说者。他起立讲话时，人人都目不转睛地注视着他。他安详地开始演说了，首先感谢我们对他的邀请。他说自己想谈一件严肃的事，如果打扰了我们，要请我们原谅。接着，他倾身向前，双眼将我们牢牢地盯住，他并未提高声音，但我却似乎觉得像一只铜锣轰然爆裂。他说："往你们四周瞧瞧，彼此互瞧一下。你们可知道，现在坐在这房间里的人，有多少将死于癌症？55 岁以上的人 4 人中就有 1 人。"他停了一下又说，"这是个平常却严酷的事实，但不会长久，我们可以想出办法。这个办法即是谋求先进的癌症治疗方法。你们愿意协助我们朝这个方向努力吗？"在我们的脑海中，这时除了"愿意"之外，还会有别的回答吗？一分钟不到，他就赢得了我们的心。他已经把我们每个人都拉进他的话题里，他已经使我们站在了他的那一边，投入了他为人类福利而进行的行动。

一位优秀的演讲者，是不会仅仅从自身感兴趣的话题谈起的，而是会引导其他人谈谈他的兴趣、他的高尔夫成绩、他的成就……假如对方是一位妈妈的话，他还会和她谈谈孩子……这样就将乐趣带给了对方。即使你的演讲时间很短，也一定要依着听众的兴趣而演讲，才能唤起听众的关注。

抓住听众最想听的，让他们知道你的说话内容与他们有关，与他们的兴趣有关，与他们的问题有关。这种与听众的联系，就是与听众本身的联系，可以稳获听众的注意，保证你与听众沟通的道路畅通无阻，可以很自信地得到听众热烈的回应。

除此之外，还可以运用一些技巧，可以在演讲中巧设悬念，变化有致，让演讲高潮迭出。恰当地使用悬念技法可以极大地调动听众的情绪，使演讲产生高潮。

在一次有关"计划生育"的演讲中，有一位演讲者的题目是《1大于2，1大于多》。古怪的题目有悖于常理，但悬念突出。这位演讲者镇定地走上讲台，拿出一张纸，上面写着：《1＞2，1＞多》。演讲开始了："朋友们，我在这里要告诉大家的是1大于2，1大于3，1大于4，1大于多。"演讲者运用实物、言语对本显古怪的题目进行了更进一步的渲染，使观众产生一种强烈的好奇心，心理失去平衡，求得解释。接下来演讲者以计划生育为题旨，阐述道："'多生有害国家，多生有害人民，多生有害自己。''夫妻同育一枝花，利国利民又利家。'从这点上说，难道不是1大于2、1大于多吗？"

演讲者在演讲开始的时候设置了悬念，让听众产生一种新奇的感觉，产生出人意料的结果，并在演讲过程中成功地解答了问题，也解开了悬念，让听众接受了这个观点，处在听众情理之中，既很好地表达了作者的观念，又得到了听众的关注。一般说来，悬念设置在演讲的开头，这利于它贯穿整个演讲。

要想唤起听众的关注，就要从听众的需求与兴趣出发，基于听众来组织与安排演讲，谈论和听众有关的话题，这样能够很好地抓住听众的心理，促使演讲成功。此外，设置悬念方式的运用也能够引起听众的好奇，使其想要得到问题的答案，也会认真听演讲的。

先分析后总结

先分析后总结，体现演讲者的言语逻辑水平，也表明其运用的语言技巧，主要采用的是归纳法，对交谈内容给予分析，条分缕析地进行阐述，之后进行总结，使其更为明确与清晰。和人交谈的时候，在分析对方谈话内容或者演讲内容的同时要给予总结，加深主题的印象。

分析能够把一件事情、一种现象、一个概念分成较简单的组成部分，分别加以考察的认识活动，找出这些部分的本质属性和彼此之间的关系，并以此解决问题。总结是对已经讲述或者阐述的内容给予概括与整理，获得一个总体或者整体的结论与概念。一分一合实现较好的配合，能够让对方更好地理解自己的观点与看法，有助于话题的进一步延伸与扩张。

新东方校长俞敏洪在一次演讲中说到"熊猫基因"。他是这么说的："熊猫和北极熊本来有着共同的祖先，由于气候变化，同一祖先的熊分为两批，一批移到了中国四川的温带地区。由于环境好，熊猫就由以前比较凶猛的动物变成好吃懒做、濒临灭绝的动物。为什么会产生这样的结果呢？道理很简单，因为熊猫犯了两个错误：首先它退出了竞争的行列。温带地区的食肉动物很多，比如老虎、狮子、狼，它们常会抢食物吃，所以熊猫一生气不吃肉了，退出了和那些凶猛动物竞争的行列。紧接着它又犯了第二个错误，那就是由于吃草的动物也很多，它决定连草都不吃了，决定吃其他动物都不吃的竹子。这是它犯的另一个错误，它选择了唯一的食物来源而生存。就像一个人，如果他只具备一种技能，而且不会根据环境的需求而不断更新或改变自己的技能，当社会不需要这种技能的时候，它就会失业或下岗。"

俞敏洪通过分析熊猫形成好吃懒做、濒临灭绝的原因，从而总结出一个人要不断地根据环境的需求而更新或改变自己，才能在社会中生存的道理。

不管是在演讲中，还是在和对方说话的过程中，在分析之后进行总结，不但能够明确与理解对方的观点与看法，也能够给出自己的意见。尤其是在做经验性的报告的时候，采用先分析后总结的方式能够让对方知道你是如何做的、具体的操作方式是什么，总结也能够让对方知道你说话内容的核心是什么。这类演讲在政府公务报告中尤其常见。

某省工商局在全国工商行政管理行政复议工作经验交流会上的发言中就先从"近几年该省行政复议工作基本情况及新的特点"以及"开展行政复议工作的主要做法"两个方面分析了该省近几年来在行政复议工作方面开展的情况及相关的经验。从而总结出该省"复议工作存在的问题及努力方向"还需在"复议与信访之间的分办和衔接问题"和"加强与各级政府之间的复议工作衔接"两方面进行努力。

从这份发言材料中，与会者就可以了解到该人省近几年行政复议工作的情况及其已取得的相关经验，并且也让大家明确其以后的努力方向。这正是体现了先分析后总结的巧妙之处。

基于分析的总结是有针对性的对具体做法与经验的总结，在进行总结之前进行分析，能够让对方更具体地知道你到底要说或要讲的是什么、实际的运作如何。基于分析的总结和总结前提下的分析是不可分割的重要组成部分，能够让整个演讲或者说话逻辑更为清晰，让听众能够很好地理解自己的观点与看法。

适当总结对方的话，谈话更顺畅

一个会说话的人，能够迅速和对方成为朋友，彼此的交谈也会较为顺畅，能够增进自己的声誉，学会待人接物的技巧，使人赞成你的思想，扩大你的影响和声誉，提高你的交际表达能力。在交流的过程中适当地总结对方的谈话，能够让整个交流过程显得更为顺利，避免出现尴尬与争吵的情况，让自己和对方保持和睦与愉快，鼓起更大的热情。

在和对方进行交流的时候，要有足够的勇气才会放开心灵，要有真诚才能建立起彼此的信赖。因此在交流的时候适当地总结对方的话，表明自己很感兴趣对方所说的话题，给人以力量和希望，也是对对方讲话的尊重，动之以情，坦率见真。

适时地对对方的话进行总结与复述，能够表明自己对这一话题的兴趣，也是对他人的尊重，每个人都喜欢表达自己的意见，在很多情况下，倾听与总结对方的看法与感受，能够使彼此的交谈更为顺利。

适当的总结对方的谈话，使对方知道你是站在对方的立场来考虑问题与进行交流的，给人一种诚实、不虚假的感觉，增强彼此谈话的说服力，让整个交流过程较为顺利。适当的总结对方谈话，并不是要随意地打断对方的说话，而是在对方说话结束以后对其话语进行总结。

朱骏是一家汽车修理公司的职员，科尔也是一家小型修理厂的主管。一天，科尔的车要进行修理，朱骏看了一下具体情况就对科尔说："科尔先生，经过我仔细观察，我发现贵厂自己维修花费的钱，要比雇佣我们来干，花的钱还多，对吗？"科尔说："我也计算过，我们自己干确实不太划算，你们的服务也不错，可是，毕竟你们缺乏电子方面的……"听到这里朱骏马上说："哦，对不起，我能插一句吗？你说的情况我了解，但有一点我们想说明一下，没有人能够做完所有事情的，不是吗？修理汽车需要特殊的设备和材料，比如……"科尔又说："对，对，但是，你误解我的意思了，我要说的是……"还没有听完对方的谈话，朱骏就说了："您的意思我明白，我是说，您的下属就算是天才，也不可能在没有专用设备的情况下，干出像我们公司那样漂亮的活儿来，不是吗？"

科尔的话不停地被打断，表面上朱骏是在倾听对方的话并要给予总结意思，实际上却没有起到很好的总结作用，而是打断了对方表达的思路，会造成对方的反感。在现实生活中，经常随意打断对方讲话的人，只能让讲话者生厌。

适时地对对方的话进行总结，能够让对方明白自己对这一话题的兴趣与关注点，是对其的尊重，但是这并不代表可以随意地打断对方的话、干扰其说话的思路，而是要等对方心平气和地把话讲完，在最后进行适当的总结，这样能够让整个交流更为顺畅。

第三十七章

情景口才：
用简单的感想或意见制造起伏感

几乎没有人反对：好听的话语，可以在任何情境中占据优势。我们常说"一见钟情"，而实际上，好听的话语也足以让听者"一听钟情"！

——汪曾祺，北大校友，著名散文家、作家

设置情感"按钮"使对话继续下去

人与人之间沟通的主要工具是语言，说话代表的是一个人的沟通能力。会说话，可以使交谈中的双方沟通顺畅，谈话愉快，而且能帮助你赢得人缘。聪明的说话者往往会用真挚的情感来打动对方，即便是在谈话遇到阻力的情况下，依然可以游刃有余地化解开来，撬开对方的嘴巴，让谈话继续下去。

人是有情动物，以情感人的交谈艺术能够为交流双方带来一个温馨而又和谐的气氛，如果想让对方畅所欲言，就必须设法用情感打开对方的话匣子，动之以情晓之以理的言语往往会让对方有一个比较好的心情，这样便会收到最佳的谈话效果。

因为人是感情的化身，言为心声。讲话的背后是需要感情支撑的，真情是语言的灵魂。精彩的对话不只是以理服人，还应该以情感人，如果面对的是自己不熟悉的人，想要打动他们就需要用充满感情的说话方式来打动对方，让对方放弃心中的防备，敞开心扉来接纳自己。

开口说话，看似简单，实则不易，会说和不会说大不一样，古人云："一言可以兴邦，一言也可以误国。"言语得失，小则牵系做人难易，大则连及国家兴亡，因此，学会动之以情晓之以理的说话方式，就显得十分重要。

人是感情动物，因此，说话、交流时融入自己的感情可以有效提高自己的说话魅力，说话的艺术不仅仅局限在说话者本身能否准确、流畅地表达出自己的思想，还在于你所表达的思想、信息能否被他人所接受并产生共鸣，因此，想要把话说好，关键

577

在于说话者能否拨动听者的心弦。

在说话时，只有设置情感的按钮，才能让交谈继续下去，没有情感的说话就像一束没有生命力的绢花，看起来美丽但是没有魅力，因此，把你的感情注入日常的交流之中，把自己的情感传达给对方，当倾听者感受到你的诚意时，才会打开心门，接收你的讲话内容，彼此之间才能实现沟通和共鸣。

制造起伏感的八个提问法

在日常生活中，我们免不了要与人打交道，而在打交道的过程中又免不了要与人交流，说白了就是说话。说话大家都会，但是说话也有技巧，有的人说得好，就能在人际交往中如鱼得水，而有的人不会说，就会祸从口出，因此学说话、会说话、说好话就成了人生的必修课。

与人交流中，我们常常会发现这样一个问题：对于不懂的问题，我们不得不去向别人求教，在发问的过程中，并不是每一个问题都会得到别人的回答，有些提问反而会遭到别人的白眼，这是为什么呢？原因就在于，提问者没能掌握真正的提问方法，方法出了问题，自然会受到别人的冷遇。

比如说，作为一名电话销售人员，通过提问让客户说话是销售人员充分了解客户需求的最好也是最直接的方法，但是，客户通常不吃这一套，他们或许压根就不愿意和你交谈，或者已经看透了你的心思，而不愿透露自己的信息。面对这样的情况，作为销售人员该怎样处理才好呢？最好使用提问方法去沟通，掌握灵活的提问技巧，一定会给你的工作来带意想不到的收获。

在正式讲提问之前，我们先来看个故事：

一个基督徒问牧师："我在祈祷的时候可以抽烟吗？"

牧师当然是拒绝了，"不行，这是对耶稣的大不敬，你怎么会有这样的想法？"

另一个信徒问："我在抽烟的时候可以祈祷吗？"

牧师非常欣然地回答道："当然可以，你不愧是主的好孩子！"

这个故事告诉了我们什么问题呢？换个角度进行提问，得到的结果就会截然不同，这就是提问的技巧！

我们再回到刚才的话题，什么样的提问是最合适的？至少需要注意两点：首先是注意提问的目的，其次要注意提问的方式。

下面我们来重点谈一下提问方式：

1. 请教式提问

人人都有虚荣心，人人都喜欢被尊重，每个人内心深处都有一种指点别人的内心趋向，所以，在提问的时候可以采取这种请教式的提问，充分抬高对方的价值，让对方心甘情愿地回答你的问题。

2. 引导式提问

我们在与人交流的时候，总是想办法撬开别人的嘴巴，但这往往是最难办到的，采取什么样的方式诱导对方说出自己的心里话是对说话者最大的考验。在无法把握对方内心真实需求的情况下，不妨试一试引导式提问，这种提问方式其实就是借力打力，先通过陈述一个事实，然后再根据这个事实发问，让对方给出相应的信息。

3. 限制性提问

限制性提问法其实就是把答案限制在一个很窄的范围内，无论对方想表达什么，都会在你的掌控之内，所回答的问题都是对你有利的。比如说一个面试官，想邀请别人面试："请问您今天有时间吗？"如果回答者一旦说："没有。"那后面就没话了，如果换一种提问方法："请问您是今天上午有时间还是下午有时间呢？"这样的限制性提问所获得的效果就会大不一样。前者给人留下了太多的选择余地，而后者缩小了选择范围，从而更有利于自己的选择。

4. 选择性提问

这种提问方式多用于朋友之间，同时也表明提问者不太在乎对方的抉择。例如，你的朋友来你家做客，你留他在家吃饭，但是又不知道他的口味，他喜欢吃什么，不妨采用选择性提问法，例如说："今天咱们吃什么好呢？火腿还是牛排？"这样的提问就可以让双方都有选择的余地。

5. 委婉式提问

委婉式提问是为了避免对方拒绝而出现尴尬局面。例如，一个男孩爱上了一个女孩，但是他并不知道女孩是否爱他，此话还不能说出口，于是，他就试探地问："我可以陪你走走吗？"如果女方不愿交往，她的拒绝就不会使对方感到难堪。

6. 协商式提问

如果你想要别人按照你的意图去做事，就应该用商量的口吻向对方提出，这样说出来的话别人才更乐意接受。例如，一个人乒乓球打得好，你想邀请他跟你一起打球，就可以问他："听说你乒乓球打得很好，不如咱们切磋一下吧。"这样说，对方才愿意跟你打球。

7. 肯定式提问

在沟通过程中，如果提出问题采用一种肯定型的语气，往往能够有效帮助对方做出正面的回答，让对方按照你的指引方向做出回答。像"你一定认为健康与美丽同等重要，不是吗"、"子女的成长已经成为家长最为关心的问题，您说是吧"就会帮助回答者做出正面的答复。

8. 启示型提问

启示型提问是一种重在启示的提问方法，想告诉对方一个道理但又不能明说，故意通过提问来引起对方的思考，直到对方明白这个道理。启示型提问的特点是含而不露，却能巧妙地达到目的。

综上所述，在与人对话中，若想达到一种波澜起伏的效果，我们不妨在提问方式上多下功夫，做一个口若悬河、妙语连珠的说话者，举手投足间拥有不可思议的魔力，让你的话语深深打动每个人！

真实的话语最有感染力

白居易说，感人心者，莫先乎情。曹文轩也曾说过："人与人之间，真诚是高于人性其他方面的品质！只有以情动人、以真诚换真诚，才能使你的语言为他人所接受。"感情是打动听众的有力武器，说理可以服人，诉请可以感人。富于感染力的语言一定是引人入胜的，善于以情感人、以情动人，可以体现出一个人说话水平的高低，而所有感人的话语必定是真实的话语，只有真情的流露才能最大程度地打动他人，要知道，虚假的话语是没人相信的，即便是暂时相信，早晚也有被揭穿的那一天，何谈感人呢？

情感是语言的灵魂，是在人与人、心灵与心灵之间架起的一座沟通的桥梁，也是听者从说话者那里感受到的一缕温暖的阳光。只有充满真情的言辞才能感动倾听者的心灵，融入听者的灵魂后形成一股不可战胜的合力，只有充满真情的言语，才能化干戈为玉帛、化仇恨为友谊，也只有充满真情的言辞，才能创造出看似不可能的奇迹，因此，说真话的人才能打动别人，说出来的话也更具感染力。

朋友们，今天我对你们说，此时此刻，我们虽然遭受种种困难和挫折，我仍然有一个梦想。这个梦想深深扎根于美国的梦想中的。

我梦想有一天，这个国家会站立起来，真正实现其信条的真谛，我们认为这些真理是不言而喻的，人人生而平等。

我梦想有一天，甚至连密西西比州这个正义匿迹、压迫成风、如同沙漠般的地方，也将变成自由和正义的绿洲。

我梦想有一天，我的四个孩子将在一个不是以他们肤色，而是以他们的品格优劣来评价他们的国度里生活。

我今天有一个梦想。

我梦想有一天，亚拉巴马州能够有所转变，尽管该州州长现在仍然满口异议，反对联邦法令，但有朝一日，那里的黑人男孩和女孩将能与白人男孩和女孩情同骨肉，携手并进。

我今天有一个梦想。

我梦想有一天，幽谷上升，高山下降，坎坷曲折之路成坦途，圣光披露，满照人间。

这就是我们的希望。我怀着这种信念回到南方。有了这个信念，我们将从绝望之岭劈出一块希望之石。有了这个信念，我们将把这个国家刺耳的争吵声，变成一支洋溢手足之情的优美交响曲。

这是美国马丁·路·德金在华盛顿林肯纪念堂举行的"为工作的自由进军"所做的《我有一个梦想》的演讲，正是由于这次非常具有感染力的演讲，马丁·路·德金才把美国黑人紧紧地团结在一起，最终迫使美国国会将他在演讲中的各种法律障碍都废除了。说真话、说实话是很重要的，以情感人的说话方式最受听者的欢迎，是赢得人际关系的重点所在，具有神奇的功效。俗话说："金诚所至，金石为开。"与人交流，保持一颗真诚的心，多讲真话才能让你的话语更富感染力，也更容易取得他人的信任或同情。

"二战"时期，英国首相丘吉尔曾经发表演说：

"我们决不投降，绝不屈服。我们要战斗到底，我们将在法国作战，我们将在海上和大洋上作战，我们将满怀信心地在空中越战越强。我们将不惜一切代价保卫我们的本土。我们将在海滩上作战，在敌人陆降处作战，在田野作战，在山区作战。我们任何时候决不投降！"

据说，当发表完这篇演讲稿时，这位年近七十的英国老人已经哭得老泪纵横，可想而知，当丘吉尔面对英国人民宣读这篇演讲稿时，内心是多么真诚！

所以，说话时一定要把自己的真情实感淋漓尽致地表达出来，迅速引起对方的共鸣，让你说过的每句话都闪闪发光，用饱含浓情的言辞去感染对方，让你最真实的言辞充满感染力。

当我们用真实的话与别人交流时，我们才会获得别人的关注和支持。说话是一件十分理性的事情，应该用事实说话，有理有据，但说话同时也是一件感性的事，如果你不带表情地乱说一通或者以虚假的言辞表达观点，对方对于你说的话就会不屑一顾，何谈打动他人呢？而一个成功的说话者在说话时总是能够真情流露，用最真实的话语表达内心的情绪，这样说出来的话才能感人至深，引起对方的共鸣。

在谈话中埋下伏笔

西方一位诗人曾说过："征服一个人，以至于征服一群人，用的往往不是刀剑，而是舌尖。"因此，"说好话，会说话"乃是我们穷其一生要学习的艺术。

如果想要在仕途上春风得意，就得学会说话的技巧；如果想要在社交中左右逢源，还得学习说话的技巧；如果想要在商场上如鱼得水，更需要说话的技巧；如果想要在情场上风流倜傥，照样需要学习说话的技巧，只有掌握了说话技巧，在言谈交流中设下伏笔，才能让你的人际交流更具魅力，才能让你的语言更深远。然而，不懂得说话艺术，在交流中就会占据下风，甚至会酿下苦果。

读过《三国演义》的人，都不会忘记下面的情节：

为救刘阿斗，赵云在敌营中七进七出，血染战袍。为了安抚赵云，刘备怒摔刘阿斗，气愤地说道："为一孺子，险折我一员大将！"刘备说这话当然不是随便说说而已，而是为了收买赵云的人心，才故意这么说的，这种说话方式就是一种埋下伏笔的高超技巧，也因此博得了赵云一生"肝脑涂地"的忠诚追随，也正是凭借这一点，刘备旗下才会聚集这么多的英雄豪杰。

同样是《三国演义》当中叱咤风云的人物，关羽在结交人缘方面就差了一些，他说话的艺术就显得没那么高超。

当关羽知道黄忠被封为"五虎大将"时，就愤然道："黄忠何等人，敢与吾同，大丈夫不与老卒为伍。"当关羽驻守荆州时，孙权派诸葛亮替自己的儿子向关羽的女儿求亲。关羽勃然大怒："虎女安肯嫁犬子乎？"孙权派陆逊镇守陆口，陆逊差人给关羽送礼，关羽竟然当着来使的面说孙权"见识浅薄，用此孺子将"。关羽的言辞极具伤害性，像一把尖刀伤害了每一位与他交好的人，也为以后自己的悲剧人生埋下了祸根。

由此可见，会说话和不会说话的效果是截然不同的，而能不能在说话的过程中设置伏笔，是说话境界中的又一个层次。只有在说话过程中埋下伏笔，才能使说话的情节跌宕起伏，给倾听者以深刻的印象，产生耐人寻味的艺术效果。

在说话的过程中埋下伏笔，吊人胃口，往往让听者欲罢不能。

美国有个倒卖香烟的商人来到法国做生意，一天，在巴黎的一个集市上他大谈抽烟的好处。突然，从听众当中走出一个老人，走到台上，那位商人吃了一惊。

老人在台上站定后，向台下的人喊道："女士们，先生们，对于抽烟的好处，除了这位先生讲的以外，至少还有以下三大好处呢！"

美国商人一听，连向老人道谢："谢谢这位老先生，看您相貌不凡，一定是位学识渊博的人吧，那就请你把抽烟的三大好处当众讲讲吧！"

老人微微一笑，说道："第一，狗害怕抽烟的人，一见就逃跑。"台下一片哗然，商人暗暗高兴。"第二，小偷不敢去偷抽烟者的东西。"台下连连称奇，商人更加高兴。"第三，抽烟者永远不会老。"台下听众听完都惊作一团。商人更加喜上眉梢。要求解释一下原因的呼声一浪高过一浪。

老人挥手一摆："请安静，我给大家讲讲原因吧。第一，抽烟人驼背的较多，狗一见到驼背的人以为是弯腰捡石头要打它，你说这狗能不害怕吗？"台下笑出了声，商人吓了一大跳。"第二，抽烟的人夜里爱咳嗽，小偷以为他没有睡着，所以不敢去偷。"台下一阵大笑，商人直冒冷汗。"第三，抽烟的人很少长命，所以他压根就没就机会衰老。"说完台下哄堂大笑。此刻，大家一看，商人早已不见人影，竟然偷偷溜走了。

故事中的老人在说话时先是埋下伏笔，再层层推进，一步一步地把听众的思维推向迷惑不解的境地，在把听众的胃口吊得足够"馋"时，才不慌不忙地表达出自己的意思。按照一般的思维，抽烟应该是遭到反对的，因为抽烟的危害是不言而喻的，当老人一言不发地走向讲台，大谈吸烟的好处时，商人和听众都迷惑不解，因而急切地想知道原因，最后，老人以幽默的语言作了妙趣横生的解释，既让听者开心，又让听者从商人的欺骗性言语里走出来，意识到抽烟的危害性，真是一石二鸟，老人的说话艺术不得不让人钦佩！

设置伏笔的说话技巧是最为常见的一种，它可以把说话者的思路引入对方的思维轨道，然后来个急转弯，把对方引入自己设置的"圈子"内，然后再进行点破，让听者恍然大悟，从而达到你的既定目的，所以，学会用埋下伏笔的方式与人交流，就会在言谈中取得意想不到的效果。正如北大校友、散文家李广田所说："说话是最容易的事，也是最难的事。学会在说话的过程中埋下伏笔，才能为下一步顺利沟通打下坚实的基础，甚至可以说，在谈话中埋下伏笔，无异于掌握了一门说话的艺术，这样才能赢得他人欣赏，成就非凡人生。"

助词和尾词不要含糊不清

语言表达是口才艺术的核心和灵魂，善于表达的人，能够做到惜言如金而又能口若悬河，让听者如痴如醉，语言的魅力在准确而又巧妙的表达中得到升华，这样的说话方式别人最爱听。

为了表达明确，避免造成麻烦和误会，使用助词或尾词的时候一定要十分谨慎，必须寻求一个最佳的表达方式。诸如"你还有什么理由可说"很容易引起对方的不快，如果换一种措辞，会让你的表达更合适，一句"您对此事有何感想呢"就可以让对话继续下去。

这里有一个故事：

"二战"时期，英国有一个军团买了一头驴子作为吉祥物，可是很不幸，没过几天那头驴就死掉了。由于团长出差在外，副团长便打电话给团长，大家都知道团长是个暴脾气，平时士兵跟他说话都很客气，于是副团长汇报说："驴子不幸逝世，再买一头，还是等你回来？"话刚说完，团长大怒："混蛋，怎么能这样说话！"听见团长在电话那边怒骂，副团长愣住了，难道自己说错话了，机灵的副团长经过几秒思索后赶紧改口："驴子不幸逝世。再买一头驴，还是等您回来再买呢？"这次团长总算没发火。

由故事可见，准确的用词是表词达意的最基本要求，如果说话含糊不清就会给别人带来难堪，甚至会闹出笑话。

日常生活中，经常会有一些人在说话中使用助词、尾词，这样在一定程度上可以增强说话者的语气，达到预期目的，但是，如果过分使用这些助词、尾词，让你的言语含糊不清，就会取得适得其反的不良效果，因此，学会说话一定要把握好用词的准确度，这样说出来的话别人才会更容易接受。一味地使用不恰当的语气助词，就会词不达意造成误解，这样的话还有谁爱听呢？

一次，一些领导到外地开会，当地习惯早餐吃馒头、稀饭，每人一个鸡蛋。这天早晨，一个领导剥开鸡蛋，发现里面是坏的，就跟服务员说："给我换一个，这个鸡蛋坏了。"

不一会儿，服务小姐就回来了，可是忘了是哪个领导换的，就对着人群大喊："谁的蛋坏了呀？"

众领导沉默不语，服务小姐又叫一声："谁的蛋坏了？"结果还是没人答应。

这时候，餐厅主任走过来，对服务员说："你这小姑娘好没礼貌，哪能这样说话呢？你应该问，哪位领导的蛋坏了？"

忽然，餐厅主任觉得这话不对劲，赶紧改口喊了一声："哪位领导是坏蛋？"

说完，餐厅内所有人都哄堂大笑。

这个故事中的服务员和餐厅主任都没能很好地表达自己想表达的内容，结果措辞不当闹出了笑话，可见，用词不当会导致语义含糊不清，给听者带来尴尬。在与人交谈的过程中，只有使用正确的措辞，才能达到顺利沟通的目的，使交谈的结果对自己有利。

一家饭店招聘服务员，有两个年轻人前来应聘，第一个应聘者这样招呼客人："您好！您吃鸡蛋吗？"

顾客摆了摆手，似乎答不出来，对话就此结束了。

第二位应聘者是这样招呼顾客的："您好！请问您想吃一个鸡蛋还是两个鸡蛋呢？"

顾客笑着说："一个鸡蛋。"

可见，第二位应聘者的发问方法是相当成功的，短短几个字就凸显出巨大的差异，说话要有分寸、有讲究，措辞一定要清晰准确，千万不要含糊不清。

为了表达明确，避免造成麻烦和误会，字词的选择是非常重要的，因此说话过程中必须寻求最佳的措辞和表达方式，这样可以更方便地与人沟通，也能为日常生活带来许多便利，并为你的生活注入一些新的活力。

语言表达只是一个过程，而得到一个理想的结果才是真正的意义所在，在什么场合下就需要用什么样的措辞，含糊不清的表达会引起不必要的麻烦，严重时甚至引起祸害，因此，说话切忌含糊不清。

理解力越强，对方越喜欢和你说话

说话，是人们交际的主要手段，说话的目的在于表达心意，能否把握说话人的意图是说话过程中的关键问题，说话的技巧千变万化，对方话语中常常隐含弦外之音，因此，在很多情况下，我们不仅要和别人说话，还要培养能够听懂别人说话的能力，要知道，你的理解能力越强，越能听懂他人的话外之意，别人越愿意和你交流。

在谈话中，若不能很好地理解别人，就很难被别人理解，因此理解能力是非常重要的。有的人就很会揣摩他人的心思、洞察别人的用意，从而找出针锋相对的语言，从对方的角度来为其考虑，这样的人自然会受到对方的喜欢。

《红楼梦》第八回中写道，宝玉与黛玉在薛姨妈家里，因为天下大雪，薛姨妈吩咐丫鬟烫酒给宝玉御寒，宝玉却说自己要吃冷酒，宝钗劝阻说："吃冷酒会伤身的。"宝玉就改口说要吃热酒。恰好此时，小丫鬟雪雁给黛玉送来了御寒的小手炉，并说是紫鹃让送来的，黛玉借机笑着说："亏你倒听她的话，我平日里和你说的，全当耳旁风，怎么她说了你就依她，比圣旨还快！"宝玉听了这话，心里知道黛玉在奚落他，只是嘻嘻一笑，宝钗听了也不接他的话。事情就这样过去了。

"亏你倒听她的话，我平日里和你说的，全当耳旁风，怎么她说了你就依她，比圣旨还快！"林黛玉这句话什么意思呢？如果抛开具体的语言环境，单纯理解林黛玉的这句话，分明是指责小丫鬟雪雁，但是，结合当时的语境，宝玉要吃冷酒，薛宝钗劝阻说吃冷酒会伤身体，宝玉就赶紧改口说要吃热酒。在这种情形之下，多愁善感的林黛玉就不高兴了，心想，宝玉太听从薛宝钗的话了，而恰好此时此刻，小丫鬟雪雁说小手炉是紫鹃让送来的，情景正好相符，就顺势说了这些指责的话，但这句话中的"她"是双关，表面上在指责紫鹃，实际上指责贾宝玉。林黛玉此句话的意思是：贾宝玉竟然不听自己的话，反而听薛宝钗的，宝玉知道黛玉的言外之意，所以就只是笑笑而已。可见，在谈话中，一定要理解并听懂别人说话的意思，这样别人才愿意跟你交流下去。

我们在工作上会碰到很多不同的同事和领导，大家长期在一起共事，千人千脾气，万人万模样，各有各的特点，就像说话一样，有的人是直肠子，说话直来直去、清澈透明；有的人性格比较沉稳，说话含蓄、滴水不漏；有的则慢声细语，说话只讲到一半，另一半是什么内容、什么意思就需要对方仔细揣摩了，因而有较强的理解力，才能在交谈中赢得优势，并取得别人的好感。

在许多情况下，我们不仅需要学会听别人说话，更需要理解别人说话的真实意图，在生活中如此，在职场上更是如此。

小朱是一家广告公司的策划专员，工作压力很大，经常要写策划方案。几天前，公司接到一个大单子，动员全体员工都参与写策划案，积极竞标，并表示最后被客户选中的将重重有赏。作为新来的员工，小朱自然是绞尽脑汁，花了好几天的时间写了一个策划案，交给部门主管审核，主管看完后，淡淡地笑了，夸奖起小朱来："总来的来说，还是很有潜力的，好好干以后大有可为。"

听完这样的话，小朱自然很兴奋，感觉备受鼓励，认为这次自己的方案颇具竞争力，于是，又回到家里反反复复修饰，连夜工作了好几天。谁知到，过了几天，公司宣布结果，小朱的方案连候选都没有，这让小朱郁闷了好几天。

其实，领导说的所谓的潜力股，一方面是对小朱现在的状态还不满意，实力还不够；另一方面，又害怕小朱失去信心，应该继续努力，但是，小朱没明白领导说话的意图，结果希望一下子变成了失望。

生活中有很多人确实存在不能听懂对方讲话的问题，如果别人辛辛苦苦对你说了一堆话，结果你没明白意思，岂不是对牛弹琴？听人说话的能力往往对人们的生活影响深远，也更有意义。

如果你听不懂或者听不准对方的话，就不能领悟对方的意思，就会给工作和生活带来不便，甚至影响人际交往，如果你听不出对方的弦外之音，那么可能会遭到别人的嘲笑或者因为自己的无理而触怒对方。因此，注重培养自己的"听话"能力、提高理解能力，在人际交往中，你的道路才会走得更宽、更广。

加入嗅觉词语，让听者感同身受

词语是人说话的基本元素，我们从小就开始接触用词造句，现实生活中，无时无刻不在用词造句。孔庆东说："用对了字眼的讲话能打动人心，让人感同身受，更为可贵的是，它能带出行动，而行动的结果往往展现出另一种人生。"所以，一个人在说话时精心选用词语，可以让自己的表达更具魅力，甚至让听者产生一种如临其境的感觉，从而达到良好的说话效果。

字词的选择对于说话质量的高低影响很大，善于使用词语，就会产生意想不到的效果，如果在说话的过程中加上嗅觉词，就会让听者产生一种如临其境的感受。比如说，说书的人讲道："只听一阵狂风呼啸而来，哗……哗……呼……呼……"而此刻台下的听众可能已经听得如痴如醉，好像身处暴风中，这样讲出来的东西才能让人记忆犹新。

说话想要让别人喜欢听，用词的选择是非常重要的，想让自己的话听起来娓娓动听，就需要多加锤炼自己的语言功夫，提高语言的表达力，所谓的语言功夫主要指词语字眼。

用对了字眼不仅能打动人心，同时更能带出行动，而行动的结果往往会展现出另一种人生。马克·吐温说过："恰当地用字极具威力，每当我们用对了字眼……我们的精神和肉体都会有很大的转变，就在电光石火之间。"

历史上很多伟大的人物就是因为善于运用字眼的力量，才大大激励了当时的人们。

帕特里克·亨利站在十三州代表面前慷慨激昂地说道："我不知道其他人怎么做，但就我而言，不自由毋宁死。听！你们听到了吗？自由女神在呼唤我们呢！"这句话激发了几代美国人的决心，誓言要推翻长久以来骑在他们头上的苛政，结果造成燎原之火，美利坚联合众国从此诞生了。

美国一位伟人讲过："当我们今天得以享受到充分的自由时，不要忘了《独立宣言》，虽然那上面没有几句话，但却是200多年来所给予我们每个人的保障。同样，当我们这些年致力于种族平等时，不要忘了那也是因为某些字眼的组合而激发出来的行动所致，请问谁能忘记美国金博士打动人心的那一次演讲，他说道：'我有一个梦想，期望有一天这个国家能够真正站立起来，信守它立的原则和精神，看！自由之神正在向我们招手呢！'"

这些话显然是选用了精心准备的词语，"听"、"看"这些字眼的使用，让讲话内容更加传神，听者听完后仿佛置身其中，逼真的画面似乎就在眼前。

"二战"时期，英国正处于风雨飘摇之际，有一个人的话激起了英国全民抵抗纳粹的决心，"请看，在我们身后，聚集着破碎的国家和被奴役的民族……听！那些凄惨的哀求声、呻吟声……对于所有的人来讲，野蛮的漫漫长夜将要降临，即使有希望之星出现，这长夜也无法打破，除非我们战而胜之，我们必须战而胜之，我们一定能够战而胜之。"这些话说完后，结果他们以无比坚强的勇气挺过了最艰苦的时刻，打破了希特勒军队所向无敌的神话，说话的这个人就是丘吉尔。

人类的历史是由那些有震撼力的话写成的，然而，却很少有人知道那些伟人所拥有的语言力量却也能在我们的身上找到，改变我们的情绪，振奋我们的意志，乃至使我们有勇气面对一切挑战，使人生更加丰富多彩。

日常生活中，我们与别人说话，要尽可能多用一些有震撼力的字眼，双方交谈中，如果使用了一些嗅觉性词汇，就会让倾听者感同身受，一句"好香啊"仿佛把人带入了香气宜人的花海，一句"这味太辣了，真够劲"仿佛听者面前就有一堆辣椒。

会说话的人就像手中握着各色彩笔的艺术家，能勾勒出艺术化的语言，在说话时多加入嗅觉词汇，就会让人感同身受，这样说出来的话才更容易得到别人的喜爱，进而打动人心。